Kohlhammer

Die StPO in Fällen

von

Fernando Sanchez-Hermosilla
Richter am Landgericht Karlsruhe

und

Peter Schweikart
Vorsitzender Richter am Landgericht Karlsruhe

Verlag W. Kohlhammer

Verlag W. Kohlhammer

Gesamtherstellung: W. Kohlhammer Druckerei GmbH + Co. KG, Stuttgart
Printed in Germany

ISBN: 978-3-17-019785-5

Vorwort

Rechtsreferendare und Studierende der Rechtswissenschaften, die sich der Materie vertieft zuwenden möchten, erhalten mit diesem Buch anhand von über 90 kurz und überschaubar gehaltenen Fällen die Grundlagen des Strafprozessrechts. Das Werk befähigt sie, diese bei der Klausurbearbeitung und bei der Bewältigung der praktischen Aufgaben in der Strafstation umzusetzen. Der Schwerpunkt der Fallsammlung liegt auf der Darstellung typischer Problemkreise des Strafprozessrechts, eingebettet in abgeschlossene Lebenssachverhalte, die einerseits praxisorientiert sind und andererseits in den beiden juristischen Staatsexamina relevant werden können sowie teilweise bereits in der Vergangenheit in Klausuren und mündlichen Prüfungen aufgetreten sind.

Die Fallbeispiele wurden vorwiegend der für die Strafrechtspraxis maßgeblichen Rechtsprechung des BGH entnommen (Fundstellen wurden soweit möglich aus NJW, NStZ und BGHSt gewählt) und beschränken sich im Wesentlichen auf prozessuale Fragen. Dabei werden die Strukturen des Strafprozessrechts und Kenntnisse der praktischen Fallbearbeitung zusätzlich in über 50 anschaulichen Übersichten, Tabellen und Musterentscheidungen vertieft. Durch diese zwei verschiedenen Methoden der Wissensvermittlung soll der Leser in die Lage versetzt werden, die gesamte examensrelevante Materie des Strafprozessrechts abzudecken. Dieses Ziel soll sowohl durch die praktische Fallbearbeitung als auch durch die Möglichkeit, einen Problemkreis in einer Übersicht abstrakt nachzuvollziehen, erreicht werden. Erleichtert wird dem Leser die Arbeit durch Verweise auf die beiden Standardkommentare zur StPO und zum StGB von Meyer-Goßner und Fischer.

Das Werk berücksichtigt die Rechtsprechung bis August 2008.

Karlsruhe, im August 2008

Fernando Sanchez-Hermosilla, Peter Schweikart

Inhalt

Paragraphenverzeichnis

Paragraphenverzeichnis

§§	Rn.
EMRK	
3	145
6	147
BGB	
1629	158
1909	158
1589	161
BZRG	
46	192
47	192
51	192
StrEG	
2	227
5	227
6	227
8	227
OWiG	
21	230
26	231
31	231
33	231
111	112

Abkürzungsverzeichnis

a. A.	andere Ansicht
AAK	Atemalkoholkonzentration
aaO.	am angegebenen Ort
Abs.	Absatz
a. F.	alte Fassung
AG	Amtsgericht
Alt.	Alternative
Anh.	Anhang
Anm.	Anmerkung
AO	Abgabenordnung
Art.	Artikel
As.	Aktenseite
Aufl.	Auflage
Az.	Aktenzeichen
BAK	Blutalkoholkonzentration
BGB	Bürgerliches Gesetzbuch
BGBl.	Bundesgesetzblatt
BGH	Bundesgerichtshof
BGHR	BGH – Rechtsprechung in Strafsachen (zitiert nach §§)
BGHSt	Entscheidungen des Bundesgerichtshofes in Strafsachen
BGHSt (GS)	Entscheidungen des Bundesgerichtshofes in Strafsachen (Großer Senat)
BRD	Bundesrepublik Deutschland
BT-Drs.	Bundestags-Drucksache
BtMG	Betäubungsmittelgesetz
BVerfG	Bundesverfassungsgericht
BVerfGE	Entscheidungen des Bundesverfassungsgerichts
bzgl.	bezüglich
BZR	Bundeszentralregister
BZRG	Bundeszentralregistergesetz
bzw.	beziehungsweise
d. h.	das heißt
DNA	Desoxyribonucleinsäure (menschliches Ergut)
DRiG	Deutsches Richtergesetz
EGGVG	Einführungsgesetz zum Gerichtsverfassungsgesetz
EGMR	Europäischer Gerichtshof für Menschenrechte
Einl.	Einleitung
EMRK	Europäische Menschenrechtskonvention
etc.	et cetera
f.	folgende (Seite oder Randnummer)
ff.	folgende (Seiten oder Randnummern)
FE	Fahrerlaubnis
Fn.	Fußnote
FS	Führerschein

GG	Grundgesetz
ggfs.	gegebenenfalls
grds.	grundsätzlich
GSst	Großer Senat in Strafsachen
GVG	Gerichtsverfassungsgesetz
Halbs.	Halbsatz
h.M.	herrschende Meinung
HV	Hauptverhandlung
i.d.S.	in diesem Sinne
i.d.F	In der Fassung
IRG	Gesetz über die internationale Rechtshilfe in Strafsachen
i.S.d.	im Sinne der/des
i.S.v.	im Sinne von
i.V.m.	in Verbindung mit
JGG	Jugendgerichtsgesetz
JR	Juristische Rundschau
KHK	Kriminalhauptkommissar
KK	Karlsruher Kommentar
km/h	Kilometer pro Stunde
LG	Landgericht
LK	Leipziger Kommentar
Lkw	Lastkraftwagen
LOSTA	Leitender Oberstaatsanwalt
LR	Löwe/Rosenberg (Kommentar zur StPO)
m.d.A.n.v.u.n.v.	Mit dem Angeklagten nicht verwandt und nicht verschwägert
MDR	Monatsschrift für Deutsches Recht
mg/l	Milligramm pro Liter
Mistra	Anordnung über die Mitteilungen in Strafsachen
MRK	Europäische Menschenrechtskonvention
m.w.N.	mit weiteren Nachweisen
n.F.	neue Fassung
NJW	Neue Juristische Wochenschrift
Nr.	Nummer
NStZ	Neue Zeitschrift für Strafrecht
NStZ-RR	Neue Zeitschrift für Strafrecht – Rechtsprechungsreport
o.g.	oben genannt (-e, -er, -es)
OLG	Oberlandesgericht
OrgStA	Organisationsstatut der Staatsanwaltschaften
OWiG	Gesetz über Ordnungswidrigkeiten
Pkw	Personenkraftwagen
RA	Rechtsanwalt
RiStBV	Richtlinien für das Strafverfahren und das Bußgeldverfahren
RiVaSt	Richtlinien für den Verkehr mit dem Ausland in strafrechtlichen Angelegenheiten
rk U	rechtskräftiges Urteil
Rn.	Randnummer
RVG	Rechtsanwaltsvergütungsgesetz

S.	Seite
s.	siehe
sog.	so genannt(-e, -er, -es)
StGB	Strafgesetzbuch
StPO	Strafprozessordnung
StrEG	Gesetz über die Entschädigung für Strafverfolgungsmaßnahmen
StV	Strafverteidiger
StVG	Straßenverkehrsgesetz
StVO	Straßenverkehrsordnung
StVollzG	Strafvollzugsgesetz
TKD	Telekommunikationsgesetz
TS	Tagessatz/Tagessätze
TÜ	Telefonüberwachung
u. a.	unter anderem
Urt.	Urteil
usw.	und so weiter
UVollzO	Untersuchungshaftvollzugsordnung
v.	vom, von
VE	verdeckter Ermittler
vgl.	vergleiche
Vorb.	Vorbemerkung
VP	Vertrauensperson der Polizei
VU	Verurteilter
WaffG	Waffengesetz
wistra	Zeitschrift für Wirtschaft, Steuer, Strafrecht
z. B.	zum Beispiel
ZPO	Zivilprozessordnung
z. T.	zum Teil
ZVR	Zeugnisverweigerungsrecht

Literaturverzeichnis

Brunner/Dölling	Brunner/Dölling, Jugendgerichtsgesetz, 11. Auflage, 2002
Eisenberg	Eisenberg, Jugendgerichtsgesetz, 12. Auflage, 2007
Fischer	Fischer, Strafgesetzbuch und Nebengesetze, 55. Auflage, 2008
Krey	Krey, Deutsches Strafverfahrensrecht, Band I und II, 2007
Löwe/Rosenberg	Löwe/Rosenberg, Die Strafprozeßordnung und das Gerichtsverfassungsgesetz mit Nebengesetzen, 25. Auflage, ab 1997
Meyer-Goßner	Meyer-Goßner, Strafprozessordnung, 51. Auflage, 2008
Schönke/Schröder	Schönke/Schröder, Kommentar zum Strafgesetzbuch, 27. Auflage, 2006

Übersicht 1 zum Einstieg: Strafprozessuale Verfahrensstadien

Ermittlungsverfahren/Vorbereitendes Verfahren
- Vorbereitung der öffentlichen Klage (§§ 158 ff. StPO), Einleitung bei Anfangsverdacht (§ 152 Abs. 2, 160 Abs. 1 StPO)
- Beendigung durch Verfahrenseinstellung gem. § 170 Abs. 2 StPO oder 153 ff. StPO, vorläufige Einstellung analog § 205 StPO oder Anklageerhebung (§ 170 Abs. 2 StPO)

Zwischenverfahren
Entscheidung über die Eröffnung des Hauptverfahrens gem. §§ 199 ff. StPO (im Zwischenverfahren: „Angeschuldigter", 157 StPO):
- Ablehnung (§ 204 Abs. 1 StPO),
- Einstellung (§§ 153ff, 205 StPO) oder
- Eröffnung (§§ 203, 207 Abs. 2 oder 209 StPO)

Hauptverfahren
Vorbereitung (§§ 213 ff. StPO) und Hauptverhandlung (§§ 226 ff. StPO) – „Angeklagter" (§ 157 StPO); Beendigung durch
- Beschluss: Einstellung (§ 153 ff. oder 206a , 260 Abs. 3 StPO) oder
- Urteil

Rechtsmittelverfahren (§§ 296 ff. StPO)
Berufung (§§ 312 ff. StPO), Revision (333 ff. StPO)

Vollstreckungsverfahren (§§ 449 ff. StPO)
Vollstreckungsbehörde: StA
„Verurteilter" (§ 450a StPO)

Wiederaufnahmeverfahren (§§ 359 ff. StPO)

1. Kapitel: Das Ermittlungsverfahren

I. Die wichtigsten Beteiligten des Ermittlungsverfahrens

1. Die Ermittlungsbehörden: Staatsanwaltschaft und Polizei

Fall 1: Beginn eines Ermittlungsverfahrens

Nach einem Ladendiebstahl im Elektromarkt wird der 22 Jahre alte A von dem Kaufhausdetektiv D, der über eine in den Verkaufsräumen montierte Fernsehkamera beobachtet hatte, wie A eine CD im Wert von 14,99 € in seine Jackeninnentasche schob, festgehalten. Im Büro des Marktleiters werden die Personalien des A aufgenommen und die Polizei wird gerufen. D stellt als Vertreter des Elektromarktes Strafantrag gegen A, der von dem sachbearbeitenden Polizeibeamten P zur Kenntnis genommen wird.
A ist schon mehrfach wegen Diebstählen in Erscheinung getreten und vom AG bereits ein Jahr zuvor wegen gemeinschaftlichen Diebstahls zu einer Freiheitsstrafe von 6 Monaten, deren Vollstreckung zur Bewährung ausgesetzt wurde, verurteilt worden.
Welche Behörden sind zur Durchführung des Ermittlungsverfahrens berufen, und welche Maßnahmen sind zu ergreifen?

Problemstellung

Anhand dieses Eingangsfalles sollen der Beginn eines Ermittlungsverfahrens mit den unterschiedlichen Verfahrensbeteiligten sowie die Aufgaben und Stellung der Ermittlungsbehörden anhand der Regelungen in der StPO und des GVG erörtert werden. Weiterhin ist zu untersuchen, welche Rolle die im Sachverhalt genannten Personen im Ermittlungsverfahren spielen. 1

Lösung

Folgende Institutionen/Behörden sind zur Durchführung eines Ermittlungsverfahrens berufen: 2
Die **Polizei** führt gemäß **§ 163 Abs. 1 StPO** den ersten Zugriff durch. Sie verschafft sich einen Überblick über den Sachverhalt, nimmt gemäß § 163b StPO die Personalien des Beschuldigten auf (und führt ggf. erkennungsdienstliche Maßnahmen wie z. B. das Erstellen von Fingerabdrücken, durch), belehrt ihn als Beschuldigten[1] und nimmt eine erste Vernehmung zur Person und zum Tatvorwurf vor (§ 163a Abs. 1 StPO). Sie vernimmt Zeugen am Tatort, **wie den Detektiv D**, der den Diebstahl beobachtet hatte, und nimmt Anzeigen und Strafanträge entgegen.
Bestimmte Dienstränge der Polizei sind sog. Ermittlungspersonen der Staatsanwaltschaft. Sie können von der Staatsanwaltschaft beauftragt werden, bestimmte Maß-

1 §§ 163a Abs. 4 i. V. m. 136 Abs. 1 StPO.

nahmen durchzuführen. Den Ermittlungspersonen der Staatsanwaltschaft stehen besondere Befugnisse im Vergleich zu anderen Polizeibeamten zu. Der wichtigste Fall ist das Handeln bei Gefahr im Verzuge, wenn der Erfolg einer Ermittlungsmaßnahme durch Zeitablauf gefährdet würde, falls eine richterliche Entscheidung eingeholt werden müsste (§§ 105 Abs. 1, 98 Abs. 1, 81a Abs. 2, 81 Abs. 5 StPO).
Die eigentliche praktische Ermittlungstätigkeit wird von der Polizei weitgehend unter eigener Verantwortung durchgeführt.

3 Der Kaufhausdetektiv spielt im nunmehr „öffentlichen" Ermittlungsverfahren nur noch die Rolle eines **Zeugen** mit den in den **§§ 48 ff. StPO** normierten Rechten und Pflichten. Der Zeuge hat vor allem folgende Pflichten:

- Erscheinenspflicht vor Gericht, § 51 StPO, mit den Folgen des Ausbleibens
- Aussage – und Wahrheitspflicht, § 57 StPO
- Eidespflicht, §§ 59 ff. StPO.

Die Aussage – und Eidespflicht entfällt, wenn der Zeuge ein Zeugnisverweigerungsrecht gemäß §§ 52 ff. StPO hat.[2] Ein weiteres Recht des Zeugen ist das Auskunftsverweigerungsrecht gemäß § 55 StPO. Dieses gewährt dem Zeugen das Recht, einzelne Fragen, deren Beantwortung ihn selbst (§ 55 Abs. 1, 1. Alt. StPO) oder einen nahen Angehörigen (§ 55 Abs. 1, 2. Alt. StPO) belasten würden, nicht zu beantworten.
Die Polizei legt der **Staatsanwaltschaft** die Ermittlungsakte vor, wenn die Sache „ausermittelt"[3] ist.

4 Im vorliegenden Fall wird der Polizeibeamte P **folgende Ermittlungsmaßnahmen durchführen:**

- Aufnahme der Anzeige nebst Strafantrag
- Vernehmung des Kaufhausdetektivs D als Zeugen
- Belehrung und Vernehmung des Beschuldigten A
- Vermerk über den Wert des Diebesgutes.

Die Staatsanwaltschaft muss die Ermittlungen so weit führen, dass geklärt ist, ob hinreichender Tatverdacht besteht (**§ 160 StPO**). Sie ist gemäß § 150 GVG eine hierarchisch aufgebaute und von den Gerichten unabhängige Justizbehörde.[4] Die Staatsanwaltschaft unterliegt grundsätzlich dem Legalitätsprinzip (§§ 152 Abs. 2, 170 Abs. 1 StPO), wonach sie gesetzlich dazu verpflichtet ist, bei Anhaltspunkten für das Vorliegen einer Straftat ein Ermittlungsverfahren durchzuführen und bei hinreichendem Tatverdacht Anklage zu erheben.[5] Nach § 146 GVG haben die Beamten der Staatsanwaltschaft den Weisungen ihrer Dienstvorgesetzten nachzukommen.

5 Die Staatsanwaltschaft wird als **„Herrin des Ermittlungsverfahrens"** dem Ermittlungsvorgang ein Js-Aktenzeichen zuweisen, entscheiden, ob noch weitere Ermittlungen erforderlich sind, einen Auszug aus dem Bundeszentralregister (hinsichtlich möglicher Vorstrafen) einholen, ggf. einen Bericht des Bewährungshelfers des A und frühere Urteile anfordern. Schließlich wird der sachbearbeitende Staatsanwalt entscheiden, ob und ggf. vor welchem Gericht er Anklage erhebt oder ob er von der

2 Vgl. Übersicht 31 zu den zeugnisverweigerungsberechtigten Personen.
3 In komplizierten und umfangreicheren Ermittlungsverfahren findet ein regelmäßiger Austausch zwischen Polizei und Staatsanwaltschaft über die weitere Vorgehensweise statt, bei dem die Staatsanwaltschaft im Laufe der Ermittlungen auch bestimmte Ermittlungsmaßnahmen anordnet.
4 Vgl. nachfolgende Übersicht.
5 Ausnahme: Opportunitätsentscheidungen, vgl. Übersicht 21.

Möglichkeit einer Verfahrenseinstellung nach Opportunitätsgrundsätzen Gebrauch macht.[6]

Hier war ist **Wert des Diebesgutes** mit ca. 15 € zwar als geringfügig anzusehen, bei dem Beschuldigten handelt es sich jedoch um einen einschlägig **vorbestraften Bewährungsbrecher.** Deshalb wird der Staatsanwalt Anklage vor dem **Amtsgericht,** hier dem Einzelrichter gemäß § 24 Abs. 1, 25 GVG, erheben. Bei einer rechtskräftigen Verurteilung hat die Staatsanwaltschaft später die Funktion der Vollstreckungsbehörde (§ 451 StPO). 6

Übersicht 2: Aufbau der Staatsanwaltschaft auf Länderebene[7]

Justizminister des Landes
Dienstaufsicht und Weisungsrecht gemäß §§ 146, 147 Nr. 2 GVG

↓

Generalstaatsanwalt
Behördenleiter der Generalstaatsanwaltschaft am Oberlandesgericht, § 142 Abs. 1 Nr. 2 GVG

↓

Leitender Oberstaatsanwalt
Behördenleiter der Staatsanwaltschaft am Landgericht, § 142 Abs. 1 Nr. 2 GVG, mit Dienstaufsicht und Weisungsrecht innerhalb der Behörde (§§ 146, 147 Nr. 3 GVG) hinsichtlich:
- Staatsanwälten
- Amtsanwälten
- Referendaren

2. Beschuldigter

Fall 2: Die Belehrung des Beschuldigten

Nach einem Bundesliga-Fußballspiel werden auf dem Stadion-Parkplatz Fahrzeuge, mit denen die Fans der Gastmannschaft angereist sind, mit Hakenkreuzen in den Vereinsfarben der Heimmannschaft besprüht. Die sofort herbeigerufenen Polizeibeamten fragen eine in Parkplatznähe stehende Personengruppe, ob sie gesehen hätte, wer die geparkten Fahrzeuge besprüht habe. Dabei belehren die Polizeibeamten die befragten Personen nicht als Beschuldigte. B, der sich in der Gruppe befindet, antwortet dem Polizeibeamten P in aggressivem Ton: *„Jeder Kanake, der hier parkt*

6 Vgl. Übersicht 19 (S. 56): Gestaltungsmöglichkeiten der Staatsanwaltschaft bei Abschluss des Ermittlungsverfahrens.

7 Auf Bundesebene ist der Aufbau der Dienstaufsicht und Weisungsgebundenheit gemäß den §§ 142 Abs. 1 Nr. 1, 146, 147 Nr. 1 zweistufig: Bundesjustizminister – Generalbundesanwalt beim BGH (der wiederum über die Bundesanwälte in seiner Behörde Aufsicht führt).

und nicht zu uns gehört, kriegt von uns ein Andenken auf sein Auto." B wird wegen Sachbeschädigung (§ 303 StGB) und Verwendung von Kennzeichen verfassungswidriger Organisationen (§ 86a StGB) angeklagt und verurteilt. Im schriftlichen Urteil stützt das Gericht seine Überzeugung von der Täterschaft des – nicht vorbestraften und in der Hauptverhandlung schweigenden – B auch auf dessen Äußerung gegenüber dem Polizeibeamten P, die dieser als Zeuge in der Hauptverhandlung mitgeteilt hat. Verteidiger V, der in der Hauptverhandlung gleich nach Ps Zeugenvernehmung Widerspruch gegen die Verwertung der Äußerung des B erhoben hat, legt gegen das Urteil Revision ein. Mit einer zulässig erhobenen Verfahrensrüge beanstandet er die Verwertung der Äußerung des B im Urteil.
Ist die Revision begründet?

Problemstellung

7 Nur dann, wenn eine Person **Beschuldigter** ist, muss sie im Ermittlungsverfahren vor einer Befragung **belehrt** werden, und zwar

- bei einer polizeilichen Beschuldigtenvernehmung gemäß §§ 163a Abs. 4, 136 Abs. 1 StPO,
- bei einer staatsanwaltschaftlichen Beschuldigtenvernehmung gemäß §§ 163a Abs. 3, 136 Abs. 1 StPO und
- bei einer Beschuldigtenvernehmung durch den Ermittlungsrichter gemäß § 136 Abs. 1 StPO oder gemäß §§ 115 Abs. 3, 115a Abs. 2 StPO.

8 Zum **Beschuldigten** wird eine Person

- entweder
  durch ein **Verhalten der Polizei, der Staatsanwaltschaft oder des Ermittlungsrichters,** aus dem sich deren **Wille zur Verfolgung** dieser Person wegen einer Straftat ergibt (!. Variante) oder
- durch das Vorliegen eines **ernsthaften Tatverdachts** gegen die Person (2. Variante).

Zur 1. Variante:

9 Unabhängig von der Frage, ob gegen eine Person ein ernsthafter Tatverdacht besteht, wird eine Person allein schon durch ein **Verhalten der Polizei, der Staatsanwaltschaft oder des Ermittlungsrichters** zum Beschuldigten, wenn sich aus dem äußeren Verhalten der Polizei, der Staatsanwaltschaft oder des Ermittlungsrichters deutlich deren **Verfolgungswille** ergibt, gegen die Person wegen einer Straftat vorzugehen.[8]

Ein solches die Beschuldigteneigenschaft begründendes Verhalten der Polizei, der Staatsanwaltschaft oder des Ermittlungsrichters liegt z. B. dann vor,

10 a) wenn gegen die Person eine Maßnahme ergriffen wird, die in der StPO als Maßnahme gegen den Beschuldigten vorgesehen ist, wie etwa

- die vorläufige Festnahme, § 127 StPO,
- der Erlass eines Haftbefehls durch den Ermittlungsrichter, § 112 StPO,
  oder der Antrag der Staatsanwaltschaft hierzu
  oder die Anregung der Polizei an die Staatsanwaltschaft, beim Ermittlungsrichter einen Antrag auf Erlass eines Haftbefehls zu stellen,
- die auf § 81a StPO (und nicht auf § 81c Abs. 2 StPO) gestützte Blutentnahme,
- die auf § 102 StPO (und nicht auf § 103 StPO) gestützte Wohnungsdurchsuchung.

8 BGH NStZ 1997, 398 (unter Hinweis auf die Formulierung in § **397 Abs. 1 AO**); BGH NJW 2007, 2706, 2707.

b) wenn die Person zwar als Zeuge vernommen wird, das Verhalten des Vernehmungsbeamten bei dieser Zeugenvernehmung aber deutlich ergibt, dass der Vernehmungsbeamte den Zeugen einer Straftat überführen will, etwa durch Drängen zu einem Geständnis oder durch Äußerungen wie *„Sie machen sich durch Ihre Aussage immer verdächtiger."* **11**
Aber: Allein die Belehrung des Zeugen gemäß § 55 Abs. 2 StPO macht diesen noch nicht zum Beschuldigten.[9]

Zur 2. Variante **12**
Unabhängig davon, ob die Polizei, die Staatsanwaltschaft oder der Ermittlungsrichters gegen eine Person schon eine Strafverfolgungsmaßnahme ergriffen hat, wird eine Person auch dann zum Beschuldigten, wenn gegen die Person ein **ernsthafter Tatverdacht** besteht, der auf **Tatsachen** beruht.[10]
Bloße Vermutungen oder ein nur vager Verdacht, dass die Person eine Straftat begangen haben könnte, begründen die Beschuldigteneigenschaft noch nicht.

Lösung

Die Revision ist gemäß **§ 337 StPO** begründet, wenn **13**
- eine **Gesetzesverletzung** vorliegt **und**
- das Urteil auf dieser Gesetzesverletzung auch **beruht.**

Als mögliche Gesetzesverletzung kommt ein Verstoß gegen **§§ 163a Abs. 4, 136 Abs. 1 StPO** (Unterlassen der Beschuldigtenbelehrung des B, insbesondere Unterlassen des Hinweises auf sein Schweigerecht) in Betracht. §§ 163a Abs. 4, 136 Abs. 1 StPO sind aber nur verletzt, wenn B zum Zeitpunkt der Befragung durch die Polizeibeamten schon Beschuldigter war. Zu diesem Zeitpunkt lag jedoch noch kein Anhaltspunkt dafür vor, dass B als Täter ernstlich in Betracht kam. Aus dem Umstand, dass sich B zusammen mit anderen Personen in Parkplatznähe (= Tatortnähe) aufhielt, ergibt sich nur eine Vermutung oder ein vager Tatverdacht, aber noch kein verdichteter ernstlicher Verdacht der Täterschaft.
Da B zum Zeitpunkt der Befragung durch die Polizeibeamten noch nicht Beschuldigter war, musste er vor der Befragung auch nicht als Beschuldigter belehrt werden. Die Polizeibeamten haben damit nicht gegen §§ 163a Abs. 4, 136 Abs. 1 StPO verstoßen. Die Revision ist deshalb wegen Fehlens einer Gesetzesverletzung unbegründet.

Fall 3: Belehrung (Abwandlung Fall 2)

Wie vorheriger Fall, jedoch sieht der Polizeibeamte P vor der Befragung des B, dass sich an Bs Händen die gleiche Farbe befindet, die auch die aufgesprühten Hakenkreuze haben.
Ist die Revision begründet?

Problemstellung

Wie vorheriger Fall.

---

9 BGH NJW 2007, 2706.
10 BGHSt 37, 48, 52; BGH NJW 2007, 2706, 2708.

Lösung

14 Die Revision ist gemäß **§ 337 StPO** begründet, wenn

- eine **Gesetzesverletzung** vorliegt **und**
- das Urteil auf dieser Gesetzesverletzung auch **beruht**.

a) **Gesetzesverletzung:**
B war zum Zeitpunkt der polizeilichen Befragung **„Beschuldigter"**: Aufgrund der Tatsache, dass seine Hände die gleiche Farbe aufwiesen wie die aufgesprühten Hakenkreuze, kam der in Tatortnähe befindliche B als Täter ernstlich in Betracht.
Der Polizeibeamte P hätte deshalb den B vor der Befragung gemäß §§ 163a Abs. 4, 136 Abs. 1 StPO als Beschuldigten – also insbesondere auch über sein Schweigerecht – belehren müssen. Da der Polizeibeamte P dies nicht getan hat, ist § 136 Abs. 1 StPO i.V.m. § 163a Abs. 4 StPO verletzt.[11]

15 b) **Beruhen:**
Ein Urteil beruht dann auf der Verletzung einer Verfahrensvorschrift, wenn das Gericht bei richtiger Verfahrensweise möglicherweise anders (als im angefochtenen Urteil geschehen) entschieden hätte.
Da es sich bei dem Verstoß gegen §§ 163a Abs. 4, 136 Abs. 1 StPO um einen im Ermittlungsverfahren unterlaufenen Verfahrensfehler handelt, beruht das Urteil auf diesem Verfahrensfehler nur dann, wenn der **Verfahrensfehler bis zum Urteil fortwirkt**. Das bedeutet: Das Urteil beruht dann auf der im Ermittlungsverfahren begangenen Verletzung des § 136 Abs. 1 StPO i.V.m.§ 163a Abs. 4 StPO, wenn das Gericht bei richtiger Behandlung dieses Verfahrensfehlers möglicherweise ein anderes, für den Angeklagten günstigeres Urteil gefällt hätte als geschehen.
Da der Verteidiger in der Hauptverhandlung der Verwertung der Äußerung Bs rechtzeitig, d.h. unmittelbar nach der Zeugenvernehmung des P, **widersprochen** hat (und keine Anhaltspunkte dafür vorlagen, dass der nicht vorbestrafte B sein Schweigerecht kannte), bestand ein Verbot, die Aussage des B zu verwerten.[12] Hätte das Gericht dieses **Verwertungsverbot** beachtet und deshalb bei seiner Beweiswürdigung die Aussage des B nicht berücksichtigt, hätte das Gericht möglicherweise keine Überzeugung von der Täterschaft des B gewonnen und B freigesprochen.
Das Urteil beruht damit auf der **fortwirkenden** Verletzung des § 136 Abs. 1 StPO i.V.m. § 163a Abs. 4 StPO.
Die Revision ist daher begründet.

---

11 Die Polizei hat bei der Beurteilung, ob gegen eine Person ein ernsthafter Tatverdacht vorliegt und die Person deshalb vor ihrer Befragung gemäß §§ 163a Abs. 4, 136 Abs. 1 StPO als Beschuldigter zu belehren ist, einen **Beurteilungsspielraum**. Ist die Entscheidung der Polizei, aufgrund der vorliegenden Tatsachen (noch) keinen ernsthaften Tatverdacht gegen die Person anzunehmen und die Person deshalb (noch) nicht als Beschuldigter gemäß §§ 163a Abs. 4, 136 Abs. 1 StPO zu belehren, **vertretbar**, liegt kein Verstoß gegen §§ 163a Abs. 4, 136 Abs. 1 StPO vor.
Ist diese Entscheidung der Polizei jedoch – wie vorliegend – aufgrund der gegebenen Verdachts-Tatsachen **nicht mehr vertretbar**, dann überschreitet die Polizei bei einem Unterlassen der Beschuldigtenbelehrung **objektiv willkürlich** die Grenzen ihres Beurteilungsspielraums und verstößt damit gegen §§ 163a Abs. 4, 136 Abs. 1 StPO, BGH NJW 2007, 2706, 2708.

12 BGHSt 38, 214 (BGH NStZ 1997, 502: Ein Widerspruch außerhalb der Hauptverhandlung genügt nicht.)

Übersicht 3: Der Beschuldigte

Zum **Beschuldigten** (mit der Folge der Belehrungspflicht gemäß § 136 Abs. 1 StPO) wird eine Person

entweder
durch ein **Verhalten der Polizei, der Staatsanwaltschaft oder des Ermittlungsrichters**, aus dem sich erkennbar deren **Verfolgungswille** ergibt, also der Wille, gegen die Person wegen einer Straftat vorzugehen (die Stärke des Tatverdachts spielt bei dieser Alternative keine Rolle).

oder
durch das Vorliegen eines **ernsthaften Tatverdachts** = wenn die Person aufgrund von Tatsachen ernstlich als Täter in Betracht kommt (unabhängig vom Vorliegen einer vorangegangenen Maßnahme der Ermittlungsbehörden oder des Ermittlungsrichters).

3. Verteidiger

Fall 4: Akteneinsicht nach Haftbefehl

Gegen den Beschuldigten B und mehrere andere Mitbeschuldigte wird wegen des Verdachts zahlreicher bewaffneter Raubüberfälle ermittelt. Bei der Kriminalpolizei macht Bs ehemalige Freundin F, die von B wegen einer anderen Frau verlassen wurde, eine detaillierte, 50 Seiten umfassende Zeugenaussage über mehrere Raubüberfälle, von denen B ihr erzählt hat. Auf Antrag der Staatsanwaltschaft erlässt der Ermittlungsrichter gegen B Haftbefehl wegen mehrfachen schweren Raubes (§§ 250 Abs. 2, 53 StGB). Im Haftbefehl wird angeführt, dass sich der dringende Tatverdacht gegen B aus der polizeilichen Aussage der F ergebe. B wird verhaftet. Sein Verteidiger V beantragt Einsicht in die Ermittlungsakte, um zur Frage des dringenden Tatverdachts Stellung nehmen zu können. Die Staatsanwaltschaft lehnt es ab, dem Verteidiger Akteneinsicht oder mündliche Auskunft aus der Ermittlungsakte zu geben, da sie befürchtet, dass dann von ihr geplante Ermittlungsmaßnahmen gegen die noch auf freiem Fuß befindlichen Mitbeschuldigen bekannt und vereitelt werden. V beantragt gerichtliche Entscheidung gegen die Versagung der Akteneinsicht. Das Landgericht lehnt Vs Antrag auf Gewährung der Akteneinsicht als unbegründet ab. V legt jetzt (Haft-)Beschwerde gegen den Haftbefehl ein. Der Ermittlungsrichter hilft der Beschwerde nicht ab und legt die Ermittlungsakte dem Landgericht (Beschwerdegericht) vor.
Wie wird das Landgericht entscheiden?

Problemstellung

Ein wichtiges Recht des Verteidigers ist das Recht auf **Akteneinsicht**, **§ 147 Abs. 1** 16
StPO. Im Ermittlungsverfahren entscheidet allein die Staatsanwaltschaft über die Gewährung der Akteneinsicht, § 147 Abs. 5 Satz 1 StPO, und zwar auch dann, wenn sich während des Ermittlungsverfahrens die Akten beim Gericht befinden, z. B. beim Er-

mittlungsrichter zur Entscheidung über einen Antrag der Staatsanwaltschaft auf Erlass eines Durchsuchungsbeschlusses. Solange die Staatsanwaltschaft den Abschluss des Ermittlungsverfahrens noch nicht gemäß **§ 169a StPO** in den Akten vermerkt hat, kann die Staatsanwaltschaft dem Verteidiger die **Akteneinsicht** gemäß § 147 Abs. 2 und Abs. 3 StPO **versagen.** Gegen diese staatsanwaltschaftliche Versagung der Akteneinsicht kann der Verteidiger die gerichtliche Entscheidung beantragen, § 147 Abs. 5 Satz 2 StPO.
Befindet sich der Beschuldigte in Untersuchungshaft und erhält sein Verteidiger keine Einsicht in die Ermittlungsakte, kann der Verteidiger allerdings nicht sachgerecht zur Frage der Haftbefehlsvoraussetzungen nach § 112 StPO, insbesondere nicht zur Frage des dringenden Tatverdachts, Stellung nehmen.

Lösung

17 Die zulässige Haftbeschwerde ist begründet, wenn gegen B **kein dringender Tatverdacht** besteht, der gemäß § 112 Abs. 1 StPO Voraussetzung für die Untersuchungshaft ist. Dringender Tatverdacht besteht dann nicht, wenn die in der Ermittlungsakte enthaltene polizeiliche Aussage der Zeugin F, auf die der dringende Tatverdacht gestützt wird, zur Begründung des dringenden Tatverdachts nicht verwendet werden darf.
Befindet sich ein Beschuldigter – wie hier B – in Untersuchungshaft, muss dem Verteidiger Einsicht **in die gesamte Ermittlungsakte gewährt werden,**[13] zumindest aber in die Teile der Ermittlungsakte, **die für die Beurteilung des dringenden Tatverdachts von Bedeutung sind,**[14] vorliegend also zumindest in die polizeiliche Aussage der Zeugin F. Denn nur dann kann auch der Verteidiger die Rechtmäßigkeit der Untersuchungshaft prüfen und sachgerecht auf die gerichtliche Haftentscheidung einwirken.
Zwar kann die Staatsanwaltschaft auch in einem solchen Fall dem Verteidiger gemäß **§ 147 Abs. 2 StPO** die Einsicht in die Ermittlungsakte verweigern, weil sie im Fall der Akteneinsicht durch den Verteidiger ihre weiteren Ermittlungen für gefährdet hält. Dann darf aber ein Gericht bei einer im Ermittlungsverfahren anstehenden Haftentscheidung die in der Ermittlungsakte enthaltenen Tatsachen und Beweisumstände, von denen der Verteidiger keine Kenntnis nehmen konnte, nicht verwerten.[15]
Da V die im Haftbefehl zur Begründung des dringenden Tatverdachts angeführte polizeiliche Zeugenaussage der F nicht einsehen durfte, darf das Landgericht die polizeiliche Zeugenaussage der F bei der Prüfung, ob gegen B dringender Tatverdacht vorliegt, nicht berücksichtigen. Das Landgericht kann deshalb einen dringenden Tatverdacht nicht bejahen. Die Haftbeschwerde ist daher begründet. Das Landgericht wird deshalb den **Haftbefehl gegen B aufheben und die Freilassung des B anordnen.**[16]

---

13 EGMR StV 2001, 201, 203, 205.
14 BVerfG NStZ 1994, 551, 552.
15 BVerfG NStZ 1994, 551, 552.
16 BVerfG NStZ 1994, 551, 552.

Übersicht 4: Akteneinsicht

Akteneinsicht an	gemäß
Beschuldigten	§ 147 Abs. 7 StPO
Verteidiger	§ 147 Abs. 1–6 StPO
Nebenkläger	§§ 397 Abs. 1 Satz 2, 385 Abs. 3 StPO
Verletzten	§ 406e StPO
Justizbehörden	§ 474 Abs. 1 StPO
sonstige öffentliche Stellen	§ 474 Abs. 2 StPO § 476 StPO
Privatpersonen und private Stellen (z. B. private Versicherung)	§ 475 StPO

Fall 5: Der Pflichtverteidiger

Der nicht vorbestrafte A wird beim Strafrichter des Amtsgerichts wegen Diebstahls angeklagt. In der Anklage wird ihm vorgeworfen, aus einem Elektromarkt ein Notebook entwendet zu haben. In der Hauptverhandlung vor dem Strafrichter, zu der der Angeklagte ohne Verteidiger erschienen ist, bekundet der jetzt erstmals vernommene Kaufhausdetektiv Z als Zeuge glaubhaft Folgendes: Nachdem ihm von einem Mitarbeiter des Elektromarktes mitgeteilt worden sei, dass der Angeklagte A ein Notebook aus dem Regal genommen und unter seinem Mantel versteckt habe, habe er – Z – den A, nachdem dieser den Elektromarkt ohne Bezahlung des Notebooks verlassen habe, auf der Straße festgehalten und zur Herausgabe des Notebooks aufgefordert. A habe ihn darauf weggestoßen und sei mit dem Notebook davongerannt.
Wie ist das Verfahren fortzusetzen?

Problemstellung

Liegt ein Fall des § **140** Abs. 1 oder Abs. 2 **StPO** vor, muss der Angeklagte einen Verteidiger haben. Hat der Angeklagte in diesen Fällen selbst noch keinen **(Wahl-)Verteidiger** mit seiner Verteidigung beauftragt, weil er z. B. einen (Wahl-)Verteidiger nicht bezahlen kann, bestellt das Gericht dem Angeklagten einen **(Pflicht-)Verteidiger**, §§ **141, 142 StPO**. **18**

Lösung

Aufgrund der glaubhaften Aussage des Zeugen Z besteht gegen den Angeklagten A der hinreichende Tatverdacht (= Wahrscheinlichkeit der Verurteilung) eines räuberischen Diebstahls, § 252 StGB, also eines Verbrechens, § 12 Abs. 1 StGB. Gemäß § **25 GVG** ist der Strafrichter des Amtsgerichts nur für Vergehen sachlich zuständig, nicht jedoch für Verbrechen. Für Verbrechen ist sachlich zuständig entweder das Schöffengericht (des Amtsgerichts), § **28 GVG**, oder eine Strafkammer des Landgerichts, §§ 24 **19**

Abs. 1 Nr. 2 und Nr. 3, Abs. 2, 74 Abs. 1 und Abs. 2 GVG. Da vorliegend eine höhere Freiheitsstrafe als 4 Jahre nicht zu erwarten ist, ist das Schöffengericht sachlich zuständig. Im Vergleich zum Strafrichter ist das Schöffengericht das Gericht höherer Ordnung. Der Strafrichter wird deshalb die Sache gemäß **§ 270 StPO** durch Beschluss an das Schöffengericht verweisen.[17]

Da dem Angeklagten jetzt ein Verbrechen zur Last gelegt wird, liegt ein Fall der **notwendigen Verteidigung** nach § 140 Abs. 1 Nr. 2 StPO vor. Deshalb wird der Vorsitzende des Schöffengerichts dem Angeklagten – nachdem sich dieser hierzu äußern konnte, § 142 Abs. 1 Satz 2 StPO – einen (Pflicht-)Verteidiger bestellen, §§ 141, 142 StPO.
Die Verfügung des Schöffengerichtsvorsitzenden lautet:

Rechtsanwalt R wird zum Pflichtverteidiger des Angeklagten A bestellt, § 140 Abs. 1 Nr. 2 StPO.

Übersicht 5: Verteidiger

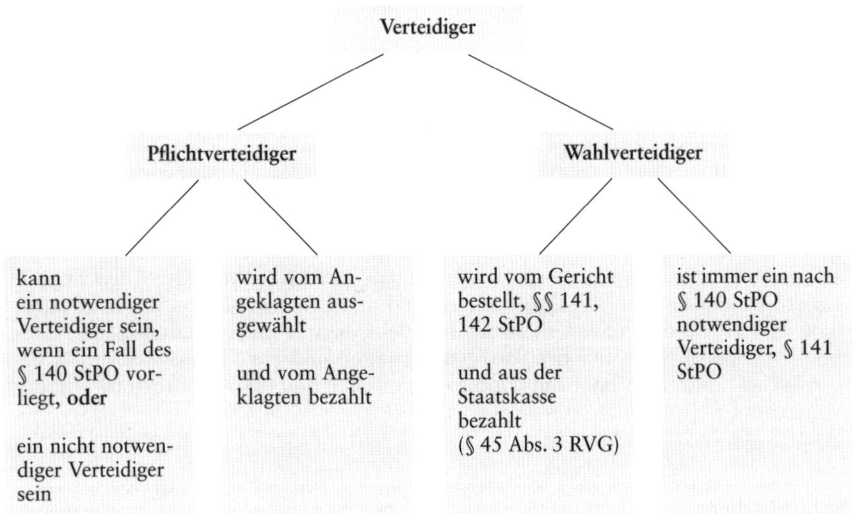

17 Verweist der Strafrichter die Sache entgegen § 270 StPO nicht an das Schöffengericht und verurteilt er den Angeklagten entgegen § 25 GVG wegen des Verbrechens des § 252 StGB, wird das Urteil sowohl im Falle der Berufung als auch im Falle der Revision aufgehoben und die Sache vom Berufungsgericht oder Revisionsgericht an das sachlich zuständige Schöffengericht verwiesen, §§ 328 Abs. 2, 355 StPO.

Fall 6: Notwendige Verteidigung bei erneuter Verurteilung

Am 3.8.2005 wird A vom Amtsgericht S wegen Betruges zu der Freiheitsstrafe von 10 Monaten verurteilt, deren Vollstreckung zur Bewährung ausgesetzt wird. Die Bewährungszeit wird auf 3 Jahre festgesetzt. Das Urteil wird am 16.9.2005 rechtskräftig.
Wegen eines erneuten, am 30.3.2006 begangenen Betruges wird A zunächst vom Amtsgericht H und anschließend – auf seine Berufung – am 12.3.2007 vom Landgericht L zu der Freiheitsstrafe von 8 Monaten ohne Bewährung verurteilt. In dieser Berufungsverhandlung vom 12.3.2007 war kein Verteidiger anwesend.
Am 14.3.2007 beauftragt A Rechtsanwalt R mit seiner Verteidigung.
Hätte eine von R eingelegte Revision gegen das Berufungsurteil vom 12.3.2007 Aussicht auf Erfolg mit der (Verfahrens-)Rüge, dass A in der Berufungsverhandlung vom 12.3.2007 keinen Verteidiger hatte?

Problemstellung

Wie vorheriger Fall.

Lösung

Eine Revision hätte gemäß § **337 StPO** Aussicht auf Erfolg, 20
- wenn die Abwesenheit eines Verteidigers in der Berufungsverhandlung vom 12.3.2007 das **Gesetz verletzte**, und
- wenn das Berufungsurteil vom 12.3.2007 auf dieser Gesetzesverletzung **beruht.**

a) **Gesetzesverletzung:**
Durch das Fehlen eines Verteidigers in der Berufungsverhandlung könnte § **140 Abs. 2 StPO** verletzt sein, wenn wegen der „**Schwere der Tat**" die Mitwirkung eines Verteidigers erforderlich war. Die „Schwere der Tat" beurteilt sich nach den (unmittelbar und mittelbar) drohenden Rechtsfolgen der Tat.
Eine Tat ist schwer i. S. d. § 140 Abs. 2 StPO,
- wenn der Angeklagte wegen der angeklagten Tat eine Freiheitsstrafe von mindestens ein Jahr (mit oder ohne Bewährung) zu erwarten hat, oder
- wenn wegen der angeklagten Tat zwar nur eine Verurteilung zu einer Freiheitsstrafe von weniger als ein Jahr Freiheitsstrafe droht, wenn aber wegen der angeklagten Tat zusätzlich noch der Widerruf einer zur Bewährung ausgesetzten früheren Freiheitsstrafe in Betracht kommt (§ 56f Abs. 1 Nr. 1 StGB) und wenn die Summe beider Freiheitsstrafen (drohende Freiheitsstrafe für die angeklagte Tat plus frühere Bewährungsstrafe) mindestens ein Jahr beträgt.[18]

Die dreijährige Bewährungszeit für die zehnmonatige Freiheitsstrafe aus dem Urteil 21
des Amtsgerichts S vom 3.8.2005 begann mit der Rechtskraft dieses Urteils, also am 16.9.2005, § 56a Abs. 2 Satz 1 StGB. Während dieser dreijährigen Bewährungszeit hat A den angeklagten (neuen) Betrug vom 30.3.2006 begangen. A muss deshalb damit rechnen, dass das Amtsgerichts S die Bewährung der zehnmonatigen Freiheitsstrafe widerruft, § 56f Abs. 1 Nr. 1 StGB.[19]
Da zum Zeitpunkt der Berufungsverhandlung vom 12.3.2007 die Summe
- aus der früheren Bewährungsstrafe (10 Monate) und

18 Meyer-Goßner, § 140 Rn 25.
19 Zuständigkeit des Amtsgerichts S für den Bewährungswiderruf: §§ 462a Abs. 2, 453 StPO.

- aus der für den neuen Betrug vom 30.3.2006 drohenden Freiheitsstrafe

mehr als ein Jahr betrug, war in der Berufungsverhandlung vom 12.3.2007 wegen der „Schwere der Tat" die Mitwirkung eines Verteidigers notwendig, § 140 Abs. 2 StPO. Da ein Verteidiger nicht anwesend war, wurde § 140 Abs. 2 StPO verletzt.

b) **Beruhen:**
Da in einem Fall der notwendigen Verteidigung (§ 140 Abs. 1 oder Abs. 2 StPO) der Verteidiger eine Person ist, deren Anwesenheit in der Verhandlung das Gesetz vorschreibt (§ 140 StPO), beruht das Berufungsurteil vom 12.3.2007 auch auf der Verletzung des § 140 Abs. 2 StPO, § **338 Nr. 5 StPO.**
Eine Revision hätte also Aussicht auf Erfolg.

4. Ermittlungsrichter, § 168c StPO

Fall 7: Anwesenheit des Beschuldigten bei richterlicher Vernehmung von Zeugen

Die Kriminalpolizei ermittelt gegen den Beschuldigten B, der von Rechtsanwalt V verteidigt wird, wegen Betrugs. Im Rahmen der Ermittlungen wird die geschiedene Ehefrau F des B, die den B angezeigt hatte, am 2.10.2006 polizeilich vernommen. Dabei belastet F den B durch ihre Zeugenaussage stark. Auf Antrag der Staatsanwaltschaft bestimmt der Ermittlungsrichter R des Amtsgerichts Termin zur richterlichen Vernehmung der Zeugin F. R vergisst jedoch, den Beschuldigten B und seinen Verteidiger V von dem Vernehmungstermin zu benachrichtigen. Bei ihrer ermittlungsrichterlichen Vernehmung vom 5.12.2006, an der wegen der unterbliebenen Benachrichtigung B und V nicht anwesend sind, belastet F nach Belehrung über ihr Zeugnisverweigerungsrecht den B erneut erheblich. B wird wegen Betrugs angeklagt. In der Hauptverhandlung vor dem Landgericht L verweigert F die Aussage. Auf Frage des Gerichts stimmt sie auch einer Verwertung ihrer polizeilichen Aussage vom 2.10.2006 nicht zu. Das Gericht vernimmt darauf den Ermittlungsrichter R als Zeuge darüber, was F in ihrer ermittlungsrichterlichen Vernehmung vom 5.12.2006 ausgesagt hat. Verteidiger V widerspricht schon zu Beginn der Zeugenvernehmung des R der Verwertung der Zeugenaussage der F vom 5.12.2006.
Darf das Landgericht diese – durch die Zeugenvernehmung des Ermittlungsrichters R in die Hauptverhandlung eingeführte – Zeugenaussage der F vom 5.12.2006 verwerten?

Problemstellung

22 Der Ermittlungsrichter ist in § **162 StPO**[20] geregelt. „**Gerichtliche Untersuchungshandlungen**" im Sinne dieser Vorschrift sind

- die **Maßnahmen** im Ermittlungsverfahren, die nach der StPO durch den Richter angeordnet werden müssen, also z. B.
- Haftbefehl, §§ 114, 125 Abs. 1 StPO,
- Durchsuchungsbeschluss, § 106 Abs. 1 StPO,

20 Neu gefasst ab 1.1.2008.

- Beschlagnahmebeschluss, § 98 Abs. 1 StPO,
- Telefonüberwachungsbeschluss, § 100b Abs. 1 StPO, oder
- vorläufige Entziehung der Fahrerlaubnis, § 111a StPO,

und

- **richterliche Vernehmungen** des Beschuldigten (z.B. bei der Haftbefehlseröffnung, §§ 115, 115a StPO) und von Zeugen im Ermittlungsverfahren.

Vor allem die ermittlungsrichterliche Vernehmung von Zeugen, die Angehörige des Beschuldigten sind und ein Zeugnisverweigerungsrecht nach **§ 52 StPO** haben, ist von Bedeutung. Häufig sind solche Zeugen im Ermittlungsverfahren trotz ihres Zeugnisverweigerungsrechts aussagebereit, insbesondere wenn sie Opfer von Gewalttätigkeiten oder sexuellen Übergriffen des Beschuldigten geworden sind und noch unter dem aktuellen Eindruck der erlittenen Misshandlungen stehen. Diese Zeugen verweigern dann aber oft in der späteren Hauptverhandlung gemäß § 52 StPO die Aussage, weil sie Angst vor dem Beschuldigten oder sich mittlerweile mit ihm ausgesöhnt haben. Wegen **§ 252 StPO** sind dann frühere nichtrichterliche Aussagen dieser Zeugen, die sie im Ermittlungsverfahren gegenüber der Polizei oder der Staatsanwaltschaft gemacht haben, in der Hauptverhandlung unverwertbar. Verwertbar ist in der Hauptverhandlung dann nur, was ein solcher Zeuge im Ermittlungsverfahren – nach Belehrung über sein Zeugnisverweigerungsrecht – beim Ermittlungsrichter ausgesagt hat. Diese damalige Aussage des jetzt nicht mehr aussagebereiten Zeugen kann dadurch in die Hauptverhandlung eingeführt werden, dass der Ermittlungsrichter in der Hauptverhandlung als Zeuge darüber vernommen wird, was der Zeuge damals ihm gegenüber ausgesagt hat.

Eine wichtige Vorschrift über Anwesenheitsrechte von Verfahrensbeteiligten, die bei der ermittlungsrichterlichen Vernehmung von Zeugen (und Beschuldigten) beachtet werden muss, ist **§ 168c StPO**. Eine Verletzung dieser Vorschrift kann dazu führen, dass in der späteren Hauptverhandlung die Aussage des Zeugen (oder des Beschuldigten), die er im Ermittlungsverfahren gegenüber dem Ermittlungsrichter gemacht hat, **nicht verwertet** werden darf.

Lösung

Die Aussage, die die Zeugin F gegenüber dem Ermittlungsrichter gemacht hat, kann verwertet werden, wenn kein **Verwertungsverbot** besteht. 23

- § 252 StPO steht der Verwertung nicht entgegen. Diese Vorschrift verbietet nur die Verwertung einer früheren Aussage des zeugnisverweigerungsberechtigten Zeugen bei einer nichtrichterlichen Vernehmung durch die Polizei oder die Staatsanwaltschaft. § 252 StPO verbietet jedoch nicht die Verwertung einer früheren Aussage des zeugnisverweigerungsberechtigten Zeugen gegenüber einem Richter (durch Zeugenvernehmung dieses Richters in der Hauptverhandlung), wenn der Zeuge – wie hier – bei dieser früheren Vernehmung durch den Richter gemäß § 52 Abs. 3 StPO über sein Zeugnisverweigerungsrecht belehrt worden ist.
- Die ermittlungsrichterliche Vernehmung der Zeugin F verstieß jedoch gegen **§ 168c Abs. 5 Satz 1 StPO,**
  - da weder der Beschuldigte B noch sein Verteidiger V, die zur Anwesenheit bei der ermittlungsrichterlichen Zeugenvernehmung der F berechtigt gewesen wären (§ 168c Abs. 2 StPO), von dem Vernehmungstermin benachrichtigt wurden, und
  - da keine Gründe ersichtlich sind, die ein Unterbleiben der Benachrichtigung des B und des V von dem Vernehmungstermin gemäß § 168c Abs. 5 Satz 2 StPO rechtfertigten. Insbesondere lagen keine Anhaltspunkte dafür vor, dass durch die Teilnahme des B und des V an diesem Vernehmungstermin die Zeugin F

keine oder eine falsche Aussage gemacht hätte und deshalb der Untersuchungserfolg gefährdet worden wäre.[21]

Da der Verteidiger V der Verwertung der ermittlungsrichterlichen Aussage der F vom 5.12.2006 in der Hauptverhandlung auch **rechtzeitig widersprochen** hat,[22] darf die ermittlungsrichterliche Zeugenaussage der F vom 5.12.2006 nicht verwertet werden.[23]

Übersicht 6: Verstoß gegen § 168c Abs. 5 StPO bei Zeugenvernehmung durch Ermittlungsrichter

Ermittlungsrichter vernimmt Zeugen, der trotz § 52 StPO aussagebereit ist ← Beschuldigter und Verteidiger nicht anwesend, da sie entgegen § 168c Abs. 5 StPO vom Termin nicht benachrichtigt wurden

↓

in späterer HV verweigert Zeuge gem. § 52 StPO das Zeugnis → Verlesung des Protokolls über die ermittlungsrichterliche Vernehmung des Zeugen ist schon nach § 252 StPO unzulässig

↓

Ermittlungsrichter wird in HV als Zeuge darüber vernommen, was der Zeuge bei ihm ausgesagt hat

↓

Verteidiger widerspricht in HV der Verwertung der damaligen Aussage des Zeugen vor dem Ermittlungsrichter

↓

Verwertungsverbot, da § 168c Abs. 5 StPO verletzt **und** Widerspruch gegen Verwertung: Aussage des Zeugen beim Ermittlungsrichter darf im Urteil nicht verwertet werden

---

21 BGH NJW 2003, 671.

22 Der Widerspruch muss in der Hauptverhandlung spätestens sofort nach der Zeugenvernehmung des Ermittlungsrichters erfolgen (= Zeitpunkt des § 257 Abs. 2 StPO), BGH NJW 1996, 2239, 2241.

23 BGH NJW 1996, 2239, 2241; s. Übersicht 34.

Fall 8: Anwesenheit des Verteidigers bei richterlicher Vernehmung des Beschuldigten

Gegen B wird wegen des Verdachts eines Kraftfahrzeugdiebstahls ermittelt. Bereits jetzt im Ermittlungsverfahren wird B von Rechtsanwalt V verteidigt, was sich aus den Ermittlungsakten ergibt (schriftsätzliche Verteidigungsanzeige mit schriftlicher Verteidigervollmacht). Die weiteren Ermittlungen ergeben zusätzlich den dringenden Verdacht, dass B als Mitglied einer Bande mehrere Raubüberfälle begangen hat. Auf Antrag der Staatsanwaltschaft erlässt daher der Ermittlungsrichter R des Amtsgerichts gegen B einen Haftbefehl. B wird festgenommen und dem Ermittlungsrichter R zur Vernehmung nach § 115 StPO vorgeführt. Da R übersehen hat, dass B von V verteidigt wird, wird Verteidiger V von dem Vernehmungstermin nicht benachrichtigt. R vernimmt den B, der ein umfassendes Geständnis ablegt. B wird wegen der eingestandenen Raubüberfälle angeklagt. In der Hauptverhandlung vor dem Landgericht schweigt B zu den Anklagevorwürfen.
Kann Verteidiger V verhindern, dass das Geständnis, das B vor dem Ermittlungsrichter abgelegt hat, verwertet wird?

Problemstellung

Für die (haft-)richterliche Vernehmung eines festgenommenen Beschuldigten nach § 115 StPO ist im Ermittlungsverfahren der **Ermittlungsrichter** des Amtsgerichts zuständig, §§ 125 Abs. 1, 126 Abs. 1 Satz 1 StPO. Für diese Beschuldigtenvernehmung gilt, da es sich um eine richterliche Vernehmung im Ermittlungsverfahren handelt, § **168c** Abs. 1, Abs. 4 und Abs. 5 **StPO**.[24] Die Angaben, die der Beschuldigte bei dieser Vernehmung gegenüber dem Ermittlungsrichter (= Haftrichter) macht, können später – wenn der Beschuldigte als Angeklagter in der Hauptverhandlung schweigt – in die Hauptverhandlung eingeführt werden 24

- durch Vernehmung des Ermittlungsrichters als Zeuge über das, was ihm der Angeklagte damals als Beschuldigter gesagt hat, oder
- durch Verlesung des bei der haftrichterlichen Beschuldigtenvernehmung angefertigten Protokolls, § 254 Abs. 1 StPO.

Ein Verstoß gegen § 168c StPO bei der ermittlungsrichterlichen Vernehmung des Beschuldigten ist in der späteren Hauptverhandlung nicht mehr reparabel und kann zu einem **Verwertungsverbot** führen.

Lösung

B hatte im Zeitpunkt seiner haftrichterlichen Vernehmung bereits einen Verteidiger.[25] 25
Da seine nach § 115 StPO erfolgte Vernehmung durch den Ermittlungsrichter eine richterliche (Beschuldigten-)Vernehmung im Ermittlungsverfahren ist, war bei dieser Vernehmung § **168c Abs. 1, Abs. 4 und Abs. 5 StPO** zu beachten.
Da Verteidiger V, der gemäß § **168c Abs. 1 StPO** zur Anwesenheit bei dieser haftrichterlichen Vernehmung des B berechtigt gewesen wäre, von dem Vernehmungstermin nicht benachrichtigt wurde, liegt ein Verstoß gegen § **168c Abs. 5 Satz 1 StPO** vor. Dieser Verstoß gegen § 168c Abs. 5 Satz 1 StPO hat ein **Verwertungsverbot** bezüglich des bei diesem Vernehmungstermin abgelegten Geständnisses zur Folge, wenn der

24 BGH NStZ 1989, 282.
25 Dies kommt in der Praxis nicht häufig vor. Im Regelfall haben festgenommene Beschuldigte zum Zeitpunkt der Vernehmung nach § 115 StPO noch keinen Verteidiger.

Verteidiger der Verwertung des haftrichterlichen Geständnisses des Beschuldigten B in der Hauptverhandlung rechtzeitig **widerspricht.**[26]
Verteidiger V kann also die Verwertung des haftrichterlichen Geständnisses des B im Urteil dadurch verhindern, dass er in der Hauptverhandlung der Verwertung dieses Geständnisses rechtzeitig widerspricht.
Rechtzeitig erhoben ist der **Widerspruch** in der Hauptverhandlung, wenn er spätestens zum Zeitpunkt des § 257 Abs. 2 StPO erfolgt, also spätestens sofort nach der Zeugenvernehmung des Ermittlungsrichters über das damalige Geständnis des B oder spätestens sofort nach der gemäß § 254 Abs. 1 StPO erfolgten Verlesung des haftrichterlichen Geständnisprotokolls.[27]
Zweckmäßigerweise wird V in der Hauptverhandlung schon vor der Zeugenvernehmung des Ermittlungsrichters oder vor der Verlesung des haftrichterlichen Protokolls der Verwertung widersprechen.

Übersicht 7: Verstoß gegen § 168c Abs. 5 StPO bei Beschuldigtenvernehmung durch Ermittlungsrichter

Ermittlungsrichter vernimmt den Beschuldigten, der schon jetzt im Ermittlungsverfahren einen Verteidiger hat, z.B. gem. § 115 StPO, der Verteidiger ist aber nicht anwesend, da er vom Termin nicht benachrichtigt wurde = Verstoß gegen § 168c Abs. 5 StPO.

↓

In der späteren Hauptverhandlung macht der Beschuldigte keine Angaben mehr.

↓

In der Hauptverhandlung wird
- der Ermittlungsrichter als Zeuge darüber vernommen, was der Beschuldigte bei ihm ausgesagt hat, oder
- das Protokoll über die ermittlungsrichterliche Vernehmung des Beschuldigten gem. § 254 Abs. 1 StPO verlesen.

↓

Verteidiger widerspricht in der Hauptverhandlung der Verwertung der damaligen Aussage des Beschuldigten beim Ermittlungsrichter (Zeitpunkt § 257 StPO)

↓

Verwertungsverbot,
da § 168c Abs. 5 StPO verletzt **und** Widerspruch gegen Verwertung:
Aussage des Beschuldigten beim Ermittlungsrichter darf im Urteil nicht verwertet werden.

---

26 BGH NStZ 1989, 282.
27 BGH NJW 1996, 2239, 2241.

II. Maßnahmen im Ermittlungsverfahren

1. Körperliche Untersuchung

Fall 9: Blutentnahme durch Medizinstudenten

Der Beschuldigte A wurde in der Neujahrsnacht am 1.1.2007 nach einer ausgiebigen Silvesterfeier mit entsprechendem Alkoholgenuss von den Insassen einer Polizeistreife dabei beobachtet, wie er mit seinem Fahrrad in ausladenden Schlangenlinien unter Benutzung beider Fahrbahnen gegen 03:00 Uhr nach Hause fuhr. Nachdem A von den Polizeibeamten angehalten wurde, führte PHM P einen Alkomattest durch, der eine Atemalkoholkonzentration von 0,5 mg/l ergab. PHM P, gemäß § 152 GVG „Ermittlungsperson der Staatsanwaltschaft", ordnete die Entnahme einer Blutprobe an. A war freiwillig dazu nicht bereit. Daraufhin wurde A auf die nahegelegene Polizeiwache gebracht. Da der diensthabende Polizeiarzt erkrankt war, wurde die Blutentnahme durch seinen Mitarbeiter, einen im praktischen Jahr befindlichen Medizinstudenten, komplikationslos vorgenommen. Eine spätere Analyse führte zu einer mittleren BAK von 1,8 ‰.
War das Vergehen der Ermittlungsbehörden rechtmäßig, und ist die Erkenntnis über den Blutalkoholgehalt für das Strafverfahren verwertbar?

Problemstellung

Gegen den Beschuldigten A wird die Staatsanwaltschaft bei der vorliegenden Blutalkoholkonzentration ein Verfahren wegen Trunkenheit im Verkehr gemäß § 316 StGB führen. Die Grenze der absoluten Fahruntüchtigkeit liegt bei 1,1 ‰ für den Führer eines Kraftfahrzeuges[28] und nach herrschender Rechtsprechung bei 1,6 ‰ für einen Fahrradfahrer.[29] Das Zustandekommen der Erkenntnisse über den Blutalkoholwert des A ist im vorliegenden Fall deshalb bedenklich, weil P die Blutprobe angeordnet hat, obwohl der Atemalkoholwert nur 0,5 mg/l betragen hat und nicht ein Arzt die Blutprobe entnommen hat. 26

Lösung

Die Vorschrift des **§ 81a StPO** gestattet die zwangsweise **körperliche Untersuchung** eines Beschuldigten, sofern keine Nachteile für seine Gesundheit zu befürchten sind. Ein solcher Nachteil liegt nur bei Eintritt einer erheblich über die Untersuchungsdauer hinauswirkenden Beeinträchtigung des körperlichen Wohlbefindens vor, nicht schon bei Schmerzen oder anderen vorübergehenden Unannehmlichkeiten.[30] Bei einer Blutentnahme kann von einer dauernden Beeinträchtigung des A nicht gesprochen werden. Der **körperliche Eingriff**, also die Blutentnahme, muss **für das Strafverfahren von Bedeutung** sein, was hier der Fall ist. Die Maßnahme darf nur angeordnet werden, wenn sie unerlässlich ist und im Verhältnis zur Schwere der Tat steht.[31] Dies ist bei einer einfachen Blutprobe unproblematisch. Es spielt auch keine Rolle, dass bei der **Atemalko-** 27

28 BGHSt 37, 89.
29 Fischer, § 316, Rn. 27.
30 Meyer-Goßner, § 81a, Rn. 17.
31 BVerfG NJW 2004, 3697.

holmessung lediglich ein Wert von 0,5 mg/l, der – wie sich aus § 24a Abs. 1 StVG ableiten lässt[32] – deutlich unterhalb der Grenze zur absoluten Fahruntüchtigkeit für Fahrradfahrer liegt, gemessen worden ist. Da die Polizeibeamten erhebliche Ausfallerscheinungen bei A in Form des Fahrens von Schlangenlinien beobachtet haben, war es notwendig, einen genauen Blutalkoholwert zu ermitteln.

28 **Anordnungsbefugt** ist gemäß § 81a Abs. 2 StPO grundsätzlich der Richter, bei Gefährdung des Untersuchungserfolges durch Verzögerung gemäß § 152 GVG auch die Staatsanwaltschaft und deren Ermittlungspersonen. Hier bestand Gefahr im Verzug, da sich der Alkohol im Körper eines Menschen ständig im Abbau befindet und die **Blutalkoholkonzentration** zum Tatzeitpunkt ermittelt werden muss. P war also als Ermittlungsperson der Staatsanwaltschaft für die Anordnung zuständig.[33]
Blutprobenentnahmen und andere körperliche Eingriffe dürfen gemäß § 81a Abs. 1 Satz 2 StPO nur durch einen Arzt nach den Regeln der ärztlichen Kunst durchgeführt werden. Der Mediziner, der noch nicht approbierter Arzt ist, ein Pfleger, eine Krankenschwester oder ein Rettungssanitäter dürfen einen Eingriff nur mit Einverständnis des Beschuldigten oder unter Anleitung, Aufsicht oder Verantwortung eines Arztes vornehmen.[34] Demnach war die **Entnahme der Blutprobe** durch den Medizinstudenten, auch wenn er im Auftrag des Polizeiarztes handelte und sich im praktischen Jahr seiner Ausbildung befand, rechtswidrig.
Die durch einen Nicht-Arzt im Ermittlungsverfahren gewonnene Blutprobe ist jedoch in einem späteren Strafprozess **verwertbar.** Eine Ausnahme besteht allenfalls dann, wenn gegen die Grundsätze eines an Gerechtigkeit und Billigkeit orientierten Verfahrens verstoßen wurden.[35] Der Zweck des Arztvorbehalts in § 81a Abs. 1 Satz 2 StPO besteht nicht darin, eine höhere Qualität des Untersuchungsergebnisses zu gewährleisten, sondern den Beschuldigten vor gesundheitlichen Gefahren zu schützen.

---

32 Zur Problematik der Umrechnung der AAK (Atemalkoholkonzentration) in eine BAK (Blutalkoholkonzentration): Fischer, § 316, Rn. 23.

33 Bei einer Anordnung wegen des Verdachts des vorangegangenen **Konsums von Betäubungsmitteln**, liegt nach neuerer Rechtsprechung des OLG Stuttgart (Blutalkohol 45, 76–77) keine Gefahr im Verzug – da kein drohender Beweismittelverlust (langsamerer Abbau als bei Alkohol) – vor. Hier muss also immer eine Entscheidung des Ermittlungsrichters eingeholt werden.

34 Meyer-Goßner, § 81a, Rn. 19.

35 BGHSt 24, 125 ff.

Übersicht 8: § 81 ff. StPO

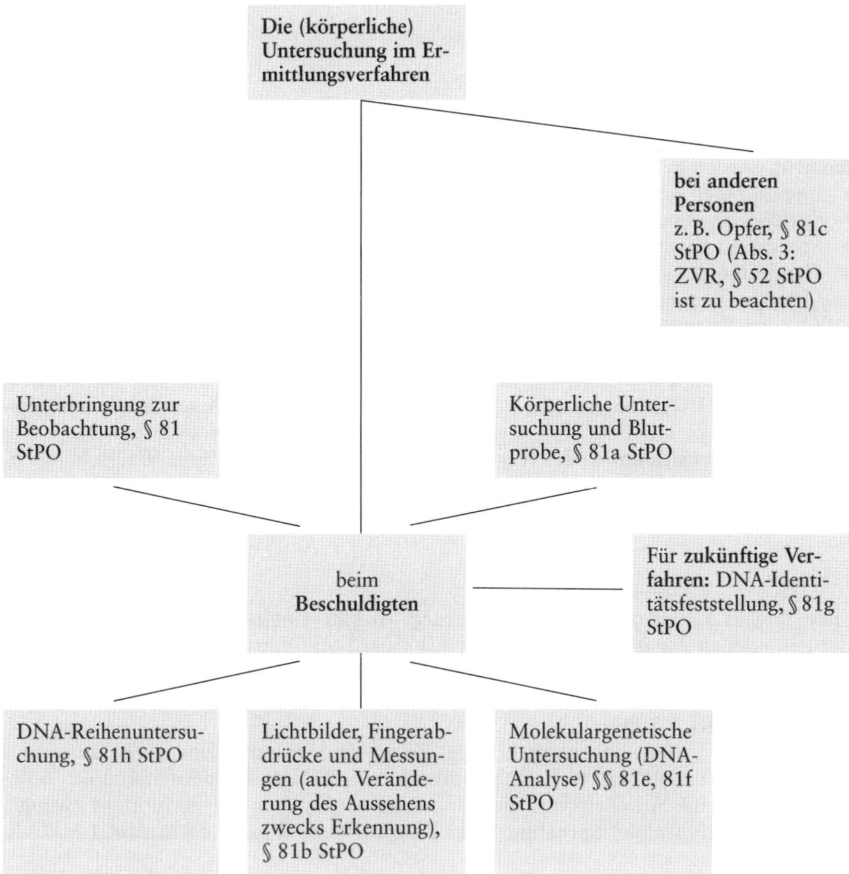

2. Molekulargenetische Untersuchung

Fall 10: DNA-Analyse wegen Einbruchsdiebstahls

Bei einem nächtlichen Einbruchsdiebstahl in ein Juweliergeschäft hinterlassen die unbekannten Täter in einer eingeschlagenen Schmuckvitrine eine Zigarettenkippe, an der sich eingetrocknete Speichelreste befinden. Eine Anwohnerin beobachtet, wie die Täter mit einem silbernen PKW, der einen Heckspoiler hat, davonfahren.
Bei ihren Ermittlungen stößt die Kriminalpolizei auf den wegen Ladendiebstahls vorbestraften B, der bis zu seiner – kurz vor der Tat erfolgten – fristlosen Kündigung in dem Juweliergeschäft als Verkäufer gearbeitet hat. B besitzt einen silberfar-

benen BMW mit schwarzem Heckspoiler. Eine freiwillige Speichelprobe zum Zwecke der Durchführung einer DNA-Analyse lehnt B ab.
Welche Maßnahmen wird Staatsanwalt S ergreifen?

Problemstellung

29 Gem. § **81e Abs. 2 StPO** darf aufgefundenes Spurenmaterial molekulargenetisch untersucht werden (= **DNA-Analyse**), z. B.,

- Blut an einer eingeschlagenen Fensterscheibe,
- Speichel an einer am Tatort gefundenen Zigarettenkippe,
- Sperma an Kleidung oder Körper des Vergewaltigungsopfers,
- Haare in einer gefundenen Überziehmaske.

Um festzustellen, ob diese Spuren vom Beschuldigten stammen, darf gemäß **81e Abs. 1 StPO** auch Körpermaterial (z. B. Blut, Speichel, Haare), das dem Beschuldigten entnommen wurde, molekulargenetisch untersucht werden.
Das Ergebnis der DNA-Analysen des gefundenen Spurenmaterials kann dann mit dem Ergebnis der DNA-Analysen des Körpermaterials des Beschuldigten verglichen werden.
Bei einer Übereinstimmung der Analyse-Werte besteht eine sehr hohe Wahrscheinlichkeit, dass die Spur vom Beschuldigten stammt.[36] Weichen die Analyse-Werte voneinander ab, scheidet der Beschuldigte als Spurenverursacher aus.

Lösung

30 Staatsanwalt S wird zunächst die molekurgenetische Untersuchung des Speichels an der gefundenen Zigarettenkippe gem. § **81e Abs. 2 StPO** anordnen.
Diese Untersuchung muss nicht von einem Richter, sondern kann auch von der Staatsanwaltschaft oder von der Polizei angeordnet werden (Richtervorbehalt nur bei §§ **81f Abs. 1, 81e Abs. 1 StPO**).
Um das DNA-Untersuchungsergebnis der Zigarettenkippe mit dem DNA-Muster des B vergleichen zu können, wird DNA-untersuchungsfähiges Körpermaterial des B benötigt. Da B eine Speichelprobe nicht freiwillig abgibt, kommt die (notfalls zwangsweise durchzuführende) **Entnahme einer Blutprobe** des B gem. § **81a Abs. 1 StPO** in Betracht.
Die Anordnung der Blutprobenentnahme bei B nach § 81a Abs. 1 StPO setzt allerdings voraus, dass B „**Beschuldigter**" ist. Es müssen also Tatsachen vorliegen, aus denen sich ergibt, dass B ernsthaft als Täter oder Teilnehmer des Einbruchsdiebstahls in Betracht kommt.[37] Das ist hier der Fall. Zwar darf der Umstand, dass B die freiwillige Teilnahme an einer DNA-Untersuchung ablehnt, nicht zur Begründung der Beschul-

36 Zwar begründet ein positives DNA-Ergebnis einen hohen Tatverdacht. Jedoch darf ein Angeklagter allein aufgrund dieses positiven DNA-Ergebnisses nicht verurteilt werden. Außer der belastenden DNA-Analyse müssen weitere Indizien für die Täterschaft des Angeklagten vorliegen, da das DNA-Ergebnis nur eine statistische Wahrscheinlichkeitsaussage enthält, BGHSt 38, 320.
Kommt z. B. die DNA-Analyse zu dem Ergebnis, dass der Angeklagte mit einer Wahrscheinlichkeit von 99,99 % der Verursacher einer am Tatort gefundenen Blutspur (z. B. an einem eingeschlagenen Fenster) ist, kommen zu 0,01 % auch andere Personen als Verursacher dieser Blutspur in Betracht. Das bedeutet z. B., dass von 100.000 Einwohnern einer Stadt immerhin weitere 10 Personen als Spurenverursacher und damit als Täter in Betracht kommen.

37 BGHSt 37, 48, 52.

digteneigenschaft des B herangezogen werden.[38] Denn dies würde gegen den Grundsatz der Selbstbelastungsfreiheit verstoßen. Der Tatverdacht gegen B und damit seine Beschuldigteneigenschaft ergibt sich aber aus folgenden Tatsachen: Der wegen einer einschlägigen Straftat (Diebstahl) vorbestrafte B, der bis kurz vor der Tat in dem geschädigten Juweliergeschäft gearbeitet hat, fährt einen PKW, der nach Farbe und Ausstattung (Heckspoiler) mit dem PKW übereinstimmt, mit dem die Täter nach dem Einbruch vom Tatort wegfuhren.
Gem. § 81a Abs. 1 StPO kann deshalb die Entnahme einer Blutprobe des Beschuldigten B angeordnet werden.
Da keine Gefahr im Verzuge vorliegt, darf die Blutprobenentnahme nur vom Ermittlungsrichter angeordnet werden, nicht jedoch vom Staatsanwalt, § 81a Abs. 2 StPO.
Staatsanwalt S wird deshalb beim Ermittlungsrichter einen Antrag auf Anordnung einer Blutprobenentnahme beim Beschuldigten B nach § 81a Abs. 1 StPO stellen, § 162 Abs. 1 StPO.

Schließlich muss die nach § 81a Abs. 1 StPO entnommene Blutprobe des B **molekulargenetisch untersucht** werden, um das DNA-Muster des B mit dem DNA-Muster des Speichels an der Zigarettenkippe vergleichen zu können. Da B mit einer DNA-Untersuchung nicht einverstanden ist, muss die molekulargenetische Untersuchung seiner Blutprobe richterlich angeordnet werden, **§ 81f Abs. 1 Satz 1 StPO**. Mangels Gefahr im Verzuge ist Staatsanwalt S hierzu nicht befugt. 31
Staatsanwalt S wird deshalb beim Ermittlungsrichter auch einen Antrag auf Anordnung der molekulargenetische Untersuchung der Blutprobe des Beschuldigten B nach § 81e Abs. 1 StPO stellen, § 162 Abs. 1 StPO.

38 BGH NStZ 2004, 392: Auch wer sich weigert, an einer DNA-Reihenuntersuchung (§ 81h StPO) mitzuwirken, wird allein durch diese Weigerung nicht zum Beschuldigten.

Übersicht 9: DNA-Analyse

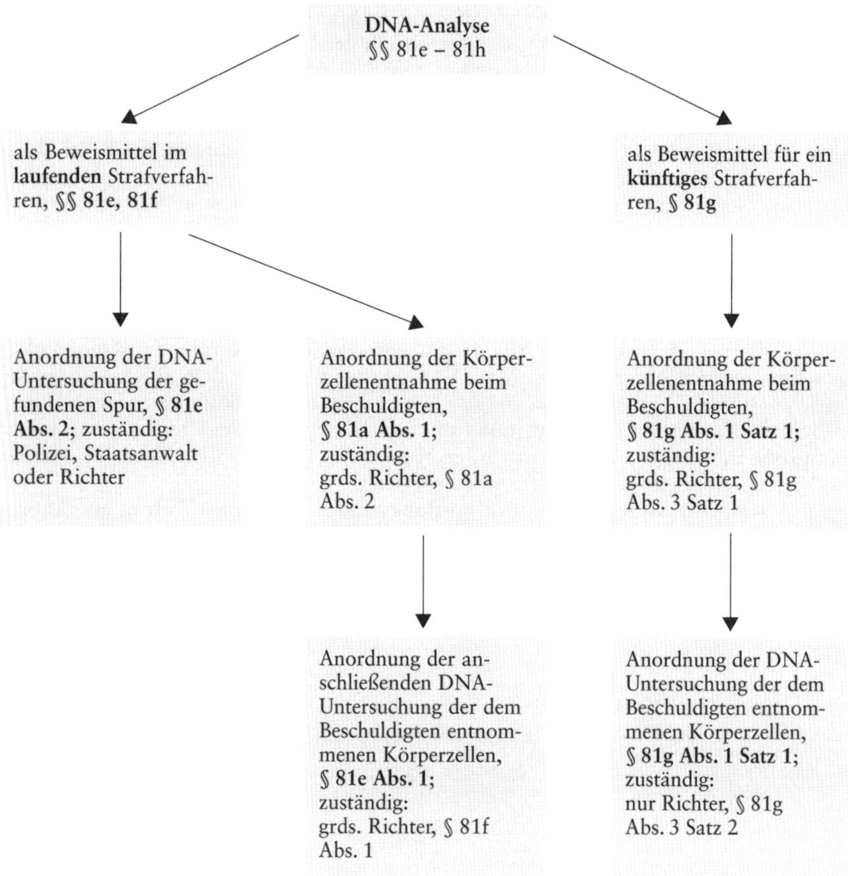

3. Telefonüberwachung

Fall 11: Telefonüberwachung nach Banküberfall

Wegen des Verdachts serienmäßig begangener Wohnungseinbruchsdiebstähle (§ 244 Abs. 1 Nr. 3 StGB) ordnet der Ermittlungsrichter auf Antrag der Staatsanwaltschaft die Überwachung des Mobiltelefons des Beschuldigten B an. Bei einem der daraufhin überwachten Telefonate teilt B seiner Freundin am 30.1.2008 Einzelheiten über zwei im Januar 2008 begangene Wohnungseinbrüche mit. Außerdem erzählt er ihr bei diesem Telefongespräch, dass er der bislang nicht ermittelte Täter sei, der im Dezember 2007 eine Bank in der Stadt S überfallen und dabei die Bankangestellte mit vorgehaltener Pistole gezwungen habe, ihm 20.000 € zu übergeben. Wegen des Vor-

wurfs dieser beiden Wohnungseinbrüche (§ 244 Abs. 1 Nr. 3 StGB) und des im Dezember 2007 begangenen Banküberfalls (schwere räuberische Erpressung gem. §§ 255, 250 Abs. 2 Nr. 1 StGB) wird B angeklagt. In der Hauptverhandlung vor dem Landgericht S widerspricht der Verteidiger des zu den Tatvorwürfen schweigenden B der Verwertung des Telefonats vom 30.1.2008.
Können die Äußerungen des B in dem abgehörten Telefonat vom 30.1.2008 zum Nachweis seiner Täterschaft bei den zwei Wohnungseinbrüchen und bei dem Banküberfall verwertet werden?

Problemstellung

Die **Telefonüberwachung** ist in §§ **100a, 100b StPO**[39] geregelt. Verstöße gegen diese Vorschriften machen die Telefonüberwachung rechtswidrig und können zu einem Verbot der Verwertung der bei der rechtswidrigen Telefonüberwachung gewonnenen Erkenntnisse führen. 32
Ein **Verwertungsverbot** besteht z. B. dann,

- wenn die Polizei ohne Anordnung eines Richters oder Staatsanwalts das Telefon überwachte (= Verstoß gegen § 100b Abs. 1 Satz 1 und Satz 2 StPO),[40]
- wenn die Telefonüberwachung vom Richter oder Staatsanwalt wegen einer nicht in § 100a StPO aufgezählten Straftat angeordnet wurde[41] und zum Zeitpunkt der Anordnung auch nicht der vom Richter oder Staatsanwalt übersehene Verdacht einer Katalogtat nach § 100a StPO bestand[42] oder
- wenn die Telefonüberwachung zwar wegen des Verdachts einer Katalogtat nach § 100a StPO angeordnet wurde, die Annahme dieses Verdachts durch den Ermittlungsrichters oder durch den Staatsanwalt aber völlig unvertretbar war und nach Aktenlage auch nicht der Verdacht einer – vom Richter oder Staatsanwalt übersehenen – anderen Katalogtat bestand.[43]

Mit der Revision kann ein Angeklagter die Missachtung eines solchen Verwertungsverbots im Urteil allerdings nur dann erfolgreich beanstanden, wenn er (oder sein Verteidiger) in der Hauptverhandlung der Verwertung der Erkenntnisse aus der rechtswidrigen Telefonüberwachung **widersprochen** hat.[44]
Eine weitere Unverwertbarkeitsklausel enthält der neu geschaffene § 100a Abs. 4 StPO.

Lösung

Das am 30.1.2008 abgehörte Telefonat darf dann zum Nachweis der beiden Wohnungseinbrüche (a) und des Banküberfalls (b) verwendet werden, wenn kein **Verwertungsverbot** besteht. 33

a) Zum Nachweis der beiden Wohnungseinbrüche darf das abgehörte Telefonat nicht verwendet werden: Die Telefonüberwachung wurde zwar gem. § 100b Abs. 1 StPO richterlich angeordnet. Jedoch handelt es sich bei dem Straftatbestand des § 244 Abs. 1 Nr. 3 StGB nicht um eine im Katalog des § 100a Abs. 2 StPO aufgeführte Straftat.

39 Diese Vorschriften wurden zum 1.1.2008 geändert.
40 BGHSt 31, 304.
41 BGHSt 48, 240, 248.
42 BGHSt 48, 240.
43 BGHSt 41, 30, 34; BGHSt 48, 240, 249.
44 BGH StV 2001, 545.

Wegen Verstoßes gegen § 100a Abs. 1 und Abs. 2 StPO besteht daher ein Verwertungsverbot.

b) Die telefonischen Äußerungen des B über den Banküberfall vom Dezember 2007 (schwere räuberische Erpressung gem. §§ 255, 250 Abs. 2 Nr. 1 StGB) sind sog. **Zufallsfunde**, da die Telefonüberwachung nicht wegen dieses Banküberfalls, sondern wegen anderer Taten (Wohnungseinbruchsdiebstähle) angeordnet worden war.
Für solche Zufallsfunde bei einer Telefonüberwachung gilt (ab 1.1.2008) **§ 477 Abs. 2 Satz 2 StPO** (bis 31.12.2007: § 100b Abs 5 StPO). Danach dürfen abgehörte Gespräche zum Nachweis einer vom Beschuldigten oder von einem Dritten begangenen anderen Katalogtat des § 100a StPO verwertet werden als der, wegen der die Telefonüberwachung angeordnet wurde, nicht jedoch zum Nachweis einer nicht im Katalog des § 100a StPO genannten Straftat.
Zwar dient die abgehörte telefonische Äußerung des B über den Banküberfall dem Nachweis einer schweren räuberischen Erpressung (§§ 255, 250 Abs. 2 Nr. 1 StGB), also einer Katalogtat nach § 100a Nr. 2 StPO.
Jedoch ist weitere (ungeschriebene) Voraussetzung für die Verwertung solcher Zufallserkenntnisse nach **§ 477 Abs 2 Satz 2 StPO**, dass die Telefonüberwachung, bei der diese Zufallserkenntnisse gewonnen wurden, rechtmäßig (angeordnet) war.[45] Wie soeben unter a) dargestellt, war die Telefonüberwachung jedoch wegen Verstoßes gegen § 100a StPO rechtswidrig, da sie wegen einer Nicht-Katalogtat angeordnet worden war.
Deshalb dürfen die abgehörten Äußerungen des B zu dem Banküberfall auch nicht zum Nachweis seiner Täterschaft bei dieser schweren räuberischen Erpressung verwertet werden.

34 Das aus der Rechtwidrigkeit der Telefonüberwachung folgende **Verwertungsverbot** bedeutet, dass der Inhalt des abgehörten Gesprächs nicht unmittelbar zum Beweis der Täterschaft des Angeklagten B verwendet werden darf.
Fernwirkung hat dieses Verwertungsverbot allerdings nicht: Es ist zulässig, die aufgrund der rechtswidrigen Telefonüberwachung bekannt gewordenen anderen Beweismittel zu benutzen. So darf vorliegend die Freundin F als Zeugin darüber vernommen werden, was sie von den Straftaten des Angeklagten weiß. Ihre Angaben dürfen dann verwertet werden.[46] Allerdings darf der Freundin bei ihrer Vernehmung als Zeugin das rechtswidrig abgehörte Telefonat nicht vorgehalten werden.[47] Würde ein solcher unzulässiger Vorhalt bei ihrer Zeugenvernehmung erfolgen, wäre die durch diesen unzulässigen Vorhalt beeinflusste Aussage der Freundin F nicht verwertbar.[48]

Fall 12: Durchsuchung nach elektronischen Daten

Der 21jährige Auszubildende A ist verdächtig, über das Internet und das Versteigerungsportal „Ebay“ in großem Stil Waren angeboten zu haben, für die er sich zwar im Wege der Vorkasse den Verkaufspreis von den Versteigerungspartnern auf sein Girokonto überweisen ließ, die er jedoch – wie von vorneherein vorgesehen – im Gegenzug nicht an die Vertragspartner versandte. Der Polizei liegen Strafanzeigen

45 BGHSt 48, 240, 249.
46 BGHSt 32, 68, 71.
47 BGHSt 32, 68, 71.
48 BGHSt 35, 32, 34.

von insgesamt 6 Personen vor, wobei ein Schaden von insgesamt 10.000.– € entstanden sein soll.
Über eine Zurückverfolgung der Internetadresse des Anbieters ist der Sachbearbeiter der Kriminalpolizei, KHK P, an die Wohnadresse des A gelangt. Als P dort klingelt, wird ihm nicht geöffnet, sondern es werden hektisch die Lichter im Haus gelöscht. P führt nach Rücksprache mit der Staatsanwaltschaft und telefonischen Anordnung durch den zuständigen Ermittlungsrichter nunmehr die Durchsuchung des Hauses zum Zwecke des Auffindens von Beweismitteln an. Bei der ordnungsgemäß durchgeführten Durchsuchung beschlagnahmt P ein Mobiltelefon, eine Computerfestplatte, zwei Faxmitteilungen von anderen Personen, die sich in den Schreiben nach dem Verbleib von Ware erkundigen, und eine Liste der Telefonverbindungsdaten des vorhergegangenen Monats der Deutschen Telekom. Die Verbindungsdaten, das Telefonbuch und die gespeicherten SMS-Nachrichten wurden später von Fachleuten des Landeskriminalamtes aus dem Speicher der SIM-Karte und des Telefongerätes ausgelesen. Die in der Computerfestplatte gespeicherten E-Mail Mitteilungen wurden ausgedruckt.
War die Beschlagnahme dieser Gegenstände rechtmäßig, und können die so gewonnenen Informationen in das Verfahren eingeführt werden?

Problemstellung

Die Ermittlungsbehörden haben im vorliegenden Fall eine Reihe von Informationen gesammelt, die möglicherweise gemäß den §§ 100a, 100b und 100g StPO[49] eine stärkeren Grundrechtsschutz erfahren als bei einer „einfachen" Durchsuchung und Beschlagnahme von Gegenständen gemäß §§ 94, 98 und 102 StPO. **35**

Lösung

Es ist davon auszugehen, dass die Durchsuchung und Beschlagnahme von Gegenständen gemäß den §§ 94ff., 102 StPO bei der Polizeiaktion durch P rechtmäßig waren. Insbesondere ist eine telefonische Anordnung durch den Ermittlungsrichter durch § 98 Abs. 1 StPO gedeckt. Im Rahmen der Durchsuchung sind bei A ein Mobiltelefon, eine Computerfestplatte, zwei Faxmitteilungen von anderen Personen, die sich nach dem Verbleib der ersteigerten Ware erkundigen, und eine Liste der Telefonverbindungsdaten des vorhergegangenen Monats der Deutschen Telekom beschlagnahmt worden. **36**
Der Zugriff auf die im Rechner des A gespeicherten Daten sowie auf die Einzelverbindungsdaten des Mobilfunktelefons stellt keinen Eingriff in das durch **Art. 10 Abs. 1 GG** geschützte Fernmeldegeheimnis dar. Die nach Abschluss des Übertragungsvorgangs im Herrschaftsbereich des Kommunikationsteilnehmers gespeicherten Verbindungsdaten werden nicht durch das Fernmeldegeheimnis, sondern durch das Recht auf informationelle Selbstbestimmung und ggfs. durch das Recht auf Unverletzlichkeit der Wohnung geschützt. Der Schutz des Fernmeldegeheimnisses endet in dem Moment, in dem die **Nachricht beim Empfänger angekommen** und der Übertragungsvorgang beendet ist. In der Entscheidung des BVerfG vom 2.3.2006 – 2 BvR 2089/04 – NStZ 2006, 641 wird hierzu ausgeführt, dass im Herrschaftsbereich des Kommunikationsteilnehmers nicht mehr die spezifischen Gefahren einer räumlich distanzierten Kommunikation bestünden, vor denen gerade das Fernmeldegeheimnis schützen soll. So könne sich der Nutzer bei seiner Verfügungsmacht unterliegenden Geräten, anders

49 Ab 1.1.2008 neu gefasst.

als etwa bei einer Speicherung von Verbindungsdaten durch den Nachrichtenmittler,[50] die einer Kontroll- und Einwirkungsmöglichkeit des Kommunikationsteilnehmers entzogen ist, gegen den unerwünschten Datenzugriff Dritter, z. B. durch technische Vorkehrungen und Installation einer Zugangsverschlüsselung, selbst ausreichend schützen. Das Fernmeldegeheimnis sei dann tangiert, wenn die Kommunikation der Beteiligten wegen der Distanz und der Art und Weise der technischen Umsetzung über Telekommunikationsanbieter oder weitere Personen erfolge, da sich hier die Gefahr eines Zugriffs durch Dritte ergäbe. Diese typische Gefährdungslage ende, wenn sich die während der Kommunikation erhobenen Daten nicht mehr im Zugriffsbereich eines Dritten, sondern allein beim Betroffenen selbst befänden.

37 Das ist bei den in der Computerfestplatte und dem Mobiltelefon des A gespeicherten Daten der Fall, da die übermittelte Nachricht bei ihm bereits angekommen ist. Dies gilt auch für die Faxmitteilungen an A, die bereits in Papierform in dessen Wohnung aufgefunden worden sind. Ähnlich verhält es sich mit der bei A aufgefundenen Verbindungsdatenliste der Deutschen Telekom. Es handelt sich nicht um eine Erhebung der Verkehrsdaten gemäß § 100g Abs. 1 und Abs. 2 StPO (in der neuen Fassung ab 1.1.2008), sondern um eine einfache Beschlagnahme einer Urkunde, für die gemäß § 100g Abs. 3 StPO (neue Fassung) die §§ 94 ff. StPO gelten. Auch hier ist nach den o. g. Grundsätzen das Fernmeldegeheimnis nicht tangiert. Die Durchsuchung und Beschlagnahme in der Wohnung des A waren also rechtmäßig und die hierdurch gewonnenen Informationen in einem späteren Hauptverfahren verwertbar.

Übersicht 10: Zweck der 100a ff. StPO

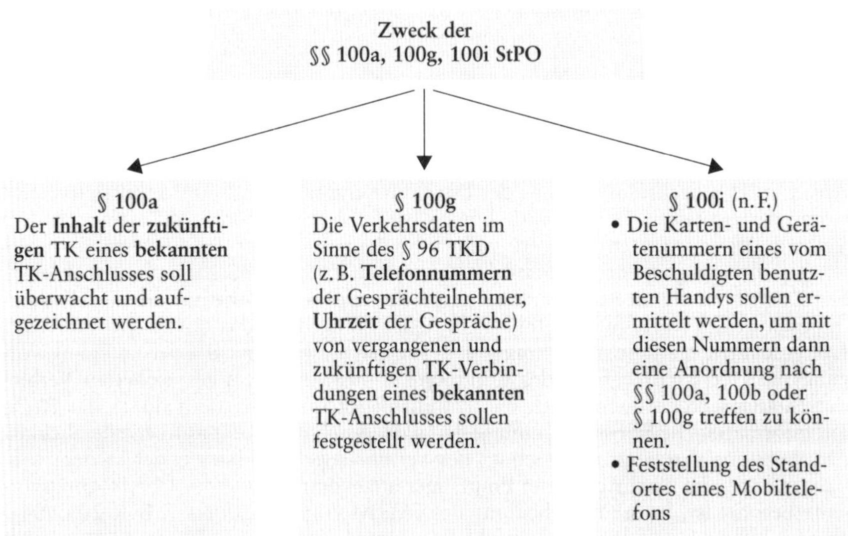

50 Dazu BVerfG NStZ 2003, 441.

Fall 13: Telefonüberwachung und Online-Durchsuchung

Die Staatsanwaltschaft ermittelt gegen B, der hiervon noch nichts weiß, wegen des Verdachts des Handeltreibens mit Betäubungsmitteln (Heroin) in nicht geringer Menge (§ 29a Abs. 1 Nr. 2 BtMG). Den Erkenntnissen eines verdeckten Ermittlers zufolge soll B das Heroin bei seinen Lieferanten per e-Mail über seinen PC bestellen. Die Staatsanwaltschaft will auch die ihr bislang nicht bekannten Heroinlieferanten des B ermitteln. Damit B und seine Hinterleute jetzt noch nicht durch eine offene Ermittlungsmaßnahme von dem Ermittlungsverfahren erfahren, will die Staatsanwaltschaft jetzt noch nicht die Wohnung des B durchsuchen lassen, um den dort befindlichen PC zu beschlagnahmen. Um dennoch unbemerkt den Inhalt der auf Bs PC gespeicherten E-mails zu erfahren, beantragt die Staatsanwaltschaft beim Ermittlungsrichter des Amtsgerichts die verdeckte Durchsuchung des PC mit Hilfe eines Computerprogramms, das heimlich über den Internet-Zugang des B auf dessen PC installiert werden, die dort gespeicherten Daten kopieren und diese Datenkopien dann zum PC der Polizei senden soll.
Welche Entscheidung wird der Amtsrichter treffen?

Problemstellung

Es stellt sich die Frage, ob eine Eingriffsnorm der StPO das heimliche „Ausspähen" der Computerfestplatte mittels eines über den Internetzugang eingespeisten Programms (sog. „Spyware") zulässt. **38**

Lösung

Wenn die beantragte Ermittlungsmaßnahme – **verdeckte Online-Durchsuchung des PC** – zulässig ist, muss der Ermittlungsrichter sie anordnen, ansonsten muss er sie ablehnen, § 162 Abs. 2 StPO (neu gefasst ab 1.1.2008). **39**
Zulässig wäre eine solche verdeckte Online-Durchsuchung des PC nur dann, wenn es in der StPO eine Vorschrift gäbe, die diesen Eingriff erlaubt.

- **§ 102 StPO** (Durchsuchung beim Beschuldigten) und **§ 110 StPO** (Durchsicht von elektronischen Speichermedien[51]) erlauben eine **verdeckte** Online-Durchsuchung nicht, da unter „Durchsuchung" im Sinne der StPO nur eine **offene** Suche durch körperlich am Ort der Durchsuchung anwesende Ermittlungsbeamte zu verstehen ist.
- **§ 100a StPO** ist nicht einschlägig, da § 100a StPO nur erlaubt, dass gerade stattfindende („**fließende**") Kommunikationsvorgänge zwischen dem Tatverdächtigen und Dritten überwacht werden. Die Online-Durchsuchung soll jedoch gespeicherte Daten, d.h. „**ruhende**" Beweismittel erfassen.
- § 100c StPO (Wohnraumüberwachung) ist ebenfalls nicht einschlägig, da diese Vorschrift nur die Überwachung und Aufzeichnung von **gerade geführten Gesprächen** in einer Wohnung, nicht jedoch die Durchsuchung des Computerinhalts erlaubt.
- **§ 100f StPO** (**n.F.**; bis 31.12.2007: § 100f Abs. 2 StPO) – Einsatz technischer Mittel – erlaubt nur den Einsatz von technischen Mitteln **außerhalb** der Wohnung (z.B. Peilsender, satellitengestützte Ortungssysteme [GPS] oder Nachtsichtgeräte). **40**
- **§ 161 StPO** ist nicht einschlägig, weil diese Vorschrift nur solche Eingriffe erlaubt, die in der StPO nicht durch eine Spezialnorm geregelt sind **und** die nur **geringfügig**

51 „Papiere" i.S.d. § 110 Abs. 1 StPO sind nach BGH NStZ 2003, 670 auch elektronis[…] chermedien, z.B. Festplatten, CDs, DVDs, Memory-Sticks.

in Grundrechte eingreifen.[52] Eine Online-Durchsuchung kann aber erheblich in Grundrechte eingreifen, da durch sie auch auf dem PC gespeicherte Daten ermittelt werden können, die zum **Kernbereich privater und intimer Lebensgestaltung** des PC-Inhabers gehören (z.B. elektronische Tagebucheintragungen, Testamentsentwurf, private Fotos).

Da es somit in der StPO keine Eingriffsnorm für die verdeckte Online-Durchsuchung des PC des B gibt, ist diese von der Staatsanwaltschaft beantragte Maßnahme unzulässig.[53]

Der Amtsrichter wird deshalb den Antrag der Staatsanwaltschaft ablehnen.[54]

Übersicht 11: Zugriff auf Telekommunikations-Mitteilungen

	Folgende Eingriffe sind nur unter den strengen Voraussetzungen der §§ 100a und 100b StPO zulässig (da Grundrechtsschutz durch Art. 10 GG):	**In folgenden Fällen ist eine Durchsuchung, Beschlagnahme und Auswertung gem. §§ 102, 94, 110 StPO[55] ausreichend:**
SMS oder **MMS**-Nachrichten bei Mobiltelefonnutzung	Zugriff auf Datenfluss beim Provider während der Übertragung der Nachricht	Auslesen des Handyspeichers (§ 110 StPO) des beim Beschuldigten (evtl. bei einer Durchsuchung) beschlagnahmten Mobiltelefons
auf **Anrufbeantworter** oder **Mailbox** gespeicherte Sprachnachrichten	Abhören der Mailbox, die sich im Herrschaftsbereich des Providers befindet, auch wenn Nachricht vom Nutzer oder Beschuldigten bereits abgehört und nicht gelöscht wurde	Abhören eines Anrufbeantworters (§ 110 StPO), der z.B. in der durchsuchten Wohnung des Beschuldigten beschlagnahmt wurde
e-Mails (nebst gespeicherten Anhängen)	Zugriff während des Übertragungsvorgangs bei Internetbenutzung durch den Beschuldigten für ein- oder abgehende e-Mail-Nachrichten	Auslesen der Festplatte (§ 110 StPO) des beim Beschuldigten anlässlich einer Wohnungsdurchsuchung beschlagnahmten PCs
Telefaxnachrichten	Während des Übertragungsvorgangs	Beschlagnahme des bei einer Wohnungsdurchsuchung beim Beschuldigten aufgefundenen Telefaxausdrucks

52 Z.B. kurzfristige Observation, Erkundigungen in der Nachbarschaft, Einsatz eines sich als Drogen-Käufer ausgebenden Polizeibeamten, Einsatz einer Vertrauensperson.

53 BGH NStZ 2007, 930.

54 Um in den Besitz der auf dem PC gespeicherten Daten des B zu kommen, müsste die Staatsanwaltschaft beim Ermittlungsrichter beantragen, eine (offen auszuführende) Wohnungsdurchsuchung und die Beschlagnahme des Computers mit anschließender Durchsuchung der Speichermedien nach §§ 102, 94, 110 StPO anzuordnen, BGH NStZ 2007, 930. Die Voraussetzungen für eine solche Anordnung lägen hier zwar vor. Die Durchführung dieser Maßnahmen würde dann allerdings B und seine Hinterleute von dem laufenden Ermittlungsverfahren in Kenntnis setzen und zur Flucht oder zu Verschleierungsmaßnahmen veranlassen. Eine andere Möglichkeit besteht darin, E-Mails über eine Maßnahme gemäß § 100a StPO direkt bei dem Provider „abzufangen“, solange diese hier gespeichert sind.

55 „Papiere“ i.S.d. § 110 Abs. 1 StPO sind nach BGH NStZ 2003, 670 auch elektronische Speichermedien, z.B. Festplatten, CDs, DVDs, USB-Memory-Sticks, Speicher eines Mobiltelefons, eines Anrufbeantworters oder einer Digital-Kamera.

4. Geheime Ermittlungen

Fall 14: Abhören eines Selbstgesprächs

Der Angeklagte A wird wegen Mordes von der Schwurgerichtskammer des Landgerichts zu einer lebenslangen Freiheitsstrafe verurteilt. Nach der schriftlichen Urteilsbegründung ging dieser Tat ein Streit mit dem späteren Opfer, dem Landwirt O, voraus, der dem Angeklagten den dauernden Aufenthalt in einer auf seinem Grundstück errichteten Holzhütte untersagen wollte. Im Verlauf des Streits, der sich über mehrere Wochen hinzog, hatte A dem O mit einem Holzknüppel gedroht und dabei gerufen: *„Dich erschlag ich noch!“* Tatsächlich wurde O im Oktober 1998 mit einem massiven, kantigen Werkzeug im Schlaf erschlagen. Die Tatwaffe konnte jedoch nicht sichergestellt werden; die Ermittlungen gegen A wurden zunächst eingestellt.
A erlitt im Januar 2003 einen Arbeitsunfall. Bei den Ermittlungen wegen dieses Vorfalls fand die Kriminalpolizei im Wohnhaus des A einen Schlagstock, der als Tatwaffe des Tötungsdelikts in Betracht kam. Im Rahmen der wieder aufgenommenen Ermittlungen kam es zu einer vom Landgericht angeordneten akustischen Überwachung des Krankenzimmers des A, in dem sich dieser zur Rehabilitation aufhielt. Im Rahmen dieser Abhöraktion wurde auch ein Selbstgespräch des A aufgezeichnet, nachdem er in einem Telefongespräch von einer Arbeitskollegin auf den Tod des O und sein aggressives Verhalten gegenüber dem Opfer angesprochen worden war. Im direkten Anschluss an das Telefonat sagte A in seinem Krankenzimmer sehr erregt zu sich selbst: *„Sehr aggressiv, sehr aggressiv, sehr aggressiv! In Kopf hätt i eam schießen sollen, in Kopf hätt i eam schießen sollen, selber umgebracht“*.
Der Verteidiger widersprach in der Hauptverhandlung vor dem Schwurgericht vergeblich der Verwertung dieses Selbstgesprächs.
Das Landgericht wertete das Selbstgespräch als entscheidendes Indiz für die Täterschaft des Angeklagten und zog aus dem Selbstgespräch den Schluss, der Angeklagte habe sich Gedanken über eine alternative Tötungsart gemacht, die den Verdacht weniger auf seine Person gelenkt hätte.
Hat die Revision des A mit der zulässig erhobenen Verfahrensrüge, dass das Selbstgespräch nicht hätte verwertet werden dürfen, Aussicht auf Erfolg?

Problemstellung

Gespräche des Beschuldigten dürfen abgehört werden 41
- gemäß §§ **100a, 100b StPO**, wenn es sich um **Telefongespräche** des Beschuldigten handelt, gleichgültig ob in oder außerhalb der Wohnung geführt,
- gemäß § **100f StPO** (neu gefasst zum 1.1.2008), wenn es sich um **Gespräche** des Beschuldigten **außerhalb** seiner **Wohnung** handelt, und
- gemäß §§ **100c, 100d StPO**, wenn es sich um **Gespräche** des Beschuldigten **in** seiner **Wohnung** handelt.

Für solche Gespräche in der Wohnung ist in § **100c Abs. 5 Satz 3 StPO** ein ausdrückliches **Verwertungsverbot** genannt.
Zur **Wohnung** des Beschuldigten i. S. d. §§ 100c und 100f StPO gehören alle **nicht allgemein zugänglichen Bereiche**, die der **privaten und beruflichen Lebensgestaltung dienen**, also neben der eigentlichen Wohnung z. B.[56]

56 BGH NStZ 1999, 145; BGH NStZ 2005, 700.

- Garten, Gartenhaus, Speicher, Keller, Garage
- Wohnmobil, Wohnwagen, Hotelzimmer, Zelt
- Wohnraum in der Asylunterkunft
- Büroräume, Werkstatt (wenn nicht allgemein zugänglich).

Keine „Wohnung“ sind z. B. PKW und Reisebus.

Lösung[57]

42 Die zulässige Revision hat Aussicht auf Erfolg, wenn sie begründet ist. Dies setzt gemäß **§ 337 StPO** voraus, dass eine Gesetzesverletzung vorliegt und dass das Urteil auf dieser Gesetzesverletzung beruht.

a) **Gesetzesverletzung:**
Zunächst ist zu prüfen, ob das Abhören des A in einer **Wohnung** i. S. d. § 100c StPO stattgefunden hat oder außerhalb einer Wohnung, dann wäre § 100f StPO einschlägig. Im Einklang mit der verfassungsgerichtlichen Rechtsprechung ist der Begriff der Wohnung weit auszulegen. Der Schutzbereich des **Art. 13 Abs. 1 GG** geht über den alltagssprachlichen Begriff der eigentlichen Wohnung hinaus und schützt auch andere Bereiche, wenn sie nicht allgemein zugänglich sind und der privaten und beruflichen Lebensgestaltung dienen. Ein **Krankenzimmer** fällt unter diesen Wohnungsbegriff, auch wenn es kein alleiniger Privatraum des Patienten ist. Bei den Personen, die das Krankenzimmer außer Freunden und Angehörigen betreten, handelt es sich typischerweise um sog. Berufsgeheimnisträger i. S. v. § 53 Abs. 1 Nr. 3 StPO und deren Gehilfen (Ärzte und Pflegepersonal), die dem Krankenzimmer deshalb nicht die Eigenschaft als „Wohnung“ des Patienten nehmen.
Da somit das von A in einer Wohnung nicht öffentlich gesprochene Wort abgehört wurde, richtet sich die Verwertbarkeit seines Selbstgesprächs nach § 100c StPO.
Eine Katalogtat nach § 100c Abs. 2 Nr. 1 f) StPO (Mord) liegt vor.

43 Nach **§ 100c Abs. 5 Satz 3 StPO** dürfen in einer Wohnung abgehörte Äußerungen des Beschuldigten jedoch nicht verwertet werden, wenn diese Äußerungen dem **Kernbereich der privaten Lebensgestaltung** des Beschuldigten zuzurechnen sind. Gespräche über eine konkret begangene Straftat (hier: Mord) gehören ihrem Inhalt nach allerdings nicht zum Kernbereich privater Lebensgestaltung, § 100c Abs. 4 Satz 3 StPO. Hier hat A jedoch nicht mit anderen kommuniziert, sondern ein **Selbstgespräch** geführt, welches nicht für andere Ohren bestimmt war. Nach Art und Inhalt der Äußerung des Angeklagten fällt ein solches Selbstgespräch in den unantastbaren Kernbereich privater Lebensgestaltung i. S. d. § 100c Abs. 5 StPO. Dies ergibt sich auch aus **§ 100c Abs. 4 S. 3 StPO.** Diese Bestimmung differenziert zwischen „Gesprächen“ über begangene Straftaten und „Äußerungen“, mittels derer Straftaten begangen werden. Daraus folgt, dass ein „Gespräch“ nur solche Äußerungen sind, die dazu bestimmt sind, von anderen zur Kenntnis genommen zu werden. Auch die Gesetzesbegründung macht das deutlich.[58]
Damit durfte das Selbstgespräch des A gemäß § 100c Abs. 5 Satz 3 StPO nicht verwertet werden.

57 Der vorliegende Sachverhalt ist dem einer Entscheidung des BGH zugrunde liegenden Fall nachgebildet, BGH NStZ 2005, 700.

58 BT-Drs. 15/4533, S. 14: *„Sofern man dabei den Gedanken des Sozialbezugs entsprechender Äußerungen zugrunde legt ..., werden in der Regel auch Äußerungen eines Beschuldigten, die dieser tätigt, wenn er sich alleine in der überwachten Wohnung aufhält, oder Äußerungen, die nicht dazu bestimmt sind, von anderen zur Kenntnis genommen zu werden, wie etwa unbewusst artikulierte Äußerungen, dem absolut geschützten Kernbereich unterfallen.“*

Die **Verwertung** des Selbstgesprächs in dem Urteil des Landgerichts stellt damit eine Verletzung des § 100c Abs. 5 Satz 3 StPO dar.

b) Beruhen: 44

Auf der Verletzung des § 100c Abs. 5 Satz 3 StPO beruht das Urteil auch.
Ein Urteil beruht auf einer Gesetzesverletzung, wenn es ohne die Gesetzesverletzung möglicherweise anders ausgefallen wäre.
Das unverwertbare Selbstgespräch war für das Landgericht ein entscheidendes Indiz für die Täterschaft des Angeklagten. Hätte das Landgericht das Selbstgespräch bei seiner Überzeugungsbildung nicht berücksichtigt, hätte es den Angeklagten möglicherweise freigesprochen.

Übersicht 12: Verdeckter Einsatz technischer Mittel

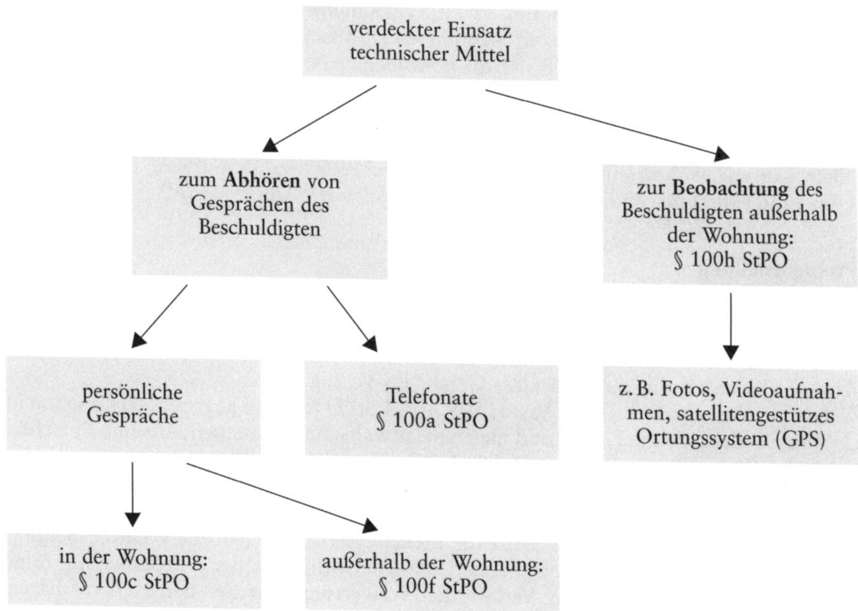

5. Durchsuchung und Beschlagnahme

Fall 15: Durchsuchung beim Verdächtigen

Gegen den Beschuldigten B wird wegen des Verdachts der gewerbsmäßigen Hehlerei ermittelt. Am Montagmorgen erfährt die Kriminalpolizei aufgrund eines rechtmäßig abgehörten Telefongesprächs des B, dass B seit einer Stunde 50 Notebooks in seiner Wohnung aufbewahrt, die aus einem am gestrigen Sonntag begangenen Einbruchsdiebstahl in einen Elektrogroßmarkt stammen, und dass ein ausländischer Kaufinteressent für die Notebooks unterwegs zu B ist und sein Kommen für morgen (Dienstag) angekündigt hat. Aus Sorge, dass der Kaufinteressent schon heute bei B eintrifft und die Notebooks schon heute (Montag) von B weiterverkauft werden und damit als Beweismittel verloren gehen, ordnet KHK K sogleich die Durchsuchung der Wohnung des B an, um dort die gestohlenen Notebooks als Beweismittel sicherzustellen. Bei der sofort durchgeführten Durchsuchung finden die Kriminalbeamten in der Wohnung des B die 50 gestohlenen Notebooks, die beschlagnahmt werden. Der von B beauftragte Verteidiger V legt Beschwerde gegen die seiner Meinung nach rechtswidrige Durchsuchung und Beschlagnahme ein. K legt die Sache der Staatsanwaltschaft vor, die den Vorgang an das Amtsgericht A weiterleitet mit dem Antrag, die polizeiliche Beschlagnahme richterlich zu bestätigen.
Wie lautet die Entscheidung (Tenor ohne Gründe) des Amtsgerichts?

Problemstellung

45 Zur Rechtmäßigkeit einer nichtrichterlich, d. h. von der Polizei oder der Staatsanwaltschaft angeordneten Durchsuchung oder Beschlagnahme gehört auch, dass die Polizei bzw. die Staatsanwaltschaft für die Anordnung nach § 105 Abs. 1 StPO bzw. § 98 Abs. 1StPO zuständig war, d. h. dass **Gefahr im Verzug** vorlag.
Gefahr im Verzug i. S. d. **§§ 98 Abs. 1, 105 Abs. 1 StPO** ist dann gegeben, wenn schon in der kurzen Zeit, die die Polizei und die Staatsanwaltschaft brauchen, um eine Entscheidung des (Ermittlungs-)Richters (§ 162 StPO) über die Durchsuchung und Beschlagnahme herbeizuführen, die konkrete Gefahr besteht, dass die gesuchten und zu beschlagnahmenden Beweismittel verloren gehen (z. B. versteckt oder vernichtet werden). Lag keine Gefahr im Verzug vor, ist die nichtrichterlich angeordnete Durchsuchung oder Beschlagnahme rechtswidrig. Aus der Rechtswidrigkeit der Durchsuchung folgt allerdings nicht zwingend ein **Verbot der Verwertung** der bei der rechtswidrigen Durchsuchung sichergestellten Gegenstände.

Lösung

46 Der Amtsrichter (§ 98 Abs. 2 Satz 3, 162 Abs. 1 StPO) muss über zwei Punkte entscheiden, nämlich über die polizeilich angeordnete Durchsuchung und über die polizeiliche Beschlagnahme.

- zur **Durchsuchung:**
  Die „Beschwerde" des Verteidigers gegen die Durchsuchung ist – da eine Beschwerde nach § 304 Abs. 1 StPO eine gerichtliche Entscheidung voraussetzt, ein richterlicher Durchsuchungsbeschluss aber nicht vorliegt – als **Antrag analog § 98 Abs. 2 Satz 2 StPO auf** richterliche **Feststellung der Rechtswidrigkeit** der polizeilich angeordneten Durchsuchung auszulegen.[59]

59 Meyer-Goßner, § 98, Rn. 18, 23.

- Zulässigkeit des Antrags:
  Da die Durchsuchung bereits vollzogen und erledigt ist, fehlt es zwar an einer jetzt im Zeitpunkt der gerichtlichen Entscheidung gegebenen gegenwärtigen **Beschwer** des B. Trotz fehlender Beschwer ist der Antrag auf Feststellung der Rechtswidrigkeit der polizeilich angeordneten Durchsuchung aber zulässig, da B in der kurzen Zeit der Durchsuchung seiner Wohnung eine Entscheidung des Amtsgerichts (nach § 98 Abs. 2 Satz 2 StPO analog) nicht erlangen konnte und da eine Wohnungsdurchsuchung ein tiefgreifender Grundrechtseingriff ist, was sich daraus ergibt, dass das in Art. 13 Abs. 2 GG für eine Wohnungsdurchsuchung grundsätzlich eine richterliche Entscheidung verlangt.[60]
- Begründetheit des Antrags:
  Zwar lagen die Voraussetzungen des § 102 StPO[61] für eine Durchsuchung der Wohnung des Beschuldigten B vor (konkreter, auf Tatsachen beruhender Tatverdacht, Vermutung des Auffindens von Beweismitteln, Verhältnismäßigkeit). Jedoch war keine Gefahr im Verzug nach § 105 Abs. 1 StPO gegeben: Da die Notebooks erst am Dienstag weiterverkauft werden sollten und deshalb noch nicht die konkrete Gefahr bestand, dass die Notebooks bereits am Montag als Beweismittel verloren gingen, hatte K am Montag genügend Zeit, über die Staatsanwaltschaft eine Durchsuchungsentscheidung des Ermittlungsrichters herbeizuführen.
  Die polizeilich angeordnete Durchsuchung war damit rechtswidrig und der Antrag des Verteidigers damit analog § 98 Abs. 2 Satz 2 StPO begründet.

Das Amtsgericht wird deshalb die **Rechtswidrigkeit** der polizeilich angeordneten **Durchsuchung feststellen.**

- zur **Beschlagnahme:** 47
  Die „Beschwerde" des Verteidigers ist als Antrag gem. § 98 Abs. 2 Satz 2 StPO auszulegen.
  Das Amtsgericht wird deshalb prüfen:[62]
  - War die polizeiliche Beschlagnahme der Notebooks rechtmäßig?
    Zwar lagen bei der polizeilichen Beschlagnahme die Beschlagnahme-voraussetzungen des **§ 94 Abs. 1 StPO** vor,[63] nämlich:
    - ein auf Tatsachen (hier: Ergebnis der Telefonüberwachung) gegründeter Anfangsverdacht
    - potentielle Beweisbedeutung der Notebooks
    - Verhältnismäßigkeit.

    Jedoch war aus dem gleichen Grunde wie soeben bei der Durchsuchung dargelegt keine konkrete „Gefahr im Verzug" nach § 98 Abs. 1 Satz 1 StPO gegeben. Die Polizei hatte am Montag genügend Zeit, (über die Staatsanwaltschaft) eine Entscheidung des Ermittlungsrichters über die Beschlagnahme der Notebooks herbeizuführen.
    Die polizeiliche Beschlagnahme war damit rechtswidrig, weswegen der Antrag des Verteidigers nach § 98 Abs. 2 Satz 2 StPO begründet ist.
    Das Amtsgericht wird deshalb auch die **Rechtswidrigkeit der polizeilichen Beschlagnahme feststellen.**

60 BVerfG NJW 1999, 273; BVerfG NJW 2006, 40.
61 S. hierzu die nachfolgende Übersicht 13 (S. 37).
62 Löwe-Rosenberg, § 98, Rn. 53.
63 S. hierzu die nachfolgende Übersicht 14 (S. 37).

48 – Liegen jetzt (= zum Zeitpunkt der **richterlichen** Entscheidung über die Beschlagnahme) die Beschlagnahmevoraussetzungen vor?
Die Beschlagnahmevoraussetzungen nach § 94 Abs. 1 StPO liegen – wie soeben dargelegt – vor.
Fraglich ist, ob ein **Verwertungsverbot** und damit auch ein Beschlagnahmeverbot bezüglich der Notebooks deshalb besteht, weil die Notebooks aufgrund einer rechtswidrigen Durchsuchung gefunden und sichergestellt wurden.
Ist eine von der Polizei (oder von der Staatsanwaltschaft) angeordnete Durchsuchung rechtswidrig, weil die Polizei (oder die Staatsanwaltschaft) zu Unrecht Gefahr im Verzug i.S.d. § 105 Abs. 1 StPO angenommen hat, besteht ein Verwertungsverbot für die bei der rechtswidrigen Durchsuchung gefundenen und sichergestellten Beweismittel dann,
- wenn die Durchsuchungsvoraussetzungen nach § 102 StPO (oder § 103 StPO) nicht vorlagen und deshalb ein Ermittlungsrichter die Durchsuchung nicht angeordnet hätte,
  oder
- wenn die Staatsanwaltschaft oder Polizei **objektiv willkürlich** Gefahr im Verzug angenommen haben, d.h.
  - wenn die Annahme von Gefahr im Verzuge objektiv völlig **unvertretbar** war
    oder
  - wenn die Staatsanwaltschaft oder Polizei den Richtervorbehalt bewusst oder grob fahrlässig missachtet hat.
    Grob fahrlässig handeln Polizei oder Staatsanwaltschaft dann, wenn eine Wohnungsdurchsuchung nahe liegt und zunächst genügend Zeit für die Einholung einer richterlichen Durchsuchungsentscheidung besteht, die Polizei oder die Staatsanwaltschaft in dieser ausreichenden Zeit jedoch keine richterliche Durchsuchungsentscheidung anregen/beantragen, sondern so lange zuwarten, bis eine richterliche Entscheidung wegen des jetzt drohenden Beweismittelverlustes nicht mehr rechtzeitig eingeholt werden kann.[64]

Da im vorliegenden Fall die Voraussetzungen für eine Wohnungsdurchsuchung nach § 102 StPO vorlagen und die Annahme des K, möglicherweise verkaufe B die gestohlenen Notebooks schon am Montag, keine grobe Fehlbeurteilung der Situation und nicht völlig unvertretbar, mithin nicht objektiv willkürlich war, besteht kein Verwertungs- und damit auch kein Beschlagnahmeverbot.

Das Amtsgericht wird deshalb jetzt die Beschlagnahme der Notebooks (richterlich) anordnen.

49 Der **Tenor des amtsgerichtlichen Beschlusses** lautet daher:

1. Es wird festgestellt, dass die am … polizeilich angeordnete und bereits vollzogene Durchsuchung der Wohnung des Beschuldigten B in … sowie die bei dieser Durchsuchung erfolgte polizeiliche Beschlagnahme von 50 Notebooks rechtswidrig waren.
2. Die Staatskasse trägt die Kosten des Verfahrens über die Feststellung der Rechtwidrigkeit der polizeilich angeordneten Durchsuchung und der polizeilichen Beschlagnahme sowie die dem Beschuldigten in diesem Verfahren entstandenen notwendigen Auslagen.[65]
6. Die Beschlagnahme der 50 Notebooks Marke … wird angeordnet.

64 BGH NStZ 2007, 601; BGH NStZ 2004, 449; BVerfG NStZ 2004, 216.
65 Analog § 467 Abs. 1 StPO.

Übersicht 13: Durchsuchung zur Auffindung von Beweismitteln

<table>
<tr><td>beim Verdächtigen
§ 102</td><td>bei einem unverdächtigen Dritten
§ 103</td></tr>
<tr><td colspan="2">1. Tatverdacht
→ Tatsachen erforderlich
(reine Vermutungen genügen nicht)</td></tr>
<tr><td>2. Es ist aufgrund tatsächliche Anhaltspunkte oder aufgrund kriminalistischer Erfahrung zu vermuten, dass Beweismittel gefunden werden</td><td>2. Tatsachen, aus denen sich ergibt, dass sich das gesuchte Beweismittel in der Wohnung des (nichtverdächtigen) Dritten befindet (Vermutung – wie bei § 102 – reicht hier nicht aus)</td></tr>
<tr><td colspan="2">3. Verhältnismäßigkeit
– angemessenes Verhältnis zur Schwere der Tat und zur Stärke des Tatverdachts
– keine weniger einschneidenden Maßnahmen zur Erlangung der Beweismittel vorhanden</td></tr>
<tr><td colspan="2">4. bei nächtlicher Durchsuchung:
Gefahr im Verzug
= wahrscheinlicher Verlust des Beweismittels, wenn bis zum nächsten Morgen gewartet wird</td></tr>
</table>

Übersicht 14: Beschlagnahme, § 94 StPO

1. **Anfangsverdacht**
   aufgrund von Tatsachen, Vermutungen genügen nicht
2. **potentielle Beweisbedeutung des Gegenstands**
   = Gegenstand wird möglicherweise als Beweismittel benötigt
3. **keine Beschlagnahmeverbote**
4. **Verhältnismäßigkeit**
   – angemessenes Verhältnis zur Schwere der Tat und zur Stärke des Tatverdachts
   – Beschlagnahme des Gegenstandes muss für die Ermittlungen notwendig sein

Fall 16: Hausdurchsuchung bei „Gefahr im Verzug“

In einem Ermittlungsverfahren wegen Totschlags gegen den Beschuldigten A, der verdächtigt wird, seiner Ehefrau ein schnell wirkendes Gift in Form der Überdosierung eines in Europa nicht gebräuchlichen Schmerzmittels verabreicht zu haben, führt die Spur zu einem Bekannten des A, dem Apotheker B. Weitere Umfeldermittlungen ergeben, dass Apotheker B Proben von allen möglichen Medikamenten, auch von solchen, die in Deutschland nicht gebräuchlich sind, zu Hause aus wissenschaftlichem Interesse aufzubewahren pflegt. Außerdem ergeben die Ermittlungen, dass A den B wenige Tage vor dem Tod seiner Ehefrau am 19.12.2007 aufgesucht hat.

Ein Anruf des ermittelnden Polizeibeamten KHK P am 20.12.2006 um 15:00 Uhr bei Staatsanwaltschaft und Gericht ergibt, dass sich die gesamte Belegschaft der beiden Behörden, auch der zuständige Bereitschaftsrichter mit eingeschaltetem Mobiltelefon, auf der gemeinsamen Weihnachtsfeier befindet. KHK P ordnet selbst die Durchsuchung der Wohnung des B an, weil er aufgrund der bekannt ausschweifenden Weihnachtsfeiern der Justizangehörigen befürchtet, am selben Tag keine richterliche Durchsuchungsentscheidung mehr zu bekommen. Es wird bei der durchgeführten Durchsuchung der Wohnung des B tatsächlich ein Medikament mit dem Wirkstoff, der zum Tode der Ehefrau des A geführt hat, aufgefunden und sichergestellt. Insbesondere aufgrund dieser Erkenntnisse beantragt die Staatsanwaltschaft am nächsten Tag einen Haftbefehl gegen A beim zuständigen Amtsgericht.
Wird der Haftrichter in diesem Verfahrensstadium dem Antrag der Staatsanwaltschaft entsprechen?

Problemstellung

50 Der Erlass eines Haftbefehls gem. § 112 StPO setzt einen dringenden Tatverdacht gegen den Beschuldigten voraus.[66] Die Staatsanwaltschaft stützt diesen insbesondere auf die Verbindung zwischen dem seltenen Medikament, an welchem das Opfer gestorben ist, und dem Kontakt des A mit B wenige Tage vor dem Tod des Opfers.
Problematisch ist jedoch hierbei, ob die Sicherstellung des Medikaments bei B auf rechtsstaatliche Weise erfolgte, da nicht der – gemäß § 105 Abs. 1 StPO vorrangig – zuständige Richter, sondern ein Polizeibeamter (KHK P) die Durchsuchung angeordnet hat.

Lösung

51 Eine Durchsuchung gemäß §§ 102, 103 StPO zum Zwecke des Auffindens von Beweismitteln kann nach 105 Abs. 1 StPO in Ausnahmefällen, nämlich bei Vorliegen von **Gefahr im Verzug**, durch die Staatsanwaltschaft oder deren Ermittlungspersonen – anstatt durch den zuständigen Ermittlungsrichter – angeordnet werden.
Gefahr im Verzug liegt vor, wenn schon in der kurzen Zeit, die die StA oder die Polizei (über die Staatsanwaltschaft) bräuchte, um den Ermittlungsrichter zu erreichen und die der Ermittlungsrichter für seine Prüfung der Durchsuchungsvoraussetzungen benötigen würde, die Gefahr besteht, dass die gesuchten Beweismittel beseitigt, vernichtet, oder versteckt werden oder sonst verloren gehen. Besteht diese Gefahr nicht, d.h. haben Polizei und Staatsanwaltschaft genügend Zeit, einen Ermittlungsrichter zu erreichen und besteht ausreichend Zeit für den Ermittlungsrichter zur Prüfung der Durchsuchungsvoraussetzungen, dann müssen die Staatsanwaltschaft oder die Polizei (über die Staatsanwaltschaft) vor der Durchsuchung – notfalls auch telefonisch[67] – versuchen, eine Durchsuchungsanordnung des Ermittlungsrichters zu erlangen.

52 Damit in einem späteren gerichtlichen Verfahren das Gericht nachprüfen kann, ob bei einer von der Staatsanwaltschaft oder der Polizei angeordneten Durchsuchung Gefahr im Verzug vorlag oder nicht, haben Staatsanwaltschaft und Polizei eine **Dokumentations- und Begründungspflicht**:
Der Polizeibeamte oder der Staatsanwalt muss vor oder unmittelbar nach der Durchsuchung in den Ermittlungsakten seine Erkenntnisse und Wertungen zu folgenden, für

66 Vgl. Fall 21.
67 BGH NStZ 2007, 601, 603.

die Durchsuchungsanordnung bedeutsamen Punkten in einem Vermerk niederschreiben:

- Gesetzliche Voraussetzungen für die Durchsuchung, also insbesondere **Tatverdacht und gesuchte Beweismittel,**
- den vergeblichen Versuch, einen Ermittlungsrichter zu erreichen, falls hierfür ohne **Gefahr des Beweismittelverlustes** Zeit war, oder
- warum nicht versucht wurde, eine Durchsuchungsanordnung des Ermittlungsrichters zu erlangen, d.h. Umstände, warum schon in der kurzen Zeit, die für einen Antrag beim Ermittlungsrichter auf Erlass einer richterlichen Durchsuchungsanordnung und für dessen Prüfung der Durchsuchungsvoraussetzungen erforderlich gewesen wäre, der Verlust der gesuchten Beweismittel drohte.

Eine solche Dokumentation ist nur dann entbehrlich, wenn schon allein aufgrund der **53**
von der Polizei oder von der Staatsanwaltschaft bislang in der Akte vermerkten tatsächlichen Umstände

- der Tatverdacht,
- die Zielrichtung der Durchsuchung und
- die Dringlichkeit der Durchsuchung

offensichtlich gegeben sind.[68]

Fehlt eine solche zeitnahe schriftliche Dokumentation und Durchsuchungsbegründung des handelnden Polizeibeamten oder Staatsanwalts in der Ermittlungsakte, darf in einem späteren gerichtlichen Verfahren, in dem es um die Rechtmäßigkeit der von der Staatsanwaltschaft oder Polizei angeordneten Durchsuchung geht, keine Gefahr im Verzug angenommen werden.

Das bedeutet, dass dann das Amtsgericht z.B. auf entsprechenden Antrag des Betroffenen analog § 98 Abs. 2 StPO die Rechtswidrigkeit der Durchsuchung mangels Gefahr im Verzug feststellen muss.

Das Gericht darf bei der Prüfung, ob der Polizeibeamte oder die Staatsanwaltschaft zu Recht Gefahr im Verzug angenommen hat, nur die Tatsachen und Wertungen berücksichtigen, die in der schriftlichen zeitnahen Dokumentation des Polizeibeamten oder der Staatsanwaltschaft enthalten sind. Das Gericht darf also bei seiner Prüfung keine anderen Tatsachen (mit-)berücksichtigen.[69]

Im Falle der Rechtswidrigkeit der Durchsuchung und der damit auch rechtswidrigen **54**
Beschlagnahme von Beweismitteln besteht jedoch grundsätzlich kein **Verwertungsverbot.**[70] Haben Staatsanwaltschaft oder Polizei zu Unrecht Gefahr im Verzuge angenommen, ist die Durchsuchung zwar **rechtswidrig.**

Ein Verwertungsverbot für die bei der rechtswidrigen Durchsuchung gefundenen u… sichergestellten Gegenstände besteht aber nur dann,

- wenn die Durchsuchungsvoraussetzungen nach § 102 StPO (oder §… StPO) nicht vorlagen und deshalb ein Ermittlungsrichter die Durchsuchu… angeordnet hätte, oder
- wenn die Staatsanwaltschaft oder Polizei **objektiv willkürlic…** …hr im Verzug angenommen hat, d.h.
  - wenn die Annahme von Gefahr im Verzuge objekti… **unvertretbar** war oder
  - wenn die Staatsanwaltschaft oder Polizei den …rbehalt bewusst oder grob fahrlässig missachtet hat.

68 BVerfG NStZ 2005, 337.
69 BVerfG StV 2004, 633.
70 BGH NStZ 2004, 449; BVerfG NStZ … …yer-Goßner, § 94, Rn. 21.

Grob fahrlässig handeln Polizei oder Staatsanwaltschaft dann, wenn eine Wohnungsdurchsuchung nahe liegt und zunächst genügend Zeit für die Einholung einer richterlichen Durchsuchungsentscheidung besteht, die Polizei oder die Staatsanwaltschaft in dieser ausreichenden Zeit jedoch keine richterliche Durchsuchungsentscheidung angeregt/beantragt, sondern so lange zuwartet, bis eine richterliche Entscheidung wegen des jetzt drohenden Beweismittelverlustes nicht mehr rechtzeitig eingeholt werden kann.[71]

55 Überträgt man diese Grundsätze auf den vorliegenden Fall, muss der mit dem Haftbefehlsantrag konfrontierte Ermittlungsrichter zu dem Ergebnis gelangen, dass die Durchsuchung rechtswidrig war. Es wäre durchaus möglich gewesen, trotz Weihnachtsfeier um 15:00 Uhr ohne nennenswerte Zeitverzögerung oder Gefahr des Beweismittelverlustes den zuständigen Ermittlungs- oder Bereitschaftsrichter auf dem Mobiltelefon zu erreichen.
Andererseits bestehen keine Anhaltspunkte dafür, dass KHK P bei seiner Entscheidung, selbst die Durchsuchung anzuordnen, (objektiv) willkürlich gehandelt hat. Insbesondere lagen die Voraussetzungen für eine Durchsuchungsanordnung vor, d. h. der zuständige Ermittlungsrichter hätte auch nach damaligem Kenntnisstand einen entsprechenden Gerichtsbeschluss erlassen. Auch war die Annahme des Kriminalbeamten, aufgrund der bekannt ausschweifenden Weihnachtsfeier der Justizbehörden von dem daran teilnehmenden Ermittlungsrichter keine rechtzeitige Durchsuchungsentscheidung zu erlanngen, nicht völlig unvertretbar.
Die gewonnenen Erkenntnisse können also bei der Beurteilung des dringenden Tatverdachts verwertet werden. Der zuständige Richter wird daher den beantragten Haftbefehl gegen A erlassen.
Der Ermittlungsrichter wird darüber hinaus die Beschlagnahme gemäß § 98 Abs. 2 StPO bestätigen.

6. Verdeckte Ermittlungen

Fall 17: Einsatz von verdecktem Ermittler im Drogenmilieu

Die Kriminalpolizei ermittelt gegen den ihr namentlich bekannten Beschuldigten B
und weitere Personen wegen des Verdachts des mehrfachen Verkaufs von Heroin im
ilogrammbereich (Verdacht des bandenmäßigen Handeltreibens mit Betäubungs-
m sich in nicht geringer Menge gemäß § 30a Abs. 1 BtMG). Am 1.9.2006 bietet
(Schein raschend die günstige Gelegenheit, einen verdeckten Ermittler (VE) als
holung e finteressenten mit B in Kontakt zu bringen. Da keine Zeit für die Ein-
fahr im Ve chterlichen Zustimmung zum Einsatz des VE bleibt und damit Ge-
chen Zustim orliegt, nimmt der VE am 1.9.2006 nur aufgrund einer schriftli-
kommt es zu z der Staatsanwaltschaft Kontakt mit B auf. In der Folgezeit
und dessen Mitt en Treffen und Telefonaten des VE mit dem Beschuldigten B
liert von mehreren m 3.9.2006 und am 16.11.2006 erzählt B dem VE detail-
Kann das, was B de – B – durchgeführten Heroinverkäufen.
mitgeteilt hat, verwer 3.9.2006 und 16.11.2006 über die Heroingeschäfte
?

71 BGH NStZ 2007, 601; BGH … 449; BVerfG NStZ 2004, 216.

Problemstellung

Der Einsatz eines **verdeckten Ermittlers** (zum Begriff § 110a Abs. 2 StPO[72]) ist in den §§ **110a ff. StPO** geregelt. 56
Diese Vorschriften sagen aber nichts dazu, wie die vom VE gewonnenen Erkenntnisse zu behandeln sind, wenn der VE-Einsatz nicht den Voraussetzungen der §§ 110a, 110b StPO entsprach.[73]
Ein **Verbot der Verwertung** der vom VE gewonnenen Erkenntnisse wird z. B. dann angenommen, wenn die Staatsanwaltschaft oder der Ermittlungsrichter einem VE-Einsatz zugestimmt haben, obwohl die Annahme des Verdachts einer Katalogtat nach § 110a Abs. 1 StPO unvertretbar und damit (objektiv) willkürlich war.[74]

Lösung

Da sich der Einsatz des VE gegen den namentlich bekannten B, also einen bestimmten Beschuldigten richtete, war für den VE-Einsatz nicht nur die schriftliche Zustimmung des Staatsanwalts erforderlich, § 110b Abs. 1 StPO, sondern (spätestens ab dem 4. Einsatztag) auch die Zustimmung des Ermittlungsrichters, § 110b Abs. 2 Satz 1 Nr. 1 und Satz 4 StPO. Zwar lag eine – wegen Gefahr im Verzug – wirksame Zustimmung der Staatsanwaltschaft zum VE-Einsatz vor, nicht jedoch eine richterliche Zustimmung. Der am 1.9.2006 beginnende VE-Einsatz verstieß somit ab dem 4. Tag gegen § 110b Abs. 2 Satz 4 StPO. Deshalb sind zwar die Erkenntnisse des VE über die Erzählungen des B vom 3.9.2006 verwertbar,[75] nicht jedoch die Erkenntnisse des VE über die Erzählungen des B vom 16.11.2006.[76] Will der Verteidiger dieses aus dem **Verstoß gegen § 110b Abs. 2 Satz 4 StPO** folgende **Verwertungsverbot** später mit einer Revision erfolgreich beanstanden, muss er in der Hauptverhandlung der Verwertung der VE-Erkenntnisse **widersprechen**, und zwar bis zu dem in § 257 StPO genannten Zeitpunkt,[77] also spätestens unmittelbar nach der Zeugenvernehmung des VE oder des Polizeibeamten, der als sog. Führungsbeamter des VE den für eine Vernehmung in der Hauptverhandlung vom Innenministerium gesperrten (§ 110b Abs. 3 Satz 3 StPO) VE außerhalb der Hauptverhandlung polizeilich als Zeuge vernommen hat und dann in der Hauptverhandlung selbst als Zeuge vom Hörensagen über das berichtet, was ihm der VE mitgeteilt hat. 57

72 Zur Abgrenzung des **auf Dauer** verdeckt handelnden **VE** zum nur **gelegentlich** (z. B. als Scheinaufkäufer des Rauschgifts) verdeckt auftretenden Polizeibeamten, für den die §§ 110a ff. StPO nicht gelten: BGH NJW 1995, 2237.

73 Nicht gesetzlich geregelt ist der Einsatz einer **Vertrauensperson**, einer mit der Polizei zusammen arbeitenden Privatperson.

74 Meyer-Goßner, § 110b, Rn. 11.

75 BGH NJW 1995, 2237, 2238.

76 Meyer-Goßner, § 110b, Rn. 11; offengelassen in BGH StV 1995, 398.

77 BGH bei Becker NStZ-RR 2001, 260.

Übersicht 15: Rechtsfragen beim verdeckten Ermittler

§ 244 Abs. 3 Satz 2 StPO
VE ist ein unerreichbares Beweismittel, wenn er vom Innenministerium für die Vernehmung gesperrt wurde

§ 252 StPO
gilt nicht für Mitteilungen eines zeugnisverweigerungsberechtigten Angehörigen gegenüber dem VE (da nicht „vernommen")

Rechtsfragen beim **VE**

§ 261 StPO
Eine Verurteilung des Angeklagten darf auf Angaben eines für die Vernehmung in der Hauptverhandlung gesperrten VE, die durch einen Polizeibeamten in der Hauptverhandlung mitgeteilt werden, der den VE zuvor vernommen hat, nur dann gestützt werden, wenn diese Angaben durch andere Beweisanzeichen bestätigt werden.

§ 46 StGB
Überredet der VE einen bis dahin noch nicht Verdächtigen zu einer Straftat (z. B. zur Herbeischaffung von Drogen), dann muss die an sich schuldangemessene Strafe für diese Straftat gemildert werden. Das Urteil muss dabei die Höhe der Strafmilderung zahlenmäßig genau nennen.

7. Vorläufige Entziehung der Fahrerlaubnis

Fall 18: § 111a StPO, Antrag des Staatsanwalts

B fährt am 6.10.2006 gegen 20.30 Uhr in der Stadt Z mit seinem PKW nach einem Gaststättenbesuch in angetrunkenem Zustand nach Hause. Während der Fahrt gerät er mehrmals in Schlangenlinien über die Mittellinie auf die Gegenfahrbahn. Deshalb wird er von einer ihm folgenden Polizeistreife angehalten. Auf Anordnung der beiden Polizeibeamten P und R wird dem B im nächstgelegenen Klinikum eine Blutprobe entnommen.
B übergibt seinen Führerschein zunächst freiwillig den Polizeibeamten. Die Untersuchung der ihm entnommenen Blutprobe ergibt eine Blutalkoholkonzentration von 1,0‰. 3 Tage später schreibt B an die Polizei, dass er sofort seinen Führerschein wiederhaben wolle, da er als LKW-Fahrer ansonsten seine Arbeitsstelle verliere. Die Polizei legt die Akte der Staatsanwaltschaft vor.
Was wird Staatsanwalt S tun?

Problemstellung

Geht es um die Sicherstellung[78] eines Führerscheins im Ermittlungsverfahren zur Sicherung der späteren **Einziehung des Führerscheins** gem. § 69 Abs. 3 Satz 2 StGB durch Strafurteil oder Strafbefehl, sind die §§ 94 Abs. 3, 98, 111a StPO, 69 StGB in ihrem Zusammenspiel zu beachten. 58

Die Polizeibeamten haben den von B freiwillig herausgegebenen **Führerschein** gem. § 94 Abs. 3 und Abs. 1 StPO in Verwahrung genommen.

Anders als bei der Sicherstellung eines Gegenstandes als Beweismittel nach § 94 Abs. 1 und 2 StPO, für die ein einfacher Tatverdacht ausreicht, setzt die Sicherstellung eines Führerscheins nach § 94 Abs. 3 StPO voraus, dass die Vorgaben des § 111a Abs. 1 Satz 1 StPO gegeben sind:[79] Es müssen dringende Gründe für die Annahme vorhanden sein, dass dem Beschuldigten die Fahrerlaubnis später durch Strafurteil oder Strafbefehl endgültig gem. § 69 StGB entzogen wird.[80] Dies ist vor allem dann der Fall, wenn der dringende Verdacht einer in § 69 Abs. 2 StGB genannten Straßenverkehrsstraftat gegeben ist.

Lösung

Vorliegend war B dringend verdächtig, ein Vergehen nach § 316 StGB begangen zu haben: Der dringende Verdacht, dass B infolge vorangegangenen Alkoholgenusses nicht in der Lage war, seinen PKW sicher zu führen, ergab sich für die Polizeibeamten aus dem alkoholtypischen Fahrfehlverhalten (Schlangenlinien-Fahren) des B. 59

Die Polizeibeamten waren gem. § 98 Abs. 1 Satz 1 StPO zur Sicherstellung des Führerscheins zuständig, da **Gefahr im Verzug** vorlag: Ohne die polizeiliche Wegnahme des Führerscheins hätte die Gefahr bestanden, dass B (bis zur richterlichen Entscheidung über die vorläufige Entziehung der Fahrerlaubnis gem. § 111a Abs. 1 StPO) weiter in alkoholbedingt fahruntüchtigem Zustand mit seinem PKW fährt.[81]

In seinem Schreiben an die Polizei bringt B zum Ausdruck, dass er seinen Führerschein nicht mehr länger freiwillig der Polizei überlassen will. Sein Schreiben ist daher als Antrag auf richterliche Entscheidung gem. § 98 Abs. 2 Satz 2 StPO über die jetzt als Beschlagnahme zu wertende, ab jetzt aus Sicht des B unfreiwillige weitere Verwahrung des Führerscheins durch die Polizei auszulegen.

Gem. § 111a Abs. 4 StPO muss der zuständige Richter nun aber nicht – wie bei der polizeilichen Beschlagnahme eines Gegenstandes als mögliches Beweismittel – die polizeiliche Beschlagnahme bestätigen, sondern darüber befinden, ob er dem B gem. § 111a Abs. 1 StPO die Fahrerlaubnis vorläufig entzieht. Der richterliche Beschluss über die vorläufige Entziehung der Fahrerlaubnis nach § 111a Abs. 1 StPO wirkt dabei gem. § 111a Abs. 3 StPO zugleich als Bestätigung der vorangegangenen polizeilichen Führerscheinbeschlagnahme.

Zuständig für den richterlichen Beschluss über die vorläufige Entziehung der Fahrerlaubnis nach § 111a Abs. 1 StPO ist im Ermittlungsverfahren das Amtsgericht, in dessen Bezirk der Führerschein von der Polizei beschlagnahmt wurde, §§ 98 Abs. 2 Satz 3 StPO.

---

78 „Sicherstellung" ist der Oberbegriff für (förmliche) Beschlagnahme eines Gegenstandes gegen den Willen des Besitzers (§ 94 Abs. 2 StPO) und für die (formlose) Inverwahrnahme bei freiwilliger Herausgabe des Besitzers.
79 Meyer-Goßner, § 111a, Rn. 15.
80 Dies ergibt sich aus § 111a Abs. 4 StPO.
81 BGHSt 22, 385.

60 Da das Amtsgericht gem. § 162 Abs. 1 Satz 1StPO eine Entscheidung grundsätzlich nur auf Antrag der Staatsanwaltschaft trifft (Ausnahme: § 165 StPO), wird Staatsanwalt S überlegen, ob ein Antrag auf vorläufige Entziehung der Fahrerlaubnis gem. § 111a Abs. 1 StPO Aussicht auf Erfolg hat.

Staatsanwalt S wird also prüfen, ob nach § 111a Abs. 1 StPO **dringende Gründe** für die Annahme vorhanden sind (= hohe Wahrscheinlichkeit), dass dem B die Fahrerlaubnis durch Urteil oder Strafbefehl endgültig entzogen werden wird:

- Gegen B besteht der dringende Tatverdacht eines Vergehens nach § 316 StGB:
  Dass B alkoholbedingt objektiv fahruntüchtig war, ergibt sich daraus,
  - dass die dem B entnommene Blutprobe eine Blutalkoholkonzentration von 1,0‰ ergab und damit nahe an dem 1,1‰ betragenden Wert der absoluten Fahruntüchtigkeit lag,
  - dass B zusätzlich mit einem für alkoholbedingt fahruntüchtige Kraftfahrer typischen Fahrfehler, nämlich Fahren in Schlangenlinien, aufgefallen ist.

  Da Anhaltspunkte dafür fehlen, dass B sich seiner Fahruntüchtigkeit bewusst war und damit vorsätzlich im Sinne des § 316 Abs. 1 StGB handelte, ist zu Gunsten des B davon auszugehen, dass er sorgfaltswidrig seine objektiv gegebene Fahruntüchtigkeit nicht erkannte, er also nur fahrlässig i. S. d. § 316 Abs. 2 StGB handelte.[82]
- Da ein Vergehen nach § 316 (Abs. 2) StGB ein sog. **Regelfall** nach § 69 Abs. 2 Nr. 2 StGB ist, bei dem der Täter in der Regel als ungeeignet zum Führen von Kraftfahrzeugen i. S. d. § 69 Abs. 1 Satz 1 StGB anzusehen ist, besteht die hohe Wahrscheinlichkeit, dass dem B in einem späteren Strafbefehl oder Strafurteil die Fahrerlaubnis gem. § 69 Abs. 1 StGB endgültig entzogen wird.

Die Voraussetzungen des § 111a Abs. 1 StPO liegen somit vor. Staatsanwalt S wird deshalb beim Amtsgericht beantragen, dem Beschuldigten B die Fahrerlaubnis vorläufig zu entziehen.

Fall 19: § 111a StPO und Entscheidung des Gerichts

Wie lautet im vorangehenden Fall die Entscheidung des Amtsgerichts (Tenor und Gründe)?

Problemstellung

Wie vorheriger Fall.

Lösung

61 Da die Voraussetzungen des § 111a Abs. 1 Satz 1 StPO vorliegen, wird der Amtsrichter dem B die Fahrerlaubnis vorläufig entziehen.

82 Allein aus der Höhe der Blutalkoholkonzentration (oder aus der hieraus errechneten Trinkmenge) kann nicht auf das Wissen der Fahruntüchtigkeit und damit auf den Vorsatz i. S. d. § 316 Abs. 1 StGB geschlossen werden (Fischer, § 316, Rn. 46).

Die Entscheidung des Amtsgerichts lautet daher:

Beschluss

Dem Beschuldigten B wird die Fahrerlaubnis vorläufig entzogen.

Gründe:

Gem. § 111a Abs. 1 StPO wurde dem Beschuldigten B die Fahrerlaubnis vorläufig entzogen, da dringende Gründe für die Annahme vorhanden sind, dass dem Beschuldigten die Fahrerlaubnis gem. § 69 Abs. 1 und Abs. 2 Nr. 2 StGB endgültig entzogen wird.
B ist aufgrund der Beobachtungen der Polizeibeamten P und R sowie aufgrund des Untersuchungsergebnisses der ihm entnommenen Blutprobe folgender Tat dringend verdächtig:
Er sei nach einem Gaststättenbesuch am 6.10.2006 gegen 20.30 Uhr in der Stadt Z mit seinem PKW Marke Audi, amtliches Kennzeichen Z-ER 10, auf öffentlichen Straßen gefahren, obwohl er eine Blutalkoholkonzentration von 1,0 Promille gehabt habe.
Während der Fahrt sei der Beschuldigte B mehrmals aufgrund seiner Alkoholisierung in Schlangenlinien über die Mittellinie auf die Gegenfahrbahn geraten.
Seine alkoholbedingte Fahruntüchtigkeit hätte B erkennen können.
Es besteht daher der dringende Verdacht eines Vergehens der fahrlässigen Trunkenheit im Verkehr, § 316 Abs. 2 StGB.

Gemäß § 69 Abs. 2 Nr. 2 StGB ist B wegen der von ihm begangenen Straftat (§ 316 Abs. 2 StGB) als ungeeignet zum Führen von Kraftfahrzeugen im Sinne des § 69 Abs. 1 Satz 1 StGB anzusehen. Ausnahmeumstände, die diese Regelwirkung des § 69 Abs. 2 Nr. 2 StGB entkräften könnten, liegen nicht vor. Es besteht deshalb die hohe Wahrscheinlichkeit, dass dem B in einem späteren Strafbefehl oder Strafurteil die Fahrerlaubnis gem. § 69 Abs. 1 StGB endgültig entzogen wird.

Zwar hat B die Straftat nach § 316 Abs. 2 StGB bei einer privaten Fahrt mit seinem PKW begangen. Dennoch können vorliegend Lastkraftwagen nicht gem. § 111a Abs. 1 Satz 2 StPO von der vorläufigen Entziehung der Fahrerlaubnis ausgenommen werden, um dem B weiterhin die Berufsausübung als LKW-Fahrer zu ermöglichen. Denn wer sich wie der Beschuldigte B durch eine Trunkenheitsfahrt mit seinem privaten Kraftfahrzeug charakterlich als ungeeignet zum Führen von Kraftfahrzeugen erwiesen hat, ist dies auch für das berufliche Führen eines Lastkraftwagens.

Übersicht 16: 111a StPO

FS-Beschlagnahme durch Polizei,
§§ 94 Abs. 3, 98 Abs. 1 StPO, 69 StGB

Widerspruch des Beschuldigten,
§ 98 Abs. 2 S. 1 StPO (Antrag S. 2)

Vorläufige Entziehung der FE wirkt gleichzeitig als Bestätigung der Beschlagnahme des FS, § 111a Abs. 4 StPO

Entscheidung des Ermittlungsrichters über die vorläufige Entziehung der FE,
§ 111a Abs. 1 StPO

Dringende Gründe für Entziehung der FE, insbesondere bei Regelfall gem. § 69 Abs. 2 StGB	Dringender Verdacht, dass im Urteil FE entzogen wird

8. Sicherstellung von Gegenständen

Fall 20: Beschlagnahme eines LKW als Tatmittel

B steht im Verdacht, seit längerem als Mitglied einer Bande in Deutschland gestohlene Personenkraftwagen der Luxusklasse aufzukaufen, nach Russland zu bringen und dort gewinnbringend zu verkaufen (Verdacht der gewerbsmäßigen Bandenhehlerei, § 260a Abs. 1 Nr. 1 StGB). Die Kontakte zu den Fahrzeugdieben und zu seinen russischen Abnehmern stellt B mit seinem Mobiltelefon her. Die gestohlenen Fahrzeuge verlädt B in Container, die er dann mit seinem Sattelzug – bestehend aus Zugmaschine und Auflieger – nach Osteuropa bringt. Aufgrund einer rechtmäßigen Überwachung seines Mobilfunktelefons erfährt die Kriminalpolizei von einem bevorstehenden Transport gestohlener Fahrzeuge nach Russland. Kurz bevor B mit seinem Sattelzug die deutsch-polnische Grenze erreicht, wird er von der Polizei festgenommen. Der Sattelzug, die beiden in dem Container versteckten gestohlenen Luxusfahrzeuge und Bs Mobiltelefon werden von der Polizei beschlagnahmt. B legt bei der Polizei ein umfassendes Geständnis ab und bittet um Herausgabe seines Sattelzuges und seines Mobilfunktelefons, da diese Gegenstände aufgrund seines Geständnisses nicht mehr als Beweismittel benötigt würden. Da die Staatsanwaltschaft die Herausgabe ablehnt, beantragt B die richterliche Entscheidung. Staatsanwältin S

ist zwar auch der Meinung, dass nach dem Geständnis des Beschuldigten B die Beschlagnahme seines Mobiltelefons und seines Sattelzugs als Beweismittel nicht mehr erforderlich ist. Sie beantragt aber beim Ermittlungsrichter, diese Gegenstände trotzdem richterlich zu beschlagnahmen, da die Gegenstände zur Tatbegehung benutzt wurden und deshalb dem B weggenommen werden sollen.
Wie lautet der Tenor der ermittlungsrichterlichen Entscheidung?

Problemstellung

Gegenstände können nicht nur als Beweismittel gemäß **§ 94 StPO beschlagnahmt** werden, sondern auch, um ihre spätere **Einziehung nach § 74 StGB** zu sichern, § 111b StPO[83]. 62

Vorliegend geht es nicht darum, den Sattelzug und das Mobiltelefon als mögliche Beweismittel zu beschlagnahmen (§§ 94, 98 StPO), sondern darum, durch die Beschlagnahme die später im Urteil anzuordnende Einziehung (§ 74 StGB) dieser Gegenstände zu sichern.

Aufgrund des Antrags des B nach § 111e Abs. 2 Satz 3 und aufgrund des Beschlagnahmeantrags der Staatsanwaltschaft wird deshalb der Ermittlungsrichter (§§ 111f Abs. 1 Satz 1 und Abs. 2 Satz 3, 162 Abs. 1 StPO) prüfen, ob die Voraussetzungen des § 111b Abs. 1 Satz 1 StPO vorliegen, ob also Gründe für die Annahme vorhanden sind, dass die Voraussetzungen der §§ 74 ff. StGB für die Einziehung des Sattelzugs und des Mobiltelefons vorliegen.

Lösung

Die zuvor genannten Vorraussetzungen liegen vor, da 63

- gegen B der Verdacht einer vorsätzlichen Straftat (hier: § 260a Abs. 1 Nr. 1 StGB) besteht, § 74 Abs. 1 StGB,
- die Gegenstände zur Begehung dieser Straftat benutzt wurden, § 74 Abs. 1 StGB,
- die Gegenstände dem B gehören, § 74 Abs. 2 Nr. 1 StGB, und
- die Einziehung verhältnismäßig ist, § 74b Abs. 1 StGB.

Der Ermittlungsrichter wird deshalb gem. § 111b Abs. 1 StPO **durch Beschluss die Beschlagnahme** anordnen.

Der **Beschlusstenor** lautet:

Zur Sicherung der späteren Einziehung wird die Beschlagnahme folgender Gegenstände des Beschuldigten B angeordnet:

- Mobiltelefon Marke ...
- Zugmaschine Marke ..., amtliches Kennzeichen ...
- Auflieger Marke ..., amtliches Kennzeichen ...

83 Zur Einziehung und zum Verfall: nachfolgende Übersicht 17.

Übersicht 17: Einziehung und Verfall

	Einziehung, § 74 StGB	**Verfall, § 73 StGB**
Zweck	Dem Angeklagten sollen die Tatwerkzeuge weggenommen werden (z. B. das Mobiltelefon, mit dem die Einzelheiten des Drogenverkaufs telefonisch vereinbart wurden).	Dem Angeklagten soll der Vermögensvorteil, den er durch die Straftat erzielt hat, weggenommen werden (z. B. beim Drogenverkauf erhaltener Kaufpreis).
Wirkung (wenn rechtskräftig im Urteil angeordnet)	§ 74e Abs. 1 StGB: Eigentum, Forderung oder Recht geht auf Staat über.	§ 73e Abs. 1 StGB: Eigentum, Forderung oder Recht geht auf den Staat über.
Tenor (im Urteil)	Die Einziehung des Mobiltelefons … wird angeordnet.	Der Verfall der sichergestellten 2.000 € wird angeordnet.
Sicherung (im Ermittlungsverfahren)	durch Beschlagnahme, §§ 111b Abs. 1, 111c StPO	durch Beschlagnahme, §§ 111b Abs. 1, 111c StPO

9. Untersuchungshaft

Fall 21: Haftbefehl nach Wohnungseinbruch

Am 1.10.2006 bricht ein unbekannter Täter durch Aufhebeln der Terrassentür in die verschlossene Wohnung des abwesenden Geschädigten G in der Stadt K ein. Aus einer Schublade des Wohnzimmerschranks entwendet der Täter einen Bargeldbetrag von 5.000 €. G teilt gleich nach Entdeckung der Tat der Polizei den Einbruchsdiebstahl mit, die die Spurensicherung vornimmt. Am 3.10.2006 ruft eine Frau, die ihren Namen nicht nennt, auf dem Polizeirevier in K an und teilt mit, dass der B, der sonst nie Geld habe, gestern in der Gaststätte „Zum Ochsen" unter Vorzeigen der Geldscheine damit geprahlt habe, er habe vorgestern „*5 Mille*" in einer fremden Wohnung in K „*gefunden*". Gastwirt W bestätigt diesen anonymen Hinweis bei seiner polizeilichen Zeugenvernehmung. In den folgenden Tagen ergibt ein Vergleich der an der Schrankschublade festgestellten Fingerspuren mit den Fingerabdrücken des B, die dem B anlässlich eines früheren Einbruchsdiebstahls abgenommen und dann gespeichert wurden, dass die Fingerspuren identisch sind. Wie die Polizei weiterhin feststellt, ist B seit Jahren arbeitslos, hat keine eigene Wohnung und lebt zeitweise bei französischen Freunden im benachbarten Elsass, zeitweise bei einer Bekannten in K. Der eingeholte Auszug aus dem Bundeszentralregister ergibt, dass B wegen eines Einbruchsdiebstahls vor einem Jahr rechtskräftig zu einer Freiheitsstrafe von zwei Jahren verurteilt wurde, deren Vollstreckung für drei Jahre zur Bewährung ausgesetzt wurde. Staatsanwalt S lässt den B von der Polizei vorläufig festnehmen und mit dem Antrag, gegen B einen Haftbefehl zu erlassen, dem Ermitt-

lungsrichter R vorführen.[84] Nach der Vernehmung des B, der zum Tatvorwurf schweigt, erlässt der Haftrichter R gegen den B Haftbefehl.
Wie lautet der vollständige Haftbefehl?

Problemstellung

Welchen Inhalt ein Haftbefehl haben muss, ist in § 114 Abs. 2 StPO geregelt. **64**
§ 114 Abs. 2 StPO knüpft dabei an § 112 StPO an, in dem die drei Voraussetzungen für die Untersuchungshaft genannt sind:

- dringender Tatverdacht
- Haftgrund
- Verhältnismäßigkeit.

Lösung

Amtsgericht K Datum **65**

Haftbefehl[85]

Gegen den Beschuldigten

B (hier folgen die Personalien des B)

wird die Untersuchungshaft angeordnet.

Der Beschuldigte B ist **dringend verdächtig**, folgende Straftat begangen zu haben:
Am 1.10.2006 sei er in die verschlossene Wohnung des Geschädigten G in K, ... Straße, ... durch Aufhebeln der Terrassentür eingebrochen, um in der Wohnung nach stehlenswerten Gegenständen zu suchen, die er an sich nehmen und für sich behalten wollte. In einer Schublade des Wohnzimmerschranks habe der Beschuldigte 5.000 € gefunden, die er eingesteckt habe, um das Geld für sich zu verbrauchen.
Der Beschuldigte **habe somit** fremde bewegliche Sachen einem anderen in der Absicht weggenommen, die Sachen sich rechtswidrig zuzueignen, wobei er zur Ausführung der Tat in eine Wohnung eingebrochen sei.
Dies ist ein Vergehen, **strafbar gemäß** §§ 242 Abs. 1, 244 Abs. 1 Nr. 3 StGB.

Der **dringende Tatverdacht ergibt sich aus** folgenden Umständen: **66**

- Die Details des Wohnungseinbruchs hat der Geschädigte G bei seiner Anzeige angegeben.
- Die daktyloskopische Vergleichsuntersuchung[86] ergab, dass die an der Schrankschublade sichergestellten Fingerspuren identisch sind mit den Fingerabdrücken des Beschuldigten B.
- Der mittellose Beschuldigte B prahlte – wie der Gastwirt W bei seiner polizeilichen Zeugenaussage bekundete – einen Tag nach dem Wohnungseinbruch in der Gaststätte „Zum Ochsen" damit, dass er einen Tag zuvor „5 Mille" in einer fremden Wohnung in K „gefunden" habe.

---

84 Zum Haftbefehlsverfahren nach vorläufiger Festnahme s. Übersicht 18 (S. 51).
85 § 114 Abs. 2 StPO.
86 Fingerspuren-Vergleichsuntersuchung.

Es besteht der **Haftgrund** der Fluchtgefahr:[87]

- Der Angeklagte hat keine Arbeit und keine eigene Wohnung.
- Er hält sich teilweise bei Freunden im Elsass auf, hat also engere Auslandskontakte.
- Da der Angeklagte zur Tatzeit unter Bewährung aufgrund einer massiven (zwei Jahre Freiheitsstrafe) einschlägigen Verurteilung wegen Wohnungseinbruchsdiebstahls stand, muss er im vorliegenden Verfahren mit einer erheblichen Freiheitsstrafe rechnen, deren Vollstreckung nicht zur Bewährung ausgesetzt wird.

Bei Würdigung aller Umstände ist es deshalb wahrscheinlicher, dass sich der Beschuldigte ohne die Untersuchungshaft dem Strafverfahren entziehen wird, als dass er sich dem Verfahren zur Verfügung hält.

Die Untersuchungshaft steht auch **nicht außer Verhältnis** zum Gewicht der Straftat und zu der zu erwartenden Strafe.[88]

Unterschrift R

---

87 § 114 Abs. 2 Nr. 3 StPO.
88 § 112 Abs. 1 Satz 2 StPO.

Übersicht 18: Haftbefehlsverfahren nach vorläufiger Festnahme durch die Polizei, §§ 127, 128 StPO

Polizei nimmt den Beschuldigten gem. § 127 Abs. 2 StPO vorläufig fest und regt bei der Staatsanwaltschaft an, beim Ermittlungsrichter einen Antrag auf Erlass eines Haftbefehls zu stellen

↓

Staatsanwalt prüft, ob seiner Meinung nach die Haftbefehlsvoraussetzungen des § 112 StPO vorliegen

↙ ↘

wenn ja:
Staatsanwalt beantragt beim Ermittlungsrichter den Erlass eines Haftbefehls

wenn nein:
Beschuldigter wird freigelassen, § 128 Abs. 1 Satz 1 StPO

↓ (wenn ja)

Ermittlungsrichter lässt sich den Beschuldigten vorführen, § 128 Abs. 1 Satz 1 StPO, und vernimmt den Beschuldigten gem. §§ 128 Abs. 2 Satz 2, 115 Abs. 3 StPO

↓

Ermittlungsrichter prüft, ob seiner Meinung nach die Haftbefehls-Voraussetzungen des § 112 des vorliegen

↙ ↘

wenn ja:
Ermittlungsrichter erlässt Haftbefehl, § 128 Abs. 2 Satz 2 StPO, und

wenn nein:
Ermittlungsrichter ordnet Freilassung des Beschuldigten an, § 128 Abs. 2 Satz 1 StPO

↓ ↘ (wenn ja)

ordnet entweder den Vollzug des Haftbefehls an

oder setzt den Haftbefehl außer Vollzug, § 116 StPO

Fall 22: Haftbefehl wegen Verdunkelungsgefahr

Der 15-jährige Beschuldigte A trifft sich mit anderen gleichaltrigen Mittätern am 13.10.2006 im Bereich des Hauptbahnhofes in K, um an einer verabredeten Schlägerei mit einer konkurrierenden Jugendbande aus einem Vorort teilzunehmen. Da sich die Vorortbande nicht wie verabredet einfindet, pöbelt der Beschuldigte einen allein auf dem Bahnsteig stehenden 14-jährigen Jugendlichen an, der im Verlauf der eskalierenden Gewalt von der Gruppe um den Beschuldigten krankenhausreif geschlagen wird. Er erleidet mehrere Knochenbrüche und muss zwei Tage stationär im Krankenhaus aufgenommen werden. Der Beschuldigte und einige andere Mittäter werden von dem Opfer und umstehenden Passanten identifiziert. Der Beschuldigte

gibt nach Belehrung in seiner polizeilichen Vernehmung am 18.10.2006 zu, an der Schlägerei beteiligt gewesen zu sein, verharmlost aber seinen Tatbeitrag.
Eine Woche später wird dem Sachbearbeiter der Kriminalpolizei von einem Lehrer zweier mitverdächtiger Zeugen C und D zugetragen, am Abend des 18.10.2006 sei eine Gruppe von Jugendlichen im Bereich des Bahnhofs in K, einem beliebten Treffpunkt der „Szene", unterwegs gewesen, die die beiden Zeugen namentlich gesucht hätten, um diese einzuschüchtern. C und D erklären daraufhin telefonisch, dass dies ihnen wiederum von Mitschülern gesagt worden sei. Sie hätten den Beschuldigten A in Verdacht, dass er mit seiner „Gang" auf die Zeugen einwirken wolle.
Die sachbearbeitende Staatsanwältin S der Staatsanwaltschaft stellt daraufhin einen Haftbefehlsantrag gegen A, der bei seinen Eltern wohnt und das Berufsvorbereitungsjahr auf der Gewerbeschule besucht. Im Februar 2006 war A vom Amtsgericht bereits wegen gefährlicher Körperverletzung zu 20 Stunden gemeinnütziger Arbeit verurteilt worden. Das Amtsgericht erlässt am 20.10.2006 Haftbefehl wegen Verdunkelungsgefahr, gegen den der mittlerweile beauftragte Verteidiger des A am 10.11.2006 Beschwerde einlegt.
Wie lautet die Entscheidung über dieses Rechtsmittel?

Problemstellung

67 Zuständig für den Erlass eines Haftbefehls gegen einen jugendlichen Beschuldigten ist das Amtsgericht und hier der Jugendrichter als Haftrichter (§§ 33 Abs. 1 und 2 i. V. m. 34 Abs. 1 JGG).
Als Rechtsbehelf gegen die Entscheidungen des Haftrichters steht dem Beschuldigten die Haftprüfung gemäß § 117 Abs. 1 StPO zu, in welcher der Haftrichter prüfen muss, ob ggf. die Vorraussetzungen für eine Außervollzugsetzung des Haftbefehls gegen Auflagen (§ 116 StPO) oder eine Aufhebung des Haftbefehls (§ 120 StPO) vorliegen. Außerdem kann der Beschuldigte gemäß § 117 Abs. 2 i. V. m. § 304 StPO Beschwerde gegen den Haftbefehl einlegen. Zu beachten ist, dass sich die Haftbeschwerde immer nur gegen die zuletzt ergangene – den Bestand des Haftbefehls betreffende – Haftentscheidung richtet.[89]
Im vorliegenden Fall ist die Jugendkammer des Landgerichts dazu berufen, über die Beschwerde des A zu entscheiden (§§ 73 Abs. 1 GVG i. V. m. 41 Abs. 2 JGG), da das Amtsgericht als Jugendgericht über den einen Jugendlichen betreffenden Haftbefehl entschieden hatte. Zuvor muss jedoch der Haftrichter gemäß § 306 Abs. 2 StPO eine Nichtabhilfeentscheidung treffen.

Lösung

68 **Beschluss**

Auf die Beschwerde des Beschuldigten vom 10.11.2006 wird der Haftbefehl des Amtsgerichts gegen B vom 20.10.2006

aufgehoben.

Der Beschuldigte ist aus der Untersuchungshaft zu entlassen.

89 Meyer-Goßner, § 117, Rn. 8.

Die Kosten des Beschwerdeverfahrens sowie die dem Beschuldigten hieraus entstandenen notwendigen Auslagen fallen der Staatskasse zur Last.

Gründe:

Die Beschwerde des Beschuldigten gegen den Haftbefehl des Amtsgerichts vom 20.10.2006 ist zulässig und hat in vollem Umfang Erfolg.

Nach den bisherigen Ermittlungen zu der dem Beschuldigten vorgeworfenen Straftat, wie sie im Haftbefehl vom 20.10.2006 des Amtsgerichts beschrieben ist, liegt auch nach Auffassung der Jugendkammer des Landgerichts dringender Tatverdacht im Sinne von § 112 Abs. 1 StPO vor.

Es fehlt jedoch an einem Haftgrund im Sinne von § 112 Abs. 2 StPO i. V. m. § 72 Abs. 2 JGG.

- Der Haftbefehl des Amtsgerichts vom 20.10.2006 wird allein auf die Annahme einer Verdunkelungsgefahr gem. § 112 Abs. 2 Nr. 3 StPO gestützt.
  Nach den bisherigen Ermittlungen zu diesen angeblichen Verdunkelungshandlungen des Beschuldigten ist die Annahme, er habe Zeugen aufsuchen und einschüchtern wollen, reine Spekulation. Konkrete Tatsachen, die eine Verdunkelungsgefahr begründen, liegen nicht vor.[90]
  Da in die dem Beschuldigten vorgeworfene Straftat eine ganze Jugendbande verwickelt zu sein scheint, spricht zwar viel dafür, dass die eingeleiteten Strafverfahren unter allen am Vorfall vom 13.10.2006 Beteiligten – ob Zeugen oder Beschuldigte – in den nächsten Monaten Gesprächsthema sein werden. Die vagen Informationen über das Verhalten des Beschuldigten lassen jedoch nicht den Schluss auf konkrete Verdunkelungshandlungen, insbesondere eine Einschüchterung von Zeugen, zu. Die Voraussetzungen des § 112 Abs. 2 Nr. 3 StPO liegen deshalb nicht vor.

- Auch auf den Haftgrund der Fluchtgefahr gem. § 112 Abs. 2 Nr. 2 StPO i. V. m. § 72 Abs. 2 JGG kann der Haftbefehl gegen den erst 15-jährigen Beschuldigten nicht gestützt werden.
  Bei einer Verurteilung wegen der ihm vorgeworfenen gefährlichen Körperverletzung hat der Beschuldigte eine empfindlichen Jugendstrafe zu erwarten. § 72 Abs. 2 JGG bestimmt jedoch, dass, solange der Jugendliche das 16. Lebensjahr noch nicht vollendet hat, die Anordnung von Untersuchungshaft wegen Fluchtgefahr nur zulässig ist, wenn er sich dem Verfahren bereits entzogen hatte (§ 72 Abs. 2 Nr. 1. Alt. JGG), Anstalten zur Flucht getroffen hat (§ 72 Abs. 2 Nr. 2. Alt. JGG) oder im Geltungsbereich dieses Gesetzes keinen festen Wohnsitz oder Aufenthalt hat (§ 72 Abs. 2 Nr. 2 JGG).
  Diese die Norm des § 112 Abs. 2 Nr. 2 StPO einschränkenden Voraussetzungen für die Untersuchungshaft bei unter 16-jährigen Beschuldigten sind vorliegend nicht erfüllt. B lebt bei seinen Eltern und besucht das Berufsvorbereitungsjahr an der Gewerbeschule. Aufgrund der bisherigen Ermittlungen liegen der Jugendkammer keine Anhaltspunkte dafür vor, dass der Beschuldigte Anstalten zur Flucht getroffen hat.

- Bei dem Haftgrund der Wiederholungsgefahr nach § 112a StPO, der eine präventive Haft zulässt, sind zusätzlich zu den gesetzlich normierten engen Vorraussetzungen bei Jugendlichen besonders hohe Anforderungen zu stellen. Nur in Ausnahmefällen kann eine so schwerwiegende Gefahr für die Allgemeinheit angenommen werden,

90 Meyer-Goßner, § 112, Rn. 27, 35.

dass sich eine Untersuchungshaft wegen Wiederholungsgefahr im Rahmen von § 72 JGG rechtfertigt.[91]
Auch wenn er bereits im Februar 2006 wegen einer gefährlichen Körperverletzung verurteilt worden ist, liegen der Jugendkammer keine Anhaltspunkte dafür vor, dass von dem Beschuldigte eine derartige Gefahr im Hinblick auf weitere gleich gelagerte Straftaten (z.B. Serientäter) ausgeht, die eine Untersuchungshaft unter Beachtung der im Jugendverfahren noch höheren Anforderungen rechtfertigt.

Demnach war der Beschuldigte aus der Untersuchungshaft zu entlassen.
Die Kostenentscheidung folgt aus § 473 Abs. 1 StPO.

Fall 23: Antrag der Staatsanwaltschaft auf Außervollzugsetzung des Haftbefehls

In Abwandlung des Falles 22 stellt der Verteidiger V des hier 19-jährigen Beschuldigten einen Haftprüfungsantrag. Bei Nachermittlungen stellt sich heraus, dass A es fertiggebracht hat, aus der Untersuchungshaft an der Briefkontrolle vorbei einen Brief an einen Belastungszeugen zu schmuggeln, in welchem er diesem gewaltige Schläge für den Fall androht, dass er seine bei der Kriminalpolizei gemachten Angaben nicht widerruft. Im Haftprüfungstermin beantragt der sachbearbeitende Staatsanwalt dennoch die Außervollzugssetzung des Haftbefehls i.V.m. einer täglichen Meldeauflage, da er eine Verdunkelungsgefahr für nicht besonders konkret hält. Das Amtsgericht beschließt am 10.11.2006 die Fortdauer der Untersuchungshaft, wogegen V am 30.11.2006 Beschwerde einlegt.
Wie wird das Beschwerdegericht entscheiden?

Problemstellung

69 Wie Fall 22. Die im Haftprüfungsverfahren getroffene Entscheidung kann ohne Beschränkung mit der Beschwerde angefochten werden (117 Abs. 2 S. 2 StPO). Zu beachten ist, dass sich die Haftbeschwerde immer nur gegen die zuletzt ergangene – den Bestand des Haftbefehls betreffende – Haftentscheidung richtet.[92] Das Rechtsmittel der Beschwerde steht der Staatsanwaltschaft, dem Beschuldigten und dem vom Beschuldigten beauftragten Verteidiger zu (§§ 296, 297 StPO). Die Beschwerde ist zu Protokoll der Geschäftsstelle oder schriftlich bei dem Gericht einzulegen, dessen Entscheidung angefochten wird (§ 306 Abs. 1 StPO). Beschuldigte, die sich in Untersuchungshaft befinden, können die Beschwerde zu Protokoll der Geschäftsstelle des Amtsgerichts einlegen, in dessen Bezirk sich die Haftanstalt befindet (§ 299 Abs. 1 StPO).
Die Beschwerde bewirkt keine Vollzugshemmung (§ 307 Abs. 1 StPO), eine Einlegungsfrist ist bei der Beschwerde gemäß § 304 StPO ebenfalls nicht vorgeschrieben.

Lösung

70 Das Amtsgericht hat hier den Haftbefehl aufrecht erhalten, obwohl die Staatsanwaltschaft seine Außervollzugsetzung im Haftprüfungstermin beantragt hat. Die in den

91 Brunner/Dölling, § 72 Rn. 10; Eisenberg, § 72 Rn. 7, der in den Fällen des § 112a Abs. 1 Nr. 2 StPO eine Anwendbarkeit sogar ausschließt.
92 Meyer-Goßner, § 117, Rn. 8, 14.

§§ 120 Abs. 3, 126 StPO niedergelegte Kompetenzverteilung zwischen Staatsanwaltschaft und Gericht verdeutlicht, dass die Staatsanwaltschaft als „Herrin des Ermittlungsverfahrens" jederzeit die Haftentscheidung ohne Angaben von Gründen revidieren kann. Es ergibt sich also bereits aus dem Wortlaut des § 120 Abs. 3 Satz 1 und 2 StPO, dass das Amtsgericht einem Antrag der Staatsanwaltschaft auf Aufhebung des Haftbefehls entsprechen muss.
Auch einem Antrag des Staatsanwaltes auf Haftverschonung gemäß § 116 StPO muss das Gericht zwingend folgen. Dies ergibt sich aus dem „ Erst-recht-Schluss" im Hinblick auf die Bindungswirkung des § 120 Abs. 3 StPO. Steht es der Staatsanwaltschaft zu, den Haftbefehl begründungslos aufheben zu lassen, dann steht es ihr erst recht zu, verbindlich darüber zu entscheiden, den Haftbefehl gegen weniger einschneidende Maßnahmen außer Vollzug setzen zu lassen.[93]

Beschluss 71

Auf die Beschwerde des Beschuldigten vom 30.11.2006 wird der die Haftfortdauer anordnende Beschluss des Amtsgerichts Karlsruhe

aufgehoben.

Der Haftbefehl des Amtsgerichts vom 20.10.2006 wird gegen folgende Auflagen (§ 116 StPO) außer Vollzug gesetzt:
a) Der Beschuldigte hat sich einmal täglich bei der für seinen Wohnsitz zuständigen Polizeidienststelle zu melden.
b) Der Beschuldigte hat jegliche Kontaktaufnahme zu Zeugen oder Mitbeschuldigten in vorliegendem Verfahren zu unterlassen.
c) Der Beschuldigte hat der Staatsanwaltschaft jeden Wohnsitzwechsel unaufgefordert mitzuteilen.

Die Kosten des Beschwerdeverfahrens sowie die dem Beschuldigten hieraus entstandenen notwendigen Auslagen fallen der Staatskasse zur Last.

G r ü n d e:

Die zulässige Beschwerde des Beschuldigten gegen den Haftbefehl des Amtsgerichts Karlsruhe vom 20.10.2006 ist zulässig und hat in vollem Umfang Erfolg, da auf Antrag der Staatsanwaltschaft im Haftprüfungstermin der Haftbefehl des Amtsgerichts vom 20.10.2006 entsprechend § 120 Abs. 3 StPO zwingend gegen geeignete Auflagen außer Vollzug zu setzen war.
Eine Aufhebung des Haftbefehls kam nicht in Betracht, da hinsichtlich der dem Beschuldigten vorgeworfenen Taten dringender Tatverdacht und der Haftgrund der Verdunkelungsgefahr besteht.

93 BGH NStZ 2000, 145 f.

III. Der Abschluss des Ermittlungsverfahrens

Übersicht 19: Gestaltungsmöglichkeiten der StA bei Abschluss des Ermittlungsverfahrens

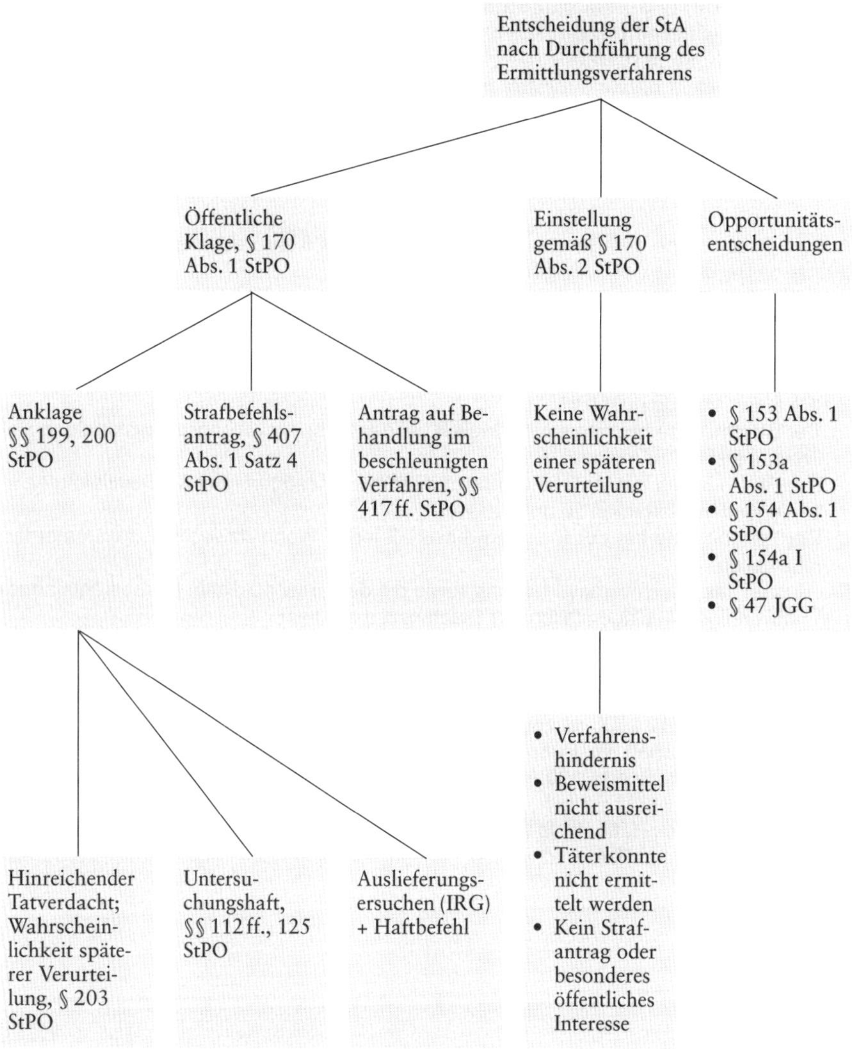

1. Einstellung des Verfahrens – Klageerzwingungsverfahren

Fall 24: Anspruch der Verletzten auf Strafverfolgung

Der Kommunalpolitiker und Fraktionsvorsitzende im Gemeinderat K wird auf dem Nachhauseweg von einer in einem Lokal in seiner Gemeinde abgehaltenen Parteiveranstaltung kurz vor dem Betreten seines Wohnanwesens wenige Minuten vor Mitternacht von einem maskierten Täter mit einer 9 mm-Waffe dreimal in den Oberkörper geschossen. K verstirbt nach wenigen Stunden trotz sofortiger ärztlicher Versorgung an den Folgen der Verletzungen im Krankenhaus. Trotz zahlreicher Spuren im Garten des Anwesens der Familie K kann die Kriminalpolizei, die einen politischen Hintergrund vermutet und nur in diese Richtung ermittelt, die Tat nicht aufklären. Der Verdacht richtet sich auch gegen A, der die Familie des K seit geraumer Zeit mit Telefonanrufen belästigt. A hat jedoch ein lückenloses Alibi für die Tatzeit. Die Staatsanwaltschaft stellt das Ermittlungsverfahren gegen A schließlich mangels hinreichenden Tatverdachts ein.
Die Ehefrau, die zwei 14- und 16-jährigen Töchter des K sowie der Vorsitzende des Landesverbandes der Partei des K, die alle Strafantrag gegen A gestellt haben, möchten sich nicht mit diesem unbefriedigenden Ergebnis zufrieden geben. Sie vermuten einen Auftragsmord aus Eifersucht, da der verdächtige A dem in der Nachbarschaft wohnenden K vorgeworfen haben soll, eine Liebesbeziehung zu seiner von ihm getrennt lebenden Ehefrau unterhalten zu haben.
Rechtsanwalt R wird von den Betroffenen gebeten, gegen die Entscheidung der Staatsanwaltschaft vorzugehen. Alle Fristen sind noch gewahrt.
Was wird R unternehmen?

Problemstellung

Wenn die Ermittlungen keinen genügenden Anlass zur Erhebung einer öffentlichen Klage bieten (§ 170 Abs. 1 StPO), **stellt die Staatsanwaltschaft das Verfahren ein** (§ 170 Abs. 2 Satz 1 StPO) und setzt sowohl den Beschuldigten (§ 170 Abs. 2 Satz 2 StPO) als auch die Anzeigeerstatter hiervon in Kenntnis (§ 171 StPO). 72
Fraglich ist, ob die Betroffenen das **Klageerzwingungsverfahren** (§§ 172–177 StPO) betreiben können. Das Klageerzwingungsverfahren bezweckt den Schutz des **Legalitätsprinzips** durch gerichtliche Kontrolle.[94] Darüber hinaus gibt es keinen verfassungsrechtlich verbürgten Anspruch auf Strafverfolgung.[95]
Das Legalitätsprinzip bezeichnet die rechtliche Verpflichtung der das Anklagemonopol innehabenden Staatsanwaltschaft, bei Anhaltspunkten für das Vorliegen einer Straftat ein Ermittlungsverfahren durchzuführen und bei hinreichendem Tatverdacht Anklage zu erheben.

Lösung

Das Klageerzwingungsverfahren verläuft, ähnlich wie ein verwaltungsgerichtliches Verfahren, zweistufig. Zunächst ist ein Beschwerdeverfahren (**§ 172 Abs. 1 Satz 1 StPO**) vorgeschaltet, dann folgt das gerichtliche Verfahren vor dem OLG (**§ 172 Abs. 2 Satz 1, Abs. 4 StPO**). 73

94 Krey, Band 1, Rn. 399.
95 BVerfG NStZ 2002, 606.

- Die Betroffenen, also die Ehefrau, die zwei Töchter des K sowie der Vorsitzende des Landesverbandes der Partei des K, waren Anzeigeerstatter (in § 172 Abs. 1 StPO „Antragsteller" genannt). Diese Personen müssten Verletzte der Straftat sein, andernfalls steht ihnen nicht die Möglichkeit eines Klageerzwingungsverfahrens, sondern nur die Erhebung einer allgemeinen Dienstaufsichtsbeschwerde zu. Verletzter i. S. v. § 172 StPO ist, wer aufgrund der behaupteten Tat – ihre tatsächliche Begehung unterstellt – unmittelbar in einem Rechtsgut verletzt ist.[96] Hier geht es um die Tötung eines Menschen, also um einen Eingriff in die Rechte des Opfers. Nach dem weit auszulegenden Begriff des Verletzten gehören hierzu auch die nach § 395 StPO nebenklageberechtigten Angehörigen des durch die Straftat Getöteten. Das trifft auf die Ehefrau und die beiden Töchter des K zu. Kein Verletzter der Straftat – unabhängig vom subjektiven Empfinden – ist aber der Vorsitzenden des Landesverbandes der Partei des K. Die Partei hat zwar einen „Spitzenfunktionär" auf kommunaler Ebene verloren, es sind jedoch keine eigenen, durch die Strafvorschriften der §§ 211, 212 StGB geschützten Rechte der Partei oder des Vorsitzenden verletzt. Eine Antragsberechtigung des Parteivorsitzenden nach § 172 StPO scheidet somit aus.

74 • Das Klageerzwingungsverfahren darf für die Angehörigen nicht aus gesetzlichen Gründen ausgeschlossen sein (§ 172 Abs. 2 Satz 3 StPO). Das Gesetz durchbricht das Legalitätsprinzip in einer Reihe von Fällen, in denen die Staatsanwaltschaft nach pflichtgemäßem Ermessen von einer Klageerhebung absehen kann. Diese Fälle, die in einem Katalog in § 172 Abs. 2 StPO enthalten sind, unterliegen dem **Opportunitätsprinzip**:
  - Privatklagedelikte i. S. v. §§ 374 ff. StPO
  - Bagatelldelikte i. S. v. §§ 153 ff. StPO

  Im vorliegenden Fall treffen diese Ausnahmen aber nicht zu, da es sich hier um ein Verbrechen handelt. Die betroffenen Angehörigen können also innerhalb von zwei Wochen nach der Zustellung des Einstellungsbescheides Beschwerde einlegen. Die Staatsanwaltschaft kann dann in einer Art Vorverfahren der Beschwerde abhelfen und die Ermittlungen wieder aufnehmen (und ggf. Anklage erheben). Geschieht das nicht, entscheidet der vorgesetzte Beamte der Staatsanwaltschaft über die Beschwerde des Verletzten, das ist der Generalstaatsanwalt bei dem betreffenden OLG. Er kann die Staatsanwaltschaft anweisen, die Ermittlungen wieder aufzunehmen. Kommt er jedoch zu dem Ergebnis, dass die Einstellung gemäß § 170 Abs. 2 StPO zu Recht erfolgt ist, erlässt er einen ablehnenden Bescheid. Gegen diesen können die Verletzten binnen eines Monats mit Schriftsatz eines Rechtsanwalts (§ 172 Abs. 3 Satz 2 StPO) **gerichtliche Entscheidung durch das OLG** beantragen (§ 172 Abs. 2, 4 StPO). Das OLG kann den Antrag verwerfen (§ 174 StPO) oder die Klageerhebung anordnen (§ 175 StPO).[97]

96 Meyer-Goßner, § 172, Rn. 9.

97 Die Anklage ist durch diesen Beschluss noch nicht erhoben, er verpflichtet lediglich die Staatsanwaltschaft zur Anklageerhebung (§ 175 Abs. 2 StPO; Akkusationsprinzip).

Übersicht 20: Klageerzwingungsverfahren

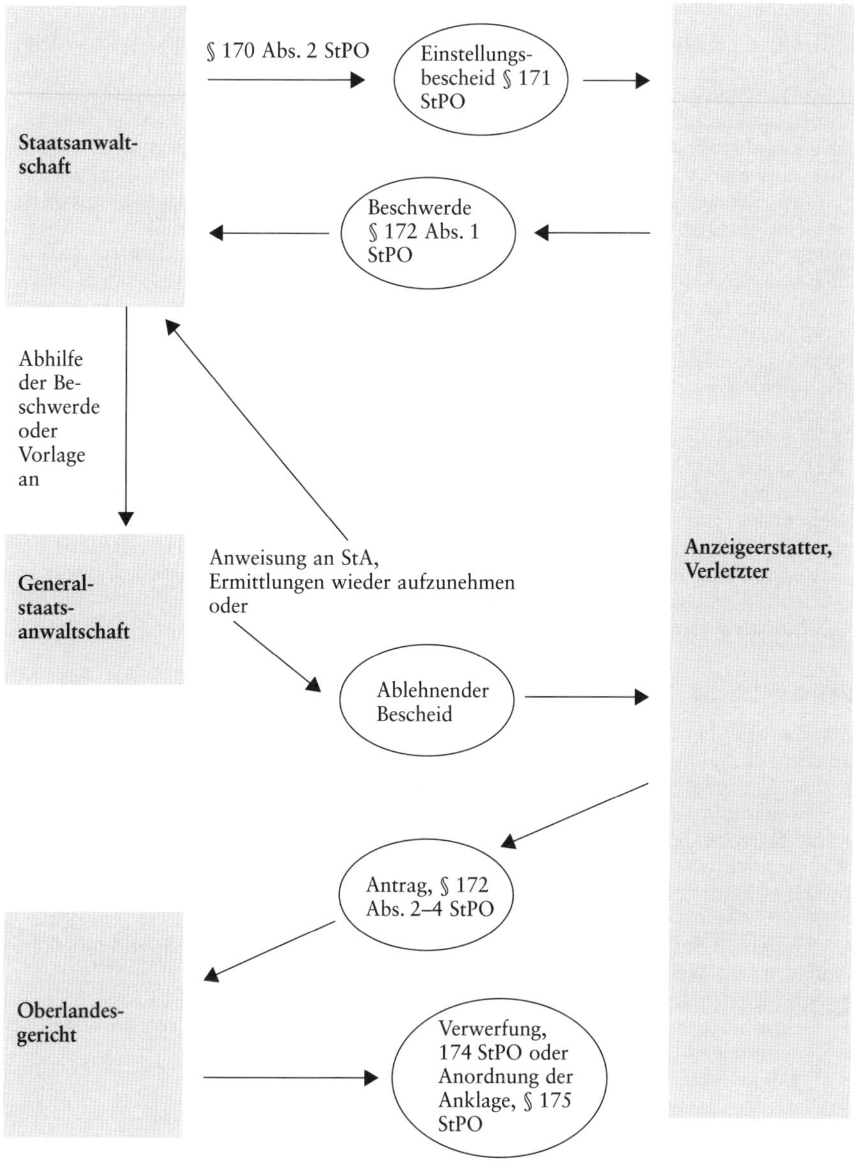

2. Legalitätsprinzip – Opportunitätsprinzip

Fall 25: Einstellung des Verfahrens gegen eine Geldzahlung

Gegen A wird ein Ermittlungsverfahren wegen fahrlässiger Körperverletzung geführt, weil er am 26.3.2007 mit seinem PKW den auf dem öffentlichen Gehweg vor der Einfahrt zu seiner Garage stehenden Nachbarn N und dessen Rauhaardackel in schneller Rückwärtsfahrt angefahren hatte. N und sein Haustier erlitten dabei Prellungen. Bei seiner polizeilichen Vernehmung hatte A angegeben, dass er rückwärts in seine Garage einparken wollte und den auf dem Gehweg stehenden Nachbarn übersehen hätte. N hat Strafantrag gestellt. Das Ermittlungsverfahren wird schließlich von der zuständigen Staatsanwaltschaft nach Zahlung einer Geldauflage durch A an den Bezirksverein für soziale Rechtspflege in Höhe von 1000.– € gemäß § 153a StPO eingestellt. N ist empört und möchte gegen diese Entscheidung vorgehen, da er meint, dass anstelle einer Geldzahlung an eine gemeinnützige Organisation dem A wenigstens eine Schmerzensgeldzahlung an ihn hätte auferlegt werden müssen.
Einige Wochen nach der Einstellung des Verfahrens erzählt A angetrunken im Kreise seiner Stammtischrunde, dass es ihm nicht gelungen sei, seinen verhassten Nachbarn, der seinen Rauhaardackel stets die Notdurft vor der Garage des A auf dem Gehweg verrichten lässt, durch Überfahren mit seinem PKW „zur Strecke“ zu bringen. Zeuge Z, der den A kennt und vom Nachbartisch aus das Gespräch der Stammtischrunde mitgehört hatte, gibt den Vorfall der Staatsanwaltschaft bekannt. Welche Möglichkeiten gibt es für die Staatsanwaltschaft oder N, die Einstellung des Verfahrens gegen A rückgängig zu machen?

Problemstellung

75 **§ 153a StPO** lässt ein **vorläufiges Absehen von der Anklageerhebung** unter Auflagen an den Beschuldigten zu, wenn
- Die Auflagen geeignet sind, das öffentliche Interesse an der Strafverfolgung zu beseitigen und
- die Schwere der Schuld nicht entgegensteht.

Wenn es sich, wie im vorliegenden Fall um ein Vergehen mit geringen Folgen handelt, bedarf es keiner gerichtlichen Zustimmung.

§ 153a Abs. 1 Satz 2 Nr. 1–6 StPO listet einen beispielhaften Katalog von möglichen **Auflagen und Weisungen** auf:
- Schadenswiedergutmachung
- Geldzahlung an gemeinnützige Einrichtungen oder Erbringung von sonstigen gemeinnützigen Leistungen
- Erfüllung von Unterhaltsverpflichtungen
- Anstreben eines Täter-Opfer-Ausgleichs
- Teilnahme an einem Verkehrsunterricht.

76 Die Staatsanwaltschaft achtet zusätzlich darauf, dass die Auflagen einen durch die Straftat erlangten Vermögensvorteil abschöpfen. In der Regel erfolgt **eine Einstellung nach § 153a StPO** als zweistufiges Verfahren. Zunächst wird das Strafverfahren unter Erteilung von Auflagen vorläufig (§ 153a Abs. 1 Satz 1 StPO) eingestellt, und nach Erfüllung der Verpflichtung durch den Beschuldigten innerhalb der Frist des Abs. 1 Satz 3 erfolgt eine endgültige Einstellung (§ 153a Abs. 1 Satz 5 StPO).

Bei der Vorschrift des § 153a StPO handelt es sich um ein zweckorientiertes, vereinfachtes Erledigungsverfahren im Bereich der kleineren und mittleren Kriminalität zur beschleunigten Erledigung von Verfahren und zur Entlastung der Gerichte. In der Praxis kann eine solche Verfahrensweise – insbesondere in komplizierten Wirtschaftsstrafverfahren – zu Kritik in der Öffentlichkeit führen, da offensichtlich auch verfahrensökonomische Erwägungen eine Rolle zu spielen scheinen.[98]
Im vorliegenden Fall stellt sich zunächst die Frage, ob N als Geschädigter einen Anspruch auf Klageerhebung durch die Staatsanwaltschaft hat oder er einen Einfluss auf die Art und Weise der Einstellungsentscheidung nehmen kann. Aus Sicht der Staatsanwaltschaft ist zu überlegen, ob nach dem Vorliegen neuer Erkenntnisse dennoch Anklage gegen A erhoben werden kann.

Lösung

77 Eine Verfahrenseinstellung gemäß § 153a StPO stellt neben anderen sog. Opportunitätsentscheidungen[99] die Durchbrechung des Legalitätsprinzips dar.[100] Der endgültige Einstellungsbeschluss hat nur deklaratorische Bedeutung und stellt das Verfahrenshindernis eines beschränkten Strafklageverbrauchs fest. Das Verfahren kann also nicht wie bei einer Einstellung nach § 170 Abs. 2 StPO wieder ohne weiteres aufgenommen werden.
Einem Verletzten steht gegen diese Verfahrenseinstellung **kein Rechtsmittel oder das Klageerzwingungsverfahren** (§§ 172 ff. StPO) zur Verfügung. § 153a StPO vermittelt keine Rechtsposition, deren Verletzung gem. Art. 19 Abs. 4 GG im Rechtsweg geltend gemacht werden könnte. Im Übrigen gewährleistet auch die Verfassung keinen Anspruch auf Strafverfolgung eines anderen durch den Staat.[101] Ist die Entscheidung der Staatsanwaltschaft ordnungsgemäß zustande gekommen, so kann auf durchaus zulässige Gegenvorstellung oder eine Dienstaufsichtsbeschwerde des Verletzten gegen den sachbearbeitenden Staatsanwalt das vorläufige Absehen von der Anklage nicht rückgängig gemacht werden, weil der Beschuldigte auf die von ihm akzeptierte Regelung vertrauen darf.[102]

78 Nachdem der Zeuge Z der Staatsanwaltschaft neue und glaubhafte Informationen über die Tat gegeben hat, kann das Verfahren gemäß § 153a Abs. 1 Satz 5 StPO wieder aufgenommen werden. Die Einstellung des Verfahrens nach § 153a StPO bewirkt zwar einen **Strafklageverbrauch** und damit ein **Verfahrenshindernis** hinsichtlich des Gegenstandes des Ermittlungsverfahrens. Die Folge wäre bei Anklageerhebung in dem weiterbetriebenen Verfahren eine Einstellung gemäß §§ 206a, 260 Abs. 3 StPO. Dies gilt jedoch nicht, wenn sich neue Anhaltspunkte für eine geänderte rechtliche Beurteilung ergeben haben und die Tat nunmehr als Verbrechen verfolgt wird.
Hier hat A kundgetan, dass er seinen Nachbarn mit Hund keineswegs versehentlich mit seinem PKW angefahren hat, sondern dass er N „zur Strecke bringen" wollte. Bei dieser Äußerung liegt es nahe, auf einen Tötungsvorsatz i. S. d. §§ 211, 212 StGB zu

98 Mannesmann-Prozess, Einstellung des Verfahrens nach Aufhebung der Freisprüche gegen die Angeklagten durch den BGH: NJW 2006, 522ff; Einstellung des Verfahrens im Zusammenhang mit Untreuehandlungen im CDU-Parteispendenskandal gegen eine Geldauflage im Fall Helmut Kohl: LG Bonn, NStZ 2001, 426ff; Entscheidungsbesprechung von Schwind in NStZ 2001, 346ff; vgl. Leipold, NJW-Spezial 2007, S. 39 ff.
99 Vgl. nachfolgende Übersicht 21.
100 Krey, Band 1, Rn. 421 ff.
101 Vgl. dazu auch BVerfG, NJW 2002, 815.
102 Meyer-Goßner, § 153a StPO, Rn. 38.

schließen, also auf den Versuch eine Verbrechens. Die Staatsanwaltschaft muss also (**Legalitätsprinzip!**) das Verfahren gegen A wieder aufnehmen.

Übersicht 21: Die wichtigsten Opportunitätsentscheidungen

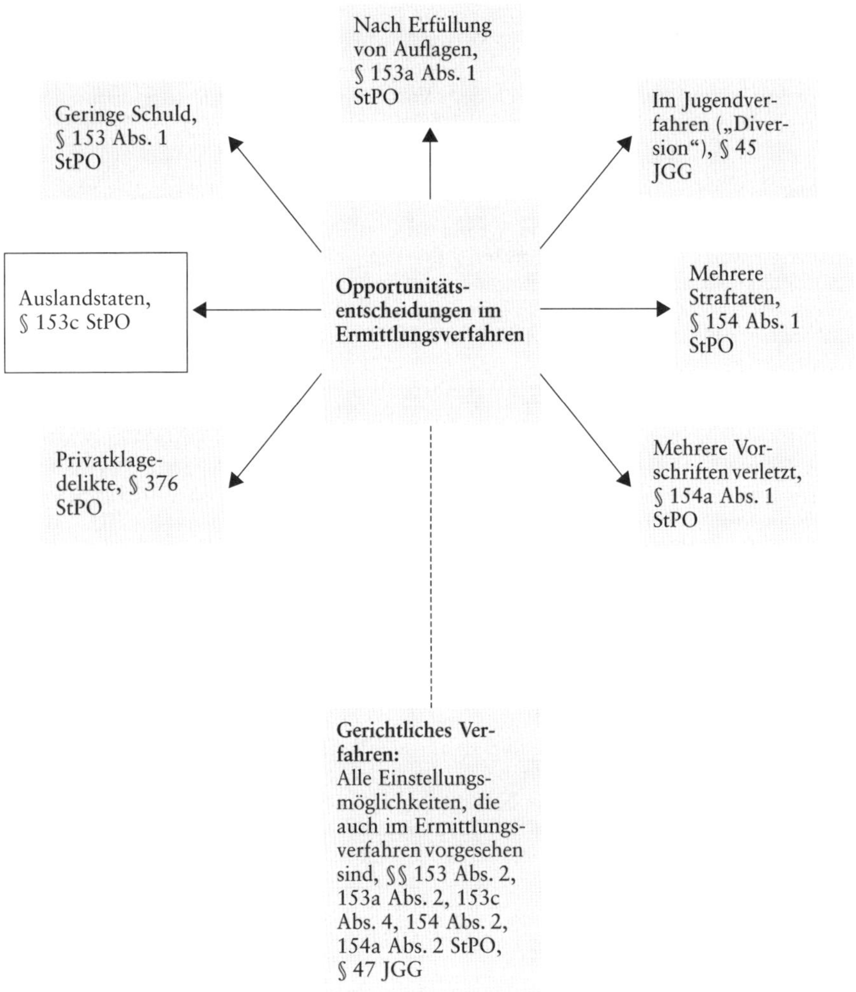

3. Anklageerhebung

Fall 26: Die öffentliche Klage in einem Schwurgerichtsverfahren

In der Nacht vom 31.5.2006 auf den 1.6.2006 gegen Mitternacht kam es zwischen der spanischen Arbeiterin Esmeralda M, geboren am 19.3.1980 in Almeria/Spanien, und ihren zwei Begleiterinnen B und C einerseits und dem späteren Tatopfer, der 17-jährigen D, zunächst zu einem verbalen Streit.
Als die Situation sich bereits wieder beruhigt hatte und D angekündigt hatte, noch Zigaretten für alle zu holen, liefen alle gemeinsam in Richtung eines Zigarettenautomaten, wobei M in geringem Abstand hinter D herging, die nun nicht mehr mit weiterem Streit oder gar einer Tätlichkeit rechnete.
M zog von allen anderen Beteiligten unbemerkt ein Klappmesser mit einer Klingenlänge von 7,2 cm und stieß es D zunächst von hinten mit der rechten Hand ca. 9 cm tief direkt über dem Gesäß in den Rücken. Ein anderer wuchtiger Stich, der letztlich todesursächlich war, drang links des Brustbeins schräg nach unten in den Körper ein, durchdrang die Lunge und verletzte die Lungenarterie. D brach zusammen und konnte nur noch leise um Hilfe rufen, worauf ein Passant, der Zeuge E, der die Szene beobachtet hatte, dazukam, während M und ihre beiden Begleiterinnen sich ohne besondere Eile unauffällig vom Tatort entfernten.
Die Obduktion, durchgeführt von der Sachverständigen Dr. G, ergab folgende Befunde: Die Stichverletzung der linken Lungenschlagader führte zu einem massiven inneren Blutverlust, so dass es in der Folge zu einer Unterversorgung des Gehirns mit Blut und Sauerstoff kam und die Geschädigte rasch bewusstlos wurde. Trotz der unverzüglichen ärztlichen Versorgung noch am Tatort und einer anschließenden Notoperation kam es infolge der massiven Sauerstoffunterversorgung des Hirnstammes zu einer Hirnstammeinklemmung, so dass die Geschädigte am 2.6.2006 gegen 22.52 Uhr im Städtischen Klinikum verstarb, ohne das Bewusstsein wiedererlangt zu haben.
M wurde aufgrund von Hinweisen des Zeugen E am 1.6.2006 festgenommen und befindet sich aufgrund eines Haftbefehls des Amtsgerichts vom 2.6.2006 wegen Totschlags seither in Untersuchungshaft. Gegenüber dem sie vernehmenden Leiter der Ermittlungen KHK P und bei der Haftbefehlseröffnung hat sie die Tat im Wesentlichen gestanden. Die Tatwaffe konnte sichergestellt werden. Ein Auszug des Bundeszentralregisters bezüglich der M wurde erhoben (zwei Eintragungen). Ein bei M, die im Betäubungsmittelmilieu bekannt ist, durchgeführter Drogenschnelltest war negativ. Rechtsanwalt V wurde als Pflichtverteidiger bestellt. Die Ermittlungen sind abgeschlossen.
Die Anklage ist zu fertigen.

Problemstellung

Es ist die vollständige Anklageschrift an das zur Aburteilung zuständige Gericht anhand der in den §§ 199, 200 StPO normierten Erfordernissen in der vorgeschriebenen Form zu entwerfen.[103] **79**

103 Die Reihenfolge von Anklagesatz und rechtlicher Würdigung wird in den verschiedenen Bundesländern nicht einheitlich gehandhabt. Das vorliegende Lösungsbeispiel entspricht der Praxis in Baden-Württemberg.

Lösung

80 Staatsanwaltschaft …

7 Ks 300 Js 30173/06 02.9.2006

An das Landgericht …
– Schwurgericht –

Anklageschrift

in der Strafsache

gegen

die am 19.3.1980 in Almeria/Spanien geborene, ledige Arbeiterin spanischer Staatsangehörigkeit

Esmeralda M

Verteidiger:
Rechtsanwalt V

In dieser Sache vorläufig festgenommen am 1.6.2006 und aufgrund Haftbefehls des Amtsgerichts … vom 2.6.2006 – Geschäftsnummer … – seit 2.6.2006 in Untersuchungshaft in der Justizvollzugsanstalt …

Ablauf der Frist gemäß §§ 121 Abs. 1, 122 StPO: 01.12.2006

Die Staatsanwaltschaft legt der Angeschuldigten aufgrund ihrer Ermittlungen folgenden Sachverhalt zur Last:[104]

In der Nacht vom 31.5. auf den 1.6.2006 gegen Mitternacht kam es auf dem ..platz in… (genauer Ort) zwischen der Angeschuldigten und ihren zwei Begleiterinnen B und C einerseits und der 17-jährigen D andererseits zunächst zu einem verbalen Streit.
Als die Situation sich bereits wieder beruhigt und D angekündigt hatte, noch Zigaretten für alle zu holen, liefen alle gemeinsam in Richtung eines Zigarettenautomaten, wobei die Angeschuldigte in geringem Abstand hinter der D herging, die nun nicht mehr mit weiterem Streit oder gar einer Tätlichkeit rechnete.

Die Angeschuldigte beschloss nun spontan, D aus Ärger wegen des vorangegangenen Streitgesprächs mit einem mitgeführten Messer anzugreifen und zu verletzen, wobei sie eine tödliche Verletzung der Geschädigten jedenfalls billigend in Kauf nahm.

Sie zog von allen anderen Beteiligten unbemerkt ein Klappmesser mit einer Klingenlänge von 7,2 cm, klappte es auf und stieß es der D zunächst von hinten mit der rechten Hand ca. 9 cm tief direkt über dem Gesäß in den Rücken. Ein anderer wuchtiger Stich drang links des Brustbeins schräg nach unten in den Körper ein, durchdrang die Lunge und verletzte die Lungenarterie. Die Geschädigte brach zusammen und konnte nur noch leise um Hilfe rufen, worauf ein Passant dazukam, während die Angeschuldigte und ihre

104 Der Anklagesatz, der in persönlicher und sachlicher Hinsicht den Verfahrensgegenstand bildet, hat eine sog. Umgrenzungsfunktion; BGHSt 40, 390, 392.

beiden Begleiterinnen sich ohne besondere Eile unauffällig vom Tatort entfernten, ohne sich noch um das am Boden liegende Opfer zu kümmern.

Die Stichverletzung der linken Lungenschlagader führte zu einem massiven inneren Blutverlust, so dass es in der Folge zu einer Unterversorgung des Gehirns mit Blut und Sauerstoff kam und die Geschädigte rasch bewusstlos wurde. Trotz der unverzüglichen ärztlichen Versorgung noch am Tatort und einer anschließenden Notoperation kam es infolge der massiven Sauerstoffunterversorgung des Hirnstammes zu einer Hirnstammeinklemmung, so dass die Geschädigte am 2.6.2006 gegen 22.52 Uhr im Städtischen Klinikum verstarb, ohne das Bewusstsein wiedererlangt zu haben.

Die Angeschuldigte wird daher beschuldigt,
heimtückisch einen Menschen getötet zu haben,
strafbar als
Verbrechen des Mordes gemäß § 211 Abs. 1 und 2 StGB

Beweismittel: 81

A. Urkunden:
1. BZR – Auszug, vor As. 1, zwei Einträge
2. Protokoll zur Erhebung der Urinprobe, (As. ...)
3. Ergebnis des Drogenscreenings (negativ), (As. ...)
4. Sachverständigen-Gutachten vom ...

B. Zeugen:
1. Zeugin B, Adresse...
   (gesondert verfolgte Begleiterin der Angeschuldigten in der Tatnacht)
2. Zeugin C, Adresse ...
   (gesondert verfolgte Begleiterin der Angeschuldigten in der Tatnacht)
3. Zeuge E, Adresse ...
   (unbeteiligter Augenzeuge)
4. Zeuge KHK P, zu laden über den Polizeipräsidenten...
   (Leiter der Ermittlungen/Vernehmungsbeamter)

C. Einlassungen der Angeschuldigten:
1. Erste Vernehmung vom 1.6.2006,As. ...
2. Angaben bei der Eröffnung des Haftbefehls am 2.6.2006, As. ...

D. Sachverständige:
Dr. med. K.M. G, Fachärztin für Rechtsmedizin, Universitätsklinikum, Institut für Rechtsmedizin und Verkehrsmedizin (Obduktionsbericht)

E. Augenscheinsobjekte:
1. Lichtbilder des Tatmessers, As. ...
2. Tatmesser, bei der StA verwahrt, wird nur auf gesonderte Anforderung übersandt
3. Lichtbilder des Tatopfers, As. ...
4. Lichtbilder und Skizzen im Spurensicherungsbericht, Sonderheft

82 **Wesentliches Ergebnis der Ermittlungen:**
A. Zur Person:
(Kurzer Lebenslauf)

Ausweislich des Auszuges aus dem BZR ist sie bisher zweimal strafrechtlich in Erscheinung getreten.

(Evtl. Teileinstellung [Beispiel]: Ein weiteres Verfahren wegen einer am 16.4.2006 in alkoholisiertem Zustand (mit einer BAK von 1,37 Promille) begangenen Körperverletzung war bei der Begehung der hier angeklagten Tat noch bei der Polizei anhängig; es wurde zu diesem Verfahren hinzuverbunden und nunmehr gem. § 154 Abs. 1 StPO vorläufig eingestellt.)

B. Zur Sache:
Zum Gang der Ermittlungen sowie zur Zusammenfassung der Zeugenaussagen mit den jeweiligen Fundstellen und auch zu der Tatörtlichkeit wird zur Vereinfachung auf den zusammenfassenden Ermittlungsbericht der Polizei sowie den Spurensicherungsbericht Bezug genommen.

Die Angeschuldigte hat die Tat im Wesentlichen eingeräumt, wie sich aus ihren beiden Vernehmungen ergibt. Der von der Angeschuldigten geschilderte Hergang wird von den benannten Zeugen bestätigt.

Die Tat ist dabei nicht nur als Totschlag, sondern als Mord zu werten, weil die Angeschuldigte die Arg- und Wehrlosigkeit ihres Opfers ausgenutzt und damit heimtückisch gehandelt hat.[105]
Hingegen dürften sich sonstige niedrige Beweggründe i. S. d. § 211 Abs. 2 StGB (vgl. Fischer, StGB 55. Aufl., Rn. 9 bis 14b zu § 211, jeweils m. w. N.) nicht hinreichend sicher feststellen lassen, auch wenn ein eklatantes Missverhältnis zwischen dem Anlass der Tat (die spontane Wut über ein Streitgespräch) und der Tat selbst festzustellen ist.

Hinweise auf einen Drogenkonsum, die Rückschlüsse auf eine relevante Einschränkung der Schuldfähigkeit im Sinne der §§ 20, 21 StGB zulassen, haben sich nicht ergeben (As. ...).

Zur Aburteilung ist gemäß §§ 7 bis 13 StPO i. V. m. §§ 24 Abs. 1 Nr. 1, 74 Abs. 2 Nr. 4 GVG das Schwurgericht des Landgerichts zuständig.

Es wird beantragt,
das Hauptverfahren vor dem Landgericht – Schwurgericht zu eröffnen und die Anklage zur Hauptverhandlung zuzulassen,
unter Aufhebung des Haftbefehls des Amtsgerichts ... vom 2.6.2006 (Geschäftsnummer) Haftbefehl gemäß dem in der Anklageschrift zur Last gelegten Sachverhalt zu erlassen, diesen der Angeschuldigten zu eröffnen und Haftfortdauer anzuordnen, da die Haftgründe fortbestehen.[106]

(Unterschrift)

Staatsanwalt[107]

---

105 Hat ein Tatbestand mehrere Begehungsformen, so muss angegeben werden, welche Tatbestandsalternative gemeint ist; BGH NStZ 1984, 133.
106 Erforderlichkeit der Änderung des Haftbefehls, vgl. Meyer-Goßner, § 114, Rn. 18.
107 Die Anklageschrift muss vom Staatsanwalt unterschrieben sein, vgl. Meyer-Goßner, § 200, Rn. 23.

Übersicht 22: Aufbau der Anklage (§§ 200, 199 StPO; Nr. 110–114 RiStBV)

Die Anklageschrift
- Adressat
- Person des Angeschuldigten
- Haftprüfungstermine (§§ 117 Abs. 5, 121 Abs. 2 StPO)
- Anklagesatz (§ 200 Abs. 1 Satz 1 StPO): Tatverdächtige, Zeit und Ort der Tat, gesetzliche Merkmale der Tat, Strafvorschriften, Strafantrag/öffentliches Interesse
- Beweismittel (§ 200 Abs. 1 Satz 2 StPO)
- Wesentliches Ermittlungsergebnis (wird nicht verlesen)
- Antrag (§ 199 Abs. 2 StPO)
- Weitere Anträge z. B. gemäß §§ 111a, 207 Abs. 4, 140 StPO
- Unterschrift des Staatsanwalts

Fall 27: Die Abschlussverfügung der Staatsanwaltschaft (Abwandlung Fall 26)

Bei gleicher Fallkonstellation ist die Verfügung des Staatsanwalts zu erstellen, mit der die Ermittlungen abgeschlossen werden.

Problemstellung

83 Die Entscheidung, die **neben der Erhebung der Anklage** zu treffen ist, befasst sich mit der Verfahrensgestaltung innerhalb der Anklagebehörde und beendet mit der Verfügung gemäß **§ 169a StPO** die Phase des Ermittlungsverfahrens. Der sachbearbeitende Staatsanwalt ist gehalten, alle mit der Anklageerhebung einhergehenden administrativen Schritte (die Staatsanwaltschaft ist „Herrin" des Ermittlungsverfahrens) zu erledigen.

Lösung

84 Staatsanwaltschaft … 2.9.2006
(Aktenzeichen)
Ermittlungsverfahren gegen Esmeralda M
wegen Mordes

Abschlussverfügung

1. Die Ermittlungen sind abgeschlossen[108]
2. Evt. Vermerk über Teileinstellung des Verfahrens gemäß § 154 Abs. 1 StPO (vgl. entsprechenden Hinweis in Anklage, Fall 26)
   a. Mitteilung von Einstellung an Geschädigte
   b. Mitteilung von Einstellung an Polizei (MiStra Nr. 11)
3. Anklage gemäß Anlage; Ausdruck 5-fach
4. Nachricht von Anklageerhebung an Amtsgericht zu Az.… (Vorstrafe zur Bewährung)

108 Der Abschlussvermerk schließt weitere Ermittlungen nicht aus. Sobald er in den Akten ist, hat der Verteidiger ein unbeschränkbares Recht auf Akteneinsicht, (§ 147 StPO, vgl. OLG Hamburg NStZ 1992, 50).

5. Mitteilung an Ausländerbehörde nach MiStra[109]
6. Abdruck von Anklage an Justizvollzugsanstalt gemäß Nr. 7 Abs. 2 UVollzO
7. evt.: Vermerk über noch nicht erfolgte Pflichtverteidigerbestellung
8. evt.: Vermerk über noch nicht erledigtes Akteneinsichtsersuchen des Verteidigers
9. evt.: Vermerk über noch bei der Staatsanwaltschaft oder Kriminalpolizei (möglicherweise zur Spurenauswertung) aufbewahrte Beweismittel (hier: Tatwaffe)
10. Register Austrag (Anklage zur großen Strafkammer des Landgerichts/Schwurgericht)
11. Vermerk Haftliste
12. Handakte anlegen
13. Bericht an Herrn Behördenleiter ... nach Anlage
14. vor Abgang: mit Akten sowie Berichtsheft an Herrn Behördenleiter
15. Mit Ermittlungsakten

an das Landgericht – Schwurgericht

16. Wiedervorlage der Handakte 1 Monat (Terminierung der Hauptverhandlung?)

(Unterschrift)
Staatsanwalt

Fall 28: Verbindung von Strafsachen in unterschiedlichen Verfahrensstadien

Die beiden in Untersuchungshaft befindlichen rumänischen Staatsangehörigen A und B sind vor dem Schöffengericht angeklagt, im September 2006 eine alte Dame ausgeraubt zu haben, indem Sie sich zunächst unter dem Vorwand Einlass in deren Wohnung verschafften, sie seien hilfsbedürftig und suchten für einige Stunden Arbeit in Privathaushalten (z. B. im Garten oder Schönheitsreparaturen). Nachdem ihnen Einlass gewährt worden war, hätten sie der 78 Jahre alten C ein starkes Schlafmittel in den von ihr bereiteten Tee gerührt, woraufhin C in einen 12-stündigen bewusstlosen Tiefschlaf gefallen sei. A und B hätten nunmehr in aller Ruhe Bargeld und Schmuck im Wert von ca. 5000.– € aus der Wohnung mitgenommen. Das Schöffengericht verurteilt die beiden Angeklagten, die in der Hauptverhandlung von ihrem Schweigerecht Gebrauch machten, am 12.1.2007 wegen gemeinschaftlichen schweren Diebstahls jeweils zu einer Freiheitsstrafe von 2 Jahren.
Am 15.1.2007 führte der ermittelnde Polizeibeamte KHK P auf Wunsch von A und B noch einmal eine nachträgliche Vernehmung durch, in der diese den vorgeworfenen Sachverhalt nunmehr einräumen und darüber hinaus zugeben, in acht weiteren Fällen im gesamten Bundesgebiet zwischen Mai und September 2006 nach dem gleichen Muster ältere und allein stehende Personen überfallen und jeweils zwischen 5000.– € und 10000.– € Bargeld und Schmuck erbeutet zu haben. Ein Abgleich mit ähnlichen bislang nicht aufgeklärten Ermittlungsverfahren bei anderen Staatsanwaltschaften führt dazu, dass sich die Angaben von A und B als wahr herausstellten.
Wie wird der sachbearbeitende Staatsanwalt den weiteren Verlauf des Verfahrens gestalten?

109 Bestimmte Behörden sind nach der Anordnung über Mitteilungen in Strafsachen (MiStra) bzw. nach dem Justizmitteilungsgesetz (BGBl. 1997 Teil I S. 1430 ff.) bzw. §§ 12 ff. EGGVG (z. B. Jugendamt, Ausländerbehörde, Führerscheinstelle, Dienstherrn eines Beamten usw.) zu unterrichten.

Problemstellung

Nachdem bereits ein erstinstanzliches Urteil vorliegt, haben die Ermittlungen weitere gleich gelagerte Taten ergeben. Außerdem bestehen Zweifel an der rechtlichen Würdigung des Schöffengerichts. Eine prozessökonomisch sinnvolle Lösung wäre aus Sicht der Staatsanwaltschaft **die Zusammenführung aller Verfahren**. Die Frage ist, ob dies mit den Mittel der Strafprozessordnung möglich ist. 85

Lösung

Das Amtsgericht hat die Angeklagten wegen gemeinschaftlichen schweren Diebstahls jeweils zu einer Freiheitsstrafe von zwei Jahren verurteilt. Diese rechtliche Würdigung ist vor dem Hintergrund des differenzierten Waffen- und Werkzeugbegriffs u.a. zu § 250 StGB und der hierzu ergangenen Rechtsprechung des BGH nicht aufrechtzuerhalten. Die Anwendung des Schlafmittels, welches zu einer längeren Bewusstlosigkeit der C führte, erfüllt zumindest den Tatbestand des § 250 Abs. 1 Nr. 1b StGB[110] sowie tateinheitlich den einer gefährlichen Körperverletzung gemäß § 224 Abs. 1 Nr. 3 und 4 StGB[111] und der Freiheitsberaubung gemäß § 239 StGB.[112] Eine erhebliche Veränderung des Strafrahmens[113] für die Tat, die den Angeklagten vorgeworfen wird, ist die Folge. 86

Allein schon aus diesem Grund sollte die Staatsanwaltschaft innerhalb der Frist des § 314 Abs. 1 StPO Berufung einlegen. Die Akten gelangen sodann auf dem Weg des § 321 StPO an eine **kleine Strafkammer des Landgerichts** (§§ 74 Abs. 3 i.V.m. 76 Abs. 1 GVG).

Wegen der acht neu bekannt gewordenen Straftaten wird die Staatsanwaltschaft aufgrund des hohen Strafrahmens von jeweils drei bis 15 Jahren Freiheitsstrafe Anklage zum Landgericht gemäß **§ 74 Abs. 1 GVG** erheben. Die Strafgewalt des Amtsgerichts gemäß **§ 24 Abs. 1 Nr. 2 GVG**, welche eine Verurteilung von vier Jahren im Höchstmaß zulässt, reicht angesichts der Vielzahl der Taten – auch unter Berücksichtigung einer Gesamtstrafenbildung gemäß den §§ 54, 55 StGB – für eine Verurteilung der Angeklagten nicht aus.

Zugleich mit der neuen Anklage wird die Staatsanwaltschaft beantragen, das zuvor genannte Berufungsverfahren mit dem jetzt bei der großen Strafkammer des Landgerichts anhängigen Verfahren zu **verbinden**. Die Verfahrensverbindung gemäß § 237 StPO ist nicht möglich, da zwei unterschiedliche Spruchkörper des Landgerichts – nach dem Gesetzeswortlaut sind dies zwei unterschiedliche Gerichte – mit den beiden Verfahren befasst sind. Eine solche Verfahrensverbindung ist jedoch in entsprechender Anwendung des **§ 4 Abs. 1 StPO** möglich.[114] Die Verbindung führt zu einer Verschmelzung beider Verfahren mit der Folge, dass insgesamt erstinstanzlich zu verhandeln ist. Bei dieser Verfahrensweise wird zwar für einen Teil des neuen, erstinstanzlichen Verfahrens die Beweisaufnahme wiederholt, und es entfallen die Verfahrenserleichterungen der Berufung (z.B. Verlesungsmöglichkeit gemäß § 325 StPO). Jedoch ist eine **gemeinsame sachliche Zuständigkeit** der großen Strafkammer in erster Instanz aus prozessökonomischen Gründen gerechtfertigt. Ein Verstoß gegen Art. 101 Abs. 1 87

110 BGH StV 1998, 660; BGH NJW 1998, 2914.
111 Zum Bewusstseinsverlust: BGH NStZ-RR 1996, 100; zum hinterlistigen Überfall: BGH NStZ 1992, 490.
112 OLG Köln NJW 1986, 333.
113 3 bis 15 Jahre Freiheitsstrafe (§ 250 Abs. 1 Nr. 1b StGB) anstatt 3 Monate bis 10 Jahre Freiheitsstrafe (§ 243 Abs. 1StGB).
114 BGH NStZ 1998, 628.

Satz 2 GG (gesetzlicher Richter) liegt nicht vor. Das **Verschlechterungsverbot** (**§ 331 StPO**) steht dem auch nicht entgegen, da die Staatsanwaltschaft Berufung eingelegt hat.
Mit der Eröffnung des Hauptverfahrens wird die Große Strafkammer die Verfahrensverbindung beschließen. Das erstinstanzliche amtsgerichtliche Urteil wird durch den Verbindungsbeschluss gegenstandslos und bedarf keiner gesonderten Aufhebung im späteren landgerichtlichen Urteil.[115]

4. Strafbefehlsverfahren und beschleunigtes Verfahren

Fall 29: Antrag eines Strafbefehls

Am „schmotzigen" Donnerstag, den 15.2.2007, um 11.30 Uhr griff der als Hexe verkleidete Klempner M als Teilnehmer eines Faschingsumzuges in Neuhausen, Robert-Koch-Straße, in Höhe des Anwesens Nr. 33 den Fahrradfahrer und bekennenden Fasnachtsverweigerer H an, weil dieser beim Anblick des ihm aus der Nachbarschaft bekannten M im Hexenkostüm in Lachen ausgebrochen war. M stieß H von seinem Fahrrad, woraufhin dieser zu Boden fiel. Als H, der mit dem Weiterfahren auf das Vorbeiziehen des Faschingsumzugs gewartet hatte und noch einen Fahrradhelm trug, wieder aufzustehen versuchte, packte M ihn am Hals, nahm ihn in den Schwitzkasten und versuchte mit seinem Knie gegen den Fahrradhelm zu stoßen. Als sich H losreißen konnte, schrie M ihn an: *„Ich lasse mich nicht auslachen, du Arschloch, das ist für deine dreckige Lache!"*. Dabei schlug er dem H gezielt mit der Faust in das Gesicht. Hierdurch erlitt H eine Kronenfraktur im Bereich der Kante eines Schneidezahnes und Hautabschürfungen an der linken Hand. Er musste zahnärztliche Hilfe bei Dr. L, der hierüber ein Attest fertigte, in Anspruch nehmen. Bei der Auseinandersetzung ging zusätzlich der Fahrradhelm des H, Wert 50.– €, zu Bruch. Anschließend entfernte sich M mit der Faschingsgesellschaft. H ging nach dem Vorfall mit seinem Bekannten Z, der alles mitbekommen hatte, zur Polizei und erstattete bei POM P Anzeige.
Der fertig ermittelte Sachverhalt wird von der Polizei an die zuständige Staatsanwaltschaft weitergeleitet, dort wird ein Auszug aus dem Bundeszentralregister über M eingeholt, der keine Voreintragungen enthält.
Welche Entscheidung wird der sachbearbeitende Staatsanwalt treffen?

Problemstellung

88 Die Kapazität von Gerichten und Staatsanwaltschaften reicht nicht aus, um alle Strafverfahren in einer mündlichen Verhandlung durch Urteil zu entscheiden. Das **Strafbefehlsverfahren** stellt ein **summarisches**[116] **und beschleunigtes** Verfahren dar, von dem in der Praxis sehr viel Gebrauch gemacht wird. Es ermöglicht eine einseitige Straffestsetzung ohne Hauptverhandlung und Urteil. Der Strafbefehl wird dem Gericht in der Regel von der Staatsanwaltschaft unterschriftsreif vorgelegt. Der Inhalt ergibt sich aus § 409 StPO, so dass hinsichtlich der Personalien, des Anklagesatzes usw. die Ausfüh-

115 BGH NStZ-RR 1998, 257; a.A. Kusch in NStZ-RR 1999, 257, der eine Aufhebung im Urteil des Landgerichts für erforderlich hält.
116 Zur verfassungsrechtlichen Zulässigkeit vgl. BVerfG, NJW 1954, 69.

rungen zur Anklage entsprechend gelten. Er muss den **Erfordernissen des § 200 StPO** genügen.
Zulässig sind im Strafbefehlsverfahren gemäß § 407 Abs. 2 StPO grundsätzlich nur Geldstrafen sowie gewisse Nebenstrafen und Nebenfolgen.[117] Hat der Beschuldigte einen Verteidiger, so kann auch Freiheitsstrafe bis zu einem Jahr festgesetzt werden, wenn deren Vollstreckung zur Bewährung ausgesetzt wird (§ 407 Abs. 2 Satz 2 StPO).
Gegen Jugendliche ist ein Strafbefehl nicht zulässig (**§ 79 Abs. 1 JGG**), wohl aber gegen Heranwachsende, wenn das allgemeine Strafrecht anzuwenden ist (§ 109 Abs. 3 JGG: jedoch keine Freiheitsstrafe).
Der Strafbefehl erlangt, wenn der Beschuldigte nicht binnen zwei Wochen nach Zustellung Einspruch einlegt, die Wirkung eines rechtskräftigen Urteils (§ 410 StPO). Bei einem **zulässigen Einspruch** geht der Strafbefehl in das normale Verfahren über (vgl. § 411 StPO), welches allerdings mit Verfahrenserleichterungen gegenüber dem „normalen" Hauptverfahren verbunden ist.[118]

Lösung

Staatsanwaltschaft (Datum) 89
(Aktenzeichen)
Strafverfahren gegen ...
M
wegen Verdachts der Körperverletzung u. a.

Es wird beantragt, nachstehenden Strafbefehl zu erlassen:
Herrn M
(Adresse)

Strafbefehl

Die Staatsanwaltschaft legt Ihnen folgenden Sachverhalt zur Last:[119]
Am „schmotzigen" Donnerstag den 15.2.2007 verletzten Sie als verkleideter Teilnehmer eines Faschingsumzugs um 11.30 Uhr in Neuhausen, Robert-Koch-Straße, in Höhe des Anwesens Nr. 33 den H ohne rechtfertigenden Grund, indem Sie ihn von seinem Fahrrad stießen, woraufhin er zu Boden fiel. Als der Geschädigte, der noch einen Fahrradhelm trug und mit dem Weiterfahren auf das Vorbeiziehen des Faschingsumzugs gewartet hatte, wieder aufzustehen versuchte, packten Sie ihn am Hals, nahmen ihn in den Schwitzkasten und versuchten mit ihrem Knie gegen den Fahrradhelm zu stoßen. Als sich der Geschädigte H losreißen konnte, äußerten Sie ihm gegenüber: „ Ich lasse mich nicht auslachen, du Arschloch, das ist für deine dreckige Lache!". Dabei schlugen Sie dem Geschädigten gezielt mit der Faust in das Gesicht. Hierdurch erlitt H eine Kronenfraktur im Bereich der Kante eines Schneidezahnes und Hautabschürfungen an der linken Hand. Der Geschädigte musste zahnärztliche Hilfe in Anspruch nehmen. Bei der Auseinandersetzung ging zusätzlich der Fahrradhelm des Geschädigten im Wert von 50.– € zu Bruch, was von Ihnen billigend in Kauf genommen wurde.

---

117 Von den Maßregeln der Besserung und Sicherung nur Entziehung der Fahrerlaubnis und Sperrfrist bis zu zwei Jahren (§§ 69, 69a StGB).
118 S. nachfolgende Übersicht.
119 Die Reihenfolge und äußere Form des Strafbefehls wird in den einzelnen Bundesländern unterschiedlich gehandhabt. Der hier niedergelegte Strafbefehl entspricht der Praxis in Baden-Württemberg.

Strafantrag wurde vom Geschädigten form- und fristgerecht gestellt.[120]

Die Staatsanwaltschaft hält wegen des besonderen öffentlichen Interesses an der Strafverfolgung ein Einschreiten von Amts wegen für geboten.[121]

90 **Sie werden daher beschuldigt,**

durch eine Handlung
- vorsätzlich eine andere Person körperlich misshandelt und an der Gesundheit geschädigt,
- rechtswidrig eine fremde Sache beschädigt und
- eine andere Person beleidigt zu haben,

strafbar als
vorsätzliche[122] Körperverletzung in Tateinheit mit Sachbeschädigung und mit Beleidigung gemäß §§ 185, 194 Abs. 1, 223 Abs. 1, 230 Abs. 1, 303, 303c, 52 StGB.

Beweismittel:

Zeugen:
H (Anschrift)
Z (Anschrift)

POM P, zu laden über das Polizeirevier

Urkunden:

Zahnärztliches Attest, Dr. L, Praxisanschrift
Strafantrag des H
Auszug aus dem Bundeszentralregister

Gegen Sie wird eine Geldstrafe in Höhe von 60 Tagessätzen verhängt. Der einzelne Tagessatz wird auf 30.– € festgesetzt. Die Geldstrafe beträgt somit insgesamt 1800.– €

Sie haben die Kosten des Verfahrens und ihre notwendigen Auslagen zu tragen.

120 Vgl. insbesondere § 194 Abs. 1 StGB.
121 Vgl. §§ 230 Abs. 1, 303c StGB.
122 Es empfiehlt sich, bei Delikten, die auch in fahrlässiger Begehungsweise möglich sind, die Begehungsform anzugeben.

Übersicht 23: Verfahrensvereinfachungen im Strafbefehlsverfahren und beschleunigten Verfahren

Verfahrensregel	Normales Hauptverfahren, §§ 198 ff. StPO	Strafbefehlsverfahren (§§ 407 ff. StPO)	Beschleunigtes Verfahren (§§ 417 ff. StPO)
Eröffnungsbeschluss	Erforderlich, §§ 203, 207 StPO	Nicht erforderlich, §§ 411 Abs. 1 Satz 2 StPO	Nicht erforderlich, § 419 Abs. 3 Satz 1 StPO
Inhalt des Antrags/ der Anklage	§ 200 StPO	§ 409 StPO, Strafbefehlsantrag ersetzt Anklage	Keine besonderen Anforderungen, nur Antrag, § 417 StPO
Fristen	Ladungsfrist, § 217, 218 StPO (eine Woche)	Es gelten die §§ 213 ff. StPO entsprechend	Ladungsfrist 24 Stunden, § 408 Abs. 2 Satz 2 StPO
Anwesenheit	Allgemeine Regelungen in §§ 226 ff. StPO	Ausnahme: § 411 Abs. 2 S. 1 StPO; Verteidiger kann Angeklagten vertreten	Allgemeine Regelungen des §§ 226 ff. StPO
Beweiserleichterungen	Allgemeine Regelungen in §§ 226 ff. StPO	Über § 411 Abs. 2 S. 2 StPO Anwendbarkeit von § 420 Abs. 1–3 StPO	§ 420 Abs. 1–3 StPO (Erweiterung der Möglichkeiten des § 251 StPO, falls kein Verteidiger anwesend ist)
• Verlesung von Vernehmungen • Verlesung von richterlichen V.	§ 251 Abs. 1 StPO § 251 Abs. 2	→	§ 420 Abs. 1 StPO (keine Erweiterung bei § 251 Abs. 2 StPO)
• Verlesung von Gutachten	§ 256 StPO	→	§ 420 Abs. 2 StPO auch Erklärungen über dienstliche Angelegenheiten

5. Jugendverfahren

Fall 30: 18-jähriger Täter (Abwandlung Fall 29)

Wie im Fall 29 griff am „schmotzigen" Donnerstag den 15.2.2007 der verkleidete M als Teilnehmer eines Faschingsumzugs in Neuhausen den Fahrradfahrer H an, weil dieser beim Anblick des M im Hexenkostüm in Lachen ausgebrochen war. Ablauf und Folgen des Geschehens waren die gleichen, nur handelt es sich bei M hier um einen 18-jährigen Klempner-Azubi. Bei seiner Beschuldigtenvernehmung hat er keine Angaben gemacht. Der sachbearbeitende Staatsanwalt stellt einen entsprechenden Antrag auf Erlass eine Strafbefehls, wie in der Lösung von Fall § 409 dargestellt.
Wie wird das Amtsgericht entscheiden?

Problemstellung

91 Da der Täter im vorliegenden Fall erst 18 Jahre alt ist, muss das Amtsgericht prüfen, ob das **Jugendstrafverfahren nach dem JGG** zur Anwendung kommt.
Bei Anwendung des JGG wird das (Erwachsenen-)Strafverfahrensrecht der StPO in vielen Bereichen modifiziert.[123] Auch die Regelungen über die Strafrahmen aus dem StGB und dem sonstigen materiellen Strafrecht[124] werden zum größten Teil durch Regelungen des JGG ersetzt. Das bedeutet, dass der Erlass eines Strafbefehls mit der dort beantragten Sanktion unter Umständen nicht erfolgen kann.

Lösung

92
- Die Akte wurde samt Antrag der Staatsanwaltschaft auf Erlass eines Strafbefehls an das Amtsgericht versandt, ohne Angabe, welche Abteilung zuständig sein soll. Somit wird die Eingangsgeschäftsstelle anhand der Grunddaten im Antrag nach der Geschäftsverteilung des Amtsgerichts zu entscheiden haben, welcher Abteilung sie die Sache zuweist. Da es sich hier um einen erst 18-jährigen Beschuldigten handelt, ist nach den §§ 1, 33 Abs. 2 JGG, 24 Abs. 1 GVG der Jugendrichter zur Entscheidung berufen.[125] Die Zuständigkeitsregelung gilt gemäß § 108 Abs. 1 JGG ausdrücklich auch für Heranwachsende – egal, **ob Jugendstrafrecht oder Erwachsenenstrafrecht** anzuwenden ist (§ 108 Abs. 2 JGG) –, also wie hier für den Beschuldigten, der das 18., aber noch nicht das 21. Lebensjahr vollendet hat. Im Falle der Verbindung von Strafsachen gegen Jugendliche und Erwachsene ist gemäß § 103 Abs. 2 JGG ebenfalls der Jugendrichter zuständig. Dies gilt in entsprechender Anwendung auch für eine Verbindung von Verfahren gegen Heranwachsende und Erwachsene.[126]
- Gegen Jugendliche ist der Erlass eines Strafbefehls nicht zulässig (§ 79 Abs. 1 JGG), wohl aber gegen Heranwachsende, wie hier gegen den 18-jährigen M, wenn das allgemeine Strafrecht anzuwenden ist. Allerdings kann nach § 109 Abs. 3 JGG **keine Freiheitsstrafe gegen Heranwachsende** festgesetzt werden. § 407 Abs. 2

123 Vgl. nachfolgende Übersicht.
124 Z.B. Betäubungsmittelgesetz (BtMG), Waffengesetz (WaffG), Straßenverkehrsgesetz (StVG) usw.
125 Eisenberg, § 109, Rn. 21.
126 Eisenberg, § 103, Rn. 1.

Satz 2 StPO ist in diesem Fall nicht anwendbar. Grundsätzlich ist der Erlass eines Strafbefehls gegen M also möglich.

- Ob Jugendstrafrecht oder Erwachsenenstrafrecht anzuwenden ist, richtet sich nach **§ 105 JGG.** 93
  Jugendstrafrecht ist anzuwenden, wenn
  - Die Gesamtwürdigung der Persönlichkeit des Täters bei Berücksichtigung auch der Umweltbedingungen ergibt, dass er zur Zeit der Tat nach seiner sittlichen und geistigen Entwicklung noch einem Jugendlichen gleichstand, oder
  - es sich nach Art, Umständen oder Beweggründen der Tat um eine Jugendverfehlung handelt.

  Ob **eine jugendtypische Verfehlung** vorliegt, ist für den Amtsrichter bei dem relativ knapp gehaltenen Sachverhalt schwer zu entscheiden. Es spricht jedoch viel dafür, dass ein Wutausbruch auf offener Straße wegen des Lachens eines Passanten über ein Faschingskostüm eine jugendtümliche Verhaltensweise (jugendtypische Interpretation des Ehrbegriffs) darstellt. In Zweifelsfällen hat der Richter jedoch nach dem Grundsatz „in dubio pro reo" zu prüfen, ob allgemeines Strafrecht oder aber Jugendstrafrecht die für den Angeklagten weniger einschneidende Rechtsfolge ergibt.[127] In der Regel ist dies das Jugendstrafrecht, da hier gerade im Bereich der Bagatellkriminalität mit Erziehungsmaßregeln (§§ 11 ff. JGG) oder Zuchtmitteln (§ 13 ff. JGG) reagiert werden kann und nicht nur mit Geld- oder Freiheitsstrafe.[128]

  Da es sich beim Strafbefehlsverfahren um ein **summarisches Verfahren** handelt,[129] könnte der Amtsrichter den Strafbefehl dennoch erlassen, wenn sich die Anwendung von Jugendstrafrecht nicht geradezu aufdrängt. Aus den zuvor genannten Überlegungen kann der Amtsrichter sich jedoch auch entscheiden, den Strafbefehl nicht zu erlassen und gemäß **§ 408 Abs. 3 Satz 2 StPO** die Hauptverhandlung anzuberaumen.

---

127 Eisenberg, § 105, Rn. 36.

128 Bei der Sanktionierung von strafbarem Verhalten steht im Jugendstrafrecht der Erziehungsgedanke im Vordergrund, während im Erwachsenenstrafrecht Erwägungen wie gerechter Schuldausgleich, Spezial- und Generalprävention die Strafzumessung beherrschen.

129 Vgl. Fall 29.

Übersicht 24: Die wichtigsten Verfahrensunterschiede zwischen StPO und JGG

Verfahrensregel	Verfahren nach StPO	Verfahren nach JGG
Zuständigkeit	Allgemeine Gerichte §§ 24, 74 GVG	Jugendgerichte §§ 33 ff. JGG
Öffentlichkeit	Öffentlich, § 169 GVG, Ausnahmen: §§ 171b, 172 GVG	Bei Jugendliche grundsätzlich nicht öffentlich § 48 Abs 1 JGG, Ausnahmen: Abs. 2
Opportunitätsentscheidungen	§§ 153 ff. StPO	§§ 45 ff. JGG, sog. „Diversion“
Verfahrensbeteiligte, Anwesenheit in der HV	§§ 226, 230, 231 StPO; Ausnahme: § 411 Abs. 2 StPO	§ 50 JGG, Besonderheiten: Erziehungsberechtigter (bei Jugendlichen), Jugendgerichtshilfe
Pflichtverteidigung	§§ 140 ff. StPO	Erweiterte Möglichkeit, § 68 JGG
Neben- und Privatklage	§§ 374 ff. und 395 ff. StPO	Nur eingeschränkte Möglichkeit bei Jugendlichen, § 80 JGG
Untersuchungshaft	§§ 112 ff. StPO	Strengere Vorraussetzungen, insbesondere bei unter 16-jährigen, § 72 Abs. 1 und 2 JGG; Möglichkeit der Unterbringung in einem Heim
Rechtsmittel	Berufung und Revision, §§ 312ff, 333 ff. StPO	Beschränkte Anfechtbarkeit, § 55 Abs. 1 JGG; Wahlrechtsmittel: Berufung oder Revision, § 55 Abs. 2 JGG
Vereinfachtes Verfahren	Strafbefehlsverfahren und beschleunigtes Verfahren §§ 407ff, 417 ff. StPO	*Vereinfachtes Jugendverfahren, § 76 JGG und bei HW. Auch Strafbefehlsverfahren, § 109 JGG*

2. Kapitel: Das gerichtliche Verfahren

I. Das Zwischenverfahren

Fall 31: Der vergessene Eröffnungsbeschluss

Der Angeklagte A wurde am 14.6.2007 vom Amtsgericht wegen Fahrens ohne Fahrerlaubnis und Diebstahls zu einer Gesamtgeldstrafe von 90 Tagessätzen zu je 50 € verurteilt. Die Einzelstrafen hat das Amtsgericht wegen des Diebstahls auf 70 Tagessätze und wegen des Fahrens ohne Fahrerlaubnis auf 40 Tagessätze festgesetzt. Im Vorfeld der Hauptverhandlung hatte die Staatsanwaltschaft mit Anklageschrift vom 20.3.2007 zunächst nur den Diebstahl angeklagt. Diese Anklage hat das Amtsgericht mit Beschluss vom 11.4.2007 zugelassen, das Hauptverfahren eröffnet und Termin auf den 14.6.2007, 09:00 Uhr bestimmt. Nachdem A in der Folgezeit ohne Fahrerlaubnis einen PKW im öffentlichen Straßenverkehr geführt hatte, richtete die Staatsanwaltschaft eine weitere Anklageschrift vom 7.5.2007 an das Amtsgericht, mit dem Antrag, diese Anklage ebenfalls zuzulassen, das Hauptverfahren zu eröffnen und die Sache zu dem bereits terminierten Verfahren hinzuzuverbinden. Der Amtsrichter erlässt daraufhin am 21.5.2007 folgenden Beschluss:

1. Das unter dem Az. ... geführte Verfahren, dem die Anklageschrift der Staatsanwaltschaft vom 7.5.2007 zugrunde liegt, wird zum bereits eröffneten und terminierten Verfahren (Az. ..., Anklage der Staatsanwaltschaft vom 20.3.2007) hinzuverbunden, wobei das letztgenannte Verfahren führt.
2. Termin wird ebenfalls auf den 14.6.2007, 09:00 Uhr bestimmt.
3. Folgende Zeugen zu dem Vorwurf der Anklage vom 7.5.2007 sind zusätzlich zu laden:
   a) ...
   b) ...

A hat gegen das Urteil des Amtsgerichts fristgerecht Berufung eingelegt.
Wie wird das Berufungsgericht entscheiden, wenn davon auszugehen ist, dass Schuldfrage und Strafzumessung vom Landgericht genau so beurteilt werden wie vom Amtsgericht?

Problemstellung

Wenn Schuldfrage und Strafzumessung von der zuständigen **Berufungskammer** des Landgerichts (§ 74 Abs. 3 GVG) gleich beurteilt werden, liegt eine Verwerfung der Berufung des A als unbegründet nahe. **94**
Im vorliegenden Fall könnte jedoch ein formaler Fehler des Amtsrichters dazu führen, dass ein Verfahrenshindernis vorliegt.
Nach Eingang der Anklageschrift hat das Gericht durch Beschluss eine Entscheidung über die **Eröffnung des Verfahrens** zu treffen (§§ 199, 203, 207 StPO). Der **Eröffnungsbeschluss** nach §§ 203, 207 StPO ist eine **Prozessvoraussetzung**, bei deren Fehlen eine Verurteilung des A nicht möglich ist. Denn durch den Eröffnungsbeschluss er-

folgt eine Umgrenzung des Prozessstoffes, ohne die eine Hauptverhandlung nicht erfolgen darf.
Zwar hat der Amtsrichter bezüglich des am 20.3.2007 angeklagten Verfahrens einen Eröffnungsbeschluss erlassen. Die am 7.5.2007 angeklagte Tat hat er jedoch formell nicht eröffnet, sondern mit Beschluss vom 21.5.2007 nur zum früheren Verfahren **hinzuverbunden.**[1]

Lösung

95 Für das Verfahren erster Instanz ist anerkannt, dass der **Eröffnungsbeschluss** jedenfalls bis zum Beginn der Hauptverhandlung **nachgeholt** werden kann. Nach der Rechtsprechung ist die Nachholung auch noch in der Hauptverhandlung zulässig.[2] Alle Prozesshandlungen, insbesondere die Beweisaufnahme, müssen allerdings **nach dem Eröffnungsbeschluss** erfolgen. Das hat zur Folge, dass das Gericht, welches das Fehlen des Beschlusses erst nach der Beweisaufnahme bemerkt, nach dem nachgeholten Erlass des Eröffnungsbeschluss die Beweisaufnahme nochmals durchführen muss. Den schutzwürdigen Interessen des Angeklagten wird bei einer Nachholung des Eröffnungsbeschlusses dadurch Rechnung getragen, dass er und sein Verteidiger nach den §§ 217, 218 StPO die Aussetzung der Hauptverhandlung verlangen können, worüber der Angeklagte zu belehren ist.
Die Nachholung des Eröffnungsbeschlusses ist jedoch **nach Erlass des erstinstanzlichen Urteils** nicht mehr möglich, kommt also insbesondere in dem im Sachverhalt beschriebenen Berufungsverfahren nicht mehr in Betracht.[3]

96 Ein Eröffnungsbeschluss fehlt aber nicht, wenn die Anklage durch eine **schlüssige Erklärung** des Gerichts zum Hauptverfahren zugelassen worden ist.
Die Zulassung der Anklage sollte in einem Eröffnungsbeschluss zwar ausdrücklich erklärt werden. Der Wortlaut und die äußere Form sind aber nicht entscheidend. Es genügt eine schlüssige schriftliche Erklärung des Gerichts, aus der sich deutlich ergibt, dass das Gericht[4] die Eröffnungsvoraussetzung des hinreichenden Tatverdachts (§ 203 StPO) geprüft und bejaht hat und deshalb die (bestimmt bezeichnete) Anklage zur Hauptverhandlung zulässt.[5] So ist im vorliegenden Fall der Verbindungsbeschluss als eine solche schlüssige Zulassungserklärung zu werten. Der Amtsrichter hat in dieser Verbindungsentscheidung vom 21.5.2007 das spätere Verfahren nicht nur zu dem bereits eröffneten hinzuverbunden, sondern zugleich auch entschieden,

---

1 Die Formulierung, eines der Verfahren „führt“, bedeutet, dass das gemeinsam verbundene Verfahren dieses Aktenzeichen trägt.
2 BGH NJW 1987, 239.
3 BGHSt 33,167.
4 Bei einer mit drei Berufsrichtern besetzten erstinstanzlich zuständigen Strafkammer des Landgerichts, § 76 GVG, muss die schlüssige Eröffnungsentscheidung ein (Gerichts-)Beschluss der Kammer, d.h. eine Entscheidung aller drei Richter sein und nicht nur eine vom Vorsitzenden alleine getroffene Verfügung (z.B. nur eine Terminsverfügung des Vorsitzenden nach §§ 213, 214 StPO), da die Eröffnung des Hauptverfahrens gemäß § 203 StPO durch (Gerichts-) Beschluss aller drei Richter (§ 76 Abs. 1 Satz 2 GVG) erfolgen muss.
Anders bei einem Verfahren vor dem Amtsgericht (Einzelrichter oder Schöffengericht):
Da beim Amtsgericht allein der Amtsrichter über die Eröffnung des Hauptverfahrens beschließt (auch der Vorsitzende des Schöffengerichts, § 30 Abs. 2 StPO), genügt hier als schlüssiger Eröffnungsbeschluss jede schriftliche Erklärung des Amtsrichters, gleichgültig ob als Verfügung oder Beschluss bezeichnet, aus der sich ergibt, dass der Amtsrichter den hinreichenden Tatverdacht geprüft und bejaht hat.
5 BGH NStZ 2000, 442.

- dass beide Verfahren an dem bereits bestimmten Termin verhandelt werden sollen, und
- dass zusätzliche Zeugen zu dem neuen Anklagevorwurf geladen werden.

Er hat somit **hinreichend klargestellt**, dass er das Verfahren über das Fahren ohne Fahrerlaubnis in der von der Staatsanwaltschaft angeklagten Weise zulassen und eröffnen will.

Die Berufungskammer des Landgerichts wird also über die Berufung des A verhandeln und – weil sie die Schuldfrage und die Erwägungen zur Strafzumessung in gleicher Weise wie das Amtsgericht beurteilt – folgende Entscheidung treffen:

Urteil

Die Berufung des Angeklagten gegen das Urteil des Amtsgerichts vom 14.6.2007 wird als unbegründet verworfen.
Der Angeklagte trägt die Kosten des Berufungsverfahrens.[6]

Fall 32: Keine sachliche Zuständigkeit des Landgerichts

Die Staatsanwaltschaft erhebt am 22.6.2006 wegen besonderer Bedeutung der Sache Anklage zum Landgericht gegen den im Gerichtsbezirk wohnhaften deutschen Staatsangehörigen und bisher nicht vorbestraften A. Gegenstand des Tatvorwurfs ist eine fahrlässige Tötung im Straßenverkehr in Tateinheit mit fahrlässiger Straßenverkehrsgefährdung auf der kanarischen Insel Fuerteventura am 23.2.2006. Aufgrund alkoholbedingter Fahruntüchtigkeit (1,2‰ BAK) sei der Angeklagte – so die Anklage – als Motorradfahrer von der Fahrbahn abgekommen und gestürzt, wobei sein Sozius, der Mitreisende B, der keinen Motorradhelm getragen habe, durch einen hierdurch erlittenen Schädelbruch noch an der Unfallstelle verstorben sei.
Was wird die Kammer als nächstes entscheiden, und welche Entscheidung (Tenor) wird sie treffen?

Problemstellung

Die Kammer des Landgerichts muss entscheiden, wie sie mit der Anklage weiter verfährt und ob sie nach Zustellung der Anklageschrift an den Angeklagten (§ 201 Abs. 1 StPO) und Verstreichen der mit der Zustellung gesetzten Einlassungsfrist einen **Eröffnungsbeschluss** erlässt. Problematisch ist hier nicht der hinreichende Tatverdacht (§ 203 StPO), sondern die **sachliche Zuständigkeit** des Landgerichts und damit die Wahrung des Grundsatzes des gesetzlichen Richters (Art. 101 Abs. 1 Satz 2 GG). **97**

Lösung

Die Kammer des Landgerichts eröffnet das Hauptverfahren nach § 203 StPO, wenn hinreichender Tatverdacht (= Verurteilungswahrscheinlichkeit) besteht. Andernfalls lehnt es die Eröffnung gemäß § 204 Abs. 1 StPO ab. **98**
Im Falle der sachlichen Unzuständigkeit eröffnet die Strafkammer jedoch nach § 209 Abs. 2 StPO das Hauptverfahren bei einem **Gericht niederer Ordnung**. Dies wird hier zu erfolgen haben, da eine Zuständigkeit des Landgerichts i. S. v. **§ 24 GVG** nicht gegeben ist.

6 § 473 Abs. 1 Satz 1 StPO.

Eine Zuständigkeit der Strafkammer gemäß § 24 Abs. 1 Nr. 1 und 2 GVG scheidet erkennbar aus. Insbesondere ist wegen fehlender Vorstrafen und unter Berücksichtigung des Verschuldensgrades des A keine höhere Strafe **als vier Jahre Freiheitsstrafe** zu erwarten, § 24 Abs. 1 Nr. 2 GVG.
Da auch nichts für einen „besonderen Umfang" des Falles (schwierige Beweisaufnahme mit voraussichtlich langer Verfahrensdauer) spricht, ist auch § 24 Abs. 1 Nr. 3 StPO 2. Alt. nicht gegeben.
In Betracht kommt allenfalls – wie in der Anklage der Staatsanwaltschaft genannt – die **besondere Bedeutung des Falles**, § 24 Abs. 1 Nr. 3 GVG.

99 Ein Fall ist von besonderer Bedeutung i.S.d. § 24 Abs. 1 Nr. 3 GVG,

- wenn er sich aus tatsächlichen oder rechtlichen Gründen aus der Masse der durchschnittlichen amtsgerichtlichen Fälle nach oben heraushebt.[7] Dabei können besondere Auswirkungen der Tat, die besondere Rechtsstellung des Beschuldigten oder des Verletzten im öffentlichen Leben oder ein besonderes Medieninteresse von Bedeutung sein;
- wenn es um die Klärung einer grundsätzlichen, für eine Vielzahl gleich gelagerter Fälle bedeutsamen Rechtsfrage geht.[8]

Hier liegen derartige Besonderheiten, abgesehen davon, dass sich der Vorfall auf einer Ferieninsel im Ausland – mit den damit verbundenen Schwierigkeiten der Beweisgewinnung (internationale Rechtshilfe, Auslandszeugen) – unter ausschließlich „deutscher Beteiligung" abgespielt hat, nicht vor.

100 Die sachliche Zuständigkeit gemäß § 24 GVG wird vom Revisionsgericht überprüft, wenn ein eigentlich unzuständiges Gericht höherer Ordnung eine Verurteilung ausgesprochen hat.
Bislang nicht geklärt ist hierbei,[9] ob das Revisionsgericht die sachliche Zuständigkeit

- gemäß § 6 StPO von Amts wegen prüft, d.h. bei einer zulässigen Revision von sich aus ohne entsprechende Verfahrensrüge des Revisionsführers,[10] oder
- nur auf die entsprechende Verfahrensrüge, dass sich das Landgericht objektiv willkürlich, d.h. ohne jeden sachlichen Grund und unter keinem Gesichtspunkt vertretbar, für zuständig gehalten habe,[11] prüft.

Im Fall der objektiv willkürlichen, also unvertretbaren Annahme der sachlichen Zuständigkeit durch ein Gericht ist ein Verstoß gegen § 24 GVG gegeben, der einen absoluten Revisionsgrund nach § 338 Nr. 4 StPO darstellt.
Im vorliegenden Fall wird die **Entscheidung der Strafkammer** im Tenor richtigerweise lauten:

Beschluss

1. Die Anklage der Staatsanwaltschaft vom 22.6.2006 wird zugelassen und das Hauptverfahren vor dem Amtsgericht eröffnet.
2. Die Sache wird zur weiteren Entscheidung an das Amtsgericht abgegeben.

---

7 Meyer-Goßner, § 24 GVG, Rn. 8.
8 BGH JZ, 98, 627.
9 BGH NStZ 2001, 495.
10 So BGH (4. Strafsenat) NStZ 1998, 513.
11 BGH (1. Strafsenat) NJW 1997, 2689.

Übersicht 25: Die sachliche Zuständigkeit der Strafgerichte

1. Instanz	Berufung	Revision
Amtsgericht – Strafrichter –, §§ 24 Abs. 1 und 2, 25 GVG (bei Vergehen und Straferwartung bis 2 Jahre, aber Strafgewalt bis 4 Jahre Freiheitsstrafe)	Landgericht (kleine Strafkammer), § 74 Abs. 3 GVG	Oberlandesgericht (Strafsenat), § 121 Abs. 1 Nr. 1 und 2 GVG
Amtsgericht – Schöffengericht –, § 24 Abs. 1 und 2 i. V. m. § 28 GVG (Verbrechen und Straferwartung über 2 Jahre, Strafgewalt bis 4 Jahre Freiheitsstrafe)	Landgericht (Kleine Strafkammer), § 74 Abs. 3 GVG	Oberlandesgericht (Strafsenat), § 121 Abs. 1 Nr. 1 und 2 GVG
Landgericht – Große Strafkammer –, §§ 74, 74a, 74b, 74c GVG (Straferwartung über 4 Jahre, Strafgewalt nicht begrenzt)		Bundesgerichtshof, § 135 GVG
Oberlandesgericht (Strafsenat), § 120 GVG (Strafgewalt nicht begrenzt)		Bundesgerichtshof, § 135 GVG

Fall 33: Die krankhafte Persönlichkeitsstörung

Oberstaatsanwalt A bekommt von der Kriminalpolizei den vollständig ermittelten Vorgang über den bisher noch nicht vorbestraften Tatverdächtigen B zugeleitet. Dieser gibt zu, in 20 Fällen im Zeitraum von Oktober 2006 bis Januar 2007 von dem Girokonto seiner ehemaligen wohlhabenden Freundin F mit deren Bankkarte an verschiedenen Bankautomaten Beträge in Höhe von 1500,– bis 5000,– € unberechtigt abgehoben zu haben. Er habe – so B – damit erreichen wollen, dass F sich ihm wieder zuwende. Er habe deshalb auch zu ihr gesagt, dass er das Geld nicht ausgebe, wenn sie wieder zu ihm komme. Bankkarte und PIN hatte B, der das Geld nicht ausgeben, sondern als Druckmittel verwenden wollte, um F wieder zurückzugewinnen, in einem unbemerktem Moment während einer Aussprache mit F an sich gebracht. B wollte das Geld und die Scheckkarte der F später wieder zurückgeben.
B leidet seit seiner Jugend an einer krankhaften Persönlichkeitsstörung, die im Zusammenspiel mit den durch die Trennung von F ausgelösten Gemütsschwankungen eine erhebliche Verminderung der Steuerungsfähigkeit bei Begehung der Taten nahe legt. In einem in der Ermittlungsakte enthaltenen vorläufigen psychiatrischen Gutachten kommt der Psychiater Dr. S zu dem Ergebnis, dass weitere gleich gelagerte Taten, womöglich auch zum Nachteil anderer Personen, sollte B unbehandelt bleiben, zu erwarten sind, wenn F die Beziehung zu B nicht wieder aufnimmt.
Hinsichtlich einer weiteren Anzeige der F gegen B wegen Unterschlagung konnte sich der Verdacht durch die Ermittlungen nicht verdichten.
Bei welchem Gericht wird Oberstaatsanwalt A Anklage erheben?
Wie könnte seine zusammen mit der Anklageschrift zu fertigende Abschlussverfügung lauten?

Problemstellung

101 Oberstaatsanwalt A muss prüfen, **welches Gericht sachlich (und örtlich) zuständig** und damit Adressat der Anklage ist.

Lösung

102 Fraglich ist, ob eine **Zuständigkeit** des Landgerichts gemäß **§§ 74 Abs. 1 Satz 2, 24 Abs. 2 GVG** gegeben ist. Hierzu ist eine Prognose der **Straferwartung** vorzunehmen. Zwar handelt es sich um eine Vielzahl von Straftaten zum Nachteil der F und einen relativ hohen Gesamtwert des abgehobenen Geldes (mindestens 30.000 €). Jedoch wird Oberstaatsanwalt A bei der Prüfung der materiellen Strafbarkeit des B feststellen, dass Delikte nach § 265a StGB nicht vorliegen, da B sich das Geld nicht verschaffen wollte. Vielmehr ist der Tatbestand der versuchten Nötigung erfüllt, §§ 240, 22 StGB. Bei dem nicht vorbestraften B ist deshalb **keine Freiheitsstrafe von über vier Jahren** zu erwarten.
Die Zuständigkeit des Landgerichts könnte aber deshalb gegeben sein, weil allein oder neben der Strafe die **Unterbringung** des B **in einem psychiatrischen Krankenhaus** gemäß **§ 63 StGB** zu erwarten ist, die nur das Landgericht, nicht aber das Amtsgericht anordnen darf, §§ 24 Abs. 2, 74 Abs. 1 Satz 2 GVG.
Voraussetzung ist, dass B zumindest eine Tat im Zustand der Schuldunfähigkeit nach § 20 StGB oder der erheblich verminderten Schuldfähigkeit nach § 21 StGB begangen hat und sich aus der Gesamtwürdigung von Täterpersönlichkeit und Tat ergibt, dass infolge seines Zustandes von B zukünftig erhebliche, für die Allgemeinheit gefährliche Taten zu erwarten sind. Die Voraussetzungen der §§ 20, 21 StGB müssen dabei sicher feststehen und nicht nur wegen Zweifeln an ihrem Vorliegen zu Gunsten des Angeklagten angenommen werden.[12]

103 Hier spricht nach dem Gutachten des Sachverständigen Dr. S viel dafür, dass zumindest die Vorraussetzungen des **§ 21 StGB** und womöglich auch die des **§ 63 StGB** vorliegen.
Somit ist Anklage an das sachlich und örtlich zuständige[13] Landgericht zu erheben.
Die gleichzeitig mit der Erhebung der Anklage zu fertigende **Abschlussverfügung** könnte so lauten:

1. Die Ermittlungen sind abgeschlossen (§ 169a StPO).[14]
2. Teileinstellung liegt bei:[15]
3. Mitteilung von (2.) ohne Gründe an Beschuldigten
4. Mitteilung von (2.) mit Gründen an Anzeigeerstatterin (oder Vertreter) gegen ZU mit Rechtsmittelbelehrung: „Beschwerde gemäß § 172 Abs. 1 S. 1 StPO“
5. Zählkarte abschließen[16]
6. Registeraustrag
7. Doppel der Anklageschrift und dieser Verfügung zu den Handakten
8. Urschriftlich an das Landgericht... – Große Strafkammer – mit beiliegender Anklageschrift

12 Fischer, § 63, Rn. 7.
13 § 7 Abs. 1 StPO.
14 Folge: umfassendes Akteneinsichtsrecht des Verteidigers, § 147 Abs. 2 StPO.
15 Gemäß § 170 Abs. 2 StPO bezüglich der nicht nachweisbaren Unterschlagung.
16 Die Zählkarte hat nur Bedeutung für die Statistik.

Fall 34: Fehlender hinreichender Tatverdacht

Die Staatsanwaltschaft hat gegen den in dieser Sache in Untersuchungshaft einsitzenden Angeschuldigten A Anklage wegen schweren sexuellen Missbrauchs von Kindern in Tateinheit mit sexuellem Missbrauch von Schutzbefohlenen in zehn Fällen (§§ 176a Abs. 2, 174 Abs. 1, 52, 53, 54 StGB) zur Jugendschutzkammer des Landgerichts erhoben.[17] Gegenstand der Anklage ist der Verdacht, A habe die Taten an seiner heute fünf Jahre alten Stieftochter vor etwa einem Jahr in einem Ferienhaus während der gemeinsam an der Nordsee verbrachten Sommerferien begangen. Einziges Beweismittel ist die Zeugenaussage der fünfjährigen Stieftochter, die sich einige Wochen vor Anklageerhebung nach und nach einer Erzieherin ihres Kindergartens offenbart hatte. In der Ermittlungsakte befinden sich eine dreiseitige Vernehmung des Kindes durch eine Beamtin der Kriminalpolizei (Dezernat Sexualdelikte), die Aussage der betreffenden Erzieherin sowie ein unauffälliges ärztliches Attest über den Gesundheitszustand des Opfers. Aus der polizeilichen Vernehmung des Opfers ergibt sich, dass das Kind eine Stunde nach Beginn der äußerst schwierigen Befragung zu weinen anfing und nach Hause wollte. An dieser Stelle wurde die Vernehmung abgebrochen.
Wie wird die Strafkammer in dieser Sache weiter verfahren, wenn sie ein aussagepsychologisches Sachverständigengutachten zur Beurteilung der Glaubhaftigkeit der kindlichen Zeugenaussage für erforderlich hält, die Staatsanwaltschaft aber die Bitte der Strafkammer ablehnt, dieses Glaubwürdigkeitskeitsgutachten einzuholen? Welche Entscheidung wird sie im Zwischenverfahren treffen (Tenor)?

Problemstellung

Grundlage und Voraussetzung für die Erhebung einer Anklage gemäß § 170 Abs. 1 StPO ist, dass das Verfahren in tatsächlicher Hinsicht ausreichend und vollständig, d.h. „anklagereif" ermittelt ist. Die nach den konkreten Gegebenheiten maßgeblichen **Beweise müssen so vollständig erhoben** sein, dass – vorbehaltlich einzelner im Zwischenverfahren möglicher ergänzender Beweiserhebungen nach § 202 StPO – das angerufene Gericht bei der nach §§ 203, 204 StPO zu treffenden **Eröffnungsentscheidung** die Frage des hinreichenden Tatverdachts beurteilen kann, d.h. entscheiden kann, ob nach den Ergebnissen des vorbereitenden Verfahrens (= Ermittlungsverfahren) bei **vorläufiger Tatbewertung** die Beweisbarkeit der die Strafbarkeit begründenden Tatsachen und damit die Verurteilung des Angeschuldigten wahrscheinlich ist oder nicht.[18] **104**
Daran muss sich im vorliegenden Fall die Entscheidung, welche die Kammer im Zwischenverfahren zu treffen hat, orientieren.

Lösung

Bei den speziellen Gegebenheiten des vorliegenden Falles ist es unter Berücksichtigung der höchstrichterlichen Rechtsprechung[19] unverzichtbar, zur Vorbereitung und Ermöglichung der von der Jugendkammer nach §§ 203, 204 StPO zu treffenden Eröff- **105**

17 §§ 74b, 26 GVG.
18 „Genügender Anlass zu Erhebung der öffentlichen Klage" i.S.d. § 170 Abs. 1 StPO ist gleichbedeutend mit „hinreichend verdächtig" i.S.d. § 203 StPO, bedeutet also Verurteilungswahrscheinlichkeit.
19 BGH NStZ 2001, 105; zusammenfassend Meyer-Goßner, § 244 Rn. 74 m.w.N.

nungsentscheidung bereits im Ermittlungsverfahren ein **psychologisches Sachverständigengutachten** zur Aussagetüchtigkeit und **Glaubwürdigkeit des Kindes** einzuholen. Besonderheiten, welche die Einholung eines aussagepsychologischen Glaubwürdigkeitsgutachtens bereits im Ermittlungsverfahren erfordern, sind vorliegend in mehrfacher Hinsicht gegeben. Maßgeblich für die Notwendigkeit der aussagepsychologischen Begutachtung (sogenannte Exploration) der kindlichen Hauptbelastungszeugin ist zunächst das **junge Alter des Mädchens,** das jetzt erst fünf Jahre alt ist und zum Zeitpunkt der verfahrengegenständlichen Taten erst vier Jahre alt war. Außerdem konnte die polizeiliche Zeugenvernehmung des Mädchens nicht zu Ende geführt werden, weil das Kind hierzu nicht in der Lage war. Weitere objektive Kriterien zur Beurteilung der Glaubwürdigkeit der Zeugenaussage durch das Gericht stehen ebenfalls nicht zur Verfügung.

106 Die Einholung eines – nach Sachlage unverzichtbaren – aussagepsychologischen **Glaubwürdigkeitsgutachtens** durch die Kammer im **Zwischenverfahren** kommt prozessual nicht in Betracht. Nach § 202 StPO ist das Gericht zwar, bevor es über die Eröffnung des Hauptverfahrens entscheidet, berechtigt und ggfs. auch verpflichtet, zur Aufklärung der Sache weitere Beweiserhebungen anzuordnen. Es kann sich dabei aber nur um „einzelne“ und **ergänzende Beweiserhebungen** handeln, also um eine bloße Ergänzung oder Überprüfung eines von der Staatsanwaltschaft im Ermittlungsverfahren bereits weitest möglich aufgeklärten Sachverhalts. Zur Nachholung grundlegender und wesentlicher Teile des Ermittlungsverfahrens und zur Anordnung von Beweiserhebungen, die – wie vorliegend bei der Einholung eines Glaubwürdigkeitsgutachtens der Fall – nach den konkreten Gegebenheiten des jeweiligen Falles zur Beurteilung der Verdachtslage **unerlässlich** sind, ist das Gericht weder befugt noch verpflichtet.[20] Bei dem bezüglich des geschädigten Mädchens einzuholenden aussagepsychologischen Glaubwürdigkeitsgutachten handelt es sich – wie oben ausgeführt – um eine solche Beweiserhebung, die für die Beurteilung der Verdachtslage grundlegend und unverzichtbar ist und somit in die Regelzuständigkeit und den Pflichtenbereich der Staatsanwaltschaft fällt. Eine **Verlagerung dieser Beweiserhebung** in das Zwischenverfahren ist nicht statthaft.
Da die Staatsanwaltschaft die Einholung des Glaubwürdigkeitsgutachtens verweigert hat, wird die Kammer daher die **Eröffnung** des Hauptverfahrens gemäß **§ 204 Abs. 1 StPO ablehnen.**[21]
Die Ablehnung der Eröffnung des Hauptverfahrens hat **zwingend** zur Folge, dass auch der gegen den Angeschuldigten bestehende **Haftbefehl** gemäß § 120 Abs. 1 Satz 2 i. V. m. § 207 Abs. 4 StPO **aufzuheben** ist.

107 Die **Entscheidung der Strafkammer** könnte somit lauten:

Beschluss

1. Die Eröffnung des Hauptverfahrens wird abgelehnt.
2. Der gegen den Angeschuldigten bestehende Haftbefehl des Amtsgerichts ... vom ... wird aufgehoben.
3. Die Kosten des Verfahrens und die notwendigen Auslagen des Angeschuldigten fallen der Staatskasse zur Last.[22]

---

20 Vgl. OLG Karlsruhe wistra 2004, 276, 279; LG Berlin NStZ, 03, 504; LR-Rieß, § 202, Rn. 3 m. w. N.

21 Ein Strafklageverbrauch ist damit nicht verbunden. Die Staatsanwaltschaft kann die notwendigen Beweiserhebungen nachholen und nochmals Anklage erheben.

22 Die Entscheidung über die Verfahrenskosten und notwendigen Auslagen des Angeschuldigten beruht auf § 467 Abs. 1 StPO.

II. Grundprinzipien der Hauptverhandlung

Übersicht 26: Grundprinzipien der Hauptverhandlung

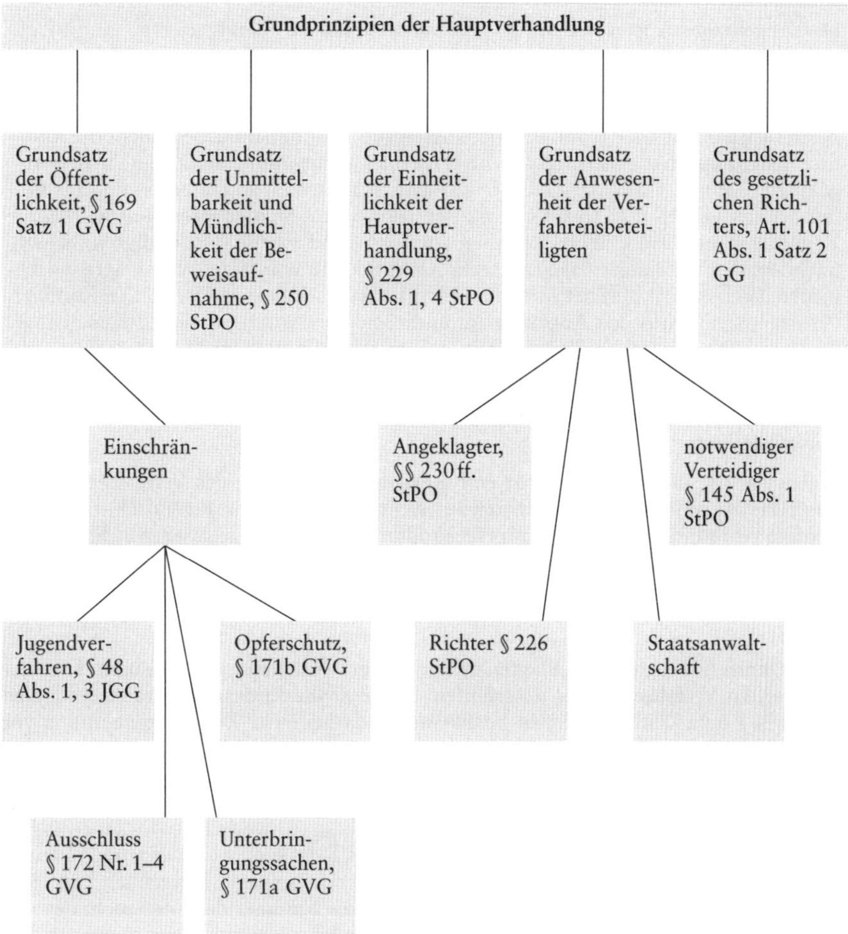

1. Grundsatz der Öffentlichkeit

Fall 35: Ausschluss des Angeklagten und der Öffentlichkeit zum Schutz des Opfers

Der Angeklagte A ist vor der Jugendschutzkammer des Landgerichts[23] angeklagt, seine heute 12 Jahre alte Stieftochter T im Zeitraum von Oktober 2005 bis März 2006 in 30 Fällen sexuell missbraucht zu haben. A bestreitet die Taten in vollem Umfang.
Nach Gelegenheit aller Verfahrensbeteiligten zur Stellungnahme beschließt die Kammer in der Hauptverhandlung, für die Dauer der Vernehmung der Zeugin T den Angeklagten gemäß § 247 Abs. 2 StPO aus dem Sitzungssaal zu entfernen und die Öffentlichkeit gemäß § 171b GVG auszuschließen. Laut Sitzungsprotokoll wurde die Zeugin vernommen, machte Angaben zur Sache und wurde unvereidigt entlassen, nachdem der Verteidiger das Fragerecht hatte. Sodann wurde der Angeklagte wieder in den Sitzungssaal geführt und die Öffentlichkeit wiederhergestellt. Die Kammer verurteilt schließlich den Angeklagten, unter anderem aufgrund der Zeugenaussage der T, zu einer Gesamtfreiheitsstrafe von fünf Jahren und neun Monaten.
Mit welchen Argumenten kann der Verteidiger gegen das Urteil vorgehen?

Problemstellung

108 Es geht darum, die Argumente für eine **Revisionsbegründung** des Verteidigers zu suchen. Das Augenmerk sollte sich darauf richten, ob von der Jugendschutzkammer wichtige Grundprinzipien der Hauptverhandlung außer Acht gelassen wurden und ob dies zur Aufhebung des Urteils führen kann.

Lösung

109 Bei der Entfernung des Angeklagten während der Vernehmung der Zeugin T ist der Kammer ein **Verfahrensfehler** unterlaufen. Zwar ist die Entfernung des Angeklagten gem. § 247 Satz 2 StPO nicht zu beanstanden, da bei einer Zeugenvernehmung vor Gericht für ein missbrauchtes Kind die Gefahr einer weiteren Traumatisierung besteht.
Jedoch ist im Hauptverhandlungsprotokoll, dem gemäß § 274 StPO **absolute Beweiskraft** zukommt, vermerkt, dass die Zeugin noch in Abwesenheit des A entlassen wurde. Außerdem wurde der Angeklagte ausweislich des hierzu schweigenden Hauptverhandlungsprotokolls nicht von dem Inhalt der in seiner Abwesenheit erfolgten Zeugenaussage der T unterrichtet. Hierdurch hat die Kammer das Fragerecht des Angeklagten nach § 247 Satz 4, 240 Abs. 2 StPO – und zwar unabhängig davon, ob sein Verteidiger anwesend war oder nicht – und das Recht des Angeklagten, zu der Entlassung und Vereidigung der Zeugin gemäß § 248 Satz 2 StPO Stellung zu nehmen, in unzulässiger Weise beschränkt. Diese gegen §§ 247 Satz 4, 248 Satz 2 StPO verstoßende Verfahrensweise des Gerichts führt zu einer erheblichen Beeinträchtigung der Verteidigung des Angeklagten[24] und erfüllt den **absoluten Revisionsgrund** des § 338 Nr. 5 StPO.[25] Der Verteidiger wird also diesen Fehler mit der Verfahrensrüge geltend machen.

---

23 §§ 74b, 26 GVG.
24 BGH NStZ 1992, 28.
25 BGH NStZ 1983, 36.

Die **unterlassene Wiederherstellung der Öffentlichkeit** vor der Entscheidung über die Vereidigung der Zeugin T stellt keinen Verstoß gegen § 169 GVG dar. Der Ausschluss der Öffentlichkeit für die Dauer der Vernehmung der Zeugin T umfasst alle Verfahrensvorgänge, die mit der Zeugenvernehmung in enger Verbindung stehen. Hierzu zählen auch die Verhandlung und Entscheidung über die Vereidigung und Entlassung der Zeugin.[26] 110

2. Grundsatz des gesetzlichen Richters

Fall 36: Der wegen Besorgnis der Befangenheit abgelehnte Amtsrichter

Amtsrichter R erlässt auf Antrag der Staatsanwaltschaft gegen den A einen Strafbefehl wegen des Vorwurfs des unerlaubten Entfernens vom Unfallort. A legt gegen den Strafbefehl rechtzeitig Einspruch ein. Amtsrichter R beraumt daraufhin die Hauptverhandlung an. Aus seiner Ladung zur Hauptverhandlung sieht A, dass Amtsrichter R die Hauptverhandlung leiten wird. In der Hauptverhandlung vor dem Amtsgericht gibt A nach Aufruf der Sache und Feststellung der Anwesenden seine Personalien an. Daraufhin, noch vor Verlesung des Strafbefehls, meldet sich der Verteidiger des A, V, zu Wort. Er führt aus, dass Amtsrichter R voreingenommen gegen A und bei der durchzuführenden Beweisaufnahme nicht neutral sei, weil R den von der Staatsanwaltschaft beantragten Strafbefehl unterschrieben habe. V erklärt, dass er deshalb Amtsrichter R wegen der Besorgnis der Befangenheit ablehne.
Wer entscheidet über das Ablehnungsgesuch?
Wie wird die Entscheidung ausfallen?

Problemstellung

Das **Recht auf einen gesetzlichen Richter** (Art. 101 Abs. 1 Satz 2 GG) ist nicht gewahrt, wenn der Rechtsuchende vor einem Richter steht, der voreingenommen ist.[27] Der Gesetzgeber hat deshalb durch die Vorschriften über den Ausschluss und die Ablehnung von Gerichtspersonen dafür Sorge getroffen, dass die Richterbank von Richtern freigehalten wird, die dem rechtlich zu würdigenden Sachverhalt und den Verfahrensbeteiligten nicht mit der erforderlichen Distanz eines Unbeteiligten und daher am Ausgang des Verfahrens uninteressierten Dritten gegenüberstehen.[28] 111

- Die **Ausschlussgründe** sind abschließend in **§§ 22, 23 StPO** aufgezählt:
  Der Richter ist ausgeschlossen, wenn
  - er selbst durch die Straftat verletzt ist,
  - er mit dem Angeklagten oder Verletzten nah verwandt oder verschwägert ist oder in sonstiger naher Beziehung steht,
  - er als Strafverfolgungsorgan, Verteidiger oder Vertreter des Verletzten in der gleichen Sache tätig gewesen ist,
  - er über ein Rechtsmittel (oder über einen Wiederaufnahmeantrag) gegen seine eigene (frühere) Entscheidung entscheiden müsste.

26 BGH NJW 2003, 2761.
27 BVerfG NJW 1971, 1029.
28 Meyer-Goßner, Vorbemerkung zu § 22 Rn. 1.

- Die **Ablehnung** eines Richters, § 24 StPO, ist auf Gesuch bestimmter Verfahrensbeteiligter (§ 24 Abs. 3 StPO) möglich,
  - wenn der Richter von der Ausübung des Richteramts kraft Gesetzes ausgeschlossen ist, §§ 24 Abs. 1, 22, 23 StPO, oder
  - wenn ein Grund vorliegt, der geeignet ist, Misstrauen in die Unparteilichkeit eines Richters zu rechtfertigen, § 24 Abs. 1 und Abs. 2 StPO.

Lösung

112 Gem. § 25 Abs. 1 StPO ist der Ablehnungsantrag in erster Instanz grundsätzlich nur bis zum Beginn der Vernehmung des (ersten) Angeklagten zu seinen persönlichen Verhältnissen **zulässig,** es sei denn, es handelt sich um Umstände, die erst später eingetreten oder dem Ablehnungsberechtigten erst später bekannt geworden sind (§ 25 Abs. 2 StPO).

Was unter dem Begriff der **Vernehmung zu den persönlichen Verhältnissen** zu verstehen ist, ergibt sich aus § 243 Abs. 2 Satz 2 StPO: Es handelt sich nicht um die umfassende Vernehmung des Angeklagten zu seinem persönlichen Werdegang, sondern um die – der Verlesung der Anklage oder der Verlesung des Strafbefehls vorangehende – Feststellung der Personalien des Angeklagten (vgl. § 111 Abs. 1 OWiG).[29]

Bereits vor dieser Feststellung der Personalien, nämlich schon zum Zeitpunkt der Ladung des Angeklagten zur Hauptverhandlung, war dem Angeklagten A bekannt, dass derselbe Amtsrichter R, der zuvor den Strafbefehlsantrag der Staatsanwaltschaft unterschrieben hat, die Hauptverhandlung leiten und in der Sache entscheiden wird.

Da der Verteidiger hier seinen Befangenheitsantrag erst nach diesen Feststellungen gestellt hat, ist sein Ablehnungsgesuch **verspätet** und damit unzulässig, § 26a Abs. 1 Nr. 1 StPO.

113 Da der Antrag als unzulässig verworfen werden kann, entscheidet über diesen Antrag der abgelehnte Amtsrichter R selbst, § 26a Abs. 2 Satz 1 StPO.[30] Das Verfahren richtet sich nach § 26 StPO.

Selbst wenn der Befangenheitsantrag des Verteidigers rechtzeitig, d. h. vor der Feststellung der Personalien des Angeklagten, gestellt worden wäre, wäre er unzulässig gemäß § 26a Abs. 1 Nr. 2 StPO.

Nach dieser Vorschrift ist ein Ablehnungsgesuch unzulässig, das überhaupt keine Begründung enthält. Diesem Fall des vollständigen Fehlens einer Ablehnungsbegründung steht der Fall gleich, dass das Ablehnungsgesuch zwar eine Begründung enthält, diese Begründung aber aus **zwingenden rechtlichen Gründen** zur Rechtfertigung eines Ablehnungsgesuchs **völlig ungeeignet** ist. Dies ist z. B. der Fall, wenn das Ablehnungsgesuch nur damit begründet wird, dass der Richter an einer dem Angeklagten nachteiligen (nicht unter § 23 StPO fallenden) Vorentscheidung (gegen den Angeklagten selbst oder gegen einen Mittäter) beteiligt gewesen sei.[31]

---

29 Meyer-Goßner, § 243, Rn. 11.

30 Ansonsten gilt die Regelung des § 27 StPO.

31 BGH NJW 2006, 2846, 2866. § 26 Abs. 1 Nr. 2 StPO gilt aber **nicht**, wenn **zusätzlich** zu der Beteiligung des Richters an der Vorentscheidung besondere Umstände hinzutreten, die über die Tatsache hinausgehen, dass der Richter an der Vorentscheidung mitgewirkt hat und dass er in dieser Vorentscheidung nur die zu ihrer Begründung notwendigen Ausführungen gemacht hat. Dies ist z. B. dann der Fall, wenn in der vorangegangenen (gegen den Angeklagten oder einen Dritten ergangenen) Entscheidung des Richters **unnötige** (d. h. zur Begründung der Vorentscheidung nicht erforderliche) **und sachlich unbegründete Werturteile** über den Angeklagten enthalten sind.

So liegt der Fall hier: Amtsrichter R hat auf den Strafbefehlsantrag der Staatsanwaltschaft den hinreichenden Tatverdacht gegen A aufgrund der Aktenlage geprüft, bejaht und deshalb, wie vom Gesetz vorgeschrieben, den Strafbefehl erlassen, § 408 Abs. 3 Satz 1 i.V.m. Abs. 2 StPO. Nach rechtzeitigem Einspruch des A gegen den Strafbefehl hat R, ebenfalls wie im Gesetz, nämlich in § 411 Abs. 1 Satz 2 StPO, vorgeschrieben, Termin zur Hauptverhandlung anberaumt.

Da sich R somit nur so verhalten hat, wie es ihm die StPO in §§ 408, 411 vorschreibt, **114**
ist das Ablehnungsgesuch des V unzulässig, da die Begründung des Ablehnungsgesuchs aus **zwingenden rechtlichen Gründen** zur Rechtfertigung eines Ablehnungsgesuchs **völlig ungeeignet** ist und deshalb dem völligen Fehlen einer Ablehnungsbegründung gleichsteht.
Amtsrichter R wird deshalb selbst das Ablehnungsgesuch gemäß § 26a Abs. 1 Nr. 2 StPO als unzulässig verwerfen und die Hauptverhandlung fortführen.
Die Beschluss des Amtsrichters R über das unzulässige Ablehnungsgesuch lautet im Tenor:

Der Antrag des Verteidigers V vom … auf Ablehnung des Richters am Amtsgericht R wegen der Besorgnis der Befangenheit wird als unzulässig verworfen.

3. Grundsatz der Mündlichkeit

Fall 37: Die nicht verlesene Anklageschrift

In einem Verfahren vor dem Amtsgericht – Schöffengericht – wegen versuchten schweren Raubes wird dem Angeklagten A vorgeworfen, er habe gegen Mitternacht zusammen mit dem flüchtigen B dem G aufgelauert, der stark betrunken vom Stammtisch in einer Gaststätte nach Hause gewankt sei. B habe den G von hinten gepackt, mit einer Waffe bedroht und zur Herausgabe seines Geldbeutels aufgefordert, während A im Gebüsch sitzen geblieben sei. G habe sich schließlich losreißen und davonlaufen können. Mit welcher Art von Waffe der B den G bedroht haben soll, konnte nicht ermittelt werden. Die Auswertung einer dem A nach dessen Festnahme entnommenen Blutprobe ergibt nach Rückrechnung auf den Tatzeitpunkt eine mittlere Blutalkoholkonzentration von 2,00‰.
Im Hauptverhandlungsprotokoll des Schöffengerichts findet sich folgende Passage:

„Der Angeklagte und sein Verteidiger verzichten auf die Verlesung der Anklageschrift. Sie ist sämtlichen Verfahrensbeteiligten bekannt. Der Vertreter der Staatsanwaltschaft sieht deshalb von der Anklageverlesung ab."

A wird wegen versuchten gemeinschaftlichen Raubes zu der Freiheitsstrafe von 3 Jahren verurteilt.
Hätte ein Rechtsmittel des A gegen das Urteil Aussicht auf Erfolg, und zu welchem Rechtsmittel würde der Strafverteidiger dem A raten?

Problemstellung

Zunächst stellt sich die Frage, ob der Verzicht auf die Verlesung der Anklageschrift zu einem Fehler führt, der die Aufhebung des Urteils zur Folge hat. **115**

Sodann ist zu überlegen, was für ein Rechtsmittel gegen Urteile des Amtsgerichts – Schöffengerichts – überhaupt möglich ist, und welches Rechtsmittel der Verteidiger als erfolgversprechend empfehlen wird.[32]

Lösung

116 Durch die Verlesung des Anklagesatzes (§ 243 Abs. 3 Satz 1 StPO) werden dem Angeklagten nochmals die gegen ihn erhobenen Vorwürfe zur Kenntnis gebracht und die Richter – insbesondere **die Schöffen, die den Akteninhalt nicht kennen**[33] – über den Prozessgegenstand der Hauptverhandlung unterrichtet.

Folgende **Besonderheiten** sind zu beachten:

- Im **Sicherungsverfahren** nach § 413 ff. StPO wird anstelle des Anklagesatzes der zur Hauptverhandlung zugelassene Antrag verlesen, §§ 414 Abs. 2 Satz 2, Abs. 1, 243 Abs. 3 Satz 1 StPO.
- Findet nach dem Einspruch gegen einen **Strafbefehl** die Hauptverhandlung statt (§ 411 StPO), liest der Staatsanwalt den Strafbefehl vor, und zwar nur die dem Anklagesatz entsprechende Beschuldigung, nicht jedoch die im Strafbefehl festgesetzten Rechtsfolgen, § 409 Abs. 1 Satz 1 Nr. 1 und Nr. 4 StPO.
- Bei einer Zulassung der Anklage mit **Änderungen** (§ 207 Abs. 2 StPO) trägt der Staatsanwalt den Anklagesatz unter Berücksichtigung der Änderungen vor, § 243 Abs. 3 Satz 3 und Satz 4 StPO.
- Bei der Verlesung ersetzt der Staatsanwalt das Wort „Angeschuldigter“ durch das Wort „Angeklagter“, § 157 StPO.
- Der Staatsanwalt muss den Anklagesatz **vor der Vernehmung** des Angeklagten zur Sache vorlesen, § 243 Abs. 3 Satz 1, Abs. 4 StPO.

117 Die **unterlassene Verlesung** des Anklagesatzes, die sich hier aus dem Hauptverhandlungsprotokoll ergibt,[34] stellt einen Verstoß gegen § 243 Abs. 3 Satz 1 StPO dar. Auf die Verlesung kann auch **nicht verzichtet** werden,[35] da alle Verfahrensbeteiligten Kenntnis von dem der Anklage vorgeworfenen Lebenssachverhalt haben müssen, und zwar insbesondere wegen der Umgrenzung des angeklagten Sachverhalts (§§ 264 Abs. 1, 155 Abs. 1 StPO). Eine **Ausnahme** wird gemacht, wenn es sich um einen besonders einfach gelagerten Sachverhalt handelt.[36] Davon kann jedoch in dem vorliegenden Verfahren keine Rede sein, da es um einen komplizierten Tatvorwurf geht, bei dem A an dem Verbrechen eines anderen Täters mitgewirkt haben soll (Abgrenzungen: Täterschaft – Teilnahme, Versuch – Verabredung i. S. v. § 30 StGB). Auch besteht in dem Fall die Schwierigkeit, dass der flüchtige Haupttäter B an der Aufklärung des Tatgeschehens nicht mitwirken kann und die Beurteilung der Schuldfrage bei A durch eine hohe Blutalkoholkonzentration zum Tatzeitpunkt erschwert ist.
In der Regel **beruht** das Urteil gemäß § 337 Abs. 1 StPO auf einer Verletzung des § 243 Abs. 3 Satz 1 StPO durch die unterlassene Verlesung des Anklagesatzes.[37]

118 Gegen das Urteil des Amtsgerichts – Schöffengerichts – kann Berufung gemäß § 312 StPO oder (Sprung-)Revision gemäß § 335 StPO eingelegt werden. In diesem Fall wird

32 Vgl. Fall 81.
33 Den Schöffen kann eine Abschrift des Anklagesatzes nach Verlesung überlassen werden; Meyer-Goßner, § 243, Rn 13.
34 Eine wesentliche Förmlichkeit der Hauptverhandlung gemäß § 273 Abs. 1 StPO.
35 OLG Hamm NStZ-RR 1999, 276.
36 BGH NStZ 2000, 214; BGH NStZ 1984, 521.
37 BGH NStZ 2000, 214.

der Verteidiger zur **Revision** raten, da ein Formverstoß vorliegt, der zur Aufhebung des Urteils führen wird, was dem A weitere zwei Tatsacheninstanzen (nochmals eine Hauptverhandlung vor dem Amtsgericht und eine mögliche Berufungsverhandlung vor dem Landgericht – Berufungskammer –) eröffnen würde.
Sollte A das Urteil des Schöffengerichts mit der Berufung angreifen, würde der Verstoß der in der amtsgerichtlichen Hauptverhandlung unerlassenen Verlesung der Anklageschrift in der Berufungsverhandlung keine Rolle mehr spielen, da hier anstelle des Anklagesatzes ein Bericht über die Ergebnisse des bisherigen Verfahrens gehalten und das Urteil erster Instanz verlesen wird (§ 324 Abs. 1 StPO).

4. Anwesenheit der Verfahrensbeteiligten

Fall 38: Abwesenheit des Staatsanwalts in der Hauptverhandlung (Abwandlung Fall 37)

Abwandlung von Fall 37 mit dem Unterschied, dass die Hauptverhandlung in 1. Instanz vor einer großen Strafkammer des Landgerichts stattfindet. Im Hauptverhandlungsprotokoll findet sich nunmehr folgende Passage:

„Staatsanwalt S erklärt: Er würde für einige Minuten die Hauptverhandlung verlassen, da er kurz an einer jetzt vor dem – im gleichen Gerichtsgebäude befindlichen – Amtsgericht an einer anderen Hauptverhandlung teilnehmen müsse. Dort werde gerade eine Strafsache aus seinem Dezernat verhandelt, in der ein Rechtsreferendar als Sitzungsvertreter der Staatsanwaltschaft auftrete. Der Amtsrichter habe eine vorläufige Verfahrenseinstellung gemäß § 153a Abs. 2 StPO angeregt. Da der Referendar dieser Einstellung ohne Rücksprache mit einem Staatsanwalt nicht zustimmen dürfe, wolle er – S – die Frage der Einstellung des dortigen Verfahrens persönlich mit dem Amtsrichter in dessen Hauptverhandlung erörtern.
Der Angeklagte und sein Verteidiger erklären sich damit einverstanden, dass Staatsanwalt S während der Verlesung des Auszuges aus dem Bundeszentralregister nicht in der landgerichtlichen Hauptverhandlung anwesend ist.
Staatsanwalt S verlässt daraufhin für die Dauer der Verlesung des BZR-Auszuges den Sitzungssaal."

A wird schließlich wegen versuchten Raubes zu der Freiheitsstrafe von drei Jahren verurteilt.
Hätte eine Revision gegen das landgerichtliche Urteil Aussicht auf Erfolg?
Wie wäre die Rechtslage, wenn Staatsanwalt S für die Dauer seiner Abwesenheit einfach den Rechtsreferendar aus der amtsgerichtlichen Sitzung in die landgerichtliche Hauptverhandlung geschickt hätte, also ein kurzzeitiger Tausch der Sitzungsvertretung erfolgt wäre?

Problemstellung

Im Mittelpunkt der Fragestellungen steht hier die Forderung der StPO nach der ununterbrochenen **Anwesenheit aller Verfahrensbeteiligten**. Auch ein Vertreter der Staatsanwaltschaft muss stets an der gesamten Hauptverhandlung teilnehmen. Im vorliegenden Fall könnte die Abwesenheit des Staatsanwalts deshalb zu einem Verfahrensfehler führen, der möglicherweise in der Revision die Aufhebung des Urteils zur Folge hätte. 119

Lösung

120 Das Erfordernis der ununterbrochenen Anwesenheit eines Sitzungsvertreters der Staatsanwaltschaft in der Hauptverhandlung folgt aus § 226 Abs. 1 StPO. Die Abwesenheit des Staatsanwalts und damit die Verletzung des § 226 Abs. 1 StPO stellten gemäß § 338 Nr. 5 StPO einen **absoluten Revisionsgrund** dar, sofern der Staatsanwalt bei einem **wesentlichen Teil der Hauptverhandlung** abwesend war. Die Verlesung des Auszuges aus dem Bundeszentralregister ist ein wesentlicher Bestandteil der Hauptverhandlung, da sich aus dem Bundeszentralregisterauszug der für die Strafzumessung wichtige Umstand ergibt, ob der Angeklagte vorbestraft ist oder nicht.[38]

- Auf die Einhaltung des § 226 Abs. 1 StPO kann, wie auf die Beachtung aller Bestimmungen, deren Verletzung zwingende Aufhebungsgründe nach § 338 Nr. 1 bis 6 StPO darstellen, **nicht verzichtet** werden.[39]
  Da § 226 Abs. 1 StPO jedoch nur vorschreibt, dass die „Staatsanwaltschaft" anwesend sein muss, darf **ein Wechsel in der Person des Sitzungsstaatsanwalts** erfolgen. Somit hätte der Verstoß gegen die Anwesenheitspflicht vermieden werden können, wenn ein anderer Staatsanwalt an Stelle des Staatsanwalts S während dessen Abwesenheit an der Hauptverhandlung teilgenommen hätte.[40]

121
- Nach § 142 Abs. 3 GVG kann **Rechtreferendaren** die Wahrnehmung der Aufgaben eines Amtsanwalts (oder sogar eines Staatsanwalts unter dessen Aufsicht) übertragen werden. Das bedeutet, dass ein Rechtsreferendar alleine als Sitzungsvertreter der Staatsanwaltschaft nur in Amtsanwaltssachen, d.h. nur in Hauptverhandlungen **vor dem Amtsgericht,**[41] auftreten kann, §§ 142 Abs. 3, Abs. 1 Nr. 3, 145 GVG. In einer Hauptverhandlung vor dem Landgericht, wie hier, ist dies jedoch nicht zulässig.

In beiden Fallkonstellationen würde die Revision zur Aufhebung des Urteils und zur Zurückverweisung der Sache an eine andere Kammer des Landgerichts führen.

Fall 39: Der vom Erscheinen entbundene Angeklagte

Gegen den Angeklagten A findet am 30.7.2007 die Hauptverhandlung vor dem Amtsgericht wegen des Vorwurfs der fahrlässiger Gefährdung des Straßenverkehrs durch falsches Überholen (§ 315c Abs. 1 Nr. 2b StGB) statt.
Da der Angeklagte ca. 900 km entfernt wohnhaft ist, hat der Amtsrichter am 20.4.2007 zusammen mit der Zustellung der Anklageschrift an A ein Schreiben mit folgendem Inhalt gerichtet:

„Der Angeklagte wird, wenn er dies beantragt, wegen der großen Entfernung zwischen seinem Wohnsitz und dem Sitz des erkennenden Gerichts von der Verpflichtung zum Erscheinen in der Hauptverhandlung entbunden".

38 Meyer-Goßner, § 338, Rn. 36ff; BGH NJW 1972, 2006.
39 Meyer-Goßner, § 337, Rn. 44.
40 Mehrere Staatsanwälte können sich auch die Aufgaben in der Hauptverhandlung teilen, § 227 StPO.
41 Die interne Zuweisung für die Bearbeitung von Strafsachen von Amtsanwälten bzw. Rechtsreferendaren richtet sich auch nach einem in Nr. 19 OrgStA (Organisationsstatut der Staatsanwaltschaft: bundeseinheitlich erlassene Anordnung über den Dienstbetrieb der Staatsanwaltschaft, abgedruckt z.B. in Justiz 2003, 627) aufgeführten Straftatenkatalog.

Nachdem der Angeklagte dies in einem formlosen Schreiben am 2.5.2007 beantragt hatte, wurden ihm und seinem Verteidiger V die Ladung zum Hauptverhandlungstermin zugestellt. Sie enthielt den Hinweis, dass der Angeklagte in der Hauptverhandlung nicht zu erscheinen brauche.
In der Hauptverhandlung, an welcher der mit schriftlicher Vollmacht des A versehene Verteidiger V teilnahm, wurde der Polizeibeamte P als Zeuge gehört, der den Angeklagten als Beschuldigten vernommen hatte. Nach ausführlicher Beweisaufnahme verurteilt das Amtsgericht den abwesenden A wegen fahrlässiger Gefährdung des Straßenverkehrs zu einer Geldstrafe von 30 Tagessätzen zu je 50 Euro und einem Fahrverbot von drei Monaten.
Hätte eine Revision Aussicht auf Erfolg, und welche Fristen müssten A und sein Verteidiger einhalten?

Problemstellung

Es ist zu untersuchen, ob der Angeklagte wirksam vom Erscheinen entbunden worden ist und auch sonst alle Voraussetzungen für die ordnungsgemäße Durchführung einer Hauptverhandlung ohne den Angeklagten erfüllt waren. 122
Weiterhin stellt sich die Frage, wann die Revisionseinlegungsfrist für A zu laufen beginnt.

Lösung

Die Revision hätte gemäß § 337 StPO Aussicht auf Erfolg, wenn eine Gesetzesverletzung vorliegt und das Urteil auf dieser Gesetzesverletzung auch beruht. Vorliegend könnte § 233 StPO verletzt sein. 123
Der Angeklagte kann unter folgenden Vorraussetzungen gemäß **§ 233 StPO**[42] vom Erscheinen in der Hauptverhandlung entbunden und in Abwesenheit verurteilt werden:

- **Antrag des Angeklagten** an das Gericht, ihn von seiner Erscheinenspflicht zu entbinden;
- **Beschluss** des Gerichts, durch den der Angeklagte von seiner Erscheinenspflicht entbunden wird;
- **Begrenzte Rechtsfolgenerwartung** (z. B. maximal sechs Monate Freiheitsstrafe);
- **(Vorweg-)Vernehmung des Angeklagten** über die Anklage durch einen beauftragten oder ersuchten Richter[43] vor der Hauptverhandlung; hierbei Belehrung des Angeklagten über die Rechtsfolgen einer Hauptverhandlung ohne seine Anwesenheit, § 233 Abs. 2 StPO;
- **In der Hauptverhandlung: Verlesung des Protokolls**, das der beauftragte oder ersuchte Richter über die vorangegangene Vernehmung des Angeklagten aufgenommen hat, § 233 Abs. 3 Satz 2 StPO.

---

42 Eine Verhandlung ohne den Angeklagten gemäß § 232 StPO kommt hier nicht in Betracht, da § 232 StPO nur für den Fall gilt, dass der Angeklagte eigenmächtig, d. h. ohne Zustimmung des Gerichts, nicht zur Hauptverhandlung kommt. Hier hat der Amtsrichter den Angeklagten jedoch ausdrücklich von seiner Erscheinenspflicht entbunden.

43 **Beauftragter Richter = ein Richter des erkennenden Gerichts;**
ersuchter Richter = Richter eines anderen Gerichts, der vom erkennenden Gericht um Vernehmung des Angeklagten gebeten wird.

124 Hier liegt zwar ein **Antrag des Angeklagten** auf Entbindung von seiner Erscheinenspflicht vor. Jedoch ist der Entbindungsbeschluss zeitlich vor diesem Antrag ergangen. Dies ist im Falle der Entbindung von der Pflicht zum Erscheinen in der Hauptverhandlung aus **prozessökonomischen Gründen** aber zulässig[44] und in der Praxis häufig anzutreffen.

Die kommissarische Vernehmung des Angeklagten[45] gem. § 233 Abs. 2 StPO ist zwingend vorgeschrieben und kann auch **nicht durch eine polizeiliche Beschuldigtenvernehmung des Angeklagten** ersetzt werden. Sie ist ein **vorweggenommener Teil der Hauptverhandlung,**[46] der dem Angeklagten soweit wie möglich die Verteidigungsmöglichkeiten eröffnen muss, die er sonst in der Hauptverhandlung hätte.[47] Er muss bei dieser kommissarischen Vernehmung gemäß § 243 Abs. 4 Satz 1 StPO über seine Aussagefreiheit belehrt werden und, wenn er daraufhin Angaben machen will, zu seinen persönlichen Verhältnissen (wichtig für die Strafzumessung, §§ 46 Abs. 2, 40 Abs. 2 StGB) und zum Tatvorwurf, also zu den in der Anklageschrift angeführten Tatsachen und Beweismitteln vernommen werden. Dabei spielt es keine Rolle, ob der Angeklagte in der späteren Hauptverhandlung, an der er nicht teilnimmt, durch einen Verteidiger vertreten wird.

An einer solchen Vernehmung fehlt es hier. Damit liegt eine Gesetzesverletzung – Verstoß gegen § 233 Abs. 2 StPO – i. S. d. § 337 StPO vor.

125 Das Urteil **beruht** auch auf diesem Verstoß, § 337 StPO, da eine mögliche Einlassung des Angeklagten zum vorgeworfenen Sachverhalt für die Überzeugungsbildung des Gerichts von großer Bedeutung ist und möglicherweise zu einem für den Angeklagten günstigeren Urteil geführt hätte.

Das Fehlen der Vernehmung wird also auf die Revision des Angeklagten zur Aufhebung des Urteils führen.

Die Wochenfrist zur Einlegung der Revision ergibt sich aus § 341 Abs. 1 StPO mit der Besonderheit, dass für den Fristbeginn nicht der Zeitpunkt der Urteilszustellung, sondern der Zeitpunkt der Urteilsverkündung maßgebend ist, da die Urteilsverkündung in Anwesenheit des Verteidigers erfolgte, §§ 341 Abs. 2 StPO i. V. m. § 234 StPO.

Fall 40: Der in der Fortsetzungsverhandlung ausgebliebene Angeklagte

Gegen den Angeklagten A findet am 30.7.2007 wegen des Vorwurfs der fahrlässigen Straßenverkehrsgefährdung die Hauptverhandlung vor dem Amtsgericht statt, nachdem A zuvor gegen den Strafbefehl des Amtsgerichts form- und fristgerecht Einspruch eingelegt hat. Ein Verteidiger nimmt an der Hauptverhandlung nicht teil. Nachdem in der Hauptverhandlung vom 30.7.2007 die Beweisaufnahme nicht zu Ende geführt werden konnte, bestimmt der Amtsrichter einen Fortsetzungstermin auf den 6.8.2007, gibt dem Angeklagten diesen Fortsetzungstermin mündlich bekannt und belehrt ihn über die Folgen seines Ausbleibens. Zu diesem Fortsetzungstermin erscheint A nicht, sondern übersendet dem Gericht am 6.8.2007 ein handschriftliches Telefax-Schreiben mit dem Inhalt, dass er für einige Tage verreist sei. Der Amtsrichter nimmt in der Hauptverhandlung des Fortsetzungstermins zu Protokoll, dass die Hauptverhandlung ohne den Angeklagten zu Ende geführt werde

44 Meyer-Goßner, § 233, Rn. 9.
45 Kommissarische Vernehmung = Oberbegriff für die Vernehmung durch einen beauftragen oder ersuchten Richter, vgl. hierzu Rn. 123.
46 BGHSt 25, 42.
47 Meyer-Goßner, § 233, Rn. 15.

und führt die noch ausstehende Zeugenvernehmung des Polizeibeamten P durch. Nach Abschluss der Beweisaufnahme beantragt der Vertreter der Staatsanwaltschaft, den Einspruch des A gegen den Strafbefehl zu verwerfen, da A in dem Fortsetzungstermin nicht erschienen ist.
Wie wird der Amtsrichter entscheiden?

Problemstellung

Der Angeklagte ist zwar bei Beginn der Hauptverhandlung, d.h. am ersten Verhandlungstag erschienen, ist aber dem dort anberaumten **Fortsetzungstermin** ferngeblieben. **126**
Außerdem sind die Besonderheiten der Hauptverhandlung nach vorangegangenem Strafbefehlsverfahren – §§ 411, 412 StPO – zu beachten.

Lösung

Nachdem A gemäß § 410 StPO gegen den Strafbefehl des Amtsgerichts form- und fristgerecht Einspruch eingelegt hat, muss der Amtsrichter durch **Sachurteil** entscheiden. **127**
Zwar ist der Angeklagte zum Fortsetzungstermin nicht erschienen und auch nicht durch einen mit schriftlicher Vollmacht ausgestatten Verteidiger vertreten worden, § 411 Abs. 2 StPO. Eine Verwerfung des Einspruchs gegen den Strafbefehl gem. §§ 412 Satz 1, 329 Abs. 1 StPO ist dennoch nicht möglich.
Zwar verweist § 412 StPO für den Fall,
- dass der Angeklagte zu Beginn der Hauptverhandlung nicht erscheint,
- dass er nicht durch einen Verteidiger vertreten ist, § 411 Abs. 2 StPO, und
- dass sein Ausbleiben nicht genügend entschuldigt ist,

auf § 329 Abs. 1 (insbesondere Satz 1) StPO, der die Verwerfung (der Berufung bzw. hier) des Einspruchs gegen den Strafbefehl ohne weitere Sachprüfung vorsieht. Jedoch ist A im vorliegenden Fall zu Beginn der Hauptverhandlung, nämlich am ersten Verhandlungstag, erschienen und nur in dem nach Unterbrechung der Hauptverhandlung gemäß § 229 StPO durchgeführten **Fortsetzungstermin ausgeblieben**. Auf diesen Fall ist **§ 412 StPO nicht anwendbar.**[48]

Die Hauptverhandlung kann jedoch gemäß § 231 Abs. 2 StPO auch **in Abwesenheit des Angeklagten** zu Ende geführt werden. Voraussetzung hierfür ist, **128**
- dass der Angeklagte trotz Ladung (eine mündliche Ladung zum Fortsetzungstermin am ersten Hauptverhandlungstag reicht aus)
- bei der Fortsetzung einer unterbrochenen Hauptverhandlung
- eigenmächtig, d.h. wissentlich ohne Rechtfertigungs- und ohne Entschuldigungsgründe,

ausbleibt[49] und
- er zur Anklage schon vernommen worden ist, d.h. Gelegenheit hatte, sich zur Sache zu äußern, § 243 Abs. 4 Satz 2 StPO.

Dies war hier der Fall, so dass ohne A weiterverhandelt werden konnte.
Der Amtsrichter wird die Hauptverhandlung bis zum Schluss weiterführen und nach dem Plädoyer des Staatsanwalts das Urteil in Abwesenheit des Angeklagten verkünden.

48 Meyer-Goßner, § 412, Rn. 4.
49 BGH NStZ 98, 476.

Übersicht 27: Fälle der Durchführung der Hauptverhandlung ohne den Angeklagten

§ 231 Abs. 2 StPO	• Bei Fortsetzung der Hauptverhandlung • Angeklagter schon über die Anklage vernommen • Gericht erachtet seine Anwesenheit nicht für erforderlich
§ 231a StPO	• Vorsätzliche schuldhafte Herbeiführung der Verhandlungsunfähigkeit und wissentliche Verhinderung der Durchführung der Hauptverhandlung • Noch keine Vernehmung des Angeklagten • Äußerungsmöglichkeit zur Anklage nach Eröffnung des Hauptverfahrens
§ 231b StPO	• Ordnungswidriges Benehmen des Angeklagten (§ 177 GVG) • Solange schwerwiegende Störung der Hauptverhandlung durch den Angeklagten zu befürchten • Gelegenheit zur Äußerung unerlässlich
§ 232 StPO	• Bei Strafhöhe bis 180 Tagessätze • Hinweis auf Verhandlung ohne Angeklagten in Ladung • Eigenmächtige Abwesenheit des Angeklagten
§ 233 StPO	• Bei Strafhöhe bis 6 Monate Freiheitsstrafe • Entbindung vom Erscheinen auf Antrag des Angeklagten • Vorherige richterliche Vernehmung über Anklage
§ 387 Abs. 1 StPO	• Privatklageverfahren • Vertretung durch mit schriftlicher Vollmacht versehenen Verteidiger
§ 411 Abs. 2 StPO	• Strafbefehlsverfahren • Vertretung durch mit schriftlicher Vollmacht versehenen Verteidiger
§ 415 StPO	• Sicherungsverfahren • Förmliche Vernehmung des Angeklagten vor Hauptverhandlung • Erscheinen des Angeklagten unmöglich/unangebracht
§ 329 Abs. 2 StPO	• Berufung der Staatsanwaltschaft • Unentschuldigtes Ausbleiben trotz ordnungsgemäßer Ladung
329 Abs. 1 i. V. m. § 411 Abs. 2 StPO	• Berufung des Angeklagten nach vorangegangenem Strafbefehlsverfahren • vertretungsbereiter Verteidiger mit schriftlicher Vertretungsvollmacht anwesend

III. Vernehmung des Angeklagten

1. Das Aussageverweigerungsrecht

Fall 41: Teilweises Schweigen des Angeklagten

Der Angeklagte A muss sich vor einer großen Strafkammer des Landgerichts wegen schweren Raubes, begangen am 20.4.2006, und wegen Fahrens ohne Fahrerlaubnis, begangen am 1.6.2006, verantworten. Im Rahmen seiner polizeilichen Beschuldigtenvernehmung zu beiden Taten am 1.6.2006 erklärte A nach Belehrung zum Vorwurf des Fahrens ohne Fahrerlaubnis, sein Freund B sei auf dem Fahrersitz gesessen und er sei nur Beifahrer gewesen. Zu dem Vorwurf des schweren Raubes wolle er sich nicht äußern.
In der Hauptverhandlung bleibt der Angeklagte A nach Belehrung über sein Schweigerecht dabei, dass er am 1.6.2006 nicht gefahren sei.
Außerdem erklärt er zu dem Vorwurf des Raubes unter Vorlage einer zutreffend abgestempelten Bahnkarte, dass er die Zeit vom 18.4 bis 22.4.2006 bei einem alten Schulkameraden in Wien verbracht habe. Auf die Frage des Vorsitzenden, warum A dies nicht schon bei der Polizei gesagt habe, will A keine Antwort geben.
Wie wird die Strafkammer die Einlassung des A – unabhängig von anderen zur Verfügung stehenden Beweismitteln – bewerten?

Problemstellung

Bei dieser Fallkonstellation ist zu prüfen, ob und in welcher Weise das Schweigen des Angeklagten in verschiedenen Verfahrensstadien bei der Beweiswürdigung und Überzeugungsbildung des Gerichts Berücksichtigung finden kann, d.h. v.a., ob aus dem Schweigen des Beschuldigten/Angeklagten gegen ihn nachteilige Schlüsse gezogen werden dürfen.[50] 129
Das **teilweise Schweigen** eines Angeklagten in der Hauptverhandlung darf als Beweisanzeichen verwertet werden, d.h., hieraus können für den Angeklagten nachteilige Schlüsse gezogen werden, wenn der Angeklagte trotz genereller Aussagebereitschaft auf einzelne, womöglich prekäre, Fragen nicht antwortet.[51] Kein zum Nachteil des Angeklagten verwertbares Teilschweigen liegt jedoch vor, wenn ein Angeklagter zu **einer** von mehreren vorgeworfenen Taten im prozessualen Sinn (§ 264 Abs. 1 StPO) vollständig schweigt.[52]

Lösung

A hat sich in der Hauptverhandlung zu beiden Anklagevorwürfen eingelassen. 130
Das Schweigen des A vor der Polizei zum Tatkomplex „Raub“ darf nicht zu dessen Nachteil verwertet werden, auch wenn der Angeklagte sich in einem späterem Verfahrensabschnitt, hier in der Hauptverhandlung, zur Sache eingelassen hat.[53] Er wäre

50 In den StPO-Kommentaren wird dieses Problem bei § 261 StPO abgehandelt.
51 BGH NStZ 1984, 377.
52 BGH NStZ 2000, 494.
53 BGHSt 20, 281.

sonst gezwungen gewesen, schon bei der Polizei auszusagen, um diesen Nachteil zu vermeiden. Dies ist unvereinbar mit dem **umfassenden Schweigerecht** eines Beschuldigten bei seiner polizeilichen Vernehmung, **§§ 163a Abs. 4 Satz 2, 136 Abs. 1 Satz 1 StPO**.

Etwas anderes ergibt sich auch nicht daraus, dass A bei der Polizei zum Tatkomplex „Fahren ohne Fahrerlaubnis" Angaben gemacht hat, da es sich bei dem Fahren ohne Fahrerlaubnis um ein anderes Geschehen als den Raub und damit um eine andere prozessuale Tat nach **§ 264 Abs. 1 StPO** handelt.

131 Auch das Schweigen des Angeklagten in der Hauptverhandlung auf die Frage des Vorsitzenden darf konsequenterweise nicht zu seinem Nachteil verwertet werden. Dürfte aus der Nichtbeantwortung der Frage durch das Gericht der Schluss gezogen werden, dass die Erklärung des A bezüglich seines Alibis gelogen sei, weil A als Beschuldigter bei seiner polizeilichen Vernehmung ja leicht auf diesen ihn entlastenden Gesichtspunkt hätte hinweisen können, liefe dies auf eine unzulässige Verwertung der Inanspruchnahme seines Schweigerechts bei seiner polizeilichen Beschuldigtenvernehmung hinaus. Es ist nämlich unerheblich, aus welchem Grund ein Beschuldigter oder Angeklagter von seinem Schweigerecht Gebrauch macht.[54]

Aus dem zulässigen Schweigen des Angeklagten zu dem Raubvorwurf bei seiner polizeilichen Vernehmung darf das Landgericht deshalb nicht den Schluss ziehen, die Alibibehauptung des Angeklagten über seinen Aufenthalt in Wien zum Tatzeitpunkt sei erlogen.

---

54 BGH bei Miebach NStZ 1986, 208.

Übersicht 28: Verbot nachteiliger Schlussfolgerungen aus dem Schweigen des Angeklagten[55]

In folgenden Fällen darf aus dem **vollständigen Schweigen**[56] des Beschuldigten/Angeklagten in einer von mehreren Vernehmungen nicht der Schluss gezogen werden, dass die in einer anderen (vorherigen oder nachfolgenden) Vernehmung gemachten Äußerungen des Beschuldigten/Angeklagten gelogen sind:

Beschuldigter schweigt bei Polizei	→	sagt erst als Angeklagter in der Hauptverhandlung aus
Beschuldigter bestreitet Tat bei Polizei	→	schweigt als Angeklagter in der Hauptverhandlung
Beschuldigter schweigt bei erster polizeilicher Vernehmung	→	Beschuldigter sagt erst bei zweiter polizeilicher Vernehmung aus
Angeklagter schweigt in Hauptverhandlung vor Amtsgericht	→	Angeklagter sagt erst in Berufungsverhandlung aus
Zeuge schweigt gem. § 55 StPO	→	bestreitet dann in seinem eigenen Strafverfahren als Beschuldigter oder Angeklagter die Tat BGH NStZ 1992, 448

2. Verwertung früherer Äußerungen des Angeklagten

Fall 42: „Informatorische Befragung" des Beschuldigten

Rechtsanwältin R liegt ein Berufungsurteil des Landgerichts gegen ihren Mandanten A vor, der wegen gemeinschaftlicher gefährlicher Körperverletzung zunächst vom Amtsgericht – Schöffengericht – zu einer Freiheitsstrafe von neun Monaten (mit Bewährung) verurteilt worden war. Die kleine Strafkammer des Landgerichts hat die Berufung des A als unbegründet verworfen. In der Beweiswürdigung der schriftlichen Urteilsgründe stützt die Berufungskammer ihre Überzeugungsbildung zum Tatgeschehen auf die glaubhafte Aussage des Polizeibeamten KHK P über die „informatorische" polizeiliche Befragung des A, der hierbei den Tatvorwurf einge-

55 Zusammenfassung der hierzu ergangenen Rechtsprechung des BGH bei Miebach, „Der teilschweigende Angeklagte – materiell-rechtliche und prozessuale Fragen anhand der BGH-Rechtsprechung", NStZ 2000, 234.

56 Dem vollständigen Schweigen steht der Fall gleich, dass der Beschuldigte/Angeklagte den Tatvorwurf nur pauschal bestreitet (z. B. nur sagt: „Der Vorwurf stimmt nicht.", „Ich war's nicht." oder „Ich bin unschuldig.").

räumt hatte. Eine Belehrung des Beschuldigten A hatte P versehentlich unterlassen. In den Hauptverhandlungen vor dem Amts- bzw. Landgericht hatte A zur Sache keine Angaben gemacht.
In der Berufungshauptverhandlung hatte Verteidigerin R beantragt, den Zeugen KHK P nicht zu vernehmen, da hierdurch das Schweigerecht ihres Mandanten verletzt würde.
Rechtsanwältin R hat gegen das Urteil des Landgerichts fristgereicht Revision eingelegt und will diese gemäß den §§ 344, 345 StPO nun begründen.
Kann sie einen Verfahrensfehler im Zusammenhang mit der Verwertung der polizeilichen Aussage des A rügen?

Problemstellung

132 Zunächst ist zu prüfen, ob die Berufungskammer des Landgerichts bei ihrer Überzeugungsbildung die Zeugenaussage des Polizeibeamten P über das ihm gegenüber abgelegte Geständnis des A verwerten durfte. Sollte insoweit ein Verfahrensfehler vorliegen, ist aus Sicht von Rechtsanwältin R zu überlegen, ob und ggfs. wie dies mit der Revision gerügt werden kann.

Lösung

133 Der Angeklagte A hatte in seiner „informatorischen“ polizeilichen Vernehmung den Sachverhalt, wie er letztlich von den Tatsacheninstanzen festgestellt worden ist, eingeräumt, wobei der vernehmende Beamte KHK P allerdings die nach **§§ 163a Abs. 4 Satz. 2, 136 Abs. 1 StPO** vorgeschriebene Belehrung versäumt hatte.[57] Dieser Verstoß begründet **grundsätzlich ein Verwertungsverbot.**[58] Allerdings besteht dieses Verwertungsverbot nur dann, wenn der verteidigte Angeklagte der Verwertung seiner ohne Belehrung zustande gekommenen Aussage in der Hauptverhandlung **widerspricht.**[59] Der Widerspruch kann in der Hauptverhandlung nur bis zu dem in **§ 257 StPO** genannten Zeitpunkt erklärt werden, d. h., der Widerspruch muss spätestens unmittelbar nach der Zeugenvernehmung des Vernehmungsbeamten erfolgen.[60]
Die Erklärung der Verteidigerin in der Berufungshauptverhandlung ist als ein solcher Widerspruch gegen die Verwertung auszulegen. Allerdings erfolgte dieser Widerspruch i. S. v. § 257 StPO zu spät, weil er nicht nach der ersten Vernehmung des Zeugen P in der Hauptverhandlung vor dem Amtsgericht erhoben wurde,[61] sondern erst in der Berufungshauptverhandlung. Die Zeugenaussage des Polizeibeamten P über das Geständnis des A war also verwertbar.
Ein Verfahrensfehler, der erfolgreich mit der Revision gerügt werden könnte, liegt damit nicht vor.

134 Wäre der Widerspruch gegen die Verwertung der Aussage des Zeugen P rechtzeitig erfolgt, müsste Rechtsanwältin R in ihrer Revisionsbegründungsschrift, da sie eine **Verfahrensrüge** gemäß **§ 344 Abs. 2 Satz 2 StPO** erheben will (Verletzung von §§ 163a Abs. 4 Satz 2, 136 Abs. 1 StPO), **schlüssig vortragen,**[62]

57 Vgl. Fälle 2 und 3.
58 BGHSt 38, 214.
59 Ein Widerspruch vor der Hauptverhandlung genügt nicht, BGH NStZ 1997, 502.
60 BGH NStZ 1996, 291, 293.
61 OLG Stuttgart, NStZ 1997, 405; BGHSt 50, 272.
62 BGH NJW 1993, 2125, 2127.

- dass die Belehrung unterblieben ist,
- dass und wann in der Hauptverhandlung der Verwertung widersprochen wurde,
- welchen Inhalt die zu Unrecht verwertete polizeiliche Aussage des A hatte,
- wie die polizeiliche Aussage des A in die Hauptverhandlung eingeführt wurde (hier durch Zeugenvernehmung des Polizeibeamten P) und
- wie das Gericht die polizeiliche Aussage des A in dem Urteil verwertet hat.

Fall 43: Unterbliebene Beschuldigtenbelehrung, Abwesenheitsverhandlung (Abwandlung Fall 42)

Im vorherigen Fall 42 befindet sich das Verfahren in der Hauptverhandlung 1. Instanz vor dem Amtsgericht. Der 28 Jahre alte Angeklagte A – Jurastudent im 20. Semester – ist zur amtsgerichtlichen Hauptverhandlung nicht erschienen, da er auf seinen Antrag hin einen Tag vor der Hauptverhandlung wegen einer dringenden Familienangelegenheit vom Amtsrichter von seiner Erscheinenspflicht entbunden worden war.
Verteidigerin R ist in der Hauptverhandlung anwesend, widerspricht aber nicht der Verwertung der Zeugenaussage des KHK P. A wird in Abwesenheit verurteilt.
Kann A mit Erfolg gegen das Urteil vorgehen?

Problemstellung

135 Verteidigerin R muss sich darüber Gedanken machen, inwieweit ein Rechtsmittel Aussicht auf Erfolg hätte. Dabei ist von Bedeutung,

- ob A in Abwesenheit verurteilt werden durfte,
- ob die Zeugenaussage des P verwertet werden durfte und
- welches Rechtsmittel die Verteidigerin wählen sollte.

Lösung

136 Eine Verhandlung ohne den Angeklagten ist im Rahmen von § 233 StPO möglich. Dabei hat der Angeklagte dies – wie geschehen – nach § 233 Abs. 1 Satz 1 StPO zu beantragen,[63] und er ist vor der Hauptverhandlung zwingend durch einen **beauftragten Richter** über die Anklage zu vernehmen. Dies ist hier nicht geschehen. Das Unterbleiben der Vernehmung nach § 233 Abs. 2 Satz. 1 StPO stellt eine Gesetzesverletzung dar, auf der das das Urteil grundsätzlich auch beruht (§ 337 StPO).

137 Im vorliegenden Fall ist eine Belehrung nach §§ 163a Abs. 4, 136 Abs. 1 StPO unterblieben. Allerdings greift hier die Ausnahme, dass dem Angeklagten als „erfahrenem Jurastudenten" sein **Schweigerecht bekannt** war.[64] Die Feststellung, die das Gericht hierüber zu treffen hat, ist im Freibeweisverfahren zu klären. Außerdem hat die Verteidigerin in der Hauptverhandlung der Verwertung bis zu dem in § 257 StPO genannten Zeitpunkt (= unmittelbar nach der Zeugenvernehmung des KHK P) nicht **widersprochen.** Ob ein solcher Widerspruch im Fall der Nichtanwesenheit des Angeklagten Vorraussetzung für die Nichtverwertbarkeit der Aussage ist, kann offen bleiben, da er jedenfalls über die Folgen seiner Abwesenheit gemäß § 233 Abs. 2 Satz 2 StPO nicht belehrt wurde. Weiterhin ist eine Verurteilung zu neun Monaten Freiheitsstrafe nicht

63 Meyer-Goßner, § 233, Rn. 4.
64 BGHSt 38, 214.

möglich, da bei einer Verfahrensweise nach § 233 StPO die dort in Abs. 1 Satz 1 genannte Strafobergrenze von sechs Monaten Freiheitsstrafe zu beachten ist.
Die Revision ist daher gemäß §§ 333ff. StPO das richtige Rechtsmittel, da sich verschiedene Verfahrensfehler auf das Urteil ausgewirkt haben.

Fall 44: Früherer Mitbeschuldigter mit Zeugnisverweigerungsrecht (Abwandlung Fall 42)

Im Ausgangsfall 42 befindet sich das Verfahren im Eröffnungsverfahren (§§ 199ff. StPO) vor dem Amtsgericht – Jugendschöffengericht –. Der gemeinschaftlichen gefährlichen Körperverletzung mitangeklagt ist der 15-jährige Bruder B des erwachsenen Angeschuldigten A. B hat im Gegensatz zu dem schweigenden A die Tat bei seiner polizeilichen Vernehmung eingeräumt und seinen Bruder A hierbei als Mittäter belastet. Das Tatopfer der Körperverletzung kann die Täter nicht identifizieren.
Welcher Nachteil für die Beweisführung gegen A würde entstehen, wenn das Jugendschöffengericht das Verfahren gegen den Erwachsenen A von dem Verfahren gegen den Jugendlichen B abtrennen (§§ 103 Abs. 3 JGG, 2–4 StPO) und an die Erwachsenenabteilung des Amtsgerichts abgeben würde?

Problemstellung

138 Findet die Hauptverhandlung gegen die beiden Mitangeklagten A und B, gegen die zuvor auch gemeinsam als Mitbeschuldigte ermittelt wurde, statt, und schweigen beide Mitangeklagte in der Hauptverhandlung (§ 243 Abs. 4 StPO), dann kann, wenn z.B. A bei einer früheren polizeilichen Beschuldigtenvernehmung ein Geständnis abgelegt hat, dieses polizeiliche Geständnis des A in die Hauptverhandlung durch Zeugenvernehmung des damals die Vernehmung durchführenden Polizeibeamten eingeführt und gegen beide Mitangeklagten verwertet werden. Dies gilt auch dann, wenn A und B in einem solchen persönlichen Näheverhältnis zueinander stehen, das sie dann, wenn sie nicht Mitangeklagte wären, sondern einer in dem Verfahren gegen den anderen Zeuge wäre, ein Zeugnisverweigerungsrecht nach § 52 StPO hätten.

139 Wird zwar gegen die beiden Personen A und B gemeinsam ermittelt und werden beide auch gemeinsam in einer Anklage angeklagt, wird dann aber das Verfahren gegen A von dem Verfahren gegen B abgetrennt (§§ 2–4 StPO oder § 103 Abs. 3 JGG), dann ist A in der nun allein gegen B geführten Hauptverhandlung nicht mehr Mitangeklagter, sondern Zeuge (und umgekehrt B in einer allein gegen A geführten Hauptverhandlung). Steht der Zeuge A zu dem alleinigen Angeklagten B in einem so nahen persönlichen Verhältnis, dass A ein Zeugnisverweigerungsrecht nach **§ 52 StPO** hat, kann sich A als Zeuge in der Hauptverhandlung gegen den Angeklagten B auf sein Zeugnisverweigerungsrecht berufen und schweigen. Ein früheres Geständnis, das A als (damaliger) Beschuldigter bei der Polizei abgelegt hat, darf dann in die Hauptverhandlung gegen B nicht mehr eingeführt und nicht mehr verwertet werden, **§ 252 StPO.**[65]
Nur ausnahmsweise dann, wenn der jetzt das Zeugnis verweigernde A der Verwertung seiner früheren polizeilichen Aussage zustimmen würde, könnte die frühere poli-

65 BGH NStZ 1997, 351: Das Verwertungsverbot des § 252 StPO erfasst nicht nur eine frühere polizeiliche Zeugenaussage, sondern auch eine frühere polizeiliche Beschuldigtenaussage des in der Hauptverhandlung das Zeugnis verweigernden Zeugen.

zeiliche Aussage des A in der Hauptverhandlung gegen B durch Zeugenvernehmung des polizeilichen Vernehmungsbeamten eingeführt und verwertet werden.[66]

Lösung

Im Fall einer Verfahrenstrennung stünde dem B, der im abgetrennten Verfahren gegen den Erwachsenen A dann Zeuge wäre, als Bruder des A gemäß § **52 Abs. 1 Nr. 3 StPO** ein **Zeugnisverweigerungsrecht** zu. **140**

Da andere Zeugen nicht vorhanden sind, würde eine Zeugnisverweigerung des B in der Hauptverhandlung gegen A die Beweisführung gegen A erheblich erschweren: Gemäß § 252 StPO dürfte dann das frühere Geständnis, das B bei seiner Beschuldigtenvernehmung gegenüber der Polizei abgelegt hat, nicht in die Hauptverhandlung eingeführt und auch nicht gegen A verwertet werden („nicht verlesen werden" i. S. d. § **252 StPO** bedeutet „nicht verwertet werden").[67] Das Verwertungsverbot des § 252 StPO erfasst nicht nur eine frühere polizeiliche Zeugenaussage, sondern auch eine frühere polizeiliche Beschuldigtenaussage des jetzt in der Hauptverhandlung das Zeugnis verweigernden Zeugen.[68]

Anders ist jedoch die prozessuale Rechtslage im Falle einer gemeinsamen Hauptverhandlung gegen beide Angeklagte. Dann steht dem B nur das jedem Angeklagten zukommende **Schweigerecht** (§ 243 Abs. 4 StPO) zu, nicht dagegen ein Zeugnisverweigerungsrecht nach § 52 StPO, da B (Mit-)Angeklagter und nicht Zeuge ist. Wiederholt B in einer gemeinsamen Hauptverhandlung als Mitangeklagter sein früheres, auch den erwachsenen Mitangeklagten A belastendes Geständnis, so kann diese Einlassung des B zur Beweisführung gegen A herangezogen werden. Macht B von seinem Schweigerecht als (Mit-)Angeklagter Gebrauch, so steht, anders als im Falle einer Verweigerung des Zeugnisses als Zeuge nach § 52 StPO, einer Einführung der früheren polizeilichen Beschuldigtenaussage des B (durch Zeugenvernehmung des damaligen Vernehmungsbeamten) und ihrer Verwertung gegen den Bruder A nichts im Wege. **141**

Um einen Beweismittelverlust (Nichtverwertbarkeit der früheren polizeilichen Aussage des B) und damit eine Erschwerung der Wahrheitserforschung zu vermeiden, verbietet sich vorliegend eine Verfahrenstrennung.

3. Unerlaubte Vernehmungsmethoden

Fall 45: Brechmitteleinsatz und Androhung von Folter

Der Beschuldigte A wurde von Polizeibeamten in Zivil im Bereich des Bahnhofs mindestens zweimal beobachtet, wie er einen kleinen Plastikbeutel aus dem Mund nahm und einer anderen Person gegen Geld übergab. Als die Polizeibeamten den A wegen des Verdachts des unerlaubten Handeltreibens mit Betäubungsmittel festnahmen, schluckte A ersichtlich ein weiteres in seiner Mundhöhle verwahrtes Päckchen. Weitere Drogen wurden bei A nicht gefunden. Wegen Gefährdung des Untersuchungserfolgs durch Verzögerung ordnete der Staatsanwalt die ärztliche Verabreichung eines Brechmittels zur Exkorporation (= Erbrechen) des Beutels an. Der Be-

66 BGHSt 45, 203.
67 BGHSt 32, 25.
68 BGH NStZ 1997, 351, 353.

schuldigte wurde in ein Krankenhaus gebracht. Weil er sich weigerte, die zum Herbeiführen des Erbrechens notwendigen Mittel einzunehmen, musste er von vier Polizeibeamten festgehalten werden. Ein Arzt verabreichte ihm zwangsweise mittels einer Nasen-Magen-Sonde zunächst eine Salzlösung und dann das Brechmittel. Der Beschuldigte erbrach daraufhin einen Beutel mit 0,2 g Kokain. Gegen den Beschuldigten erging Haftbefehl.
Nachdem A vom Amtsgericht verurteilt worden war und er Berufung eingelegt hatte, verurteilte das Landgericht nach erneuter Beweisaufnahme den von Anfang an schweigenden A auch in zweiter Instanz wegen unerlaubten Handeltreibens mit Betäubungsmitteln zu einer Freiheitsstrafe von sechs Monaten und setzte die Vollstreckung der Strafe zur Bewährung aus.
Ausschlaggebend für die Überzeugung des Landgerichts von der Täterschaft des Angeklagten A war, dass A den Kokainbeutel erbrochen hatte. Ohne dieses Indiz wäre der A freigesprochen worden.
Hätte eine Revision des A gegen das Berufungsurteil des Landgerichts Aussicht auf Erfolg?

Problemstellung

142 Zu untersuchen ist die Rechtmäßigkeit des Brechmiteleinsatzes und die Verwertbarkeit des Umstandes, dass A den Kokainbeutel erbrochen hat.

Lösung

143 Eine Revision hätte gemäß **§ 337 StPO** Aussicht auf Erfolg, wenn eine Gesetzesverletzung vorliegt und das Urteil auf dieser Gesetzesverletzung auch beruht.
a) **Gesetzesverletzung:**
§ 136a Abs. 1 StPO (i. V. m. § 163a Abs. 3 Satz 2 und Abs. 4 Satz 2 StPO) ist nicht verletzt.
Zwar erfolgte hier eine „Verabreichung von Mitteln" (Brechmittel), um gegen den Willen des Beschuldigten ein Erbrechen zu erzwingen. Aus der Stellung des § 136a StPO im 10. Abschnitt der StPO „Vernehmung des Beschuldigten" folgt aber, das sich § 136a StPO nur auf „Vernehmungen", d. h. nur auf (erzwungene) **Aussagen** des Beschuldigten bezieht, nicht aber auch auf die Gewinnung anderer Beweismittel.[69]

144 Vorliegend könnte allerdings **§ 81a Abs. 1 StPO** verletzt sein.
§ 81a StPO gestattet zwangsweise körperliche Eingriffe beim Beschuldigten, sofern keine Nachteile für seine Gesundheit zu befürchten sind. Ein solcher gesundheitlicher Nachteil liegt bei einer erheblichen, länger als der Eingriff dauernden Beeinträchtigung des körperlichen Wohlbefindens vor, nicht aber schon – wie beim Erbrechen – bei unerheblichen kurzen Schmerzen oder anderen vorübergehenden Unannehmlichkeiten.[70]
Der körperliche Eingriff – hier die zwangsweise Verabreichung des Brechmittels – darf nur angeordnet werden, wenn er **verhältnismäßig**, d. h. insbesondere **erforderlich** zur Erlangung von Beweismitteln ist.[71]

69 Meyer-Goßner, § 136a, Rn. 4.
70 Meyer-Goßner, § 81a, Rn. 17.
71 BVerfG NJW 2004, 3697.

Nach der Entscheidung des Europäischen Gerichtshofs für Menschenrechte (EGMR)[72] war vorliegend die zwangsweise Verabreichung des Brechmittels nicht erforderlich, um den von A geschluckten Kokainbeutel als Beweismittel zu erlangen. Vielmehr hätte – wie in anderen europäischen Staaten üblich – das einfache Ausscheiden des Kokainbeutels auf natürlichem Wege abgewartet und der ausgeschiedene Kokainbeutel dann sichergestellt werden können.
Wegen Verstoßes gegen den Verhältnismäigkeitsgrundsatz ist deshalb § 81a Abs. 1 StPO verletzt.

Ferner ist – so der EGMR – auch **Art. 3 der EMRK**[73] verletzt, da der Beschuldigte A durch den zwangsweisen Brechmitteleinsatz „unmenschlich" und „erniedrigend" behandelt wurde:[74] **145**
„Die Art, in der die gerügte Maßnahme durchgeführt wurde, war dazu angetan, bei dem Beschwerdeführer Angst, Furcht und das Gefühl der Unterlegenheit hervorzurufen, geeignet, ihn zu demütigen und zu entwürdigen. Außerdem war sie die Gesundheit gefährdend, insbesondere wegen des Fehlens einer vorherigen angemessenen Anamnese. Die Durchführung des Eingriffs hat, auch wenn das nicht beabsichtigt war, beim Beschwerdeführer physische Schmerzen und psychische Leiden hervorgerufen. Deswegen ist er unter Verletzung von Art. 3 EMRK unmenschlich und erniedrigend behandelt worden".

b) **Beruhen:** **146**
Ein Urteil beruht dann i.S.d. § 337 StPO auf einer Gesetzesverletzung, wenn das Urteil ohne die Gesetzesverletzung möglicherweise anders, d.h. – bei einer Revision des Angeklagten – für den Angeklagter günstiger (Freispruch oder niedrigere Strafe) ausgefallen wäre.
Hätte die Verletzung des § 81a Abs. 1 StPO oder des Art. 3 EMRK ein **Verwertungsverbot** dahin zur Folge, dass der Umstand des Erbrechens des Kokainbeutels nicht verwertet werden darf, dann würde das Urteil auf der Verletzung des § 81a Abs. 1 StPO oder des Art. 3 EMRK beruhen. Denn ausschlaggebend für die Verurteilung des Angeklagten A war der Umstand des Erbrechens des Kokainbeutels. Ohne diesen Beweisumstand wäre der Angeklagte freigesprochen worden.

Eine Verletzung des § 81a Abs. 1 StPO, insbesondere eine Verletzung gegen den Grundsatz der Verhältnismäßigkeit, hat grundsätzlich und auch hier kein Verwertungsverbot zur Folge.[75] **147**
Jedoch führte eine Verletzung des **Art. 3 EMRK** nach der Entscheidung des EGMR zu dem Verbot, die Tatsache des Erbrechens des Kokainbeutels als Beweisumstand zu verwerten.[76]
Begründet wird dieses **Verwertungsverbot** vom EGMR wie folgt: Würde der Umstand, dass der Angeklagte aufgrund des zwangsweise verabreichten Brechmittels den Kokainbeutel erbrochen hat, als Nachweis dafür verwertet, dass der Angeklagte mit Drogen handelte, so würde diese Beweisverwertung gegen den in **Art 6 Abs. 1 EMRK**

72 Entscheidungen des EGMR sind bei der Auslegung deutscher Gesetze zu berücksichtigen, Meyer-Goßner, Art. 4 MRK, Vorb. 4a.

73 Die EMRK (= europäische Menschenrechtskonvention, auch nur MRK, d.h. Menschenrechtskonvention, genannt) ist ein völkerrechtlicher Vertrag und gilt in Deutschland als unmittelbar geltendes (innerstaatliches) Recht im Range eines Bundesgesetzes, Meyer-Goßner, Art. 4 MRK, Vorb. 4f.

74 EGMR NJW 2006, 3117, 3121.

75 Meyer-Goßner, § 81a, Rn. 32.

76 EGMR NJW 2006, 3117.

geregelten **Grundsatz des fairen Verfahrens** verstoßen, zu dem auch gehört, dass sich ein Beschuldigter nicht selbst beschuldigen oder belasten muss.[77]
Eine Revision hätte also Aussicht auf Erfolg.

Übersicht 29: § 136a StPO

Maßnahme	**zulässig**	**unzulässig**
Misshandlung u. a.		immer
Zwang	z. B. vorläufige Festnahme, § 127 StPO und Haftbefehl i. S. v. §§ 112 ff. StPO[78]	als Mittel, um gezielt Aussage oder Geständnis herbeizuführen (ohne dass die Vorraussetzungen des § 112 StPO vorliegen)[79]
Täuschung	• Kriminalistische List (z. B. Fangfragen) • Verschweigen von Tatsachen[80] • Aushorchen durch Privatpersonen (sog. Hörfalle) bei Straftaten von erheblicher Bedeutung[81]	• Vorhalt falscher Informationen[82] (z. B. Mittäter habe Geständnis abgelegt) • heimliche Tonbandaufnahmen eines Telefonats, das ein V-Mann der Polizei mit dem Beschuldigten führt (und Fehlen einer Anordnung nach §§ 100a, 100b StPO)[83]
Versprechungen durch Ermittlungsbehörden	Versprechen eine gesetzlich vorgesehenen Vorteils (z. B. bei Geständnis kein Haftbefehl wegen Verdunkelungsgefahr) oder § 31 BtMG	Versprechen eine gesetzlich nicht vorgesehenen Vorteils (z. B. schuldunangemessen niedrige Strafe für Geständnis)[84]
Drohung	Warnungen (z. B. Festnahme) und Belehrungen[85]	Drohung mit verfahrensrechtlich unzulässigen Maßnahmen

77 EGMR NJW 2006, 3117, 3123 ff.
78 BGH NStZ 1990, 195.
79 BGHSt 35, 328, 329.
80 BGHSt 39, 335, 348.
81 BGHSt 42, 139 (GSst.).
82 BGHSt 37, 48.
83 BGHSt 31, 304.
84 BGHSt 14, 189, 191.
85 BGHSt 1, 387.

IV. Die Beweisaufnahme

1. Die Aufklärungspflicht des Gerichts

Fall 46: Verzicht auf Aufklärung

In der Hauptverhandlung, in der dem Angeklagten A vorgeworfen wird, er habe einen schweren Raub durch Bedrohung mit einer geladenen Schreckschusspistole begangen (§ 250 Abs. 2 Nr. 1 StGB), befindet sich der Hauptbelastungszeuge Z von Anfang an – vom Gericht nicht bemerkt – als Zuhörer im Sitzungssaal. Er bekundet später bei seiner Zeugenvernehmung, er sei, als er gegen Mitternacht alkoholisiert vom „Stammtisch" nach Hause gegangen sei, von A mit einer Pistole bedroht worden. A habe hierbei zu ihm gesagt: *„Geld her oder ich schieße. Die Waffe ist geladen."* Aus Angst, A werde ansonsten auf ihn schießen, habe er – Z – dem A 10 € gegeben und sei dann davon gerannt.
Im Verlauf der Hauptverhandlung verzichten der Angeklagte, sein Verteidiger und der Staatsanwalt auf die Vernehmung der geladenen und erschienenen Zeugin C, die als unbeteiligte Passantin den Überfall gesehen und die in ihrer bei den Akten befindlichen polizeilichen Vernehmung ausgesagt hat, sie habe in der Hand des A lediglich eine gewöhnliche Banane, aber keine Pistole gesehen.
Das Landgericht verurteilt den bestreitenden Angeklagten A wegen schweren Raubes gemäß § 250 Abs. 2 Nr. 1 StGB, ohne C vernommen zu haben, wobei das Landgericht zu Gunsten des A angenommen hat, dass A nur eine geladene Schreckschusspistole und nicht eine geladene scharfe Pistole zur Bedrohung des Z verwendet hat.
Hätte eine Revision des Angeklagten A Aussicht auf Erfolg?

Problemstellung

Es stellt sich die Frage, ob **148**
- die Anwesenheit des Zeugen Z im Sitzungssaal als Zuhörer vor seiner Zeugenvernehmung und
- die unterlassene Vernehmung der geladenen und erschienenen Zeugin C

zur Urteilsaufhebung führende Verfahrensfehler darstellen.

Lösung

Eine Revision hätte Aussicht auf Erfolg, wenn eine Gesetzesverletzung vorliegt und das Urteil auf dieser Gesetzesverletzung auch beruht, § 337 StPO. **149**

a) **Gesetzesverletzung:**
- Bei der Zeugenvernehmung des Z wurde zwar **§ 243 Abs. 2 Satz 1 StPO** verletzt, da Z vor Beginn der Beweisaufnahme im Sitzungssaal anwesend war. Bei dieser Vorschrift handelt sich jedoch – wie bei § 58 Abs. 1 StPO – nach der Rechtsprechung des BGH lediglich um eine sogenannte **Ordnungsvorschrift**.
  Auf der Verletzung einer Ordnungsvorschrift wie § 243 Abs. 2 Satz 1 StPO **beruht** das Urteil jedoch nicht.[86]

86 Meyer-Goßner, § 243, Rn. 10; § 337, Rn. 4; § 58, Rn. 15.

Da Z als erster Zeuge vernommen wurde, kommt keine Beeinflussung des Z durch eine vorangegangene, von ihm als Zuhörer mitverfolgte Beweisaufnahme und damit auch keine Verletzung der Aufklärungspflicht nach § 244 Abs. 2 StPO in Betracht.

- Durch die unterbliebene Zeugenvernehmung der Passantin C wurde **§ 244 Abs. 2 StPO – Aufklärungspflicht** des Gerichts – verletzt.
  Da die Zeugin zur Tatzeit am Tatort war und das Tatgeschehen beobachtete, war sie eine zur Tataufklärung wichtige Zeugin, deren Vernehmung sich dem Gericht auch aufgrund ihrer in den Akten befindlichen polizeilichen Vernehmung aufdrängen musste.
  Der Verzicht des Angeklagten, des Verteidigers und des Staatsanwalts auf die Vernehmung dieser Zeugin, **§ 245 Abs. 1 Satz 2 StPO**, enthob das Gericht nicht von seiner (Aufklärungs-)Pflicht zur Vernehmung dieser bedeutsamen Tatzeugin.[87]

b) **Beruhen:**

150 Das Urteil beruht auch auf dieser Verletzung des § 244 Abs. 2 StPO:
Wäre die Zeugin C vom Gericht vernommen worden, hätte sie wahrscheinlich wie in ihrer polizeilichen Vernehmung bekundet, dass A den Z nur mit einer Banane bedroht habe. Dann läge kein – wie vom Gericht angenommener – Fall des schweren Raubes nach § 250 Abs. 2 Nr. 1 oder Abs. 1 Nr. 2 StGB vor, sondern lediglich ein einfacher Raub nach § 249 Abs. 1 StGB, da eine Banane – unabhängig von der irrigen Meinung des alkoholisierten Z, er sei mit einer Pistole bedroht worden – schon nach ihrem **objektiven äußeren Erscheinungsbild** offensichtlich ungefährlich und nicht geeignet ist, auf den Körper eines anderen in erheblicher Weise einzuwirken (ebenso wie z. B. ein Labello-Lippenstift, ein kurzes Holzstück oder ein kurzes Plastikrohr).[88]
Eine Revision hätte also mit der Aufklärungsrüge – Verletzung des § 244 Abs. 2 StPO durch Unterlassen der Vernehmung der Zeugin C – Aussicht auf Erfolg.

Fall 47: Verfahrensbeendende Absprache, Geständnis durch Verteidiger

Gegen den Angeklagten A findet erstinstanzlich vor dem Landgericht die Hauptverhandlung statt wegen des Vorwurfs, im Sommer 2007 an acht nicht näher feststellbaren Tagen jeweils 3 kg Kokain aus Amsterdam zum gewinnbringenden Weiterverkauf nach Deutschland gebracht zu haben. A hat bislang keine Angaben gemacht. Der im Eröffnungsbeschluss angenommene hinreichende Tatverdacht stützt sich auf Zeugenaussagen von Konsumenten und Kleindealern aus dem Drogenmilieu sowie auf abgehörte Telefonate. Der Vorsitzende, der Staatsanwalt und der Verteidiger haben vor der Hauptverhandlung telefonisch vereinbart, dass der Angeklagte bei einem Teilgeständnis von vier Taten zu einer Gesamtfreiheitsstrafe von vier Jahren verurteilt wird. In der öffentlichen Hauptverhandlung, in der diese Absprache nicht mehr erwähnt und auch nicht protokolliert wird, gibt der Verteidiger absprachege-

87 BGH StV 1983, 495.
88 BGH NStZ 1998, 38; NStZ 1997, 184.
Unter „Waffe" i. S. d. § 250 Abs. 1 Nr. 1 a) oder Abs. 2 Nr. 1 StGB fallen z. B.: eine geladene scharfe (funktionsfähige) Schusswaffe oder eine geladene Gas- oder Schreckschusspistole, bei der das Gas oder der Explosionsdruck nach vorn aus dem Lauf austritt (BGH NStZ 2002, 31; BGHSt 45, 92).
Unter „Werkzeug oder Mittel" i. S. d. § 250 Abs. 1 Nr. 1 b) StGB fallen die sog. „Scheinwaffen", also z. B.: eine ungeladene Schusswaffe, eine ungeladene Schreckschuss- oder Gastpistole, eine täuschend echt aussehende Spielzeugpistole (BGHSt 45, 92).

mäß für den schweigenden Angeklagten die Erklärung ab, dass vier Taten eingeräumt werden. Der Angeklagte äußert sich zu dieser Erklärung seines Verteidigers nicht.
Absprachegemäß verzichten alle Verfahrensbeteiligten auf die Vernehmung von Zeugen und auf die Verlesung der Protokolle über die abgehörten Telefonate. Es wird lediglich noch der Auszug aus dem Bundeszentralregister verlesen.
Auf Antrag der Staatsanwaltschaft stellt das Gericht die vier weiteren angeklagten Taten gem. § 154 Abs. 2 StPO ein. In seinem letzten Wort erklärt der Angeklagte, dass ihm die Sache leid tue und er sein Verhalten bereue.
Der Angeklagte wird wegen unerlaubter Einfuhr von Betäubungsmitteln in nicht geringer Menge in Tateinheit mit unerlaubtem Handeltreiben mit Betäubungsmitteln in nicht geringer Menge in vier tatmehrheitlichen Fällen zu der vereinbarten Gesamtfreiheitsstrafe von vier Jahren verurteilt.
Der Angeklagte ist, nachdem er das Urteil mit anderen Untersuchungshäftlingen in der Haftanstalt besprochen hat, aber am Tag nach Urteilsverkündung mit der Höhe der Gesamtstrafe nun doch nicht mehr zufrieden.
Hätte eine Revision des Angeklagten A, die noch fristgerecht eingelegt werden kann, Aussicht auf Erfolg?

Problemstellung

Der Verteidiger hat für den sich nicht zur Sache einlassenden Angeklagten eine Erklärung abgegeben. Hier stellt sich die Frage, ob dies eine tragfähige Grundlage für eine Verurteilung sein kann. **151**
Die Verurteilung ist ferner aufgrund einer vor der Hauptverhandlung erfolgten telefonischen Absprache zwischen dem Vorsitzenden und den Verfahrensbeteiligten zustande gekommen. Es ist deshalb zu prüfen, ob das Vorgehen des Gerichts in Übereinstimmung mit der Rechtsprechung des BGH zu verfahrensbeendenden Absprachen im Strafprozess steht.

Lösung

Die Revision hätte gemäß § 337 StPO Aussicht auf Erfolg, wenn eine Gesetzesverletzung vorliegt und das Urteil auf dieser Gesetzesverletzung auch beruht, d.h. ohne die Gesetzesverletzung möglicherweise für den Angeklagten günstiger ausgefallen wäre. **152**
Gemäß § 261 StPO darf das Gericht eine Erklärung des Verteidigers bei der Beweiswürdigung und Überzeugungsbildung nur dann verwerten, wenn die Erklärung des Verteidigers als **Einlassung des Angeklagten** anzusehen ist.
Gibt der Verteidiger in der Hauptverhandlung in Anwesenheit des Angeklagten, der selbst zu dem Anklagevorwurf schweigt (§ 243 Abs. 4 StPO), eine Erklärung (in freier Rede oder durch Verlesen eines Schriftsatzes) dahin ab, dass der Angeklagte den Tatvorwurf einräume, dann darf das Gericht diese Verteidigererklärung nicht ohne weiteres als Geständnis des Angeklagten im Sinne des § 243 Abs. 4 Satz 2 StPO verwerten.
Die Verwertbarkeit der Verteidigererklärung als Einlassung des Angeklagten setzt vielmehr voraus, dass

- der Angeklagte entweder den Verteidiger nachweislich ausdrücklich zu der Erklärung bevollmächtigt hat oder
- der Angeklagte die in seiner Anwesenheit abgegebene Erklärung seines Verteidigers in der Hauptverhandlung genehmigt (z.B. auf Frage des Gerichts bestätigt, dass die Erklärung seines Verteidigers richtig sei) oder

- sich der Angeklagte die Erklärung seines Verteidigers sonst irgendwie zu eigen macht.[89]

Vorliegend hat sich der Angeklagte dadurch, dass er in seinem letzten Wort geäußert hat, dass ihm die Sache leid tue und er sein Verhalten bereue, die Erklärung seines Verteidigers zu eigen gemacht.

Das vom Verteidiger abgegebene Geständnis durfte deshalb vom Gericht gemäß § 261 StPO als Geständnis des Angeklagten verwertet werden.

Eine Verletzung des § 261 StPO liegt damit nicht vor.

153 **Strafprozessuale Absprachen** gehören heute zum festen Repertoire der Tatsacheninstanzen. Es handelt sich dabei um eine grundsätzlich zulässige Verständigung aller Verfahrensbeteiligten über Art und Weise der Verfahrensgestaltung und der Verfahrensbeendigung.

Nach der Rechtsprechung des BGH müssen bei einer Verfahrensabsprache aber folgende Regeln beachtet werden:[90]

- Vorgespräche zwischen dem Gericht und den Verfahrensbeteiligten (Staatsanwaltschaft und Verteidiger) vor oder während der Hauptverhandlung zur Vorbereitung einer Verfahrensabsprache sind zulässig.
- Eine Einigung über den Schuldspruch ist unzulässig.
- Die Vereinbarung einer genauen Strafe ist ebenfalls unzulässig.
  Das Gericht darf nur zusagen, dass bei einem Geständnis eine bestimmte **Strafobergrenze** nicht überschritten werde.
- Die getroffene Absprache muss **in der Hauptverhandlung offengelegt** und als wesentliche Förmlichkeit des Verfahrens (§§ 273 Abs. 1, 274 StPO) im Hauptverhandlungsprotokoll **protokolliert** werden, z. B.:

  Der Vorsitzende gibt bekannt, dass sich alle Beteiligten auf Folgendes verständigt haben: Für den Fall, dass der Angeklagte ein glaubhaftes Geständnis ablegt, wird die Strafkammer keine höhere Freiheitsstrafe als vier Jahre verhängen.

- Das Gericht darf in keiner Weise auf einen **Rechtsmittelverzicht, § 302 Abs. 1 StPO,** hinwirken, insbesondere keinen Rechtsmittelverzicht anregen oder gar verlangen.
- Ist ein Urteil aufgrund einer Verfahrensabsprache ergangen, dann ist ein anschließender **Rechtsmittelverzicht** des Angeklagten grundsätzlich unwirksam.

154 Der Rechtsmittelverzicht ist ausnahmsweise dann wirksam, wenn dem Angeklagten neben der **allgemeinen Rechtsmittelbelehrung** nach **§ 35a StPO** zusätzlich auch eine sog. **„qualifizierte Rechtsmittelbelehrung“** erteilt wurde, wobei diese qualifizierte Rechtsmittelbelehrung als wesentliche Förmlichkeit in das Hauptverhandlungsprotokoll aufgenommen werden muss (§§ 273 Abs. 1, 274 StPO):

Rechtsmittelbelehrung wurde erteilt.

Der Angeklagte wurde zusätzlich ausdrücklich darüber belehrt, dass er

- ungeachtet der erfolgten Absprache,
- ungeachtet einer etwaigen Empfehlung seines Verteidigers oder anderer Verfahrensbeteiligter,
- und ungeachtet einer etwaigen eigenen früheren Ankündigung eines Rechtsmittelverzichts

Rechtsmittel gegen das soeben verkündete Urteil einlegen kann und in dieser Entscheidung völlig frei ist.

89 BGH NStZ 2005, 703.

90 BGHSt 43, 195; BGHSt 50, 40.

Vorliegend wurde unzulässigerweise eine konkrete Strafe vereinbart (Gesamtfreiheitsstrafe von vier Jahren), die dann auch verhängt wurde. 155
Dies stellt eine Verletzung der **§§ 260 Abs. 1, 261 StPO** sowie **§ 46 Abs. 1 und Abs. 2 Satz 1 StGB** dar, da das Gericht seine Strafzumessungsentscheidung
- nicht aufgrund einer Beratung, die das Ergebnis der gesamten Hauptverhandlung (einschließlich der Schlussvorträge und des letzten Wortes, § 258 StPO) zum Gegenstand hatte (Verstoß gegen §§ 260 Abs. 1, 261 SPO),[91] und
- nicht aufgrund einer das gesamte Hauptverhandlungsergebnis berücksichtigenden Abwägung aller für und gegen den Angeklagten sprechenden Umstände (Verstoß gegen § 46 Abs. 1 und Abs. 2 Satz 1 StGB)

getroffen hat.[92]

Auf diesen Gesetzesverstößen beruht der Strafausspruch des Urteils auch, da möglicherweise bei Beachtung der genannten Vorschriften eine niedrigere Gesamtfreiheitsstrafe verhängt worden wäre. 156
Da vorliegend die Verfahrensabsprache auch nicht in der Hauptverhandlung offengelegt wurde (was durch das hierzu schweigende Hauptverhandlungsprotokoll erwiesen ist, **§ 274 StPO**), liegt eine Verletzung des **§ 169 Satz 1 GVG** (Öffentlichkeit der Hauptverhandlung) vor.[93]
Gemäß **§ 338 Nr. 6 StPO** beruht der Strafausspruch des Urteils auch auf dieser Gesetzesverletzung.

Eine Revision hätte also
- mit der Verfahrensrüge (Verletzung der §§ 260 Abs. 1, 261 StPO) oder
- mit der Sachrüge (Verletzung des § 46 Abs. 1 und Abs. 2 Satz 1 StGB)

Aussicht auf Erfolg, soweit es den Strafausspruch des landgerichtlichen Urteils betrifft.

2. Zeugnisverweigerungsrecht aus persönlichen Gründen

Fall 48: Kind als Zeuge – Ergänzungspfleger

A ist vor dem Landgericht angeklagt, als Kopf einer Diebesbande im Jahr 2007 Waren und Wertgegenstände im Wert von insgesamt 80.000.– € überwiegend durch Ladendiebstähle und Tageswohnungseinbrüche in seinen Besitz gebracht und ins Ausland geschafft zu haben. Eine zur Hauptverhandlung geladene Hauptbelastungszeugin ist seine sieben Jahre alte Tochter B, die selbst – vom Vater dazu veranlasst – auf frischer Tat bei einem Ladendiebstahl ertappt wurde. Bs Mutter und Ehefrau des Angeklagten A ist selbst nicht beschuldigt, jedoch im Sitzungssaal anwesend.
Darf das Landgericht das Kind B in der Hauptverhandlung vernehmen?

91 BGHSt 43, 195, 206; BGHSt 51, 84.
92 BGHSt 43, 195, 207, 211; BGHSt 51, 84.
93 BGHSt 43, 195.

Problemstellung

157 Das Landgericht ist offenbar auf die Aussage des Mädchens angewiesen. Es muss eine ordnungsgemäße Vernehmung der **minderjährigen Zeugin** gewährleistet sein, damit das Gericht die hierdurch gewonnenen Informationen für die Urteilsfindung verwerten kann.

Lösung

158 Die Zeugin B hat ein **Zeugnisverweigerungsrecht** nach § 52 Abs. 1 Nr. 3 StPO. Als erst sieben Jahre altes Mädchen hat sie von der Bedeutung eines Zeugnisverweigerungsrechts und dessen Tragweite noch keine genügende Vorstellung.[94]
Die Konsequenz dieses Umstandes ist in **§ 52 Abs. 2 StPO** geregelt. Da A Angeklagter ist, darf er als sorgeberechtigter Vater und gesetzlicher Vertreter der B (§ 1629 Abs. 1 BGB) nach § 52 Abs. 2 Satz 2, 1. Halbs. StPO nicht über die Ausübung des Zeugnisverweigerungsrechts entscheiden.
Gemäß § 52 Abs. 2 Satz 2, 2. Halbs. StPO gilt dies auch für die nicht beschuldigte Mutter der Zeugin B (§ 1629 Abs. 1 BGB).
Das Landgerichts muss daher (möglichst schon vor der Hauptverhandlung) einen **Ergänzungspfleger nach § 1909 Abs. 1 Satz 1 BGB** vom zuständigen Vormundschaftsgericht bestellen lassen, der dann über die Ausübung des Zeugnisverweigerungsrechts entscheidet.

159 Nur wenn
- der bestellte Ergänzungspfleger Bs Vernehmung zustimmt,
- das Kind B über sein Zeugnisverweigerungsrecht belehrt wurde, § 52 Abs. 3 StPO[95]
- und das Kind B dann auch aussagebereit ist,

darf B vernommen werden, § 52 Abs. 2 Satz 1 StPO.[96]

Fall 49: Zeugnisverweigerungsrecht auch bezüglich eines Mitangeklagten

A und B sind gemeinsam vor dem Amtsgericht – Schöffengericht – angeklagt. A soll dem Tatopfer C eine wertvolle Armbanduhr geraubt und dann dem hiervon unterrichteten B als Hehler zu einem äußerst niedrigen Preis verkauft haben. Wie sich erst in der Hauptverhandlung herausstellt, ist das Tatopfer C der Halbbruder des Mitangeklagten B. C, überrascht darüber, dass sein Halbbruder B ebenfalls auf der Anklagebank sitzt, verweigert als Zeuge seine Aussage.
Darf das Gericht den Zeugen C zur Aussage zwingen?

94 BGH NStZ 1997, 145.

95 Neben der Belehrung über das Zeugnisverweigerungsrecht gemäß § 52 Abs. 3 StPO muss B nicht noch zusätzlich gemäß § 55 Abs. 2 StPO über ihr Auskunftsverweigerungsrecht belehrt werden:
Da die siebenjährige B gemäß § 19 StGB schuldunfähig ist, besteht für sie selbst keine Verfolgungsgefahr i. S. d. § 55 Abs. 1 StPO. Allerdings besteht für ihren Vater („Angehöriger" Bs i. S. d. § 52 Abs. 1 StPO) Verfolgungsgefahr. Ist aber – wie hier – nur der beschuldigte Angehörige der Zeugin verfolgungsgefährdet, braucht die Zeugin nicht neben § 52 Abs. 3 StPO noch zusätzlich gemäß § 55 Abs. 2 StPO belehrt werden, s. Mayer-Goßner, § 55, Rn. 14.

96 BGH NStZ 1991, 398.

Problemstellung

Einmal muss sich das Schöffengericht darüber Gedanken machen, ob ein Zeuge überhaupt zur Aussage gezwungen werden kann. 160
Gleichzeitig stellt sich die Frage, ob für den Zeugen C ein **Zeugnisverweigerungsrecht** besteht, ob dieses im Hinblick auf beide Mitangeklagte gilt und ob ein Zeugnisverweigerungsrecht einen Zwang zur Aussage ausschließt.

Lösung

§ 70 **StPO** regelt die Folgen des **Ungehorsams** eines Zeugen im Falle der unbegründeten Verweigerung des Zeugnisses (oder der Eidesleistung).[97] Hiernach können gegen einen Zeugen Ordnungsgeld, im Falle der Unmöglichkeit der Beitreibung Ordnungshaft (Abs. 1 Satz 2) sowie Beugehaft bis zu sechs Monaten (Abs. 2) angeordnet werden. 161
Hier besteht jedoch für den Zeugen C, da er (Halb-)Bruder des Mitangeklagten B ist, ein **Zeugnisverweigerungsrecht** gemäß § 52 Abs. 1 Nr. 3 StPO. Halbbruderschaft bedeutet eine Verwandtschaft in der Seitenlinie im 2. Grad, § 1589 BGB (s. Übersicht 31).
Das Zeugnisverweigerungsrecht des C gilt nicht nur gegenüber dem angeklagten Halbbruder B, sondern auch gegenüber dem Mitangeklagten A, da die Aussage des C die Beweiswürdigung bezüglich der Taten beider Angeklagter, hier Raub (Angeklagter A) und Hehlerei (Angeklagter B), beeinflussen kann.[98]

Weitere Voraussetzung für das Zeugnisverweigerungsrecht des Zeugen auch bezüglich des mit ihm nicht verwandten Mitangeklagten ist eine formelle prozessuale Gemeinsamkeit: Aufgrund einer **förmlichen**, eindeutig erkennbaren **Entscheidung der Staatsanwaltschaft (oder des Gerichts)** müssen die **Verfahren** gegen den verwandten und gegen den nichtverwandten Mitangeklagten irgendwann einmal miteinander **verbunden** gewesen sein. Das ist hier der Fall, da A und B gemeinsam angeklagt wurden. Nicht ausreichend wäre z. B., dass die Polizei nur faktisch gegen beide Beschuldigte einheitlich und zeitgleich ermittelt. 162
Außerdem darf das Verfahren gegen den mit dem Zeugen verwandten Angeklagten weder **rechtskräftig** abgeschlossen, noch darf der verwandte Angeklagte/Beschuldigte gestorben sein.
Diese Voraussetzungen sind hier unproblematisch gegeben.
C kann also insgesamt das Zeugnis gemäß § 52 Abs. 1 Nr. 3 StPO verweigern.
Da C das Zeugnis daher mit einem „gesetzlichen Grund verweigert", darf er vom Gericht nicht gemäß § 70 StPO zur Aussage gezwungen werden.

97 Kommt der ordnungsgemäße geladene Zeuge unentschuldigt schon gar nicht zur Hauptverhandlung, gilt § 51 StPO (Ordnungsgeld/Ordnungshaft und zwangsweise polizeiliche Vorführung zur Hauptverhandlung).
98 BGH NStZ, 1983, 564.

Fall 50: Zeugnisverweigerungsrecht bei Abtrennung des Verfahrens (Abwandlung Fall 49)

Sachverhalt wie vorheriger Fall 49. Das Verfahren gegen den mitangeklagten B wurde allerdings vor der Hauptverhandlung abgetrennt. In der deshalb nur gegen A geführten Hauptverhandlung wird der mit B verwandte Zeuge C lediglich nach § 57 StPO belehrt. C sagt darauf als Zeuge aus. Unter anderem aufgrund dieser von C gemachten Zeugenaussage wird der Angeklagte A, der den Tatvorwurf bestreitet, verurteilt.
Hätte eine Revision des Angeklagten Aussicht auf Erfolg?

Problemstellung

163 Wie in Fall 49 ist zu prüfen, ob die Aussage des Zeugen C in die Hauptverhandlung eingeführt und im Urteil verwertet werden durfte.

Lösung

164 Eine Revision hätte gemäß § 337 StPO Aussicht auf Erfolg, wenn eine Gesetzesverletzung vorliegt und das Urteil auf der Gesetzesverletzung auch beruht.

a) **Gesetzesverletzung:**
Der Zeuge C, Halbbruder des B, hätte nach **§ 52 Abs. 3 StPO** belehrt werden müssen. Richtet sich ein einheitliches Strafverfahren gegen mehrere Angeklagte, ist der Zeuge aber nur Angehöriger eines Angeklagten, so steht ihm ein Zeugnisverweigerungsrecht hinsichtlich aller Angeklagten zu, sofern der Sachverhalt, zu dem er aussagen soll, auch seinen Angehörigen betrifft.[99] Wie bereits ausgeführt, ist diese Voraussetzung hier gegeben. Es genügt in diesem Zusammenhang auch, dass in irgendeinem Stadium des Strafverfahrens eine **prozessuale Gemeinsamkeit** hinsichtlich des vorgeworfenen Sachverhalts und der in Betracht kommenden Beschuldigten bestanden hat,[100] was hier wegen der gemeinsamen Anklage der Fall ist. Die **Abtrennung des Verfahrens** gegen den mitangeklagte B beseitigt deshalb das Zeugnisverweigerungsrecht des Zeugen C nicht.[101]
Da C nicht über sein Zeugnisverweigerungsrecht belehrt wurde, ist § 52 Abs. 3 StPO verletzt.
Der Angeklagte A kann das gesetzwidrige Unterlassen der Belehrung des Zeugen C gemäß § 52 Abs. 3 StPO auch rügen, da **sein Rechtskreis** unmittelbar berührt wird.[102]

b) **Beruhen:**
165 Die Überzeugungsbildung des Gerichts von der Täterschaft des A und damit auch die Verurteilung des A beruht unter anderem auf der Zeugenaussage des C. Die Zeugenaussage des C durfte aber nicht verwertet werden. Denn das **Unterlassen der Belehrung nach § 52 Abs. 3 StPO** hat bezüglich der dann ohne Belehrung gemachten Zeugenaussage ein **Verwertungsverbot** zur Folge.[103] Hätte das Gericht die Zeugenaussage des C nicht verwertet, wäre A möglicherweise freigesprochen worden. Das Urteil beruht deshalb auch auf der Verletzung des § 52 Abs. 3 StPO.
Eine Revision hätte also mit der Verfahrensrüge einer Verletzung von§ 52 Abs. 3 StPO Erfolg.

---

99 BGH NStZ 1998, 583.
100 BGHSt 34, 215.
101 BGH NStZ 1988, 18.
102 BGH NJW 1984, 136.
103 Meyer-Goßner, § 52, Rn. 32.

Fall 51: Zeitpunkt der Zeugnisverweigerung

In der Hauptverhandlung vor dem Landgericht wird dem Angeklagten A vorgeworfen, er habe einen Raubüberfall am 23.12.2007 gegen 12.00 Uhr begangen. Der Angeklagte A bestreitet die Tat und behauptet, er sei zur Tatzeit nicht am Tatort, sondern bei seiner 20 km vom Tatort entfernt wohnenden Verlobten V gewesen. V, die zur Hauptverhandlung als Zeugin geladen wurde und bislang im Ermittlungsverfahren unter Berufung auf ihr Zeugnisverweigerungsrecht keine Aussage gemacht hat, wird in der Hauptverhandlung gemäß § 52 Abs. 3 StPO über ihr Zeugnisverweigerungsrecht belehrt und erklärt, dass sie jetzt aussagen wolle. Sie bekundet, dass der Angeklagte am Morgen des Tattages zu ihr gekommen und am Abend wieder weggegangen sei. Auf Frage des Gerichts, ob A auch um die Mittagszeit bei ihr gewesen sei, sagt die Zeugin V: *„Ich habe es mir jetzt doch anders überlegt, ich möchte nun doch nichts mehr sagen. Ich mache von meinem Zeugnisverweigerungsrecht Gebrauch"*.
Kann das Gericht die bis zur Zeugnisverweigerung gemachte Aussage der Zeugin V verwerten und Schlüsse aus dem Aussageverhalten der Zeugin ziehen?

Problemstellung

Ein zeugnisverweigerungsberechtigter Zeuge darf 166
- bei einer Vernehmung das Zeugnis ganz verweigern, § 52 Abs. 1 StPO,
- bei einer Vernehmung teilweise aussagen und teilweise das Zeugnis (z. B. auf bestimmte Fragen) verweigern, **§ 52 Abs. 3 Satz 2 StPO,**
- bei mehreren Vernehmungen in der einen Vernehmung schweigen und in der anderen Vernehmung (ganz oder teilweise) aussagen, § 52 Abs. 1 StPO.

Verweigert ein zeugnisverweigerungsberechtigter Zeuge in einer Vernehmung nur zum Teil das Zeugnis, d. h., sagt er teilweise aus, stellt sich – wie beim teilschweigenden Beschuldigten/Angeklagten, siehe oben Fall 41 – das Problem, ob aus der teilweisen Verweigerung des Zeugnisses für den Angeklagten nachteilige Schlüsse gezogen werden dürfen, z. B. dahin gehend, dass die den Angeklagten entlastende Teilaussage des Zeugen falsch ist.

Lösung

Die Vorschrift des § 52 Abs. 1 StPO dient dazu, dass einem Angehörigen der Konflikt erspart wird, als Zeuge an der Verurteilung eines Verwandten oder Ehegatten/Verlobten mitwirken zu müssen. 167
Die Zeugin V durfte deshalb auch noch während ihrer Vernehmung von ihrem Zeugnisverweigerungsrecht Gebrauch machen und musste nicht weiter aussagen, § 52 Abs. 3 Satz 2 StPO. Was die Zeugin allerdings in der Hauptverhandlung bis zu ihrer Zeugnisverweigerung ausgesagt hat, darf das Landgericht in seiner Beweiswürdigung für oder gegen den Angeklagten verwerten.[104]
Die Zeugnisverweigerung bewirkt also nicht, dass die vor der Zeugnisverweigerung gemachte (Teil-)Aussage der Zeugin rückwirkend unverwertbar wird.

Sagt – wie hier – ein zeugnisverweigerungsberechtigter Zeuge in der Hauptverhandlung teilweise aus und verweigert er dann – was er darf, § 52 Abs. 3 Satz 2 StPO – weitere Angaben, dürfen – ebenso wie beim **teilschweigenden** Beschuldigten/Ange- 168

104 BGH NJW 2004, 1466, 1467.

klagten – aus dieser teilweisen Zeugnisverweigerung nachteilige Schlüsse gezogen werden.[105]

Vorliegend darf also das Landgericht aus dem Umstand, dass die Zeugin V die Frage, ob der Angeklagte auch zur Mittagszeit (= Tatzeit) bei ihr gewesen sei, unter (zulässiger) Berufung auf ihr Zeugnisverweigerungsrecht nicht beantwortet hat, **den Schluss ziehen**, dass die vorangegangene Bekundung der Zeugin V, der Angeklagte A sei am Morgen des Tattages zu ihr gekommen und am Abend wieder weggegangen, erlogen ist.

Übersicht 30: Verbot nachteiliger Schlussfolgerungen aus Zeugnisverweigerung

In folgenden Fällen darf daraus, dass ein Zeuge in einer von mehreren Vernehmungen von seinem Zeugnisverweigerungsrecht nach § 52 StPO Gebrauch macht, nicht der Schluss gezogen werden, dass die von dem Zeugen in einer anderen (vorherigen oder späteren) Zeugenvernehmung gemachte Aussage, die den Angeklagten entlastet, gelogen ist:[106]

Zeuge verweigert bei Polizei die Aussage	→	Zeuge sagt erst in der Hauptverhandlung aus
Zeuge macht bei Polizei eine den Angeklagten entlastende Aussage	→	Zeuge verweigert in der Hauptverhandlung das Zeugnis
Zeuge verweigert in der Hauptverhandlung vor dem Amtsgericht das Zeugnis	→	Zeuge macht in der Hauptverhandlung vor dem Amtsgericht eine den Angeklagten entlastende Aussage
Zeuge macht erst in der Berufungsverhandlung eine den Angeklagten entlastende Aussage	→	Zeuge verweigert in der Berufungsverhandlung das Zeugnis

Übersicht 31: § 52 StPO, Verwandtschaft/Schwägerschaft

Die in § 52 Abs. 1 Nr. 3 StPO verwendeten Begriffe der **Verwandtschaft und Schwägerschaft sind in §§ 1589, 1590 BGB geregelt.**

§ 1589 Verwandtschaft
(1) Personen, deren eine von der anderen abstammt, sind in gerader Linie verwandt. Personen, die nicht in gerader Linie verwandt sind, aber von derselben dritten Person abstammen, sind in der Seitenlinie verwandt. Der Grad der Verwandtschaft bestimmt sich nach der Zahl der sie vermittelnden Geburten.
(2) (weggefallen)

105 BGHSt 32, 140, 142.
106 BGH NStZ 2003, 443; BGH StV 1991, 450.

§ 1590 Schwägerschaft
(1) Die Verwandten eines Ehegatten sind mit dem anderen Ehegatten verschwägert. Die Linie und der Grad der Schwägerschaft bestimmen sich nach der Linie und dem Grad der sie vermittelnden Verwandtschaft.
(2) Die Schwägerschaft dauert fort, auch wenn die Ehe, durch die sie begründet wurde, aufgelöst ist.

Die nachfolgend verwendeten Abkürzungen bedeuten:
vw g verwandt (= vw) in gerader (= g) Linie
(bei § 52 StPO spielt der Grad der geraden Linie keine Rolle)
vw s3 verwandt in der Seitenlinie (s) im 3. Grad
vs g verschwägert (= vs) in gerader (= g) Linie
(bei § 52 StPO spielt der Grad der geraden Linie keine Rolle)
vs s2 verschwägert in der Seitenlinie (= s) im 2. Grad
Nur die Personen in den grau hinterlegten Kästchen haben als Zeugen ein Zeugnisverweigerungsrecht in einem Strafverfahren gegen den Angeklagten.

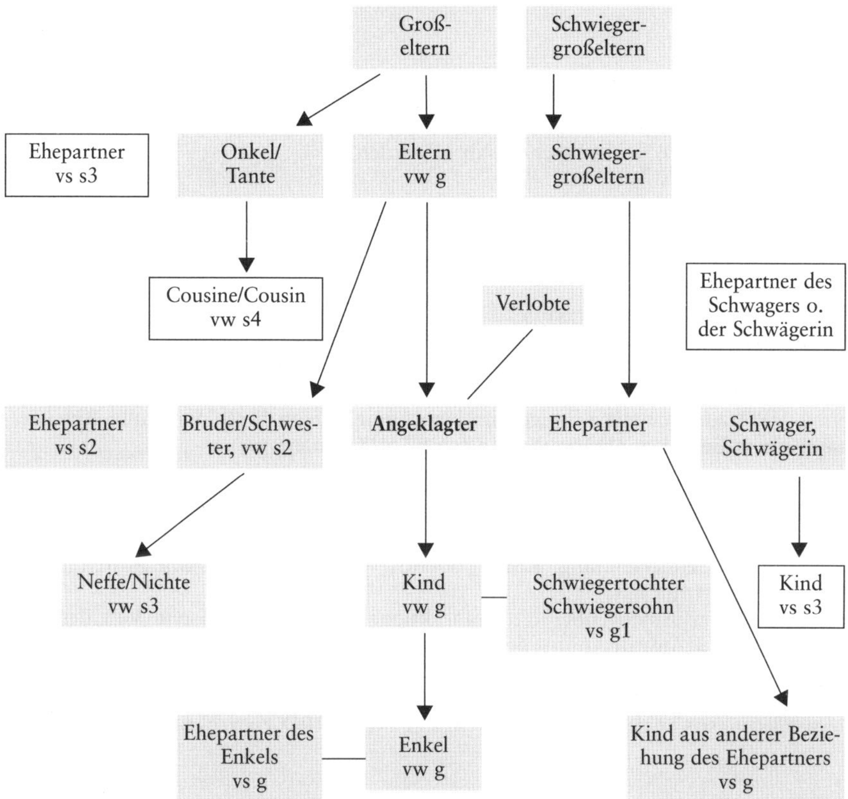

3. Zeugnisverweigerungsrecht aus beruflichen Gründen

Fall 52: Beschlagnahme bei Zeugnisverweigerungsrecht

Die Staatsanwaltschaft führt gegen den Beschuldigten B ein Ermittlungsverfahren wegen mehrerer Heroinverkäufe im Kilogrammbereich (= unerlaubtes Handeltreiben mit Betäubungsmitteln in nicht geringer Menge; § 29a Abs. 1 Nr. 2 BtMG). Rechtsanwalt R, Hausanwalt des B, steht aufgrund des bisherigen Ermittlungsergebnisses im Verdacht, das von B bei den Heroinverkäufen erzielte Bargeld in Empfang genommen und auf ausländische Konten einbezahlt zu haben, weswegen der sachbearbeitende Staatsanwalt beim Amtsgericht einen Durchsuchungs- und Beschlagnahmebeschluss gegen R zum Auffinden von Kontounterlagen erwirkte. Bei der Durchsuchung der Kanzlei entdeckt der Kriminalbeamte KOK K in einer Akte des R einen Aktenvermerk mit dem Wortlaut: „*Habe B vor weiteren Transaktionen nach Liechtenstein über mein Geschäftskonto gewarnt und ihm geraten, es selbst bar über die Grenze zu bringen*“. KOK K beschlagnahmt den Aktenvermerk.
Darf der Inhalt des Aktenvermerks in einer späteren Hauptverhandlung gegen B verwendet werden?

Problemstellung

169 Nach **§ 97 Abs. 1 und Abs. 2 Satz 1 StPO** dürfen bestimmte Gegenstände bei einer zeugnisverweigerungsberechtigten Person, gegen die kein Tatverdacht besteht (§ 97 Abs. 2 Satz 3 StPO), nicht beschlagnahmt werden.

Lösung

170 Der Inhalt des Aktenvermerks darf nicht verwertet werden, wenn ein Verwertungsverbot besteht.
Eine Beschlagnahme, die gegen § 97 StPO verstößt, hat ein **Verwertungsverbot**[107] zur Folge, wenn der Verwertung des unter Verstoß gegen § 97 StPO beschlagnahmten Gegenstandes in der Hauptverhandlung widersprochen wird.[108]
Vorliegend ist deshalb zu prüfen, ob der bei R als eine grundsätzlich nach § 53 Abs. 1 Nr. 3 StPO zur Zeugnisverweigerung berechtigte Person beschlagnahmte Aktenvermerk einem **Beschlagnahmeverbot** nach **§ 97 StPO** unterlag.

171 Die Voraussetzungen des § 97 Abs. 1 StPO liegen nicht vor:
Bei dem Aktenvermerk handelt es sich nicht um eine „schriftliche Mitteilung“ zwischen B und R i.S.d. § 97 Abs. 1 Nr. 1 StPO (hierher gehören z.B. Briefe) und auch nicht um eine „Aufzeichnung“ i.S.d. § 97 Abs. 1 Nr. 2 StPO über eine Mitteilung, die B dem R anvertraut hat.
Bei dem Aktenvermerk über die Transaktionen nach Liechtenstein von dem Geschäftskonto (= Anwaltskonto) des R handelt es sich schließlich auch nicht um eine „Aufzeichnung“ des R i.S.d. § 97 Abs. 1 Nr. 2 StPO über einen dem R in seiner Eigenschaft als Rechtsanwalt bekannt gewordenen Umstand, auf den sich das Zeugnisverweigerungsrecht des R nach § 53 Abs. 1 Nr. 3 StPO erstreckt. Denn was einem

107 Meyer-Goßner, § 97, Rn. 46; BGHSt 18, 227.
108 BGHSt 44, 46; BGH NJW 2001, 3793, 3794; Löwe-Rosenberg, § 97 Rn. 142.

Rechtsanwalt bei Begehung einer eigenen Straftat (hier: Begünstigung, § 257 StGB) bekannt wird, fällt nicht unter den Schutz des § 53 Abs. 1 Nr. 3 StPO.[109]
Darüber hinaus ist hier auch § 97 Abs. 2 Satz 3 StPO gegeben:
R ist der Begünstigung (§ 257 StGB) verdächtig.

Ein Beschlagnahmeverbot nach § 97 Abs. 1 StPO besteht daher nicht. Ein Verwertungsverbot ist also nicht gegeben. Der Inhalt des Aktenvermerks darf verwertet werden.

Übersicht 32: Verwertungsverbot bei § 97 StPO

Beschlagnahme war unzulässig, da die Voraussetzungen des § 97 im Zeitpunkt der Beschlagnahme vorlagen, insbesondere kein Teilnahmeverdacht, § 97 Abs. 2 Satz 3 StPO	→	Voraussetzungen des § 97 StPO liegen auch zum Zeitpunkt der Hauptverhandlung noch vor	→	**Verwertungsverbot,** BGHSt 18, 227, wenn der Verwertung in der Hauptverhandlung widersprochen wird, BGHSt 44, 46; BGH NJW 2001, 3793
Beschlagnahme war unzulässig, da die Voraussetzungen des § 97 im Zeitpunkt der Beschlagnahme vorlagen, insbesondere kein Teilnahmeverdacht, § 97 Abs. 2 Satz 3	→	Beschlagnahme ist jetzt zum Zeitpunkt der Hauptverhandlung **zulässig,** da die Voraussetzungen des § 97 nicht mehr vorliegen, da jetzt Teilnahmeverdacht, § 97 Abs. 2 Satz 3	→	**kein Verwertungsverbot,** beschlagnahmter Gegenstand darf verwertet werden, BGHSt 25, 168, aber nur, wenn sich der Teilnahmeverdacht nicht erst aus dem unzulässig beschlagnahmten Gegenstand ergibt, BGH NJW 2001, 3793
Beschlagnahme war zulässig, da die Voraussetzungen des § 97 nicht vorlagen, da zum Zeitpunkt der Beschlagnahme Teilnahmeverdacht gegeben, § 97 Abs. 2 Satz 3	→	Beschlagnahme ist jetzt zum Zeitpunkt der Hauptverhandlung **unzulässig,** da jetzt die Voraussetzungen des § 97 vorliegen, da jetzt kein Teilnahmeverdacht mehr	→	**kein Verwertungsverbot,** beschlagnahmter Gegenstand darf verwertet werden, BGH NStZ 83, 85

109 BGH NStZ 1992, 343, 344.

4. Audio-visuelle Simultan-Vernehmung

Fall 53: Der Auslandszeuge

Gegen den Beschuldigten B findet ein Strafverfahren wegen Anlagebetruges zum Nachteil einer Vielzahl von Geschädigten statt. Geschädigt ist unter anderem auch der Zeuge Z, der unter einer bekannten Anschrift in Kanada wohnt. Im Ermittlungsverfahren wurde Z, als er sich kurzfristig in Deutschland aufhielt, von Kriminalkommissar K als Zeuge vernommen. Bei dieser polizeilichen Vernehmung sagte Z, dass B von ihm 50.000.– € bekommen habe für einen Anteil an einer – wie sich alsbald herausgestellt habe – *„Schrottimmobilie"*. Später teilte Z dem Staatsanwalt S, der gerade die Anklageschrift fertigt, telefonisch mit, dass er – Z – aus Enttäuschung über die Schlechtigkeit der Menschen auf gar keinen Fall mehr nach Deutschland reisen werde, auch nicht bei einer förmlichen Ladung durch ein deutsches Gericht zu einer Hauptverhandlung gegen B.
Staatsanwalt S überlegt, wie das den Beschuldigten B belastende Wissen des Zeugen Z in eine spätere Hauptverhandlung gegen B eingeführt werden kann.

Problemstellung

172 Es geht darum, welche Möglichkeiten zur Verfügung stehen, um die Angaben des persönlich nicht erscheinenden Auslandszeugen Z verwertbar in die spätere Hauptverhandlung einzuführen.

Lösung

173 Zunächst einmal hätte Staatsanwalt S die Möglichkeit, den Zeugen Z im Wege der **internationalen Rechtshilfe** durch ein kanadisches Gericht vernehmen zu lassen. Die formellen Anforderungen für ein solches von Deutschland nach Kanada ausgehendes Rechtshilfeersuchen richten sich in erster Linie nach den internationalen Vereinbarungen,[110] die mit Kanada bestehen.[111] Die **Niederschrift** der vom kanadischen Gericht durchgeführten Zeugenvernehmung des Z kann dann in der deutschen Hauptverhandlung gemäß **§ 251 Abs. 2 Nr. 1 StPO** verlesen werden, wenn – wie hier – feststeht, dass der im Ausland wohnende Zeuge sich dauerhaft weigert, nach Deutschland zur Hauptverhandlung zu kommen.[112]
Der in Kanada bleibende Zeuge Z kann unter diesen Voraussetzungen auch – ebenfalls im Wege der internationalen Rechtshilfe – audio-visuell in der deutschen Hauptverhandlung vernommen werden, **§ 247a Satz 1 Halbs. 2 i.V.m. § 251 Abs. 2 StPO.** Hierbei wird die Aussage des in Kanada befindlichen Zeugen Z zeitgleich in Bild und Wort in die in Deutschland stattfindende Hauptverhandlung übertragen, § 247a Satz 3 StPO. Wegen der hierbei bestehenden Möglichkeit der Befragung des Zeugen durch alle Beteiligten und der Verschaffung eines – wenn auch wegen der Kameraauf-

110 Nachzulesen für jedes Land individuell im Länderteil der RiVASt (tagesaktuell unter **www.bmj.de**).

111 Im Gesetz über die internationale Rechtshilfe in Strafsachen (= IRG) finden sich zu den ausgehenden Rechtshilfeersuchen – das sind Ersuchen einer deutschen Staatsanwaltschaft oder eines deutschen Gerichts an eine ausländische Behörde oder an ein ausländisches Gericht um Vornahme einer Ermittlungshandlung (z. B. Zeugenvernehmung) – nur wenige Regelungen (§§ 68 ff. IRG), insbesondere keine zur Ausgestaltung einer im Ausland durchzuführenden Zeugenvernehmung.

112 Meyer-Goßner, § 251, Rn 21.

nahme eingeschränkten – persönlichen Eindrucks von dem Zeugen ist die Videosimultan-Vernehmung des Zeugen im Vergleich zur Protokollverlesung grundsätzlich das bessere Beweismittel und deshalb wegen der **Aufklärungspflicht** (§ 244 Abs. 2 StPO) grundsätzlich vorzuziehen.[113]

Ferner könnte in der Hauptverhandlung auch das Protokoll über die polizeiliche Ver- **174**
nehmung des Zeugen Z durch Kriminalkommissar K verlesen werden, und zwar entweder mit Zustimmung aller Verfahrensbeteiligten gemäß **§ 251 Abs. 1 Nr. 1 StPO** oder wegen nicht möglicher persönlicher Vernehmung des Zeugen Z in der Hauptverhandlung in absehbarer Zeit (aufgrund der endgültigen Weigerung des Z, nach Deutschland zu kommen) auch ohne Zustimmung der Beteiligten gemäß **§ 251 Abs. 1 Nr. 2 StPO.**
Schließlich könnte auch Kriminalkommissar K als **Zeuge** (vom Hörensagen) darüber vernommen werden, was Z ihm bei seiner polizeilichen Vernehmung berichtet hat. Eine besonders sorgfältige Würdigung der Aussage des Zeugen vom Hörensagen K zur Beweiskraft durch das Gericht ist dann jedoch erforderlich.[114]

5. Der Urkundenbeweis

Fall 54: Verlesbarkeit schriftlicher Sachverständigen-Angaben

In einem Strafverfahren wegen Betruges und Urkundenfälschung vor dem Amtsgericht – Strafrichter – wird dem bestreitenden Angeklagten A in der Anklage vorgeworfen, auf einem Scheckformular die Unterschrift seiner verstorbenen Großmutter gefälscht, durch Einreichung des Schecks die getäuschte Bank zu einer Überweisung von 10.000.– € auf sein Konto veranlasst und so die Erbengemeinschaft geschädigt zu haben. Zur Frage der Echtheit der Unterschrift ist der allgemein vereidigte Schriftsachverständige S zum Hauptverhandlungstermin geladen, der dem Amtsgericht am Tag der Hauptverhandlung per Mobiltelefon mitteilt, dass er gerade bei seiner Fahrt zum Amtsgericht auf der Autobahn einen Verkehrsunfall erlitten habe und deshalb heute nicht mehr zur Verhandlung kommen könne.
Der Sachverständige hatte bereits zuvor in einem zivilgerichtlichen Verfahren zunächst ein schriftliches und dann in der zivilgerichtlichen Verhandlung ein in das zivilgerichtliche Sitzungsprotokoll aufgenommenes mündliches Gutachten zur Frage der Echtheit der Unterschrift erstattet, welche sich in der vom Strafrichter beigezogenen Zivilakte befinden. Dabei kam der Sachverständige zu dem Ergebnis, dass die Unterschrift gefälscht ist. A wurde deshalb vom Zivilgericht zur Rückzahlung an die Erbengemeinschaft verurteilt.
Auf die Frage des Strafrichters, ob er mit einer Verlesung des in dem zivilgerichtlichen Sitzungsprotokoll enthaltenen Gutachtens des Schriftsachverständigen S einverstanden sei, erklärt der nicht anwaltlich vertretene Angeklagte A, er verstehe sowieso nicht, warum der Sachverständige noch einmal gehört werden müsse. Die Staatsanwältin stimmt der Verlesung zu. Der Amtsrichter verkündet darauf den Beschluss, dass das zivilgerichtliche Sitzungsprotokoll über die Vernehmung des Sachverständigen S verlesen werden soll.

113 BGH NJW 2007, 1475.
114 BGH NJW 2004, 1259, 1261.

Anschließend verliest der Amtsrichter das zivilgerichtliche Sitzungsprotokoll über die Vernehmung des Sachverständigen S, das schriftliche Gutachten des Sachverständigen S und die Ausführungen des Zivilurteils über die im Zivilverfahren gemachten Ausführungen des Sachverständigen S.
Der Angeklagten A wird anschließend wegen Betruges in Tateinheit mit Urkundenfälschung verurteilt. A ist mit dem Urteil nicht einverstanden.
Hätte eine Revision des Angeklagten A Aussicht auf Erfolg?

Problemstellung

175 Für den in §§ 249 ff. StPO geregelten **Urkundenbeweis** in der Hauptverhandlung gilt Folgendes:
Grundsätzlich darf gemäß **§ 249 Abs. 1 StPO** jedes Schriftstück in der Hauptverhandlung verlesen werden, es sei denn, das Gesetz untersagt – wie in **§ 250 StPO** – die Verlesung ausdrücklich.[115]
Trotz Vorliegens der Voraussetzungen des § 250 StPO darf ein Schriftstück aber verlesen werden, wenn das Gesetz für das Schriftstück eine Ausnahme von dem Verlesungsverbot des § 250 StPO vorsieht, wie z. B. in

- § 251 StPO
- § 254 StPO
- § 256 StPO
- §§ 411 Abs 2 Satz 2, 420 Abs. 1 bis Abs. 3 StPO (für den Fall, dass der Hauptverhandlung ein Strafbefehlsverfahren vorausging)
- § 325 StPO.

Es gilt also:

§ 249 Abs. 1 Satz 1: grds. jedes Schriftstück verlesbar	⟶	Ausnahme: Verlesungsverbot nach § 250	⟶	Es sei denn: Ausnahme von der Ausnahme des § 250 (Verlesungsverbot) und damit wieder Verlesung möglich: z. B. §§ 251, 254, 256

Lösung

176 Eine Revision hätte gemäß § 337 StPO Aussicht auf Erfolg, wenn eine Gesetzesverletzung vorliegt und das Urteil auf dieser Gesetzesverletzung auch beruht.
Als verletztes Gesetz kommt hier § 250 StPO in Betracht.
Da der Amtsrichter drei Urkunden verlesen hat, nämlich

- das schriftliche Gutachten des Sachverständigen (dazu a),
- das zivilrichterliche Sitzungsprotokoll über die Vernehmung des Sachverständigen (dazu b) und
- das Zivilurteil mit den darin enthaltenen Ausführungen des Sachverständigen (dazu c),

ist für jede einzelne Urkunde zu prüfen, ob ihre Verlesung in der strafrichterlichen Hauptverhandlung § 250 StPO verletzte.

115 BGHSt 20, 160, 162.

a) Verlesung des schriftlichen Sachverständigengutachtens:
Das schriftliche Sachverständigengutachten ist eine „schriftliche Erklärung“ des Sachverständigen im Sinne des **§ 250 Satz 2 StPO**. Die Verlesung des schriftlichen Sachverständigengutachtens verstieß also gegen § 250 StPO, es sei denn, es bestand eine gesetzliche Ausnahme von diesem Verlesungsverbot.
§ 251 Abs. 1 Nr. 1 StPO kommt hierfür nicht in Betracht, da A keinen Verteidiger hatte.
Auch § 251 Abs. 1 Nr. 2 StPO erlaubte die Verlesung des schriftlichen Gutachten nicht, da der Sachverständige in „absehbarer Zeit“ in einem Fortsetzungstermin gerichtlich hätte vernommen werden können.
Da S jedoch allgemein vereidigter Schriftsachverständiger ist, durfte sein schriftliches Gutachten gemäß **§ 256 Abs. 1 Nr. 1b StPO** verlesen werden.
Ein Verstoß gegen § 250 StPO bezüglich des verlesenen schriftlichen Gutachtens liegt damit nicht vor.

b) Verlesung des zivilrichterlichen Sitzungsprotokolls: 177
Da es sich bei dem zivilrichterlichen Sitzungsprotokoll über die Vernehmung des Sachverständigen um ein „über eine frühere Vernehmung (des Sachverständigen) aufgenommenes Protokoll“ im Sinne des **§ 250 Satz 2 StPO** handelt, verstieß die Verlesung des zivilrichterlichen Sitzungsprotokolls durch den Strafrichter gegen § 250 StPO, es sei denn, es bestand eine gesetzliche Ausnahme von diesem Verlesungsverbot.
Als solche Ausnahme kommt hier **§ 251 Abs. 2 Nr. 3 StPO** in Betracht. Anders als bei § 251 Abs. 1 Nr. 1 StPO ist es bei § 251 Abs. 2 Nr. 3 StPO nicht erforderlich, dass der Angeklagte einen Verteidiger hat. Nur dann, wenn der Angeklagte einen Verteidiger hat, muss auch der Verteidiger nach dieser Vorschrift mit der Verlesung einverstanden sein. Hat der Angeklagter keinen Verteidiger, genügt neben dem hier vorliegenden Einverständnis des Staatsanwalts das Einverständnis des Angeklagten. Das Einverständnis kann auch stillschweigend erklärt werden,[116] z.B. auch dadurch, dass der Angeklagte – wie hier – der Verlesung nicht widerspricht.[117]
Der nach **§ 251 Abs. 4 StPO** erforderliche **Gerichtsbeschluss** ist hier ergangen.
Da somit die Verlesung nach § 251 Abs. 2 Nr. 3 StPO erlaubt war, verletzte die Verlesung des zivilrichterlichen Sitzungsprotokolls § 250 StPO nicht.

c) Verlesung des Zivilurteils: 178
Da das Zivilurteil kein „Protokoll“ und keine „schriftliche Erklärung“ des Sachverständigen im Sinne des § 250 Satz 2 StPO ist, durfte das Zivilurteil, in dessen Urteilsgründen die Ausführungen des Schriftsachverständigen dargelegt wurden, gemäß **§ 249 Abs. 1 StPO** verlesen werden.[118]
Da somit die Verlesung aller drei Urkunden § 250 StPO nicht verletzte, hätte eine Revision keine Aussicht auf Erfolg.

116 Meyer-Goßner, § 251, Rn 27.
117 BGH NStZ 1985, 376.
118 Meyer-Goßner, § 249, Rn. 9; BGHSt 6, 141, 142; BGHSt 31, 323, 332.

Fall 55: Der Urkundenbeweis

A begeht einen Banküberfall. zwei Stunden nach der Tat wird seine Wohnung von dem Polizeibeamten P durchsucht, der unter dem Bett des A das erbeutete Geld und die bei der Tat benutzte Pistole findet. Der in der Wohnung aufhältliche A wird festgenommen und äußert auf Frage des P zur Pistole, dass er mit der Pistole *„gerade Mist gebaut"* habe.
P nimmt bei A, der freiwillig in das Messgerät bläst, eine Atemalkoholmessung vor. Das von P bediente Atemalkoholmessgerät (Alcomat) druckt den unbedeutend niedrigen Atemalkohol-Wert von 0,1 mg/l aus. P liest diesen Ausdruck.
Über die Wohnungsdurchsuchung, die Festnahme und die Äußerung des A fertigt P einen Aktenvermerk an, der ebenso wie der Alcomat-Ausdruck zu den Akten genommen wird.
In der Hauptverhandlung des Landgerichts gegen den schweigenden A verliest der Vorsitzende diesen Aktenvermerk und den Alcomat-Ausdruck. A wird verurteilt. In den Gründen des schriftlichen Urteils wird der Fund der Tatbeute und der Tatwaffe in der Wohnung des A als Indiz für die Täterschaft des A gewertet. Die im verlesenen Aktenvermerk ebenfalls festgehaltene Äußerung des A gegenüber P beim Auffinden der Tatwaffe wird im Urteil nicht verwertet.
Aufgrund des verlesenen Alcomat-Ausdrucks wird ferner der Vortrag des Verteidigers, A sei zur Tatzeit stark angetrunken und deshalb nur vermindert steuerungsfähig (§§ 21, 49 StGB) gewesen, als widerlegt angesehen.
Der Verteidiger des A rügt mit einer zulässig erhobenen Revision die Verlesung des Aktenvermerks und des Alcomat-Ausdrucks.
Ist die Revision begründet?
Wie lautet der Entscheidungstenor des Revisionsgerichts?

Problemstellung

Wie bei Fall 54.

Lösung

179 Die Revision wäre gem. § 337 StPO begründet, wenn die Verlesung des Aktenvermerks und des Alcomat-Ausdrucks das Gesetz – hier § 250 StPO – verletzt und wenn das Urteil auf dieser Verletzung des § 250 StPO auch beruht.
Bezüglich des Aktenvermerks liegen zwar die Voraussetzungen des § 250 Satz 1 StPO vor, da es sich bei dem Auffinden der Tatwaffe und der Tatbeute, der Festnahme und der Äußerung des A um eine Wahrnehmung des P handelt.
Gem. **§ 256 Abs. 1 Nr. 5 StPO**, der eine gesetzliche Ausnahme des Verlesungsverbots des § 250 StPO darstellt, durfte jedoch der polizeiliche Aktenvermerk, der eine „Erklärung der Strafverfolgungsbehörden über Ermittlungshandlungen" darstellt, verlesen werden, soweit es um das Auffinden der Tatwaffe und der Tatbeute sowie um die Festnahme des A ging.
Insoweit liegt also keine Verletzung des § 250 Satz 1 StPO vor.

Soweit in dem Aktenvermerk auch die Äußerung des A (= „Vernehmung" im Sinne des letzten Halbsatzes des § 256 Abs. 1 Nr. 5 StPO[119]) enthalten ist, erlaubte § 256 Abs. 1 Nr. 5 StPO die Verlesung des Aktenvermerks nicht. Insoweit wurde durch die Verlesung des Aktenvermerks § 250 Satz 1 StPO verletzt.

---

119 Meyer-Goßner, § 256, Rn. 27.

Allerdings beruht das Urteil nicht auf dieser Verletzung des § 250 Satz 1 StPO, da die im Aktenvermerk enthaltene Äußerung des A im Urteil nicht verwertet wurde.

Die Verlesung des **Alcomat-Ausdrucks** betrifft einen von P wahrgenommenen Vorgang (Ablesen des Ausdrucks über das Atemalkohol-Messergebnis). Gem. § 250 Satz 1 StPO muss über einen schriftlich festgehaltenen Vorgang, den eine Person wahrgenommen hat, diese Person in der Hauptverhandlung vernommen werden, wenn nur diese Person den Vorgang verlässlich und wahrheitsgemäß wiedergeben kann. Handelt es sich bei dem schriftlich festgehaltenen und von der Person wahrgenommen Vorgang allerdings nur um eine rein mechanische Verrichtung, die erfahrungsgemäß keinen bleibenden Eindruck in der Erinnerung der damit befassten Person hinterlässt, ist in der Regel das Schriftstück über diesen Vorgang **das verlässlichere Beweismittel.** **180**

Der Polizeibeamte P hat zwar das vom Alcomat ausgedruckte Messergebnis wahrgenommen und könnte hierüber in der Hauptverhandlung als Zeuge berichten. Da es sich hierbei jedoch um eine rein mechanische Verrichtung des Polizeibeamten P handelte, fehlt es an einer „Wahrnehmung" i.S.d. § 250 Satz 1 StPO.[120] Die gem. § 249 Abs. 1 S. 1 StPO erfolgte Verlesung des Alcomat-Ausdrucks verletzt also § 250 S. 1 StPO nicht.

Ergebnis: Die Revision ist unbegründet.

Entscheidungstenor des Revisionsgerichts (hierzu: §§ 349, 473 Abs. 1 StPO): **181**

1. Die Revision des Angeklagten A gegen das Urteil des Landgerichts ... vom ... wird als unbegründet verworfen.
2. Der Angeklagte trägt die Kosten des Revisionsverfahrens.

6. Verwertbarkeit von Beweismitteln

Fall 56: Informatorische Befragung einer zeugnisverweigerungsberechtigten Zeugin

Dem Angeklagten A wird vorgeworfen, mit seinem Pkw infolge alkoholbedingter Fahruntüchtigkeit einen Verkehrsunfall verursacht zu haben. Beweiskräftige Spuren sind nicht vorhanden. Die Ehefrau des A wird aufgrund von Hinweisen, die über das Fahrzeugkennzeichen zur Wohnung des A führten, noch am gleichen Abend von dem ermittelnden Polizeibeamten aufgesucht und, wie sich aus dessen polizeilichem Bericht ergibt, „informatorisch" (= ohne Belehrung) befragt. Sie äußert spontan – noch aus Ärger über ihren Gatten –, er habe auf einem Grillfest innerhalb von zwei Stunden zwei Liter Rotwein getrunken und sei auf der Heimfahrt in einer Kurve, mit ihr als Beifahrerin, leicht gegen ein geparktes Fahrzeug geprallt. Obwohl sie beide diesen Anstoß bemerkt hätten, sei A einfach weitergefahren.

In der gegen A stattfindenden Hauptverhandlung vor dem Amtsgericht erklärt A's Ehefrau als Zeugin nach Belehrung über ihr Zeugnisverweigerungsrecht, dass sie nicht gegen ihren angeklagten Ehemann A aussagen werde.

120 BGH NStZ 2005, 526 mit weiteren Beispielen.

Der Angeklagte A schweigt ebenfalls in der Hauptverhandlung.
Kann das Amtsgericht die frühere, gegenüber dem Polizeibeamten gemachte Äußerung der Ehefrau des A bei der Urteilsfindung berücksichtigen?

Problemstellung

182 Ohne die Aussage der Ehefrau des Angeklagten wird die Überführung des A nur schwer oder gar nicht gelingen. Es stellt sich deshalb die Frage, ob die gegenüber der Polizei am Tattag abgegebene Erklärung der Ehefrau des A in die Hauptverhandlung vor dem Amtsgericht eingeführt und auch verwertet werden kann.

Lösung

183 Zwar wird von dem ermittelnden Polizeibeamten die Aussage der Ehefrau des A als spontan im Rahmen einer **„informatorischen Befragung"** charakterisiert. Gleichwohl hat der Polizeibeamte in Wirklichkeit eine förmliche Zeugenvernehmung durchgeführt, die inhaltlich über die – vor dem Beginn einer förmlichen Vernehmung zulässige – informatorische Abklärung, ob die Ehefrau überhaupt als Zeugin oder als Beschuldigte in Betracht kommt, hinausging.[121]
Die „informatorische Anhörung" stellt damit der Sache nach eine förmliche Zeugenvernehmung der Ehefrau dar. Ihre Äußerung gegenüber dem Polizeibeamten ist deshalb eine „Aussage eines vor der Hauptverhandlung **vernommenen** Zeugen" i. S. d. § 252 StPO.
Die Ehefrau des A beruft sich in der Hauptverhandlung auf ihr **Zeugnisverweigerungsrecht gemäß § 52 Abs. 1 Nr. 2 StPO.**
Ihre in dem Polizeibericht festgehaltene Äußerung gegenüber dem Polizeibeamten darf deshalb nicht verlesen werden, **§ 252 StPO.**
Auch die Vernehmung des Polizeibeamten in der Hauptverhandlung als Zeuge über das, was die Ehefrau zu ihm gesagt hat, ist gemäß § 252 StPO nicht zulässig, denn „nicht verlesen werden" i. S. d. § 252 StPO bedeutet „nicht verwertet werden."[122]
Das Amtsgericht darf deshalb bei seiner Entscheidungsfindung die frühere Aussage der Ehefrau des A nicht berücksichtigen.

Fall 57: Die Verlobte schweigt erst in der Hauptverhandlung

Dem Angeklagten A wird vorgeworfen, mit seinem Pkw infolge alkoholbedingter Fahruntüchtigkeit einen Verkehrsunfall verursacht zu haben. Beweiskräftige Spuren sind nicht vorhanden. Die Freundin des A wird aufgrund von Hinweisen, die über das Fahrzeugkennzeichen zur Wohnung des A führten, noch am gleichen Abend von dem ermittelnden Polizeibeamten als Zeugin vernommen. Sie bekundet, A habe auf einem Grillfest innerhalb von zwei Stunden zwei Liter Rotwein getrunken und sei auf der Heimfahrt in einer Kurve, mit ihr als Beifahrerin, leicht gegen ein geparktes Fahrzeug geprallt. Obwohl sie beide diesen Anstoß bemerkt hätten, sei A einfach weitergefahren. Diese Aussage wiederholt sie vor dem zuständigen Ermittlungsrichter, der sie lediglich gem. § 57 StPO belehrt. In der Hauptverhandlung vor

121 Meyer-Goßner, § 163a, Rn. 24.
122 BGHSt 29, 230; Meyer-Goßner, § 252, Rn. 13.

dem Amtsgericht erklärt sie, dass sie sich gestern mit A verlobt habe und nicht gegen ihren Verlobten A, der ebenfalls schweigt, aussagen werde.
Kann das Amtsgericht die zwei früheren Aussagen der Verlobten gegenüber der Polizei und gegenüber dem Ermittlungsrichter bei der Urteilsfindung berücksichtigen?

Problemstellung

Es stellt sich die Frage, ob ihre gegenüber der Polizei oder gegenüber dem Ermittlungsrichter gemachte Aussage in die Hauptverhandlung vor dem Amtsgericht eingeführt und vom Amtsgericht auch verwertet werden kann. Entscheidend ist hierbei, wie sich die – durch das Verlöbnis – erst nachträglich eingetretene Berechtigung zur Zeugnisverweigerung auswirkt. **184**

Lösung

Da sich die Verlobte des A in der Hauptverhandlung auf ihr **Zeugnisverweigerungsrecht gemäß § 52 Abs. 1 Nr. 1 StPO** berufen hat, darf ihre Äußerung gegenüber dem Polizeibeamten nicht verlesen werden, **§ 252 StPO**. **185**
Auch die Vernehmung des Polizeibeamten in der Hauptverhandlung als Zeuge über das, was die frühere Freundin und jetzige Verlobte des A zu ihm gesagt hat, ist gemäß § 252 StPO nicht zulässig, denn „nicht verlesen werden" i.S.d. § 252 StPO bedeutet „nicht verwertet werden".[123]
Im Falle einer richterlichen Vernehmung der Verlobten darf aber grundsätzlich entgegen § 252 StPO der vernehmende Ermittlungsrichter in der Hauptverhandlung als Zeuge über die ihm gegenüber gemachte Aussage der Verlobten vernommen und die von ihm bezeugte damalige Aussage der Verlobten verwertet werden.[124] Dies gilt aber nur dann, wenn der Ermittlungsrichter bei der damals von ihm durchgeführten Zeugenvernehmung die Zeugin **gem. § 52 Abs. 3 Satz 1 StPO** über ihr Zeugnisverweigerungsrecht belehrt hat, was vorliegend jedoch nicht geschehen ist.
Die Vernehmung des Ermittlungsrichters ist deshalb nicht verwertbar, ungeachtet des Umstandes, dass zum Zeitpunkt der damals von ihm durchgeführten Zeugenvernehmung eine Belehrung der Zeugin über ein Zeugnisverweigerungsrecht wegen des damaligen Fehlens eines Verlöbnisses gar nicht veranlasst war.[125]

Die Geltendmachung des Zeugnisverweigerungsrechts in der Hauptverhandlung hindert den Zeugen jedoch nicht daran, nach ordnungsgemäßer Belehrung (§ 52 Abs. 3 Satz 1 StPO) die **Verwertung** seiner Aussage **zu gestatten**, die er bei seiner polizeilichen oder richterlichen Vernehmung ohne entsprechende Belehrung gemacht hat.[126] Die frühere Aussage des zeugnisverweigerungsberechtigten Zeugen kann dann durch Zeugenvernehmung der damaligen Vernehmungsperson (Polizeibeamter oder Richter) in die Hauptverhandlung eingeführt werden. **186**
Das Gericht ist jedoch nicht verpflichtet, auf eine solche Genehmigung des Zeugen hinzuwirken.[127]

---

123 BGHSt 29, 230; Meyer-Goßner, § 252, Rn. 12.
124 Meyer-Goßner, § 252, Rn. 13.
125 BGHSt 22, 220; BGH NJW 1972, 1334.
126 BGHSt 45, 203 = JR 2000, 339.
127 BGH NStZ 2003, 498.

Bei Würdigung einer so eingeführten früheren Aussage eines in der Hauptverhandlung das Zeugnis verweigernden Zeugen ist allerdings der erheblich geringere Beweiswert zu beachten, da der Zeuge in der Hauptverhandlung nicht befragt werden kann.[128]

Übersicht 33: §§ 52, 252 StPO und die Folgen

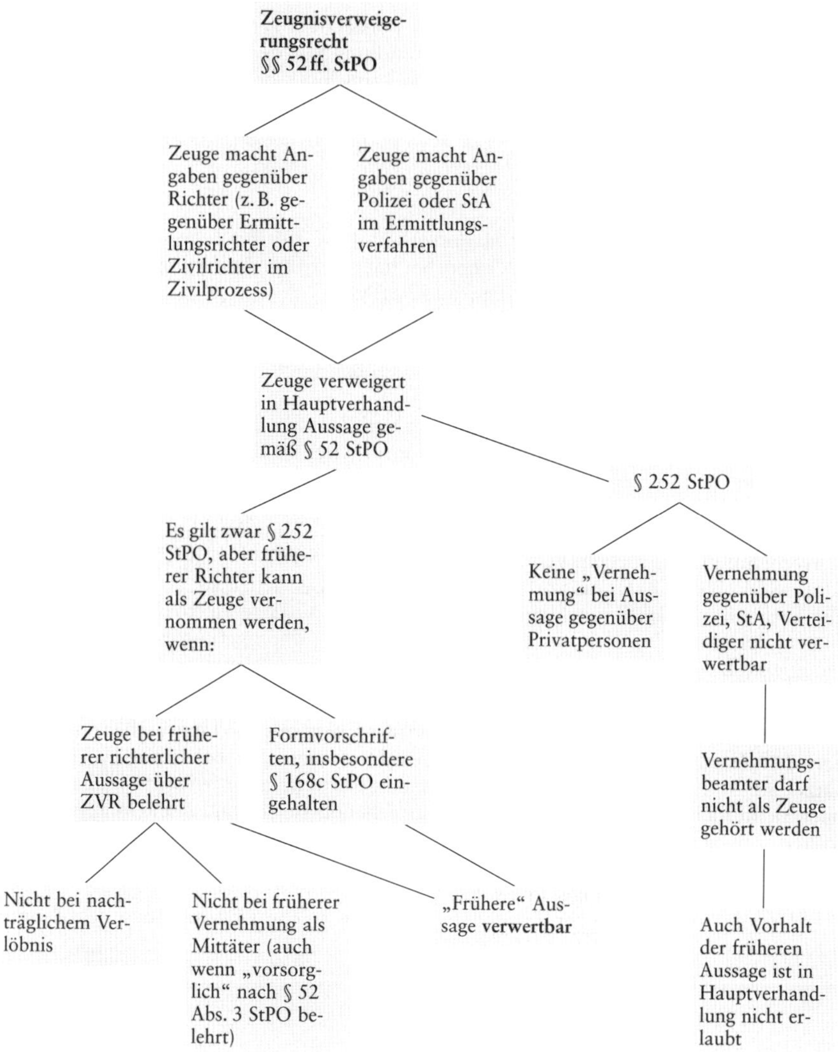

128 BGHSt 45, 203, 208.

Fall 58: Auskunftsverweigerungsrecht eines Zeugen

Der wegen gemeinschaftlichen Raubes angeklagte A wird von seinem Mittäter B, der wegen anderer schwerer Delikte wenige Monate zuvor rechtskräftig von einer anderen Kammer des Landgerichts zu einer lebenslangen Freiheitsstrafe verurteilt wurde, in der Hauptverhandlung belastet. Der Vorsitzende hat B vor dessen Vernehmung lediglich gemäß § 57 StPO belehrt. Das Parallelverfahren gegen den hier von Anfang an geständigen B wegen des von ihm zusammen mit A begangenen Raubes ist von der Staatsanwaltschaft im Hinblick auf das gegen B bereits in der anderen Sache ergangene Urteil gemäß § 154 Abs. 1 Nr. 1 StPO eingestellt worden. Andere Beweismittel als die Aussage des B stehen zur Überführung des A nicht zur Verfügung.
Kann das Gericht den A aufgrund der Zeugenaussage des B verurteilen?

Problemstellung

Es stellt sich die Frage, ob dem Zeugen B ein Auskunftsverweigerungsrecht gemäß § 55 Abs. 1 StPO zusteht und ob deshalb der Vorsitzende den Zeugen B im Hinblick auf seine Aussage gemäß **§ 55 Abs. 2 StPO** hätte belehren müssen. **187**
Ist dies der Fall, ist weiter zu prüfen, ob die von B ohne Belehrung nach § 55 Abs. 2 StPO gemachte Zeugenaussage bei der Urteilsfindung gegen den A verwertet werden darf.

Lösung

Bei wahrheitsgemäßer Aussage müsste B unter Umständen einen gemeinschaftlichen Raub einräumen, so dass für B grundsätzlich eine **Verfolgungsgefahr i. S. v. § 55 Abs. 1 StPO** besteht. Die Staatsanwaltschaft hat jedoch nach § 154 Abs. 1 StPO von der Verfolgung des B wegen des Raubes abgesehen. **188**
In diesem Fall kommt es darauf an, ob aufgrund der Aussage des Zeugen B die gem. **§ 154 Abs. 3 StPO** mögliche Fortsetzung des Strafverfahrens gegen den Zeugen B zu erwarten ist.[129] Davon ist im vorliegenden Fall nicht auszugehen, nachdem die Staatsanwaltschaft offensichtlich nicht wegen Beweisschwierigkeiten (B hatte ja den gemeinschaftlichen Raub von Anfang an gestanden) von der Vorschrift des § 154 StPO Gebrauch gemacht hat. Bei wahrheitsgemäßen Angaben des Zeugen B besteht also kein Grund, die Ermittlungen gegen den Zeugen B wieder aufzunehmen.
Daher ist es vertretbar, hier keine Verfolgungsgefahr für B i. S. d. § 55 Abs. 1 StPO und damit keine Belehrungspflicht des Vorsitzenden nach § 55 Abs. 2 StPO anzunehmen.

Vertritt man die Auffassung, dass gemäß § 55 Abs. 1 StPO eine Verfolgungsgefahr für B besteht und der Vorsitzende deshalb gegen § 55 Abs. 2 StPO verstoßen hat, weil er B nicht über sein Auskunftsverweigerungsrecht belehrt hat, dann ist die Zeugenaussage des B trotz fehlender Belehrung nach § 55 Abs. 2 StPO gegen A verwertbar.[130] **189**
Der Angeklagte A kann mit einer Revision den Verstoß gegen § 55 Abs. 2 StPO nicht erfolgreich geltend machen, da § 55 StPO dem Schutz des Zeugen und nicht dem Schutz des Angeklagten dient (sog. Rechtskreistheorie: Die Verletzung des § 55 StPO berührt nicht den **Rechtskreis** des Angeklagten). Es fehlt damit an einer den Angeklagten A beschwerenden Gesetzesverletzung im Sinne des § 337 StPO.[131]

129 Meyer-Goßner, § 55, Rn. 9.
130 BGHSt 11, 213, 218.
131 Meyer-Goßner, § 55, Rn. 17; § 337 Rn. 19.

Fall 59: Spätere Anklage gegen den mitbeschuldigten Zeugen

In der Hauptverhandlung gegen A wegen Diebstahls wird B als Zeuge vernommen. Obwohl gegen B der Verdacht besteht, dass er Mittäter des dem A vorgeworfenen Diebstahls war, wird B nur gemäß § 57 Satz 1 StPO und nicht gemäß § 55 Abs. 2 StPO belehrt. B gibt bei seiner Zeugenvernehmung zu, den Diebstahl zusammen mit A begangen zu haben. B wird daraufhin wegen mittäterschaftlich begangenen Diebstahls angeklagt.
Kann in der Hauptverhandlung gegen B, der als Beschuldigter und Angeklagter zu dem Tatvorwurf schweigt, seine Aussage, die er damals als Zeuge in der Hauptverhandlung gegen A gemacht hat, verwertet werden?

Problemstellung

Siehe Fall 58.

Lösung

190 Da das Gericht in der Hauptverhandlung gegen A den Zeugen B nicht gemäß § 55 Abs. 2 belehrt hat, darf dann, wenn ein Verfahren gegen B als Beschuldigten/Angeklagten geführt wird, die damalige Zeugenaussage des B nicht gegen ihn verwertet werden, wenn B in seiner Hauptverhandlung der Verwertung widerspricht.[132]

Fall 60: Die alte Vorstrafe

Die Staatsanwaltschaft erhebt gegen A Anklage wegen des Vorwurfs, er habe am 30.11.2005 seiner ehemaligen Freundin damit gedroht, sie *„abzustechen“*, wenn er sie auf der Straße treffe (§ 241 Abs. 1 StGB). In der Strafakte befindet sich ein Bundeszentralregister-Auszug vom 16.1.2006, der einen einzigen Eintrag enthält mit folgendem Inhalt:

„5.2.2002 AG ..., Az. ...
Rechtskräftig seit 13.2.2002
Tatbezeichnung: Bedrohung
Datum der Tat: 25.12.2001
Angewendete Vorschrift: § 241 Abs. 1 StGB
30 Tagessätze zu je 20 EUR Geldstrafe“

Das Amtsgericht verurteilt am 20.3.2006 den Angeklagten, der den Tatvorwurf der Bedrohung vom 30.11.2005 bestreitet, wegen Bedrohung zu der Freiheitsstrafe von sechs Monaten, deren Vollstreckung zur Bewährung ausgesetzt wird.
A legt gegen das amtsgerichtliche Urteil Berufung ein. Wegen Überlastung des Berufungsgerichts findet die Berufungsverhandlung erst am 25.2.2008 statt. Das Berufungsgericht verwirft durch Berufungsurteil vom selben Tag die Berufung des Angeklagten als unbegründet.

---

132 Meyer-Goßner, § 55, Rn. 17; B muss in seiner Hauptverhandlung der Verwertung widersprechen, und zwar spätestens unmittelbar nach der Verlesung seiner damaligen Zeugenaussage (nach § 254 Abs. 1 StPO, hierzu: Meyer-Goßner, § 254, Rn. 4) oder unmittelbar nach der Zeugenvernehmung des ihn damals als Zeugen vernehmenden Richters.

Den Umstand, dass der Angeklagte ausweislich des Bundeszentralregister-Auszugs vom 16.1.2006 einschlägig vorbestraft ist, wertete das Berufungsgericht
- als Indiz für die Täterschaft des bestreitenden Angeklagten

(„Dem Angeklagten ist eine Bedrohung, wie seine einschlägige Vorstrafe vom 5.2.2002 zeigt, nicht fremd.")

und

- als Strafschärfungsgrund bei der Strafzumessung

(„Strafschärfend wurde berücksichtigt, dass sich der Angeklagte über die Warnwirkung seiner einschlägigen Vorstrafe vom 5.2.2002 hinwegsetzte.").

Hätte eine Revision des Angeklagten Aussicht auf Erfolg?

Problemstellung

Problematisch ist die Verwertbarkeit der aus dem Bundeszentralregister ersichtlichen Vorstrafe **191**
- bei der Schuldfrage (= Frage der Täterschaft des Angeklagten) und
- bei der Straffrage (= Strafzumessung).

Lösung

Eine Revision hätte Aussicht auf Erfolg, wenn eine Verletzung des Gesetzes vorliegt **192**
und wenn das Urteil auf dieser Gesetzesverletzung auch beruht, § 337 StPO.

a) **Gesetzesverletzung:**
Vorliegend könnte das Berufungsgericht **§ 51 Abs. 1 BZRG** verletzt haben.
Nach dieser Vorschrift dürfen eine frühere Straftat und die deshalb erfolgte frühere Verurteilung nicht mehr zum Nachteil eines Angeklagten verwertet werden, wenn die Eintragung dieser früheren Verurteilung im Bundeszentralregister bereits getilgt wurde oder zu tilgen ist.
Die frühere Verurteilung des A zu einer Geldstrafe von 30 Tagessätzen erfolgte ausweislich des Bundeszentralregister-Auszuges am 5.2.2002.
Gemäß § 46 Abs. 1 Nr. 1 a) BZRG beträgt die Tilgungsfrist für diese einzige Bundeszentralregister-Eintragung fünf Jahre, da A zu einer Geldstrafe von nicht mehr als 90 Tagessätzen verurteilt worden war.
Gemäß §§ 47 Abs. 1, 36, 5 Abs. 1 Nr. 4 BZRG begann diese fünfjährige Tilgungsfrist am Tag des amtsgerichtlichen Urteils vom 5.2.2002 zu laufen und war deshalb am 5.2.2007 abgelaufen.
In der neuen Sache durfte damit zwar das Amtsgericht in seinem Urteil vom 20.3.2006 die Vorstrafe des A vom 5.2.2002 noch verwerten, nicht mehr jedoch das Berufungsgericht bei seinem Urteil vom 25.2.2008, da zu diesem Zeitpunkt die fünfjährige Tilgungsfrist abgelaufen war.
Das Berufungsgericht hat damit durch die Verwertung der Vorstrafe vom 5.2.2002 gegen § 51 Abs. 1 BZRG verstoßen.[133]

b) **Beruhen:** **193**
Auf der Verletzung des § 51 Abs. 1 BZRG beruht das Urteil des Berufungsgerichts auch. Nach diese Vorschrift besteht ein ausdrückliches **Verwertungsverbot**. Die til-

133 Zur Vermeidung dieses Fehlers ist die Einholung eines neuen Bundeszentralregister-Auszuges vor jeder neuen Verhandlung empfehlenswert.

gungsreife Vorverurteilung durfte weder als **Beweisindiz** für die Täterschaft des Angeklagten noch als Strafschärfungsgrund bei der **Strafzumessung** verwertet werden.[134] Es besteht die Möglichkeit, dass dann, wenn das Berufungsgericht das Verwertungsverbot des § 51 Abs. 1 BZRG beachtet hätte, das Berufungsurteil für den Angeklagten günstiger ausgefallen wäre (Freispruch oder niedrigere Strafe).
Eine Revision hätte also mit der Sachrüge[135] Aussicht auf Erfolg.

Übersicht 34: Wichtige Verwertungsverbote

1. **Ausdrückliche Verwertungsverbote**
   (Hier ist für das Entstehen des Verwertungsverbotes kein Widerspruch in der Hauptverhandlung gegen die Verwertung erforderlich.)

Vorschrift	Anmerkung
§ 136a Abs. 3 Satz 2 StPO	
§ 252 StPO	„nicht verlesen“ heißt „nicht verwertet“
§ 100a Abs. 4 Satz 2 StPO n. F.	
§ 51 Abs. 1 BZRG	
§ 100d Abs. 4	
§ 477 Abs. 2 Satz 2 n. F.	

2. **Verwertungsverbote bei Verletzung von StPO-Vorschriften**
   (Zusätzlich zur Gesetzesverletzung ist zur Entstehung des Verwertungsverbots in manchen Fällen ein Widerspruch in der Hauptverhandlung gegen die Verwertung spätestens zum Zeitpunkt des § 257 StPO erforderlich.)

verletzte StPO-Vorschrift	Anmerkung	Widerpruch erforderlich?
§ 52 Abs. 3	kein Verwertungsverbot, wenn Zeuge sein Zeugnisverweigerungsrecht auch ohne Belehrung kannte und auch bei einer Belehrung ausgesagt hätte	nein
§ 55 Abs. 2	Verwertungsverbot im späteren Strafverfahren gegen den früheren, damals nicht belehrten Zeugen	ja
§ 97		ja
§§ 100a Abs. 1 bis Abs. 3, 100b Abs. 1 und Abs. 2		ja
§ 110b Abs. 2 Satz 4		ja

134 BGHR, BZRG, § 51 Verwertungsverbot 1 und 3.
135 BGHR, BZRG § 51 Verwertungsverbot 3.

§§ 163a Abs. 4, 136	fehlende Beschuldigtenbelehrung bei polizeilicher Beschuldigtenvernehmung	ja
§ 168c Abs. 5		ja
§ 224 Abs. 1		ja
§ 243 Abs. 4 Satz 1	kein Verwertungsverbot, wenn der nicht belehrte Angeklagte sein Schweigerecht kannte und auch bei erfolgter Belehrung ausgesagt hätte	nein

7. Der Beweisantrag

Fall 61: Abgrenzung zum Beweisermittlungsantrag, Ablehnungsgründe

Der Verteidiger des bestreitenden Angeklagten stellt in der Hauptverhandlung den Antrag auf Vernehmung des bisher im Verfahren nicht bekannten Zeugen C zum Beweis der Tatsache, dass der den Angeklagten belastende Zeuge B die Unwahrheit sagt. In dem Antrag wird die ladungsfähige Anschrift des Zeugen C mitgeteilt und ausgeführt, der Zeuge C könne die Unglaubwürdigkeit des B bestätigen, da B schon öfter andere Personen falsch belastet habe.
Das Gericht lehnt den Antrag als *„unerheblich"* ab und verurteilt den Angeklagten aufgrund der Zeugenaussage des B.
Hätte eine Revision des Angeklagten Aussicht auf Erfolg?

Problemstellung

Ein **Beweisantrag** darf, wenn er sich auf nicht präsente Beweismittel bezieht, nur aus den in **§ 244 Abs. 3 bis Abs. 5 StPO** genannten Gründen abgelehnt werden, und wenn er sich auf präsenten Beweismittel bezieht, nur aus den in **§ 245 Abs. 2 Satz 2 und Satz 3 StPO** genannten Gründen. **194**
Diese strengen, abschließenden Ablehnungsgründe gelten aber nur dann, wenn es sich bei dem Beweisbegehren überhaupt um einen Beweisantrag handelt.
Liegt kein Beweisantrag, sondern nur ein **Beweisermittlungsantrag** vor, darf dieser abgelehnt werden, wenn die Aufklärungspflicht nach **§ 244 Abs. 2 StPO** die begehrte Beweiserhebung nicht gebietet.

Lösung

Eine Revision hätte gemäß § 337 StPO Aussicht auf Erfolg, wenn die Ablehnung des Beweisbegehrens ein Gesetz verletzt und das Urteil auf dieser Gesetzesverletzung auch beruht. **195**
Als verletztes Gesetz kommt § 244 Abs. 3 StPO in Betracht.
Dies setzt allerdings voraus, dass überhaupt ein Beweisantrag vorliegt.
Ein Beweisantrag liegt nur dann vor, wenn in dem Antrag neben einem konkreten Beweismittel auch eine **konkrete Beweistatsache** behauptet wird.

Anderenfalls wäre der Antrag einer sinnvollen Anwendung der Ablehnungsgründe des § 244 Abs. 3 bis 5 StPO nicht zugänglich.[136] An einer **konkreten** Tatsachenbehauptung fehlt es, wenn im Antrag beispielsweise nur pauschal verkürzt von „Glaubwürdigkeit" gesprochen wird. Denn hierbei handelt es sich nicht um eine konkrete Tatsache, sondern um eine Wertung, die aus anderen tatsächlichen Umständen abgeleitet wird. Diese tatsächlichen Umstände müssen aber im Einzelnen genau in dem Antrag behauptet werden, woran es im vorliegenden Fall mangelt.
Es handelt sich deshalb bei dem vorliegenden Beweisbegehren nicht um einen Beweisantrag, sondern um einen **Beweisermittlungsantrag,** für dessen Ablehnung nicht § 244 Abs. 3 bis Abs. 5 StPO gilt, sondern § 244 Abs. 2 StPO.
Deshalb ist § 244 Abs. 3 StPO nicht verletzt.

196 Die in § 244 Abs. 2 StPO normierte **Aufklärungspflicht des Gerichts** erfordert es nicht, einer derart unbestimmten Behauptung nachzugehen. Durch die Ablehnung des Beweisermittlungsantrags hat das Gericht somit auch nicht § 244 Abs. 2 StPO verletzt. Da durch die Ablehnung des Beweisbegehrens kein Gesetz verletzt wurde, hätte eine Revision keine Aussicht auf Erfolg.

Übersicht 35: Die Ablehnung des Beweisantrags (bei nicht präsenten Beweismitteln)

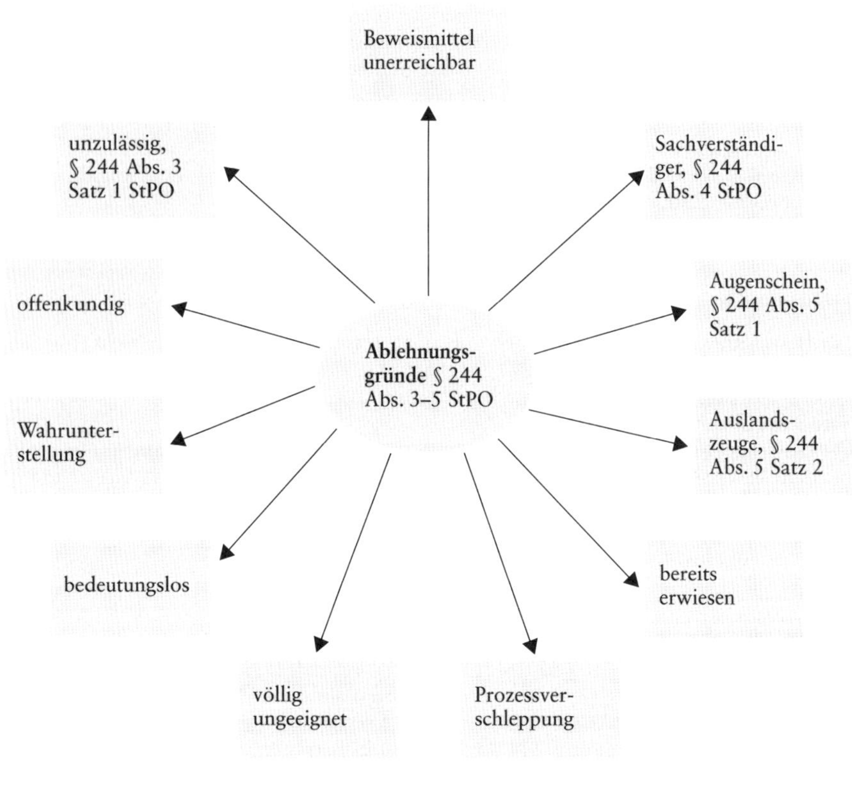

136 BGHSt 37, 162.

8. Der Hilfsbeweisantrag

Fall 62: Die Zulässigkeit einer Bedingung

In der Hauptverhandlung gegen den Angeklagten A wegen des Vorwurfs eines Diebstahls beendet Verteidiger V seinen Schlussvortrag (Plädoyer) mit folgenden Anträgen:

„Ich beantrage, meinen Mandanten freizusprechen oder höchstens zu einer Bewährungsstrafe zu verurteilen.
Für den Fall, dass das Gericht meinen Mandanten zu einer Freiheitsstrafe ohne Bewährung verurteilen will, beantrage ich die Vernehmung des Zeugen Z, der bestätigen wird, dass A zum Tatzeitpunkt in der von Z betriebenen, weit vom Tatort entfernt liegenden Gaststätte Skat gespielt hat, also den angeklagten Diebstahl gar nicht begangen haben kann.“

Der in Deutschland wohnhafte Zeuge Z war dem Gericht bisher nicht bekannt und demzufolge auch nicht zur Hauptverhandlung geladen und nicht erschienen.
Das Gericht zieht sich nach dem letzten Wort des Angeklagten zur Beratung zurück. Die Beratung hat zum Ergebnis, dass A wegen des Diebstahls zu einer Freiheitsstrafe ohne Bewährung verurteilt werden soll.
Wie wird das Gericht über den Antrag des Verteidigers entscheiden?
(Die Frage der Aufklärungspflicht des Gerichts, § 244 Abs. 2 StPO, soll hier nicht erörtert werden.)

Problemstellung

Ein **Beweisantrag** kann nicht nur unbedingt gestellt werden, sondern auch **hilfsweise** unter einer **Bedingung**, z. B.: **197**

Für den Fall, dass das Gericht den Angeklagten zu einer Freiheitsstrafe von mehr als zwei Jahren verurteilen will, wird beantragt …

oder

Für den Fall, dass das Gericht die Aussage des (Entlastungs-)Zeugen Z für unglaubhaft/die Aussage der (Belastungs-)Zeugin X für glaubhaft hält, wird beantragt, …

Solche **Hilfsbeweisanträge** kommen in der Praxis häufiger vor.
Die verfahrensrechtliche Besonderheit eines Hilfsbeweisantrages besteht darin,
- dass über ihn nur bei Bedingungseintritt entschieden werden muss, und
- dass seine Ablehnung nicht wie bei einem unbedingt gestellten Beweisantrag gemäß **§ 244 Abs. 6 StPO** durch einen – in der Hauptverhandlung vor dem Schluss der Beweisaufnahme zu verkündenden, § 35 Abs. 1 StPO – Beschluss erfolgen muss, sondern in den Gründen des Urteils erfolgen kann.[137]

137 BGHSt 40, 287; Ausnahme: Eine Ablehnung eines Hilfsbeweisantrags wegen Prozessverschleppung, § 244 Abs. 3 Satz 2 StPO, muss in der Hauptverhandlung durch Beschluss erfolgen.

Lösung

198 Im Fall eines hilfsweisen Beweisbegehrens empfiehlt sich folgende Prüfungsreihenfolge:

a) Ist die im Beweisbegehren genannte Bedingung überhaupt eingetreten?
   Wenn ja:
b) Liegt überhaupt ein Beweisantrag vor (konkrete Tatsache behauptet plus konkretes Beweismittel benannt)?
   Wenn ja:
c) Liegt ein Ablehnungsgrund nach § **244 Abs. 3 bis Abs. 5 StPO** (bei nicht präsenten Beweismitteln, bei präsenten Beweismitteln nach § 245 Abs. 2 StPO) vor?

Die Bedingung ist hier eingetreten: Das Gericht will den Angeklagten zu einer Freiheitsstrafe ohne Bewährung verurteilen.
Es liegt auch ein Beweisantrag vor, da in dem Antrag eine konkrete Beweistatsache behauptet (A war zur Tatzeit in der Gaststätte des Z) und ein konkretes Beweismittel hierfür (Zeuge Z) benannt wird.
Da es sich bei dem benannten Zeugen Z um kein präsentes Beweismittel handelt, kommen für die Ablehnung des Zeugenbeweisantrags die in § 244 Abs. 3 StPO genannten Gründe in Betracht.

199 Die Besonderheit des vorliegenden Hilfsbeweisantrags besteht darin, dass

- die aufgestellte Beweisbehauptung (A sei zur Tatzeit nicht am Tatort gewesen) die Frage der Täterschaft des Angeklagten betrifft, also den **Schuld**spruch des noch zu verkündenden Urteils,
- die Bedingung des Hilfsbeweisantrags aber den **Straf**ausspruch des noch zu verkündenden Urteils betrifft *(„Für den Fall, dass der Angeklagte zu einer Freiheitsstrafe ohne Bewährung verurteilt werden soll …“).*

Der Sache nach enthält der Hilfsbeweisantrag folgende zwei sich widersprechende und einander ausschließende Aussagen:

- Für den Fall, dass der Angeklagte zu einer Freiheitsstrafe ohne Bewährung verurteilt werden soll, war er nicht der Täter.
- Für den Fall, dass der Angeklagte nur zu einer Bewährungsstrafe verurteilt werden soll, war er der Täter.

Ein solcher Hilfsbeweisantrag ist deshalb unzulässig gemäß § 244 Abs. 3 Satz 1 StPO.[138] Das Gericht wird ihn daher in den Urteilsgründen als unzulässig ablehnen.

138 BGHSt 40, 287.

V. Der Abschluss der Hauptverhandlung

1. Schluss der Beweisaufnahme, rechtlicher Hinweis

Fall 63: Mordmotiv nach Beweisaufnahme

In der zugelassenen Anklage wird dem Angeklagten ein Verbrechen des Totschlags (§ 212 Abs. 1 StGB) zur Last gelegt. Ihm wird vorgeworfen, er habe seine Ehefrau aus Wut darüber erwürgt, weil sie ihn bei einem Streit geohrfeigt und als *„versoffenen Hurenbock“* beleidigt habe. Während der Hauptverhandlung kommt für das Schwurgericht aufgrund der vorläufigen Würdigung der bisherigen Beweisaufnahme auch die Möglichkeit in Betracht, dass der Angeklagte seine Ehefrau deshalb erwürgt hat, um in den Genuss ihrer Lebensversicherung zu kommen und ungestört mit seiner jüngeren Geliebten auf Mallorca leben zu können.
Was wird der Vorsitzende des Schwurgerichts tun?

Problemstellung

Das Gericht kann **200**
- während der Hauptverhandlung bei vorläufiger rechtlicher Bewertung des bisherigen Beweisergebnisses oder
- in der Urteilsberatung bei abschließender Subsumtion des in der Hauptverhandlung festgestellten Sachverhalts

zu dem Ergebnis kommen, dass das dem Angeklagten vorgeworfene Geschehen **rechtlich** anders zu würdigen ist als in der Anklage, also z. B.
- ein anderer (schwererer oder leichterer) oder ein zusätzlicher Straftatbestand in Betracht kommt (z. B. Betrug statt Diebstahl; Körperverletzung in Tateinheit mit Sachbeschädigung statt nur Körperverletzung),
- Mittäterschaft oder Beihilfe statt Alleintäterschaft,
- Versuch statt Vollendung,
- fahrlässige Begehung (z. B. § 229 StGB) statt vorsätzliche Begehung (§ 223 Abs. 1 StGB),
- Tatmehrheit statt Tateinheit.

Hierzu kommt es in der Praxis vor allem deshalb, weil – im Vergleich zu den in der **201**
Anklage genannten Tatsachen – die Beweisaufnahme in der Hauptverhandlung neue oder andere Tatsachen ergeben hat.
Da dem Angeklagten die Anklage mitgeteilt (§ 201 Abs. 1 StPO), diese vom Gericht zugelassen (§ 207 Abs. 1 StPO) und der Anklagesatz mit der rechtlichen Würdigung in der Hauptverhandlung verlesen wurde (§§ 243 Abs. 3 Satz 1, 200 Abs. 1 Satz 1 StPO), richtet der Angeklagte in der Hauptverhandlung seine Verteidigung an der in der Anklage enthaltenen rechtlichen Würdigung aus.
Rechnet er deshalb nicht mit einer anderen rechtlichen Würdigung durch das Gericht, unterlässt er es möglicherweise, Entlastendes gegen diese ihm nicht bekannte andere rechtliche Würdigung des Gerichts vorzubringen, obwohl ihm dies vielleicht möglich wäre. Eine ohne Vorwarnung erfolgende Verurteilung des Angeklagten aufgrund des anderen Strafgesetzes kann daher falsch sein, weil der ahnungslose Angeklagte nicht daran dachte, mögliches Entlastungsmaterial auch hiergegen vorzubringen.

Lösung

202 Um dem Angeklagten eine wirksame Verteidigung auch gegen die neue rechtliche Bewertung zu ermöglichen, muss das Gericht den Angeklagten deshalb hierauf gemäß **§ 265 Abs. 1 und Abs. 2 StPO** hinweisen:
Abweichend von dem in der zugelassenen Anklage angeführten Strafgesetz (§ 212 Abs. 1 StGB) kommt jetzt auch eine Verurteilung wegen Mordes gemäß § 211 StGB in Betracht, da der Angeklagte seine Ehefrau möglicherweise aus Habgier (um die Lebensversicherungssumme zu erlangen) und aus einem sonstigen niedrigen Beweggrund (um ungestört mit seiner Geliebten zusammenzuleben) getötet hat.
Auf diese Veränderung des rechtlichen Gesichtspunktes – Mord statt Totschlag – muss der Angeklagte gemäß **§ 265 Abs. 1 StPO** durch den Vorsitzenden[139] des Schwurgerichts hingewiesen und ihm Gelegenheit zur Verteidigung auch gegen diese neu in Betracht kommenden Tatmotive (Mordmerkmale) gegeben werden.

Damit der **rechtliche Hinweis** seinen Zweck erfüllen kann, nämlich den Angeklagten vor einem überraschenden Urteil zu schützen und ihm eine wirksame Verteidigung auch gegen die neue rechtliche Bewertung zu ermöglichen, muss der Hinweis grundsätzlich folgende drei Punkte enthalten:

203
- den **anderen** (als in der Anklage aufgeführten) **Straftatbestand**, den das Gericht möglicherweise anwenden wird, hier also § 211 StGB,
- die **Tatbestandmerkmale** dieses anderen Straftatbestandes, wobei dann, wenn der andere Straftatbestand – wie hier § 211 Abs. 2 StGB – mehrere Alternativen enthält, die in Betracht kommende Alternative konkret genannt werden muss,[140] also hier, dass die Mordmerkmale „Habgier“ und „niedrige Beweggründe“ in Betracht kommen,
- die möglicherweise erwiesenen **Tatsachen, die die Tatbestandsmerkmale der anderen Strafvorschrift erfüllen** könnten,[141]
  hier also die möglicherweise erwiesenen Tatsachen, die die beiden Mordmerkmale „Habgier“ und „niedrige Beweggründe“ ausfüllen könnten.

(Warum das Gericht diese Tatsachen möglicherweise für erwiesen erachtet, muss das Gericht jedoch nicht mitteilen. Das Gericht ist nicht dazu verpflichtet, seine vorläufige Beweiswürdigung offenzulegen.[142])

204 Der Vorsitzende des Schwurgerichts wird also mündlich einen rechtlichen Hinweis mit etwa folgendem Inhalt erteilen:

---

139 Meyer-Goßner § 265 Rn. 28.
140 BGH NStZ 1998, 529.
141 BGH StV 2007, 229; BGH NStZ 2005, 111; BGH NStZ 1998, 529. Dies ist vor allem dann erforderlich, wenn sich – was häufig geschieht – in der Hauptverhandlung neue (in der Anklage noch nicht genannte) Tatsachen ergeben und aufgrund dieser neuen Tatsachen möglicherweise ein anderer Straftatbestand in Betracht kommt als der Straftatbestand, der in der Anklage genannt ist, BGH bei Dallinger MDR 1970, 198.
Ein Hinweis, der nur den neu in Betracht kommenden Paragraphen und dessen Tatbestandsmerkmale nennt, nicht jedoch zusätzlich die möglichen Tatsachen, die diese Tatbestandsmerkmale erfüllen könnten, ist nur dann ausreichend, wenn das Gericht von dem (im Wesentlichen) gleichen Sachverhalt ausgehen will wie die Anklage und diesen gleich gebliebenen Sachverhalt nur rechtlich anders bewerten will. Hat der Angeklagte einen Verteidiger, kann in diesem Fall auch nur der Hinweis auf die andere Strafvorschrift ausreichen, BGH bei Dallinger MDR 1970, 198.
142 BGH NJW 1997, 3182.

Möglicherweise hat der Angeklagte seine Ehefrau nicht, wie angeklagt, aus Wut darüber erwürgt, weil sie ihn bei einem Streit geohrfeigt und beleidigt habe, sondern deshalb, weil er in den Genuss ihrer Lebensversicherung kommen und mit seiner Geliebten ungestört auf Mallorca zusammenleben wollte. Dann läge möglicherweise eine Tötung aus Habgier und aus einem sonst niedrigen Beweggrund im Sinne des § 211 Abs. 2 StGB vor. Deshalb kommt auch eine Verurteilung zu lebenslanger Freiheitsstrafe wegen Mordes gemäß § 211 StGB in Betracht.

Der rechtliche Hinweis nach **§ 265 StPO** ist eine **wesentliche Förmlichkeit** der Hauptverhandlung und muss deshalb gemäß **§ 273 Abs. 1 StPO** in das Hauptverhandlungsprotokoll aufgenommen werden.
Es gilt **§ 274 StPO**: Steht im Hauptverhandlungsprotokoll nichts über den rechtlichen Hinweis, gilt er, auch wenn der Vorsitzende ihn tatsächlich erteilt hat, als nicht erfolgt.
Deshalb wird der Vorsitzende auch darauf achten, dass der von ihm mündlich erteilte rechtliche Hinweis in das Hauptverhandlungsprotokoll aufgenommen wird.
Dies kann auf zwei Arten geschehen:

- Der Vorsitzende diktiert den rechtlichen Hinweis in das Protokoll. **205**
  Das Protokoll lautet dann etwa:

  Der Vorsitzende wies gemäß § 265 Abs. 1 StPO darauf hin, dass ....
  Der Angeklagte und sein Verteidiger erhielten Gelegenheit zur Verteidigung auch in dieser Richtung.

- Der vom Vorsitzenden schriftlich vorformulierte und in der Hauptverhandlung verlesene rechtliche Hinweis wird als Anlage zum Hauptverhandlungsprotokoll genommen. Das Protokoll lautet dann etwa:

  Der Vorsitzende erteilte gemäß § 265 Abs. 1 StPO den aus der Anlage Nr. 1 zum Hauptverhandlungsprotokoll vom 3.8.2007 ersichtlichen rechtlichen Hinweis.
  Der Angeklagte und sein Verteidiger erhielten Gelegenheit zur Verteidigung auch in dieser Richtung.

Fall 64: Andere Tatzeit als in Anklage

Dem Angeklagten A wird in der durch den Eröffnungsbeschluss zugelassenen Anklage eine Brandstiftung zur Last gelegt. Ihm wird vorgeworfen, er habe am 7.8.2007 zwischen 14.00 Uhr und 18.00 Uhr die Gartenhütte seiner von ihm geschiedenen Ehefrau angezündet. Die abgebrannte Hütte war erst am 9.8.2007 entdeckt worden. Auf Antrag des die Tat bestreitenden Angeklagten werden in der Hauptverhandlung zwei seiner Arbeitskollegen als Zeugen vernommen, die glaubhaft bekunden, dass sie am 7.8.2007 zusammen mit A von 14.00 Uhr bis 22.00 Uhr am Fließband gearbeitet hätten. Das Gericht verurteilt den Angeklagten trotzdem wegen Brandstiftung mit der – den Angeklagten A und seinen Verteidiger V überraschenden – Begründung, dass der Angeklagte den Brand zur Überzeugung des Gerichts am 7.8.2007 bereits gegen 13.00 Uhr gelegt und sich anschließend zu seiner 30 Kilometer entfernten Arbeitsstelle begeben habe. Auf diese geänderte Tatzeit hatte das Gericht weder ausdrücklich hingewiesen noch ergab sie sich deutlich aus dem Gang der Hauptverhandlung.
Hätte eine Revision des Angeklagten Aussicht auf Erfolg?

Problemstellung

206 Nach dem Wortlaut des § **265 Abs. 1 und Abs. 2 StPO** ist das Gericht zu einem Hinweis nur dann verpflichtet, wenn es die angeklagte Tat **rechtlich** anders beurteilen will als die Anklage, gleichgültig, ob das Gericht dabei seiner neuen rechtlichen Würdigung die gleichen wie in der Anklage mitgeteilten Tatsachen zugrunde legen will oder in der Anklage nicht genannte, sich erst aus der Beweisaufnahme in der Hauptverhandlung ergebende neue Tatsachen.

Die Hauptverhandlung kann aber auch ergeben, dass das Gericht die angeklagte Tat zwar rechtlich genauso wie die Anklage würdigen will, dass nach Auffassung des Gerichts die Tat aber **tatsächlich** anders als in der Anklage beschrieben abgelaufen ist, z. B.

- dass die Tat zu einer anderen Zeit begangen wurde als angeklagt,[143]
- dass ein anderer als der in der Anklage genannte Mittäter in Betracht kommt,[144]
- dass bei einem Fahrlässigkeitsdelikt ein anderer Sorgfaltsverstoß in Frage kommt als in der Anklage vorgeworfen.[145]

  Beispiel: Einem Narkosearzt wird in der Anklage eine fahrlässige Tötung vorgeworfen, begangen durch unzureichende Überwachung des während der Narkose verstorbenen Patienten. Das Gericht hält diesen Vorwurf nicht für erwiesen, will den Angeklagten aber deswegen wegen fahrlässiger Tötung verurteilen, weil er ein zu starkes Narkosemittel verabreicht hat.

207 Weicht wie in diesen Beispielsfällen der Tatablauf, von dem das Gericht aufgrund der Beweisaufnahme in der Hauptverhandlung ausgehen will, **erheblich** von dem in der Anklage beschriebenen Tatablauf ab, muss das Gericht den Angeklagten **analog § 265 Abs. 1 und Abs. 4 StPO** darauf **hinweisen**, dass es seinem Urteil möglicherweise diesen erheblich von der Anklage abweichenden Tatablauf zugrunde legen wird, um den Angeklagten vor einem überraschenden Urteil zu schützen und ihm zu ermöglichen, seine Verteidigung auch auf die neuen tatsächlichen Gesichtspunkte einzurichten.[146]

Lösung

208 Eine Revision hätte Aussicht auf Erfolg, wenn eine Gesetzesverletzung vorläge und wenn das Urteil auf dieser Gesetzesverletzung auch beruhen würde, § 337 StPO.

a) **Gesetzesverletzung:**
Da der Angeklagte für den in der Anklage genannten Tatzeitraum (14.00 bis 18.00 Uhr) ein Alibi hatte, war die hiervon **abweichende neue Tatzeit** (13.00 Uhr) ein wesentlicher und ausschlaggebender Gesichtspunkt für die Verurteilung des Angeklagten.

Das Gericht hat den Angeklagten nicht ausdrücklich darauf hingewiesen, dass es möglicherweise abweichend von der Anklage als Tatzeit 13.00 Uhr annehmen werde. Auch der Gang der Hauptverhandlung ergab nicht deutlich und unmissverständlich, dass das Gericht eine andere Tatzeit als die Anklage in seine Erwägungen einbezog. Damit liegt eine **Verletzung des § 265 StPO** analog vor.

b) **Beruhen:**

209 Auf dieser Gesetzesverletzung **beruht das Urteil**, da bei einem gerichtlichen Hinweis auf die Tatzeit-Veränderung das Urteil möglicherweise anders ausgefallen und der Angeklagte möglicherweise freigesprochen worden wäre.

---

143 BGH bei Kusch NStZ 1998, 27.
144 BGH bei Holtz MDR 1977, 108.
145 BGHSt 28, 196.
146 BGH NStZ 1991, 550.

Da weder ein ausdrücklicher Hinweis des Gerichts auf die mögliche andere Tatzeit erfolgte, noch diese mögliche andere Tatzeit aus dem Gang der Hauptverhandlung unmissverständlich deutlich wurde, hat der Angeklagte möglicherweise nicht erkannt, dass für das Gericht als Tatzeit auch 13.00 Uhr in Betracht kommt. Hätte er dies erkannt, hätte er sich möglicherweise zur Tatzeit-Veränderung eingelassen und auch für diese neue Tatzeit Alibi-Beweisanträge gestellt. Möglicherweise hätte das Gericht dann keine Überzeugung von der Täterschaft des Angeklagten gewonnen und den Angeklagten freigesprochen.
Eine Revision mit der Verfahrensrüge, dass gegen § 265 StPO analog verstoßen wurde, hätte also Aussicht auf Erfolg.

Übersicht 36: § 265 StPO

Unterschied

Hinweis auf **rechtliche Änderung**	Hinweis auf erhebliche **Sachverhalts-Änderung**
§ 265 Abs. 1 und Abs. 2 StPO	§ 265 StPO analog
ausdrücklicher Hinweis des Gerichts erforderlich	Kein ausdrücklicher Hinweis des Gerichts erforderlich[147]; es genügt, wenn der Angeklagte aus dem Verhalten des Gerichts in der Hauptverhandlung deutlich entnehmen kann, dass das Gericht den neuen, in der Anklage nicht erwähnten tatsächlichen Gesichtspunkt in seine Erwägungen einbezieht, z. B. wenn das Gericht einen Zeugen oder Sachverständigen zu der neuen Tatsache befragt. Es genügt jedoch nicht, wenn ein Zeuge oder Sachverständiger im Rahmen seiner Vernehmung die neue Tatsache lediglich von sich aus – ohne Zutun des Gerichts – erwähnt [148].
wesentliche Förmlichkeit, die in das Hauptverhandlungsprotokoll aufgenommen werden muss, § 273 Abs. 1 StPO	keine wesentliche Förmlichkeit gemäß § 273 Abs. 1 StPO, muss also nicht in das Hauptverhandlungsprotokoll aufgenommen werden (aber empfehlenswert)
Es gilt § 274 StPO: Steht im Hauptverhandlungsprotokoll nichts über den rechtlichen Hinweis, gilt er, auch wenn der Vorsitzende ihn tatsächlich erteilt hat, als nicht erfolgt.	Die absolute Beweiskraft des Hauptverhandlungsprotokolls gemäß § 274 StPO gilt für den Hinweis auf die neue Tatsache nicht: Wird der Hinweis im Protokoll nicht erwähnt, bedeutet das also nicht, dass der Hinweis vom Gericht nicht erteilt wurde.[149]

147 BGHR StPO § 265 Abs. 4 Hinweispflicht 12.
148 BGHSt 28, 196, 198.
149 BGHSt 28, 196, 197.

Fall 65: Andere prozessuale Tat

Am 24.9.2007 in der Zeit zwischen 21.00 und 22.00 Uhr wird in der Stadt S in das Fahrradgeschäft F und in der Zeit zwischen 22.30 und 23.00 Uhr in den 2 km entfernten Einkaufsmarkt E eingebrochen. In beiden Fällen entwenden der oder die Diebe Waren und Bargeld. Wegen des Einbruchsdiebstahls in den Einkaufsmarkt E wird schließlich der Angeklagte A angeklagt. Die Hauptverhandlung vor dem Amtsgericht ergibt, dass A mit dem Einbruch in den Einkaufsmarkt E nichts zu tun hat, dass er aber – was er auch gesteht – der Täter des Einbruchs in das Fahrradgeschäft F war. Das Gericht erteilt darauf in der Hauptverhandlung den Hinweis, dass an Stelle einer Verurteilung wegen des Einbruchs in den Einkaufsmarkt eine Verurteilung wegen des Einbruchs in das Fahrradgeschäft F in Betracht kommt, und verurteilt den Angeklagten A wegen des Einbruchsdiebstahls (§§ 242 Abs. 1, 243 Abs. 1 Nr. 1 StGB) zum Nachteil des Fahrradgeschäftes F.
Verteidigerin V legt gegen das Urteil in zulässiger Weise Berufung ein.
Das Berufungsgericht kommt in der Berufungshauptverhandlung ebenfalls zu dem Ergebnis, dass A zwar der Täter des Einbruchs in das Fahrradgeschäft F, nicht jedoch des Einbruchs in den Einkaufsmarkt E ist.
Wie wird das Berufungsgericht entscheiden? Wie lautet der Tenor?

Problemstellung

210 Die Beweisaufnahme in der Hauptverhandlung kann ergeben, dass das dem Angeklagten nachweisbare Verhalten von dem ihm in der Anklage beschriebenen Geschehen abweicht.

- Diese Abweichung kann sich so darstellen, dass – wie im vorherigen Fall 64 – das Gericht zwar eine in der Anklage nicht genannte oder eine von der Anklage abweichende Tatsache annimmt, die für die Verurteilung wichtig ist, dass aber trotz der Erheblichkeit dieser neuen Tatsache der vom Gericht angenommene Lebensvorgang im Kern noch **identisch** ist mit dem in der Anklage beschriebenen **Lebensvorgang**, dass also der in der Anklage vorgeworfene und der vom Gericht angenommene Lebenssachverhalt dieselbe prozessuale Tat i. S. d. §§ 264 Abs. 1, 155 Abs. 1 StPO sind.
  Beispiel: Ob, wie in der Anklage vorgeworfen, der Angeklagte seine Ehefrau am 15.6.2007 um 17.00 Uhr im Schlafzimmer der gemeinsamen Wohnung oder – wie vom Gericht aufgrund der Beweisaufnahmen angenommen – zwei Tage später um 18.00 Uhr im Keller erwürgt hat, ändert nichts daran, dass der vom Gericht angenommene Lebensvorgang wegen seiner durch die Person des Opfers begründeten Einmaligkeit und Unverwechselbarkeit mit anderen möglichen Verhaltensweisen des Angeklagten im Kern (Tötung der Ehefrau) noch identisch ist mit dem in der Anklage beschriebenen Lebensvorgang.[150]

211
- Die Abweichung kann aber auch so stark sein, dass der vom Gericht aufgrund der Beweisaufnahme angenommene Lebensvorgang auch im Kern nicht mehr der gleiche ist wie der in der Anklage beschriebene und dass damit der in der Anklage vorgeworfene und der vom Gericht angenommene Lebenssachverhalt zwei verschiedene prozessuale Taten i. S. d. **§§ 264 Abs. 1, 155 Abs. 1 StPO** darstellen.

150 Die Veränderung der Tatzeit hebt die Identität der angeklagten mit der vom Gericht angenommenen Tat nicht auf, wenn die in der Anklage beschriebene Tat unabhängig von der Tatzeit nach anderen Merkmalen individualisiert ist, BGH NJW 2000, 3293.

Lösung

Gemäß **§§ 264 Abs. 1, 155 Abs. 1 StPO** darf der Angeklagte vom Gericht wegen des erwiesenen Einbruchs in das Fahrradgeschäft F nur dann verurteilt werden, wenn diese Tat auch angeklagt ist. Angeklagt ist der Einbruch in den Einkaufsmarkt E. Eine Verurteilung des A wegen des Einbruchs in das Fahrradgeschäft F wäre daher nur dann zulässig, wenn der angeklagte Einbruchsdiebstahl zum Nachteil des Einkaufsmarktes E und der Einbruchsdiebstahl zum Nachteil des Fahrradgeschäftes F die gleiche prozessuale Tat im Sinne der §§ 264 Abs. 1, 155 Abs. 1 StPO, also den **gleichen Lebensvorgang** darstellen, denn dann wäre durch die Anklage des Einbruchs in den Einkaufsmarkt E zugleich auch der in der Anklage nicht genannte Einbruch in das Fahrradgeschäft F angeklagt. **212**
Dies ist jedoch nicht der Fall.
Beide Ereignisse weichen

- durch die unterschiedliche Tatzeit,
- durch den unterschiedlichen Tatort,
- durch das unterschiedliche Tatobjekt,
- durch den unterschiedlichen Geschädigten und
- durch den unterschiedlichen Tatentschluss (Wille zum Einbruch in den Einkaufsmarkt und hiervon unterschiedlicher Wille zum Einbruch in das Fahrradgeschäft)

so stark voneinander ab, dass sie – selbst im Kern – nicht mehr den gleichen Lebenssachverhalt darstellen.

Auch ein Hinweis gemäß **§ 265 StPO** (analog[151]) dahin gehend, dass abweichend von dem in der Anklage geschilderten Geschehen (Einbruch in den Einkaufsmarkt E) eine Verurteilung wegen des Einbruchs in das Fahrradgeschäft F in Betracht kommt, kann die fehlende Anklage des Einbruchs in das Fahrradgeschäft F nicht ersetzen. **213**
Ein bloßer Hinweis analog § 265 StPO darauf, dass das Gericht möglicherweise von einer im Vergleich zur Anklage anderen oder neuen erheblichen Tatsache ausgehen will, erlaubt nur dann eine Verurteilung, wenn der Lebenssachverhalt, der sich bei Berücksichtigung dieser neuen, in der Anklage so nicht genannten Tatsache ergibt, **im Kern noch dasselbe Ereignis** ist wie der Lebensvorgang, der in der Anklage beschrieben ist. Ist dies nicht der Fall, handelt es sich also bei dem jetzt vom Gericht angenommenen Ereignis um **einen anderen Lebensvorgang** als in der Anklage beschrieben und damit um eine andere prozessuale Tat, ist dieses vom Gericht angenommene Geschehen trotz eines Hinweises nach § 265 StPO nicht angeklagt und darf deshalb vom Gericht gemäß §§ 264 Abs. 1, 155 Abs. 1 StPO nicht abgeurteilt werden.[152]

Das Berufungsgericht wird deshalb in seinem Urteil den Angeklagten A **214**

- von dem nicht erwiesenen Vorwurf des Einbruchsdiebstahls zum Nachteil des Einkaufsmarktes E freisprechen und
- bezüglich des erwiesenen, jedoch nicht angeklagten, vom Amtsgericht aber trotzdem und damit unter Verstoß gegen §§ 264 Abs. 1, 155 Abs. 1 StPO abgeurteilten Einbruchsdiebstahls zum Nachteil des Fahrradgeschäftes F das gerichtliche Verfah-

151 Analog deshalb, weil es sich nicht um eine rechtliche Änderung handelt, für die § 265 StPO vom Wortlaut her (direkt) gilt, sondern um eine Änderung des tatsächlichen Geschehensablaufs, siehe vorhergehenden Fall 64.

152 Die Staatsanwaltschaft muss also eine neue Anklage erheben. In der erstinstanzlichen Hauptverhandlung kann dies in Form einer Nachtragsanklage geschehen, § 266 StPO, jedoch nicht mehr in der Berufungshauptverhandlung, Meyer-Goßner, § 266, Rn. 10. „Weitere Straftaten" i. S. d. § 266 Abs. 1 StPO bedeutet hierbei: weitere prozessuale Taten (= weitere Lebensvorgänge).

ren wegen Fehlens einer Anklage, die eine Verfahrensvoraussetzung ist, einstellen, § 260 Abs. 3 StPO.[153]

215 Der **Urteilstenor** des Berufungsgerichts lautet daher:

1. Auf die Berufung des Angeklagten wird das Urteil des Amtsgerichts ... vom ... aufgehoben.

   Der Angeklagte wird freigesprochen.

   Bezüglich des in dem aufgehobenen amtsgerichtlichen Urteil abgeurteilten Diebstahls zum Nachteil des Fahrradgeschäftes F wird das Verfahren eingestellt.[154]
2. Die Staatskasse trägt die Kosten des Verfahrens und die dem Angeklagten entstandenen notwendigen Auslagen.[155]

153 BGH NJW 2006, 522, 530.
154 In der Formel des Einstellungsurteils (§ 260 Abs. 3 StPO) wird nicht angegeben, welche Prozessvoraussetzung fehlt oder welches Verfahrenshindernis vorliegt. Dies wird erst in den Gründen des Einstellungsurteils mitgeteilt.
155 § 467 Abs. 1 StPO.

Übersicht 37: § 264 StPO

Aburteilungsbefugnis des Gerichts, §§ 264 Abs. 1, 155 Abs. 1 StPO:
nur der Lebensvorgang, der in der Anklage angesprochen wird, darf vom Gericht abgeurteilt werden

Strafklageverbrauch, Art. 103 Abs. 3 GG („Tat" = Lebensvorgang):
War der Lebensvorgang bereits Gegenstand eines rechtskräftigen Urteils, durch das der Angeklagte verurteilt oder freigesprochen wurde, dann darf er wegen dieses Lebensvorgangs nicht mehr verurteilt werden, auch nicht wegen eines anderen Straftatbestandes als früher angenommen.

§ 264 Abs. 1 StPO
prozessuale „Tat"

Mehrere Verhaltenweisen des Angeklagten erfüllen materiell-rechtlich mehrere Straftat-bestände, die in Tateinheit (§ 52 StGB) oder in Tatmehrheit (§ 53 StGB) zueinander stehen:

Es liegen dann auch mehrere prozessuale Taten vor, wenn die verschiedenen Verhaltensweisen des Angeklagten keine zusammengehörigen Teile eines einheitlichen Tuns sind.

Es liegt nur eine prozessuale Tat vor, wenn sich für einen Dritten die mehreren Verhaltensweisen des Angeklagten als zusammengehörige Teile eines einheitlichen Tuns darstellen.

Der prozessuale Tatbegriff im Sinne des § 264 Abs. 1 StGB ist zwar nicht identisch mit den materiell-rechtlichen Begriffen
- der „Handlung" i. S. d. § 52 Abs. 1 StGB und
- der „Straftat" i. S. d. § 53 Abs. 1 StGB, aber es gilt folgende **Faustregel:**

materiell-rechtliche Tatmehrheit (§ 53 StGB) = grds. auch mehrere prozessuale Taten

materiell-rechtliche Tateinheit (§ 52 StGB) = grds. nur eine prozessuale Tat

2. Die Plädoyers

Fall 66: Der ausgedehnte Schlussvortrag

Gegen den Angeklagten A findet vor dem Landgericht L die erstinstanzliche Hauptverhandlung wegen des Vorwurfs der Vergewaltigung statt. Nach dem Schluss der Beweisaufnahme und nach dem Plädoyer der Staatsanwältin beginnt der Verteidiger V seinen Schlussvortrag mit folgender Ankündigung: Er werde zunächst die etwa 400 Seite umfassende Akte, die ihm in Kopie vorliege, vorlesen, dann etwa 20 Fälle aus seinem neuen Buch „Fehlurteile in Vergewaltigungsverfahren" vortragen und sodann zu dem Ergebnis der *„skandalösen"* Hauptverhandlung Stellung nehmen. Als er nach Verlesung der ersten Aktenseite die zweite Aktenseite vorlesen will, unterbricht ihn die Vorsitzende und fordert ihn auf, das Vorlesen der Akte zu unterlassen und das Ergebnis der Hauptverhandlung aus Sicht der Verteidigung zusammenfassend zu würdigen sowie einen Schlussantrag zu stellen. V erklärt hierauf, vor einem solchen Gericht werde er kein Plädoyer halten.
Auf Ermahnung der Vorsitzenden verweigert er weiterhin den Schlussvortrag. Daraufhin wird dem Angeklagten A das Wort zum Schlussvortrag erteilt und das letzte Wort gewährt. Nach der Urteilsberatung wird A wegen Vergewaltigung zu sechs Jahren Freiheitsstrafe verurteilt.
A kündigt dem Verteidiger V das Mandat und beauftragt Rechtsanwalt R mit seiner weiteren Verteidigung. R prüft Folgendes:
Hätte eine Revision mit der (Verfahrens-)Rüge, dass der frühere Verteidiger V in der Hauptverhandlung keinen Schlussvortrag gehalten hat, Aussicht auf Erfolg?

Problemstellung

216 Die **Schlussvorträge** (Plädoyers) sind in **§ 258 Abs. 1 StPO** („Ausführungen und Anträge") geregelt. Der Verteidiger ist zwar in § 258 Abs. 1 StPO nicht genannt. Sein Recht zum Schlussvortrag ergibt sich aber aus § 258 Abs. 3 StPO, wonach der Verteidiger für den in § 258 Abs. 1 StPO genannten Angeklagten sprechen kann.

Lösung

217 Eine Revision hätte gemäß § 337 Abs. 1 StPO unter zwei Voraussetzungen Aussicht auf Erfolg: Das Unterlassen des Verteidigerplädoyers müsste das Gesetz (also insbesondere eine Vorschrift der StPO) verletzen, und das Urteil müsste auf der Gesetzesverletzung beruhen.
Eine Verletzung des **§ 258 Abs. 1 StPO** liegt nicht vor:
Der Verteidiger erhielt vom Gericht gemäß § 258 Abs. 1 StPO das Wort zum Schlussvortrag. Wenn er hiervon keinen Gebrauch macht, sondern den Schlussvortrag ablehnt, ist § 258 Abs. 1 StPO nicht verletzt. Nach dieser Vorschrift hat der Verteidiger das Recht, aber nicht die Pflicht zum Schlussvortrag.[156]

218 Auch eine Verletzung des **§ 140 Abs. 1 StPO** – auf der das Urteil gemäß § 338 Nr. 5 StPO kraft Gesetzes beruhen würde – ist nicht gegeben:

156 Etwas anderes gilt für den Staatsanwalt: Der Staatsanwalt hat aufgrund seiner besonderen prozessualen Stellung im Strafverfahren nach § 258 Abs. 1 StPO nicht nur das Recht, sondern auch die (ungeschriebene) verfahrensrechtliche Pflicht, einen Schlussvortrag zu halten und hierbei den Sachverhalt tatsächlich und rechtlich zu würdigen und einen bestimmten Antrag zu stellen, BGH bei Holtz MDR 1984, 798.

Zwar liegt ein Fall der notwendigen Verteidigung nach § 140 Abs. 1 Nr. 1 (und Nr. 2) StPO vor. Lehnt der notwendige Verteidiger es ab, ein Plädoyer zu halten, führt dies aber nicht dazu, dass der notwendige Verteidiger, dessen Anwesenheit in der Hauptverhandlung nach § 140 Abs. 1 StPO vorgeschrieben ist, als abwesend gilt.[157]
Da somit keine Gesetzesverletzung vorliegt, hätte die Revision mit der (Verfahrens-) Rüge, der Verteidiger habe seinen Schlussvortrag unterlassen, keine Aussicht auf Erfolg.

Übersicht 38: Aufbau des staatsanwaltschaftlichen Plädoyers

Vorbereitung: Schlussanträge vorher notieren, ggf. um Unterbrechung bitten.
Freie Rede (Beginn z. B.: *„Die heutige Hauptverhandlung hat ergeben,…"*)
Aufbau (wie Urteil):
- Festgestellter Sachverhalt
- Beweiswürdigung
- Rechtliche Würdigung
- Strafzumessung (Nennung des Strafrahmens und Zumessung im Einzelnen)
- Strafantrag, bei Gesamtstrafe immer auch Einzelstrafen nennen (und Nebenentscheidungen)
- Kosten *(Nebenklage nicht vergessen!)*
- Evtl. Haftbefehl

3. Das letzte Wort

Fall 67: Teileinstellung nach letztem Wort

Gegen den Angeklagten A findet vor dem Landgericht L die Hauptverhandlung wegen des Vorwurfs des Betruges in zwei tatmehrheitlichen Fällen statt. In ihrem Schlussvortrag beantragt die Staatsanwältin, den Angeklagten wegen des ersten Betrugsvorwurfs zu der Freiheitsstrafe von vier Jahren zu verurteilten und hinsichtlich des zweiten Betrugsvorwurfs das Verfahren gemäß § 154 Abs. 2 (i. V. m. Abs. 1 Nr. 1) StPO einzustellen, da die Strafe für diesen zweiten Betrug neben der beantragten vierjährigen Freiheitsstrafe für den ersten Betrug nicht beträchtlich ins Gewicht falle. Nach dem Plädoyer des Verteidigers und dem letzten Wort des Angeklagten zieht sich die Strafkammer zur Beratung zurück. Anschließend verkündet der Vorsitzende zunächst den Beschluss nach § 154 Abs. 2 StPO über die Einstellung des Verfahrens bezüglich des zweiten Betrugsvorwurfs und dann das Urteil, durch das der Angeklagte wegen des ersten Betrugsvorwurfs zu der Freiheitsstrafe von vier Jahren verurteilt wird.
Liegt ein Verstoß gegen § 258 Abs. 2 StPO vor?

Problemstellung

Gemäß **§ 258 Abs. 2 StPO** gebührt dem Angeklagten das **letzte Wort.** Das bedeutet: **219**
Der Angeklagte hat das Recht, als Letzter vor der (Urteilsberatung und der) Urteilsverkündung zu sprechen. Nimmt das Gericht nach dem letzten Wort des Angeklagten

157 BGH bei Pfeiffer NStZ 1981, 295.

und vor der Urteilsverkündung noch **irgendeine** Handlung vor (z. B.: Verlesung einer Urkunde, Verkündung eines Beschlusses über die Ablehnung eines Beweisantrags, Erteilung eines rechtlichen Hinweises nach § 265 StPO), so stellt dies grundsätzlich einen **Wiedereintritt in die Verhandlung** dar. Dem Angeklagten muss dann nochmals das letzte Wort gewährt werden.

Lösung

220 Das Landgericht hat zwar zwischen dem letzten Wort des Angeklagten und der Urteilsverkündung noch eine Handlung vorgenommen, nämlich den (Teil-)Einstellungsbeschluss gemäß § 154 Abs. 2 StPO verkündet. Dies stellt jedoch **ausnahmsweise keinen Wiedereintritt in die Hauptverhandlung** dar. Der (Teil-)Einstellungsbeschluss nach § 154 Abs. 2 StPO ist vielmehr zusammen mit dem anschließend verkündeten Urteil als einheitliche abschließende Entscheidung des Gerichts zu werten.
Dem Angeklagten musste deshalb nach der Verkündung des (Teil-)Einstellungsbeschlusses und vor der Verkündung des Urteils nicht nochmals das letzte Wort gewährt werden. Ein Verstoß gegen § 258 Abs. 2 StPO liegt daher nicht vor.[158]

4. Die Urteilsberatung

Fall 68: Die geheime Abstimmung

Vor dem Schwurgericht des Landgerichts L findet gegen den die Tat bestreitenden Angeklagten A die Hauptverhandlung wegen des Vorwurfs des Totschlags (§ 212 Abs. 1 StGB) statt.
Dem A wird vorgeworfen, seine Ehefrau bei einem Streit erstochen zu haben.
In der Urteilsberatung sind sich die fünf Richter (drei Berufsrichter und zwei Schöffen, § 76 Abs. 1 und Abs. 2 GVG) nicht einig:

- Zwei Berufsrichter meinen, es liege ein Verfahrenshindernis vor, weil die Anklage unwirksam sei. Die übrigen drei Richter stimmen für die Wirksamkeit der Anklage.
- Alle fünf Richter sind zwar von der Täterschaft des Angeklagten überzeugt (also davon, dass es A war, der seine Ehefrau erstochen hat), jedoch ist einer der Richter der Auffassung, A habe in Notwehr gehandelt.
- Zwei Berufsrichter halten eine Freiheitsstrafe von zwölf Jahren, ein Berufsrichter eine Freiheitsstrafe von neun Jahren und die zwei Schöffen eine Freiheitsstrafe von sechs Jahren für tat- und schuldangemessen.

Wie lautet der Urteilstenor des Schwurgerichts?

Problemstellung

221 Die geheime (§§ 43, 45 Abs. 1 Satz 2 DRiG) **Beratung** ist geregelt in **§ 263 StPO** und **§§ 193–197 GVG**. Die Schöffen haben bei der Abstimmung das gleiche Stimmrecht wie die Berufsrichter, §§ 30 Abs. 1, 77 Abs. 1 GVG.[159]

---

158 BGH NJW 2001, 2109.
159 In der Praxis werden die meisten Fälle in der Beratung einvernehmlich entschieden.

Lösung

a) Bei der Frage, ob die Anklage unwirksam ist und deshalb ein Verfahrenshindernis vorliegt,[160] handelt es sich nicht um eine Schuld- oder Rechtsfolgenfrage im Sinne des § 263 Abs. 1 StPO. Deshalb ist diese Frage nicht mit der 2/3-Mehrheit (§ 263 Abs. 1 StPO), sondern nur mit der **absoluten Mehrheit** der fünf Richterstimmen zu entscheiden, § 196 Abs. 1 GVG. **222**
Da drei Richter und damit die absolute Mehrheit für die Wirksamkeit der Anklage stimmen, müssen alle fünf Richter – also auch die beiden überstimmten Richter – bei der weiteren Beratung davon ausgehen, dass eine wirksame Anklage vorliegt. Die beiden überstimmten Richter dürfen die weitere Beratung und Abstimmung über die Schuld- und Rechtsfolgenfrage nicht verweigern, § 195 GVG.

b) Nach § 263 Abs. 2 StPO gehören zur **Schuldfrage** i. S. d. § 263 Abs. 1 StPO auch die „Umstände, welche die Strafbarkeit ausschließen." Hierzu zählen insbesondere die **Rechtfertigungsgründe**, also auch die Notwehr, § 32 StGB. Für die dem Angeklagten A nachteilige Entscheidung, dass keine Notwehr vorlag, ist deshalb eine Mehrheit von 2/3 der fünf Richterstimmen, also von (rechnerisch 3,3 Stimmen, d. h.) vier Stimmen erforderlich. Dies ist hier der Fall.

c) Auch für jede dem Angeklagten nachteilige Entscheidung über die „**Rechtsfolgen der Tat**",[161] also hier über die Höhe der (Freiheits-)Strafe, ist eine Mehrheit von 2/3 der Richterstimmen, also von vier Stimmen erforderlich, § 263 Abs. 1 StPO. **223**
Vorliegend haben sich zur Straffrage mehr als zwei Meinungen gebildet. Deshalb gilt § 196 Abs. 2 GVG: Zunächst werden die dem Angeklagten nachteiligsten Stimmen, d. h. die zwei Stimmen, die für eine zwölfjährige Freiheitsstrafe sind, der minder nachteiligen Stimme hinzugerechnet, die für eine neunjährige Freiheitsstrafe ist. Da diese drei Stimmen aber nicht die nach § 263 Abs. 1 StPO erforderliche 2/3-Mehrheit (vier Stimmen) ergeben, sind diese den beiden noch weniger nachteiligen zwei Stimmen der beiden Schöffen hinzurechnen, die für die Freiheitsstrafe von sechs Jahren stimmen. Die so für die Freiheitsstrafe von sechs Jahren zusammengezählten fünf Stimmen ergeben die erforderliche 2/3-Mehrheit für die 6-jährige Freiheitsstrafe.

Der **Urteilstenor** des Schwurgerichts lautet daher wie folgt:

1. Der Angeklagte A wird wegen Totschlags zu der Freiheitsstrafe von 6 Jahren verurteilt.
2. Der Angeklagte trägt die Kosten des Verfahrens.

160 Eine Anklage ist z. B. dann unwirksam, wenn die angeklagte Tat weder im Anklagesatz (§ 200 Abs. 1 StPO) noch im wesentlichen Ermittlungsergebnis der Anklageschrift (§ 200 Abs. 2 StPO) genügend konkretisiert ist (BGH NStZ 2006, 649). Die Unwirksamkeit der Anklage führt als Verfahrenshindernis zur Einstellung des Verfahrens, und zwar in der Hauptverhandlung durch Urteil, § 260 Abs. 3 StPO, und außerhalb der Hauptverhandlung durch Beschluss, § 206a Abs. 1 StPO.

161 Zu den Rechtsfolgen der Tat zählen neben der (Geld- oder Freiheits-)Strafe auch die Entziehung der Fahrerlaubnis, § 69 StGB, die Fahrerlaubnissperre, § 69a StGB, das Fahrverbot, § 44 StGB, die Einziehung, § 74 StGB, und der Verfall, § 73 StGB.

Übersicht 39: Die Urteilsberatung

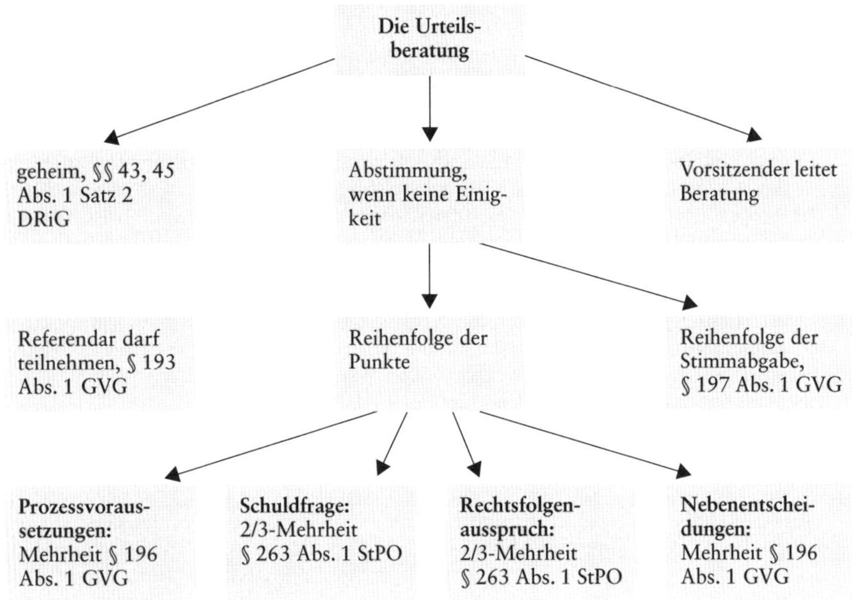

5. Die Urteilsformel

Fall 69: Urteilstenor bei teilweiser Verurteilung

Gegen den vorbestraften Angeklagten A findet die Hauptverhandlung wegen des Vorwurfs der fahrlässigen Trunkenheit im Verkehr in Tatmehrheit mit Diebstahl statt. In der durch den Eröffnungsbeschluss zugelassenen Anklage wird dem A vorgeworfen, mit einer Blutalkoholkonzentration von 1,4 ‰ mit einem Lastkraftwagen auf der Autobahn gefahren zu sein und zwei Wochen später in einem Kaufhaus eine Armbanduhr gestohlen zu haben. Aufgrund der in der Hauptverhandlung durchgeführten Beweisaufnahme kommt das Gericht in der Urteilsberatung zu dem Ergebnis, dass zwar der Vorwurf der fahrlässigen Trunkenheit im Verkehr erwiesen ist, nicht jedoch der Kaufhausdiebstahl. Das Gericht will deshalb gegen den Angeklagten eine sechsmonatige Freiheitsstrafe mit Bewährung verhängen, ferner dem Angeklagten die Fahrerlaubnis entziehen, seinen Führerschein einziehen und eine Fahrerlaubnissperre von einem Jahr anordnen (§§ 69, 69a StGB). Die Bewährungszeit soll drei Jahre betragen und der Angeklagte als Bewährungsauflage 2000,– € in Raten an eine gemeinnützige Einrichtung bezahlen.
Wie lautet der vollständige Urteilstenor?

Problemstellung

Wird der Angeklagte verurteilt, besteht der Urteilstenor aus folgenden Teilen: 224

- **Schuldspruch,**
  der die erwiesene Tat rechtlich bezeichnet, wobei die gesetzliche Überschrift des erfüllten Straftatbestandes verwendet werden soll, § 260 Abs. 4 Satz 1 und Satz 2 StPO, z. B.:

  Der Angeklagte A wird wegen unerlaubten Entfernens vom Unfallort …

- **Rechtsfolgenausspruch,**
  in dem mitgeteilt wird, welche Strafe oder Nebenstrafe (Geldstrafe, Freiheitsstrafe, Fahrverbot) und sonstigen Rechtsfolgen (z. B. nach §§ 69. 69a StGB, Einziehung, § 74 StGB, Verfall, § 73 StGB) gegen den Angeklagten verhängt werden,[162] z. B.:

  … zu der Geldstrafe von 20 Tagessätzen in Höhe von jeweils 30 € verurteilt.
  Dem Angeklagten wird für die Dauer von zwei Monaten verboten, im Straßenverkehr Kraftfahrzeuge jeder Art zu führen.[163]

- **Kostenentscheidung,** §§ 464 Abs. 1 und Abs. 2, 465 StPO:[164]

  Der Angeklagte trägt die Kosten des Verfahrens.

Weicht das Ergebnis der Hauptverhandlung (= das Ergebnis der Urteilsberatung) von der durch den Eröffnungsbeschluss zugelassenen Anklage (§ 207 StPO) in der Weise ab,

- dass der Angeklagte wegen einer anderen Gesetzesverletzung verurteilt werden soll als der, die ihm in der Anklage vorgeworfen wurde, oder
- dass der Angeklagte nicht wegen aller in der Anklage vorgeworfenen Gesetzesverletzungen verurteilt werden kann,

stellt sich die Frage, ob im Urteilstenor neben dem verurteilenden Teil ein **Teilfreispruch** erfolgen muss.

Dabei gilt Folgendes: 225
Weicht das Ergebnis der Hauptverhandlung von der zugelassenen Anklage ab, ist im Urteilstenor ein **Teilfreispruch** nur dann erforderlich, wenn die Anklage dem Angeklagten mehrere **tatmehrheitlich** (§ 53 StGB) begangene Gesetzesverletzungen vorgeworfen hat, nach dem Ergebnis der Hauptverhandlung aber nicht alle dieser tatmehrheitlich angeklagten Gesetzesverletzungen erwiesen sind.
In allen anderen Fällen, in denen das Ergebnis der Hauptverhandlung von der zugelassenen Anklage abweicht, ist kein Teilfreispruch erforderlich.

Lösung

Der dem Angeklagten nicht nachweisbare Diebstahl (§ 242 Abs. 1 StGB) stand nach 226
der Anklage in **Tatmehrheit** (§ 53 StGB) zu der fahrlässigen Trunkenheit im Verkehr (§ 316 Abs. 2 StGB). Im Urteilstenor muss deshalb – neben der Verurteilung wegen § 316 Abs. 2 StGB – ein **Teilfreispruch** bezüglich des Diebstahlsvorwurfs erfolgen.
Der vollständige Urteilstenor lautet daher wie folgt:

---

162 Der Rechtsfolgenausspruch wird auch als **Strafausspruch** bezeichnet, wenn außer einer Strafe (Geldstrafe, Freiheitsstrafe, Fahrverbot = Nebenstrafe) keine weiteren Rechtsfolgen verhängt werden.

163 Fahrverbot gemäß § 44 StGB.

164 In dem seltenen Fall des § 4 StrEG kann bei einer Verurteilung zusätzlich auch noch eine Entschädigungsentscheidung in Betracht kommen.

1. Der Angeklagte A wird wegen fahrlässiger[165] Trunkenheit im Verkehr zu der Freiheitsstrafe von sechs Monaten verurteilt, deren Vollstreckung zur Bewährung ausgesetzt wird.[166]
   Dem Angeklagten wird die Fahrerlaubnis entzogen.[167]
   Sein Führerschein wird eingezogen.[168]
   Für die Dauer von einem Jahr darf dem Angeklagten keine neue Fahrerlaubnis erteilt werden.[169]
2. Im Übrigen wird der Angeklagte freigesprochen.
3. Soweit der Angeklagte verurteilt wurde, trägt er die Kosten des Verfahrens.[170]
   Soweit der Angeklagte freigesprochen wurde, trägt die Staatskasse die Kosten des Verfahrens und die dem Angeklagten entstandenen notwendigen Auslagen.[171]

Fall 70: Urteilstenor bei Freispruch und Einstellung

Dem Angeklagten A wird in der zugelassenen Anklage eine fahrlässige Körperverletzung (§ 229 StGB) zur Last gelegt. Ihm wird vorgeworfen, er sei am 1.3.2007 mit seinem PKW innerorts mit der überhöhten Geschwindigkeit von 80 km/h statt zulässigerweise nur mit 50 km/h gefahren. Wegen der Geschwindigkeitsüberschreitung habe er einen Fußgänger angefahren, der verletzt worden sei.
Die Beweisaufnahme in der Hauptverhandlung ergibt, dass der Angeklagte zwar mit der überhöhten Geschwindigkeit von 80 km/h gefahren ist, dass aber der Zusammenstoß mit dem Fußgänger auch für einen sorgfältigen Kraftfahrer, der mit der zulässigen Geschwindigkeit von 50 km/h gefahren wäre, unvermeidbar gewesen wäre.
Aufgrund der Aktenlage steht ferner fest, dass zwischen der Beschuldigtenvernehmung des A vom 3.5.2007, die die letzte Ermittlungshandlung vor der Erhebung der Anklage war, und der Erhebung der Anklage vier Monate verstrichen sind.
Wie lautet der Urteilstenor?

Problemstellung

a) **Tenor eines freisprechenden Urteils:**

227 Wird der Angeklagte **freigesprochen**, besteht der Urteilstenor aus folgenden Teilen:

- Freispruch

  Der Angeklagte A wird freigesprochen.[172]

---

165 Bei Straftatbeständen wie z.B. § 316 StGB oder § 21 StVG, die vorsätzlich oder fahrlässig begangen werden können, ist die Schuldform im Tenor anzugeben.

166 Formulierungshilfe: § 56 Abs. 1 StGB.
Achtung: Die Entscheidungen, wie lange die Bewährungszeit dauert (§ 56a StGB), welche Bewährungsauflagen (§ 56b StGB) oder Bewährungsweisungen (§ 56c StGB) angeordnet werden oder ob der Angeklagte einen Bewährungshelfer erhält (§ 56d StGB), gehören nicht in das Urteil, sondern in einen gesonderten Beschluss, **§ 268a Abs. 1 StPO.**

167 § 69 Abs. 1 und Abs. 2 Nr. 2 StGB.

168 § 69 Abs. 4 Satz 2 StGB.

169 § 69a Abs. 1 Satz 1 StGB.

170 § 465 Abs. 1 Satz 1 StPO: Schweigt die Kostenentscheidung dazu, wer die Kosten des Verfahrens oder die notwendigen Auslagen des Angeklagten (das sind insbesondere die Verteidigergebühren) zu tragen hat, so trägt sie derjenige, bei dem sie entstanden sind.

171 § 467 Abs. 1 StPO.

172 Der Vorwurf, von dem der Angeklagte freigesprochen wird, wird nicht im Tenor des freisprechenden Urteils, sondern in den Urteilsgründen mitgeteilt.

- Kostenentscheidung gemäß § 467 StPO:

  Die Staatskasse trägt die Kosten des Verfahrens und die dem Angeklagten entstandenen notwendigen Auslagen.

- Entschädigungsentscheidung, § 8 StrEG (Gesetz über die Entschädigung für Strafverfolgungsmaßnahmen), falls der freigesprochene Angeklagte Strafverfolgungsmaßnahmen (z.B. Untersuchungshaft, vorläufige Entziehung der Fahrerlaubnis) erlitten hat, § 2 StrEG, und keine Gründe nach §§ 5, 6 StrEG für den Ausschluss oder die Versagung der Entschädigung vorliegen:

  Für die am ... erlittene vorläufige Festnahme und für die anschließend vom ... bis zum ... dauernde Untersuchungshaft ist der Angeklagte zu entschädigen.

b) **Tenor eines Einstellungsurteils:**
Wird in der Hauptverhandlung ein unbehebbares Verfahrenshindernis (z.B. Verfolgungsverjährung, § 78 Abs. 1 StGB) festgestellt, wird das **Verfahren** durch Urteil **eingestellt. § 260 Abs. 3 StPO.**[173] Das Einstellungsurteil besteht aus folgenden Teilen: **228**

- Ausspruch über die Einstellung des Verfahrens:

  Das Verfahren gegen den Angeklagten A wird eingestellt.[174]

- Kostenentscheidung gemäß § 467 StPO:

  Die Staatskasse trägt die Kosten des Verfahrens und die dem Angeklagten entstandenen notwendigen Auslagen.

- Entschädigungsentscheidung, § 8 StrEG, falls der Angeklagte Strafverfolgungsmaßnahmen (z.B. Untersuchungshaft, vorläufige Entziehung der Fahrerlaubnis) erlitten hat, § 2 StrEG, und keine Gründe nach §§ 5, 6 StrEG für den Ausschluss oder die Versagung der Entschädigung vorliegen:

  Der Angeklagte ist für die vom ... bis zum ... dauernde vorläufige Entziehung seiner Fahrerlaubnis zu entschädigen.

c) **Vorrang des Freispruchs vor der Einstellung des Verfahrens:**
Erfüllt die in der Anklage vorgeworfene Handlung des Angeklagten einen schwereren Tatbestand (z.B. § 249 StGB) und zugleich (Tateinheit oder sonstiges rechtliches Zusammentreffen[175]) einen leichteren Tatbestand (z.B. § 240 StGB)[176] und ergibt dann die Hauptverhandlung, **229**

- dass der schwerere Tatvorwurf nicht nachgewiesen ist
  und
- dass der leichtere Tatbestand zwar erfüllt ist, wegen eines unbehebbaren Verfahrenshindernisses (z.B. Verfolgungsverjährung) aber nicht mehr verfolgbar ist,

gilt für den Urteilstenor der **Vorrang des Freispruchs vor der Verfahrenseinstellung:** Das Verfahren wird nicht eingestellt, sondern der Angeklagte wird freigesprochen. Bei Tateinheit oder sonstigem rechtlichen Zusammentreffen bestimmt also der schwerere (nicht erwiesene) Tatvorwurf den Urteilsausspruch.[177]

173 Wird ein Verfahrenshindernis **außerhalb** der Hauptverhandlung festgestellt, wird das Verfahren durch Beschluss eingestellt, § 206a Abs. 1 StPO.
174 Das zur Verfahrenseinstellung führende Verfahrenshindernis wird nicht im Tenor, sondern in den Gründen des Einstellungsurteils mitgeteilt.
175 Z.B. Spezialität, Subsidiarität, Konsumtion.
176 Eine Gesetzesverletzung wiegt schwerer als eine andere, wenn ihr Strafrahmen höher ist.
177 BGH NJW 2005, 1287, 1290.

Lösung

230 Die dem Angeklagten in der Anklage vorgeworfene Handlung erfüllt gleichzeitig

- den Straftatbestand der fahrlässigen Körperverletzung, § 229 StGB, und
- den gemäß **§ 21 Abs. 1 OWiG** subsidiären Bußgeldtatbestand des § 49 Abs. 1 Nr. 3 i. V. m. § 3 Abs. 3 Nr. 1 StVO.

Da nach dem Ergebnis der Hauptverhandlung der Straftatbestand des § 229 StGB wegen Unvermeidbarkeit der Körperverletzung auch bei sorgfältigem Verhalten des Angeklagten nicht erfüllt ist und deshalb keine Strafe verhängt wird, kann die Tat des Angeklagten gemäß **§ 21 Abs. 2 OWiG** als Ordnungswidrigkeit nach §§ 49 Abs. 1 Nr. 3, 3 Abs. 3 Nr. 1 StVO geahndet werden, wenn die Ordnungswidrigkeit nicht verjährt ist.

231 Gemäß **§ 26 Abs. 3 StVG** beträgt die Verjährungsfrist bis zur Erhebung der öffentliche Klage (= Einreichung der Anklageschrift, § 170 Abs. 1 StPO) drei Monate. Diese dreimonatige Verjährungsfrist begann am 1.3.2007, **§ 31 Abs. 3 OWiG.**

Durch die Beschuldigtenvernehmung vom 3.5.2007 wurde die zu diesem Zeitpunkt noch nicht abgelaufene Verjährungsfrist unterbrochen, § 33 Abs. 1 Nr. 1 OWiG, d. h., die dreimonatige Verjährungsfrist begann am 3.5.2007 erneut, **§ 33 Abs. 3 Satz 1 OWiG.**

Weil aber bis zur nächstmöglichen Unterbrechungshandlung, nämlich der Erhebung der öffentlichen Klage (= Anklage), § 33 Abs. 1 Nr. 13 OWiG, mehr als drei Monate verstrichen sind, ist die Ordnungswidrigkeit verjährt und kann daher nicht mehr verfolgt werden, **§ 31 Abs. 1 Satz 1 OWiG.**

Da somit der schwerere Tatvorwurf, nämlich die Straftat nach § 229 StGB, nicht erwiesen ist und der leichtere Vorwurf der Ordnungswidrigkeit nach §§ 49 Abs. 1 Nr. 3, 3 Abs. 3 Nr. 1 StVO wegen des Verfahrenshindernisses der Verfolgungsverjährung nicht mehr verfolgt werden kann, gilt der Vorrang des Freispruchs vor der Verfahrenseinstellung: Das Verfahren wird also nicht wegen des Verfahrenshindernisses bezüglich des leichteren Vorwurfs eingestellt, sondern der Angeklagte ist von dem schwereren Vorwurf freizusprechen.

Der **Urteilstenor** lautet daher:

1. Der Angeklagte A wird freigesprochen.
2. Die Staatskasse trägt die Kosten des Verfahrens und die dem Angeklagten entstandenen notwendigen Auslagen.

Übersicht 40: Urteilstenor bei Verurteilung

In den nachfolgenden Tabellen werden angeführt

- in der Zeile „Anklage“: der durch den Eröffnungsbeschluss zugelassene Anklagevorwurf (§ 207 StPO) (oder, was dem gleichsteht [§ 433 Abs. 1 Satz 2 StPO], der Vorwurf in dem erlassenen Strafbefehl)
- in der Zeile „HV-Ergebnis“: das Ergebnis der Hauptverhandlung (= Ergebnis der Urteilsberatung)

Es wird ferner unterstellt, dass in der Hauptverhandlung ein nach § 265 StPO erforderlicher Hinweis erteilt wurde.

Anklage	Diebstahl
HV-Ergebnis	versuchter Diebstahl
Tenor	Der Angeklagte A wird wegen versuchten[178] Diebstahls zu der Geldstrafe von 30 Tagessätzen in Höhe von jeweils 40,– € verurteilt. Der Angeklagte trägt die Kosten des Verfahrens.

Anklage	Diebstahl
HV-Ergebnis	Beihilfe zum Diebstahl
Tenor	Der Angeklagte A wird wegen Beihilfe[179] zum Diebstahl zu der Geldstrafe von 40 Tagessätzen in Höhe von jeweils 20,– € verurteilt. Der Angeklagte trägt die Kosten des Verfahrens.

Anklage	Wohnungseinbruchsdiebstahl, § 244 Abs. 1 Nr. 3 StGB Diebesbeute: zehn Schmuckstücke
HV-Ergebnis	Wohnungseinbruchsdiebstahl, § 244 Abs. 1 Nr. 3 StGB Diebesbeute: zwei Schmuckstücke
Tenor	Der Angeklagte A wird wegen Wohnungseinbruchsdiebstahl[180] zu der Freiheitsstrafe von zwei Jahren verurteilt, deren Vollstreckung zur Bewährung ausgesetzt wird. Der Angeklagte trägt die Kosten des Verfahrens.

Anklage	Diebstahl in einem besonders schweren Fall, § 243 StGB
HV-Ergebnis	Diebstahl in einem besonders schweren Fall, § 243 StGB
Tenor	Der Angeklagte A wird wegen Diebstahls[181] zu der Freiheitsstrafe von einem Jahr verurteilt, deren Vollstreckung zur Bewährung ausgesetzt wird. Der Angeklagte trägt die Kosten des Verfahrens.

178 Der Umstand, dass nur ein Versuch vorliegt, ist in den Schuldspruch aufzunehmen.

179 Die Teilnahmeform (Beihilfe oder Anstiftung) ist in den Schuldspruch aufzunehmen, nicht jedoch die Mittäterschaft.

180 Ein Qualifikationstatbestand ist im Schuldspruch zu benennen.

181 Ob ein besonders schwerer Fall (z. B. nach § 243 StGB) oder ein minder schwerer Fall (z. B. nach § § 250 Abs. 3 StGB) vorliegt, wird im Tenor nicht erwähnt.

Anklage	Raub in Tateinheit (§ 52 StGB) mit vorsätzlicher Körperverletzung
HV-Ergebnis	Raub in Tateinheit (§ 52 StGB) mit vorsätzlicher Körperverletzung
Tenor	Der Angeklagte A wird wegen Raubes in Tateinheit mit vorsätzlicher Körperverletzung zu der Freiheitsstrafe von drei Jahren und neun Monaten verurteilt. Der Angeklagte trägt die Kosten des Verfahrens und die dem Nebenkläger erwachsenen notwendigen Auslagen.[182]

Anklage	Raub in Tateinheit (§ 52 StGB) mit vorsätzlicher Körperverletzung
HV-Ergebnis	(nur) Raub
Tenor	Der Angeklagte A wird wegen Raubes zu der Freiheitsstrafe von zwei Jahren und neun Monaten verurteilt. Der Angeklagte trägt die Kosten des Verfahrens.

Anklage	Diebstahl in Tatmehrheit (§ 53 StGB) mit Anstiftung zum Betrug
HV-Ergebnis	Diebstahl in Tatmehrheit (§ 53 StGB) mit Anstiftung zum Betrug
Tenor	Der Angeklagte A wird wegen Diebstahls und wegen Anstiftung zum Betrug zu der Gesamtgeldstrafe von 80 Tagessätzen[183] in Höhe von jeweils 30,– € verurteilt. Der Angeklagte kann die Gesamtgeldstrafe in monatlichen Raten von 100 € bezahlen, beginnend mit der Zahlungsaufforderung durch die Staatsanwaltschaft. Bezahlt der Angeklagte eine Rate nicht vollständig oder rechtzeitig, wird der gesamte Restbetrag zur Zahlung fällig.[184] Der Angeklagte trägt die Kosten des Verfahrens.

182 § 472 Abs. 1 StPO.
183 Bei Tatmehrheit wird nur die Gesamtstrafe (§§ 53, 54 StGB) im Tenor mitgeteilt. Die Einzelstrafen (§ 53 Abs. 1 StGB) – hier die beiden Einzelgeldstrafen für den Diebstahl und für die Anstiftung zum Betrug – werden nur in den Urteilsgründen genannt.
184 § 42 StGB.

Anklage	Diebstahl in Tatmehrheit (§ 53 StGB) mit Betrug
HV-Ergebnis	(nur) Betrug
Tenor	Der Angeklagte A wird wegen Betrugs zu der Geldstrafe von 30 Tagessätzen in Höhe von jeweils 50,– € verurteilt. Im Übrigen wird er freigesprochen.[185] Soweit er verurteilt wurde, trägt der Angeklagte die Kosten des Verfahrens. Soweit er freigesprochen wurde, trägt die Staatskasse die Kosten des Verfahrens und die dem Angeklagten entstandenen notwendigen Auslagen.

Anklage	Betrug in Tatmehrheit (§ 53 StGB) mit Urkundenfälschung
HV-Ergebnis	Betrug in Tateinheit (§ 52 StGB) mit Urkundenfälschung
Tenor	Der Angeklagte A wird wegen Betrugs in Tateinheit mit Urkundenfälschung zu der Freiheitsstrafe von neun Monaten verurteilt, deren Vollstreckung zur Bewährung ausgesetzt wird.[186] Der Angeklagte trägt die Kosten des Verfahrens.

Anklage	Straftat nach § 316 Abs. 1 StGB
HV-Ergebnis	nur Ordnungswidrigkeit nach § 24a Abs. 1 und Abs. 3 StVG
Tenor	Der Angeklagte A wird wegen fahrlässigen Führens eines Kraftfahrzeugs mit einer Blutalkoholkonzentration 0,5 Promille oder mehr zu der Geldbuße von 250,– €[187] verurteilt. Für die Dauer von einem Monat wird dem Angeklagten verboten, im Straßenverkehr Kraftfahrzeuge jeder Art zu führen.[188] Das Fahrverbot wird erst wirksam, wenn der Führerschein nach Rechtskraft des vorliegenden Urteils in amtliche Verwahrung gelangt, spätestens jedoch mit Ablauf von vier Monaten seit Eintritt der Rechtskraft.[189] Der Angeklagte trägt die Kosten des Verfahrens.

185 Teilfreispruch wegen des Wegfalls einer **tatmehrheitlich** angeklagten Gesetzesverletzung.

186 Kein Teilfreispruch, da keine der beiden tatmehrheitlich angeklagten Gesetzesverletzungen wegfällt, sondern beide angeklagten Gesetzesverletzungen, wenn auch jetzt in Tateinheit stehend, zur Aburteilung gelangen.

187 Nr. 241 der Bußgeldkatalogverordnung (BKatV).

188 § 25 Abs. 1 StVG i.V.m. § 4 Abs. 3 und Nr. 241 BKatV.

189 § 25 Abs. 2a StVG (anders als bei § 44 Abs. 2 Satz 1StGB).

Anklage	§ 315c Abs. 1 Nr. 1a, Abs. 3 Nr. 2 StGB in Tatmehrheit (§ 53 StGB) mit § 142 Abs. 1 Nr. 2 StGB in Tateinheit mit § 316 Abs. 1 StGB (trunkenheitsbedingtes Streifen eines anderen, geparkten Fahrzeugs mit anschließender Unfallflucht)
HV-Ergebnis	nur § 315c Abs. 1 Nr. 1a, Abs. 3 Nr. 2 StGB, kein § 142 StGB, da dem Angeklagten ein Bemerken des Streifens des anderen Fahrzeugs (= Vorsatz bezüglich des objektiven Tatbestandsmerkmals „Unfall") nicht nachgewiesen werden kann
Tenor	Der Angeklagte A wird wegen fahrlässiger Gefährdung des Straßenverkehrs zu der Geldstrafe von 40 Tagessätzen in Höhe von jeweils 50,– € verurteilt.[190] Dem Angeklagten wird die Fahrerlaubnis entzogen. Sein Führerschein wird eingezogen. Für die Dauer von einem Jahr darf dem Angeklagten keine neue Fahrerlaubnis erteilt werden. Der Angeklagte trägt die Kosten des Verfahrens.

6. Die Urteilsverkündung

Fall 71: Die schriftliche Urteilsformel

Vor dem Landgericht L findet die Hauptverhandlung gegen den Angeklagten A wegen des Vorwurfs des Mordes statt. Am 4.7.2007, dem 10. Hauptverhandlungstag, wird dem Angeklagten nach den Schlussvorträgen des Staatsanwalts und des Verteidigers das letzte Wort gewährt. Danach verkündet die Vorsitzende, da ein Schöffe am 5.7.2007 einen bereits gebuchten zweiwöchigen Auslandsurlaub antreten will: *„Termin zur Verkündung des Urteils wird gemäß § 229 Abs. 1 StPO bestimmt auf den 25.7.2007, 09.00 Uhr."* Nachdem die Schwurgerichtskammer am 24.7.2007 beraten hat, verkündet die Vorsitzende in der Hauptverhandlung vom 25.7.2007 folgende Urteilsformel, die allerdings nicht schriftlich vorliegt: *„Im Namen des Schwurgerichts: Der Angeklagte A wird wegen Mordes zu lebenslanger Freiheitsstrafe verurteilt"*.
Als die Vorsitzende darauf die wesentlichen Urteilsgründe mündlich mitteilen will, beginnt der Angeklagte wutentbrannt zu schreien und um sich zu schlagen, weswegen er aus dem Sitzungssaal abgeführt wird. Ohne die wesentlichen Urteilsgründe bekannt zu geben, erklärt die Vorsitzende, dass die Verhandlung hiermit beendet sei.
Verteidiger V prüft folgende Frage:
War die Urteilsverkündung fehlerhaft, und könnten etwaige Fehler erfolgreich mit einer Revision beanstandet werden?

190 Abweichend von dem Grundsatz, dass bei Wegfall eines tatmehrheitlich angeklagten Vorwurfs teilweise freigesprochen werden muss, erfolgt hier ausnahmsweise kein Teilfreispruch. Denn bei Nichterweislichkeit des unerlaubten Entfernens vom Unfallort bilden die beiden Teile der Trunkenheitsfahrt (1. Teil: bis zum Unfall. 2. Teil: nach dem Unfall) nur noch eine einheitliche Trunkenheitsfahrt gemäß § 315c StGB, hinter den der subsidiäre § 316 StGB zurücktritt. Da die Verurteilung nach § 315c StGB damit das gesamte tatmehrheitlich angeklagte Geschehen umfasst, erfolgt kein Teilfreispruch.

Problemstellung

Die **Urteilsverkündung** ist in **§ 268 StPO** geregelt. 232

Sie besteht gemäß § 268 Abs. 2 Satz 1 StPO aus zwei Teilen:

- der Verlesung der Urteils**formel**, und
- der mündliche Eröffnung der Urteils**gründe.**

In der Praxis liegen die Urteils**gründe** bei der Urteilsverkündung im Regelfall noch nicht schriftlich vor. Deshalb werden die Urteils**gründe** in der Regel durch mündliche Mitteilung ihres wesentlichen Inhalts und nicht durch Verlesung eröffnet, § 268 Abs. 2 Satz 2 StPO.[191]

Soll das Urteil nicht am selben Tag verkündet werden, an dem dem Angeklagten das letzte Wort gewährt wurde (= „Schluss der Verhandlung" i. S. d. § 268 Abs. 3 Satz 1 StPO), sondern an einem anderen Tag, dann gelten für diesen Verkündungstermin nicht die längeren Unterbrechungsfristen des § 229 Abs. 1 und Abs. 2 StPO, sondern die kurze Unterbrechungsfrist des § 268 Abs. 3 Satz 2 StPO.[192]

Lösung

Die Urteilsverkündung war fehlerhaft, weil sie folgende Vorschriften verletzte: 233

- § 268 Abs. 1 StPO, da das Urteil nicht „im Namen des Volkes" erging;
- § 268 Abs. 2 Satz 1 StPO, da die Urteils**formel** nicht schriftlich vorlag und das Urteil deshalb nicht durch „Verlesung" der Urteils**formel** verkündet wurde;
- § 268 Abs. 2 Satz 1 StPO, da die Urteils**gründe** nicht eröffnet, d. h. nicht verlesen und auch nicht in ihrem wesentlichen Inhalt mündlich mitgeteilt wurden, § 268 Abs. 2 Satz 2 StPO;
- § 268 Abs. 3 Satz 2 StPO, da das Urteil nicht spätestens am 11. Tag nach dem letzten Wort des Angeklagten verkündet wurde.

Diese vier Gesetzesverletzungen könnten mit der Revision erfolgreich beanstandet werden, wenn das Urteil auch auf diesen Gesetzesverletzungen beruht, § 337 Abs. 1 StPO, also das Urteil bei Einhaltung der genannten Regelungen des § 268 StPO möglicherweise anders ausgefallen wäre. 234

Da der Urteilstenor bei einer Verkündung „im Namen des Volkes", bei seiner Verlesung und bei der mündlichen Mitteilung seiner Begründung nicht anders ausgefallen wäre, beruht das Urteil nicht auf der Verletzung des

- § 268 Abs. 1 StPO (unterlassene Verkündung „im Namen des Volkes"[193])
- § 268 Abs. 2 Satz 2 StPO (fehlende Schriftform der Urteilsformel und damit unterbliebene „Verlesung" des Urteilstenors;[194] unterlassene Eröffnung der Urteilsgründe[195]).

Jedoch beruht das Urteil nach Auffassung des BGH grundsätzlich auf der Verletzung des § 268 Abs. 3 Satz 2 StPO (Nichteinhaltung der 11-Tage-Frist).[196]

Die Verletzung des § 268 Abs. 3 Satz 2 StPO könnte damit mit der Revision erfolgreich beanstandet werden.

---

191 Die bei der Urteilsverkündung mündlich eröffneten Urteilsgründe sind zu unterscheiden von den schriftlichen Urteilsgründen/Entscheidungsgründen. Die §§ 275, 338 Nr. 7 StPO gelten nur für die schriftlichen Entscheidungsgründe, nicht für die bei der Urteilsverkündung mündlich zu eröffnenden Urteilsgründe.

192 BGH NStZ 2007, 235.

193 Meyer-Goßner, § 268, Rn. 20.

194 Meyer-Goßner, § 268, Rn. 20.

195 BGHSt 15, 263, 264.

196 BGH NStZ 2007, 235.

7. Die Rechtsmittelbelehrung

Fall 72: Verzicht auf Rechtsmittelbelehrung

Nach vorangegangenem Strafbefehlsverfahren verurteilt das Amtsgericht S den Angeklagten A am 5.7.2007 wegen Körperverletzung zu einer Geldstrafe. Als der Amtsrichter nach Abschluss seiner mündlichen Urteilsverkündung mit der Rechtsmittelbelehrung (Berufung oder Revision) beginnen will, erklären der Angeklagte A und sein Verteidiger V, dass auf Rechtsmittelbelehrung verzichtet werde. Der Amtsrichter sieht deshalb von einer Rechtsmittelbelehrung ab.
Am 16.7.2007 gibt der Angeklagte ein Schreiben an das Amtsgericht zur Post, in dem er gegen das Urteil vom 5.7.2007 Berufung einlegt. Dieses Schreiben geht am 17.7.2007 beim Amtsgericht ein.
Mit Beschluss vom 30.7.2007, der dem Angeklagten am 3.8.2007 zugestellt wird, verwirft das Amtsgericht gemäß § 319 Abs. 1 StPO die Berufung des Angeklagten A als unzulässig, da die Berufung nicht innerhalb der Wochenfrist des § 314 Abs. 1 StPO, also nicht spätestens am 12.7.2007 beim Amtsgericht eingelegt wurde.
Mit am 6.8.2007 beim Amtsgericht eingegangenem Schriftsatz vom 5.8.2007 beantragt Verteidiger V die Wiedereinsetzung in die vom Angeklagten versäumte einwöchige Berufungsfrist, wobei V den soeben geschilderten Sachverhalt vorträgt und diesen Sachverhalt – zur Glaubhaftmachung – anwaltlich versichert. Ferner trägt V in dem Schriftsatz vor, dass den Angeklagten A gemäß § 44 Satz 2 StPO kein Verschulden an der Versäumung der einwöchigen Berufungsfrist treffe, da das Amtsgericht dem A keine Rechtsmittelbelehrung erteilt habe und A deshalb nicht gewusst habe, dass die Berufung innerhalb einer Woche beim Amtsgericht hätte eingehen müssen. Vielmehr habe A wegen des vorangegangenen Strafbefehlsverfahrens irrig geglaubt, dass ebenso wie die zweiwöchige Einspruchsfrist gegen den Strafbefehl (§ 410 Abs. 1 Satz 1 StPO) auch die Berufungsfrist zwei Wochen betrage.
Welches Gericht entscheidet über den Wiedereinsetzungsantrag und wie lautet der Entscheidungstenor des Gerichts?

Problemstellung

235 Die **Rechtsmittelbelehrung** ist in **§ 35a StPO** geregelt.
Probleme der Rechtsmittelbelehrung stehen immer im Zusammenhang mit der Frage der Wirksamkeit eines **Rechtsmittelverzichts** (§ 302 StPO) oder der Frage der **Wiedereinsetzung** in eine versäumte Rechtsmittelfrist, §§ 44 ff. StPO.
Die Rechtsmittelbelehrung muss **vollständig** sein und deshalb Folgendes enthalten:

- Art des möglichen Rechtsmittels
- Gericht, bei dem das Rechtsmittel eingelegt werden muss
- Frist des Rechtsmittels
- Beginn der Rechtsmittelfrist
- Form des Rechtsmittels[197]
- Ging einem Urteil eine **Urteilsabsprache** voraus, ist zusätzlich der Hinweis erforderlich, dass der Angeklagte in seiner Entscheidung, gegen das Urteil Rechtsmittel einzulegen, frei ist, und zwar ungeachtet der getroffenen Verfahrensabsprache, ungeachtet einer etwaigen früheren Ankündigung, auf Rechtsmittel zu verzichten,

197 Bei **Ausländern** gehört hierzu wegen § 184 GVG der Hinweis, dass die schriftliche Rechtsmitteleinlegung in deutscher Sprache erfolgen muss.

und ungeachtet etwaiger Empfehlungen seines Verteidigers oder sonstiger Verfahrensbeteiligter (sog. **„qualifizierte Rechtsmittelbelehrung“**).[198]

Erteilt das Gericht keine Rechtsmittelbelehrung, **236**

- beginnt die Rechtsmittelfrist trotzdem zu laufen,
- kann Wiedereinsetzung in die versäumte Rechtsmittelfrist beantragt werden, wobei § 44 Satz 2 StPO gilt,
- ist ein Rechtsmittelverzicht (§ 302 StPO) grundsätzlich trotzdem wirksam. Ausnahme:
  Ging einem Urteil eine **Urteilsabsprache** voraus, ist ein Rechtsmittelverzicht des Angeklagten unwirksam, wenn der Angeklagte vom Gericht weder nach § 35a Satz 1 StPO noch darüber belehrt wurde, dass er ungeachtet der Absprache in seiner Entscheidung, Rechtsmittel einzulegen, frei ist („qualifizierte Rechtsmittelbelehrung“).[199]
  Eine falsche oder unvollständige Rechtsmittelbelehrung ist wie das Fehlen einer Rechtsmittelbelehrung zu behandeln, d. h.: Auch im Falle der falschen und unvollständigen Rechtsmittelbelehrung gilt § 44 Satz 2 StPO.

§ 35a StPO schreibt keine bestimmte Form für die Rechtsmittelbelehrung vor. Da **237** nach § 35a StPO die Rechtsmittelbelehrung „bei der Bekanntmachung einer Entscheidung“ erfolgen muss und die Bekanntmachung einer Entscheidung gemäß **§ 35 StPO** entweder durch mündliche Verkündung der Entscheidung (§ 35 Abs. 1 StPO) oder durch Zustellung der schriftlichen Entscheidung (§ 35 Abs. 2 StPO) erfolgt, erfolgt auch die Rechtsmittelbelehrung

- mündlich bei mündlich verkündeten Entscheidungen (das sind vor allem Urteile, § 268 Abs. 2 StPO)[200] oder
- schriftlich bei zuzustellenden schriftlichen Entscheidungen.

Auf die Rechtsmittelbelehrung kann grundsätzlich verzichtet werden.[201]
Ausnahme:
Ging einem Urteil eine Urteilsabsprache voraus, kann weder auf die in § 35a StPO gesetzlich geregelte Rechtsmittelbelehrung noch auf die zusätzlich erforderliche „qualifizierte Rechtsmittelbelehrung“ wirksam verzichtet werden.[202]

Lösung

Gemäß **§ 46 Abs. 1 StPO** entscheidet über den Antrag auf Wiedereinsetzung in die **238** versäumte Berufungsfrist das Gericht, das bei rechtzeitiger Einlegung der Berufung zur Entscheidung in der Sache selbst, also zur Entscheidung über die Berufung gegen das Urteil des Amtsgerichts berufen gewesen wäre. Dies ist das Landgericht, § 74 Abs. 3 GVG.
Die Entscheidung des Landgerichts hängt davon ab, ob der Wiedereinsetzungsantrag zulässig und begründet ist.[203]
Zulässigkeitsvoraussetzung eines Wiedereinsetzungsantrags ist unter anderem (**§ 45 Abs. 2 Satz 1 StPO**), dass der Antragsteller schlüssig Tatsachen behaupten muss, die –

198 BGHSt 50, 40.
199 BGH NJW 2007, 1829.
200 Zusätzlich zur mündlichen Rechtsmittelbelehrung muss grundsätzlich nicht auch noch ein **Merkblatt** mit schriftlicher Rechtsmittelbelehrung ausgehändigt werden, BVerfG NStZ 2007, 414.
201 Der Verzicht auf die Rechtsmittelbelehrung darf nicht verwechselt werden mit dem Verzicht auf Rechtsmittel (§ 302 StPO).
202 BGH NJW 2007, 1829.
203 Zum Prüfungsschema eines Wiedereinsetzungsantrags siehe Übersicht 51 (S. 209).

wenn sie zuträfen – ergäben, dass den Antragsteller kein eigenes Verschulden an der Fristversäumung trifft (§ 44 Satz 1 StPO).[204]

239 Einen solchen schlüssigen Tatsachenvortrag enthält der Schriftsatz des Verteidigers vom 5.8.2007 aber nicht:

- Nach dem dortigen Vorbringen verzichtete der Angeklagte, der die richtige Berufungsfrist nicht kannte, auf eine Rechtsmittelbelehrung und ging aufgrund einer falschen Schlussfolgerung irrig von einer zweiwöchigen Berufungsfrist aus. Deshalb hat er seine Unkenntnis von der richtigen (einwöchigen) Berufungsfrist und damit auch deren Versäumung selbst verschuldet i. S. d. § 44 Satz 1 StPO.
- Zwar wäre gemäß § 44 Satz 2 StPO die Versäumung der Berufungsfrist als unverschuldet anzusehen, wenn die Rechtsmittelbelehrung nach § 35a StPO zu Unrecht unterblieben wäre. § 44 Satz 2 StPO greift vorliegend jedoch nicht ein, da das Amtsgericht die Rechtsmittelbelehrung wegen des wirksamen Verzichts des Angeklagten auf Rechtsmittelbelehrung zu Recht unterlassen hat.[205]

Der Wiedereinsetzungsantrag ist daher unzulässig.

Der Beschluss-Tenor des Landgerichts lautet daher:

Der Antrag des Angeklagten A vom 5.8.2007 auf Wiedereinsetzung in die Frist zur Einlegung der Berufung gegen das Urteil des Amtsgerichts S vom 5.7.2007 wird als unzulässig verworfen.[206]

Übersicht 41: Die Rechtsmittelbelehrung

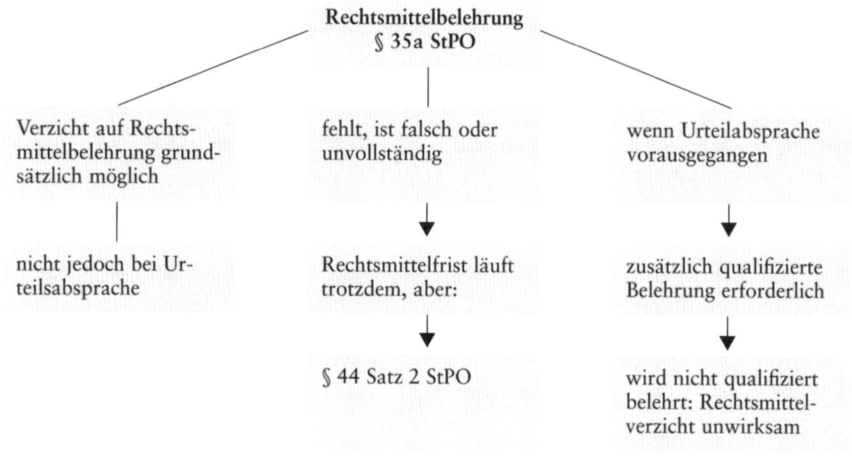

204 BGH NStZ 2004, 166. Ob diese schlüssig behaupteten Tatsachen auch glaubhaft gemacht sind (d.h. wahrscheinlich richtig sind), ist eine Frage der Begründetheit des Wiedereinsetzungsantrags, BGH NStZ 2004, 166.

205 OLG Zweibrücken MDR 1978, 861; vgl. auch BGH bei Kusch NStZ-RR 2000, 33.

206 Eine Kostenentscheidung nach § 473 Abs. 7 StPO erfolgt nur dann, wenn Wiedereinsetzung gewährt wird. Da vorliegend der Wiedereinsetzungsantrag verworfen wurde, gehören die durch den Wiedereinsetzungsantrag entstandenen Kosten zu den Verfahrenskosten, die dem Angeklagten in der Kostenentscheidung des verurteilenden amtsgerichtlichen Urteils vom 5.7.2007 auferlegt wurden.

8. Die Beweiskraft des Protokolls

Fall 73: Die nachträgliche Berichtigung

Der bereits einschlägig vorbestrafte Angeklagte wurde vom Landgericht wegen gefährlicher Körperverletzung (§§ 223, 224 Nr. 2 und 5 StGB) zu einer zu vollstreckenden Freiheitsstrafe verurteilt. Er hatte dem Geschädigten in einem Festzelt nach einer verbalen Auseinandersetzung über die Qualität des örtlichen Fußballvereins mit einem 1,3 kg schweren gläsernen Bierkrug zweimal wuchtig auf den Hinterkopf und einmal in den Nackenbereich geschlagen, wodurch der Geschädigte schwer verletzt wurde. Im Rahmen der Revision wird von dem neuen Verteidiger des A, einem Spezialisten für Revisionsrecht, die zulässige Verfahrensrüge erhoben, der Anklagesatz sei in der Hauptverhandlung nicht verlesen worden (Verstoß gegen § 243 Abs. 3 Satz 1 StPO). Er beruft sich insoweit auf die negative Beweiskraft der Sitzungsniederschrift, in der die Verlesung des Anklagesatzes – zunächst – nicht beurkundet war. Nach Eingang der Revisionsbegründungsschrift ergänzten der Strafkammervorsitzende und die Urkundsbeamtin der Geschäftsstelle das Protokoll hinsichtlich des ersten Hauptverhandlungstags dahin gehend, dass an der genannten Stelle des Protokolls der Satz angefügt wird: *„Der Vertreter der Staatsanwaltschaft verlas den Anklagesatz.“* Dass der Anklagesatz tatsächlich verlesen worden war, ergibt sich aus den dienstlichen Erklärungen mehrerer Verfahrensbeteiligter. Es ist davon auszugehen, dass die Kammer alle sonst erforderlichen Formvorschriften eingehalten hat.
Hat die Revision des Angeklagten Aussicht auf Erfolg?

Problemstellung

Die Revision hat gemäß § 337 StPO Erfolg, wenn ein Verstoß gegen § 243 Abs. 3 Satz 1 StPO vorliegt. Das Fehlen der Verlesung des Anklagesatzes (wesentliche Förmlichkeit der Hauptverhandlung i.S.v. § 273 Abs. 1 StPO) führt in der Regel zu einer Aufhebung des Urteils durch das Revisionsgericht. **240**
Durch die **nachträgliche Protokollberichtigung** könnte jedoch dem in der Revision gerügten Verfahrensverstoß der Boden entzogen worden sein (sog. Revisionsrügeverkümmerung). Es muss hier geprüft werden, ob eine solche Vorgehensweise der Kammer bei Fehlern im Protokoll im Rahmen des § 274 StPO zulässig ist.

Lösung

Im Strafprozessrecht sind Zulässigkeit und Beachtlichkeit einer Protokollberichtigung nicht ausdrücklich geregelt. **241**
Nach **§ 274 Satz 1 StPO** kann die Beobachtung der für die Hauptverhandlung vorgeschriebenen Förmlichkeiten (§ 273 Abs. 1 StPO) nur durch das Protokoll bewiesen werden. Das würde im vorliegenden Fall – ohne die vorgenommene Berichtigung – bedeuten, dass das Revisionsgericht von dem Fehlen der Verlesung des Anklagesatzes ausgehen muss.
Gegen diesen Inhalt des fertiggestellten und ordnungsgemäß errichteten Protokolls, das von beiden Urkundspersonen unterschrieben wurde (§§ 271, 273 Abs. 4 StPO), lässt das Gesetz nur den **Nachweis der Fälschung** zu (§ 274 S. 2 StPO). Die Rechtsprechung hat die Vorschrift des § 274 StPO zunächst so interpretiert, dass eine Berichtigung des Protokolls – außerhalb des Nachweises der Fälschung – von vornherein ausgeschlossen ist, und zwar sowohl eine solche zu Gunsten wie zu Lasten des Angeklagten.

242 In einer Grundsatzentscheidung des Großen Senats für Strafsachen des BGH[207] wurde entgegen der bisherigen Praxis[208] zugelassen, dass durch eine Berichtigung des Protokolls einer bereits ordnungsgemäß erhobenen Verfahrensrüge auch zum Nachteil des Angeklagten **die Tatsachengrundlage entzogen werden kann**. Der BGH führt **insbesondere** folgende Argumente für diese Lockerung der Beweiskraft des Protokolls an:

- Der Revisionsführer hat keinen Anspruch darauf, **aus tatsächlich nicht gegebenen Umständen** Verfahrensvorteile abzuleiten. Ein etwaiges Vertrauen des Beschwerdeführers dahingehend, dass ein – inhaltlich unrichtiges – Protokoll für die Revisionsinstanz allein beachtlich bleibe, ist nicht schützenswert und kann auch nicht auf das verfassungsrechtlich verbürgte Recht auf effektiven Rechtsschutz (Art. 19 Abs. 4 GG) gestützt werden.
- Da auch die Revisionsgerichte **der Wahrheit verpflichtet** sind, muss grundsätzlich der wahre Sachverhalt, wie er sich zugetragen hat, maßgeblich sein, wenn prozessual erhebliche Tatsachen aus der tatrichterlichen Hauptverhandlung der Klärung bedürfen.
- Die Verpflichtung zur Entscheidung auf der Grundlage eines zutreffenden Sachverhalts trägt auch dem **Beschleunigungsgebot** und den Gesichtspunkt des **Opferschutzes** Rechnung.[209]

243 Dass beide Urkundspersonen bei der Anfertigung des ursprünglichen Protokolls nicht gewissenhaft genug waren, wird nämlich dadurch ausgeglichen, dass besonders **hohe Anforderungen** an die Sorgfalt bei der Berichtigung sowie an das durchzuführende Verfahren gestellt werden:

Die Urkundspersonen haben in einem solchen Fall vor einer beabsichtigten Protokollberichtigung zunächst den Beschwerdeführer anzuhören. Widerspricht er der beabsichtigten Berichtigung substantiiert, sind erforderlichenfalls weitere Verfahrensbeteiligte zu befragen. Halten die Urkundspersonen trotz des Widerspruchs an der Protokollberichtigung fest, ist ihre Entscheidung hierüber mit Gründen zu versehen. Die Beachtlichkeit der Protokollberichtigung unterliegt im Rahmen der erhobenen Verfahrensrüge der Überprüfung durch das Revisionsgericht. Im Zweifel gilt insoweit das Protokoll in der nicht berichtigten Fassung.[210]

Im vorliegenden Fall war eine Berichtigung des Protokolls bei Einhaltung der vom BGH geforderten Formvorschriften zulässig. Die Revision hat deshalb keine Aussicht auf Erfolg.

207 BGH GSst v. 23.4.2007, NJW 2007, 2419 ff.

208 Zuvor hatte bereits der 3. Senat des BGH bei einer Rüge, die bezüglich der ununterbrochenen Anwesenheit des Verteidigers auf eine fehlerhafte Passage des Hauptverhandlungsprotokolls gestützt war, eine nachträgliche Protokollberichtigung als beachtlich eingestuft (BGH NStZ 2007, 49).

209 Unter Hinweis auf Entscheidungen des EGMR (NJW 2002, 2856 f.) und des BVerfG (NJW 2003, 2897f; NJW 2006, 672 f.) zur überlangen Verfahrensdauer.

210 So die Leitsätze in BGH NJW 2007, 2419.

Übersicht 42: Muster eines Hauptverhandlungsprotokolls

Landgericht … (Datum)
Az.:…

Protokoll über die Hauptverhandlung in öffentlicher Sitzung am …
Sitzungsbeginn: …
Sitzungsende: …

Strafsache gegen … Verteidiger: RA …
wegen …

Anwesend:

Vorsitzender Vors. Richter am LG … Beisitzer: Richterin am Landgericht … Richter …
Schöffen …
Beamter der Staatsanwaltschaft: Staatsanwalt … Urkundsbeamtin der Geschäftsstelle: Rechtsreferendarin …
Dolmetscherin für die … Sprache: …

Die Sache wurde aufgerufen.
Es wurde festgestellt, dass erschienen waren:

d. Angeklagte in Person
d. Verteidiger d. Angeklagten, RA …
d. Sachverständige Frau Dr. …

Die Dolmetscherin berief sich auf ihren allgemein geleisteten Eid.
(oder: Die Dolmetscherin wurde vereidigt.)

D. Vorsitzende gab die Besetzung des Gerichts bekannt (§ 222a StPO).

Der Angeklagte machte Angaben zu seinen Personalien.

Die Anklage wurde verlesen.

D. Angeklagte wurde darauf hingewiesen, dass es freistehe, sich zur Sache zu äußern oder nicht zur Sache auszusagen.

entweder: Der Angeklagte erklärte, dass er keine Angaben mache.
oder: Der Angeklagte machte Angaben zur Sache.

Es wurde in die Beweisaufnahme eingetreten:

Der Zeuge … wurde in den Sitzungssaal gerufen, gem. § 57 StPO belehrt und wie folgt vernommen:

Zur Person: … … , …Jahre, (Beruf, Status)
wohnhaft …straße … in …
m. d. A. n. v. u. n. v.[211]

(evtl.: Der Zeuge wurde gem. § 55 StPO/gem. § 52 Abs. 3 StPO belehrt.)

Der Zeuge machte Angaben zur Sache.[212]

Die Lichtbilder AS. … bis … wurden in Augenschein genommen und mit dem Zeugen erörtert.

Der Zeuge machte weitere Angaben zur Sache.

Der Vorsitzende verfügte: Der Zeuge bleibt unvereidigt.
Der Zeuge wurde um … Uhr unvereidigt einvernehmlich entlassen.

Der Verteidiger, der Staatsanwalt und der Angeklagte stimmen der Verlesung der Niederschrift über die polizeiliche Vernehmung des Zeugen … vom … AS. … zu.

Der Vorsitzende verkündete folgenden

Beschluss:

Gem. § 251 Abs. 1 Nr. 1 StPO wird die Verlesung der Niederschrift über die polizeiliche Vernehmung des Zeugen … vom … AS … angeordnet.

Die Niederschrift über die polizeiliche Vernehmung des Zeugen … vom … AS … wurde verlesen.

Es wurden verlesen:
- Blutentnahmeprotokoll AS …
- Blutalkoholgutachten AS …
- BZR-Auszug AS …
- VZR-Auszug AS …
- Vorstrafenurteil des AG … vom …, Az. …, und zwar Tenor und Abschnitt II. der Gründe, AS … der Vorstrafakte

Es wurden in Augenschein genommen:
- Lichtbilder AS …
- eine Schreckschusspistole Modell …

Die Sachverständige Dr. … wurde belehrt und wie folgt vernommen:

211 Also „Mit dem/der/den Angeklagten nicht verwandt und nicht verschwägert."
212 In dem Hauptverhandlungsprotokoll der Amtsgerichte wird ein Wortprotokoll der Zeugenaussagen angefertigt, § 273 Abs. 2 Satz 1 StPO.

Zur Person: Dr. med. ..., ... Jahre, ...
m. d. A. n. v. u. n. v.

Die Sachverständige erstattete ihr Gutachten.

Der Vorsitzende verfügte: Die Sachverständige bleibt unvereidigt.
Die Sachverständige wurde um ... Uhr einverständlich entlassen.

Der Staatsanwalt beantragte, bezüglich Ziffer 1. der Anklage das Verfahren gem. § 154 Abs. 2 StPO vorläufig einzustellen.

Der Verteidiger und der Angeklagte erhielten Gelegenheit zur Stellungnahme.

Der Vorsitzende verkündete folgenden

Beschluss:

Gem. § 154 Abs. 2 StPO wird das Verfahren bzgl. der Tat Ziffer 1. der Anklageschrift vorläufig eingestellt.

Der Vorsitzende wies gem. § 265 StPO darauf hin, dass .../erteilte den aus der Anlage 1 zu diesem Hauptverhandlungsprotokoll ersichtlichen rechtlichen Hinweis gem. § 265 StPO.
Der Hinweis wurde erläutert.

Nach der Vernehmung eines jeden Zeugen, Sachverständigen sowie nach der Verlesung eines jeden Schriftstücks und der Inaugenscheinnahme von Gegenständen befragt, ob dazu etwas zu erklären sei.
Auf ausdrückliche Frage d. Vorsitzenden wurden keine Anträge zur Beweisaufnahme mehr gestellt. Die Beweisaufnahme wurde daher geschlossen.

D. Staatsanwalt, Angeklagte, Verteidiger erhielten zu ihren Ausführungen und Anträgen das Wort.

D. Staatsanwalt beantragte, ...

D. Verteidiger beantragte, ...

Nach Befragen, ob noch selbst etwas zur Verteidigung anzuführen habe, gab der Angeklagte eine Erklärung ab.

D. Angeklagte hatte das letzte Wort.

D. Vorsitzende verkündete durch Verlesen der Urteilsformel und mündliche Mitteilung des wesentlichen Inhalts der Urteilsgründe im Namen des Volkes

Urteil
(Wortlaut des handschriftlich niedergeschriebenen Tenors)

D. Vorsitzende verkündete mit dem Urteil den aus der Anlage ersichtlichen Bewährungsbeschluss.

Der Vorsitzende belehrte den Angeklagten gem. § 268a Abs. 3 StPO über die Bedeutung der Bewährung.

Rechtsmittelbelehrung wurde erteilt.
(oder: Auf Rechtsmittelbelehrung wurde verzichtet.)

Der Verteidiger, der Angeklagte und der Staatsanwalt erklären, dass auf Rechtsmittel gegen das soeben verkündete Urteil verzichtet wird.

Vorgelesen und genehmigt.

Das Protokoll wurde am (Datum) fertiggestellt.

(Unterschrift)	(Unterschrift)
Vors. Richter am Landgericht	Urkundsbeamtin der Geschäftsstelle

3. Kapitel: Rechtsmittel im Strafprozess

I. Berufung

Fall 74: Die Berufungsbeschränkung

A, der einen Blutalkoholgehalt von 1,5 ‰ hat, fährt mit seinem LKW von Karlsruhe nach Frankfurt. Bereits 100 m nach Fahrtbeginn streift er aufgrund seiner alkoholbedingten Fahruntüchtigkeit einen in Karlsruhe geparkten PKW, an dem ein Sachschaden in Höhe von 1.500,– € entsteht. Ohne anzuhalten fährt der angetrunkene A weiter in das etwa 150 km entfernte Frankfurt.

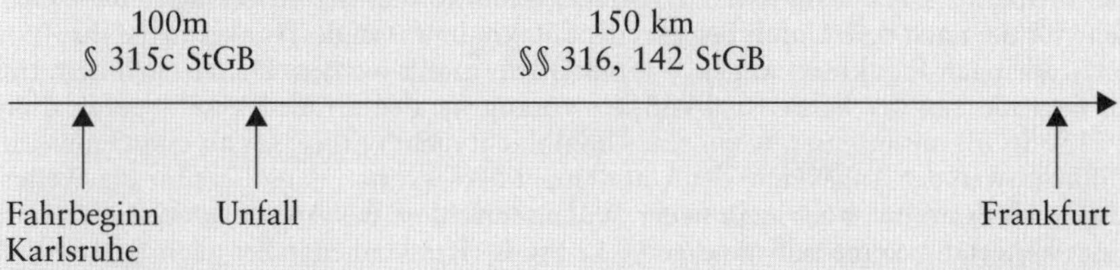

Das Amtsgericht verurteilt den Angeklagten A deshalb wegen fahrlässiger Straßenverkehrsgefährdung (§ 315c Abs. 1 Nr. 1a, Abs. 3 Nr. 2 StGB: 100 m Fahrt bis zum Unfall) und in Tatmehrheit hierzu, § 53 StGB, wegen unerlaubten Entfernens vom Unfallort in Tateinheit mit vorsätzlicher Trunkenheit im Verkehr (§§ 142 Abs. 1 Nr. 2, 316 Abs. 1, 52 StGB: 150 km betragende Weiterfahrt nach dem Unfall nach Frankfurt) zu einer Gesamtgeldstrafe, entzieht dem Angeklagten die Fahrerlaubnis, zieht seinen Führerschein ein (§ 69 StGB) und verhängt eine Fahrerlaubnissperre (§ 69a StGB).
Der Verteidiger des Angeklagten legt gegen das Urteil Berufung ein, die er auf die Verurteilung wegen unerlaubten Entfernens vom Unfallort in Tateinheit mit vorsätzlicher Trunkenheit im Verkehr beschränkt, weil – so der Verteidiger – der Angeklagte in seinem LKW das Streifen des geparkten PKW nicht bemerkt habe und deshalb beim Angeklagten kein Vorsatz im Hinblick auf das Tatbestandsmerkmal „Unfall“ vorliege.
Ist die Berufungsbeschränkung wirksam?

Problemstellung

Eine Berufung kann nach § 318 StPO grundsätzlich wie folgt beschränkt werden: 244

- Bei einem **mehrteiligen** amtsgerichtlichen Schuldspruch (Verurteilung wegen tatmehrheitlich oder tateinheitlich zusammentreffender Delikte):
  Wurde der Angeklagte wegen **mehrerer tatmehrheitlich** (§ 53 StGB) zusammentreffender Delikte verurteilt, kann die Berufung auf die Verurteilung wegen einer oder mehrerer dieser Taten beschränkt werden.
- Wurde der Angeklagte wegen **tateinheitlich** (§ 52 StGB) zusammentreffender Delikte verurteilt, kann die Berufung nicht auf eines der mehreren tateinheitlich zusammentreffenden Delikte beschränkt werden.

- Die Berufung kann auf den gesamten Rechtsfolgenausspruch und **sogar innerhalb des Rechtsfolgenausspruchs** auf einzelne Rechtsfolgenteile beschränkt werden (s. nachfolgende Tabelle).

Lösung

245 Da der Angeklagte wegen **tatmehrheitlich** zusammentreffender Delikte verurteilt wurde (§ 315c Abs. 1 Nr. 1a, Abs. 3 Nr. 2 StGB einerseits und §§ 142 Abs. 1 Nr. 2, 316 Abs. 1, 52 StGB andererseits), könnte nach den obigen Grundsätzen zur Berufungsbeschränkung eigentlich die Verurteilung wegen §§ 142 Abs. 1 Nr. 2, 316 Abs. 1, 52 StGB (Fahrt nach dem Unfall von Karlsruhe nach Frankfurt) isoliert mit der Berufung angegriffen werden.
Anders jedoch für den vorliegenden **wichtigen Ausnahmefall** der BGH:[1]
Könnte hier allein die Verurteilung wegen §§ 142 Abs. 1 Nr. 2, 316 Abs. 1, 52 StGB (Fahrt nach dem Unfall bis nach Frankfurt) mit der Berufung angegriffen werden und würde das Berufungsgericht dann zu dem Ergebnis kommen, dass § 142 StGB wegen Nichtbemerkens des Unfalls nicht vorläge, dann könnte der Angeklagte auch nicht mehr für die nach dem Unfall begangene, 150 km umfassende Trunkenheitsfahrt (von Karlsruhe nach Frankfurt) wegen § 316 StGB verurteilt werden. Dieser nach dem Unfall liegende Teil der Fahrt wird von der vorangehenden Straßenverkehrsgefährdung (§ 315c StGB) mit umfasst, wenn eine Unfallflucht nicht vorliegt. Fehlt es an einer Unfallflucht, weil der Angeklagte den Unfall nicht bemerkt hat, dann liegt für die Weiterfahrt nach Frankfurt auch kein neuer Willensentschluss des Angeklagten vor, so dass seine Weiterfahrt keine selbständige (§ 53 StGB) Trunkenheitsfahrt nach § 316 StGB darstellt. Der bei der Weiterfahrt begangene § 316 StGB geht vielmehr **als subsidiärer Tatbestand in § 315c StGB** auf.[2] Die Rechtskraft des Urteils hinsichtlich der den ersten Teil der Fahrt (100 m) bildenden Straßenverkehrsgefährdung (§ 315c StGB) hätte somit den **Verbrauch der Strafklage** hinsichtlich der anschließenden, nach dem Unfall erfolgten Trunkenheitsfahrt (§ 316 StGB) zur Folge.

246 Diese an sich strafbare Weiterfahrt nach dem Unfall über eine Strecke von etwa 150 km könnte auch nicht bei der Bemessung der Strafe für den ersten – nur 100 m bis zum Unfall umfassenden – Tatkomplex (§ 315c StGB) strafschärfend berücksichtigt werden. Denn das liefe auf eine **unzulässige Erweiterung** des (im Falle einer wirksamen Berufungsbeschränkung) rechtskräftigen Schuldspruchs wegen des ersten Tatkomplexes hinaus.

Ergebnis:
Trotzt Vorliegens von Tatmehrheit ist hier **ausnahmsweise** die Berufungsbeschränkung auf den zweiten Tatkomplex unwirksam.[3]

1 BGHSt 25, 72, 75/76.
2 BGHSt 23, 141, 147.
3 Die Unwirksamkeit der Berufungsbeschränkung hat nicht die Unzulässigkeit der Berufung zur Folge, sondern führt nur dazu, dass das Berufungsgericht die Berufung als unbeschränkt behandeln muss. Im vorliegenden Fall muss deshalb das Berufungsgericht in der Berufungshauptverhandlung über die gesamte Fahrt nochmals Beweis erheben und neu entscheiden.

Übersicht 43: Die Berufungsbeschränkung

Eine Berufungsbeschränkung auf folgende Teile des Rechtsfolgenausspruchs ist **wirksam:**
- Anzahl der Tagessätze (ohne Anfechtung der Tagessatzhöhe)
- Höhe des einzelnen Tagessatzes, § 40 Abs. 2 StGB
- Bewährungsfrage, § 56 StGB
- Gesamtstrafenbildung, §§ 53–55 StGB (ohne Anfechtung der Einzelstrafen)
- Entziehung der Fahrerlaubnis, §§ 69, 69a StGB (ohne Anfechtung der Geld- oder Freiheitsstrafe)
- Dauer der Fahrerlaubnissperre, § 69a StGB (ohne Anfechtung der Entziehung der Fahrerlaubnis, § 69 StGB)
- nur Strafausspruch (ohne Anfechtung der Anordnung nach §§ 69 ,69a StGB)

Eine Berufungsbeschränkung allein auf das Fahrverbot, § 44 StGB, ist allerdings **unwirksam.**[4]

Fall 75: Die Bindungswirkung der Berufungsbeschränkung

Das Amtsgericht verurteilt den vorbestraften Angeklagten A wegen Diebstahls eines Bargeld enthaltenden Geldbeutels zu einer Geldstrafe. In den schriftlichen Urteilsgründen führt das Amtsgericht aus, dass sich, was das Amtsgericht aufgrund des Geständnisses des Angeklagten zu dessen Gunsten angenommen hat, in dem entwendeten und nahezu wertlosen Geldbeutel nur 50,– € befunden hätten. Der Geschädigte wurde in der amtsgerichtlichen Hauptverhandlung nicht als Zeuge vernommen.
Die Staatsanwaltschaft legt gegen dieses Urteil Berufung ein, die sie auf den Strafausspruch beschränkt und mit der sie die Verhängung einer Freiheitsstrafe erstrebt. In der Berufungshauptverhandlung vor dem Landgericht beantragt der Staatsanwalt, den nicht anwesenden Geschädigten G zu laden und als Zeugen zu der Beweisbehauptung zu vernehmen, dass sich in dem gestohlenen Geldbeutel nicht nur 50,– €, sondern 800,– € befunden hätten.
Wie lautet die vollständige Entscheidung des Berufungsgerichts über diesen Beweisantrag?

Problemstellung

Wird eine Berufung gemäß § 318 StPO wirksam auf den Strafausspruch beschränkt, 247
dann wird der **Schuldspruch** des amtsgerichtlichen Urteils (hier: Verurteilung wegen Diebstahls) **rechtskräftig.** Ferner werden die den rechtskräftigen Schuldspruch betreffenden **Feststellungen** des Amtsgerichts (das sind die Ausführungen des Amtsgerichts in den schriftlichen Urteilsgründen zum Tatgeschehen) **für das Berufungsgericht bindend.**[5]
Das bedeutet: Das Berufungsgericht muss bei seiner Entscheidung zum Strafausspruch diese Feststellungen des Amtsgerichts zur Tat unverändert beachten. Das Berufungsgericht darf in der Berufungsverhandlung zwar noch **ergänzende Tatsachen** zum Tatgeschehen feststellen. Diese ergänzenden Tatsachen darf das Berufungsgericht aber bei seiner Strafmaßentscheidung nur dann berücksichtigen, wenn diese ergänzenden Feststellungen den bindenden Feststellungen des Amtsgerichts nicht widersprechen.

---

4 Wegen der sog. Wechselwirkung zwischen dem Fahrverbot (Nebenstrafe) und der Hauptstrafe (Geld- oder Freiheitsstrafe).
5 BGHSt 30, 340.

Lösung

248 Das Berufungsgericht wird prüfen, ob es den **Beweisantrag gemäß § 244 Abs. 3 Abs. 5 StPO ablehnen** kann. Als Ablehnungsgrund kommt § 244 Abs. 3 Satz 1 StPO – Unzulässigkeit der Beweiserhebung – in Betracht. Aufgrund der Beschränkung der Berufung auf den Strafausspruch sind die den damit rechtskräftigen Schuldspruch betreffenden Feststellungen in den amtsgerichtlichen Urteilsgründen, also die den Diebstahl näher beschreibenden Tatumstände, **für das Berufungsgericht bindend** geworden. Hierzu gehört auch die vom Amtsgericht zu Gunsten des Angeklagten getroffene Feststellung, dass die Diebesbeute nur 50,– € betrug. Wegen der Bindungswirkung darf vom Berufungsgericht zur Frage der Höhe der Diebesbeute **kein Beweis mehr erhoben** werden.[6] Das Berufungsgericht wird deshalb den Beweisantrag gemäß § 244 Abs. 3 Satz 1 StPO als unzulässig ablehnen, und zwar durch Beschluss, § 244 Abs. 6 StPO, der wie folgt lauten könnte:

249 **Beschluss**

Der Beweisantrag der Staatsanwaltschaft auf Vernehmung des Zeugen G wird als unzulässig abgelehnt, § 244 Abs. 3 Satz 1 StPO.

Gründe:

Da die Berufung wirksam auf den Strafausspruch beschränkt und der Schuldspruch des angefochtenen Urteils damit rechtskräftig wurde, ist die zum rechtskräftigen Schuldspruch wegen Diebstahls gehörende Feststellung, dass die Diebesbeute (nur) 50,– € betrug, für die Berufungskammer bindend geworden. Eine Beweiserhebung mit dem Ziel, eine hiervon abweichende höhere Diebesbeute von 800,– € festzustellen, ist deshalb unzulässig.[7]

Fall 76: Das Verschlechterungsverbot

Das Amtsgericht verurteilt den Angeklagten A wegen vorsätzlicher Körperverletzung zu der Freiheitsstrafe von sechs Monaten, deren Vollstreckung zu Bewährung ausgesetzt wird. Im zugleich mit dem Urteil verkündeten Bewährungsbeschluss (§ 268a Abs. 1 StPO) setzt das Amtsgericht die Bewährungszeit auf drei Jahre fest (§ 56a StGB) und erteilt dem Angeklagten die Auflage, an eine gemeinnützige Einrichtung 1000,– € zu bezahlen (§ 56b StGB). Der Angeklagte legt gegen dieses Urteil Berufung ein. Das Landgericht verurteilt den Angeklagten daraufhin wegen gefährlicher Körperverletzung ebenfalls zu der Einzelfreiheitsstrafe von sechs Monaten, bildet aber unter Einbeziehung einer neunmonatigen Freiheitsstrafe, die in einem vom Amtsgericht übersehenen anderen Urteil verhängt worden war, nachträglich eine Gesamtfreiheitsstrafe von einem Jahr (§ 55 Abs. 1 StGB), deren Vollstreckung zur Bewährung ausgesetzt wird. Im Bewährungsbeschluss setzt das Berufungsgericht die Bewährungszeit auf vier Jahre und den an eine gemeinnützige Einrichtung zu zahlenden Geldbetrag auf 5000,– € fest. Der Verteidiger des Ange-

6 BGHSt 30, 340, 343.

7 Wäre der Zeuge G in der Hauptverhandlung anwesend gewesen, wäre der Beweisantrag ebenfalls wegen Unzulässigkeit der Beweisaufnahme abzulehnen gewesen, § 245 Abs. 2 Satz 2 StPO.

klagten legt gegen das Berufungsurteil Revision ein, wobei er zulässig die Sachrüge (= Rüge der Verletzung des materiellen Rechts) erhebt.
Wie lautet die Entscheidung des Revisionsgerichts (OLG), das einen Verstoß gegen das materielle Recht nicht feststellen kann?

Problemstellung

§ 331 Abs. 1 StPO verbietet dem Berufungsgericht, wenn nur der Angeklagte Berufung eingelegt hat, eine **Verschlechterung** der vom Amtsgericht im **Urteil** festgesetzten **Rechtsfolgen**. 250

Von § 331 Abs. 1 StPO nicht verboten und damit zulässig ist es, wenn das Berufungsgericht

- die gemäß § 268a Abs. 1 StPO im Bewährungs**beschluss** zu treffenden Entscheidungen oder
- den **Schuldspruch** des Amtsgerichts

verschlechtert. Ferner darf und muss das Berufungsgericht im Berufungsurteil gesetzlich zwingende Elemente der **Rechtsfolgen**, die im amtsgerichtlichen Urteil vergessen wurden, nachholen, z. B. 251

- eine vom Amtsgericht vergessene Einzelstrafe oder Gesamtstrafenbildung bei tatmehrheitlicher Verurteilung (§ 53 Abs. 1 StGB),
- eine vom Amtsgericht übersehene nachträgliche Gesamtstrafenbildung (§ 55 StGB) oder
- die vom Amtsgericht bei einer Verurteilung zu einer Geldstrafe vergessene Festsetzung der Tagessatzhöhe (§ 40 Abs. 2 StGB).

Lösung

Zwar handelt es sich bei § 331 StPO um eine Verfahrensvorschrift. Ein Verstoß gegen eine Verfahrensvorschrift muss, damit er vom Revisionsgericht überhaupt geprüft wird, vom Revisionsführer grundsätzlich mit einer zulässigen **Verfahrensrüge** geltend gemacht werden, § 344 Abs. 2 StPO. Allein auf die Sachrüge prüft das Revisionsgericht grundsätzlich keine Verfahrensverstöße. Etwas anderes gilt allerdings für Verfahrenshindernisse, die das Revisionsgericht von Amts wegen prüft, wenn die Revision zulässig – z. B. auch durch eine zulässige Sachrüge – erhoben ist. 252
Nach dem BGH stellt das in § 331 StPO geregelte Verbot der Schlechterstellung einen Fall der zu Gunsten des Angeklagten wirkenden Rechtskraft und damit ein **Verfahrenshindernis** dar.[8]
Deshalb wird vorliegend das Revisionsgericht auf die zulässig erhobene **Sachrüge** von Amts wegen d. h. von sich aus, ohne dass es einer ausdrücklichen Revisionsrüge durch den Verteidiger bedarf,[9] prüfen, ob das Berufungsgericht § 331 StPO verletzt hat.

Ein Verstoß gegen § 331 StPO ist allerdings **nicht** gegeben: 253

- Die **Verschlechterung des Schuldspruchs** (gefährliche Körperverletzung, § 224 StGB, statt ursprünglich vorsätzliche Körperverletzung, § 223 Abs. 1 StGB) fällt nicht unter § 331 Abs. 1 StPO, der nur eine Verschlechterung der im amtsgerichtlichen Urteil verhängten Rechtsfolgen verbietet.

8 BGHSt 11, 319, 322.
9 BGHSt 29, 269, 270.

- Die Verschlechterung der im **Bewährungsbeschluss getroffenen Entscheidungen** (vier statt drei Jahre Bewährungszeit, 5.000,– € statt 1.000,– € Zahlungsauflage) verletzt § 331 Abs. 1 StPO auch nicht, da es sich nicht um im Urteil getroffene Rechtsfolgenentscheidungen handelt.
- Da das Amtsgericht in seinem Urteil über die **nachträgliche Gesamtstrafenbildung** überhaupt nicht entschieden hat, fällt auch die Nachholung dieser von § 55 StGB zwingend vorgeschriebenen Entscheidung durch das Berufungsgericht nicht unter § 331 Abs. 1 StPO.

Die **Entscheidung des Revisionsgerichts** lautet deshalb:

1. Die Revision des Angeklagten A gegen das Urteil des Landgerichts ... vom ... wird als unbegründet verworfen.
2. Der Angeklagte trägt die Kosten des Revisionsverfahrens.[10]

Übersicht 44: Das Verschlechterungsverbot

Ein Verstoß gegen § 331 Abs. 1 StPO betrifft nur den Rechtsfolgenausspruch des Berufungsurteils. Auf eine Revision wird deshalb nur der von dem Verstoß gegen § 331 Abs. 1 StPO betroffene Rechtsfolgenausspruch des Berufungsgerichts aufgehoben, nicht jedoch dessen Schuldspruch. Weitere Beispiele dazu, was dem Berufungsgericht nach § 331 Abs. 1 StPO erlaubt oder verboten ist:

10 § 473 Abs. 1 StPO.

Amtsgericht	**Dem Landgericht** (= Berufungsgericht) **verboten:**
Freiheitsstrafe ohne Bewährung	höhere Freiheitsstrafe mit Bewährung
30 Tagessätze (TS) zu je 20 € (= 600 €)	25 TS zu je 30 € (= 750 €) = Erhöhung des Endprodukts der Geldstrafe
bei Gesamtstrafe: Einzelstrafe 1: **40** TS Einzelstrafe 2: 20 TS Gesamtstrafe: 50 TS	Einzelstrafe 1: **45** TS Einzelstrafe 2: 15 TS Gesamtstrafe: 50 TS = Erhöhung einer Einzelstrafe
bei Gesamtstrafe: Einzelstrafe 1: 40 TS Einzelstrafe 2: 20 TS Gesamtstrafe: **50** TS	Einzelstrafe 1: 40 TS Einzelstrafe 2: 20 TS Gesamtstrafe: **55** TS = Erhöhung der Gesamtstrafe
40 TS zu je 50 € (= 2.000 €)	20 TS zu je 100 € (= 2.000 €) = Erhöhung des einzelnen Tagessatzes und zugleich Herabsetzung der TS-Anzahl, wenn das Endprodukt nicht erhöht wird
§ 69 StGB	§ 44 StGB
§ 69a StGB: 10 Monate	§ 69a StGB: 10 Monate = gleich lange Fahrerlaubnissperre, auch wenn das AG dem Angeklagten die Fahrerlaubnis vorläufig entzogen hatte, § 111a StPO, d. h.: Die Zeit der vorläufigen Entziehung der Fahrerlaubnis zwischen dem AG-Urteil und dem Berufungsurteil muss nicht abgezogen werden.
Tatmehrheit: 9 Monate Gesamtfreiheitsstrafe	Tateinheit: 9 Monate Freiheitsstrafe

II. Revision

Fall 77: Zulässigkeit der Revision

Durch Berufungsurteil des Landgerichts vom 4.7.2006 wird der Angeklagte A wegen fahrlässiger Körperverletzung zu einer Geldstrafe verurteilt. Mit Schreiben vom 5.7.2006, eingegangen beim Landgericht am 6.7.2006, legt der Angeklagte, der noch keinen Verteidiger hat, gegen das Berufungsurteil Revision ein. Das Landgericht stellt ihm daraufhin am 9.8.2006 das vollständige schriftliche Berufungsurteil zu. Am 12.8.2006 unterzeichnen der Vorsitzende und der Urkundsbeamte der Geschäftsstelle das Protokoll über die Berufungshauptverhandlung vom 4.7.2006. Im Protokoll wird der 12.8.2006 als Tag der Fertigstellung des Protokolls angegeben. Mit Beschluss vom 15.9.2006 verwirft das Landgericht die Revision des Angeklagten als unzulässig, weil innerhalb der Revisionsbegründungsfrist keine Revisionsbegründung erfolgt ist. Der Beschluss wird dem Angeklagten A am 18.9.2006 (Montag) zugestellt. Am 19.9.2006 beauftragt der Angeklagte A den Rechtsanwalt R mit seiner Verteidigung. Rechtsanwalt R fordert beim Landgericht die Akten zur Einsicht an, die er am 21.9.2006 erhält und aus denen er den soeben geschilderten Verfahrensablauf ersieht.
Wie wird Rechtsanwalt R, der die Durchführung der Revision wegen materiellrechtlicher Fehler des Berufungsurteils für erfolgversprechend hält, vorgehen?

Problemstellung

254 Anders als die Berufung (§ 317 StPO: „kann“) muss die Revision **näher begründet** werden, § 344 StPO. Dabei muss die Revisionsbegründung in der Form des § 345 Abs. 2 StPO und innerhalb der **Frist von einem Monat** ab Zustellung einer Ausfertigung oder beglaubigten Abschrift des vollständigen schriftlichen Urteils[11] erfolgen, § 345 Abs. 1 Satz 2 StPO. Der Fall des § 345 Abs. 1 Satz 1 StPO kommt praktisch nicht vor, da in der Praxis die schriftlichen Urteilsgründe erst nach Ablauf der einwöchigen Revisionseinlegungsfrist (§ 341 StPO)[12] geschrieben werden und deshalb in der einwöchigen Revisionseinlegungsfrist ein vollständiges Urteil wegen Fehlens der schriftlichen Urteilsgründe[13] noch nicht zugestellt werden kann.
Wird innerhalb der einmonatigen Revisionsbegründungsfrist (§ 345 Abs. 1 StPO) eine Revisionsbegründung überhaupt nicht oder nicht in der nach § 345 Abs. 2 StPO vorgeschriebenen Form (z. B. nur durch ein vom Angeklagten gefertigtes Schreiben) beim Gericht, dessen Urteil mit der Revision angefochten ist, eingereicht, dann **verwirft** dieses Gericht (hier das Landgericht) die Revision durch Beschluss als **unzulässig**, § 346 Abs. 1 StPO.

11 Das vollständige schriftliche Urteil besteht aus dem Rubrum (§ 275 Abs. 3 StPO), aus der Urteilsformel (§ 260 Abs. 4 StPO), aus der Angabe der angewendeten Vorschriften (§ 260 Abs. 5 StPO), aus den Urteilsgründen (§ 275 StPO) und aus den in § 275 Abs. 2 StPO vorgeschriebene Unterschriften.

12 Die einwöchige Revisionseinlegungsfrist (§ 341 StPO) ist zu unterscheiden von der einmonatigen Revisionsbegründungsfrist (§ 345 StPO).

13 Die Urteilsformel muss allerdings schon bei der Verkündung des Urteils schriftlich vorliegen, § 268 Abs. 2 Satz 1 StPO, nicht jedoch die Urteilsgründe, § 268 Abs. 2 Satz 2 StPO.

Lösung

Rechtsanwalt R wird prüfen, ob ein Antrag auf Entscheidung des Revisionsgerichts nach § 346 Abs. 2 StPO als der **statthafte Rechtsbehelf** gegen den nach § 346 Abs. 1 StPO ergangenen Verwerfungsbeschluss des Landgerichts Aussicht auf Erfolg hat. 255
Da die einwöchige Antragsfrist noch nicht abgelaufen ist (Zustellung des Verwerfungsbeschlusses: Montag, 18.9.2006; Ablauf der einwöchigen Antragsfrist: Montag, 25.9.2006, § 43 Abs. 1 StPO), ein Antrag nach § 346 Abs. 2 StPO also noch **fristgerecht** und damit zulässig wäre, stellt sich für Rechtsanwalt R die weitere Frage, ob ein solcher Antrag auch begründet wäre.
Der Antrag wäre dann **begründet**, wenn der Verwerfungsbeschluss des Landgerichts falsch wäre, d.h. wenn die Voraussetzungen für eine Verwerfung der Revision nach § 346 Abs. 1 StPO nicht vorgelegen hätten, wenn also die einmonatige Frist zur Begründung der Revision, § 345 Abs. 1 Satz 2 StPO, (noch) nicht abgelaufen ist. Das vollständige Urteil wurde dem Angeklagten am 9.8.2006 zugestellt. Da der 9.9.2006 ein Samstag ist, wäre deshalb die einmonatige Revisionsbegründungsfrist am Montag, 11.9.2006, 24.00 Uhr, abgelaufen, § 43 Abs. 1 und Abs. 2 StPO. Aber: Nur eine **wirksame Zustellung** des Urteils setzt die einmonatige Revisionsbegründungsfrist in Gang. Die Urteilszustellung wurde am 9.8.2006 bewirkt, also vor der am 12.8.2006 erfolgten Fertigstellung des Hauptverhandlungsprotokolls (= Tag, an dem das Protokoll von der letzten der beiden Urkundspersonen, Vorsitzender oder Urkundsbeamter der Geschäftsstelle unterzeichnet wird, § 271 Abs. 1 StPO). Gemäß § 273 Abs. 4 StPO ist deshalb **die Urteilszustellung vom 9.8.2006 unwirksam** und setzte die einmonatige Revisionsbegründungsfrist nicht in Lauf.[14] Da somit die Revisionsbegründungsfrist noch gar nicht zu laufen begonnen hat und deshalb auch noch nicht verstrichen ist, war die Verwerfung der Revision durch das Landgericht gemäß § 346 Abs. 1 StPO falsch.

Rechtsanwalt R wird daher beim Landgericht (nicht beim OLG)[15] gegen den Verwerfungsbeschluss vom 15.9.2006 einen schriftlichen **Antrag auf Entscheidung des Revisionsgerichts** (= Oberlandesgericht) stellen, der spätestens am 25.9.2006 beim Landgericht eingegangen sein muss. Das Landgericht wird dann die Akten an das OLG weiterleiten, § 346 Abs. 2 Satz 2 StPO. 256
Sobald das Landgericht durch eine neue, wirksame Zustellung des Urteils die einmonatige Revisionsbegründungsfrist in Gang gesetzt haben wird, wird Rechtsanwalt R innerhalb dieser Frist die vom Angeklagten eingelegte Revision mit der Sachrüge begründen.[16] Hierzu genügt gem. § 344 Abs. 2 Satz 1 StPO der Satz:

Ich rüge die Verletzung sachlichen Rechts.

---

14 BGHSt 27, 80.
15 BGHR StPO § 346 Abs. 2 Antrag 1.
16 Die nach § 344 StPO erforderliche Revisionsbegründung kann auch schon vor dem in § 345 Abs. 1 Satz 2 StPO genannten Fristbeginn erfolgen, z. B. zugleich mit der Revisionseinlegung.

Übersicht 45: Prüfungsschema Revision

A. **Zulässigkeit** der Revision

1. Form der Revisions**einlegung**, § 341 Abs. 1 StPO
2. Frist der Revisions**einlegung**, § 341 Abs. 1 StPO
3. kein wirksamer Rechtsmittelverzicht, § 302 StPO
4. bei Nebenkläger-Revision: § 400 Abs. 1 StPO
5. Frist der Revisions**begründung**, § 345 Abs. 1 StPO
6. Form der Revisions**begründung**, § 345 Abs. 2 StPO
7. Inhalt der Revisions**begründung**, § 344 StPO
   a) Revisionsantrag
   b) eigentliche Revisionsbegründung:
   unterschiedliche Anforderungen bei
   - Sachrüge, § 344 Abs. 2 Satz 1 StPO
   - Verfahrensrüge, § 344 Abs. 2 Satz 1 und Satz 2 StPO

B. **Begründetheit** der Revision

1. Fehlen einer Verfahrensvoraussetzung/Vorliegen eines Verfahrenshindernisses: Ist die Revision zulässig, prüft das Revisionsgericht von Amts wegen (also auch ohne ausdrückliche Rüge) die vor und nach Erlass des angefochtenen Urteils entstandenen Verfahrenshindernisse. Ist die Revision unzulässig (insbesondere, weil § 344 StPO nicht erfüllt ist), prüft das Revisionsgericht von Amts wegen nur die **nach** Erlass des angefochtenen Urteils entstandenen Verfahrenshindernisse. Bereits vor dem Erlass des angefochtenen Urteils entstandene Verfahrenshindernisse, die vom Tatgericht übersehen wurden, überprüft das Revisionsgericht nicht[17].
2. § 337 StPO
   a) Gesetzesverletzung
   - bei Sachrüge prüfen:
     Verstoß gegen materiell-rechtliche Rechtsnorm (insbesondere gegen StGB-Vorschrift)
   - bei Verfahrensrüge prüfen:
     Verstoß gegen Verfahrensnorm (insbesondere gegen StPO-Vorschrift)

   b) Beruhen
   Bei Verfahrensfehler zunächst § 338 StPO prüfen.

Fall 78: Die Revisionsbegründung

Dem Angeklagten A wird ein Raub vorgeworfen. In der erstinstanzlichen Hauptverhandlung vor dem Landgericht L bestreitet er den Tatvorwurf. Nach Schluss der Beweisaufnahme halten der Staatsanwalt und der Verteidiger ihre Schlussvorträge. Dem Angeklagten wird das letzte Wort gewährt, wobei er erneut die Tat bestreitet. Der Vorsitzende verliest im Hinblick auf die im Rahmen des letzten Wortes gemachten Äußerungen des Angeklagten einen polizeilichen Aktenvermerk über das Ergebnis einer beim Angeklagten durchgeführten Wohnungsdurchsuchung. Ferner verkündet der Vorsitzende einen Beschluss, in dem ein während der Beweisaufnahme gestellter Beweisantrag des Verteidigers auf Vernehmung eines Alibi-Zeugen abgelehnt wird. Der Staatsanwalt und der Verteidiger erklären hierauf, dass sie bei ihren Schlussausführungen und Schlussanträgen bleiben. Das Gericht zieht sich zur Beratung zurück und verkündet anschließend das Urteil, in dem der Angeklagte wegen

17 BGHSt 22, 213; Meyer-Goßner, § 346, Rn. 11.

Raubes verurteilt wird. Der Verteidiger legt gegen das Urteil Revision ein und will mit einer Verfahrensrüge die Verletzung des letzten Wortes geltend machen. Wie lautet sein vollständiger Revisionsbegründungsschriftsatz?

Problemstellung

Gemäß § 344 StPO muss die Revision vom Revisionsführer **näher begründet** werden (in der Form des § 345 Abs. 2 StPO und in der Monatsfrist des § 345 Abs. 1 StPO), um zulässig zu sein. So genügt die Formulierung 257
„Gegen das Urteil des Landgerichts ... vom ... wird Revision eingelegt"
zur Revisionseinlegung, nicht jedoch zur Revisionsbegründung.

- Zur zulässigen Begründung der **Sachrüge** (= Rüge, dass das angefochtene Urteil das materielle Recht, also insbesondere das StGB, verletzt) reicht gemäß § 344 Abs. 2 Satz 1 StPO der Satz aus:
  „Es wird die Verletzung sachlichen (oder materiellen) Rechts gerügt".
  Weitere Einzelausführungen in der Revisionsbegründungschrift sind für die Zulässigkeit der Sachrüge nicht erforderlich, sondern dienen nur dem Zweck, das Augenmerk des Revisionsgerichts auf bestimmte materiell-rechtliche Punkte zu richten.

- Dagegen sind gemäß § 344 Abs. 2 Satz 2 StPO die Anforderungen an eine **zulässige** 258
  Verfahrensrüge (= Rüge, dass das Gericht im Verfahren eine Verfahrensvorschrift, also insbesondere eine Vorschrift der StPO, verletzt hat) wesentlich strenger:
  Die dem geltend gemachten Verfahrensverstoß zugrunde liegenden Tatsachen müssen in der Revisionsbegründungsschrift so genau und so **vollständig behauptet** werden, dass das Revisionsgericht allein aufgrund des schlüssigen Tatsachenvortrags in der Revisionsbegründungsschrift ohne Blick in die Akten und insbesondere ohne Blick in das Protokoll sagen kann: Wenn diese in der Revisionsbegründungsschrift vorgetragenen Tatsachen zutreffen, dann liegt der geltend gemachte Verfahrensverstoß vor.[18]
  Ob die in der Revisionsbegründungsschrift aufgestellten schlüssigen Tatsachenbehauptungen zu dem geltend gemachten Verfahrensverstoß zutreffen, d. h. bewiesen sind (hier gilt insbesondere § 274 StPO), ist eine Frage der Begründetheit der Revision.
  Bezugnahmen oder Verweisungen auf Aktenteile, auf das Sitzungsprotokoll oder auf andere Schriftstücke können den schlüssigen Tatsachenvortrag zu dem Verfahrensverstoß nicht ersetzen. Solche Fundstellen müssen vielmehr in ihrem Wortlaut oder ihrem wesentlichen Inhalt nach in der Revisionsbegründungsschrift **wiedergegeben** werden, sonst werden sie vom Revisionsgericht bei der Prüfung, ob die erhobene Verfahrensrüge den Anforderungen des § 344 Abs. 2 Satz 2 StPO genügt, nicht beachtet.

18 BGH NJW 2006, 457.

Lösung

259 Rechtsanwalt … Datum …

An das
Landgericht L[19]
Az. …

In der Strafsache gegen A beantrage ich bezüglich der mit Schriftsatz vom … eingelegten Revision:[20]

Das Urteil des Landgerichts vom … wird mit den zugrunde liegenden Feststellungen aufgehoben.[21]
Die Sache wird zur erneuten Verhandlung und Entscheidung an eine andere Strafkammer des Landgerichts zurückverwiesen.[22]

Begründung:[23]

Das Urteil wird wegen Verletzung einer Rechtsnorm über das Verfahren angegriffen. Es wird gerügt, dass dem Angeklagten das letzte Wort nicht gewährt und damit § 258 Abs. 2 StPO verletzt wurde.
In der Hauptverhandlung wurde dem Angeklagten nach dem Schluss der Beweisaufnahme und nach den Schlussvorträgen des Staatsanwalts und des Verteidigers zunächst das letzte Wort gewährt. Der Angeklagte bestritt hierbei erneut den Tatvorwurf. Der Vorsitzende verlas darauf einen polizeilichen Aktenvermerk über das Ergebnis einer beim Angeklagten durchgeführten Wohnungsdurchsuchung. Ferner verkündete de Vorsitzende einen Beschluss, durch den ein von der Verteidigung während der Beweisaufnahme gestellter Beweisantrag auf Vernehmung eines Alibi-Zeugen abgelehnt wurde. Staatsanwalt und Verteidiger erhielten nochmals Gelegenheit zum Schlussvortrag und blieben bei ihren Schlussanträgen. Ohne dem Angeklagten erneut das letzte Wort zu gewähren, zog sich das Gericht zur Beratung zurück und verkündete sodann das Urteil.

Beweis:[24] Hauptverhandlungsprotokoll vom … (Aktenseite …)

Dieses Verhalten des Gerichts – Verlesung einer Urkunde und Verkündung eines Beschlusses über die Ablehnung eines Beweisantrags – stellt einen Wiedereintritt in die Hauptverhandlung dar, der die erneute Gewährung des letzten Wortes erforderlich machte.[25] Da dem Angeklagten das letzte Wort jedoch nicht erneut gewährt wurde, ist § 258 Abs. 2 StPO verletzt.
Auf der Verletzung des § 258 Abs. 2 StPO beruht das Urteil auch, da der Angeklagte bei erneuter Gewährung des letzten Wortes weitere Ausführungen gemacht hätte, und zwar

---

19 § 345 Abs. 1 StPO.
20 § 344 Abs. 1 StPO: Der Revisionsantrag muss den erstrebten Umfang der Urteilsaufhebung (§ 353 Abs. 1 StPO) klarstellen (z. B. ob das ganze Urteil oder nur der Strafausspruch aufgehoben werden soll).
21 Formulierungshilfe für diesen ersten Antragsteil: § 353 Abs. 1 StPO.
22 Formulierungshilfe für diesen zweiten Antragsteil: § 354 Abs. 2 StPO.
23 § 344 Abs. 2 Satz 1 und Satz 2 StPO.
24 Die Angabe von Beweismitteln ist nach § 344 Abs. 2 StPO für eine zulässige Begründung der Verfahrensrüge nicht erforderlich, BGH NStZ-RR 2003, 334, aber zweckmäßig und für das Revisionsgericht arbeitserleichternd.
25 BGH NStZ-RR 1997, 268; BGH NStZ 1983, 357.

auch zu dem verlesenen polizeilichen Durchsuchungsvermerk und zu dem verkündeten Beschluss.[26]

Unterschrift
Rechtsanwalt R[27]

Fall 79: Tenor der Revisionsentscheidung (Fortsetzung Fall 78)

Im Fall Nr. 78 ist die Revision zulässig eingelegt und mit der dort dargestellten Revisionsbegründungsschrift zulässig begründet worden.
Wie lautet der Entscheidungstenor des Revisionsgerichts
a) wenn der Tatsachenvortrag in der Revisionsbegründungsschrift durch das Hauptverhandlungsprotokoll des Landgerichts L bewiesen ist, d. h. wenn in dem Protokoll nichts über eine erneute Gewährung des letzten Wortes vor der Urteilsberatung steht?
b) wenn – entgegen dem schlüssigen Vortrag in der Revisionsbegründungsschrift – in dem Hauptverhandlungsprotokoll ausgeführt ist, dass dem Angeklagten vor der Urteilsberatung erneut das letzte Wort gewährt wurde?

Problemstellung

Wie der **Tenor einer Revisionsentscheidung** zu formulieren ist, kann den §§ 353, 354 und 349 StPO[28] entnommen werden. **260**
Sofern das Revisionsgericht **abschließend** in der Sache entscheidet, trifft es auch gemäß § 464 Abs. 1 und Abs. 2 StPO eine Entscheidung über die Kosten des Verfahrens und die notwendigen Auslagen des Angeklagten (und ggfs. auch über die notwendigen Auslagen eines Nebenklägers), und zwar nach § 473 StPO.
Beispiel:
Ist die Revision des Angeklagten unzulässig, z. B. weil die Revisionsbegründungsschrift des Verteidigers nicht den Anforderungen des § 344 StPO genügt, lautet der Beschluss des Revisionsgerichts:[29]

1. Die Revision des Angeklagten gegen das Urteil des Landgerichts vom ... wird als unzulässig verworfen.
2. Der Angeklagte trägt die Kosten des Revisionsverfahrens und die der Nebenklägerin hierin entstandenen notwendigen Auslagen.[30]

26 Ausführungen zur Beruhensfrage sind, ebenso wie die Angabe von Beweismitteln, für eine zulässige Begründung einer Verfahrensrüge gem. § 344 Abs. 2 StPO nicht erforderlich, aber zweckmäßig, BGH StV 1998, 523, 524.
27 § 345 Abs. 2 StPO.
28 Aus § 349 StPO ergibt sich auch, in welcher Form – Beschluss oder Urteil – das Revisionsgericht entscheidet.
29 § 349 Abs. 1 StPO.
30 Da die Kostenentscheidung zu den notwendigen Auslagen des Angeklagten schweigt, trägt der Angeklagte seine eigenen notwendigen Auslagen selbst. Denn fehlt in einer gerichtlichen Entscheidung eine ausdrückliche Auslagenentscheidung, verbleiben die notwendigen Auslagen immer bei demjenigen, dem sie entstanden sind (BGHSt 36, 27, 28).

Lösung

261 Fall a):
Das Hauptverhandlungsprotokoll hat gem. § 274 Satz 1 StPO formelle (absolute) Beweiskraft, und zwar positive und negative: Ist ein wesentlicher Vorgang der Hauptverhandlung (z. B. die Gewährung des letzten Wortes) im Protokoll vermerkt, gilt der Vorgang für das Revisionsgericht unwiderleglich als geschehen, auch wenn er tatsächlich nicht geschehen ist.
Schweigt das Protokoll zu einem wesentlichen Vorgang in de Hauptverhandlung, gilt der Vorgang für das Revisionsgericht unwiderleglich als nicht erfolgt, auch wenn er tatsächlich erfolgt ist.[31]
Da hier das **Hauptverhandlungsprotokoll** gemäß § 274 Satz 1 StPO den gerügten Verfahrensverstoß (keine erneute Gewährung des letzten Wortes) beweist, und da das Urteil möglicherweise anders ausgefallen wäre, wenn dem Angeklagten nochmals das letzte Wort gewährt worden wäre, ist die Revision des Angeklagten **begründet**, § 337 StPO: Es liegt eine Verletzung des Gesetzes – hier § 258 Abs. 2 StPO – vor, und das Urteil beruht auch auf dieser Gesetzesverletzung.[32]
Da der Schuldspruch (Verurteilung wegen Raubes) des landgerichtlichen Urteils auf der Gesetzesverletzung beruht und nicht nur der Strafausspruch, hebt das Revisionsgericht das landgerichtliche Urteil **mit den Feststellungen** insgesamt (und nicht nur im Strafausspruch) auf, § 353 Abs. 1 und Abs. 2 StPO, und **verweist** die Sache zu vollständig neuer Verhandlung und Entscheidung an das Landgericht zurück, § 354 Abs. 2 Satz 1 StPO.
Der **Tenor der Revisionsentscheidung** lautet daher:

Auf die Revision des Angeklagten wird das Urteil des Landgerichts vom ... mit den Feststellungen aufgehoben.
Die Sache wird zu neuer Verhandlung und Entscheidung an eine andere Strafkammer des Landgerichts zurückverwiesen, die auch über die Kosten der Revision zu entscheiden hat.[33]

262 Fall b):
Das Hauptverhandlungsprotokoll beweist gemäß § 274 Satz 1 StPO zwingend, dass dem Angeklagten das letzte Wort erneut gewährt wurde. Die anders lautende Behauptung in der Revisionsbegründungsschrift (= kein erneutes Gewähren des letzten Wortes) ist somit nicht bewiesen. Da deshalb kein Verstoß gegen § 258 Abs. 2 StPO vorliegt, ist die Revision **mangels Gesetzesverletzung unbegründet**, § 337 StPO.
Der **Tenor der Revisionsentscheidung lautet** in diesem Fall:

31 BGH NStZ 1993, 51.
32 Ein Urteil beruht grundsätzlich auf der Verletzung des letzten Wortes, BGHSt 22, 278.
33 Das Revisionsgericht kann bei einer Aufhebung des landgerichtlichen Urteils und Zurückverweisung der Sache zu neuer Verhandlung und Entscheidung noch nicht sagen, ob und in welchem Umfang die Revision im Endergebnis, d. h. nach der erneuten Verhandlung und Entscheidung durch das Landgericht, Erfolg haben wird oder nicht. Der Erfolg der Revision ergibt sich erst aus einem Vergleich des Tenors des vom Revisionsgericht aufgehobenen landgerichtlichen Urteils mit dem Tenor der neuen landgerichtlichen Entscheidung. Das Revisionsgericht trifft deshalb in seiner Revisionsentscheidung, die nur einen vorläufigen Erfolg des Angeklagten darstellt, keine Entscheidung über die Kosten des Revisionsverfahrens und die dem Angeklagten hierin entstandenen notwendigen Auslagen gem. § 473 StPO.

Die Revision des Angeklagten gegen das Urteil des Landgerichts vom ... wird als unbegründet verworfen.
Der Angeklagte trägt die Kosten des Revisionsverfahrens.[34]

Fall 80: Ausbleiben des Angeklagten in der Hauptverhandlung

Der Angeklagte A wurde vom Amtsgericht am 27.9.2006 wegen Untreue und Betruges, begangen am 2.2.2002, zu einer Gesamtfreiheitsstrafe von einem Jahr und sechs Monaten verurteilt. Hiergegen hat er durch seinen Verteidiger V form- und fristgerecht Berufung eingelegt. In der Berufungshauptverhandlung vor dem Landgericht am 20.11.2006, zu der er ordnungsgemäß geladen war, erscheint der Angeklagte nicht. Sein Verteidiger, der erschienen ist, erklärt, dass es sich um eine unverschuldete Verhinderung des A handeln müsse und beantragt, die Hauptverhandlung zu vertagen. Der Vertreter der Staatsanwaltschaft, die selbst keine Berufung eingelegt hat, beantragt, ohne den Angeklagten zu verhandeln, da durch die Taten des A neben den in der Verurteilung durch das Amtsgericht genannten noch weitere Tatbestände verwirklicht worden seien. Die kleine Strafkammer des Landgerichts verwirft schließlich nach kurzer Beratung durch Urteil die Berufung des A.
Der Verteidiger des A legt fristgerecht mit folgender Begründung Revision gegen das Urteil des Landgerichts ein:

- Verfahrensrüge: Der Angeklagte sei mit der Deutschen Bahn zur Berufungshauptverhandlung unterwegs gewesen, und ein Schaden des Triebwagens hätte zu einer Verzögerung – Stehen auf offener Strecke – der Fahrt um zwei Stunden geführt (mit Beleg). Es hätte ohne seine Anwesenheit kein Urteil ergehen dürfen.
- Verfahrensrüge: Über den Antrag auf „Vertagung“ sei nicht entschieden worden.
- Die Taten seien im Übrigen verjährt, und das materielle Recht sei falsch angewendet worden (allgemeine Sachrüge).

Hat die Revision Aussicht auf Erfolg?

Problemstellung

Es ist zu prüfen, ob das vom Verteidiger eingelegte Rechtsmittel zulässig und begründet ist.

Lösung

Zulässigkeit der Revision: 263
Die eingelegte Revision ist gemäß § 333 StPO **statthaft**, da das Urteil der Strafkammer des Landgerichts angegriffen wird.
Es ist davon auszugehen, dass die **Formvorschrift des § 345 Abs. 1 StPO** eingehalten worden ist.
Soweit die **Sachrüge** erhoben worden ist, geht sie ins Leere. Hier ist ein **Prozessurteil gemäß § 329 Abs. 1 Satz 1 StPO** aufgrund des Ausbleibens des Angeklagten im Hauptverhandlungstermin und kein Sachurteil ergangen. Das Verwerfungsurteil gemäß § 329 Abs. 1 StPO kann grundsätzlich nur mit der Verfahrensrüge angegriffen werden. Wird das Verwerfungsurteil mit der Sachrüge angegriffen, prüft das Revisionsgericht nur das

34 § 473 Abs. 1 Satz 1 StPO. Da die Kostenentscheidung zu den notwendigen Auslagen des Angeklagten schweigt, trägt der Angeklagte seine notwendigen Auslagen (das sind vor allem die Verteidigergebühren, § 464a Abs. 2 Nr. 2 StPO) selbst.

Vorliegen von **Verfahrenshindernissen.**[35] In Betracht kommen z. B. Verjährung oder ein fehlender Strafantrag. Diesbezüglich bestehen jedoch keine Bedenken. Eine Verjährung der Taten gemäß §§ 78 Abs. 3 Nr. 4, 78a StGB war auch ohne Berücksichtigung etwaiger Unterbrechungen nach § 78c StGB noch nicht eingetreten.
Die erhobene **Verfahrensrüge** muss den Anforderungen des § 344 Abs. 2 Satz 2 StPO genügen. Hier liegen **formgerechte Rügen** vor, eine Bezeichnung der nach Auffassung des Revisionsführers verletzten Vorschriften ist nicht nötig.[36]

264 **Begründetheit der Revision:**

- Die Rüge der Verletzung von § 329 StPO ist unbegründet, da der Angeklagte, der als einziger Berufung eingelegt hatte, trotz ordnungsgemäßer Ladung unentschuldigt dem Termin ferngeblieben ist. Das Gesetz nimmt dabei aus Gründen der Verfahrensbeschleunigung in Kauf, dass auch ein unrichtiges amtsgerichtliches Urteil allein wegen des **unentschuldigten Ausbleibens** des Angeklagten rechtskräftig wird.[37] Diese **Ausnahme von dem Grundsatz der §§ 230 Abs. 1, 332 StPO** beruht auf der Unterstellung, dass der säumige Angeklagte, der Berufung eingelegt hat, an der Durchführung der Hauptverhandlung kein Interesse mehr hat und damit auf die sachliche Überprüfung des angefochtenen Urteils verzichtet.[38]
- Ein **nachträgliches Entschuldigungsvorbringen**, wie hier die durchaus realistische und durch einen Beleg untermauerte Verzögerung der Anfahrt des Angeklagten zum Termin aufgrund eines Defektes im Bahnverkehr, spielt im Rahmen der Revision gegen ein Urteil nach § 329 StPO keine Rolle. Das Revisionsgericht prüft bei entsprechendem schlüssigem Vortrag in der Revisionsbegründung lediglich,
  - ob der Angeklagte ordnungsgemäß geladen wurde (z.B. Wohnort richtig oder Vollmacht gemäß § 145a Abs. 2 StPO),
  - ob das Berufungsgericht das von ihm im Verwerfungsurteil abgehandelte Entschuldigungsvorbringen zu Recht als nicht genügende Entschuldigung gewertet hat,
  - ob das Berufungsgericht in seinem Verwerfungsurteil alle ihm zur Zeit des Verwerfungsurteils erkennbaren bzw. mitgeteilten Entschuldigungsgründe abgehandelt hat. (Nachträgliches Entschuldigungsvorbringen, das dem Berufungsgericht zum Zeitpunkt des Verwerfungsurteils nicht bekannt oder erkennbar war, wird im Revisionsverfahren nicht berücksichtigt. Hierfür sieht § 329 Abs. 3 StPO die Möglichkeit der Wiedereinsetzung in den vorigen Stand vor[39]).

265 • Auch die Verfahrensrüge, § 228 StPO, durch die unterbliebene Entscheidung über die Aussetzung der Hauptverhandlung sei die **Verteidigung beschränkt** worden, hat im Revisionsverfahren keinen Erfolg. Außer in den gesetzlich normierten Fällen kann es auch die Fürsorgepflicht des Gerichts gebieten, die Verhandlung für eine bestimmte Zeit auszusetzen. Dabei ist die Übergehung eines Aussetzungsantrags ebenso zu behandeln, wie seine Ablehnung. Weiterhin müssen Aussetzungsanträge grundsätzlich vor der Urteilsverkündung beschieden werden.[40] Im Falle des § 329 Abs. 1 Satz 1 StPO kann aber in rechtmäßiger Weise ein Aussetzungsantrag schlüssig durch den Er-

35 Meyer-Goßner, § 329, Rn. 49.
36 Hier macht der Revisionsführer geltend: fehlerhafte Verwerfung der Berufung wegen Nichterscheinens, § 329 Abs. 1 Satz 1 StPO und fehlerhaftes Unterlassen der beantragten Aussetzung der Hauptverhandlung, § 228 StPO.
37 Schon BGHSt 17, 188,189.
38 Meyer-Goßner, § 329, Rn. 2.
39 Vgl. Fall 89.
40 Meyer-Goßner § 228, Rn. 6.

lass eines Verwerfungsurteils abgelehnt werden, wenn die Entscheidung, wie hier, auf den selben Umständen beruht, die auch für den Aussetzungsantrag maßgebend sind.[41] Die Revision wird daher insgesamt zu verwerfen sein.

Fall 81: Wechsel und Verzicht auf Rechtsmittel (Abwandlung Fall 80)

In Abwandlung von Fall 80 gehen nach der erstinstanzlichen Verurteilung des Angeklagten A durch das AG vom 27.9.2006 am 1.10.2006 zwei Schreiben folgenden Wortlauts ein:

Schreiben des Angeklagten A:
„Hohes Gericht, ich habe mich entschieden, das Urteil vom 27.9.2006 anzunehmen. Mit freundlichen Grüßen (Unterschrift des A)“.

Schreiben des Rechtsanwalts V:
„Hiermit lege ich namens und im Auftrag meines Mandanten, der die Entscheidung des Gerichts nun doch nicht akzeptieren will, gegen das Urteil vom 27.9.2006

Revision

ein. Die Begründung erfolgt durch gesonderten Schriftsatz. (Unterschrift RA V)“.

Nach Zustellung der schriftlichen Urteilsgründe geht am 5.11.2006 beim Amtsgericht folgendes weitere Schreiben von Rechtsanwalt V ein:
„Nach Rücksprache mit meinem Mandanten, dem Angeklagten A, lege ich gegen das Urteil des Amtsgerichts vom 27.9.2006 nunmehr

Berufung

anstatt der zuvor eingelegten Revision ein. Mit der Berufung wird lediglich eine Strafaussetzung zur Bewährung erstrebt“.

Was wird das Amtsgericht tun?

Problemstellung

Es muss die Überlegung angestellt werden, **266**
- ob überhaupt noch ein Rechtsmittel eingelegt werden konnte, da der Angeklagte in seinem Schreiben das Urteil angenommen hatte, und wenn ja,
- ob ein Umstellen des Rechtsmittels von der Revision auf die Berufung zulässig ist.

Lösung

Es liegt zunächst eine wirksame Anfechtung des amtsgerichtlichen Urteils vor. In seinem Schreiben vom 1.10.2006 erklärt der Angeklagte zwar, dass er das Urteil des Amtsgerichts vom 27.9.2006 annehme, wobei diese Formulierung als **Rechtsmittelverzicht** (§ 302 Abs. 1 Satz 1 StPO) auszulegen ist.[42] Aus dem Schreiben von Rechtsanwalt V, welches am **selben Tag** eingegangen ist, ergibt sich aber das genaue Gegenteil, nämlich dass das Urteil angegriffen werden soll und A seinen Verteidiger mit der Einlegung eines Rechtsmittels beauftragt hat. Da üblicherweise bei den Gerichten **267**

41 OLG Saarbrücken NJW 1975, 1613.
42 BGH NStZ 1983, 213.

nicht die uhrzeitliche Reihenfolge der mit der Post eingehenden Schreiben vermerkt wird,[43] sind beide Schreiben als gleichzeitig eingegangen zu behandeln. Nach der Rechtsprechung des BGH ist der Rechtsmittelverzicht damit gegenstandslos.[44]

268 Eine **Revisionsbegründung** ist beim Amtsgericht nicht eingegangen, so dass die von V am 1.10.2006 eingelegte Revision gemäß § 349 Abs. 1 StPO als unzulässig zu verwerfen wäre.
Der Übergang von der Revision zur Berufung, die Rechtsanwalt V in seinem Schreiben vom 5.11.2006 erklärt, ist jedoch innerhalb der Revisionsbegründungsfrist des § 345 Abs. 1 StPO zulässig.[45]
Das Amtsgericht wird deshalb die Akten der Staatsanwaltschaft vorlegen, damit diese sie an das Berufungsgericht (Landgericht) übersendet, §§ 320, 321 StPO.

Übersicht 46: § 335 StPO

Gegen ein amtsgerichtliches Urteil ist sowohl die Berufung (§ 312 StPO) als auch die Revision (§ 335 Abs. 1 StPO) statthaft. Soll das amtsgerichtliche Urteil angefochten werden, steht der Rechtsmittelführer deshalb vor der Wahl, ob er das amtsgerichtliche Urteil mit der Berufung oder der Revision anficht.
Eine sachgerechte Wahl ist aber erst möglich, wenn dem Rechtsmittelführer die schriftlichen Urteilsgründe vorliegen. In der Regel liegen die schriftlichen Urteilsgründe in der einwöchigen Frist zur Einlegung der Berufung (§ 314 StPO) oder der Revision (§ 341 StPO) aber noch nicht vor.
Deshalb gilt:

Erklärt der Rechtsmittelführer in der einwöchigen *Einlegungs*frist (§ 314 oder 341)	**dann kann er in der einmonatigen Revisions*begründungs*frist** (§ 345) **noch**
„Ich lege Rechtsmittel ein:" oder *„Ich fechte das Urteil des AG an."*	wählen zwischen der Berufung und der Revision. (trifft er keine konkrete Wahl, so ist das bisher unbestimmte Rechtsmittel als Berufung zu behandeln)
„Ich lege Berufung ein."	die Revision wählen.
„Ich lege Revision ein."	die Berufung wählen.

Das bedeutet:
- Eine konkrete Wahl/Bezeichnung des Rechtsmittels in der einwöchigen (Berufungs-/Revisions-)**Einlegungs**frist ist **nicht** bindend.
- Eine konkrete Wahl/Bezeichnung des Rechtsmittels in der einmonatigen Revisions**begründungs**frist ist dagegen endgültig und bindend.
- Solange in der einmonatigen Revisions**begründungs**frist noch keine konkrete Wahl des Rechtsmittels erklärt wurde, wird das Verfahren noch nicht als Berufungsverfahren behandelt
  → erst Ablauf der einmonatigen Revisionsbegründungsfrist abwarten.

43 Anders z. B. durch die Eingangsbestätigung bei einem Telefaxschreiben.
44 BGH NJW 1960, 2202.
45 Meyer-Goßner, § 335, Rn. 11; BGH NJW 2004, 789.

Fall 82: Die Schuldspruchberichtigung durch das Revisionsgericht

Das Landgericht L verurteilt den Angeklagten A entsprechend der zugelassenen Anklage wegen in Mittäterschaft begangenen Betrugs zu der Freiheitsstrafe von drei Jahren, wobei das Landgericht als Betrugsschaden eine schadensgleiche Vermögensgefährdung annimmt. Gegen das Urteil legt der Verteidiger zulässig mit der Sachrüge Revision ein.
Das Revisionsgericht ist der Ansicht, dass das Landgericht in dem angefochtenen Urteil das Tatgeschehen umfassend festgestellt hat und weitere Feststellungen zur Tat nicht mehr möglich sind. Allerdings ist das Revisionsgericht der rechtlichen Auffassung, dass noch keine schadensgleiche Vermögensgefährdung eingetreten ist und deshalb nur ein versuchter Betrug vorliegt, zu dem der Angeklagte auch nur Beihilfe geleistet hat.
Wie lautet die Entscheidung des Revisionsgerichts, das der Meinung ist, der Angeklagte hätte sich auch bei einem (bislang nicht erfolgten) rechtlichen Hinweis auf die Möglichkeit einer Verurteilung wegen Beihilfe zum versuchten Betrug nicht anders verteidigen können als er dies bislang getan hat?

Problemstellung

Analog § 354 Abs. 1 StPO darf das Revisionsgericht bei einem **Subsumtionsfehler** des Landgerichts den Schuldspruch des landgerichtlichen Urteilstenors selbst abändern (und muss deshalb nicht gemäß §§ 353 Abs. 1, 354 Abs. 2 StPO das landgerichtliche Urteil aufheben und die Sache zur neuen Verhandlung und Entscheidung an das Landgericht zurückverweisen), wenn folgende **Voraussetzungen** vorliegen:[46] 269

- Die Sachrüge muss zulässig erhoben sein.
- Die Feststellungen im angefochtenen landgerichtlichen Urteil beschreiben nach Auffassung des Revisionsgerichts das Tatgeschehen vollständig.
- Nach Auffassung des Revisionsgerichts ist es ausgeschlossen, dass in einer erneuten tatrichterlichen Hauptverhandlung weitere wesentliche, für den Angeklagten günstige Erkenntnisse zum Tatablauf festgestellt werden können.
- Ein (bislang nicht erfolgter) rechtlicher Hinweis gemäß § 265 StPO auf die vom Revisionsgericht angenommene neue Strafvorschrift ist entbehrlich, weil sich der Angeklagte nach Meinung des Revisionsgerichts auch dann, wenn ein solcher rechtlicher Hinweis erteilt würde, nicht anders verteidigen könnte als bisher geschehen.

Lösung

Da die genannten Voraussetzungen für eine Schuldspruchberichtigung vorliegen, wird das Revisionsgericht analog § 354 Abs. 1 StPO den **Schuld**spruch dahin abändern, dass der Angeklagte statt des Betruges, der fehlerhaft vom Landgericht angenommen wurde, der Beihilfe zum versuchten Betrug schuldig ist. 270
Was den **Straf**ausspruch des landgerichtlichen Urteils betrifft, muss der vom Landgericht angenommene **Strafrahmen** wegen vollendeten, in Mittäterschaft begangenen Betrugs, der gemäß § 263 Abs. 1 StGB Freiheitsstrafe von einem Monat (§ 38 Abs. 2 StGB) bis zu fünf Jahren oder Geldstrafe von fünf bis zu 360 Tagessätzen (§ 40 Abs. 1 Satz 2 StGB) vorsieht, zunächst wegen der Beihilfe gemäß §§ 27 Abs. 2, 49 Abs. 1

---

46 Die nachfolgenden Ausführungen gelten gleichermaßen für den in der Praxis allerdings nicht so häufigen Fall der (Sprung-)Revision gegen ein Urteil des Amtsgerichts gemäß § 335 StPO; Meyer-Goßner, § 354, Rn. 12 ff.

Nr. 2 StGB auf Freiheitsstrafe bis zu drei Jahren und neun Monaten oder Geldstrafe bis 270 Tagessätzen **herabgesetzt werden.** Der so wegen der Beihilfe gemilderte Strafrahmen kann dann nochmals wegen Vorliegens nur eines Versuchs gemäß §§ 23 Abs. 2, 49 Abs. 1 Nr. 2 StGB herabgesetzt werden auf Freiheitsstrafe bis zu zwei Jahren und neun Monaten oder Geldstrafe bis zu 202 Tagessätzen. Dieser **neue Strafrahmen** wäre somit **deutlich milder** als der Strafrahmen der vom Landgericht angenommenen Strafvorschrift (§ 263 Abs. 1 StGB) und hätte bei einer zweifachen Milderung nach § 49 Abs. 1 Nr. 2 StGB wegen Beihilfe und wegen Versuchs auch eine niedrigere Obergrenze (Freiheitsstrafe bis zu zwei Jahren und neun Monate) als die vom Landgericht verhängte Freiheitsstrafe von drei Jahren.

271 Das Landgericht hätte deshalb, wenn es bei der Strafzumessung von dem neuen (richtigen) Strafrahmen ausgegangen wäre, eine niedrigere Strafe als die von ihm bei Anwendung des fehlerhaften Strafrahmens festgesetzten drei Jahre verhängt. Damit beruht der Strafausspruch des Landgerichts auf dem fehlerhaften Schuldspruch des vollendeten und mittäterschaftlichen Betruges, § 337 Abs. 1 StPO.
Das Revisionsgericht wird daher das landgerichtliche Urteil im Strafausspruch aufheben und die Sache insoweit (= **zur erneuten Strafzumessung**) an das Landgericht zurückverweisen.

Der **Tenor der Revisionsentscheidung** lautet:

1. Auf die Revision des Angeklagten wird der Schuldspruch des Urteils des Landgerichts L vom ... dahingehend berichtigt, dass der Angeklagte A statt wegen Betruges wegen Beihilfe zum versuchten Betrug verurteilt wird.[47]
2. Auf die Revision des Angeklagten wird das Urteil des Landgerichts L vom ... im Strafausspruch mit den zugehörigen Feststellungen aufgehoben.[48]
3. Im Übrigen wird die Revision des Angeklagten als unbegründet verworfen.
4. Im Umfang der Aufhebung wird die Sache zu neuer Verhandlung und Entscheidung, auch über die Kosten der Revision, an eine andere Strafkammer des Landgerichts L zurückverwiesen.[49]

47 § 354 Abs. 1 StPO analog.
48 § 353 Abs. 1 StPO.
49 § 354 Abs. 2 Satz 2 StPO.

Übersicht 47: Folgen der Schuldspruchberichtigung

durch das Revisionsgericht für den Strafausspruch des angefochtenen tatrichterlichen Urteils:

Auffassung des Revisionsgerichts	Folge	Tenor der Revisionsentscheidung
Das Tatgericht hätte auch dann, wenn es selbst zu dem jetzt vom Revisionsgericht angenommenen richtigen Schuldspruch gekommen wäre, die gleiche Strafe verhängt als bisher (bei dem falschen Schuldspruch). Dies ist z. B. dann der Fall, wenn der Strafrahmen des jetzt vom Revisionsgericht angenommenen Straftatbestandes identisch oder nur unwesentlich milder ist als der Strafrahmen, der in dem vom Tatgericht falsch angenommenen Straftatbestand genannt ist.	Der Strafausspruch des Tatgerichts beruht damit nicht auf dem fehlerhaften Schuldspruch, § 337 Abs. 1 StPO. Der Strafausspruch wird also nicht vom Revisionsgericht aufgehoben.	1. Die Revision des Angeklagten gegen das Urteil des Landgerichts L vom … wird mit folgender Berichtigung des Schuldspruchs als unbegründet verworfen: Der Angeklagte A ist nicht des schweren Raubes, sondern der schweren räuberischen Erpressung schuldig. 2. Der Angeklagte trägt die Kosten des Revisionsverfahrens.
Das Tatgericht hätte dann, wenn es selbst zu dem jetzt vom Revisionsgericht angenommenen richtigen Schuldspruch gekommen wäre, möglicherweise eine niedrigere Strafe verhängt als bisher (bei dem falschen Schuldspruch). Dies ist z. B. dann der Fall, wenn der Strafrahmen des jetzt vom Revisionsgericht angenommenen Straftatbestandes deutlich milder ist als der Strafrahmen, der in dem vom Tatgericht falsch angenommenen Straftatbestand angeführt ist (s. Fall 82).	Der Strafausspruch des Tatgerichts beruht damit auf dem fehlerhaften Schuldspruch, § 337 Abs. 1 StPO. Der Strafausspruch muss also vom Revisionsgericht aufgehoben werden, und zwar auch dann, wenn das Revisionsgericht die vom Tatgericht verhängte Strafe für richtig hält. Denn im Fall der Schuldspruchberichtigung darf das Revisionsgericht keine eigene Strafzumessungsentscheidung gemäß § 354 Abs. 1 a) StPO vornehmen, BVerfG NStZ 2007, 598	wie Fall 82 (s. Rn. 271)

III. Beschwerde

Fall 83: Zulässigkeit der Beschwerde

Staatsanwalt S ermittelt gegen den Beschuldigten B wegen des Verdachts des unerlaubten Handeltreibens mit Betäubungsmitteln. Am Montag erhält Staatsanwalt S von der Kriminalpolizei die Nachricht, dass soeben die ehemalige Freundin des B telefonisch mitgeteilt habe, dass B in seiner Wohnung 200 zum Weiterverkauf bestimmte Ecstasy-Tabletten aufbewahre. Am Donnerstag ordnet Staatsanwalt S die Durchsuchung der Wohnung des B an, um die 200 Ecstasy-Tabletten als Beweismittel sicherzustellen. Die Polizei durchsucht noch am gleichen Tag die Wohnung, findet aber keine Drogen.
In einem Schreiben an die Staatsanwaltschaft beschwert sich B dagegen, dass seine Wohnung durchsucht worden sei, und verlangt eine gerichtliche Entscheidung. Die Staatsanwaltschaft leitet das Schreiben des B an das Amtsgericht A weiter, das daraufhin durch Beschluss feststellt, dass die Wohnungsdurchsuchung rechtmäßig war.
B sucht zwei Wochen nach Mitteilung dieses amtsgerichtlichen Beschlusses Rechtsanwalt R auf und fragt, ob er sich gegen den amtsgerichtlichen Beschluss und die Wohnungsdurchsuchung mit Erfolg beschweren könne.
Welche Auskunft wird Rechtsanwalt R dem Beschuldigten B geben?

Problemstellung

272 Zu den **Zulässigkeitsvoraussetzungen** einer Beschwerde (§§ 304ff. StPO) gehört grundsätzlich eine zum Zeitpunkt der Beschwerdeeinlegung noch gegenwärtige **Beschwer** des Beschwerdeführers. Beschwert eine strafprozessuale Eingriffsmaßnahme den Betroffenen zwar während der Eingriffsdauer, nicht mehr aber zum Zeitpunkt der Beschwerdeeinlegung (man nennt dieses Problem auch „prozessuale Überholung“), dann ist die Beschwerde des Betroffenen mangels aktueller Beschwer grundsätzlich **unzulässig** und wird deshalb vom Beschwerdegericht als unzulässig verworfen.
Jedoch ist die Beschwerde trotz im Zeitpunkt der Beschwerdeeinlegung weggefallener Beschwer **unter folgenden zwei Voraussetzungen zulässig:**[50]

273
- Die unmittelbare Beschwer des Betroffenen ist nach dem typischen Verfahrensablauf auf eine so kurze Zeitspanne beschränkt, dass der Betroffene normalerweise innerhalb dieser kurzen Zeitspanne eine Entscheidung des (Beschwerde-)Gerichts nicht erlangen kann.
- Die Maßnahme, die den Betroffenen belastete, war ein schwerwiegender Grundrechtseingriff. Das ist jede Maßnahme, deren Anordnung nach dem GG (grundsätzlich) dem Richter vorbehalten ist (z.B. Art. 13 Abs. 2, Art. 104 Abs. 2 und Abs. 3 GG).

Liegen diese beiden Voraussetzungen vor, besteht trotz weggefallener Beschwer ein **Rechtschutzinteresse** an der gerichtlichen Überprüfung der erledigten Maßnahme.

50 BVerfG NJW 1999, 273; BVerfG NJW 2006, 40.

Lösung

Der analog § 98 Abs. 2 Satz 2 StPO[51] erlassene amtsgerichtliche Beschluss könnte gemäß § 304 Abs. 1 StPO erfolgreich mit der Beschwerde angefochten werden, wenn die Beschwerde (noch) zulässig und auch begründet wäre. 274

- **Zulässigkeit der Beschwerde:**
  - **Statthaftigkeit:**
    Die Beschwerde gegen den amtsgerichtlichen Beschluss ist statthaft, da es keine gesetzliche Vorschrift gibt, die eine analog § 98 Abs. 2 Satz 2 StPO ergangene Entscheidung des Amtsgerichts ausdrücklich einer Anfechtung entzieht, **§ 304 Abs. 1 StPO** letzter Halbs.
  - **Frist:**
    Da es keine StPO-Vorschrift gibt, die für die Anfechtung eines analog § 98 Abs. 2 Satz 2 StPO ergangenen Beschlusses die fristgebundene sofortige Beschwerde (§ 311 StPO) vorschreibt, kann der amtsgerichtliche Beschluss **auch jetzt noch** mit der Beschwerde angefochten werden.
  - **Form:**
    Die Beschwerde müsste in der Form des **§ 306 Abs. 1 StPO** eingelegt werden.[52]
  - **Beschwer:** 275
    Da die Wohnungsdurchsuchung vollzogen und erledigt ist, ist der Beschuldigte S jetzt (= zum Zeitpunkt der Einlegung einer Beschwerde) allerdings nicht mehr beschwert.
    Da aber ein Betroffener in der kurzen Zeit der Durchsuchung seiner Wohnung eine Entscheidung des (Beschwerde-)Gerichts nicht erlangen kann und da die Wohnungsdurchsuchung ein **tiefgreifender Grundrechtseingriff** ist, was sich daraus ergibt, dass das Grundgesetz in Art. 13 Abs. 2 für eine Wohnungsdurchsuchung grundsätzlich eine richterliche Entscheidung verlangt, bedarf es vorliegend für die Zulässigkeit einer Beschwerde keiner Beschwer des Beschuldigten zum Zeitpunkt der Beschwerdeeinlegung.

  Eine Beschwerde des B wäre damit zulässig.

- **Begründetheit der Beschwerde:** 276
  Eine Beschwerde des B gegen den amtsgerichtlichen Beschluss, durch den festgestellt wurde, dass die Durchsuchung rechtmäßig war, wäre begründet, wenn dieser amtsgerichtliche Beschluss falsch wäre, wenn also die Wohnungsdurchsuchung wegen eines Verstoßes gegen §§ 102ff. StPO **rechtswidrig** war.
  Die Wohnungsdurchsuchung war rechtswidrig, weil sie von Staatsanwalt S angeordnet wurde, obwohl **keine „Gefahr im Verzuge“** vorlag, § 105 Abs. 1 StPO.
  Gefahr im Verzug i. S. d. § 105 Abs. 1 StPO liegt bei einer Durchsuchung zum Zwecke des Auffindens von Beweismitteln nur dann vor, wenn die Gefahr besteht, dass die gesuchten Beweismittel verloren gehen (z.B. versteckt oder zerstört werden). Dies müsste schon in der kurzen Zeit der Fall sein, die die Staatsanwaltschaft bräuchte, um den (gem. § 105 Abs. 1 StPO für die Durchsuchungsanordnung vorrangig zuständigen) Ermittlungsrichter (§ 162 StPO) zu erreichen, und die der Ermittlungsrichter anschließend für die Prüfung der Durchsuchungsvoraussetzungen benötigen würde.
  Diese Gefahr bestand jedoch nicht:

51 Hierzu Meyer-Goßner, § 98, Rn. 23.
52 Ein Telefax genügt der Schriftform.

Staatsanwalt S hatte von Montag bis Donnerstag genügend Zeit, einen (ermittlungs-) richterlichen Durchsuchungsbeschluss zu beantragen. Auch hätte der Ermittlungsrichter genügend Zeit gehabt, die Durchsuchungsvoraussetzungen zu prüfen.
Eine Beschwerde des B wäre also auch begründet.[53]

277 Rechtsanwalt R wird dem Beschuldigten B also die Auskunft geben, dass eine Beschwerde gegen den amtsgerichtlichen Beschluss, durch den die Wohnungsdurchsuchung für rechtmäßig erklärt wurde, Aussicht auf Erfolg hätte und dazu führen würde, dass das Beschwerdegericht (Landgericht, § 73 Abs. 1 GVG) folgenden Beschluss treffen würde:

1. Auf die Beschwerde des Beschuldigten B wird der Beschluss des Amtsgerichts A vom … aufgehoben.
2. Es wird festgestellt, dass die am … erfolgte Durchsuchung der Wohnung des B in … rechtswidrig war.[54]
3. Die Staatskasse trägt die Kosten des Beschwerdeverfahrens und die dem Beschuldigten B hierin erwachsenen notwendigen Auslagen.[55]

Übersicht 48: Beschwerde

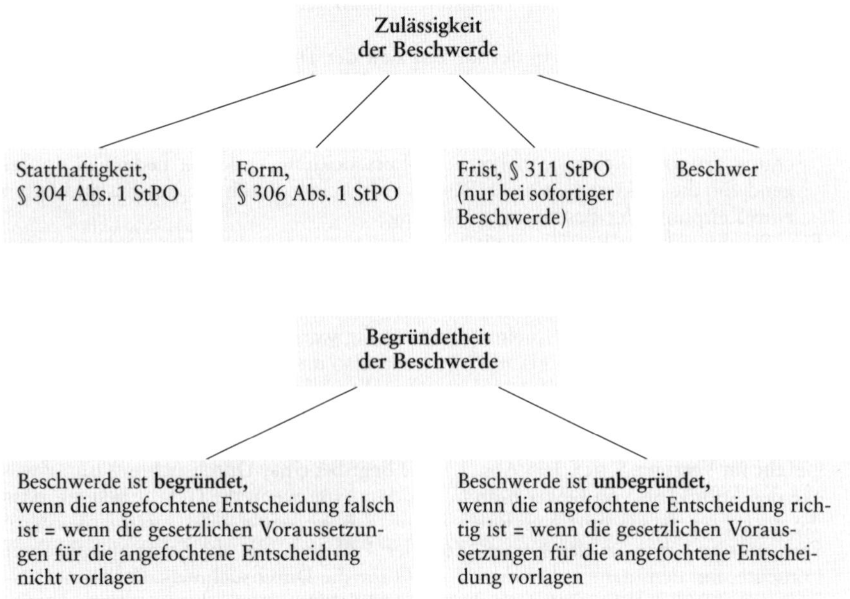

53 Folge für die Verwertbarkeit von bei der rechtswidrigen Durchsuchung aufgefundenen Beweismitteln vgl. Fälle 15 (Rn. 48) und 16 (Rn. 54).
54 § 309 Abs. 2 StPO.
55 § 467 Abs. 1 StPO analog.

4. Kapitel: Verfahren nach Rechtskraft

I. Rechtskraft und nachträgliche Gesamtstrafenbildung

Fall 84: Die Einbeziehung eines früheren Urteils

Wegen einer am 27.5.2007 in M begangenen fahrlässigen Körperverletzung ist gegen den Angeklagten A vor dem Amtsgericht M ein Strafverfahren anhängig. Aus dem beigezogenen Auszug aus dem Bundeszentralregister erkennt Amtsrichter R des Amtsgerichts M, dass das Amtsgericht F den Angeklagten A am 1.6.2007 wegen eines am 20.3.2007 begangenen Diebstahls zu der Geldstrafe von 40 Tagessätzen zu je 30,– € verurteilt hat und dieses Urteil am 11.6.2007 rechtskräftig geworden ist. Amtsrichter R fordert daraufhin die Strafakte bezüglich dieser Verurteilung aus F an. Aus einer erbetenen Mitteilung der für die Vollstreckung der Geldstrafe zuständigen Strafvollstreckungsabteilung der Staatsanwaltschaft F erfährt Amtsrichter R ferner, dass diese gegen den Angeklagten rechtskräftig verhängte Geldstrafe noch nicht bezahlt und auch nicht im Wege der Ersatzfreiheitsstrafe (§ 43 StGB) vollstreckt ist.
Am 8.10.2007 findet vor dem Amtsgericht M die Hauptverhandlung gegen den geständigen Angeklagten A wegen der am 27.5.2007 in M begangenen fahrlässigen Körperverletzung statt. Die oben genannten Erkenntnisse bezüglich der Verurteilung durch das Amtsgericht F werden (durch Verlesung des Bundeszentralregisterauszugs, des Urteils des Amtsgerichts F vom 1.6.2007 und der Mitteilung der Strafvollstreckungsabteilung der Staatsanwaltschaft F) in die Hauptverhandlung eingeführt. Wegen der am 27.5.2007 in M begangenen fahrlässigen Körperverletzung will Amtsrichter R eine Geldstrafe von 20 Tagessätzen zu je 30,– € verhängen.
Wie lautet der Urteilstenor des Amtsgerichts M?

Problemstellung

Hat ein Angeklagter mehrere in **Tatmehrheit** (**§ 53 StGB**) zueinander stehende Taten begangen, z. B. die beiden Taten T1 und T2, kann es zu folgenden zwei Verfahrensabläufen kommen: **278**

- Die Staatsanwaltschaft kennt beide Taten und klagt beide Taten in einer Anklageschrift an. Beide Taten werden in einem Urteil abgeurteilt, wobei gemäß **§§ 53, 54 StGB** für jede der beiden Taten zunächst eine **Einzelstrafe** – für die Tat T1 (z. B.) eine Einzelgeldstrafe von 70 Tagessätzen zu je 20,– € und für die Tat T2 eine Einzelgeldstrafe von 40 Tagessätzen zu je 20,– € – festgesetzt und aus diesen beiden Einzelstrafen dann eine **Gesamtstrafe** von (z. B.) 90 Tagessätzen zu je 20 € gebildet wird. Gemäß § 54 Abs. 2 Satz 1 StGB muss die Gesamtstrafe immer niedriger sein als die Summe der Einzelstrafen.
- Die Tat T2 ist noch nicht entdeckt. Die Staatsanwaltschaft klagt deshalb nur die Tat T1 an. Das Gericht verurteilt den Angeklagten in dem Urteil U1 wegen der Tat T1 zu der Geldstrafe von 70 Tagessätzen zu je 20,– €.

Danach wird die Tat T2 entdeckt, angeklagt und in einem weiteren Urteil U2 abgeurteilt, wobei gegen den Angeklagten die Geldstrafe von 40 Tagessätzen zu je 20,– € verhängt wird.
Der Angeklagte müsste also zwei Geldstrafen von 70 und 40 Tagessätzen, in der Summe also 110 Tagessätze zu je 20,– € bezahlen, während er in der vorangehenden Konstellation lediglich eine Gesamtgeldstrafe von 90 Tagessätzen zu je 20,– € bezahlen muss.

279 Um dieses ungerechte Ergebnis zu vermeiden, muss der Angeklagte in der zweiten Verfahrenskonstellation durch eine **nachträgliche Gesamtstrafenbildung** so gestellt werden, als wären beide Taten gemeinsam in einem Urteil abgeurteilt worden.
Diese **nachträgliche Gesamtstrafenbildung** kann dabei gebildet werden
- **entweder** gemäß § 55 **StGB** schon in dem **Urteil** U2:
  Kennt der Richter, der die Tat T2 verhandelt, das rechtskräftige Urteil U1 über die Tat T1, so kann er eine nachträgliche Gesamtstrafe gemäß **§ 55 Abs. 1 StGB** bilden, indem er in seinem Urteil U2 die Strafe aus dem früheren Urteil U1 einbezieht und in seinem Urteil U2 eine (nachträgliche) Gesamtstrafe aus der jetzt von ihm für die Tat T2 festzusetzenden Einzelstrafe und aus der im Urteil U1 bereits rechtskräftig verhängten Einzelstrafe für die Tat T1 bildet;
- **oder** gemäß **§ 460 StPO** erst durch einen nachträglichen Gesamtstrafen**beschluss:**
  Wird in dem Urteil U2 keine nachträgliche Gesamtstrafe gemäß § 55 StGB gebildet, z.B. weil der Richter des Urteils U2 das Urteil U1 nicht kennt, kann später noch durch Beschluss eine nachträgliche Gesamtstrafe aus den Einzelstrafen der Urteile U1 und U2 gebildet werden, **§ 460 StPO.**

Lösung

280 Wenn die Voraussetzungen des **§ 55 Abs. 1 StGB** vorliegen, wird das Amtsgericht M in seinem Urteil eine **nachträgliche Gesamtstrafe** verhängen:
- A wurde rechtskräftig vom Amtsgericht F verurteilt.
- Die in dem rechtskräftigen Urteil des AG F erkannte Geldstrafe ist noch nicht vollstreckt (= bezahlt oder durch Ersatzfreiheitsstrafe vollstreckt).
- A wird jetzt vom Amtsgericht M wegen einer anderen Straftat, nämlich einer fahrlässigen Körperverletzung, verurteilt, die er am 27.5.2007, also vor der früheren Verurteilung durch das Amtsgericht F vom 1.8.2007 begangen hat.

Die Voraussetzungen des **§ 55 Abs. 1 StGB** sind daher gegeben.[1]
Das Amtsgericht M wird deshalb in seinem Urteil eine nachträgliche Gesamtstrafe bilden, die sich zusammensetzt
- aus der zunächst vom Amtsgericht M zu bestimmenden (Einzel-)Geldstrafe von 20 Tagessätzen zu je 30,– € für die fahrlässige Körperverletzung vom 27.5.2007, und
- aus der vom Amtsgericht F bereits durch rechtskräftiges Urteil vom 1.6.2007 verhängten Geldstrafe von 40 Tagesätzen zu je 30,– €.

1 Zur Prüfung, ob die Voraussetzungen des § 55 Abs. 1 StGB vorliegen, empfiehlt sich die Anfertigung einer Zeit-Übersicht, in der in chronologischer Reihenfolge die einzelnen Tatzeiten und Urteilszeiten aufgelistet werden, um zu erkennen, ob ein Tatzeitpunkt vor dem Zeitpunkt des Erlasses eines Urteils liegt.

Der Urteilstenor des Amtsgericht M lautet daher: 281

1. Der Angeklagte A ist der fahrlässigen Körperverletzung schuldig.
   Er wird deshalb unter Einbeziehung der im Urteil des Amtsgerichts F vom 1.6.2007 (Aktenzeichen ...) verhängten Geldstrafe[2] zu der Gesamtgeldstrafe von 50 Tagessätzen in Höhe von jeweils 30,– € verurteilt.[3]
2. Der Angeklagte trägt die Kosten des Verfahrens.

Fall 85: Einbeziehung von früheren Straftaten bei Vorliegen einer Zäsur

Wegen einer am 27.5.2007 in M begangenen fahrlässigen Körperverletzung, eines am 3.6.2007 begangenen Betrugs und einer am 8.6.2007 begangenen Urkundenfälschung findet gegen den Angeklagten A vor dem Amtsgericht M am 8.10.2007 die Hauptverhandlung statt. Für diese drei tatmehrheitlichen Delikte (§ 53 StGB) will Amtsrichter R des Amtsgerichts M folgende Einzelstrafen festsetzen:

- für die fahrlässige Körperverletzung vom 27.5.2009: 20 Tagessätze zu je 30,– €
- für den Betrug vom 3.6.2007: 60 Tagessätze zu je 30,– €
- für die Urkundenfälschung vom 8.6.2007: 30 Tagessätze zu je 30,– €

Aus der in der Hauptverhandlung vom 8.10.2007 verlesenen Bundeszentralregisterauskunft ergibt sich, dass das Amtsgericht F den Angeklagten A am 1.6.2007 wegen Diebstahls in Tatmehrheit mit Unterschlagung rechtskräftig zu der noch nicht bezahlten Gesamtgeldstrafe von 70 Tagessätzen zu je 30,– € verurteilt hat. Aus dem beigezogenen und ebenfalls in der Hauptverhandlung vom 8.10.2007 verlesenen Urteil des Amtsgerichts F vom 1.6.2007 ergibt sich weiter, dass das Amtsgericht F diese Gesamtgeldstrafe aus folgenden zwei Einzelgeldstrafen gebildet hat:

- 40 Tagessätze zu je 30,– € für einen 20.3.2007 begangenen Diebstahl,
- 50 Tagessätze zu je 30,– € für eine 4.4.2007 begangene Unterschlagung.

Amtsrichter R weist in der Hauptverhandlung vom 8.10.2007 gemäß § 265 StPO darauf hin, dass eine nachträgliche Gesamtstrafenbildung gemäß § 55 StGB in Betracht komme.
Wie lautet der Urteilstenor?

Problemstellung

Wie vorheriger Fall.

Lösung

Geht es bei der Frage, ob nachträglich eine Gesamtstrafe gemäß § 55 **StGB** gebildet werden muss, um **mehrere** frühere Taten (wie hier) und eventuell sogar auch noch um **mehrere** frühere rechtskräftige Urteile, empfiehlt sich folgende Vorgehensweise: 282

a) **Prüfung,** bei welchem rechtskräftigen früheren Urteil/Strafbefehl die dort erkannte Strafe noch nicht vollständig erledigt, d.h. noch nicht vollstreckt (= bezahlt oder durch Ersatzfreiheitsstrafe vollstreckt) ist.

---

2 Bei der Formulierung ist darauf zu achten, dass nicht das **Urteil** des Amtsgerichts F, sondern die **Strafe** aus dem Urteil des Amtsgerichts F einbezogen wird.

3 Im Urteilstenor wird nur die Gesamtstrafe ausgesprochen. Die vom Amtsgericht M für die fahrlässige Körperverletzung verhängte Einzelstrafe wird nur in den Urteilsgründen dargelegt, nicht im Urteilstenor.

Dies ist hier das rechtskräftige Urteil des Amtsgerichts F vom 1.6.2007, da die dort verhängte Gesamtgeldstrafe noch nicht bezahlt ist.

b) **Anfertigen einer Übersicht,** in der
- die Tatzeiten und
- der Verkündungstag des früheren rechtskräftigen und noch nicht erledigten Urteils[4]

in ihrer zeitlich aufsteigenden Reihenfolge aufgelistet werden, hier also:

20.3.2007	Diebstahl	40 Tagessätze
4.4.2007	Unterschlagung	70 Tagessätze
27.5.2007	fahrlässige Körperverletzung	20 Tagessätze
1.6.2007	**rechtskräftiges unerledigtes Urteil des Amtsgerichts F**	
3.6.2007	Betrug	60 Tagessätze
8.6.2007	Urkundenfälschung	30 Tagessätze
8.10.2007	**jetzt zu fällendes Urteil**	

283 c) **Prüfung anhand der obigen Übersicht,** welche Taten **vor** dem früheren rechtskräftigen und noch nicht erledigten Urteil begangen wurden.
Da der Richter des früheren rechtskräftigen Urteils vom 1.6.2007 die **vor** der Verkündung seines Urteils begangenen Taten hätte aburteilen können, wenn er zum Zeitpunkt seiner Urteilsverkündung (1.6.2007) allwissend gewesen wäre und deshalb diese Taten gekannt hätte, ist aus den Einzelstrafen für diese Taten eine nachträgliche Gesamtstrafe zu bilden.
Vorliegend wird also aus den drei Einzelstrafen
- 20.3.2007 Diebstahl 40 Tagessätze
- 4.4.2007 Unterschlagung 70 Tagessätze
- 27.5.2007 fahrlässige Körperverletzung 20 Tagessätze

eine nachträgliche Gesamtgeldstrafe von z.B. 100 Tagessätzen zu je 30,– € gebildet.
Aus den Einzelstrafen der Taten, die **nach** dem Urteil des Amtsgericht F vom 1.6.2007 begangen wurden, hier also
- 3.6.2007 Betrug 60 Tagessätze
- 8.6.2007 Urkundenfälschung 30 Tagessätze

ist gemäß §§ 53, 54 StGB eine weitere (zweite) Gesamtstrafe, z.B. 75 Tagessätze zu je 30,– €. zu bilden. Das rechtskräftige unerledigte Urteil vom 1.6.2007 entfaltet also eine sog. **Zäsurwirkung**: Aus den Einzelstrafen für die **vor** dem 1.6.2007 begangenen Taten wird eine **nachträgliche Gesamtstrafe** gemäß § 55 StGB gebildet, nicht jedoch mit den Einzelstrafen für die **nach** dem 1.6.2007 begangenen Taten.

284 Der **Urteilstenor** des Amtsgericht M lautet daher:

1. Der Angeklagte A ist der fahrlässigen Körperverletzung schuldig.
   Er wird deshalb
   unter Einbeziehung der im Urteil des Amtsgericht F vom 1.6.2007 (Aktenzeichen: ...) verhängten Einzelstrafen und unter Auflösung der dort gebildeten Gesamtstrafe
   zu der Gesamtgeldstrafe von 100 Tagessätzen zu je 30,– € verurteilt.

4 Bei einem früheren rechtskräftigen Strafbefehl kommt es auf den Tag seines Erlasses (= Unterzeichnung durch den Amtsrichter) an.

Der Angeklagte A ist weiterhin des Betruges und der Urkundenfälschung schuldig. Er wird deshalb zu der weiteren Gesamtgeldstrafe von 75 Tagessätzen zu je 30,– € verurteilt.

2. Der Angeklagte trägt die Kosten des Verfahrens.

Übersicht 49: Beispiele zur nachträglichen Gesamtstrafe (§ 55 StGB)

Bei § 55 StGB empfiehlt sich folgende **Prüfungsreihenfolge:**

1. Ausgangspunkt: Tatzeit der heute verhandelten Tat
2. Gibt es ein rechtskräftiges Urteil oder einen rechtskräftigen Strafbefehl, das/der **nach** der heute verhandelten Tat erging?
   Wenn ja:
3. Ist die Strafe aus diesem rechtskräftigen Urteil (Strafbefehl)
   - vollständig vollstreckt, d. h.
     – bei einer Freiheitsstrafe: durch Strafvollzug verbüßt,
     – bei einer Geldstrafe: bezahlt oder Ersatzfreiheitsstrafe vollständig verbüßt,
   - erlassen[5]
   - oder – in der Praxis selten – verjährt?[6]

   Wenn ja: Es ist keine nachträgliche Gesamtstrafenbildung möglich, sondern (nur) Härteausgleich.[7]

   Wenn nein: In der heutigen Hauptverhandlung muss in dem Urteil eine nachträgliche Gesamtstrafe gemäß § 55 StGB gebildet werden.

Beispiel 1:

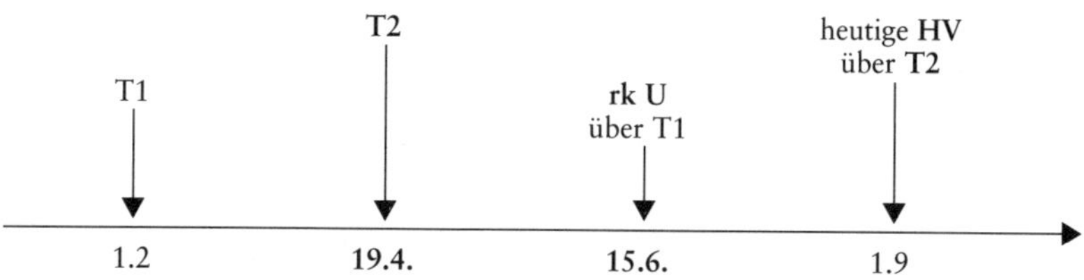

Der Angeklagte wurde durch rechtskräftiges Urteil vom 15.6. wegen der Tat T1 zu einer Geldstrafe verurteilt, die noch nicht bezahlt ist.
In der heutigen Hauptverhandlung vom 1.9. ist über die erwiesene Tat T2 (Diebstahl) zu entscheiden. Für diese Tat soll eine Freiheitsstrafe verhängt werden.
Die heute verhandelte Tat T2 wurde am 19.4. und damit **vor** dem rechtskräftigen Urteil vom 15.6. begangen.
Also hätte der Richter des rechtskräftigen Urteils vom 15.6., wenn er am 15.6. allwissend gewesen wäre und auch die Tat T2 gekannt hätte, zum Zeitpunkt seines Urteils (15.6.) nicht nur die von ihm abgeurteilte Tat T1, sondern auch die Tat T2 aburteilen können.
Deshalb ist in dem heutigen Urteil gemäß § 55 StGB eine nachträgliche Gesamtstrafe zu bilden aus folgenden zwei Einzelstrafen:

5 Bei einer Bewährungsstrafe gemäß § 56 g StGB.
6 Gemeint ist hier die Vollstreckungsverjährung nach §§ 79 ff. StGB, nicht die Verfolgungsverjährung nach §§ 78 ff. StGB.
7 Hierzu Fischer, § 55, Rn. 21–23.

- der heute für die Tat T2 zu verhängenden Freiheitsstrafe und
- der rechtskräftigen Geldstrafe aus dem Urteil vom 15.6. für die Tat T1.

Tenor:

Der Angeklagte A ist des Diebstahls schuldig.
Er wird deshalb
unter Einbeziehung der Geldstrafe aus dem Urteil des Amtgerichts ... vom 15.6. (Aktenzeichen: ...)
zu der Gesamtfreiheitsstrafe[8] von ... verurteilt, deren Vollstreckung zur Bewährung ausgesetzt wird.

Beispiel 2:

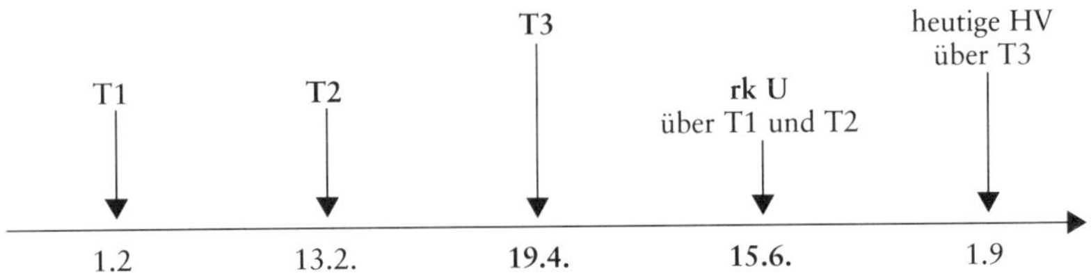

Der Angeklagte wurde durch rechtskräftiges Urteil vom 15.6. wegen der beiden Taten T1 und T2 zu einer (noch nicht bezahlten) Gesamtgeldstrafe verurteilt, die aus den zwei in den Gründen des Urteils vom 15.6. genannten Einzelgeldstrafen für die beiden Taten T1 und T2 gebildet wurde.
In der heutigen Hauptverhandlung vom 1.9. muss über die erwiesene Tat T3 (Diebstahl) entschieden werden, für die eine Freiheitsstrafe verhängt werden soll.
Die heute verhandelte Tat T3 wurde am 19.4. und damit **vor** dem rechtskräftigen Urteil vom 15.6. begangen.
Also hätte der Richter des rechtskräftigen Urteils vom 15.6., wenn er am 15.6. allwissend gewesen wäre und daher auch die zu diesem Zeitpunkt bereits begangene Tat T3 gekannt hätte, zum Zeitpunkt seines Urteils (15.6.) nicht nur die beiden von ihm abgeurteilten Taten T1 und T2, sondern auch die Tat T3 aburteilen können.
Deshalb ist in dem heutigen Urteil gemäß § 55 StGB eine nachträgliche Gesamtstrafe zu bilden aus folgenden drei Einzelstrafen:

- der heute für die Tat T3 zu verhängenden Freiheitsstrafe
- den zwei rechtskräftigen Geldstrafen aus dem Urteil vom 15.6. für die Taten T1 und T2.

Tenor:

Der Angeklagte A ist des Diebstahls schuldig.
Er wird deshalb
unter Einbeziehung der beiden Einzelstrafen aus dem Urteil des Amtgerichts ... vom 15.6. (Aktenzeichen: ...)
und unter Auflösung der dort gebildeten Gesamtstrafe, die wegfällt,
zu der Gesamtfreiheitsstrafe von ... verurteilt.

8 §§ 53 Abs. 2, 54 Abs. 3 StGB.

Beispiel 3:

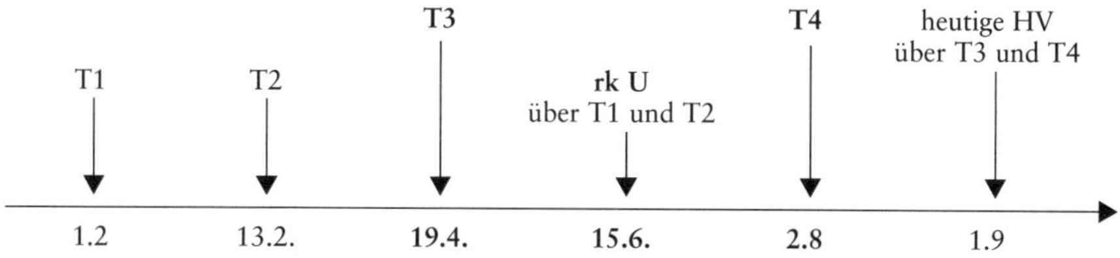

Der Angeklagte wurde durch rechtskräftiges Urteil vom 15.6. wegen der beiden Taten T1 und T2 zu einer (noch nicht bezahlten) Gesamtgeldstrafe verurteilt, die aus den zwei – in den Gründen des Urteils vom 15.6. genannten – Einzelgeldstrafen für die beiden Taten T1 und T2 gebildet wurde.
In der heutigen Hauptverhandlung vom 1.9. muss über die erwiesenen Taten T3 (Diebstahl) und T4 (Betrug) entschieden werden. Für diese beiden Taten T3 und T4 soll jeweils eine Freiheitsstrafe verhängt werden.
Die heute verhandelte Tat **T3** wurde am 19.4. und damit **vor** dem rechtskräftigen Urteil vom 15.6. begangen.
Die heute ebenfalls verhandelte Tat **T4** wurde am 2.8. und damit **nach** dem rechtskräftigen Urteil vom 15.6. begangen.
Also hätte der Richter des rechtskräftigen Urteils vom 15.6., wenn er allwissend gewesen wäre, zum Zeitpunkt seines Urteils (15.6.) nicht nur die beiden von ihm abgeurteilten Taten T1 und T2, sondern auch die Tat T3 aburteilen können,
nicht jedoch die erst nach seinem Urteil (15.6.) begangene Tat T4 (vom 2.8.).
Deshalb muss in dem heutigen Urteil

- eine nachträgliche Gesamtstrafe gebildet werden
  - aus der Freiheitsstrafe, die heute für die Tat T3 (Diebstahl) festgesetzt werden soll, und
  - aus den beiden rechtskräftigen, in den Gründen des Urteils vom 15.6. genannten Einzelstrafen für die Taten T1 und T2
- sowie eine zusätzliche, gesonderte Freiheitsstrafe für die Tat T4 (Betrug) verhängt werden.

Tenor:

Der Angeklagte A ist des Diebstahls schuldig.
Er wird deshalb
    unter Einbeziehung der beiden Einzelstrafen aus dem Urteil des Amtgerichts ... vom 15.6.(Aktenzeichen: ...)
    und unter Auflösung der dort gebildeten Gesamtstrafe, die wegfällt,
zu der Gesamtfreiheitsstrafe von ... verurteilt, deren Vollstreckung zur Bewährung ausgesetzt wird.

Der Angeklagte ist außerdem des Betruges schuldig.
Er wird deshalb zu der weiteren Freiheitsstrafe von ... verurteilt, deren Vollstreckung ebenfalls zur Bewährung ausgesetzt wird.

II. Widerruf der Strafaussetzung zur Bewährung

Fall 86: Erneute Straftat nach Verurteilung – Gang des Bewährungsverfahrens

Das Amtsgericht verurteilte den A wegen unerlaubten Handeltreibens mit Betäubungsmitteln in nicht geringer Menge in sieben Fällen (§§ 29a Abs. 1 Nr. 2 BtMG, 52 StGB) am 20.7.2007, rechtskräftig seit dem 30.7.2007, zu einer Gesamtfreiheitsstrafe von zwei Jahren, deren Vollstreckung es für zwei Jahre zur Bewährung aussetzte. A, der zum Zeitpunkt der Hauptverhandlung berufstätig war, erhielt mit gesondertem Beschluss des Amtsgerichts vom selben Tag folgende Bewährungsauflagen:

- Unterstellung für die Dauer der Bewährungszeit unter die Aufsicht und Weisung eines hauptamtlichen Bewährungshelfers,
- Verpflichtung zur Mitteilung eines Wohnsitzwechsels an Bewährungshelfer und Gericht,
- Zahlung eines Geldbetrags an eine (genau bezeichnete) gemeinnützige Einrichtung i.H.v. 2000,– €, in monatlichen Raten zu je 200,– €, jeweils zum 15. eines jeden Monats, beginnend ab dem auf die Rechtskraft des Urteils folgenden Monat.

Am 4.3.2008 erfährt der sachbearbeitende Staatsanwalt, dass A wegen des Verdachts, mehrere Kilogramm Haschisch zusammen mit anderen Tätern am 2.2.2008 aus Holland eingeführt zu haben, aufgrund des Haftbefehls eines anderen Amtsgerichts in Untersuchungshaft sitzt. In seiner polizeilichen Vernehmung kurz nach seiner Festnahme vom 2.2.2008 gibt A zu, den Transport mit seinem eigenen Fahrzeug aus Gefälligkeit für andere Täter durchgeführt zu haben. Eine Anklageerhebung durch die zuständige Staatsanwaltschaft ist noch nicht absehbar.
Der sachbearbeitende Staatsanwalt beantragt nunmehr beim Amtsgericht den Widerruf der Strafaussetzung zur Bewährung.
Wie wird der Amtsrichter entscheiden?

Problemstellung

285 Im Rahmen des Bewährungsverfahrens kann die Staatsanwaltschaft jederzeit einen Antrag auf **Widerruf der Strafaussetzung** gemäß **§ 56f StGB** stellen,

- wenn der Verurteilte in der Bewährungszeit eine Straftat begeht und dadurch zeigt, dass die positive Prognose, die der Strafaussetzung zugrunde lag (§ 56 Abs. 1 StGB), sich nicht erfüllt hat (§ 56f Abs. 1 Nr. 2 StGB), oder
- wenn der Verurteilte gegen Bewährungsweisungen gröblich und beharrlich verstößt oder sich der Aufsicht und Leitung des Bewährungshelfers beharrlich entzieht und dadurch Anlass zur Besorgnis gibt, dass er erneut Straftaten begehen wird (§§ 56f Abs. 1 Nr. 2 i.V.m. 56c und 56d StGB) oder
- er gegen Bewährungsauflagen gröblich und beharrlich verstößt (§§ 56f Abs. 1 Nr. 3 i.V.m. 56b StGB).

286 Das Verfahren über den Widerruf der Strafaussetzung zur Bewährung und die Bewährungsüberwachung im Allgemeinen richtet sich nach den **§§ 453 ff. StPO**. Zuständig ist grundsätzlich das Gericht des ersten Rechtszuges (§ **462a Abs. 2 und 4 Satz 1, 2 StPO**).[9]

---

9 Anderenfalls ist die Zuständigkeit einer Strafvollstreckungskammer (§ 78a Abs. 1 Satz 1 GVG) gegeben, oder es besteht die Zuständigkeitskonzentration bei einem von mehreren verurteilenden erstinstanzlichen Gerichten gem. § 462a Abs. 4 StPO.

Hier stellt sich nun die Frage, ob die Strafaussetzung zur Bewährung widerrufen werden kann.

Lösung

Der Verurteilte A hat in der Bewährungszeit, ca. ein halbes Jahr nach der rechtskräftigen Verurteilung durch das Amtsgericht, eine neue Straftat begangen. **287**
Maßgeblich ist die Tatbegehung, also das Vorliegen der materiellen Strafbarkeitsvoraussetzungen, von deren Verwirklichung durch den Verurteilten das für den Bewährungswiderruf zuständige Gericht überzeugt sein muss. Bei **Vorliegen eines glaubhaften Geständnisses** der neuen Straftat ist auch bereits vor einer rechtskräftigen Verurteilung ein Widerruf i. S. v. § 56f Abs. 1 Satz 1 Nr. 1 StGB (wie auch gemäß § 26 Abs. 1 Nr. 1 JGG) zulässig.[10] Dies ist hier der Fall, da A gegenüber dem vernehmenden Polizeibeamten die Beschaffungsfahrt zugegeben hatte. Für eine Strafbarkeit gemäß § 30 Abs. 1 Nr. 4 BtMG spielt es dabei keine Rolle, ob die Einfuhr der Betäubungsmittel auf fremde Initiative erfolgte.
Zum Widerruf führt die neue Straftat aber nur, wenn sich durch ihre Begehung die **Erwartung nicht erfüllt** hat, die der Strafaussetzung zugrunde lag, wenn sich also die ursprüngliche positive Prognose (§ 56 Abs. 1 StGB) als falsch erwiesen hat. Aus dieser Einschränkung geht hervor, dass nicht jede neue Straftat die ursprünglich gestellte positive Bewährungsprognose widerlegt. Es muss sich vielmehr um eine Tat handeln, die erkennen lässt, dass sich der Verurteilte die Verurteilung nicht hat zur Warnung dienen lassen und er sich nicht ohne die Einwirkung des Strafvollzugs straffrei verhält.[11]
A hat zugegeben, wenige Monate nach seiner Verurteilung wegen unerlaubten Handeltreibens mit Betäubungsmitteln in nicht geringer Menge zu einer Gesamtfreiheitsstrafe von zwei Jahren ein neues, einschlägiges Verbrechen begangen zu haben, das im Mindestmaß mit einer Freiheitsstrafe von zwei Jahren (§ 30 Abs. 1 Nr. 4 BtMG) bedroht wird. Dabei kann von einem besonders hartnäckigen Festhalten des A an früheren Verhaltensweisen gesprochen werden, was die positive Prognose, die der Strafaussetzung zur Bewährung zugrunde lag, geradezu widerlegt.

Das Amtsgericht wird die Strafaussetzung zur Bewährung deshalb gemäß § 56f Abs. 1 Satz 1 Nr. 1 StGB widerrufen. Der Tenor der Entscheidung könnte so lauten: **288**

Beschluss

Die Aussetzung der Vollstreckung der Gesamtfreiheitsstrafe von zwei Jahren aus dem Urteil des Amtsgerichts vom 20.7.2007 (Az.:...) zur Bewährung wird

widerrufen.

---

10 Fischer, § 56f, Rn. 7; EGMR vom 9.10.1991, StV 1992, 282 f; EGMR vom 3.10.2002, NJW 2004, 43.
11 Schönke-Schröder, § 56, Rn. 4.

Fall 87: Bekanntwerden weiterer Straftaten nach Verurteilung (Abwandlung 1 Fall 86)

Dem sachbearbeitenden Staatsanwalt kommt am 4.3.2008 zur Kenntnis, dass A wegen unerlaubter Einfuhr von Betäubungsmitteln in nicht geringer Menge gemäß § 30 Abs. 1 Nr. 4 BtMG von einem anderen Amtsgericht am 17.4.2007 rechtskräftig zu einer Freiheitsstrafe von zwei Jahren und sechs Monaten verurteilt wurde. Tatzeitpunkt des Transports mehrerer Kilogramm Haschisch zusammen mit anderen Tätern aus Holland war der 2.2.2007.
Der sachbearbeitende Staatsanwalt beantragt auch hier beim Amtsgericht seines Bezirks den Widerruf der Strafaussetzung zur Bewährung aus dem Urteil vom 20.7.2007.
Wie wird der Amtsrichter entscheiden?

Problemstellung

Siehe Fall 86.

Lösung

289 Ein Widerruf nach § 56f Nr. 1 StGB wegen einer neuen Straftat des A setzt voraus, dass der Verurteilte in der Bewährungszeit, die gemäß § 56a Abs. 2 Satz 1 StGB mit der Rechtskraft der Bewährungsentscheidung beginnt, oder in der Zeit zwischen der Entscheidung über die Strafaussetzung und deren Rechtskraft (Abs. 1 Satz 2) eine Straftat begeht und dadurch zeigt, dass die Erwartung, die der Strafaussetzung zugrunde lag, sich nicht erfüllt hat.
Diese Vorraussetzung ist bei dieser Fallgestaltung nicht erfüllt, denn A hat die neue Straftat **nicht nach der Bewährungsentscheidung** oder zwischen der Entscheidung über die Strafaussetzung und deren Rechtskraft begangen, sondern **vor** der Verurteilung durch das Amtsgericht am 20.7.2007. Die „neue" Straftat war somit gesamtstrafenfähig und hätte bei dem Urteil Berücksichtigung finden müssen. Das Amtsgericht wird also den Widerrufsantrag der Staatsanwaltschaft ablehnen und diese auffordern, einen Antrag auf **nachträgliche Gesamtstrafenbildung** gemäß § 55 Abs. 1 StGB i. V. m. § 460 StPO zu stellen.[12]

Fall 88: Die nicht bezahlte Geldauflage (Abwandlung 2 Fall 86)

Die Bewährungszeit verstrich, ohne dass neue Straftaten des A bekannt werden. Jedoch erfolgte die ratenweise Bezahlung des Geldbetrages an die gemeinnützige Einrichtung nur sehr stockend, so dass nach Ablauf der Bewährungszeit sogar noch über die Hälfte des Betrages nicht bezahlt ist. Der Bewährungshelfer berichtet, dass er den Verurteilten mehrfach vergeblich dazu aufgefordert hatte, die Raten pünktlich zu bezahlen. Nachdem der sachbearbeitende Staatsanwalt erst ein halbes Jahr nach Ablauf der Bewährungszeit den Widerruf der Strafaussetzung gemäß § 56f Abs. 1 Nr. 3 StGB beantragt hat, erklärt A bei seiner vom Amtsgericht zum Widerrufsantrag anberaumten Anhörung, dass er in der Bewährungszeit viel auf Vergnü-

12 Siehe Rn. 279.

gungsreisen gewesen sei und deswegen oftmals vergessen habe, den Geldbetrag zu bezahlen. Er werde nunmehr jedoch den Rest auf einmal begleichen.
Wie wird das Amtsgericht entscheiden?

Problemstellung

Siehe Fall 86.

Lösung

Der Widerruf nach § 56f Abs. 1 Nr. 3 StGB setzt einen gröblichen oder beharrlichen Verstoß gegen Auflagen voraus. Dabei ist es grundsätzlich erforderlich, dass der Verurteilte gemahnt worden ist, seine Bewährungsauflagen, wie hier die Zahlung der Geldauflage, einzuhalten. Auch muss aus der Nichterfüllung der Auflage durch den Verurteilten deutlich sein, dass er nicht genugtuungswillig ist.[13] Zu ermitteln sind daher die Gründe für die Nichterfüllung der Auflage.[14] Die Voraussetzungen für einen Widerruf der Strafaussetzung lägen nach dem im Sachverhalt geschilderten Verhalten des Verurteilten im Zusammenhang mit der Bezahlung der Geldauflage vor. **290**
Der Amtsrichter wird jedoch von einem Widerruf absehen und die Bewährungszeit gemäß § 56f Abs. 2 StGB **verlängern.** Eine **abschließende Beurteilung des Verhaltens des Verurteilten** ist oft erst möglich, nachdem die Bewährungszeit abgelaufen ist. Die in § 56f Abs. 2 eröffnete Möglichkeit beruht auf dem Verhältnismäßigkeitsgrundsatz. Dieser könnte bei einem Widerruf der Strafaussetzung zur Bewährung wegen des Auflagenverstoßes hier verletzt sein, wenn A sich dazu bereit erklärt, die Auflage bald vollständig zu erfüllen.

Eine Verlängerung der Bewährungszeit ist auch noch nach Ablauf der regulären Bewährungszeit möglich, so dass dem Verurteilen A mit der Verlängerung um ein Jahr[15] die Möglichkeit gegeben werden kann, den Rest der auferlegten Geldbuße zu bezahlen. Das sonstige Verhalten des A (etwa die vielen Vergnügungsreisen) in der Bewährungszeit gibt keinen Anlass zu Beanstandungen. **291**
Der Tenor einer Entscheidung des Amtsgerichts könnte so lauten:

Beschluss

1. Der Antrag der Staatsanwaltschaft, die Strafaussetzung zur Bewährung aus dem Urteil des Amtsgerichts vom 20.7.2007 zu widerrufen, wird abgelehnt.
2. Die Bewährungszeit wird um ein Jahr verlängert.
3. Dem Verurteilten wird auferlegt, den offenen Rest der Geldbuße aus dem Bewährungsbeschluss vom 20.7.2007 bis zum … vollständig zu bezahlen.

13 Schönke-Schröder, § 56f, Rn. 8.
14 Eine Zahlungsunfähigkeit schließt in der Regel einen Widerruf der Strafaussetzung aus, es sei denn, die Zahlungsunfähigkeit wurde von dem Verurteilten mutwillig herbeigeführt.
15 § 56f Abs. 2 Satz 2 StGB: Verlängerung maximal um die Hälfte der ursprünglich bestimmten Bewährungszeit.

Übersicht 50: Gang des Bewährungsverfahrens

Gericht des ersten Rechtszuges (§ 462a Abs. 2 und 4 Satz 1, 2 StPO)

- Erledigung des Bewährungsverfahrens durch nachträgliche Gesamtstrafenbildung gem. § 55 StGB
- Widerruf der Strafaussetzung zur Bewährung (vorherige Anhörung § 453 Abs. 1 StPO)
  - Neue Straftat in der Bewährungszeit (§ 56f Abs. 1 Nr. 1 StGB)
  - VU entzieht sich der Aufsicht und Leitung des Bewährungshelfers (§ 56f Abs. 1 Nr. 2 StGB)
  - Gröblicher oder beharrlicher Verstoß gegen Auflagen oder Weisungen (§ 56f Abs. 1 Nr. 2 und 3 StGB)
- Verlängerung der Bewährungszeit (§ 56f Abs. 2 StGB)
- Straferlass nach Ablauf der Bewährungszeit (§ 56 g Abs. 1 StGB)

III. Die Wiedereinsetzung in den vorigen Stand

Fall 89: Strafbefehl während eines Krankenhausaufenthalts

Das Amtsgericht erlässt gegen den Angeklagten A, der bei einem Verkehrsunfall verletzt wurde und deshalb seit dem 30.7.2007 im Krankenhaus liegt, am 3.8.2007 einen Strafbefehl wegen Beleidigung.
Am 6.8.2007 wird der Strafbefehl dem A zugestellt, und zwar, da der Postbedienstete den ledigen A wegen dessen Krankenhausaufenthalts in der Wohnung nicht antrifft, durch Einwurf in den zur Wohnung des A gehörenden Briefkasten.
Am 30.8.2007 wird A aus dem Krankenhaus entlassen. Als er am 31.8.2007 seine während seines Krankenhausaufenthalts eingegangene Post durchsieht, erfährt er von dem gegen ihn ergangenen Strafbefehl.
Mit Schriftsatz vom 4.9.2007, der am gleichen Tat beim Amtsgericht eingeht, beantragt der von A beauftragte Rechtsanwalt R Wiedereinsetzung in die Einspruchsfrist und legt zugleich Einspruch gegen den Strafbefehl ein.
Unter Vorlage einer entsprechenden Bescheinigung des Krankenhauses über die Dauer des stationären Aufenthalts trägt R vor, A habe wegen seines vom 30.7. bis zum 30.8.2007 dauernden stationären Krankenhausaufenthalts erst am 31.8.2007 von der Zustellung des Strafbefehls und von dem Strafbefehl selbst Kenntnis erlangt und deshalb unverschuldet die Einspruchsfrist versäumt.
Wie lautet der Tenor der amtsgerichtlichen Entscheidung?

Problemstellung

Hat ein Verfahrensbeteiligter schuldlos eine Frist versäumt, kann ihm gemäß **§§ 44 ff. StPO Wiedereinsetzung** in die versäumte Frist gewährt werden. In der Praxis spielen hierbei vor allem die versäumte einwöchige Berufungs- und Revisionseinlegungsfrist (§§ 314, 341 StPO) und die zweiwöchige Einspruchsfrist des § 410 Abs. 1 StPO eine Rolle.[16] 292

Der Beschluss, durch den Wiedereinsetzung gewährt wird (§ 46 StPO), hat die Wirkung, dass die Rechtslage vor der Fristversäumung wiederhergestellt wird:

- Die Frist gilt nicht mehr als versäumt, das verspätete Rechtsmittel oder der verspätete Rechtsbehelf gelten als rechtzeitig eingelegt.
- Die aufgrund der Fristversäumung eingetretene Rechtskraft fällt wieder weg.[17]

---

16 Wiedereinsetzung in den vorigen Stand ist auch möglich bei einer schuldlosen **Terminsversäumung,**
- wenn der Angeklagte, der Berufung gegen ein amtsgerichtliches Urteil eingelegt hat, nicht zur Berufungsverhandlung gekommen ist und seine Berufung deshalb gemäß § 329 Abs. 1 Satz 1 StPO verworfen worden ist, §§ 329 Abs. 3, 44, 45 StPO,
- wenn der Einspruch des Angeklagten gegen den Strafbefehl gemäß §§ 412 Abs. 1 Satz 1, 329 Abs. 1 Satz 1 StPO verworfen wurde, da der Angeklagte, nachdem er gegen den Strafbefehl Einspruch eingelegt hatte, nicht zur Hauptverhandlung gekommen ist, §§ 412, 329 Abs. 3, 44, 45 StPO.

17 Beispiel: Hat der Angeklagte die einwöchige Berufungsfrist versäumt, ist damit das gegen ihn ergangene Urteil des Amtsgerichts rechtskräftig geworden. Wird dem Angeklagten Wiedereinsetzung in die Berufungsfrist gewährt, fällt die Rechtskraft des amtsgerichtlichen Urteils weg.

- Eine Entscheidung, durch die ein verspätet eingelegtes Rechtsmittel oder ein verspätet eingelegter Einspruch gegen einen Strafbefehl als unzulässig verworfen wurde, fällt weg.[18]

Lösung

293 Der gemäß § 46 Abs. 1 StPO für die Entscheidung über den Wiedereinsetzungsantrag zuständige Amtsrichter wird gemäß **§§ 44, 45 StPO** prüfen, ob der Wiedereinsetzungsantrag zulässig und begründet ist:

[I.] **Zulässigkeit** des Wiedereinsetzungsantrags:

[1.] Im Wiedereinsetzungsantrag müssen die Tatsachen, die die Wiedereinsetzung rechtfertigen könnten, schlüssig behauptet werden.
Es müssen also vorgetragen werden[19]

- die versäumte Frist,[20]
- der Grund, warum der Antragssteller die Frist versäumt hat,
- dass dieser behauptete Grund ursächlich für die Fristversäumung war,
- Tatsachen, die – wenn sie zuträfen – ergeben, dass den Antragsteller kein eigenes Verschulden/Mitverschulden an der Fristversäumung trifft,
- wann der behauptete Grund, der ursächlich für die Fristversäumung gewesen sein soll, weggefallen ist (z. B. wann der Angeklagte, der zunächst von der Zustellung des Strafbefehls nichts wissen konnte, Kenntnis von der Zustellung des Strafbefehls und damit von dem Strafbefehl selbst erlangen konnte).

294 [2.] Der Wiedereinsetzungsantrag muss innerhalb einer Woche ab Wegfall des Hinderungsgrundes gestellt werden, § 45 Abs. 1 Satz 1 StPO.

[3.] Die versäumte Handlung (z. B. die Berufung) muss innerhalb einer Woche ab Wegfall des Hinderungsgrundes nachgeholt werden, § 45 Abs. 1 Satz 1 StPO.[21]

Diese Zulässigkeitsvoraussetzungen sind hier gegeben.

- Der Angeklagte hat durch seinen Verteidiger schlüssig behauptet,
  - dass er wegen seines vom 30.7. bis zum 30.8.2007 dauernden stationären Krankenhausaufenthalts und damit unverschuldet nicht die zweiwöchige Einspruchsfrist (§ 410 Abs. 1 StPO) habe einhalten können, die mit der am 6.8.2007 erfolgten Zustellung begonnen (und deshalb am 20.8.2007, also noch während seines Krankenhausaufenthalts, geendet) habe, und

---

18 Beispiel: Wurde die verspätet eingelegte Berufung des Angeklagten durch Beschluss des Amtsgerichts gemäß § 319 Abs. 1 StPO oder durch Beschluss des Berufungsgerichts (Landgerichts) gemäß § 322 Abs. 1 Satz 1 StPO als unzulässig verworfen, dann fällt dieser Verwerfungsbeschluss weg, wenn dem Angeklagten Wiedereinsetzung in die Berufungsfrist gewährt wird.

19 BGH NStZ 2004, 166; BGHR StPO § 45 Abs. 2 Tatsachenvortrag 7.
Offenkundige, d. h. allgemein bekannte oder gerichtsbekannte, insbesondere aus der Akte ersichtliche Umstände brauchen jedoch nicht vorgetragen werden. Sie werden vom Gericht auch dann, wenn sie nicht im Wiedereinsetzungsantrag mitgeteilt werden, berücksichtigt.

20 Die Frist muss tatsächlich versäumt sein. Wenn der Angeklagte die Frist gar nicht versäumt hat, das Gericht aber trotzdem irrtümlich das Rechtsmittel des Angeklagten so behandelt hat, als hätte es der Angeklagte verspätet eingelegt, dann wird der Angeklagte analog § 44 StPO so behandelt, als habe er die Frist unverschuldet versäumt: Dem Angeklagten wird auf seinen Antrag Wiedereinsetzung gewährt.

21 Dies ist aber nicht (nochmals) erforderlich, wenn die versäumte Handlung schon vor dem Wegfall des Hinderungsgrundes, wenn auch verspätet, vorgenommen wurde.

- dass der Krankenhausaufenthalt, der ursächlich dafür gewesen sei, dass er von der Zustellung des Strafbefehls keine Kenntnis habe erlangen können, am 30.8.2007 geendet habe.
- Ferner wurde
  - der am 4.9.2007 eingegangene Wiedereinsetzungsantrag innerhalb einer Woche nach dem Ende des Krankenhausaufenthalts (30.7.2007) gestellt und
  - innerhalb dieser Wochenfrist der Einspruch nachgeholt.

[II.] **Begründetheit** des Wiedereinsetzungsantrags 295

[1.] Die schlüssig behaupteten Tatsachen (oben I.) müssen glaubhaft, d. h. wahrscheinlich gemacht sein, § 45 Abs. 2 Satz 1 StPO.[22]

[2.] Der **glaubhaft gemachte** Hinderungsgrund muss ursächlich für die Fristversäumung gewesen sein.

Durch die Vorlage der entsprechenden Bescheinigung des Krankenhauses hat der Angeklagte seinen schlüssig behaupteten stationären Krankenhausaufenthalt auch glaubhaft, d. h. wahrscheinlich gemacht.

Dass ein stationärer Krankenhausaufenthalt während des Fristlaufes ursächlich für die Fristversäumung ist, ist offensichtlich.

Damit ist der zulässige Wiedereinsetzungsantrag auch begründet.

Die **Entscheidung des Amtsrichters** über den zulässigen und auch begründeten Wiedereinsetzungsantrag lautet daher:

Beschluss

Dem Angeklagte A wird auf seine Kosten[23] Wiedereinsetzung in die Frist zur Einlegung des Einspruchs gegen den Strafbefehl des Amtsgerichts vom 3.8.2007 gewährt.

Fall 90: Angeklagter versteht Rechtsmittelbelehrung nicht

Nach vorangegangenem Strafbefehlsverfahren verurteilt das Amtsgericht den Angeklagten A in der Hauptverhandlung vom 3.8.2007 wegen Betruges in drei Fällen zu einer Gesamtgeldstrafe.

Der Amtsrichter weist den anwesenden Angeklagten nach der Urteilsverkündung im Rahmen der mündlichen Rechtsmittelbelehrung darauf hin, dass die Berufungsfrist eine Woche betrage. Ferner händigt der Amtsrichter dem Angeklagten auch ein Rechtsmittel-Merkblatt aus, in dem ebenfalls mitgeteilt wird, dass die Berufungsfrist eine Woche beträgt. Im amtsgerichtlichen Hauptverhandlungsprotokoll sind die mündliche Rechtsmittelbelehrung und die Aushändigung des Merkblatts festgehalten.

Am 14.8.2007 legt der Angeklagte zu Protokoll der Geschäftsstelle des Amtsgerichts Berufung gegen das Urteil vom 3.8.2007 ein und beantragt Wiedereinsetzung in die Berufungsfrist mit folgendem Vortrag:

Die mündliche Rechtsmittelbelehrung habe er nicht richtig verstanden, da er unmittelbar nach der Urteilsverkündung noch zu aufgeregt gewesen sei. Er habe dann irrtümlich gedacht, dass die Berufungsfrist ebenso wie die Frist für die Einlegung des

22 BGH NStZ 2004, 166 (nach anderer Meinung, z. B. BGH NStZ 1991, 295, NStZ 2001, 45, gehört die Glaubhaftmachung zur Zulässigkeit des Wiedereinsetzungsantrags).
Aus den Akten ersichtliche Umstände brauchen jedoch nicht glaubhaft gemacht werden.

23 § 473 Abs. 7 StPO.

Einspruchs gegen den Strafbefehl zwei Wochen betrage, und deshalb auch das Rechtsmittel-Merkblatt nicht mehr durchgelesen.
Wie lautet die vollständige Entscheidung des Berufungsgerichts?

Problemstellung

Wie vorangegangener Fall.

Lösung

296 **Beschluss:**[24]

1. Der Antrag des Angeklagten A auf Wiedereinsetzung in die Frist zur Einlegung der Berufung gegen das Urteil des Amtsgerichts vom 3.8.2007 wird als unzulässig verworfen.
2. Die Berufung des Angeklagten gegen das Urteil des Amtsgerichts vom 3.8.2007 wird als unzulässig verworfen.[25]
3. Der Angeklagte trägt die Kosten des Berufungsverfahrens.

G r ü n d e:

I.

297 Nach vorangegangenem Strafbefehlsverfahren verurteilte das Amtsgericht den Angeklagten A ....
(Hier wird jetzt der Sachverhalt mitgeteilt wie in der obigen Fall-Schilderung, allerdings in der Vergangenheitsform.)

II.

1. Der Antrag des Angeklagten auf Wiedereinsetzung in die Berufungsfrist war als unzulässig zu verwerfen, da der Angeklagte keine Tatsachen vorgetragen hat, die – wenn sie zuträfen – ergäben, dass der Angeklagte unverschuldet die einwöchige Berufungsfrist versäumt hat, §§ 45, 44 StPO.
   a) Die einwöchige Berufungsfrist (§ 314 Abs. 1 StPO) begann vorliegend – da die Urteilsverkündung in Anwesenheit des Angeklagten stattfand – mit der am Freitag, dem 3.8.2007, erfolgten Verkündung des Urteils des Amtsgerichts und endete gemäß **§ 43 Abs. 1 StPO** am Freitag, dem 10.8.2007.
   Diese Berufungsfrist hat der Angeklagte versäumt, da er seine Berufung erst am 14.8.2007 einlegte.

298 b) Gemäß **§ 44 Satz 1 StPO** wird einem Angeklagten nur dann Wiedereinsetzung in die versäumte Berufungsfrist gewährt, wenn er ohne eigenes Verschulden/Mitverschulden verhindert war, die Berufungsfrist einzuhalten.
   Seinen Irrtum über die Berufungsfrist hat der Angeklagte nach seinem eigenen Vortrag selbst verschuldet, weil er bei der mündlichen Rechtsmittelbelehrung nicht aufmerksam zugehört und das ihm ausgehändigte Rechtsmittelbelehrungsmerkblatt nicht gelesen hat.

24 §§ 46, 322 Abs. 1 Satz 1 StPO.
25 Da der Wiedereinsetzungsantrag erfolglos ist, kann sogleich – im gleichen Besschluss – über die verspätete Berufung entschieden werden.

2. Da der Angeklagte – wie oben unter II. 1. a) dargelegt – verspätet Berufung eingelegt hat, war seine Berufung gemäß § 322 Abs. 1 Satz 1 StPO als unzulässig zu verwerfen.
3. Die Kostenentscheidung beruht auf § 473 Abs. 1 Satz 1 StPO.[26]

Übersicht 51: Prüfung eines Antrags auf Wiedereinsetzung in den vorigen Stand

I. **Zulässigkeit** des Wiedereinsetzungsantrags
   1. Im Wiedereinsetzungsantrag müssen die Tatsachen, die die Wiedereinsetzung rechtfertigen könnten, schlüssig behauptet werden.
      Es müssen also vorgetragen werden
      - die versäumte Frist,
      - der Grund, warum der Antragssteller die Frist versäumt,
      - dass dieser behauptete Grund ursächlich für die Fristversäumung war,
      - Tatsachen, die – wenn sie zuträfen – ergeben, dass den Antragsteller kein eigenes Verschulden/Mitverschulden an der Fristversäumung trifft,
      - wann der behauptete Grund, der ursächlich für die Fristversäumung gewesen sein soll, weggefallen ist.
   2. Der Wiedereinsetzungsantrag muss innerhalb einer Woche ab Wegfall des Hinderungsgrundes gestellt werden, § 45 Abs. 1 Satz 1 StPO.
   3. Die versäumte Handlung (z. B. die Berufung) muss innerhalb einer Woche ab Wegfall des Hinderungsgrundes nachgeholt werden, § 45 Abs. 1 Satz 1 StPO, wenn die versäumte Handlung nicht schon vor dem Wegfall des Hinderungsgrundes, wenn auch verspätet, vorgenommen worden ist.

II. **Begründetheit** des Wiedereinsetzungsantrags
   1. Die schlüssig behaupteten Tatsachen (oben I.) müssen glaubhaft, d. h. wahrscheinlich gemacht sein, § 45 Abs. 2 Satz 1 StPO.[27]
   2. Der glaubhaft gemachte Hinderungsgrund muss ursächlich für die Fristversäumung gewesen sein.

26 Eine Kostenentscheidung erfolgt nur wegen der Verwerfung der Berufung, nicht wegen der Ablehnung des Wiedereinsetzungsantrags: Bei einer Wiedereinsetzungsentscheidung wird gemäß § 473 Abs. 7 StPO nur im Falle der Gewährung der Wiedereinsetzung über die Kosten entschieden.
Wird der Wiedereinsetzungsantrag (als unzulässig oder als unbegründet) verworfen, gehören die Kosten, die durch den erfolglosen Wiedereinsetzungsantrag entstanden sind, zu den Verfahrenskosten, die der Antragsteller schon nach der Kostenentscheidung der von ihm verspätet angefochtenen Entscheidung tragen muss (hier: Kostenentscheidung in dem Urteil des Amtsgerichts).

27 BGH NStZ 2004, 166 (nach anderer Meinung, z. B. BGH NStZ 1991, 295, NStZ 2001, 45, gehört die Glaubhaftmachung zur Zulässigkeit des Wiedereinsetzungsantrags).

IV. Die Wiederaufnahme des Verfahrens

Fall 91: Neue Beweise nach Rechtskraft des Strafbefehls

Das Amtsgericht erlässt gegen A einen Strafbefehl in Höhe von 20 Tagessätzen zu je 30,– € wegen fahrlässiger Körperverletzung mit folgendem Vorwurf: A habe am 26.3.2007 aus Unachtsamkeit mit seinem PKW den auf dem öffentlichen Gehweg vor der Garageneinfahrt des Angeklagten stehenden Nachbarn N und dessen Rauhaardackel rückwärtsfahrend angefahren. N und sein Haustier erlitten dabei Prellungen. Bei seiner polizeilichen Vernehmung hatte A angegeben, dass er rückwärts in seine Garage habe einparken wollen und dabei den auf dem Gehweg stehenden Nachbarn übersehen habe. N hat Strafantrag gestellt. Der Strafbefehl wird rechtskräftig und von A bezahlt.
Einige Wochen nach Bezahlung der Geldstrafe erzählt A angetrunken im Kreise seiner Stammtischrunde, dass es ihm leider nicht gelungen sei, seinen verhassten Nachbarn, der seinen Rauhaardackel stets die Notdurft vor der Garage des A auf dem Gehweg verrichten lasse, durch Überfahren mit seinem PKW „zur Strecke" zu bringen. Zeuge Z, der den A kennt und vom Nachbartisch aus das Gespräch der Stammtischrunde mitgehört hat, teilt das Gespräch der Staatsanwaltschaft mit.
Welche Möglichkeiten gibt es für die Staatsanwaltschaft, A nochmals zur Rechenschaft zu ziehen?[28]

Problemstellung

299 Die Rechtskraft des Strafbefehls stellt für eine weitere Verfolgung des A ein Verfahrenshindernis dar. Das Ermittlungsverfahren kann auch nicht, wie z. B. bei einer Einstellung gemäß § 153a StPO, wenn sich wie in Fall 25 nachträglich die Verwirklichung eines Verbrechens herausstellt, wieder aufgenommen werden. Es besteht jedoch die Möglichkeit eines Wiederaufnahmeverfahrens gemäß den §§ 359 ff. StPO.

Lösung

300 Das vorliegend in Betracht kommende Wiederaufnahmeverfahren gliedert sich in **verschiedene Abschnitte**:

- Zulässigkeitsprüfung gemäß § 368 Abs. 1 StPO,
- Begründetheitsprüfung gemäß §§ 369, 370 StPO,
- ggfs. die Wiederholung der Hauptverhandlung (§§ 370 Abs. 2, 373 StPO).

Für das Wiederaufnahmeverfahren ist gemäß §§ 367 Abs. 1 S. 1 StPO, 140a GVG ein anderes Gericht mit gleicher sachlicher Zuständigkeit wie jenes zuständig, gegen dessen Entscheidung sich die Wiederaufnahme des Verfahrens richtet. Welches Gericht im Einzelfall örtlich zuständig ist, wird vor Beginn des Geschäftsjahres vom Präsidium des OLG, in dessen Bezirk das Gericht liegt, in einem Geschäftsverteilungsplan bestimmt.

301 Geht es wie hier um eine Wiederaufnahme des Verfahrens **zu Ungunsten** des Verurteilten, kommen gemäß § 362 StPO grundsätzlich nur folgende **Wiederaufnahmegründe** in Betracht:

---

28 Vgl. Fall 25; hier war das Ermittlungsverfahren gem. § 153a StPO gegen Zahlung einer Geldbuße eingestellt worden.

- In der Hauptverhandlung wurde als Beweismittel für die Schuld des Angeklagten eine Urkunde vorgelegt, die unecht oder verfälscht war, und diese Urkunde war für das Urteil von entscheidender Bedeutung (Nr. 1).
- Ein Zeuge oder ein Sachverständiger hat in der Hauptverhandlung eine falsche Aussage oder ein falsches Gutachten zu Ungunsten des Angeklagten abgegeben (Nr. 2).
- Ein Richter oder ein Schöffe hat bei der Mitwirkung an dem rechtskräftigen Urteil seine Amtspflicht in strafbarer Weise verletzt (Nr. 3).
- Der **freigesprochene** Angeklagte hat vor Gericht oder außergerichtlich ein glaubwürdiges Geständnis der Straftat abgelegt (Nr. 4).

Im vorliegenden Fall kommt keiner dieser Wiederaufnahmegründe in Betracht. Eine besondere Regelung enthält für die Verurteilung durch einen **Strafbefehl** jedoch § 373a StPO. Über die Wiederaufnahmegründe des § 362 StPO hinaus kann im Falle eines Strafbefehls das Strafverfahren auch dann wiederaufgenommen werden, wenn neue Tatsachen oder Beweismittel beigebracht sind, die allein oder i. V. m. früheren Beweisen dazu geeignet sind, die Verurteilung wegen eines Verbrechens zu begründen.[29] Damit hat der Gesetzgeber dem Umstand Rechnung getragen, dass zwar die **Rechtskraft des Strafbefehls gemäß § 410 Abs. 3 StPO der eines Urteils gleichsteht**, das Strafbefehlsverfahren aber aufgrund seines summarischen Charakters nicht über die gleichen zuverlässigen Erkenntnismöglichkeiten wie die zu einem Urteil führende Hauptverhandlung verfügt.[30]

Hier ist die neue Aussage des Zeugen Z **dazu geeignet**, eine Verurteilung des A wegen eines versuchten Tötungsdeliktes, nämlich versuchten Totschlags oder versuchten Mordes, also eines Verbrechens zu begründen. 302

Die Staatsanwaltschaft kann also einen zulässigen Antrag auf Wiederaufnahme des Verfahrens zuungunsten des A stellen. Im Rahmen der Beweisaufnahme gemäß § 369 StPO wird der Zeuge Z über seine Wahrnehmungen durch einen beauftragten Richter vernommen werden. Abschließend hat auch der Angeklagte Gelegenheit sich zu erklären (§ 369 Abs. 4 StPO).

Sodann wird das **Wiederaufnahmegericht** gemäß § 370 StPO über die Begründetheit des Wideraufnahmeantrags entscheiden. Diese Entscheidung kann im vorliegenden Fall in eine erneute Hauptverhandlung münden, wobei hier entweder der frühere Strafbefehl aufrechterhalten oder unter dessen Aufhebung anderweitig entschieden werden kann.

Fall 92: Zwillingsbruder gesteht nach Rechtskraft (Abwandlung Fall 91)

Einige Wochen nachdem A die Geldstrafe bezahlt hat, erscheint bei Rechtsanwalt V der Zwillingsbruder Z des A und erklärt, er habe den Wagen seines Bruders zur Tatzeit aus der Garage gefahren. Sein Bruder A habe die Sache auf sich genommen, weil er, Z, zu der Zeit keinen Führerschein und Angst vor den Konsequenzen gehabt habe. Er möchte die Sache aber jetzt in Ordnung bringen und seinen Bruder entlasten. Z war bei den bisherigen Ermittlungen nicht in Erscheinung getreten. Was wird Rechtsanwalt V, der in der Folgezeit von A eine Vollmacht erhält, unternehmen?

29 Diese Einschränkung entspricht den Vorraussetzungen der Durchbrechung von rechtskräftigen (oder abschließenden) Entscheidungen anderer Vorschriften, z. B. § 153a Abs. 1 Satz 4 StPO und § 85 Abs. 3 Satz 2 OWiG.

30 Meyer-Goßner, § 373a, Rn. 3.

Problemstellung

303 Auch hier kommt ein Wiederaufnahmeverfahren in Betracht, weil nach der Rechtskraft des Strafverfahrens neue Erkenntnisse vorliegen. Der Verfahrensablauf gestaltet sich ähnlich wie in Fall 91. Es muss hier geprüft werden, ob **zugunsten** des A eine Wiederaufnahmegrund gemäß § 359 StPO vorliegt.

Lösung

304 Folgende **Wiederaufnahmegründe (zugunsten des Verurteilten)** kommen gemäß § 359 StPO in Betracht:

- In der Hauptverhandlung wurde zu Lasten des Angeklagten eine Urkunde vorgelegt, die unecht oder verfälscht war, und diese Urkunde war für das Urteil von entscheidender Bedeutung (Nr. 1).
- Ein Zeuge oder ein Sachverständiger hat in der Hauptverhandlung eine falsche Aussage oder ein falsches Gutachten zuungunsten des Angeklagten abgegeben (Nr. 2).
- Ein Richter oder ein Schöffe hat bei dem Urteil mitgewirkt und dabei seine Amtspflicht in strafbarer Weise verletzt, z. B. eine Rechtsbeugung gem. § 339 StGB begangen (Nr. 3).
- Das Strafurteil gründet auf einem Zivilurteil und dieses ist zwischenzeitlich durch ein anderes rechtkräftiges Zivilurteil aufgehoben worden (Nr. 4).
- Es werden neue Tatsachen oder Beweismittel beigebracht, die allein oder i. V. m. früheren Beweisen geeignet sind, einen Freispruch oder eine wesentlich mildere Bestrafung oder eine wesentlich andere Entscheidung über eine Maßregel zu begründen (Nr. 5).
- Der Europäische Gerichtshof für Menschenrechte hat eine Verletzung der MRK festgestellt und das Urteil beruht auf dieser MRK-Verletzung (Nr. 6).

305 Das Geständnis des Zwillingsbruders (im Zusammenhang mit einer neuen Einlassung des A) stellt möglicherweise ein neues Beweismittel dar, das geeignet ist, einen Freispruch zu begründen (§ 359 Nr. 5 StPO[31]). Folgende Voraussetzungen müssen für einen erfolgreichen Wiederaufnahmeantrag des A erfüllt sein:

- **Neu ist ein Beweismittel** (nur „Strengbeweismittel“), wenn es nicht Gegenstand der früheren Hauptverhandlung war, also z. B. ein damals nicht vernommener oder ein nur zu einem anderen Beweisthema vernommener Zeuge. Hier trifft dies auf den neuen Zeugen Z zu.
- Das neue Beweismittel muss von A **„beigebracht“** werden, d. h. erforderlich ist die genaue Bezeichnung des neuen Beweismittels und die Mitteilung der konkreten Tatsache, die sich aus dem neuen Beweismittel ergeben soll. Auch diese Voraussetzung ist nicht schwer zu erfüllen, denn Z ist bekannt, und die Tatsache lautet: Nicht A sondern Z war der Täter.
- Das neue Beweismittel muss **geeignet** sein, einen Freispruch zu begründen. Das ist der Fall, wenn das neue Beweismittel eine Tatsache beweist, die geeignet ist, einen Freispruch zu begründen oder wenn die Tatsache einen Freispruch wahrscheinlich macht (z. B. wenn die behauptete Aussage eines neuen Zeugen geeignet wäre, einen Freispruch zu begründen). Dies ist hier unzweifelhaft der Fall. Zwar muss A wegen seiner neuen Behauptung, damals sei nicht er, sondern Z gefahren, mit einer Verurteilung wegen § 145d Abs. 2 Nr. 1 StGB rechen. Dieses Vergehen ist dabei eine an-

31 Diese Alternative des Wiederaufnahmeverfahrens ist die in der Praxis am häufigsten anzutreffende Möglichkeit, die Rechtskraft eines Urteils zu durchbrechen. Die von der StPO und der obergerichtlichen Rechtsprechung hierfür aufgestellten Hürden sind hoch.

dere (neue) Tat als die damalige fahrlässige Körperverletzung. Deshalb stellt die Möglichkeit der Verurteilung des A wegen § 145d StGB die Voraussetzung des § 359 Nr. 5 StPO „Freisprechung" nicht in Frage.[32]

- In manchen Fällen ist eine erweiterte **plausible Darlegung zur Erheblichkeit** des 306
neuen Beweismittels, das einen Freispruch begründen soll, erforderlich. Wenn jetzt ein neues Beweismittel (also Z) benannt wird, das dem A schon in der damaligen HV bekannt war, damals von ihm aber nicht benannt wurde, muss ein **einleuchtender Grund** dafür mitgeteilt werden, warum der Angeklagte damals den Zeugen nicht zu seiner Entlastung benannt oder gar auf dessen Vernehmung verzichtet hat und warum er dies erst jetzt im Wiederaufnahmeverfahren für geboten hält.[33] Dies kann A damit begründen, dass er seinen Zwillingsbruder wegen der weiter reichender Konsequenzen für Z (Verurteilung wegen Fahrens ohne Fahrerlaubnis) schützen wollte, nun sein Bruder mit der Lüge aber nicht leben könne.

Im Ergebnis wird der Antrag auf Wiederaufnahme des Verfahrens bei formell richtiger Antragstellung sowohl im Zulässigkeits- als auch im Begründetheitsverfahren zum Erfolg führen.

Es besteht für das Wiederaufnahmegericht mit Zustimmung der Staatsanwaltschaft sodann die Möglichkeit der **Freisprechung ohne Hauptverhandlung gemäß § 371 Abs. 2 StPO**, etwa wenn die im Rahmen des § 369 StPO gewonnenen neuen Erkenntnisse so überzeugend sind, dass eine weitere Hauptverhandlung überflüssig erscheint. Ansonsten wird eine erneute Hauptverhandlung durchzuführen sein (§ 373 StPO).

32 Meyer-Goßner, § 359, Rn. 38.
33 OLG Stuttgart NStZ-RR 2003, 210.

Übersicht 52: Wiederaufnahmeverfahren (§§ 359 ff. StPO)

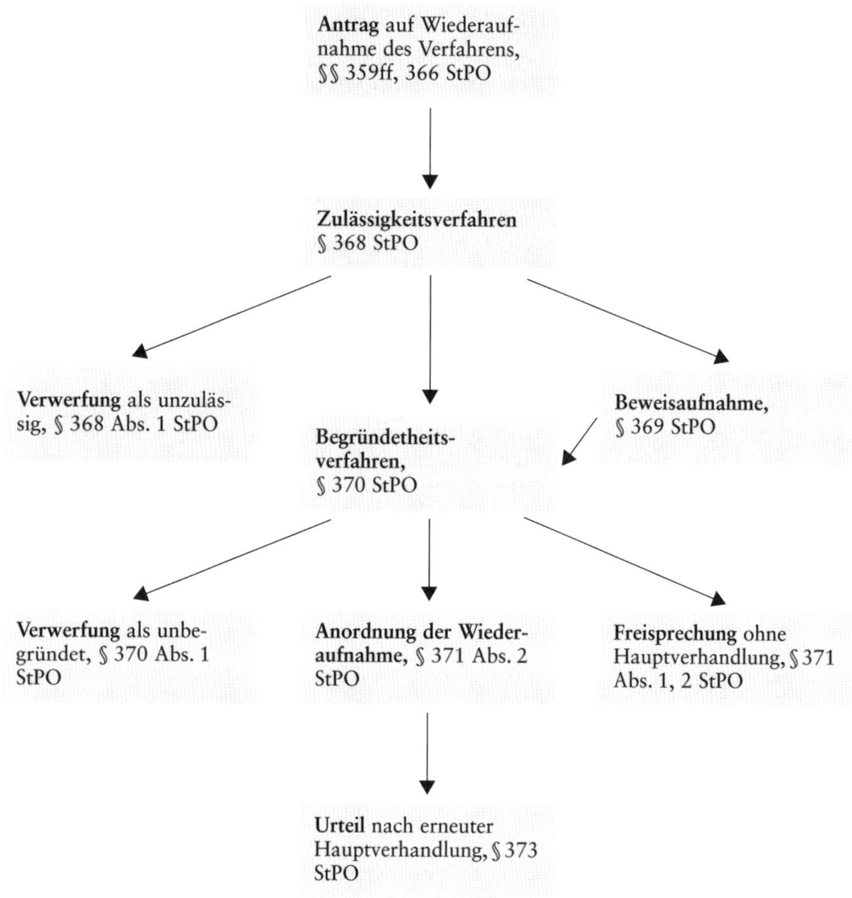

Übersicht 53: Nützliche Paragraphen-Verbindungen

Ausgangsnorm	zugehörige Norm	kurze Erläuterung
§ 52	§ 252	Verwertungsverbot früherer nichtrichterlicher Zeugenaussagen
§ 100 a	§ 477 Abs. 2 Satz 2[34]	Verwertbarkeit von Telefonüberwachungserkenntnissen zum Nachweis anderer Taten
§§ 112, 126 Abs. 2	§§ 207 Abs. 4, 268 b	Entscheidung über die Fortdauer der Untersuchungshaft erforderlich bei Eröffnung des Hauptverfahrens und bei Urteilsfällung
§ 136	§ 163a Abs. 4	Belehrung auch bei polizeilicher Beschuldigtenvernehmung
§ 169 a	§ 147 Abs. 2	umfassendes Akteneinsichtsrecht des Verteidigers nach Aktenvermerk über den Abschluss der Ermittlungen
§ 170 Abs. 1	§ 203	„genügender Anlass zur Erhebung der öffentlichen Klage" = „hinreichender Tatverdacht" = Verurteilungswahrscheinlichkeit
§ 206 a	§ 260 Abs. 3	wird Verfahrenshindernis außerhalb der Hauptverhandlung bemerkt, dann Verfahrenseinstellung durch Beschluss, sonst durch Urteil
§ 229 Abs. 1	§ 268 Abs. 3 Satz 2	dreiwöchige Unterbrechungsfrist gilt nicht für Urteilsverkündungstermin
§ 244 Abs. 3 bis Abs. 6	§ 245 Abs. 2	bei Ablehnung eines Beweisantrags ist zu unterscheiden, ob im Beweisantrag ein nicht präsentes (§ 244) oder ein präsentes (§ 245) Beweismittel benannt ist
§§ 244 Abs. 3 bis Abs. 6, 245	§ 411 Abs. 2 Satz 2 i. V. m. § 420 Abs. 4	nach vorausgegangenem Strafbefehlsverfahren gelten in der Hauptverhandlung vor dem Amtsgericht – Strafrichter – nicht die strengen Beweisantragsablehnungsgründe der §§ 244, 245
§§ 249ff	§ 411 Abs. 2 Satz 2 i. V. m. § 420 Abs. 1 bis Abs. 3	nach vorausgegangenem Strafbefehlsverfahren erweiterte Verlesungsmöglichkeit in der Hauptverhandlung
§§ 251, 253	§ 325 Halbs. 2	über §§ 251, 253 hinausgehende erweiterte Möglichkeit der Verlesung erstinstanzlicher Aussagen in Berufungsverhandlung

34 Neu ab 1.1.2008 (vorher: § 100b Abs. 5 StPO).

§§ 312, 333	§ 400 Abs. 1	besondere Zulässigkeitsvoraussetzung für die Berufung oder Revision des Nebenklägers
§ 329 Abs. 1	§ 411 Abs. 2 Satz 1	bei vorausgegangenem Strafbefehlsverfahren keine Berufungsverwerfung, wenn in Berufungsverhandlung nur der Verteidiger erscheint, nicht aber der Angeklagte
§ 345 Abs. 1 Satz 2	§ 273 Abs. 4	Urteilszustellung vor Protokollfertigstellung (§ 271) unwirksam → Revisionsbegründungsfrist hat noch gar nicht zu laufen begonnen und kann deshalb nicht verstrichen sein
§§ 56a ff. StGB	§ 268a Abs. 1	wird im Urteil Bewährung zugebilligt, erfolgt die Ausgestaltung der Bewährung (Festsetzung der Bewährungszeit, Anordnung von Auflagen und Weisungen, Bestellung eines Bewährungshelfers) in einem gesonderten Bewährungsbeschluss (und nicht im Urteil)

Stichwortverzeichnis

Die Zahlenangaben beziehen sich auf die Randnummern des Buches.

Luca und Francesco Cavalli-Sforza

Verschieden und doch gleich

Ein Genetiker entzieht dem Rassismus die Grundlage

Aus dem Italienischen von Sylvia Höfer

Illustrationen von Laura Arienti

Knaur

Gewidmet den Frauen,
die uns ihre Mitochondrien
vererben

Inhalt

Vorwort

Ein Mensch ist ein Mensch

»Zo we zo«: In einer zentralafrikanischen Sprache, dem Sango, bedeutet dies »ein Mensch ist ein Mensch« oder: Jedes menschliche Wesen hat die gleiche Würde. Diese Wahrheit, die so alt ist wie wir selbst, wird in unseren Tagen überschattet von Rassengewalt, Völkermord, Wirtschafts- und Religionskriegen, und jahrhundertealte Fehden verwüsten jene Länder, die sich so gern zivilisiert nennen.
Was können wir als einzelne oder gemeinsam tun, damit dies in Zukunft nicht mehr geschieht? Wenn man davon ausgeht, was Zeitungen und Fernsehen jeden Tag berichten, lautet die Antwort: »Nichts oder nicht sehr viel.« Auch ich weiß keine bessere Antwort und bin noch niemandem begegnet, der eine gewußt hätte. Falls es aber Leute gibt, die begriffen haben, wie dieses tägliche Blutbad zu vermeiden ist, sollten sie sich möglichst bald zu Wort melden. Die Welt ist voll guter Absichten und unheilvoller Taten. Wenn es uns nicht gelingt, die Gesellschaft, deren Teil wir sind, lebenswerter zu machen, was sollen wir dann auf Erden?
Könnte uns vielleicht jemand, der vor uns gelebt hat, diese Frage beantworten? Ich glaube nicht, denn was wir heute um uns herum sehen, ist zum größten Teil ein Erbe derer, die uns vorangegangen sind. »Ich sage, daß die Toten die Lebenden begraben«, läßt Äschylus eine seiner Gestalten ausrufen.
Dennoch verdanken wir unseren Eltern und Großeltern, daß wir überhaupt am Leben sind. Was kann eine neue Generation tun, um auf den Lauf der Geschichte einzuwirken? Auf diese Frage müssen wir eine Antwort finden.

Luca Cavalli-Sforza, mein Vater, ist Naturwissenschaftler. Seit über vierzig Jahren widmet er sich der Erforschung der Evolution menschlicher Populationen. Er hat die Informationen ausgewertet, die durch die Entschlüsselung des genetischen Codes verfügbar wurden, und sie mit Daten aus anderen Wissenschaftsbereichen – Archäologie, Linguistik, Anthropologie, Geschichte, Demographie, Statistik – in Verbindung gebracht. Im vorliegenden Buch finden sich Fragen, die aufgeworfen wurden, und Forschungsergebnisse, die auf die Beantwortung dieser Fragen abzielen; die hier vorgestellten Beobachtungen, gesammelten Daten und Interpretationen dienen alle dem Versuch, die Geschichte des Menschen zu erklären. Was wir präsentieren, ist nicht etwa die wissenschaftliche Biographie eines Forschers. Wenn in diesem Buch Luca als Persönlichkeit eine zentrale Position einnimmt, dann nur wegen der Originalität seiner Forschungen und wegen seines Verdienstes, die Erkenntnisse verschiedenster Forschungsdisziplinen zusammengeführt zu haben.

Es ist nicht alltäglich, aber dem Thema zweifellos angemessen, daß ein Buch, das die Kontinuität und die Veränderungen in der Abfolge der Generationen zum Gegenstand hat, von einem Vater und dessen Sohn sozusagen vierhändig geschrieben wurde. Ursprünglich als Interview in Buchform geplant, hat es sich im Laufe unserer Arbeit zu einer Erzählung in der ersten Person entwickelt. Das erzählende »Ich« in diesem Buch ist Luca. Er berichtet über seine Erfahrungen als Wissenschaftler, der Fragen gestellt und nach Lösungen gesucht hat, ebenso wie über seine Erfahrungen als Mensch. Ein Mensch, der einen Weg gefunden hat, mit Menschen zusammenzuarbeiten, die augenscheinlich so anders sind als er – wie zum Beispiel die afrikanischen Pygmäen – oder augenscheinlich so ähnlich wie er, wie etwa die Wissenschaftler anderer Disziplinen, die oft aufgrund einer langen Tradition eigenständiger Entwicklung unabhängig voneinander arbeiten.

Ich selbst bin kein Wissenschaftler, sondern Regisseur. Meine Aufgabe ist es, Geschichten zu erzählen. Bei der Vorbereitung dieses Buches fand ich mich unmittelbar mit der Geschichte konfrontiert, mit dem Weg jener wenigen tausend oder zehntausend Menschen, die im Laufe von hunderttausend Jahren jeden Winkel des Planeten besiedelt haben, die heute über fünf Milliarden zählen und sich wohl innerhalb einer einzigen Generation oder wenig mehr verdoppeln werden. Ich hatte also die Gelegenheit, unsere Vergangenheit kennenzulernen und über sie nachzudenken, und wünsche unseren Lesern eine ähnliche Erfahrung.

Es gibt zumindest einen Aspekt, den die Arbeit meines Vaters und die des Regisseurs gemeinsam haben, und das ist der der Kooperation: Am Prozeß wissenschaftlicher Forschung sind, ebenso wie an der Entstehung eines Films, Dutzende von Menschen beteiligt. Die Bereitschaft zur Kommunikation und zur Zusammenarbeit sowie die Fähigkeit, Ideen zu entwickeln und in die Tat umzusetzen, sich die richtigen Fragen zu stellen und die besten Lösungen zu finden, sind wesentliche Voraussetzungen für den Erfolg beider Tätigkeiten. Fast alle Forschungsarbeiten, von denen in diesem Buch die Rede ist, wurden von mehreren Personen durchgeführt, die ihre jeweiligen Aktivitäten auf ein gemeinsames Ziel hin gebündelt haben.
Die archäologische Untersuchung der ältesten Zeugnisse menschlichen Lebens lieferte uns den eindeutigen, erfreulichen Beweis, daß bereits unsere frühen Vorfahren gemeinschaftlich handelten. Und wie es scheint, hat sich die Fähigkeit zur umfassenden Zusammenarbeit seit den Anfängen als eine der vorteilhaftesten Eigenschaften in der Entwicklungsgeschichte der Gattung Mensch erwiesen.

Ich erinnere mich, daß mein Vater mir Anfang 1968 anbot, ihn und ein paar seiner Kollegen auf ihrer Saharadurchquerung mit dem Landrover zu begleiten; Ziel der Reise war der afrikanische Äquatorialwald, wo sie einige Pygmäengruppen studieren wollten. Trotz der Verlockung einer langen Reise durch die Wüste und der Chance, Menschen zu begegnen, die ein lebendiges Zeugnis unserer frühesten Geschichte sind, zog ich es vor, in Mailand zu bleiben, denn ich fühlte den »wind of change«. Tatsächlich besetzten wir wenige Wochen später unser Gymnasium, und für mich und viele, viele andere begann eine Zeit der Erneuerung und des Erkundens. Sie führte uns dazu, die Welt auf andere Weise zu sehen als unsere Eltern oder Lehrer oder all jene, die uns vorangegangen waren. Im Sommer desselben Jahres fuhr ich per Anhalter durch Europa und im Jahr darauf durch Mexiko und die Vereinigten Staaten. Das ganze Ambiente war damals geprägt

von jenem »Movement«, das aus der Studentenrevolte und der Bewegung der Blumenkinder entstanden war. »Das Leben verändern, bevor es uns verändert« – so lautete die Devise.
Ich erwähne diese persönlichen Erfahrungen deshalb, weil jede Generation diese Chance hat: auf originelle Art mit dem Leben zu experimentieren und der Geschichte Alternativen zu öffnen. Für viele aus meiner Generation – in Europa wie in den Vereinigten Staaten – bedeutete das, die zwischenmenschlichen Beziehungen und das Verhältnis zwischen den Geschlechtern zu erforschen, das eigene Innere und die Grenzen der Wahrnehmung auszuloten, sich einen eigenen Lebensstil zu erfinden und sich im politischen Handeln miteinander zu messen. In Freiheit zu handeln, sich mehr und mehr auf die Ergebnisse der eigenen Erfahrung zu beziehen, ohne sich auf Religionen oder Ideologien zu stützen. Dazu braucht man Mut, weil man die Risiken eingehen muß, die jede Veränderung mit sich bringt. Und es gibt keine Erfolgsgarantie – am wenigsten dann, wenn man neue Wege beschreitet.
Mit Blick auf das, was damals in Bewegung gesetzt wurde, mag man zu dem Schluß kommen, daß der Berg eine Maus geboren hat. Zwar sind einige Samenkörner aufgegangen und tragen Früchte, aber wir haben auch begriffen, daß die wichtigen kulturellen Veränderungen Generationen brauchen, um sich durchzusetzen und anerkannt zu werden.

Die Beschäftigung mit der Geschichte hat mich immer schon fasziniert. Es ist großartig, daß unsere modernen Forschungsmethoden heute – nach Hunderten und Tausenden von Jahren – eine oft klarere Vorstellung von der »Antike« ermöglichen, als auch der bestinformierte unter den Alten sie über seine eigene Zeit, über seine Zeitgenossen und über fremde Völker haben konnte. Die Tausende von Generationen, die uns vorangegangen sind, haben uns als Erbe das Ergebnis ihrer Handlungen sowie ihre biologische Konstitution hinterlassen, der wir selbst unsere Existenz verdanken. Aber sie sind alle tot. An jedem neuen Tag, an dem die Sonne aufgeht, hängt alles von den Lebenden ab und von dem Beispiel, das sie den neu Hinzukommenden geben.
Unsere Geschichte steht in unseren Genen und in unseren Handlungen geschrieben. Was die Gene anbelangt, so ist unsere Mög-

lichkeit einzugreifen gering, doch im Hinblick auf unsere Handlungen liegt, solange wir freie Menschen sind, fast alles in unserer Hand. Niemals zuvor haben wir wie jetzt – am Ende des zweiten Jahrtausends der christlichen Ära, im 14. Jahrhundert der Hedschra für den Islam und im 226. Jahrhundert seit der Erleuchtung des Buddha – die Möglichkeit gehabt, aus der Erde einen Garten oder eine Wüste zu machen, das Leben angenehm zu gestalten oder in eine Hölle zu verwandeln. Geschichte zu machen heißt heute, sich zwischen diesen Alternativen zu entscheiden.

Man sollte nicht vergessen, daß es mehr Dinge gibt, die uns einander ähnlich machen, als solche, die uns voneinander trennen. Die Milliarden von Menschen, die heute über den Planeten verstreut leben, unterscheiden sich voneinander durch Hautfarbe und Körperform sowie durch Sprache und Kultur. Diese Vielfalt – ein Beweis für unsere Fähigkeit, Veränderungen zu bewältigen, uns an unterschiedliche Umgebungen anzupassen und eigenständige Lebensweisen zu entwickeln – ist die beste Garantie für die Zukunft der Gattung Mensch. Die Kenntnisse, die wir über uns selbst erworben haben, beweisen jedoch mit Sicherheit auch, daß all unsere Verschiedenheit, genau wie das wechselnde Aussehen der Meeresoberfläche oder des Himmelsgewölbes, ziemlich unerheblich ist im Vergleich zu dem unermeßlichen Erbe, das uns Menschen gemeinsam ist.

Francesco Cavalli-Sforza

1

Die älteste Lebensweise

Ich bin kein Jäger. Als ich aber vor vielen Jahren einmal in einem österreichischen Jagdrevier zu Gast war, konnte ich der Versuchung nicht widerstehen. Im Wald befand sich ein getarnter Jägerstand mit einer kleinen Leiter, die auf einen Hochsitz führte. Auf dem Geländer lag, auf ein Polster gebettet, ein schußbereites Mauser-Gewehr. Schon nach kurzer Zeit trat ein schöner Rehbock langsam in einen sonnenbeschienenen Abschnitt des Waldes, gut sichtbar, kaum hundert Meter von mir entfernt. Ich verstand mich zwar ganz gut aufs Schießen, aber da ich keine Jagderfahrung hatte, wußte ich nicht, auf was ich am besten zielen sollte. Ich traf das prächtige Tier irgendwo zwischen Brust und Bauch, und zum Glück fiel es fast sofort tot um. Einen Augenblick später empfand ich tiefe Schuldgefühle und verfolgte unter Qualen das alte Ritual des Jagdaufsehers, der den Tod des Tieres feierte, indem er einen Tannenzweig in sein Blut tauchte und ihn sich an den Hut steckte. In diesem Augenblick war ich mir sicher, daß ich nie wieder auf die Jagd gehen würde.

Es sollte anders kommen. In den sechziger Jahren begann ich meine Forschungen bei den afrikanischen Pygmäen, die als Jäger und Sammler in der freien Natur leben. Meine Arbeit brachte mich zwar nicht direkt mit ihren Jagdmethoden in Berührung, aber ich war doch neugierig und wollte diesen großartigen Spezialisten einmal bei ihrer Arbeit im Tropenwald zusehen. Mir war bekannt, daß es die Pygmäen gewesen waren, die nach der Niederlassung der Portugiesen an der afrikanischen Atlantikküste fast das gesamte Elfenbein besorgten, das schließlich auf den Märkten des Abendlandes landete. Damals lebten sie wie heute im Wald, meist weit von der Küste entfernt, an der die portugie-

sischen Schiffe vor Anker gingen. Mittelsleute zwischen den Jägern und den Seeleuten waren die afrikanischen Feldbauern, die Bantu.
Die Pygmäen jagen auf ihre Art, nicht mit dem Gewehr. Sie sind bekanntlich sehr kleinwüchsig, und es klingt fast ironisch, daß ausgerechnet die kleinsten Menschen der Welt die größten Tiere erlegen. Mutig warten sie, nachdem sie eine dicke, auf die Brust des Tieres gerichtete Lanze in den Boden gesteckt haben, auf den Angriff des Elefanten und ergreifen erst im letzten Augenblick die Flucht; oder sie treffen das Tier in die Flanken und in den Bauch oder in die Beine, um ihm die Sehnen zu durchtrennen.
Ich habe nicht versucht, mit den Pygmäen auf Elefantenjagd zu gehen. Um in das betreffende Gebiet zu gelangen, hätte man mindestens vier oder fünf Tage lang durch den Wald marschieren müssen, und das bei einer Temperatur zwischen 35 und 40 Grad und vor allem bei einer Luftfeuchtigkeit von 100 Prozent. Ich erinnere mich aber an den Bericht eines afrikanischen Feldbauern, der einmal mit ihnen auf die Jagd ging und sich im entscheidenden Augenblick hinter einem Baum versteckte, weil ihn, als er das große Tier auf seinen »Tuma« zulaufen sah, eine unbezwingbare Angst gepackt hatte (»Tuma« ist der prestigereiche Titel, den ein Pygmäe, der als Meister der Elefantenjagd gilt, für sich in Anspruch nehmen kann).

Mit den Pygmäen auf der Jagd

Ich fragte den Führer eines Lagers, ob wir – ein Kollege und ich – mit auf die Jagd gehen könnten. Er antwortete mir, daß er dazu erst die Meinung der anderen einholen müsse. Die Gesellschaft der Pygmäen kennt keine soziale Hierarchie, und der »Häuptling« besitzt keine faktische Autorität, sondern ist nur eine Bezugsperson für die Außenstehenden. Er hielt seinen Leuten eine ziemlich lange Rede, wobei er sich zweifellos der Tatsache bewußt war, daß wir allerlei Eßwaren, Zigaretten und ein Gewehr als Geschenke mitgebracht hatten. Das Lager bestand aus neun, vielleicht zehn Familien, von denen sieben einverstanden waren. Für die Jagd mit dem Netz, wie sie die große Mehrheit der Pygmäen

normalerweise praktiziert, braucht man mindestens sieben Netze, damit man einen ausreichend großen Kreis um die Tiere ziehen kann. Jede Familie besitzt gewöhnlich ein ungefähr vierzig Meter langes Netz mit einem eingeflochtenen Seil aus der Rinde bestimmter Bäume.
Wir gingen früh am nächsten Morgen los und kampierten im Wald, nur wenige Stunden vom Ausgangspunkt entfernt. Die Frauen bauten in zwei oder drei Stunden die Hütten auf. Diese haben die Form einer etwas in die Länge gezogenen Halbkugel und sind so lang, wie ein Pygmäe groß ist. Die Öffnung ist so niedrig, daß man sie nur tief gebückt betreten kann. Die großen Blätter, die das Gerüst aus geflochtenen Zweigen bedecken, machen die Hütten absolut wasserundurchlässig. Als »Betten« dienen nichts anderes als eine Reihe dicht nebeneinandergelegter, dünner Baumstämme. Zwei junge Pygmäen hatten noch keine Frau, die ihnen eine Hütte hätte bauen können, und schliefen deshalb auf einem Zweigebett im Freien; sie hielten sich umarmt, um sich gegen die Kälte der Nacht zu schützen. Mein Kollege und ich hatten Feldbetten mit Moskitonetzen mitgenommen. Als es aber während der Nacht zu regnen anfing, mußten wir unsere Regenmäntel anziehen und die Betten in Sicherheit bringen, damit sie nicht allzu naß wurden; wir lehnten sie senkrecht gegen einen Baumstamm. Der Regenschauer dauerte nicht lange (es war Trockenzeit), und so konnten wir uns bald wieder schlafen legen.

Am nächsten Tag brachen wir dann zur Jagd auf, zusammen mit den Frauen und den kleineren Kindern, die auf die Suche nach Schildkröten und Vögeln gingen. Der Wald ist dicht, mit Bäumen von dreißig oder vierzig Metern Höhe, deren Laub keinen Sonnenstrahl durchläßt. Man lebt deshalb in tiefem Schatten; der Boden ist nur spärlich bewachsen; man sieht dort nur Büsche oder Sträucher, die aufgrund des Lichtmangels unglaublich grün sind. (Es sind übrigens die gleichen Pflanzen, die wir auch in den Wohnungen unserer Städte antreffen, wo es ja ebenfalls nicht übermäßig hell ist.) Der Boden ist von umgefallenen Baumstämmen und verschiedenen anderen Hindernissen übersät. Die Männer binden die Netze in einer Höhe von etwa einem Meter so an

die unteren Äste der Bäume, daß sie ungefähr einen Kreis bilden; so können sie von den Tieren nicht so leicht gesehen werden.
In dieser Phase schweigen alle und bleiben füreinander unsichtbar, bis ein Signal verkündet, daß der Kreis geschlossen ist und die Jagd beginnen kann. Eine Gruppe von drei oder vier Männern bewegt sich dann mit den Lanzen auf die Mitte zu und macht dabei Lärm, um das Wild aufzuscheuchen; alle anderen, auch die Frauen, halten sich bei den Netzen bereit, um die Tiere zu packen, die auf ihrer Flucht an die Netze gelangen und stürzen. Da sie rasch wieder aufstehen, muß man sehr schnell reagieren und sie festhalten oder mit der Lanze treffen. Der Wald ist, wie gesagt, sehr dicht, und die Sichtweite beträgt gewöhnlich nur wenige Meter, deshalb kann man nur selten einen Zusammenstoß zwischen Mensch und Tier beobachten; man hört lediglich Kampflärm und Schreie, so lange, bis die Beute entweder gefangen oder entkommen ist. Der ganze Jagdvorgang dauert vierzig bis fünfzig Minuten, dann zieht die Gruppe ungefähr einen Kilometer weiter und beginnt von neuem.
So ging es fast den ganzen Tag weiter, ohne daß die Jäger eine große Beute gemacht hätten. Zwischendurch versuchte man, das Jagdglück mit Zauberformeln und magischen Handlungen zu beeinflussen, indem man auf die Netze spuckte und die Tiere bald mit Liedern anlockte, bald mit Beleidigungen provozierte. Irgendwann wurde ein stattlicheres Tier gefangen: Das erkannte man sofort, denn aus dem etwas entfernten Jagdgetümmel heraus ertönte ein ganzes lautes, silberhelles Lachen, das eindeutig Ausdruck großer Freude war. Eine kräftige Antilope war getroffen worden.
Die gesamte Beute wird unter den Mitgliedern des Lagers aufgeteilt, aber einige der besten Stücke stehen demjenigen zu, der das Tier erlegt hat. Für die Pygmäen ist die Jagd eindeutig Arbeit – eine lebensnotwendige, aber auch unterhaltsame Arbeit. In einem gewissen Sinne ist sie wie ein Pokerspiel: Sie enthält alle Ungewißheiten des Zufalls, erfordert aber auch Schläue und Erfahrung. Das Risiko besteht darin, unter Umständen nichts zu fangen und hungrig zu bleiben.
Die Pygmäen haben im Laufe der Zeit hervorragende Kenntnisse über das Verhalten der Tiere erworben, die ihnen sehr schwierige

Jagden, wie die auf Ameisenbären, oder so gefährliche, wie die auf Elefanten, ermöglichen. Es ist ein völlig anders geartetes Abenteuer als das unserer nichtpygmäischen Zeitgenossen, die die Jagd zu ihrem liebsten Freizeitvergnügen gemacht haben und ganze Stunden am Flußufer verbringen, um ein paar Enten aufzulauern. Ihr größtes Risiko besteht darin, daß ein anderer Jäger ihnen eine Ladung Schrot in den Leib jagt; das Problem, daß sie eventuell mit leerem Magen zu Bett gehen müßten, stellt sich ihnen nie.

Die Pygmäen lieben ihr Leben. Es ist schwer, sie zu entwurzeln. Dann muß ihr Wald zerstört werden, was in den letzten 2000 Jahren stets geschehen ist und auch heute, im Zuge einer wahrlich weltweiten Vernichtung, mit einer Wahnsinnsgeschwindigkeit immer noch geschieht. Aber solange in Afrika große Teile des Tropenwaldes unberührt bleiben, wird man dort Pygmäen antreffen, die als Jäger leben. Ihre sprichwörtliche Geschicklichkeit wurde auch uns demonstriert, als wir einmal einem von ihnen das Gewehr, das sie uns ausgeliehen hatten, sowie vier Patronen anvertrauten: Noch vor Tagesende kehrte er mit drei erlegten Tieren und einer Patrone zurück, die eine Fehlzündung gehabt hatte.

Im Wald kann man sich tausend anderen Vergnügungen widmen; dort finden sich auch allerlei Leckerbissen. So wollte ich einmal den vielgerühmten Honig der Wildbienen kosten. Ein Pygmäe hatte mir gesagt, daß er einen Bienenstock kenne, aber drei Stunden gehen (und über 30 Meter hoch auf einen Baum klettern) müsse, um zu ihm zu gelangen. Ich versprach ihm ein Geschenk. Schon am Abend desselben Tages kehrte er mit einem tiefdunklen Bienenstock zurück, gefüllt mit einem sehr stark duftenden Honig, den wir unter anderem in unseren Whisky rührten.

Im Frühling wird zu Beginn der Raupensaison ein großes Fest gefeiert, an dem ich selbst aber nie teilgenommen habe. Zu dieser Zeit füllt sich der Wald mit Schmetterlingsraupen, die offensichtlich hervorragend schmecken. Ich war (zum Glück) nie zum richtigen Zeitpunkt in diesem Gebiet, doch ich weiß, daß das ganze Dorf der afrikanischen Feldbauern unter Führung der Pygmäen in den Wald zieht und sich so – unbewußt – einen großen Vorrat wertvoller Proteine anlegt, die ihnen sonst in ihrer täglichen, im wesentlichen vegetarischen Nahrung fehlen würden.

Ein Genetiker als böser Zauberer

Ich bin Genetiker und habe mich während der letzten dreißig Jahre vor allem mit der Evolution der menschlichen Populationen beschäftigt. Als ich 1966 an der Universität Pavia Genetik lehrte, wurde mir klar, daß eine wissenschaftliche Expedition zu den Pygmäen des afrikanischen Tropenwaldes für mich sehr aufschlußreich wäre. Warum ausgerechnet zu den Pygmäen? Was haben sie mit meiner Forschungsrichtung zu tun?
Die Genetik ist die Wissenschaft von der Vererbung. Sie ist der Schlüssel zur gesamten Biologie, weil sie sich mit den Mechanismen befaßt, die für die Reproduktion der Lebewesen, der Natur verantwortlich sind, für das Funktionieren und die Weitergabe des Erbguts, die Unterschiede zwischen den Individuen und die biologische Evolution. Dies sind die grundlegenden Merkmale, die die lebenden Organismen von der unbelebten Materie unterscheiden.
Über einen Zeitraum von mehr als 99 Prozent ihrer Geschichte haben die Menschen als Jäger und Sammler gelebt. Die Pygmäen sind eines der wenigen noch heute existierenden Beispiele für jene Völker, die sich dieser Lebensweise verschrieben haben. Ich wollte sie studieren, um verschiedene Aspekte der Evolution des Menschen während des längsten Abschnitts seiner Existenz besser begreifen zu können. Schon in den sechziger Jahren gab es nur noch sehr wenige Populationen, bei denen man diese Art von Forschung überhaupt betreiben konnte. Ich wollte darüber hinaus die Unterschiede zwischen der Evolution der Pygmäen und der der anderen Afrikaner verstehen und unter anderem die Gründe für ihre auffallend geringe Körpergröße erforschen.
Um die Genetik der Pygmäen zu studieren, mußte ich ihnen kleine Blutproben entnehmen. Es ist ja oft schon nicht ganz leicht, den rationalen Europäer zu überreden, sich mit einer Nadel stechen zu lassen und sein Blut außerhalb der eigenen Venen fließen

zu sehen. Aber ich hatte nicht die geringste Ahnung, wie die Pygmäen sich verhalten würden.

Bei unseren ersten Expeditionen wandten wir uns an ein Labor, das vom Pariser Naturgeschichtlichen Museum nahe der südwestlichen Grenze der Zentralafrikanischen Republik eingerichtet worden war. Es handelte sich um eine kleine Ansammlung von Steinhäusern in einer Lichtung mitten im Urwald, im Herzen eines von zahlreichen Pygmäengruppen bewohnten Gebietes. Als Fortbewegungsmittel standen uns ein Jeep beziehungsweise ein Landrover zur Verfügung.

Mein erster Versuch erwies sich als völliger Fehlschlag. Wir hatten durch die Vermittlung des Vorarbeiters einer Kaffeeplantage mit einer Pygmäengruppe einen Termin vereinbart. (Die Plantage gehörte übrigens einem Franzosen aus dem Provinzadel, der nach Afrika gezogen war, um dort im größeren Stil Landwirtschaft zu betreiben.) An dem festgesetzten Tag erschien ich mit meinen Kollegen und unserer gesamten Ausrüstung auf der Tenne des Hofes, wo ich nur feststellen konnte, daß sämtliche Pygmäen in den Wald geflohen waren. Jemand hatte das Gerücht in die Welt gesetzt, daß ich ein »Likundu« sei, ein Dämon, ein böser Zauberer, und die Pygmäen hatten für meine Experimente nur den Dorftrottel zurückgelassen – ob aus Jux, oder um zu sehen, was ich mit ihm anstellen würde, entzieht sich meiner Kenntnis.

Der Gedanke quälte mich, daß sich der schlechte Ruf, den man mir so plötzlich und unvorhergesehen angehängt hatte, womöglich in der ganzen Gegend verbreiten und überall dort, wo ich auftrat, ein Vakuum schaffen würde. Deshalb beschloß ich, andere Pygmäen aufzusuchen, die möglichst weit entfernt lebten, und entschied mich für einen Ort, der sieben Autostunden von unserem Stützpunkt entfernt lag. Es war der weiteste Weg, den man an einem Tag zurücklegen konnte, und nur dann, wenn man sehr früh (um ein Uhr nachts) aufbrach und sehr spät abends zurückkehrte; bei dieser Expedition waren wir nämlich gar nicht für Übernachtungen unter freiem Himmel ausgerüstet.

Zum Glück erinnerte ich mich an eine Geschichte, die mein Vater mir erzählt hatte, als er mich noch im Kindesalter zu einem Film über den Elfenbeinhandel mitgenommen hatte. Damals sagte er mir, daß die Pygmäen genau wie die Ziegen eine große Leidenschaft für Salz hätten. Dieses Mal zog ich also mit einer großen Menge Salz los und vermied es soweit wie möglich, irgendwelche Mittelsleute einzuschalten.

Mein Erfolg war durchschlagend. Von da an war es sehr leicht, von den Pygmäen Blutproben zu bekommen – viel leichter als bei jeder anderen Bevölkerungsgruppe, mit der ich davor und danach gearbeitet habe. Wir brachten Salz, Seife und Tabak als Geschenke mit und behandelten, sofern dies möglich war, die Kranken mit Medikamenten; ich glaube aber, daß zu unserem Erfolg auch das respektvolle und freundschaftliche Verhalten beigetragen hat, das wir ihnen gegenüber stets an den Tag legten. Die Pygmäen können sehr gut zwischen Freunden und Feinden unterscheiden und haben ein feines Gespür für die wahren Absichten ihrer Gesprächspartner.

Im Laufe von fast zwanzig Jahren bin ich zehnmal in Afrika gewesen, und wir haben dabei an mehr als dreißig verschiedenen Orten – nicht nur in der Zentralafrikanischen Republik, sondern auch in Kamerun und in Zaïre – über 1500 Pygmäen Blutproben entnommen. In einige dieser Gegenden bin ich mehrmals zurückgekehrt und stets freundlich aufgenommen worden.

Ich erinnere mich an eine urkomische Episode, die vielleicht eine Vorstellung vom Charakter der Pygmäen vermitteln kann. An meiner zweiten Expedition im Jahr 1967 nahm auch Gianni Roghi, ein sehr lieber Freund von mir, teil. Gianni, ein Journalist und Sportsmann, eine äußerst lebhafte, ja übersprudelnde Persönlichkeit mit ungewöhnlichen menschlichen Qualitäten, interessierte sich leidenschaftlich für die Anthropologie. Eines Tages bemerkte er, daß die Pygmäen, die vor unserem Tisch Schlange standen und auf die Entnahme ihrer Blutprobe warteten, alle sehr ernst und bedrückt, ja fast ein bißchen deprimiert dreinblickten. Da beschloß Gianni, etwas Bewegung in die Szene zu bringen: Er warf sich auf den Boden, begann auf allen vieren zu kriechen und wie ein Hund zu bellen. Innerhalb weniger Sekunden schüttelten sich alle Pygmäen vor Lachen. Viele ließen sich zu Boden fallen und kugelten sich buchstäblich vor Lachen. Minutenlang ging es so weiter. Sie konnten einfach nicht mehr aufhören. Nie habe ich Menschen herzhafter lachen sehen.

Das Waldvolk

Die soziale Organisation der urzeitlichen Gemeinschaft muß der der heutigen Pygmäen sehr ähnlich gewesen sein. Diese sind Nomaden oder Halbnomaden. Ein Stamm kann aus 500, 1000 oder 2000, manchmal auch aus mehr Personen bestehen, aber sie leben immer in Kleingruppen oder Horden von durchschnittlich etwa 30 Personen, die gemeinsam auf die Jagd gehen; die Größe dieser Gruppen kann – einschließlich der Frauen und Kinder – von 10 bis 50 Personen variieren. In periodischen Abständen versammeln sich mehrere Horden oder der ganze Stamm zu Festen oder Feiern, bei denen sie gemeinschaftliche Tänze und Rituale veranstalten. Tänze und Chorgesänge sind die wichtigsten sozialen Aktivitäten der Pygmäen.

Wie wir gesehen haben, ist ein Pygmäen-Haus schnell aufgebaut. Deshalb ist es leicht, den Lagerplatz häufig zu wechseln – eine von der Jagd diktierte Notwendigkeit – und nach ein paar Tagen des Umherziehens irgendwo ein neues Haus zu errichten. Die Zugehörigkeit zum Lager ist nicht fest, sondern eher fließend. Die wenigen Familien, aus denen es besteht, sind für gewöhnlich, aber nicht immer über die männliche Linie miteinander verwandt. Bei jedem Ortswechsel kommt es vor, daß Leute in eine andere Richtung weiterziehen und neue Familien zur Gruppe stoßen; deshalb kann sich jedes neue Lager vom vorherigen unterscheiden. Das Jagdgebiet wird unter den verschiedenen Gruppen neu aufgeteilt, und die einzelnen Individuen erben es von ihren Eltern; darüber hinaus erwerben sie durch Heirat das Recht, auf dem Territorium der Familie der Ehefrau zu jagen.

Etwa 30 bis 40 Prozent der Nahrung der Pygmäen bestehen aus dem Fleisch verschiedener Wildtiere, vor allem Antilopen und Gazellen. Auch Affen gelten als echte Leckerbissen, insbesondere unsere Vettern, die großen Affen, wie Gorillas und Schimpansen, die dieselben Regionen bewohnen wie die Pygmäen. Für die Jagd sind die Männer zuständig, während die Frauen die übrige Nah-

rung – Früchte, Gemüse und andere pflanzliche Produkte – sammeln.
Die Pygmäen gehen barfuß und sind – oder waren zumindest bis vor kurzem – fast völlig unbekleidet. Das einzige Kleidungsstück

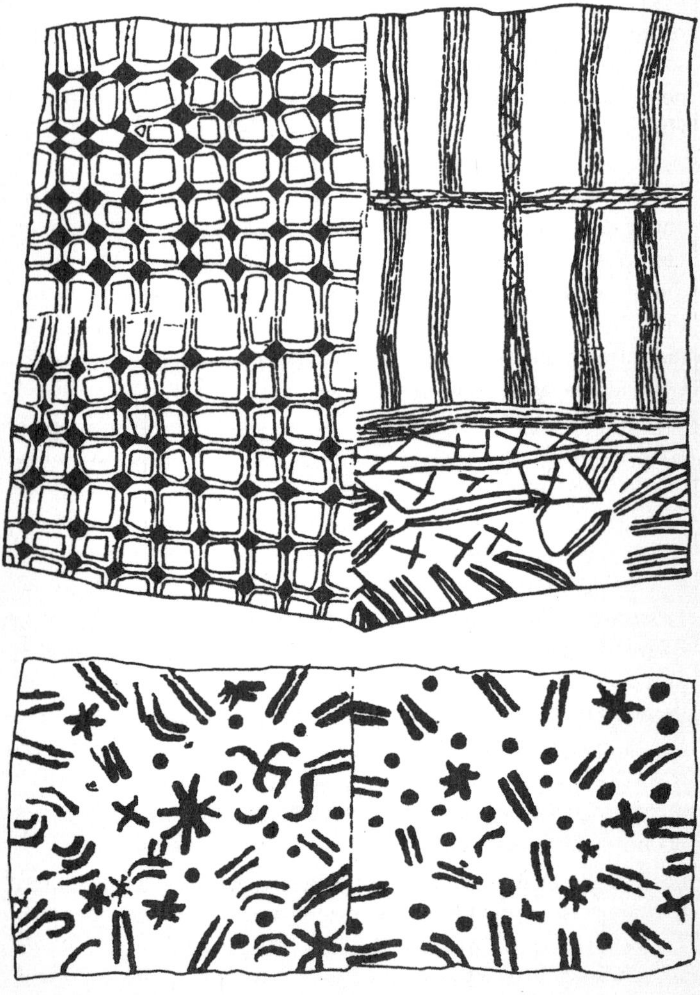

1. Bemalte Lendenschurze aus Baumrinde, hergestellt von den Pygmäen aus Epulu (im Wald des Iturigebietes, Zaïre).

ist ein normalerweise aus Baumrinde angefertigter Lendenschurz. Sie können nicht weben, aber wenn sich eine Gelegenheit ergibt, besorgen sie sich gern von den Feldbauern irgendwelche Baumwollfetzen oder übel zugerichtete Hemden und Hosen. Zu Beginn meiner Arbeit, also Mitte der sechziger Jahre, stellten die Pygmäen diese Lendenschurze noch aus weichgeklopfter Baumrinde her. Die Pygmäen in Nordost-Zaïre bemalten sie mit verschiedenen Farben und verzierten sie mit zum Teil wunderschönen Zeichnungen; sie werden heute in Europa und Amerika für Hunderte, ja für Tausende von Dollar verkauft.

Die Pygmäen sind an den Lebensraum des Waldes hervorragend angepaßt. Sie kennen sich mit allem, was dort kreucht und fleucht, bestens aus. Aus Kräutern und Wurzeln stellen sie Arzneien her, die in der westlichen Medizin im allgemeinen unbekannt sind. Ihre Pfeile tauchen sie in ein tödliches Gift, das sie aus drei oder vier verschiedenen Pflanzenextrakten gewinnen. Gegen diese Gifte haben sie auch Gegengifte entwickelt. Ihre größte Kompetenz jedoch liegt im Bereich der Ethologie, das heißt in der Beobachtung des Verhaltens der Tiere. Ihre Erkenntnisse sind für sie bei der Jagd von grundlegender Bedeutung. Die Pygmäen sind praktisch die einzigen Menschen, die fähig sind, ganz aus eigener Kraft im Urwald zu überleben.
Vor einigen Jahren habe ich in einem Film von hervorragender wissenschaftlicher Qualität eine wunderbare Szene gesehen: Ein Pygmäe erklärt einem Kind, daß die Schimpansen sehr erpicht auf Termiten sind und daß sie, um diese Insekten zu fangen, mit Hilfe kleiner Stöcke die Tunnel öffnen, die die Termiten in die Rinde der Baumstämme bohren. Aufgeschreckt vom Tageslicht, wimmeln die Insekten, die normalerweise im Dunkeln leben, wie wild durcheinander und kriechen auf das Stöckchen; dann zieht der Schimpanse es schnell heraus und frißt die Termiten auf. Die Entdeckung, daß die Schimpansen mit Werkzeugen umgehen können – von denen das Holzstöckchen zum Aufscheuchen der Termiten das wichtigste ist –, hat vor einigen Jahren in der wissenschaftlichen Welt großes Aufsehen erregt. Es war eine ganz eigenständige Entdeckung der englischen Verhaltensforscherin Jane Goodall, der es nach monatelanger Arbeit in Tansania gelun-

gen war, von einer Gruppe Schimpansen akzeptiert zu werden, und die über Jahre hinweg deren Verhalten und Gewohnheiten studiert hat. Die Pygmäen aber wissen seit Jahrhunderten oder Jahrtausenden über diese Fangmethode Bescheid! Auch wenn sie es vorziehen, die Termiten vor dem Verzehr zu braten …

Das Leben der Pygmäen

Die Begegnung mit den Pygmäen war für mich eine außergewöhnliche Erfahrung. Sie sind die friedliebendsten Menschen, die ich je erlebt habe: freundlich, von großer Würde und auch geistreich. Sie verabscheuen und meiden Gewalt. Wenn sie uneins sind, diskutieren, ja streiten sie lautstark miteinander und balgen sich vielleicht auch einmal – das tun selbst Männer mit ihren Frauen (sie sind alle ungefähr gleich stark), aber sie greifen nur sehr selten zu einer Waffe. Morde sind so gut wie unbekannt. Sind zwei Pygmäen verschiedener Meinung, gehen sie sich aus dem Weg oder sprechen eine Zeitlang nicht miteinander; jeder baut sich dann seine Hütte so, daß der Eingang nicht zur Tür der Hütte des anderen blickt, damit der eine es nicht sieht, wenn der andere aus seiner Hütte tritt. Im schlimmsten Fall verläßt einer der beiden das Lager und schließt sich einer anderen Horde an.
Ein wesentliches Gebot in dem Moralkodex der Pygmäen ist nur in einem Gebiet mit ganz niedriger Bevölkerungsdichte denkbar: Wenn zwei sich sehr heftig streiten, trennen sie sich einfach. Die anderen im Lager fühlen sich nämlich durch ihr Geschrei belästigt und versuchen, die Streithähne zum Schweigen zu bringen. Gelingt dies nicht, stoßen sie sie aus ihrer Gemeinschaft aus. Sie ertragen keine Leute, »die Lärm machen« und, wie sie selbst sagen, »den Frieden stören«.

Die Pygmäen kennen keine Häuptlinge, Hierarchien oder Gesetze. Zwischen Männern und Frauen herrscht Gleichheit. Fragen, die alle betreffen, werden dann, wenn alle um die Feuerstelle sitzen, besprochen. Die schwerste Strafe, die die Gemeinschaft verhängen kann, ist die Ausstoßung aus dem Lager, was im Wald praktisch einem Todesurteil gleichkommt: Das Leben im Wald ist herrlich, wenn man in der Gruppe lebt, aber als einzelner kann man dort unmöglich überleben. Natürlich kann sich der Ausgestoßene immer noch einer anderen Horde anschließen, die bereit ist, ihn aufzunehmen.

Einer der Aspekte, die mich am meisten beeindruckt haben, ist die große Liebe, die sowohl die Väter als auch die Mütter den Kindern entgegenbringen, die zwar von ihren leiblichen Eltern großgezogen werden, aber von allen Erwachsenen der Gruppe wie eigene Kinder behandelt werden. Wenn ein Kind verwaist, wird es automatisch in die Familie eines Onkels aufgenommen und dessen eigenen Kindern gleichgestellt. Colin Turnbull, der erste Anthropologe, der lange Zeit bei den Pygmäen gelebt hat – und, nebenbei bemerkt, ein ausgezeichneter Schriftsteller war –, berichtet, daß die Kinder alle Angehörigen der Elterngeneration mit »Vater« und »Mutter«, die der vorhergehenden Generation mit »Großvater« und »Großmutter« und ihre eigenen Altersgenossen mit »Bruder« und »Schwester« anreden.

Die Solidarität gegenüber Alten und Behinderten ist groß, zumindest solange es möglich ist, ihnen zu helfen, ohne das Leben der Gruppe aufs Spiel zu setzen. Ich erinnere mich an den Fall eines Pygmäen, den die Feldbauern zu sich holten, damit er einen verrückt gewordenen Gorilla, der die Dorfbewohner in Angst und Schrecken versetzte, zur Strecke brachte. (Es geschieht oft, daß sich die Bauern in solchen Fällen an die Pygmäen wenden, die als hervorragende und mutige Jäger bekannt sind.) Als der Pygmäe dem Gorilla mit der Lanze gegenüberstand, brachte er ihm zwar eine tödliche Wunde bei, doch als er sich zur Flucht wandte, bekam der Mann einen schrecklichen Biß in die Lendengegend ab, der eine Lähmung seiner Beine zur Folge hatte. Wer aber im Wald nicht gehen kann, ist zum sicheren Tod verurteilt. In solchen Fällen kümmert sich die Horde um den Verunglückten. Ich habe selbst gesehen, daß auch Blinde und Schwerkranke nicht im Stich gelassen wurden.

Die Pygmäen haben keine eigene Sprache mehr. Sie sprechen die Sprachen der Völker, mit denen sie im Laufe der Zeit, vielleicht schon vor Jahrhunderten, in Berührung gekommen sind. Da sie oft große Entfernungen zurücklegen mußten, können die Spra-

chen, die sie benutzen, von Völkern stammen, die geographisch sehr weit voneinander entfernt leben. Turnbull berichtet, daß sie der Vergangenheit und der Zukunft keine Bedeutung beizumessen scheinen. Was für sie zählt, ist die Gegenwart. Und er zitiert eine ihrer Redensarten: »Wenn nicht hier und jetzt, was bedeuten dann wo und wann?«
Ihr Gott ist – wenn wir ihn so nennen wollen – der Wald, dem sie sich in jeder Beziehung zugehörig fühlen. Er ist ihr Vater und ihre Mutter; er ist die Instanz, die das Leben erst ermöglicht und die man respektieren muß. Wenn ein Pygmäe stirbt, wird er, je nach Region, entweder verbrannt oder in seine Hütte getragen. Nach Durchführung der Totenriten wird die Hütte über der Leiche abgerissen. Dann zieht die Horde mit dem Lager weiter und läßt den Toten zurück, damit sich sein Körper in der Erde auflöst.
Die Eheschließung ist mit keinem besonderen Ritual verbunden. Wenn es angebracht ist, gehen die Eheleute auch einfach wieder auseinander. Wahrscheinlich haben sie von den Feldbauern den heute üblichen Brauch übernommen, ihre Frauen zu »kaufen« – nicht mit Geld, weil sie kein Geld haben, sondern mit Dienstleistungen für die zukünftigen Schwiegereltern, was im wesentlichen heißt, daß sie ein oder zwei Jahre lang für sie auf die Jagd gehen. Vor der Heirat muß ein Mann beweisen, daß er imstande ist, Wild zu fangen, also den Unterhalt für eine Familie zu bestreiten, und sobald er eine Frau ihren Eltern wegnimmt, muß er eine Gegenleistung erbringen, um den Anteil, den die Frau zum Unterhalt ihrer Herkunftsfamilie beigesteuert hat, zu ersetzen.

Die Botschaft eines Pharao

Die Pygmäen sind fröhliche Menschen: Sie plaudern gern und leben ein Leben, das sie selbst für sehr angenehm halten und das auch tatsächlich sehr angenehm ist. Sie bleiben oft im Lager, um sich der Muße hinzugeben. Sie tanzen und singen gern und lieben ihre Musik, die über eine sehr reiche Polyphonie verfügt, mit besonderen Klangfarben, die dadurch zustande kommen, daß jeder einzelne in vorher festgesetzten Abständen eine Note – immer dieselbe – oder eine bestimmte Melodie singt. Ihr Rhyth-

musgefühl ist unglaublich. Ein französischer Musikologe hat einmal den Gesang eines einzelnen aus einer Gruppe singender Pygmäen auf Tonband aufgenommen – eine Wiederholung ein und derselben Note in unregelmäßigen Zeitabständen – und dann den Gesang eines anderen und noch eines anderen, um schließlich alle Tonbandaufnahmen gleichzeitig abzuspielen. Auf diese Weise hat er einen Chor neu komponiert, der mit dem ursprünglichen identisch war, weil keiner der Sänger je aus dem Takt gekommen war. Sie benutzen sehr einfache Instrumente wie Trommeln, Flöten und eine Art Violine mit nur einer Saite. In manchen Gegenden gibt es Gruppen hervorragender Musiker.
Eine Leidenschaft ist jedoch allen gemeinsam: der Tanz. Ein Kind von sieben, acht Monaten kann zwar noch nicht gehen, aber sobald Musik ertönt und es von der Mutter an den Händen gehalten wird, macht es Tanzbewegungen. Wenn die Mütter kleiner Kinder selber tanzen, halten sie sie auf den Schultern oder auf der Hüfte fest. Irgendwo wird immer eine Trommel geschlagen, die den sehr schnellen Rhythmus vorgibt, und oft führt auch ein Virtuose rasche und schwierige Tänze auf. In einem Brief, der vor über 4500 Jahren geschrieben wurde, befiehlt ein ägyptischer Pharao einem seiner Generäle, der sich auf die Suche nach den Nilquellen begeben hatte, ihm so bald wie möglich einen Pygmäen aus dem Lande Punt (vielleicht Äthiopien oder das Gebiet am Oberlauf des Nil) zu schicken, und nannte ihn »Gottes-Tänzer« und »den, der das Herz des Pharao erfreut«.
Auch nach so vielen Jahren löst der begeisterte Tenor dieses Briefes bei Kennern der Pygmäen keine Verwunderung aus. Sie sind hervorragende, geschmeidige und äußerst lebhafte Tänzer. Im allgemeinen versammeln sie sich in einem großen Kreis um die Feuerstelle und können die ganze Nacht hindurch tanzen, auf ihren Instrumenten spielen und singen.
Es gibt auch eine ägyptische Wandmalerei, die einen tanzenden Pygmäen zeigt. Der Abgebildete trägt den Namen Aka. Noch heute nennen sich die Pygmäen eines bestimmten Stammes »Aka«. Es ist ein Name, der viele tausend Jahre überlebt hat und der in ihrer Sprache einfach »Mann« bedeutet.

Seit dem Altertum sind die Pygmäen – sie werden bei Herodot und Aristoteles erwähnt – als die kleinsten Menschen der Welt bekannt. In Wirklichkeit sind sie nicht so klein, wie viele glauben. Die Männer des kleinwüchsigsten Stammes haben eine durchschnittliche Körpergröße von 143 Zentimetern; die Frauen messen 137 Zentimeter. Es gibt Pygmäengruppen, die im Durchschnitt sogar bis zu zehn Zentimeter größer sind. Auch bei uns sieht man gelegentlich Leute, die so klein sind wie ein afrikanischer Pygmäe. Nur wenn man viele Pygmäen zusammen sieht, bemerkt man, daß es sich um eine ganz besondere Population handelt. Sie dürfen nicht mit den »Liliputanern« verwechselt werden, deren Kleinwüchsigkeit auf einen genetischen Defekt oder auf eine

2. Der schottische Ethnologe Colin Turnbull mit dem Pygmäen Makubasu aus Epulu (im Wald des Iturigebietes, Zaïre). Körpergröße: 183 beziehungsweise circa 142 cm.

Störung im Haushalt der Wachstumshormone zurückgeht. Die Statur dieser Menschen kann noch kleiner sein.

Wir wissen nicht, ob die Pygmäen im Laufe der Zeit so klein geworden sind oder ob sie schon immer klein waren. Wenn sie immer im Wald gelebt haben – was möglich ist –, können wir nicht darauf hoffen, irgendwann einmal Knochenreste von Pygmäen zu finden, weil der Boden dort so sauer ist, daß sich selbst Knochen rasch zersetzen.
Die ersten Menschen, die vor zwei oder drei Millionen Jahren auf der Erde lebten, waren sehr klein, noch kleiner als die Pygmäen. In den beiden letzten Jahrhunderten hat die mittlere Körpergröße in der industrialisierten Welt, im wesentlichen infolge verbesserter Ernährung, stark zugenommen. Sehen wir uns mittelalterliche Rüstungen an, so stellen wir fest, daß sie in der Regel sehr klein sind und ein heute lebender Mensch gar nicht hineinpassen würde. Die ersten verfügbaren Daten über die mittlere Körpergröße der Europäer stammen aus den ersten Jahren des letzten Jahrhunderts, als Napoleon die Größe seiner Rekruten messen ließ. Sie beweisen, daß unsere Ururgroßväter eindeutig kleiner waren als wir heute, die Urgroßväter schon ein bißchen weniger klein, und so weiter; der große Sprung aber vollzog sich erst in diesem Jahrhundert, zuerst in Nordeuropa, dann im Süden. Sind auch die Pygmäen größer geworden? Manche behaupten das, aber mit Sicherheit wissen wir es nicht.

Warum sind die Pygmäen klein?

Heute leben alle Pygmäen im afrikanischen Urwald. Alle Völker, die im sehr feuchten Klima des Tropenwaldes leben, sind im allgemeinen kleinwüchsig. Das gilt für Südindien wie für Indonesien, für die Philippinen und Neuguinea, für die Maya in Mittelamerika wie für die Bewohner der tropischen Wälder Brasiliens; die Pygmäen sind allerdings die kleinsten von allen.

Im Äquatorialwald herrscht ein besonderes Klima. Es ist nicht sehr heiß, aber die Luftfeuchtigkeit beträgt fast immer 100 Pro-

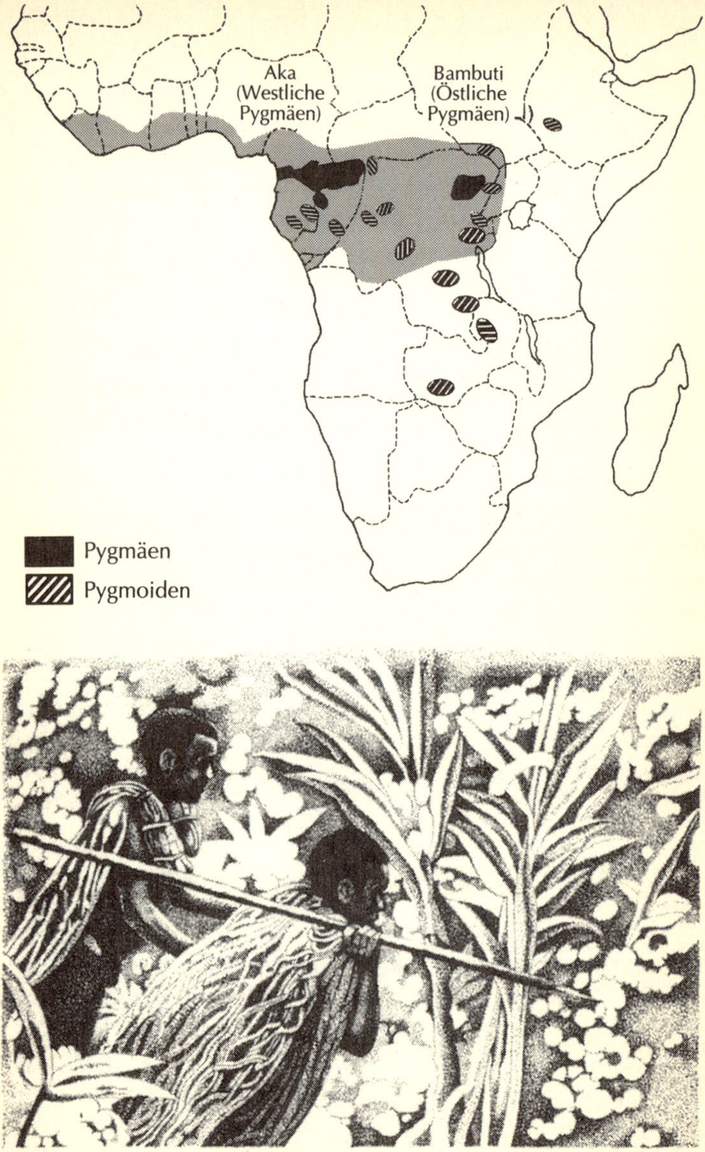

3. Verteilung des Äquatorialwaldes und seiner Bewohner, der Pygmäen, die bis heute in Afrika überlebt haben.

zent. Auch wenn die Temperatur nicht übermäßig hoch ist, bleibt sie doch hoch genug, um durch starkes Schwitzen die Ableitung der Körperwärme zu ermöglichen.
Der Schweiß hilft uns abzukühlen, weil während des Verdunstungsprozesses Kühle entsteht. Es ist derselbe Mechanismus, mit dem im Kühlschrank Kälte erzeugt wird. Dort absorbiert eine besondere Flüssigkeit dadurch, daß sie in einem geschlossenen Behälter verdampft, Wärme und entzieht sie dem Innenraum des Kühlschranks, um außerhalb des Kühlraumes in einem ununterbrochenen Zyklus wieder verflüssigt zu werden und dann erneut zu verdunsten.
Bei einer Feuchtigkeit von 100 Prozent wird die Transpiration – unser üblicher Schutzmechanismus gegen übermäßige Hitze – kaum oder überhaupt nicht wirksam, weil der Schweiß uns dann, wenn er nicht verdunstet, sondern flüssig bleibt, auch nicht abkühlt. In besonders kritischen Augenblicken besteht das Risiko, daß die Körpertemperatur über die normalen 37 Grad, ja sogar noch über die lebensbedrohenden 42 bis 43 Grad ansteigt. Deshalb muß man sich auf irgendeine Weise gegen die Gefahr eines Hitzschlages schützen.
Der Pygmäe schwitzt zwar sehr viel, aber nicht genug. Dank seiner Kleinwüchsigkeit schützt er sich jedoch auf zweierlei Weise. Zum einen ist die Körperoberfläche bei einem kleinen Wuchs größer als das Körpervolumen. Wir demonstrieren das an einem einfachen Würfel: Wenn der Würfel A eine Seitenlänge von einem Zentimeter hat und der Würfel B eine doppelt so lange Seitenlänge, dann ist die Oberfläche von A ein Viertel so groß wie die von B, sein Volumen aber achtmal kleiner (siehe Abbildung nächste Seite).

Die Wärme wird von der Körpermasse erzeugt, insbesondere in der Leber und in den Muskeln, und entweicht durch die Hautoberfläche; ist diese relativ groß, weil wir klein sind, entweicht die Wärme leichter, und der Abkühlungsprozeß verläuft wirksamer. In einer feuchtheißen Umgebung bedeutet Kleinwüchsigkeit also einen Vorteil; sie ist ein erster Abwehrmechanismus.
Ein anderer Vorteil der Kleinwüchsigkeit für einen Menschen, der viel Energie verbrauchen muß, besteht darin, daß man zur Bewe-

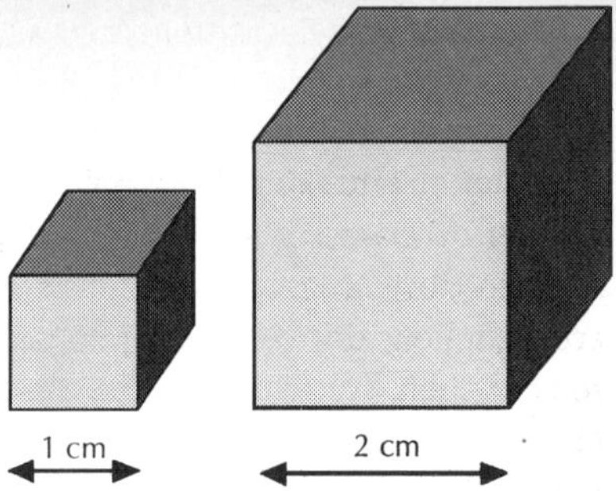

Fläche einer Seite	1 cm^2	4 cm^2
Fläche des Würfels	6 cm^2	24 cm^2
Volumen	1 cm^3	8 cm^3
Verhältnis Fläche : Volumen	6:1	3:1

4. Wird das Volumen eines Körpers vergrößert, vermindert sich das Verhältnis zwischen Fläche und Volumen, und die im Körper erzeugte Wärme entweicht langsamer nach außen.

gung des eigenen Gewichts weniger Energie aufwenden muß. Athleten können eine große Hitze erzeugen. So sind etwa Marathonläufer über eine sehr lange Zeit zu einer intensiven Muskelanstrengung gezwungen; für gewöhnlich sind sie verhältnismäßig klein, auch wenn man annehmen könnte, daß ein großer Körper wegen des langen Laufschritts von Vorteil wäre. Der Pygmäe muß sich aber beim Laufen weniger anstrengen als ein größerer Mensch, weil das Gewicht, das er bewegen muß, geringer ist.

Genauso sind die kleinen Pferde, die Ponys, leistungsfähiger als die großen Pferde, weil sie im Verhältnis zur Nahrungsmenge, die sie aufnehmen, mehr Energie produzieren. Um ein sehr großes Gewicht zu bewegen, braucht man ein großes Pferd; aber für einen Einsatz im Reiseverkehr oder wenn ein verhältnismäßig kleiner Wagen gezogen werden soll, genügt ein kleines Pferd; auch ein kleiner Esel reicht aus. In den Vereinigten Staaten verwendeten die Transportgesellschaften im letzten Jahrhundert große Zugpferde, während der schnelle Postdienst Sache der Ponys war.

Die kleine Statur der Pygmäen scheint also eine Folge der biologischen Anpassung an das Leben im Wald zu sein. Es kann sein, daß sie dort lange genug gelebt haben, um diesen Prozeß zu ermöglichen; drei bis fünf Jahrtausende könnten dafür ausgereicht haben. Wenn es, wie manche behaupten, in Afrika vor 5000 Jahren noch keinen Urwald gegeben hat, haben sich die Pygmäen vielleicht erst während dieser letzten 5 Jahrtausende an ihn angepaßt. Doch es ist auch möglich – und sehr wahrscheinlich –, daß es den Wald bereits gab und daß die Pygmäen dort schon seit viel längerer Zeit leben. Es gibt keine fossilen Reste, die uns etwas darüber berichten könnten, und auch über das Klima, das in früherer Zeit dort herrschte, wissen wir nicht genug.

Auch wenn die Pygmäen kleinwüchsig sind, ist ihr Kopf doch so groß wie unserer. Ihr Brustkorb ist muskulös, Arme und Beine sind schlank und die Beine ein wenig kurz. Doch ihre gesamte Erscheinung ist graziös. Sie sind echte Athleten. Die Männer klettern mit bewundernswerter Geschicklichkeit auch auf 40 Meter hohe Bäume.

Sie haben auffallend langgezogene Augen und die breitesten Nasen von allen Menschen. Auch dies ist eine Anpassung an den Urwald: Schmale Nasenflügel haben dort einen Sinn, wo die Luft sehr kalt ist, damit sie genug Zeit hat, sich auf dem Weg in die Lungen zu erwärmen; ist die Luft dagegen so warm und feucht wie im Urwald, müssen Temperatur und Feuchtigkeit nicht durch den Filter der Nase verändert werden, und breite Nasenflügel sind durchaus sinnvoll.

Die Pygmäen und ihre Nachbarn, die Feldbauern

Heute verbringen viele Pygmäengruppen nicht mehr das ganze Jahr im Wald. In der Regenzeit, das heißt für vier, ja auch sechs Monate im Jahr, schlagen sie ihr Lager in der Nähe von Dörfern der lokalen Feldbauern auf, die sie als Handlanger auf ihren Plantagen einsetzen und wie Knechte behandeln.

Tatsächlich halten viele Feldbauern die Pygmäen nicht einmal für menschliche Wesen. Sie haben ein System erblicher Knechtschaft in dem Sinne eingerichtet, daß ein Pygmäe bei den Feldbauern immer einem bestimmten Herrn dient; seine Söhne erben den Herrn, und die Söhne des Herrn erben den Pygmäen. Diese Knechtschaft ist vor allem für die Feldbauern von Vorteil, aber sie funktioniert nur mit Zustimmung des Pygmäen. Der Herr muß ihn anständig behandeln, sonst geht er in den Wald zurück, wo ihn niemand mehr aufspüren kann. Es liegt im Interesse des Herrn, seinen Pygmäen an sich zu binden, also für ein akzeptables Verhältnis zu sorgen; im allgemeinen legt er ihm gegenüber ein geringschätziges, manchmal aber auch ein fürsorgliches Verhalten an den Tag.

Zwischen den Feldbauern und den Pygmäen findet ein Handelsaustausch statt, der gewöhnlich für die letzteren, die Geld und dessen Wert nicht kennen, vorteilhaft ist. Die Feldbauern verstehen sich nicht auf Jagd und Viehzucht und halten nur ein paar Hühner, Ziegen und – seltener – Schweine; deshalb besorgen sie sich von den Pygmäen vor allem Fleisch und andere Produkte des Waldes. Die Pygmäen erhalten dafür außer Kost vor allem Eisengegenstände, wie Lanzenspitzen und Messer, sowie Terrakottagefäße (jetzt immer häufiger – wahrscheinlich aus China importierte – Töpfe). Sie sind nicht imstande, Eisen zu bearbeiten, weil das Nomadendasein es nicht erlaubt, allzu schwere Gegenstände, wie Ambosse, Essen und so weiter, mit sich herumzuschleppen.

Die Pygmäen gelten als die Ärmsten der Armen und stehen auf der untersten Stufe der ökonomischen Leiter. Die Feldbauern verhindern, so lange wie möglich, daß sie den Umgang mit Geld kennenlernen, weil sie Angst haben, daß die Pygmäen sonst zu teuer würden. Zumindest in den Jahreszeiten, die für die Jagd weniger geeignet sind, muß der Pygmäe viel für sie arbeiten, vor allem auf den Feldern. Er baut ihnen auch die Hausdächer, weil er nicht nur ein geschickter Kletterer ist, sondern auch über ein geringes Körpergewicht verfügt. Außer mit Werkzeugen wird er mit Alkohol, Tabak, Maniok und Bananen bezahlt, die zumindest bis vor kurzem nur von den Feldbauern angebaut wurden.

Jetzt beginnen auch einige Pygmäen mit dem Anbau von Maniok; denn diese Pflanze erfordert sehr wenig Pflege: Es genügt, einen kleinen Zweig auf die Erde zu legen, zwei Jahre später zurückzukehren und die Wurzeln aus dem Boden zu ziehen. Aus den Blättern läßt sich eine schmackhafte Suppe zubereiten. Die vor circa zweihundert Jahren aus Südamerika eingeführte Pflanze hat mittlerweile den größten Teil der früheren Kulturen verdrängt. Maniok ist nicht nur leicht anzubauen; sein Geschmack paßt auch zu fast allen Nahrungsmitteln (wie das auch bei Brot, Polenta und Reis der Fall ist).

Doch der Feldbau macht den Pygmäen keinen Spaß. Sie betreiben ihn nur, wenn ihr Wald zerstört wird. Werden sie dadurch gezwungen, ihre Lebensweise zu ändern, werden sie nicht nur Bauern; einige von ihnen arbeiten als Töpfer, und wieder andere sind Fischer geworden. Sie überleben dann, so gut sie können, aber solange es irgendwie möglich ist, bleiben sie Jäger.

Die Feldarbeit ist niemals als sehr angenehm empfunden worden. In der Bibel vertreibt Gott, nachdem Adam und Eva von dem berühmten Apfel gegessen haben, den Menschen aus dem Garten Eden, »damit er die Erde bearbeitet, aus der er geschaffen wurde«, und »damit er sich im Schweiße seines Angesichts sein Brot verschafft«.

Jäger arbeiten in der Regel weniger als Bauern. Das gilt auch für die ganz wenigen Jägergruppen, die noch in der Savanne – der grasbewachsenen, gewöhnlich sehr pflanzenarmen, aber von sehr vielen Pflanzenfressern bewohnten Ebene – überlebt haben. Heute sind sie im Wettbewerb mit den fortgeschritteneren Wirtschaftsformen fast untergegangen, aber früher müssen sie ein herrliches Leben gehabt haben, weil es viel Wild gegeben hat, das gut sichtbar war, während sich die Tiere im Wald leichter verstecken können.

Den Pygmäenfrauen fallen vielleicht die eintönigeren Tätigkeiten zu, aber auch sie scheinen mit ihrem Leben zufrieden zu sein, obwohl das der Männer tatsächlich unterhaltsamer zu sein scheint. Die Frauen der Feldbauern, denen der schwierigere Teil der Feldarbeit aufgebürdet wird, arbeiten entschieden mehr als die der Pygmäen.

Im Wald ist es naturgegeben immer ein wenig dunkel, aber der Pygmäe fühlt sich dort absolut wohl und geborgen. Es ist ein Ort, wo ihm nichts Schlimmes zustoßen kann, wo er nur ganz wenigen Gefahren ausgesetzt ist und das Leben als sehr angenehm empfindet. Dasselbe gilt auch für alle anderen Jäger- und Sammlervölker der neueren Zeit, über die wir ethnographische oder historische Kenntnisse besitzen. Sie sind (oder waren) hervorragend an ihre Umwelt angepaßt. Wurde diese aber zerstört, blieb ihnen nur eine Wahl – entweder ihre Lebensweise zu ändern oder unterzugehen.

Die Jäger und Sammler in der neueren Zeit

Bevor der Ackerbau eingeführt wurde, gab es einige besondere Gegenden, in denen man ohne große Anstrengung jagen und sammeln und vor allem auf Fischfang gehen konnte. Zum Beispiel waren die Quellgebiete der großen Flüsse im nördlichen Pazifikraum, in Amerika, so überaus lachsreich, daß man die Fische einfach mit der Hand fangen konnte. In geräuchertem Zustand konnten die Lachse dann über längere Zeit aufbewahrt werden.

Eine andere prähistorische Gemeinschaft, die sich außerordentlich stark vermehrte, ist die der Ainu, die von der Jagd und vom Sammeln von Eicheln, aber auch vom Fischfang lebte. Solche Fischergemeinschaften haben – unter besonders günstigen Umweltbedingungen – eine Bevölkerungsdichte erreicht, die sogar hundert- oder tausendmal größer war als die der allermeisten Jäger- und Sammlergruppen.

Vor Einführung des Ackerbaus lebten auf der Erde kaum fünf bis zehn Millionen Menschen. Es gibt Berechnungen, wonach zum Beispiel England wahrscheinlich 5000, vielleicht aber auch 10 000 Bewohner hatte (also fast zehntausendmal weniger als heute). Der Übergang zum Ackerbau hatte dann eine wahre Bevölkerungsexplosion zur Folge. Die Weltbevölkerung hat sich in den letzten

5. Vor 10 000 Jahren lebten, über die ganze Erde verstreut, nur wenige Millionen Jäger und Sammler. Die wichtigsten heute noch lebenden oder erst vor kurzem ausgestorbenen Jäger- und Sammlerstämme sind auf dieser Karte eingezeichnet.

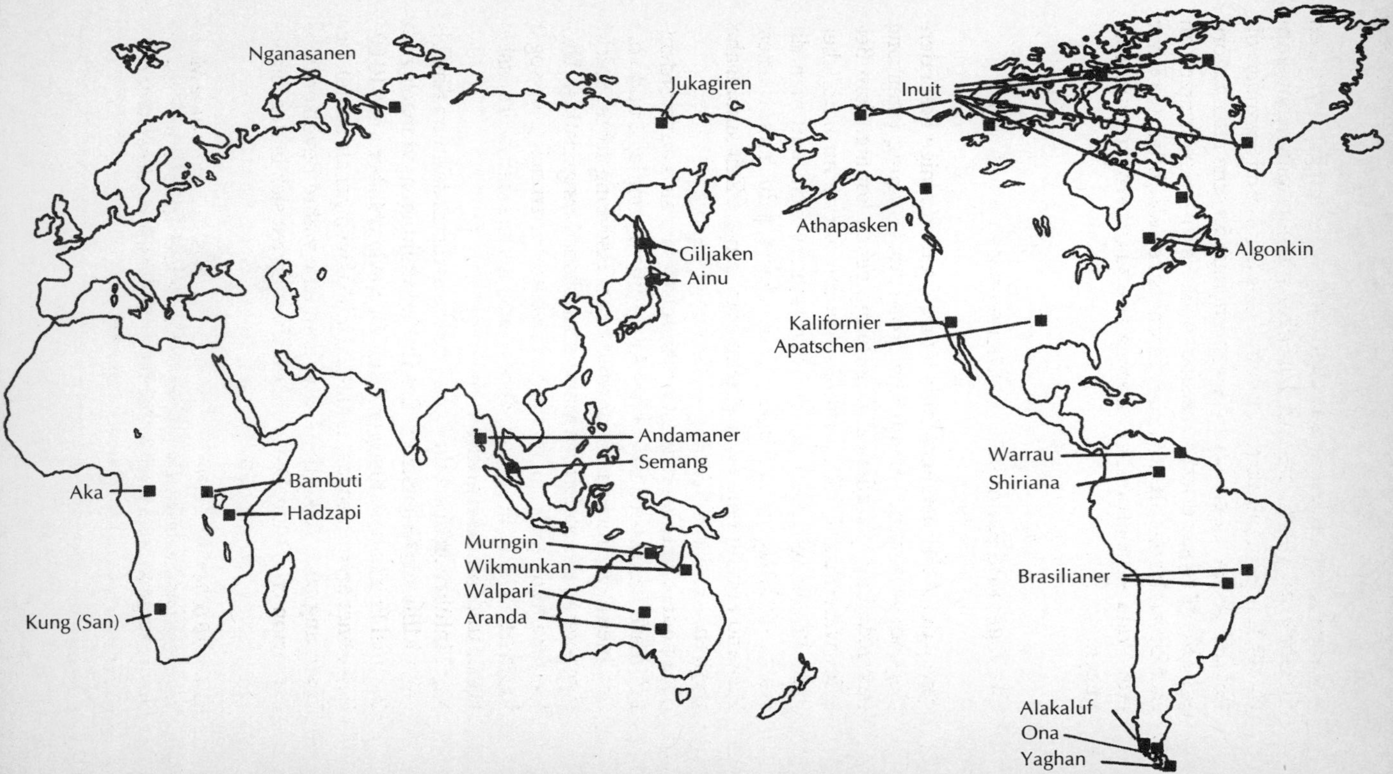

Nganasanen
Jukagiren
Inuit
Athapasken
Algonkin
Giljaken
Ainu
Kalifornier
Apatschen
Andamaner
Semang
Aka
Bambuti
Hadzapi
Kung (San)
Murngin
Wikmunkan
Walpari
Aranda
Warrau
Shiriana
Brasilianer
Alakaluf
Ona
Yaghan

10 000 Jahren vertausendfacht. Wir sehen, daß sich heute auch in den traditionellen afrikanischen Gesellschaften jene Stämme, die bereits vor mehreren Jahrtausenden den Übergang zum Ackerbau vollzogen haben – wie die im heutigen Nigeria lebenden –, aus vielen Millionen Menschen zusammensetzen. Die Stämme jedoch, die auf der ältesten Wirtschaftsstufe, dem Jagen und Sammeln, stehengeblieben sind, zählen heute nur noch sehr wenige Mitglieder.

Als die weißen Kolonisatoren kamen, lebten die Ackerbaugemeinschaften häufig Seite an Seite mit solchen, die noch eine Jagd- und Sammelwirtschaft – vielleicht in Kombination mit etwas Ackerbau – betrieben. Die Indianer im Norden Amerikas waren zum Beispiel mehrheitlich Jäger und Sammler. Sie lebten in den Ebenen von der Büffeljagd; nach der Ankunft der Spanier und damit der Pferde fiel ihnen die Jagd wesentlich leichter. Einzelne ausgerissene, verwilderte Pferde wurden von den Indianern eingefangen und bei der Jagd eingesetzt. Als die ersten Weißen nach Nordamerika kamen, fanden sie jedoch auch Eingeborene vor, die bereits in einem gewissen Umfang Ackerbau betrieben. Sonst hätten die englischen »Pilgerväter«, die zu Beginn des 17. Jahrhunderts in Massachusetts landeten, nicht überleben können, denn die Vorräte, die sie mitgebracht hatten, hätten für eine erste Überwinterung wohl kaum ausgereicht. Sie besorgten sich von den Indianern Mais und andere Nahrungsmittel und lernten dann, die lokalen Pflanzen selbst anzubauen.

Auch in Südamerika gab es Jäger und Sammler, aber Zentralamerika, die Anden und auch ein Teil der großen Ebenen und Wälder verfügten schon über einen ansehnlichen Ackerbau. Im äußersten Süden des Andengebietes und in Feuerland, also in besonders problematischen und kargen Gegenden, war der Ackerbau dagegen noch gänzlich unbekannt.

Die letzten Überlebenden

Wenn man von der Anzahl der gegenwärtig existierenden Sprachen ausgeht, gibt es auf der Welt noch rund 5000 Völker; die Sprachen sind zwar ein unzulängliches, aber doch nützliches

Kriterium, da hier brauchbare Zählungen existieren. Von den Jägern und Sammlern allerdings haben nur sehr wenige Populationen überlebt – bis vor einigen Jahren waren es noch an die dreißig, heute sind es noch weniger. Praktisch fallen nur noch die Pygmäen in Zentralafrika, die Khoisan im südlichen Afrika und die australischen Aborigines zahlenmäßig ins Gewicht (es handelt sich jeweils um mehr als 100 000 Personen), aber einzig und allein die Pygmäen leben in ihrer Mehrheit noch immer vorwiegend vom Jagen und vom Sammeln. Hier und da gibt es auch andere, kleinere Gruppen. Von manchen kennen wir zwar nicht ihre frühere, aber wenigstens jene Lebensweise, die sie praktizierten, als sie von uns in ihrem Lebensraum aufgestört wurden.

In Südafrika gibt es zwei Bevölkerungsgruppen, die im allgemeinen als Buschmänner (das heißt »Männer aus dem Busch«) und Hottentotten bekannt sind. Die Anthropologen haben für sie den Namen »Khoisan« geprägt, indem sie die Namen Khoi (für die Hottentotten) und San (für die Buschmänner) zusammenzogen, denn die Bezeichnung »Buschmänner« gilt als geringschätzig; dieser neue Name scheint ihnen aber auch nicht besonders zu gefallen. Deshalb wissen wir nicht so recht, wie wir sie eigentlich nennen sollen. Zusammengesetzt wurden die beiden Namen deshalb, weil beide Völker verwandte Sprachen sprechen. Heute bewohnen sie sehr trockene Gebiete, doch früher lebten sie unter günstigeren Umweltbedingungen in der Savanne, aus der sie vertrieben wurden. Abgesehen von der andersgearteten Umwelt, führen die Khoisan insofern ein ähnliches Leben wie die Pygmäen, als auch sie in kleinen Gruppen von durchschnittlich dreißig Personen umherziehen, frei von einer Horde zur anderen wechseln und sich unter bestimmten Voraussetzungen zu größeren Gruppen zusammenschließen können. Sehr wenige von ihnen sind heute noch Jäger und Sammler. Viele haben sich als Knechte bei den Bauern verdingt, manche sind Soldaten geworden oder leben auf die eine oder andere Weise in den Städten.

Sie haben ihre eigene Sprache bewahrt, die mit Sicherheit uralt ist und über eine Besonderheit verfügt: Sie kennt Laute, die in keiner anderen Sprache vorkommen; von diesen »Schnalzlauten« gibt es mehrere Varianten, die allesamt schwer nachzuahmen sind. Mehrere Bantustämme in Südafrika, so etwa die Xhosa, haben sich stark mit den Khoisan vermischt. Beweis dafür sind das Verschwinden von drei verschiedenen Schnalzlauten, die in ihrer Sprache anders sind, sowie das Verschwinden von Khoisan-Genen aus ihrem genetischen Erbe. Die Khoisan haben auch ganz charakteristische, fast orientalische Gesichtszüge. Die charismatischste Persönlichkeit im politischen Leben Südafrikas, Nelson Mandela, hat Xhosa-Vorfahren und weist im Gesicht einige klare Khoisan-Züge auf. Strenggenommen müßte man »!Xhosa« schreiben, wobei das Rufzeichen, den phonetischen Konventionen entsprechend, für einen besonderen Schnalzlaut steht.

Die australischen Aborigines leben entweder weit verstreut oder in »Reservaten« zusammengeschlossen, wo sie ein seßhaftes Leben führen, das sich sehr stark von ihrer ursprünglichen Lebensweise unterscheidet. Eine Ausnahme bildet eine kleine Gruppe im Norden, der von der australischen Regierung ein eigenes Gebiet zugewiesen wurde, in dem sie auf ihre traditionelle Weise weiterleben kann. Es gibt rund 170 000 Ureinwohner, von denen noch 47 000 eine gewisse Kenntnis einer ihrer ursprünglichen Sprachen besitzen. Nur ein relativ kleiner Teil von ihnen weist keine starke Vermischung mit den weißen Australiern auf. Sie leben in kleinen Gruppen von 25 bis 30 Personen, und ein Stamm bestand – solange er noch existierte (zum größten Teil sind sie vernichtet, versprengt oder in Reservaten angesiedelt worden oder haben sich mit anderen Bevölkerungsgruppen vermischt) – im Durchschnitt aus 400 bis 500 Personen. Jeder noch existierende australische Stamm hat eine eigene, alte Sprache, die nicht – wie im Fall der Pygmäen – von den Nachbarn übernommen wurde. Ende des 18. Jahrhunderts, als Australien von James Cook entdeckt wurde, war der Ackerbau dort völlig unbekannt.

Archäologische Funde aus der Zeit vor Einführung des Ackerbaus deuten darauf hin, daß die Jäger- und Sammlergruppen schon damals im Durchschnitt etwa genauso groß waren wie heute. Die entdeckten Lager und Feuerstellen sowie die Menge an Knochen von verzehrten Tieren lassen auf Zahlen schließen, die mit denen der Jägergruppen der Pygmäen oder der australischen

Aborigines vergleichbar sind. Natürlich besteht die »Jägerhorde« (ein ungefähres Äquivalent zum Lager der modernen Pygmäen sowie der archäologischen Funde) aus einer variablen Anzahl von Individuen, weil es sich ja um dynamische Gruppen handelt, deren Zusammensetzung sich rasch ändert: Sie können neue Personen aufnehmen und andere abgeben, sich auf ganz kleine Kerne reduzieren oder zu größeren Gruppen zusammenschließen – je nach ihren Lebensbedingungen und den Erfordernissen der Jagd. Der Stamm ist eine größere Einheit als die Horde; er ist stabiler und neigt zur Endogamie: Die meisten Ehen (gewöhnlich 80 bis 90 Prozent) werden innerhalb des Stammes geschlossen. Es ist unter anderem nachgewiesen worden, daß die Zahl von 500 Individuen – also die durchschnittliche Größe eines australischen Stammes – das Minimum ist, das zur Vermeidung einer übermäßigen Anzahl von Heiraten zwischen nahen Verwandten nötig ist, deren Folgen für die Nachkommenschaft schädlich sind.

Eine Redensart der Pygmäen lautet, daß man »weit weg heiraten« soll, weil der Ehemann das Recht erwirbt, in den Territorien seiner Frau zu jagen, und er so sein Jagdrevier und damit auch seine Überlebenschancen vergrößert. Bei einer Heirat innerhalb seiner Horde würde er in dieser Hinsicht nichts hinzugewinnen. Dies ist ein sehr starkes ökonomisches Motiv, doch bringt diese Sitte auch einen anderen, wirklich bedeutenden, wenn auch nicht bewußten Vorteil mit sich: Sie vermindert die Wahrscheinlichkeit von Heiraten zwischen Blutsverwandten und erweitert den genetischen Horizont. Die sogenannten primitiven Gesellschaften, die in zahlenmäßig sehr kleinen Gruppen leben, würden sonst ein hohes »Inzucht«-Risiko eingehen, was zu einer Verminderung der Vitalität und der Fruchtbarkeit der Nachkommen führen könnte. Fast immer haben sich deshalb Sitten entwickelt, die es erlauben, dieser Gefahr aus dem Weg zu gehen. Man hat – über viele Generationen – die Stammbäume der Inuit* von Thule rekonstruiert, einer winzigen und sehr isoliert lebenden Gruppe, die den

*A. d. Ü.: Inuit (= Menschen) ist der eigene, in Kanada offizielle Name der arktischen, mongoliden Bevölkerungsgruppe, die die Bezeichnung Eskimo (indian.: Rohfleischesser) für sich ablehnt.

äußersten Norden der Küste Westgrönlands besiedelt. Ihnen ist es mit Hilfe einer geradezu phantastischen genetischen Akrobatik gelungen, zwar – notgedrungen – zwischen Vettern zu heiraten, aber eben immer zwischen möglichst weit entfernten Vettern.

Ein Fallbeispiel für die Erschöpfung der genetischen Vielfalt

Selbst bei der Untersuchung primitivster Populationen stößt man noch auf eine große genetische Vielfalt. Die Sitten, die die Heirat zwischen nahen Verwandten verhindern, tragen dazu bei, einer menschlichen Population, und sei sie noch so klein, immer eine reiche Vielfalt an verschiedenen genetischen Typen zu sichern.
Das einzige mir bekannte Beispiel, bei dem es anscheinend zu einer teilweisen Erschöpfung der genetischen Vielfalt gekommen ist, findet man auf den Andamaneninseln, die heute unter der politischen Kontrolle Indiens stehen, aber nahe der Küste Burmas liegen. Auch in diesem Fall handelt es sich um Jäger und Sammler. Auf den Andamanen gab es mindestens vier Stämme mit unterschiedlichen, aber miteinander verwandten Sprachen. Im 19. Jahrhundert setzten sich diese Stämme noch aus einer für ihre Verhältnisse angemessenen Anzahl von Individuen zusammen, und zumindest einer von ihnen zählte fünf- oder sechstausend Mitglieder. Durch den Kontakt mit dem weißen Mann – in diesem Fall den Engländern – wurden sie praktisch ausgelöscht: teils durch Krankheiten, teils durch Alkohol, zum Teil aber auch auf aktives Betreiben der Kolonialmacht. Ein britischer Gouverneur, der damals dort die Verantwortung trug, schrieb in sein Tagebuch, daß er den Befehl erhalten habe, sie mit Alkohol und Opium zu vernichten. Bei einer dieser Gruppen ist das perfekt gelungen. Andere haben mit heftigster Gewalt reagiert.
In alten Reiseberichten finden sich sehr unterschiedliche Vorstellungen über das Verhalten der Andamaner gegenüber ihren Besuchern. Marco Polo sagt, sie seien schrecklich, aber ich glaube nicht, daß er selbst dort war, denn er berichtet, daß sie Hundeköpfe hatten. Laut Giovanni dal Pian del Carpine, einem anderen Italiener, der vor ihm auf den Andamanen gewesen ist, waren sie

dagegen sehr freundliche Leute. Tatsache ist, daß die verschiedenen Stämme auf den Kontakt mit den Fremden unterschiedlich reagierten. Als um die Mitte des letzten Jahrhunderts ein englisches Schiff auf den Kleinen Andamanen anlegte und ein Boot mit einer Handvoll Matrosen an Land schickte, nahmen die eingeborenen Onge einige von ihnen gefangen, schnitten ihnen Arme und Beine ab und verbrannten ihren noch lebenden Rumpf am Strand vor den Augen ihrer Gefährten, denen es gelungen war, sich zu retten und zum Schiff zurückzukehren. Diese Episode provozierte die Engländer zu einer grausamen Rache. Sie kamen ein Jahr später wieder und schickten einen Trupp Soldaten an Land; diese warteten ab, bis die Eingeborenen aus dem Wald zum Strand hinunterkamen; dann schossen sie auf sie und zogen sich erst zurück, nachdem sie siebzig oder mehr von ihnen getötet hatten. Zwischen Onge und Europäern hat es daraufhin bis in unser Jahrhundert hinein keine Kontakte mehr gegeben. 1951 begab sich ein italienischer Anthropologe, Lidio Cipriani, zu ihnen; er hat zwei Jahre unter den Onge gelebt und eine beeindruckende Forschungsarbeit durchgeführt. Es gelang ihm, sich Respekt zu verschaffen, und so ist er der erste, dem wir zuverlässige Informationen über die Onge verdanken. Er hat unter anderem erklärt, daß sie die englischen Matrosen zerstückeln und dann ihren Rumpf verbrennen mußten, weil – ihrer Religion zufolge – sonst die Geister der Toten immer wieder zurückgekehrt wären, um sie zu quälen. So aber hatten sie sich von ihnen befreit.

Diese Leute waren tatsächlich sehr primitiv. Sie hatten zum Beispiel sogar die Fähigkeit verloren, Feuer zu machen. Sie beschränkten sich darauf, es zu bewahren, konnten es aber nicht neu entfachen. Die Pygmäen dagegen können Feuer machen, ziehen es aber aus Bequemlichkeit vor, es ständig brennen zu lassen. So gehen zum Beispiel ihre Frauen mit einem brennenden Holzscheit durch den Wald.

Die Zahl der Andamaner ist stark zurückgegangen, auch bei jenen, die keinen Kontakt mit den Engländern gehabt haben. Die Onge von den Kleinen Andamanen zählen nicht mehr als 98 oder 99 Personen. Es gibt so wenige von ihnen, daß eine sehr starke Inzucht unvermeidlich geworden ist. Heute ist ihre Unfruchtbarkeit so groß, daß die meisten Paare keine oder höchstens ein oder

zwei Kinder haben. Sie achten sehr darauf, den Stamm am Leben zu erhalten: Wenn geschlechtsreife Mädchen aus einer ersten Verbindung keine Kinder haben, werden sie mit einem anderen und gegebenenfalls noch mit einem dritten Mann verheiratet.
Eine andere Gruppe von Andamanern, die auf einer kleinen Insel namens Sentinel Island lebt, hat erst im Januar 1991 signalisiert, daß sie gern mit den indischen Regierungsstellen Kontakt aufnehmen würde. Sie sind wohl die letzten Eingeborenen, die niemals zuvor mit der sogenannten Zivilisation in Berührung gekommen waren.

Eine andere Moral als unsere

Die heute lebenden Jäger und Sammler haben noch Sitten, die allen gemeinsam sind, auch wenn sie – entweder durch physisches Aussterben oder durch Übernahme einer anderen Lebensweise – im Verschwinden begriffen sind. Sie leben stets in kleinen Gruppen, haben keine hierarchische Organisation und kennen im allgemeinen keine Häuptlinge; ihr soziales Leben beruht auf gegenseitigem Respekt.
In der Regel verfügen sie über fortschrittliche Moralvorstellungen. Ein wichtiger Aspekt bei den Populationen, die auf den untersten Stufen der wirtschaftlichen Leiter stehen, ist, daß sie in moralischer Hinsicht keineswegs primitiv sind. Sie haben einfach eine grundlegend andere Sichtweise als wir. Als die in Kapstadt gelandeten Holländer begannen, sich mit ihren Viehherden nach Norden auszubreiten und dabei die Gebiete der Eingeborenen in Besitz zu nehmen, kam es zu Zusammenstößen mit der dort ansässigen Bevölkerung. Die Geschichte ist nicht ganz klar, aber zu jener Zeit gab es ja auch noch keine Anthropologen. Es verwundert jedoch nicht, daß die Kühe der Holländer, die in den Jagdgebieten der Khoisan weideten, einen unwiderstehlichen Reiz auf diese ausübten. Daraufhin begannen die burischen Bauern, auf Sicht zu schießen, und rotteten so die Khoisan in weiten Gebieten buchstäblich aus. Nur in Namibia und Botswana – in Wüsten oder in kargen, von anderen wenig begehrten Savannen – haben die Khoisan überlebt. In den von den Holländern in Besitz

genommenen Gegenden haben die Hottentotten am besten überlebt, weil sie die Viehzucht übernahmen und deshalb nicht mehr Jagd auf die Kühe der anderen machen mußten.
Jäger und Sammler haben einen anderen Eigentumsbegriff als wir, weil individueller Besitz bei ihnen selten ist und jedenfalls keine große Rolle spielt. Bekannt sind jedoch einige Rechte, wie zum Beispiel das Recht auf das eigene Jagdrevier. Ein Pygmäe, der auf der Jagd in fremdem Territorium ertappt wird, muß eine Strafgebühr entrichten – nicht in barer Münze, denn sie kennen kein Geld, sondern in Naturalien. Was er hingegen nicht respektiert, ist das Eigentum der Feldbauern; das gilt insbesondere für die Nahrungsmittel, die diese anbauen und nur sehr zurückhaltend an jene Pygmäen verteilen, die auf ihren Feldern arbeiten. Es handelt sich praktisch nur um Bananen und Maniok, die beide einen sehr geringen Nährwert haben. Im Grunde ist das heutige Feldbauernland früheres Pygmäen-Jagdgebiet, Wald, der gerodet wurde, ohne daß irgend jemand die Pygmäen um Erlaubnis gebeten oder ihnen Entschädigungen gezahlt hätte. Die Pygmäen wissen ganz genau, daß die Feldbauern sie ausbeuten und wie Tiere halten, können aber die Beziehungen mit ihnen nicht abbrechen. Sie rächen sich jedoch, indem sie bei jeder sich bietenden Gelegenheit ihre Nahrungsmittel stehlen und sich über sie lustig machen. Turnbull berichtet, daß die Pygmäen zwei verschiedene Wege haben, über den ihre Lager im Wald erreicht werden können. Der, den sie selbst benutzen, ist etwas versteckt. Für die Feldbauern, die sie in ihren Lagern aufsuchen wollen, gibt es einen breiteren und direkteren Weg, den die Pygmäen als Latrine benutzen, wobei sie ihre Exkremente einfach mit Blättern zudekken.
Mich hat die Geschichte eines Pygmäen tief berührt, der eines Nachts auf dem Feld eines Bantu-Bauern Bananen stahl. Der Bantu versteckte sich, um den Dieb zu überraschen, und als er ein Geräusch hörte, feuerte er ab und verletzte ihn tödlich. Er wurde festgenommen und verurteilt. Doch der Pygmäe hatte vor seinem Tod den Bauern um Verzeihung gebeten, ihm den Mord verziehen und erklärt, alles sei seine eigene Schuld, denn er hätte die Bananen nicht stehlen dürfen. Soweit ich weiß, hatte er nicht unter dem Einfluß eines christlichen Missionars gestanden. Im allge-

meinen haben katholische oder protestantische Priester kaum Zugang zu den Pygmäen, und die Moral der Pygmäen ist von diesen Religionsgemeinschaften nicht beeinflußt worden. Ihre Missionen sind gewöhnlich große, oft die einzigen aus Ziegeln errichteten Gebäude in kleineren Städten, von denen viele weit von den Pygmäen-Gebieten entfernt liegen. Bestenfalls kommt einmal in der Woche ein Missionar in die am Rand gelegenen Dörfer, um dort einen Gottesdienst abzuhalten.
In einigen Gegenden gibt es Ausnahmen. Bedeutsam ist ein Fall, von dem ich 1985 in Zaïre gehört habe. Bei den Pygmäen gibt es eine ziemlich weit verbreitete Krankheit, die von einer Spirochäte verursacht wird. Sie erinnert sehr stark an die Syphilis, wird aber durch Hautkontakt und nicht durch Geschlechtsverkehr übertragen. Besonders Kinder fallen dieser Krankheit leicht zum Opfer. Sie hat, fast wie die Lepra, schlimme Verstümmelungen zur Folge, kann aber mit einer einzigen Penicillinspritze geheilt werden. Man erzählte mir von einer Nonne aus Mailand, die seit Jahren in der Mission von Nduye im Iturigebiet, der wichtigsten Pygmäen-Gegend des Landes, tätig ist und tagelange Märsche durch den Urwald unternimmt, um das Antibiotikum in die entfernten Lager zu bringen.

Völker ohne Zukunft

Die letzten primitiven Gesellschaften, die heute noch existieren, haben keine Zukunft. Sie sind auf kleine Gruppen zusammengeschrumpft, die oft nur wenige hundert oder tausend Mitglieder umfassen, und überall zerstören die industriell und monetär organisierten Wirtschaftssysteme ihren Lebensraum und ihre angestammte Lebensweise.
In dem bereits erwähnten »Park« im Norden Australiens leben die Aborigines im Einklang mit ihren Sitten weiter. Mit Hilfe der einen oder anderen traditionellen künstlerischen Tätigkeit gelang es einigen von ihnen, ihre Lebensbedingungen ein wenig zu verbessern. Fast alle anderen aber haben die traditionelle Lebensweise aufgegeben und leben als Arbeitslose zusammengepfercht in Barackensiedlungen.

Eine andere bedeutende Gruppe, die Inuit, deren Zahl sich in Kanada auf 20 000 und in Alaska auf noch weniger reduziert hat, lebt heute zumeist von der Sozialfürsorge. Einige arbeiten für die amerikanischen Radarkontrollstationen oder üben künstlerische Tätigkeiten aus. Sie gehen noch fischen, aber kaum noch mit Kajak und Harpune, allenfalls mit Außenbordmotor und Gewehr, wenn sie über die nötigen Mittel verfügen. Seit dreißig Jahren bauen sie sich keine Iglus mehr, sondern leben in Fertigbaracken, die ihnen die Regierung zur Verfügung stellt.
Mit Hilfe einiger Kunsthändler und der kanadischen Regierung haben sie unter Verwendung eines sehr schönen lokalen Gesteins die Kunst der Bildhauerei entwickelt. Ein kanadischer Künstler, John Houston, der neun Jahre bei ihnen verbrachte, hat sie die Technik des Schnitzens gelehrt und dabei die Geschmacksrichtungen der Inuit, die sich weiterhin an der Tradition ausrichten, nicht verfälscht. Natürlich gibt es nur wenige, die wirklich Originelles schaffen; die meisten stellen nur kommerzielle Figürchen, sogenannte »Flughafenkunst«, her. Es ist aber doch beeindrukkend, zu hören, daß fast 70 Prozent der kanadischen Inuit zumindest einmal in ihrem Leben versucht haben, von solchen Tätigkeiten zu leben. Es gibt sogar einige Dörfer, deren Bewohner allesamt tüchtige Kunsthandwerker sind.
Abgesehen von ein paar kleinen Gruppen, sind auch die Lappen keine Jäger und Fischer mehr. Manche gehen mit dem gezähmten weiblichen Rentier auf die Jagd, einem »Köder«, der die Männchen anlocken soll. Ihre Lebensweise weist kaum noch primitive Elemente auf. Ein schwedischer Freund von mir, von Beruf Psychiater, hat sich unlängst in einer Gegend des Nordens aufgehalten, um dort eine Gruppe von Kranken zu betreuen, die an Schizophrenie leiden. Bei der Gelegenheit wollte er eine ihm bekannte Lappenfamilie besuchen, erhielt aber die Auskunft, daß sie fischen gegangen, besser gesagt geflogen sei – per Hubschrauber!
Der Pygmäe dagegen geht noch mit Pfeil und Bogen, in manchen Gebieten auch mit der Armbrust auf die Jagd, vor allem aber mit dem Netz. Seine Zukunft ist die Zukunft des Waldes, der in der Vergangenheit langsam, heute aber rasch vernichtet wird. In Afrika hat dieser Prozeß vor 3000 Jahren eingesetzt, als die Bantu-Feldbauern sich von Kamerun aus nach Süden und Osten

ausbreiteten, und er hat sich im Laufe der Jahrhunderte fortgesetzt. Heute hat er sich beschleunigt, und allein in den letzten Jahrzehnten sahen sich zahlreiche Pygmäen-Gruppen gezwungen, ihre Lebensweise aufzugeben.
Der Amazonaswald in Brasilien ähnelt stark dem afrikanischen Wald. Das ist nicht weiter verwunderlich, denn die beiden Landmassen waren bis vor etwa 100 Millionen Jahren tatsächlich einmal miteinander verbunden. In den letzten Jahren ist die Vernichtung des Amazonaswaldes mit immer größerer Geschwindigkeit vorangeschritten und hat die Hunderte von Indianerstämmen, die dort in immer geringeren Zahlen überlebt hatten, in die Katastrophe mitgerissen.

Warum soll man sich überhaupt mit diesen fremden Völkern beschäftigen?

Wir wissen, daß vor ungefähr 2,5 Millionen Jahren ein Wesen lebte, das wir *Homo habilis* nennen und in dem wir einen – allerdings sehr primitiven – Menschen erkennen können. Er stammte von einem Vorfahren ab, der vielleicht vor 5 Millionen Jahren gelebt hat und der dem Menschen und den heutigen Affen gemeinsam ist. Wir kennen noch andere Vorfahren, die vor dem *Homo habilis* gelebt haben; dieser ist aber bis jetzt der älteste unter jenen, deren Merkmale uns veranlassen, sie der großen Gattung Homo zuzurechnen. Als wichtiges Kriterium dienen zwei Tatsachen: Der *Homo habilis* benutzte seine Hände nicht mehr zur Fortbewegung – er war jedoch nicht der erste, der sich auf zwei Beinen bewegte! –, sondern stellte mit seinen Händen Steinwerkzeuge her, die er bei der Jagd und der Zubereitung der Nahrung verwendete.
Von da an haben sich die Angehörigen der Gattung Mensch langsam weiterentwickelt bis hin zu dem uns vertrauten Typus des modernen Menschen, des »Jetztmenschen«, des einzigen noch heute lebenden, dem wir – die Pygmäen wie auch alle anderen Rassen – angehören. Der Jetztmensch tritt erst in den letzten 50 000 Jahren in Erscheinung, aber bis vor wenigen tausend Jahren – in der Geschichte der menschlichen Entwicklung also bis

»vor kurzem« – lebten sämtliche Nachkommen des *Homo habilis* nicht viel anders als ihre Vorfahren, nämlich in kleinen halbnomadischen Gruppen. Sie besorgten sich ihre Nahrung als Jäger, Fischer und Sammler und benutzten dabei Werkzeuge aus Stein (und vermutlich auch solche aus Holz und anderen, nicht erhalten gebliebenen Materialien), die sie im Laufe der Zeit entwickelt hatten. In den letzten Jahrtausenden vollzogen sich dann massive Änderungen: Sie begannen mit der Nahrungsmittelproduktion durch Ackerbau und Viehzucht, die eine sehr rasche Zunahme der Bevölkerungsdichte erlaubt, ja sogar gefördert hat. (Heute leben mehr als achttausendmal mehr Menschen auf der Erde als vor 10 000 Jahren!) Nach der Einführung von Ackerbau und Viehzucht hat sich unsere Lebensweise sehr stark verändert. Das gilt jedoch nicht für die wenigen natürlichen Umgebungen mit extremen ökologischen Bedingungen, wie zum Beispiel der Tropenwald oder die arktische Tundra, wo es weder den Anreiz noch die Chance zu einer Veränderung gegeben hat. Dort sind Ackerbau und Viehzucht sehr problematisch oder ganz unmöglich, in jedem Fall aber wenig ertragreich; deshalb hat sich die Lebensweise dort auch nicht verändert, höchstens bei einigen wenigen Gruppen, und auch das erst in den letzten Jahrzehnten.

Das Studium der Pygmäen, Buschmänner, Inuit, australischen Aborigines sowie jener wenigen anderen Jäger- und Sammlergruppen, die bis heute überlebt haben (und, wie wir gesehen haben, wahrscheinlich nicht mehr lange überleben werden), hilft uns zu verstehen, wie unsere Vorfahren gelebt haben. Natürlich kann man nicht davon ausgehen, daß sich die Lebensweise dieser Populationen seit den frühesten Zeiten überhaupt nicht verändert hat. Seit mindestens 2000 Jahren pflegen die Pygmäen Kontakte mit afrikanischen Feldbauern und tauschen ihre Jagdbeute gegen deren Eisengeräte aus, die wirksamer sind als ihre Steinwerkzeuge. Die australischen Aborigines jedoch benutzten zur Zeit der Entdeckung Australiens Steinwerkzeuge, die denen der Altsteinzeit ähnelten, und benutzen sie teilweise auch heute noch. 1967 habe ich bei einem meiner Besuche im Hochland von Neuguinea festgestellt, daß dort immer noch Steinwerkzeuge – wenn auch eines neueren Typs – angefertigt und verwendet wurden.

Der Hausbau, das Leben in kleinen, halbnomadischen Gruppen und die Größe dieser Gruppen haben sich im Laufe der Zeit wahrscheinlich nicht signifikant verändert. Auch zahlreiche andere Aspekte des Lebens von heutigen Jägern und Sammlern geben uns Aufschluß über das Leben unserer Vorfahren. Dazu gehören das Aufteilen und gemeinsame Verzehren der Nahrung, das charakteristische Fehlen starrer Hierarchien und festgelegter Gesetze (der ganze Stamm ist an den Entscheidungen beteiligt) und wahrscheinlich auch die Sitten im Zusammenhang mit Fruchtbarkeit und Geburt, auf die wir später noch zurückkommen werden.

Die Ethnographie, das heißt das Studium der Sitten aller Völker, die unter sozioökonomisch und technologisch anderen Bedingungen leben als die Industriegesellschaft, ist für den Archäologen von großem Nutzen. Mit ihrer Hilfe kann er zum Beispiel verstehen, wie die verschiedenen Werkzeuge, die bei den Ausgrabungen zutage gefördert wurden, hergestellt und benutzt wurden. Der Erfindungsreichtum dieser Menschen erfüllt uns mit Bewunderung. Die Jäger und Sammler sind aber insofern die interessantesten Völker, als sie den ältesten Typus menschlicher Lebensweise verkörpern. Von besonderem Interesse für den Genetiker ist das, was wir die genetische Struktur solcher Populationen nennen; sie hilft uns zu verstehen, inwieweit sich die verschiedenen Völker, Stämme und Dorfgemeinschaften voneinander unterscheiden. Außerdem liefern uns die genetischen Unterschiede zwischen diesen Völkern und jenen, die wir aus größerer Nähe kennen, das heißt den Weißen, wertvolle Informationen über die Evolution der Gattung Mensch und über die Unterschiede, die uns von jenen unserer Vorfahren trennen, welche früher gelebt haben, aber bereits genauso Jetztmenschen waren wie wir.

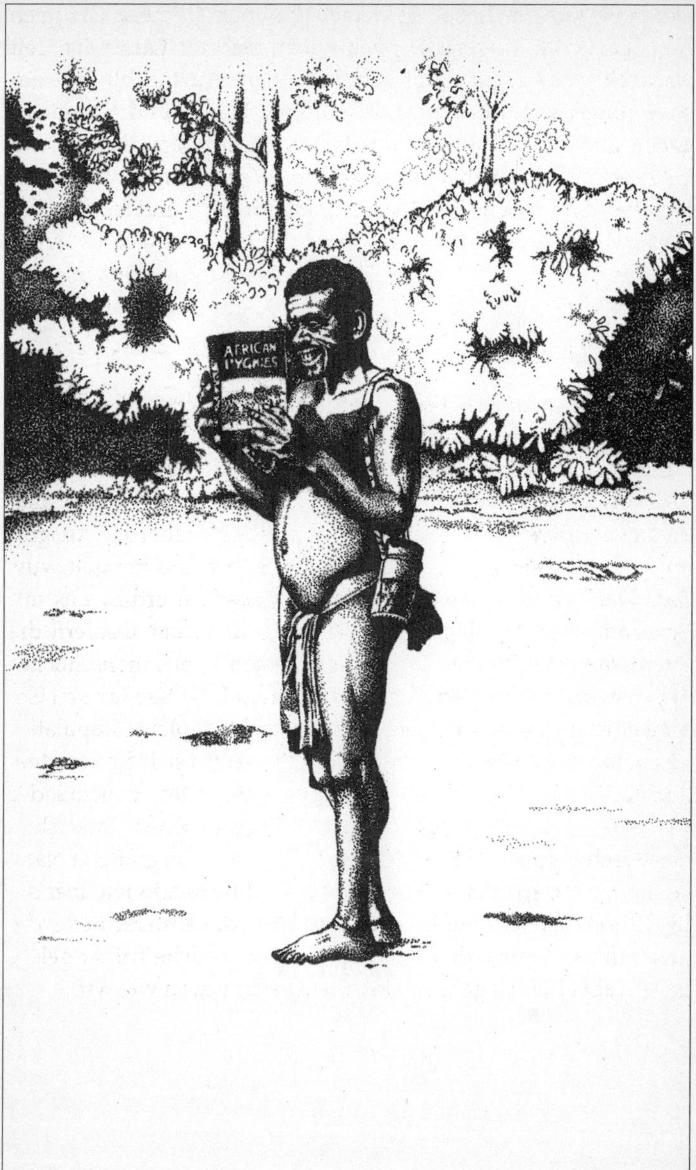
AFRICAN
PYGMIES

2

Eine Urahnengalerie

Zu Beginn des 17. Jahrhunderts verlegte James Ussher, Erzbischof im irischen Armagh, die Erschaffung der Welt auf der Grundlage seiner Bibelkenntnisse exakt in das Jahr 4004 v. Chr.
Noch im vergangenen Jahrhundert war man allgemein der Auffassung, daß das Menschengeschlecht erst wenige Jahrtausende alt sei. Man glaubte, daß Gott den Menschen kurz vor Beginn der Geschichte erschaffen habe, der man aufgrund der ersten schriftlichen Dokumente der Sumerer und Ägypter ein Alter von ungefähr 5000 Jahren zuschrieb.
Heute geht man davon aus, daß der Ackerbau vor 10 000 Jahren erfunden wurde, daß die heute lebende Spezies Mensch 200 000 oder 300 000 Jahre, die Gattung *Homo* 2,5 Millionen Jahre und das Leben auf der Erde über 3 Milliarden Jahre alt sind. Was uns veranlaßt hat, unsere Meinungen über das Alter unserer Vorfahren und über das der Welt zu ändern, war eine lange Reihe von Entdeckungen, die jede für sich anfänglich mit großer Skepsis betrachtet wurde. Die Überzeugungen des Erzbischofs Ussher waren zu seiner Zeit weit verbreitet, und auch heute noch gibt es verschiedene Gruppen christlicher Fundamentalisten, die die wortwörtliche Interpretation der Bibel mit aller Militanz verfechten.

Eine umstrittene Entdeckung

Die wissenschaftliche Analyse fossiler Überreste ist ein Kind des letzten Jahrhunderts. Die Paläontologie jedoch, also das Studium der Fossilien und der alten Lebensformen, ist schon älter. Bereits Herodot berichtet von Muscheln, die auf den Bergen Ägyptens gefunden wurden, und führt sie als Beweis dafür an, daß ein Teil Ägyptens einmal vom Meer überflutet war.

Einige menschliche Fossilfunde sind bereits zu Beginn des 19. Jahrhunderts ans Tageslicht gekommen, aber erst nach der Entdeckung des ersten Neandertalers im Jahre 1856 hat die Welt allmählich begriffen, daß in früheren Zeiten Menschen existiert haben könnten, die anders waren als wir. Dieser Fund war einem Zufall zu verdanken. Durch die Sprengung eines Felsens kam in einem Steinbruch in der Nähe von Düsseldorf, im Tal des Flusses Neander, eine Höhle zum Vorschein, in der Knochen mit einigen seltsamen Besonderheiten entdeckt wurden. Sie wurden dem Besitzer des Steinbruchs ausgehändigt, der sie dem Lehrer der örtlichen Schule zur Verwahrung übergab. Dem Lehrer war klar, daß man der Sache eine gewisse Bedeutung beimessen mußte, und so vertraute er die Knochen einem Anatomieprofessor namens Hermann Schaffhausen an, der, beeindruckt von ihren Eigentümlichkeiten, die Nachricht von dem Fund in der wissenschaftlichen Welt publik machte. Daraufhin behaupteten viele, die Knochen hätten nichts Merkwürdiges an sich, während andere phantasievolle Hypothesen aufstellten und sie unter anderem sogar toten Kosaken zuschrieben.

Obwohl die Knochen denen des heutigen Menschen sehr ähnlich waren, wiesen sie eine für Menschenknochen ungewöhnliche Dichte, sozusagen eine Grobheit, ja Robustheit auf. Dann fand sich ein wie plattgedrückt aussehender Schädel mit sehr ausgeprägten, großen Überaugenwülsten. Es ist nur natürlich, daß man sich damals irrte – jede Wissenschaft und insbesondere die Paläoanthropologie kennt eine lange Geschichte von Irrtümern –, denn es handelte sich tatsächlich um eine sehr merkwürdige Entdekkung. So stand etwa die Vorstellung, daß einmal ein Mensch existiert haben könnte, der anders war als wir, in krassem Widerspruch zu den religiösen Glaubensvorstellungen, die den Ursprung des Menschen mit der Schöpfung gleichsetzten und eine anschließende Evolution ausschlossen. Auch als man – ebenfalls im letzten Jahrhundert – die ersten Dinosaurierknochen entdeckte, wurde behauptet, daß sie gar nicht einer ausgestorbenen Art angehören könnten; Gott habe unmöglich Lebewesen schaffen und sie später, nachdem er seinen Irrtum eingesehen habe, der Vernichtung zuführen können. Der größte Anatom und Pathologe jener Zeit, der deutsche Professor Rudolf Virchow (1821-1902), interpretierte die besondere Beschaffenheit der Knochen aus dem Neandertal als Folge einer Krankheit, an der der betreffende Mensch gelitten habe. Virchows Ansehen war so groß, daß andere – die zuvor Ideen geäußert hatten, die unseren heutigen näher kommen – ihre Meinungen zurückziehen mußten.

Es dauerte eine Weile, bis man den Gedanken akzeptierte, daß es sich um die Knochen eines primitiven Menschen handelte. Wer seine Zeitgenossen in dieser Hinsicht am meisten beeinflußte, indem er die Abstammung des Menschen und der Affen von gemeinsamen Vorfahren postulierte, war der englische Naturwissenschaftler Thomas Huxley (1825-1895), ein Freund und Förderer von Charles Darwin (1809-1882), dem bedeutendsten Evolutionsforscher. Darwin selbst scheute sich, von einem gemeinsamen Ursprung von Menschen und Affen zu sprechen, wohl weil er befürchtete, daß die christlichen Kirchen massiv intervenieren und die Evolutionstheorie begraben könnten, ehe sie überhaupt Zeit gehabt hätte, sich zu verbreiten. Huxley dagegen wagte den offenen Zusammenstoß mit Bischöfen und Politikern und setzte sich dank seiner rhetorischen Fähigkeiten und seiner Genialität durch. Berühmtheit erlangte die Antwort, die er dem Bischof Samuel Wilberforce gab, als dieser ihn ausgelacht und gesagt hatte, die Vorfahren von Huxley und Darwin seien offensichtlich Affen gewesen. Darauf erwiderte Huxley, daß ihm Affen als Vorfahren bei weitem lieber seien als Menschen, die so argumentierten wie der Bischof.

Immer mehr Entdeckungen werden gemacht

In den nachfolgenden Jahrzehnten kamen viele andere Exemplare von Neandertalern ans Licht, die dem ersten Fund sehr ähnlich waren, und sie bestätigten, daß tatsächlich ein Wesen existiert hatte, das anders als wir und uns dennoch so ähnlich war, daß man es als Menschen ansehen mußte. Übrigens waren einige dieser Knochen noch vor den Funden in der Nähe von Düsseldorf

entdeckt worden, aber die Nachricht hatte seinerzeit keine Verbreitung gefunden.
1868 kamen bei Ausgrabungen für den Bau einer Eisenbahnlinie entlang des Tales des Flusses Vézère in der Region Périgord in Südwestfrankreich die Reste anderer Menschen zutage, die ebenfalls sehr früh gelebt haben, uns aber eindeutig ähnlicher waren. Auch sie wurden nach ihrem Fundort benannt, und man sprach fortan von den Cro-Magnon-Menschen. Diese lebten unweit der Gebiete, die von den in Frankreich entdeckten Neandertalern bewohnt worden waren. Siebzig Jahre später wurde dann in derselben Gegend auch die Höhle von Lascaux gefunden, deren Wände mit spektakulären Malereien prähistorischer Tiere und Jagdszenen bedeckt sind – das Werk der Cro-Magnon-Menschen. Dieses Mal verdankte man die Entdeckung einem Hund, der in ein Loch fiel, und den Jungen, die ihm folgten und dabei auf die Höhle stießen.
Der Cro-Magnon-Mensch hat große Ähnlichkeit mit uns; er ist das, was wir einen modernen Menschen oder »Jetztmenschen« nennen. Würden wir ihm begegnen, würden wir nichts Ungewöhnliches an ihm finden; ein Neandertaler dagegen würde uns wahrscheinlich auffallen, weil er sich doch erheblich von uns unterscheidet.
In der Folge wurden weitere Menschenknochen gefunden, die sich von denen des Neandertaler *und* des Cro-Magnon-Menschen unterschieden, die aber mit Gewißheit ebenfalls alt, ja, noch älter waren. Ende des 19. Jahrhunderts entdeckte zum Beispiel ein Holländer auf Java und in den benachbarten Regionen menschliche Überreste, die älter sind als der Neandertaler. So hat sich mit der Zeit ein Komplex von Daten und Informationen herausgebildet, den man nicht mehr einfach ignorieren oder unter Vorurteilen begraben konnte, und in der Folge entwickelte sich die Paläoanthropologie zu einer anerkannten Disziplin, deren Gegenstand nicht mehr als bloße Erfindung galt.
Bei den Funden ist oft Zufall im Spiel, weil wir nicht über Methoden verfügen, die es uns erlauben würden, gezielt nach solchen Überresten zu suchen. Wir wissen allerdings, daß sie in bestimmten Gebieten mit größerer Wahrscheinlichkeit anzutreffen sind – zum Beispiel in Ostafrika. Im allgemeinen jedoch geschehen sol-

che Entdeckungen rein zufällig. Zum Glück erregen sie gewöhnlich große Aufmerksamkeit und werden sogleich bekanntgemacht.
Leider sind aber auch viele Fundstücke verlorengegangen, weil sie für andere Zwecke verwendet wurden. In China gelten zum Beispiel fossile Knochen als Heil- und Stärkungsmittel. Sie werden »Drachenknochen« genannt, weil man glaubt, daß sie von prähistorischen Drachen stammen. Man verarbeitet sie zu sehr leichten, fein gemahlenen Pulvern, die in Apotheken verkauft werden, wo auch ich mir einmal ein paar Gramm davon besorgt habe. Dieser Usus hat wahrscheinlich zur Zerstörung von überaus wertvollen Fundstücken geführt, doch da es sich um eine traditionelle Arznei handelt, die den Chinesen sehr am Herzen liegt, wird sich daran wohl nicht so bald etwas ändern.

Was ist ein Fossil?

Es gibt kein ganz präzises Kriterium dafür, ob ein Überrest ein Fossil ist oder nicht. Das Wort »Fossil« weist darauf hin, daß es sich um Objekte handelt, die aus dem Untergrund ausgegraben wurden. Sie sind in der Regel versteinert, aber auch nicht versteinerte Überreste können als Fossilien bezeichnet werden.
Der Versteinerungsprozeß ist eine chemische Substitution bestimmter Elemente, in dessen Verlauf die Form des Objekts erhalten bleibt, während es selbst aber nach und nach in Stein umgewandelt wird. Salzlösungen, die in nicht verweste organische Überreste eines toten Lebewesens einsickern, können in ihm Kristalle von Kalksalzen oder Silikaten ablagern, die so lange an die Stelle der organischen Bestandteile treten, bis schließlich der ganze Organismus versteinert ist.
Am Ende dieses Prozesses ist die ursprüngliche Materie durch die Substitution zerstört worden oder allenfalls nur noch in Teilen erhalten geblieben. Obwohl der Organismus sich chemisch verändert hat, kann die Form – die ja immer das ist, was ins Auge fällt – intakt geblieben sein. Es gibt 50 bis 100 Millionen Jahre alte und ältere Insektenflügel oder Pflanzenblätter, deren Struktur sich manchmal perfekt erhalten hat. Unter dem Mikroskop kann

man die Zellen sehen, und in deren Inneren findet sich sogar noch die DNA*, in der sämtliche zur Entstehung eines lebendigen Organismus notwendigen Informationen gespeichert sind.

Das Bindeglied

In unserem Jahrhundert wurden die wichtigsten Entdeckungen menschlicher Überreste in Afrika gemacht. 1924 fand Raymond Dart, Anatomieprofessor in Johannesburg, in Südafrika die ersten Australopithecinen, die heute als Vorläufer des Menschen angesehen werden. Man kann in ihnen noch nicht menschliche Wesen erkennen, doch sie stellen Bindeglieder zwischen uns und jenen Vorfahren dar, die uns und den Affen gemeinsam sind. Der Name Australopithecus bedeutet soviel wie »Affe der Südhalbkugel« (vom griechischen »pithekos«, Affe, wegen der großen Ähnlichkeiten dieser Individuen mit den Affen, obwohl sie auch schon eindeutig menschliche Besonderheiten aufweisen).
Die Trennung zwischen der Stammlinie des uns am nächsten stehenden Affen, des Schimpansen, und der des Menschen muß vor ungefähr 5 bis 6 Millionen Jahren erfolgt sein, und die Australopithecinen sind vor circa 4 Millionen Jahren in Erscheinung getreten. Der berühmteste von ihnen, ein weiblicher Australopithecus, wurde auf den Namen Lucy getauft (nach dem berühmten Beatles-Song *Lucy in the Sky with Diamonds*, der zum Zeitpunkt seiner Entdeckung gerade im Camp der Archäologen gespielt wurde). Lucys Überreste wurden 1974 in Ostafrika, in einer Wüste Äthiopiens zwischen Addis Abeba und Dschibuti, unweit der Küste, ausgegraben. Die Gegend heißt Hadar und wird von einem Volk namens Afar bewohnt. Der wissenschaftliche Name, den Lucy und ihresgleichen erhielten, *Australopithecus afarensis*, weist darauf hin, daß sie aus dem Siedlungsgebiet der Afar stammen.

*A. d. Ü.: Abkürzung für Deoxyribo-Nucleic-Acid (Desoxyribonukleinsäure), Träger der Erbinformation, Hauptbestandteil der Chromosomen.

1. *Die Orte, an denen die wichtigsten Fossilfunde von Australopithecinen und des ersten Menschen* (Homo habilis) *in Afrika gemacht wurden, und die Tiere, von denen sie sich hauptsächlich ernährten.*

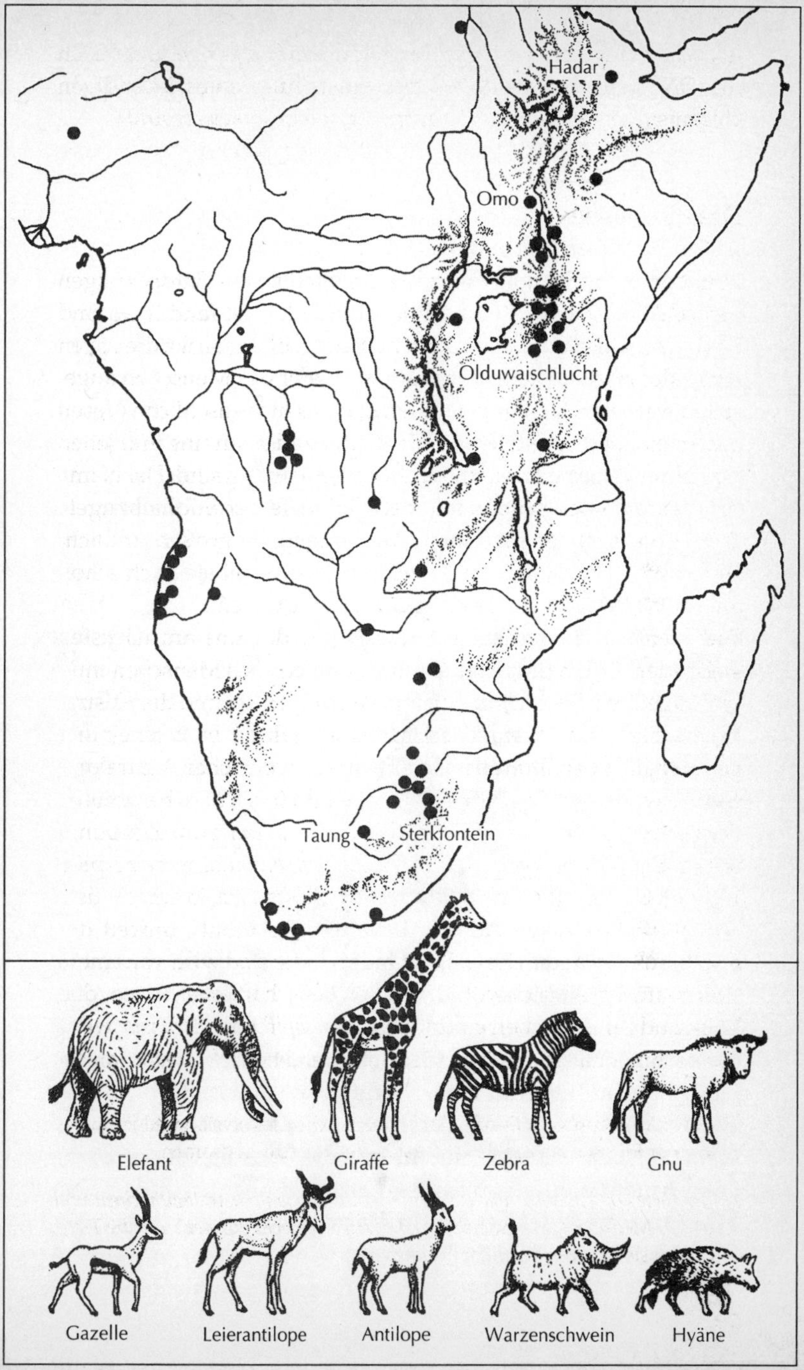
Hadar
Omo
Olduwaischlucht
Taung
Sterkfontein
Elefant
Giraffe
Zebra
Gnu
Gazelle
Leierantilope
Antilope
Warzenschwein
Hyäne

Daß in so weit voneinander entfernten Gegenden ähnliche Funde gemacht werden, hat gute Gründe, denn es handelt sich um Regionen, die geologisch zu derselben Formation, dem Rift Valley, gehören. Dieses riesige Tal mit seinen zerklüfteten Hängen (»rift« bedeutet soviel wie Spalt), das seine Entstehung folgenreichen seismischen und vulkanischen Phänomenen verdankt, erstreckt sich eben von Südafrika bis nach Äthiopien.
Initiator der Forschungen im Rift Valley war Louis Leakey (1903–1972), ein Paläontologe und Prähistoriker, der vor allem in Tansania und dann weiter nördlich gearbeitet und über dreißig Jahre Ausgrabungen durchgeführt hatte, ehe er eine Reihe von Entdeckungen machte, die sich für die Kenntnis unserer Vergangenheit als grundlegend erwiesen. Andere haben seine Arbeit im äußersten Norden des Tales, in Kenia und in Äthiopien, fortgesetzt und stießen auf sehr alte Exemplare von Menschen und auch von Australopithecinen, die den in Südafrika gefundenen glichen.
Im Rift Valley gibt es einen besonders günstigen Faktor: Es ist ein Gebiet mit starker vulkanischer Aktivität, wo die Eruptionen die fossilen Überreste mit feinstem Staub zugedeckt haben. Dieser hat sie so außerordentlich gut bewahrt, daß sich selbst die Fußspuren eines Paares, wahrscheinlich eines Mannes und eines Kindes, erhalten haben, was uns an Pompeji und Herkulaneum erinnert.

Wie kann man die Funde datieren?

Die erste Methode, die angewandt wird, ist die Stratigraphie: Durch das gründliche Studium der Geologie einer Region bestimmt man die Aufeinanderfolge der verschiedenen Erd- und Gesteinsschichten, die in dem betreffenden Gebiet vorhanden sind. Man muß aber mit großer Sorgfalt und Präzision graben, um die gesamte Abfolge der Schichten rekonstruieren zu können. Dann versucht man, sie zu datieren; die Genauigkeit der Datierung hängt von der Anzahl der Schichten über und unter dem Fundstück ab. In der Gegend, in der Lucy entdeckt wurde, war es möglich, verschiedene Schichten zu datieren, und vor kurzem gelang es, das Alter der Schichten, zwischen denen Lucys Skelett gelegen hatte, noch weiter zu präzisieren. Seinem Entdecker Donald Johanson zufolge ist dieser außergewöhnliche Fund 3,2 Millionen Jahre alt.

Die Physik kommt den Archäologen zu Hilfe

Die Stratigraphie ist allgemein hilfreich, vor allem aber bei der Datierung der ältesten Funde. Neben ihr gibt es einige physikalische und biologische – und in jüngerer Zeit auch chemische – Methoden, die für Perioden, die der unseren näher sind, die Altersbestimmung erleichtern.

Die älteste und bekannteste Datierungsmethode bedient sich des radioaktiven Kohlenstoffs ^{14}C. Um zu verstehen, wie diese Methode funktioniert, muß man über einige Merkmale der Materie Bescheid wissen.

Es ist bekannt, daß die Materie sich aus chemischen Elementen zusammensetzt. Die lebende Materie besteht insbesondere aus vier Elementen: Kohlenstoff, Sauerstoff, Wasserstoff und Stickstoff. Diese vier Elemente kommen in verschiedenen Formen vor, die sich durch ihr Atomgewicht unterscheiden; dieses Atomgewicht wird berechnet als die Summe von Neutronen und Protonen, zwei Elementarteilchen, die zusammen den Kern des Atoms bilden und fast genau die gleiche Masse, aber eine andere elektrische Ladung haben: Wie sein Name schon sagt, ist das Neutron elektrisch neutral, während das Proton positiv geladen ist.

Kohlenstoff kommt in der Natur in drei Formen vor, als ^{12}C, ^{13}C und ^{14}C, wobei sich die Zahl vor dem C, das für Kohlenstoff steht, auf die Summe der Anzahl der Protonen und Neutronen im Kern bezieht. Die chemischen Eigenschaften eines Elements hängen von der Anzahl der Protonen ab, und die Atome von ^{12}C, ^{13}C und ^{14}C haben dieselbe Anzahl von Protonen, nämlich sechs; deshalb weisen sie auch dasselbe chemische Verhalten, eben das des Kohlenstoffs, auf. Man spricht daher von *Isotopen.* Dieser Begriff bedeutet wörtlich, daß sie denselben Platz einnehmen, und bezieht sich auf eine berühmte Tabelle, die das chemische Verhalten der Elemente angibt; dort befinden sie sich auf derselben Position.

^{14}C ist radioaktiv und in der Natur in ganz geringen Mengen vorhanden; daneben gibt es den normalen, nichtradioaktiven Kohlenstoff ^{12}C und ^{13}C. Mit »Radioaktivität« ist die Produktion von Strahlung gemeint: Wenn ein Atom von ^{14}C Strahlung aussendet, heißt das, daß sich ein Neutron des Atoms in ein Proton verwandelt. Es sind dann also nicht mehr sechs, sondern sieben Protonen; das umgewandelte Atom behält sein Atomgewicht bei, weist aber die chemischen Eigenschaften eines Atoms mit sieben Protonen auf, nämlich des Stickstoffatoms mit dem Symbol N: ^{14}C hat sich in ^{14}N verwandelt.
Diese Umwandlung findet innerhalb unveränderlicher Fristen statt, die auch nicht durch die Temperatur beeinflußt werden (ein sehr wichtiger Vorteil). ^{14}C zerfällt also im Laufe der Zeit in einem regelmäßigen Rhythmus, der seine Verwendung als Zeitmesser ermöglicht. Der Zerfallsprozeß geht sehr langsam vonstatten: Es dauert 5730 Jahre, bis sich die Anzahl der Atome einer Probe halbiert. Nach 40 000 Jahren hat sich die Anzahl fast siebenmal halbiert, und es bleibt so wenig davon übrig, daß das Auszählen problematisch wird.
Mit der ^{14}C-Methode läßt sich allerdings nur Material datieren, das in ausreichender Menge Kohlenstoff enthält, deshalb sind Knochen und vor allem Holz die am meisten verwendeten Materialien. Man bestimmt chemisch die Menge des in der Probe enthaltenen Kohlenstoffs und mit physikalischen Methoden die Radioaktivität mit Bezug auf ^{14}C. ^{12}C und ^{13}C sind nicht radioaktiv und verändern sich im Laufe der Zeit nicht, daher kann aus ihrem Verhältnis zur restlichen Menge von ^{14}C das Alter der Probe errechnet werden. Es gibt allerdings praktische Grenzen, weil Material, das älter ist als 40 000 Jahre, einen zu niedrigen ^{14}C-Gehalt hat, um eine Schätzung zuzulassen – es sei denn, man wäre bereit, sehr viel feinere, kostspieligere und unzuverlässigere Methoden anzuwenden. Hinzu kommt, daß ja nur organisches Material datiert werden kann.
Kohlenstoff 14 bildet sich in winzigen Mengen in der Atmosphäre, und zwar dadurch, daß die Stickstoffatome von den kosmischen Strahlungen bombardiert werden. Auf der Erde wird es, zusammen mit dem normalen Kohlenstoff, durch die Pflanzen in Umlauf gebracht, die Kohlendioxid und Wasser zum Leben brau-

chen. Die ganze Methode beruht nun auf der Hypothese, daß die Konzentration von ^{14}C in der Atmosphäre stets konstant ist. Diese Hypothese ist zwar nicht ganz zutreffend, aber es war möglich, die Veränderungen von ^{14}C zu unterschiedlichen Zeiten in der Atmosphäre nachzuweisen und die Daten entsprechend zu korrigieren. Dabei waren die Stämme von Kiefern in den Wüstenregionen Arizonas hilfreich, die nach ihrem Absterben über Jahrtausende intakt geblieben sind und uns Proben von uraltem Holz geliefert haben: Man zählte die Jahresringe ihres Stammes und stellte fest, welche Menge an ^{14}C im Holz der jeweiligen Zeit enthalten war. Die Aufeinanderfolge der Jahresringe ist für eine sehr lange Periode, ja für Jahrtausende, rekonstruiert worden dank eines als Dendrochronologie bekannten Verfahrens. Dieses beruht auf der Tatsache, daß das Klima jeweils die Beschaffenheit des Ringes determiniert, der sich in einem bestimmten Jahr gebildet hat. Der Wechsel zwischen warmen und kalten Perioden schafft eine charakteristische Abfolge von Ringen, die sich bei sämtlichen Bäumen, die – zumindest teilweise – zur selben Zeit gelebt haben, nachweisen läßt. So konnte festgestellt werden, daß ein bestimmter Baum, sagen wir einmal, vor 5527 bis 5110 Jahren, ein anderer vor 5230 bis 4991 Jahren gelebt hat, und inzwischen hat man genügend Bäume gefunden, um auf diese Weise die ganze Zeitspanne von heute bis in die Zeit um 5000 v. Chr. abzudecken.

Bei weiter zurückliegenden Zeitabschnitten sind uns andere chemische Elemente von Nutzen: Kalium etwa verwandelt sich mit außerordentlicher Langsamkeit in Argon und wird zur Datierung von – insbesondere kaliumreichem – Gestein verwendet; Uran verwandelt sich in einem langen Prozeß in verschiedene Elemente, darunter in Radium, und am Ende in Blei. Die Uransequenz ist für eine Datierung bis zu einem Alter von 500 000 Jahren anwendbar, allerdings mit großer Fehlerwahrscheinlichkeit. Die Kalium-Argon-Methode ist vor allem bei Altersbestimmungen von Resten sinnvoll, die zwischen 100 000 und 10 Millionen Jahren alt oder älter sind.

Auf der Suche nach der Verwandtschaft zwischen Menschen und Affen

Mit den geschilderten Datierungsmethoden konnte das Alter der Fossilfunde bestimmt werden. Aber wie ist es gelungen, die Verwandtschaft zwischen Menschen und Affen nachzuweisen, die Darwin und Huxley postuliert hatten?

Heute kann man sich unschwer klarmachen, wie sehr wir unseren fernen Vettern, den Schimpansen und Gorillas, ähneln, denn praktisch jedermann hat die Möglichkeit, einen Zoo zu besuchen. Früher bekam man solche Tiere so selten zu Gesicht, daß im 17. Jahrhundert ein Engländer namens Tyson ein Buch über die Anatomie eines Pygmäen veröffentlichen konnte, die er mit der eines Affen, eines »Menschenaffen« und eines Menschen verglich und dabei das als Pygmäenknochen beschrieb, was in Wirklichkeit das Skelett eines Schimpansen war. Auch der Orang-Utan ist im Grunde menschenähnlich, obwohl die Unterschiede zum Menschen augenfällig sind; tatsächlich hat er sich im Verlauf der Evolution schon zu einem früheren Zeitpunkt von uns getrennt.

Wir verfügen erst seit einigen Jahrzehnten über eine neue, genetische Methode, mit deren Hilfe die Ähnlichkeiten zwischen verschiedenen Arten festgestellt werden können und ihr Ursprung datiert werden kann – die sogenannte »Molekularuhr«-Methode.

Es handelt sich darum, ein komplexes biologisches Molekül – genauer gesagt, mehrere verschiedene Moleküle – zu untersuchen und die Unterschiede zu zählen, die zum Beispiel zwischen dem Molekül des Menschen und dem des Schimpansen bestehen.

Dazu braucht man eine Bezugsgröße, eine Meßskala, die uns sagt, in wieviel Jahrmillionen im Durchschnitt ein Unterschied auftritt. Um diese Skala festzulegen, muß man über viele zuverlässige Daten verfügen, die uns mitteilen, wann die Trennung zwischen zwei Organismen stattgefunden hat, deren biologisches Material wir heute untersuchen können.

Das Hämoglobin

Zweierlei Typen von Molekülen kommen bei dieser Untersuchungsmethode zum Einsatz: Proteine und Nukleinsäuren (die DNA). Es sind die Moleküle, die für die lebende Materie typisch sind. Sie finden sich nur in lebenden Organismen und sind für jene Funktionen verantwortlich, die das Leben erst ermöglichen. Wir beginnen mit den Proteinen, weil sie bei der Bestimmung des Unterschiedes zwischen Mensch und Affen als erste Verwendung fanden. Auf die DNA kommen wir später noch ausführlich zu sprechen.

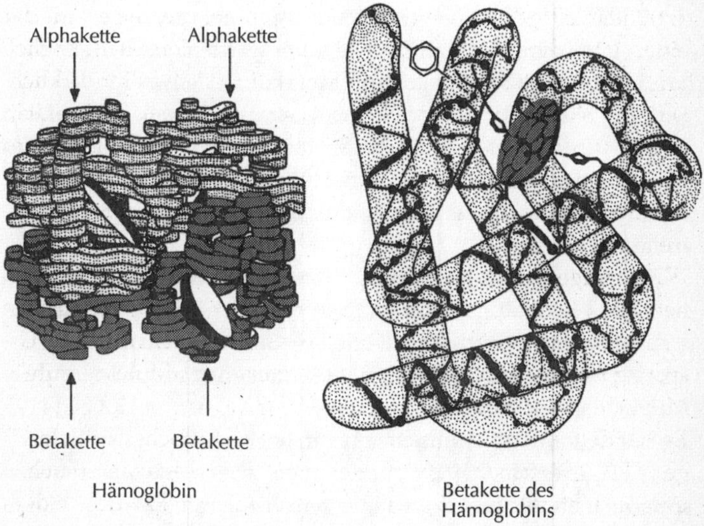

2. *Ein Hämoglobinmolekül besteht aus vier Globinen: zwei, die Alphaketten, und zwei, die Betaketten genannt werden.* Links: *Die vier Ketten werden in ihren gegenseitigen Beziehungen als feste Gebilde dargestellt.* Rechts: *Eine typische Kette wird als spiralförmiger Strang mit ungefähr 150 von den Aminosäuren gebildeten »Perlen« dargestellt. Die Scheibchen sind die Häm-Moleküle.*

Proteine sind in sehr großer Anzahl – zu Zehntausenden – im Organismus vorhanden. Nehmen wir ein besonders oft zitiertes Protein, das Hämoglobin, den Hauptbestandteil der roten Blutkörperchen. Es handelt sich um Kügelchen mit einem Durchmesser von 8/1000 Millimetern, die die Hälfte unseres Blutes bilden. Dem Hämoglobin verdankt das Blut nicht nur seine Farbe, sondern auch seine wichtigste Eigenschaft, nämlich die Fähigkeit, Sauerstoff aus den Lungen aufzunehmen und zu den Geweben zu transportieren, wo er von den Zellen verbraucht wird: Bekanntlich muß jede Zelle Sauerstoff verbrennen, um überhaupt leben zu können.

Ein Hämoglobinmolekül besteht aus vier Untermolekülen, vier Ketten, die auf eine besondere Art und Weise miteinander verknüpft sind. Man unterscheidet zwei Typen: Zwei identische Ketten, die Alpha genannt werden, und zwei weitere, die zwar ebenfalls untereinander gleich sind, sich aber von den beiden ersten unterscheiden und Beta genannt werden. Jedes Hämoglobinmolekül enthält ein kleineres Molekül, in dem die Sauerstoffbindung stattfindet und das den Austausch von Sauerstoff mit den Geweben ermöglicht. Es heißt »Häm« und enthält Eisen. Dies erklärt, warum man Leuten mit Blutarmut Eisen gibt, denn sie haben Hämoglobin verloren und brauchen Eisen, um neues aufzubauen.

Die vier Ketten sind von grundlegender Bedeutung: Eisen allein oder das eisenhaltige Häm würden nicht genügen, um dem Hämoglobin die Eigenschaft zu verleihen, Sauerstoff auszutauschen. Jede Kette setzt sich aus kleineren Einheiten zusammen, die wie Perlen aneinandergereiht sind. Von diesen »Perlen« gibt es 141 in der Kette vom Typ Alpha und 146 in der Kette vom Typ Beta.

Sie sind ihrerseits untereinander nicht gleich; vielmehr unterscheidet man wiederum zwanzig verschiedene Typen. Die Eigenschaften eines Proteins werden von den Einheiten, aus denen sie sich zusammensetzen, den sogenannten Aminosäuren, bestimmt. Jede dieser Aminosäuren hat einen eigenen Namen (Alanin, Glyzin, Tryptophan, Serin ...).

Um die Funktion der Proteine zu definieren, muß man nicht nur wissen, welche Aminosäuren sie enthalten, sondern man muß auch und vor allem die Reihenfolge kennen, in der sie angeordnet sind.

Das Studium der Evolution mit Hilfe der Proteine

Wenn wir ein und dasselbe Protein – zum Beispiel das Hämoglobin – in zwei Individuen derselben Art betrachten, stellen wir fest, daß es identisch oder sehr ähnlich ist, während es in zwei Organismen, die durch eine mehr oder weniger lange Evolution voneinander getrennt sind, verschieden ist, weil es entweder durch ein anderes ersetzt worden ist oder ganz fehlt oder weil einige Aminosäuren neu hinzugekommen sind. Wir können die vorhandenen Unterschiede zählen und dabei folgendes feststellen: Je verschiedenartiger zwei Organismen sind, um so größer ist im allgemeinen auch die Anzahl der Aminosäuren, die sie voneinander unterscheiden.

Nehmen wir als Beispiel den Beginn der Alphakette des Hämoglobins von drei einander ziemlich unähnlichen Arten, und bezeichnen wir jede Aminosäure mit ihrem Anfangsbuchstaben. Beim Menschen beginnt die Alphakette so: V L S P ..., wobei V für Valin, L für Leucin, S für Serin, P für Prolin steht usw. Die ersten fünfzehn Aminosäuren sind beim Menschen und bei zwei anderen Arten, dem Pferd und dem Huhn, folgende:

Mensch:	V	L	S	P	A	D	K	T	N	V	K	A	A	W	G
Pferd:	V	L	S	A	A	D	K	T	N	V	K	A	A	W	S
Huhn:	V	L	S	N	A	D	K	N	N	V	K	G	I	F	T

Man kann auf den ersten Blick sehen, daß der Mensch und das Pferd sich durch zwei der angegebenen fünfzehn Aminosäuren unterscheiden – nämlich durch die vierte und die fünfzehnte –, während der Mensch sich vom Huhn durch sechs von fünfzehn Aminosäuren unterscheidet. Auch wenn man Huhn und Pferd miteinander vergleicht, stellt man sechs verschiedene Aminosäuren fest.

Das ist bereits ein Beweis für eine interessante Tatsache: Im Prinzip ist die allgemeine Struktur des Hämoglobins bei den drei Arten analog, auch wenn es sich um Organismen handelt, die sich erheblich voneinander unterscheiden; doch zwei Organismen, die sich ähnlicher sind, wie Mensch und Pferd, unterscheiden sich nur durch zwei Aminosäuren von fünfzehn, während sich das

Huhn von den beiden anderen Arten durch sechs von fünfzehn Aminosäuren unterscheidet. Dieser Erkenntnis entspricht die Tatsache, daß das Huhn ein Vogel ist, während sowohl das Pferd als auch der Mensch Säugetiere sind.

Wie läßt sich diese Distanz auf der Evolutionsskala messen? Heute gehen wir davon aus, daß die Säugetiere nicht viel älter als 65 Millionen Jahre sind, weil sie sich erst nach einer Naturkatastrophe über die Erde verbreiteten, die um diesen Zeitpunkt herum zu datieren ist. Der heute vorherrschenden Theorie zufolge soll ein riesiger Meteorit, der wahrscheinlich in einen Teil des heutigen Mexiko gefallen ist, eine gewaltige Staubwolke aufgewirbelt haben; diese soll das Sonnenlicht verdunkelt, einen viele Jahre dauernden Winter ausgelöst und eine tiefgreifende Veränderung des Klimas bewirkt haben. In der Folge starben große Tiere wie die Dinosaurier aus, während kleine (und warmblütige!) Tiere wie die damaligen Säugetiere die Möglichkeit zur Ausbreitung erhielten. Es ist also plausibel, daß sich die Säugetiere vor rund 65 Millionen voneinander zu unterscheiden begannen, während wir aus der Untersuchung von Fossilien wissen, daß der Differenzierungsprozeß bei den Vögeln wahrscheinlich schon vor 200 Millionen Jahren eingesetzt hat.
Der Unterschied von zwei auf fünfzehn Aminosäuren zwischen Mensch und Pferd und der von sechs zwischen Mensch und Huhn, sowie auch der zwischen Pferd und Huhn – all diese Unterschiede stehen in einem Verhältnis von eins zu drei; das entspricht der Tatsache, daß die evolutive Trennung zwischen Mensch und Pferd vor etwa 65 Millionen Jahren erfolgte, während die zwischen Vögeln und anderen Wirbeltieren ungefähr dreimal so lange zurückliegt. Diese einfache Beziehung zwischen der evolutiven Divergenz, die zwischen den biologischen Erbgütern verschiedener Arten gemessen wurde, und der Zeit, in der sich die Divergenz akkumulieren konnte, ist anhand vieler Proteine und vieler Tiere überprüft worden und bildet die Grundlage der sogenannten »Molekularuhr«, die zur Errechnung der Evolutionszeiten seit der beobachteten Differenzierung zwischen zwei Organismen und zur Rekonstruktion der entsprechenden Stammbäume verwendet wird.

Natürlich reicht eine Statistik, die sich auf fünfzehn Aminosäuren beschränkt, nicht aus. Nehmen wir daher eine ausführlichere Statistik, zum Beispiel die Anzahl der Unterschiede der Aminosäuren auf der ganzen Alphakette des Hämoglobins, und zwar bei vier verschiedenen Säugetieren:

Anzahl unterschiedlicher Aminosäuren in der Alphakette des Hämoglobins für Mensch, Gorilla, Schwein und Kaninchen

	Mensch	Gorilla	Schwein	Kaninchen
Mensch	0	1	19	26
Gorilla	1	0	20	27
Schwein	19	20	0	27
Kaninchen	26	27	27	0

Man kann aufgrund der augenfälligen Ähnlichkeiten zwischen Mensch und Gorilla leicht feststellen, daß Mensch und Gorilla sich näher sind als Mensch und Schwein; doch es läßt sich schwer abschätzen – wenn man ebenfalls nur vom Äußeren ausgeht –, ob das Schwein dem Menschen näher ist oder das Kaninchen. Die Tabelle aber sagt aus, daß das Schwein dem Menschen und dem Gorilla näher ist als das Kaninchen, weil, zumindest auf der Grundlage dieser Einzelbeobachtung, die Anzahl der Unterschiede bei den ersteren geringer ausfällt.

Der Stammbaum der Affen und des Menschen

Wir können nunmehr auch einen Stammbaum konstruieren: Zuerst setzen wir Mensch und Gorilla nebeneinander, die sich am ähnlichsten sind, weil sie sich nur durch eine einzige Aminosäure unterscheiden. Mensch und Gorilla weisen im Vergleich zum Schwein 19 respektive 20 Unterschiede auf; deshalb gehen wir davon aus, daß die Trennung zwischen ihnen und dem Schwein wesentlich früher stattgefunden hat als die zwischen Mensch und Gorilla. Wir zeichnen nun auf dem Baum einen Zweig ein,

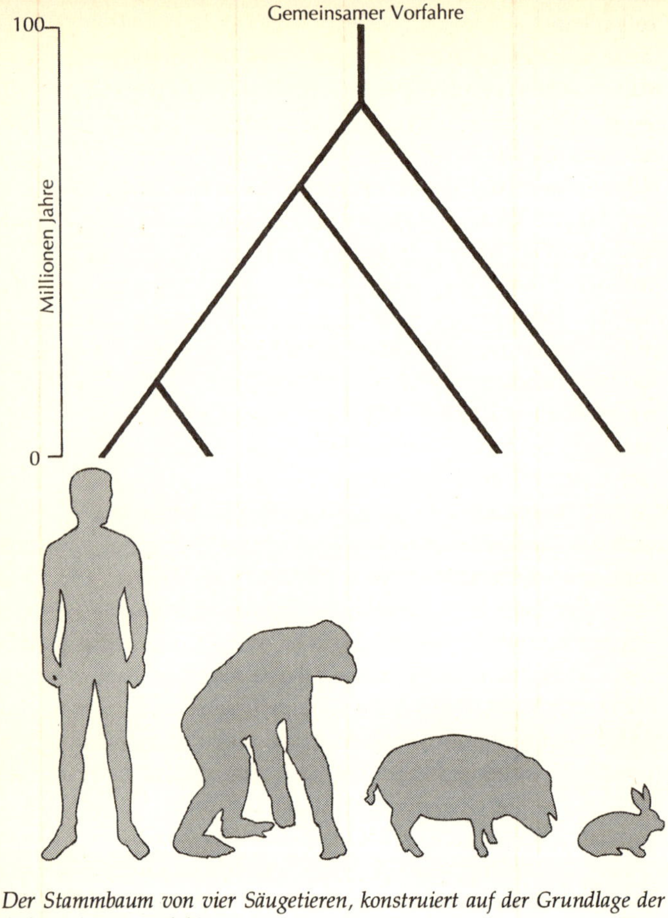

3. Der Stammbaum von vier Säugetieren, konstruiert auf der Grundlage der Alphakette des Hämoglobins.

der zum Schwein führt. Schließlich setzen wir das Kaninchen unter den äußersten Zweig des Baumes, weil es sowohl gegenüber dem Menschen als auch gegenüber dem Gorilla und dem Schwein 26 beziehungsweise 27 Unterschiede aufweist. Natürlich muß man längere Aminosäureketten untersuchen, damit die Zahlen unter statistischen Gesichtspunkten tatsächlich Gültigkeit bekommen. Ja, man muß den Mittelwert zwischen vielen Protei-

nen und der DNA, auf die wir noch zurückkommen werden, feststellen.
Diese Statistik ist auch mit einer anderen Methode aufgestellt worden, die es erlaubt, die Anzahl der Unterschiede der Aminosäuren auf weniger direktem Weg zu berechnen. Auf diese Weise haben zwei Wissenschaftler aus Berkeley – der Anthropologe William Sarich und der Biochemiker Allan Wilson – herausgefunden, daß die Trennung zwischen Schimpanse und Mensch vor 5 bis 7 Millionen Jahren stattgefunden hat.
Anfänglich hat diese Entdeckung großes Aufsehen erregt, weil man bis dahin geglaubt hatte, daß die Trennung zwischen den großen Affen und uns viermal so lange zurückliege. Man hatte sie auf der Grundlage wenig zuverlässiger paläontologischer Daten in eine Zeit vor 20 bis 25 Millionen Jahren datiert.
Dann wurde Lucy entdeckt, die viele Merkmale eines Affen, aber auch menschliche Züge aufweist und eindeutig auf der Linie liegt, die zum Menschen führt. Sie stammt folglich bereits aus der Zeit nach der Trennung zwischen den großen Affen und uns, auch wenn Lucy nicht sehr lange nach dieser Trennung gelebt haben dürfte. Für Lucy konnte dann, wie gesagt, mit einer großzügigen Fehlermarge ein Alter von 3,2 Millionen Jahren ermittelt werden. Dieses Resultat paßt offensichtlich viel besser zu den 5 bis 7 Millionen Jahren, die die Molekularbiologen für die Trennung der beiden Stammlinien festgelegt haben, als die vage Datierung auf 20 bis 25 Millionen Jahre, an die man sich bis dahin gehalten hatte.

Heute ist man allgemein der Ansicht, daß die Trennung zwischen Mensch und Schimpanse vor circa 5 Millionen Jahren stattgefunden hat; manche sprechen von 5 bis 7, andere von 4 bis 6 Millionen Jahren. Die Trennung zwischen Gorilla und Mensch ist ein wenig älter, und die zwischen Orang-Utan und Mensch ist noch älter – sie liegt etwa 10 bis 15 Millionen Jahre zurück.
Ein hypothetischer Vorfahr soll am Ausgangspunkt einer getrennten Entwicklung stehen. Auf der einen Seite entwickeln sich die Schimpansen, auf der anderen jene Organismen, denen man die – womöglich zweifelhafte – Ehre zubilligt, die unter dem Gattungsnamen *Homo* bekannte Stammlinie begründet zu haben.

Gattung und Art

Was bedeutet es, zur selben »Gattung« beziehungsweise zur selben »Art« zu gehören?
Diese heute noch übliche Nomenklatur geht auf den ersten und größten Klassifikator lebender Organismen, den Schweden Carl von Linné (1707-1778), zurück. Ein lebender Organismus wird seither mit zwei lateinischen Namen bezeichnet: Der erste ist der Name der *Gattung*, das heißt einer Gruppe von verwandten Arten, der zweite ist der Name der *Art*, die definiert wird als die Gesamtheit jener Individuen, die fähig sind, Nachkommen hervorzubringen, die ihrerseits wieder fruchtbare Nachkommen haben können.
Esel und Pferd gehören zum Beispiel zur selben Gattung (*Equus*), aber nicht zur selben Art, weil die von ihnen gezeugten Hybriden – Maultiere und Maulesel – unfruchtbar sind.
Alle lebenden Menschen gehören zur selben Art, *Homo sapiens*. Es gibt keine zuverlässigen Berichte über Kreuzungen zwischen Affen und Menschen. Sollten sie jemals vorgenommen worden sein – etwa von den Pseudowissenschaftlern der Nazis –, bleibt zu hoffen, daß sie niemals wiederholt werden. Unter anderem muß man sich fragen: Wo könnte der mögliche Sproß aus einer solchen Verbindung leben, wenn es tatsächlich zu einer »erfolgreichen« Kreuzung käme? Mitten unter uns oder in einem zoologischen Garten? Diese Überlegung allein genügt, um jeden vernünftigen Menschen von derartigen Experimenten abzuhalten.

Der älteste Vorfahr

Soweit wir heute wissen, sind die Australopithecinen diejenigen unter unseren Vorfahren, die auf die uns und den Affen gemeinsamen folgten. Sie sind keine Protoaffen mehr, aber auch noch keine richtigen Menschen. Sie stellen vielmehr ein Bindeglied dar. Wir wissen, daß es eine ganze Reihe von ihnen gegeben hat. Es sind mindestens fünf Arten benannt worden: *afarensis, africanus, robustus, aethiopicus* und *boisei*. Heute wird weithin die Überzeugung vertreten, daß das wahre Bindeglied der *Australopithecus afarensis* ist und daß von ihm die Gattung Mensch sowie zwei andere Linien abstammen, die sich von den Australopithecinen unterscheiden; von diesen sollen einige bis vor maximal einer Million Jahren, ebenfalls in Afrika, gelebt haben und später ausgestorben sein.

Der Stammbaum der Gattung Mensch

Wir unterscheiden bei der Gattung *Homo* mindestens drei Arten: den *Homo habilis*, den ersten und ältesten, der vor 2,5 Millionen bis weniger als 2 Millionen Jahren gelebt hat, dann den *Homo erectus*, den wir in der Zeit zwischen 2 Millionen Jahren bis ungefähr vor einer halben Million Jahren (oder in einigen Teilen der Erde vielleicht bis vor nur 300 000 Jahren) finden, und schließlich den *Homo sapiens*, der wir sind. Im Fall des *Homo sapiens* wird manchmal noch ein dritter Name, der einer Untergliederung, hinzugefügt, um die verschiedenen Typen exakter klassifizieren zu können.

Wir wissen nicht mit Sicherheit, ob der *Homo habilis* und der *Homo erectus* tatsächlich Arten angehörten, die sich vom *Homo sapiens* unterschieden. Dieselbe Unsicherheit gilt übrigens auch für die meisten der unzähligen Pflanzen- und Tierarten, die von den Systematikern benannt worden sind. Vor allem im Fall ausgestorbener Arten kann man nicht einmal darauf hoffen, daß man durch Kreuzungsexperimente jemals die Wahrheit erfahren wird. Um zu beweisen, daß zwei Individuen derselben Art angehören, müßte man nämlich – strenggenommen – überprüfen, ob sie imstande sind, fruchtbare Nachkommen hervorzubringen. Ein Nachweis durch Experimente ist in diesen Fällen praktisch unmöglich.

Um eine Lanze für diese Art der Klassifizierung zu brechen, kann man nur betonen, daß die Systematiker in der Regel einen guten Riecher haben und in den Fällen, in denen man ihre Behauptungen (bei nichtmenschlichen Organismen) überprüfen konnte, im allgemeinen recht behalten haben.

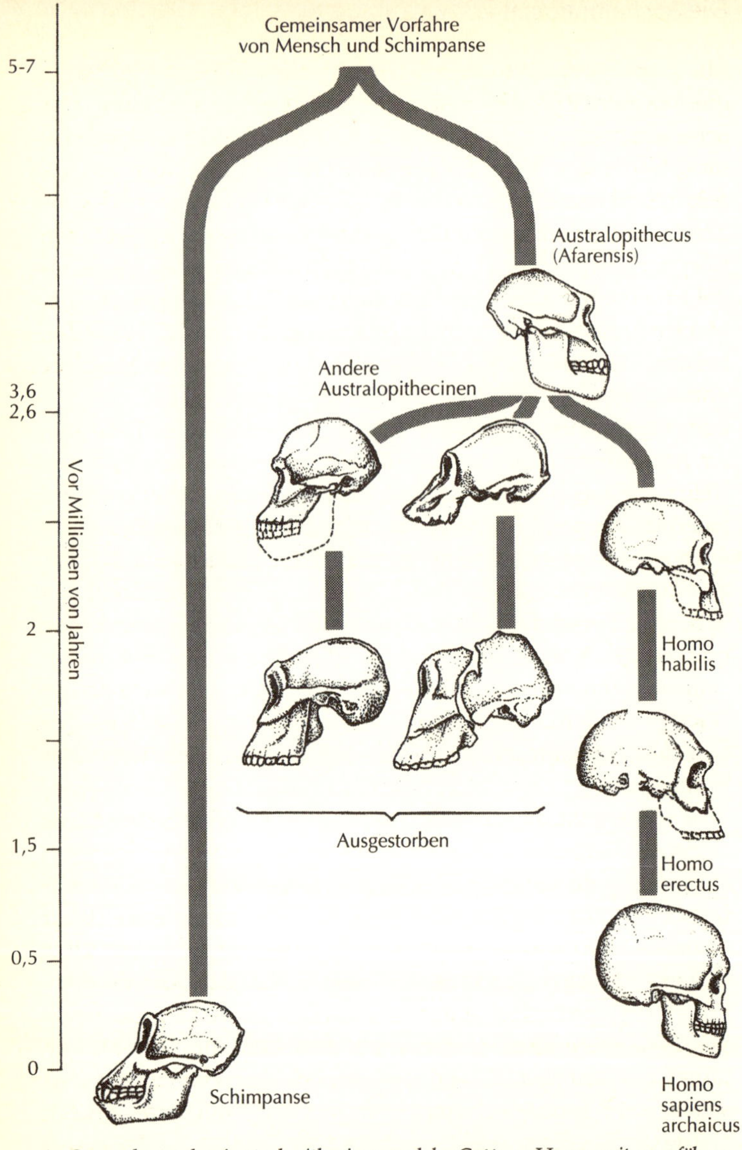

4. *Stammbaum der Australopithecinen und der Gattung* Homo *mit ungefähren Zeitangaben. Er beruht auf den fossilen Schädeln, die in Ost- und Südafrika gefunden wurden.*

Die Australopithecinen

Mit ihrem im Verhältnis zum Gesicht kleinen Hirnschädel hatten die Australopithecinen vermutlich ein äffisches Aussehen. Der Schädelinhalt, der ungefähr dem Gehirnvolumen entsprechen muß, bewegte sich um 400 Milliliter (oder Kubikzentimeter, abgekürzt ml beziehungsweise cm^3). Er war also kaum größer als der der Schimpansen und Gorillas, die allerdings einen größeren Körper haben, während Lucy nur 110 Zentimeter mißt. Der Schädel ist nicht nur klein, sondern auch niedrig und abgeflacht, ein Merkmal, das sich erst beim Jetztmenschen radikal ändern sollte, bei dem der Schädel sich immer steiler über das Gesicht erhebt und sich eine hohe Stirn herauszubilden beginnt.

Lucy hat ein vorspringendes Gesicht und einen starken Unterkiefer. An der Form der Sehnen- und Muskelansätze an den Knochen sieht man, daß ihre Muskulatur kräftig war. Man bemerkt bereits eine Veränderung am Gebiß, die sich in der menschlichen Linie noch verstärken sollte. Während die Affen vollentwickelte und von den Schneidezähnen durch eine Lücke getrennte Eckzähne haben, verlieren die Eckzähne beim Menschen ihre Bedeutung und sind auch nicht mehr durch einen Zwischenraum von den Schneidezähnen getrennt. Beim *Australopithecus afarensis* sind die Eckzähne von mittlerer Größe, aber der Zwischenraum, der sie von den Schneidezähnen trennt, ist genauso groß wie beim Schimpansen.

Sehr wichtig ist die Tatsache, daß die Australopithecinen eine aufrechte Körperhaltung hatten; allerdings hielten sie sich noch ein wenig anders auf den Füßen als wir. Schimpansen und Gorillas können aufrecht stehen, bewegen sich aber normalerweise auf allen vieren vorwärts und stützen sich dabei auf die Knöchel der Zehen und Finger – bewegen sich also ganz anders fort als wir.

Die Australopithecinen unterteilen sich in viele Arten, von denen keine bis heute überlebt hat; die letzten sind vor einer Million Jahren ausgestorben. Statt dessen begann sich, ebenfalls in Ostafrika, jener Typus herauszubilden, der dann der erste Mensch werden sollte. Er ist, wiederum von Louis Leakey, in der Olduwaischlucht in Tansania entdeckt worden.

Der »Homo habilis«

Was veranlaßt uns, im *Homo habilis* den Stammvater unserer Gattung zu sehen? Zunächst einmal haben im Lauf der etwas mehr als einer Million Jahre, die seit den Lebzeiten der ältesten, bis heute entdeckten Australopithecinen vergangen waren, die Dimensionen des Schädels und damit auch des Gehirns zugenommen: von einem durchschnittlichen Volumen von 400 cm^3 auf eines von 630 cm^3. Weiterhin wären da die ersten – zunächst sehr groben – Werkzeuge aus bearbeitetem Stein: In der Olduwaischlucht können Besucher an der Stelle, an der Leakey Werkzeuge und Knochen dieses ersten tatsächlichen Vorläufers des Menschen entdeckte, eine ganze Sammlung bewundern.

Der *Homo habilis* hatte einen aufrechten Gang, war aber immer noch sehr klein (er maß knapp über einen Meter) und hatte so lange Arme wie Lucy, was, wenn diese Vorfahren weiterhin mit der Gewandtheit von Affen auf Bäume kletterten, wahrscheinlich von Vorteil war. Er ist auf ein Alter von zwischen 2,5 und knapp 2 Millionen Jahren datiert und *Homo habilis* genannt worden, was soviel bedeutet wie »geschickter Mensch, Alleskönner«; damit wird auf seine Fähigkeit angespielt, Werkzeuge herzustellen und zu verwenden. Man kann jedoch nicht ausschließen, daß bereits einige Australopithecinen Steine bearbeitet haben. Die Funde, die uns zur Verfügung stehen, sind nicht eindeutig und zahlreich genug, um in dieser Hinsicht irgend etwas mit Sicherheit behaupten zu können.

Die Werkzeuge des *Homo habilis* waren noch ziemlich rudimentär. Viele sind einfach Steinsplitter, die als Schaber verwendet wurden, oder größere Steine, die als »Faustkeile« dienten. Neben solchen Steinen hat man auch Tierknochen gefunden. Vermutlich wurden die Werkzeuge benutzt, um das Fleisch von den Knochen zu entfernen und sie aufzubrechen, damit man an das Mark herankam. Zur Erinnerung an Olduwai wurde die Technik, mit der die Steine bearbeitet wurden, »Olduwai«-Technik genannt.

Diese reichen Stein- und Knochenlagerstätten lassen darauf schließen, daß der Mensch im Gegensatz zu seinen Vorläufern auf die Jagd ging und Fleisch aß (während die heutigen Schimpansen im großen und ganzen Vegetarier sind). Die Fundstätten werfen auch ein Licht auf einen bedeutsamen Unterschied zwischen menschlichem und äffischem Verhalten: Diese Menschen teilten die Beute untereinander auf und verzehrten sie gemeinsam. Damit vollzogen sie einen ersten Schritt in Richtung Zusammenarbeit.

Der »Homo erectus«

Der menschliche Typus, der unmittelbar auf den *Homo habilis* folgte, wurde *Homo erectus* genannt; er soll vor 2 Millionen bis vor 0,5 bis 0,3 Millionen Jahren gelebt haben.
Über den Übergang zwischen diesen beiden unserer Vorfahren wissen wir sehr wenig. Er läßt sich schon deshalb kaum untersuchen, weil es nur sehr wenige Fossilien und gut analysierte und datierte archäologische Fundstellen gibt. Auf jeden Fall ist der Übergang vom *Homo habilis* zum *Homo erectus* vom Anwachsen des Gehirnvolumens gekennzeichnet, das, wahrscheinlich ganz allmählich, von durchschnittlich 630 cm^3 auf gut 1000 cm^3 zunahm, während die Werkzeuge immer zahlreicher, spezialisierter und perfekter wurden.
Mit der Entwicklung des Gehirns wuchs der Schädel sozusagen in die Höhe, über die Überaugenwülste hinaus, die jedoch immer noch sehr ausgeprägt blieben. Das Gesicht verlor an Länge, aber die Zahnbögen blieben vorstehend. Der Unterkiefer verkürzte sich, wirkte aber dann ein wenig fliehend, ein Merkmal, das übrigens erst beim Jetztmenschen verschwinden sollte, bei dem sich ein eher spitzes Kinn herausbildete.
Wahrscheinlich besteht – zumindest teilweise – ein Zusammenhang zwischen der Entwicklung des Gehirns und der der Werkzeuge. Die jüngeren Werkzeuge werden der Kulturstufe des Acheuléen – benannt nach dem Ort Saint-Acheul bei Amiens in Frankreich, wo sie von französischen Archäologen gefunden wurden – zugerechnet und stellen eine Bereicherung der Werkzeuge der alten Olduwai-Technik dar. Sie traten zum ersten Mal um die Zeit vor 1,5 Millionen Jahren auf, natürlich in Afrika, wo der *Homo erectus* herkommt. Sie fanden sich bis in die Zeit vor 200 000 Jahren auch in Gegenden, die nicht mehr vom *Homo*

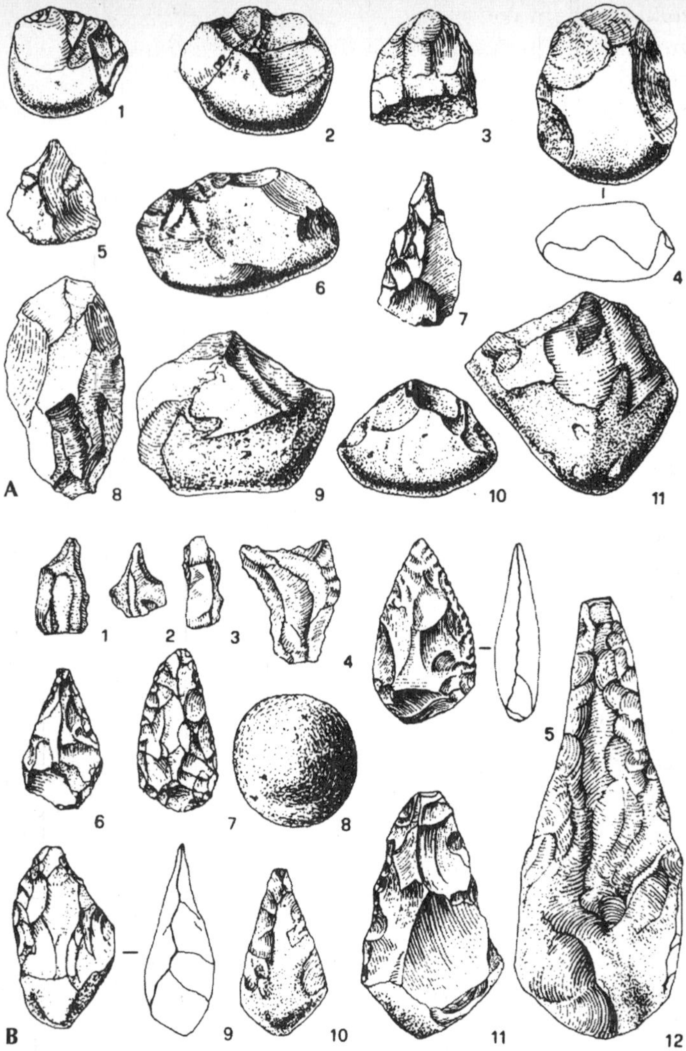

5. A) *Werkzeuge des* Homo habilis *(Olduwai-Kultur) und* B) *des* Homo erectus *(Acheuléen-Kultur), auf ein Viertel der Originalgröße verkleinert.*
A: *1, 2, 4, 6, 7, 9, 10 und 11: »Chopper« (Werkzeuge zum Hacken, Schneiden und Spalten); 3 und 8: Kratzer; 5: bearbeiteter Abschlag.*
B: *1, 2, 3, 5, 6, 7, 9 und 11: Gezähnte Stücke; 4: Schaber; 8: Bola; 10 und 12: Zweihänder.*

erectus, sondern von seinem unmittelbaren Nachfolger bewohnt wurden. Und es erschienen in dieser Zeit außerdem die zweischneidigen Äxte, die im Laufe der Zeit keine bedeutsamen Veränderungen mehr erfahren sollten.

Die Stationen menschlicher Evolution

Über 1 Million Jahre lang hat sich die Geschichte des Menschen ausschließlich in Afrika abgespielt – was übrigens Darwin und Huxley mit großer Intuition schon im letzten Jahrhundert vorhergesagt hatten. Sie gingen von einer einfachen Überlegung aus: Die Lebewesen, die dem Menschen am ähnlichsten sind – Schimpanse und Gorilla –, leben beide in Afrika; daher muß die Gattung Mensch ihren Ursprung in Afrika haben.

Aus allem, was man rekonstruieren konnte, geht hervor, daß unsere menschlichen Vorfahren – und vor ihnen bereits die Australopithecinen – den Wald, wo die großen Affen noch heute leben, verließen und in Gegenden zogen, die der heutigen Savanne ähnelten: Eine tropische Prärie mit hohen Gräsern, Gebüsch und einzelnen Bäumen, bewohnt von großen Vierfüßlern und einer reichen Vielfalt pflanzlicher und tierischer Arten.

Vor wenig mehr als 1 Million Jahren begab sich dann der *Homo erectus* sozusagen auf die Wanderschaft und verbreitete sich in den nachfolgenden Hunderttausenden von Jahren über Asien und Europa, ja praktisch über die ganze Alte Welt. Wahrscheinlich ist diese Expansion seiner Fähigkeit zu verdanken, sich an unterschiedliche Umgebungen anzupassen, was durch die fortgeschritteneren Jagdtechniken und die größere Intelligenz ermöglicht wurde, die wiederum mit einem entwickelteren Gehirn zusammenhängt (das beim *Homo erectus* mehr als doppelt so groß ist wie beim Australopithecus).

Die erste uns bekannte Station dieser Wanderung liegt im Nahen Osten, in Ubeidiya im Jordantal, im heutigen Israel. Dort finden sich Spuren, die auf ein Alter von gut 1 Million Jahren datiert wurden, die ersten bekannten Spuren des Menschen außerhalb von Afrika. In der Folge gelangte der Mensch nach Südostasien, Java und Ostasien *(Pekingmensch)*. Die Überreste, die zum Teil bereits in der ersten Hälfte unseres Jahrhunderts in diesen Breiten entdeckt wurden, datierte man auf eine relativ späte Zeit (sie sollen 300 000 bis 400 000 Jahre alt sein; die Berechnung weist allerdings eine beträchtliche Fehlermarge auf).

Der berühmte Pekingmensch hatte eine besondere Geschichte. Der Fund wurde an einem Ort gemacht, der früher Choukoutien, heute Zhoukoudian geschrieben wird. In Voraussicht des Krieges zwischen Japan und Amerika sollten die *Homo-erectus*-Schädel über die amerikanische Botschaft in Peking aus Sicherheitsgründen mit einem von amerikanischen Soldaten bewachten Zug in die Vereinigten Staaten gebracht werden. Bei der Abreise aus China jedoch wurde der Konvoi von japanischen Soldaten abgefangen, und zwar an demselben Tag, an dem der Überraschungsangriff auf die amerikanische Flotte in Pearl Harbor den Krieg zwischen Japan und Amerika auslöste. Die Soldaten gerieten in Gefangenschaft, und das archäologische Material verschwand. Zum Glück existierten aber von diesen Funden hervorragende Abdrücke aus der Hand des deutschen Paläoanthropologen Weidenreich, der die Schädel mit großer Sorgfalt studiert hatte.

In der Folgezeit haben chinesische Archäologen die Ausgrabungsarbeiten fortgeführt. Heute existiert eine Sammlung von fast hunderttausend Fundstücken. Früher glaubte man, daß zwischen den bearbeiteten Acheuléen-Steinen des Westens und denen des Ostens bedeutende Unterschiede bestünden und daß diese auf die Existenz grundverschiedener Kulturen im Osten und im Westen hinwiesen, aber dieser Unterschied wurde wahrscheinlich überschätzt. Heute hält man ihn nicht mehr für so tiefgreifend. So gibt es in Ost- und Südostasien relativ wenige zweischneidige Äxte, also Äxte, die auf beiden Seiten angeschlagen sind. Man hat dies damit erklären können, daß in dieser Gegend das Holz des Bambus, der hier wild wächst, für jene Zwecke benutzt wurde, für die man in anderen Zonen der Erde eben Steinwerkzeuge verwendete.

Es ist vielleicht erwähnenswert, daß der Pekingmensch uns eines der besten Beispiele für den Gebrauch des Feuers hinterlassen hat. Diese Zeugnisse stammen aus ziemlich später Zeit (sie sind auf ein Alter um 300 000 Jahre geschätzt worden). Doch es leuchtet ein, daß der Gebrauch des Feuers schon viel früher bekannt war und daß der *Homo erectus* sich auch deshalb verbreitete, weil er wußte, wie man Feuer macht, ein Wissen, in dessen Besitz er wohl seit Beginn seiner Expansion war.

Der »Homo sapiens«

Für die ersten Funde von Vertretern unserer Art ist ein Alter zwischen 500 000 und 300 000 Jahren errechnet worden. Möglicherweise deckt sich unsere Art zeitlich – zumindest teilweise – mit dem *Homo erectus*, aber wir wissen es nicht mit Sicherheit. Mit dem *Homo sapiens* wuchs das Gehirnvolumen ein letztes Mal an und erreichte sehr bald einen Durchschnitt von circa 1400 cm^3; dieses Volumen entspricht dem heutigen, wobei geringfügige Unterschiede zwischen Männern und Frauen bestehen (die unter anderem aus den Gewichts- und Größenunterschieden zwischen den beiden Geschlechtern erklärbar sind), allerdings mit einer sehr großen Schwankungsbreite.

Im Gegensatz zu einer weitverbreiteten Ansicht stellen wir, wenn wir eine moderne menschliche Population nehmen, eindeutig fest, daß das Gehirnvolumen des einzelnen wenig über das Ausmaß seiner Intelligenz aussagt: Leute mit sehr kleinem Kopf können hochintelligent sein und umgekehrt, das heißt, sehr dumme Menschen können durchaus auch einen sehr großen Kopf haben. In der Evolutionsgeschichte unserer Art dagegen geht das starke Anwachsen des Gehirnvolumens höchstwahrscheinlich mit einer Zunahme gewisser intellektueller Fähigkeiten einher, so etwa der Fähigkeit, Werkzeuge herzustellen und sich auf immer komplexere Art und Weise der Sprache zu bedienen.

In den letzten 300 000 Jahren hat das Volumen unseres Schädels offensichtlich nicht weiter zugenommen, doch es gibt einen Unterschied zwischen der Schädelform des *Homo sapiens*, der vor 300 000 bis 400 000 Jahren lebte, und der des heutigen Menschen, so daß man den älteren Typus *Homo sapiens archaicus* nennt. Bei den archaischen Schädeln ist der Überaugenwulst noch stark ausgebildet, der Knochenbau robust, und das Gesicht ragt immer noch auf eine etwas affenähnliche Art hervor.

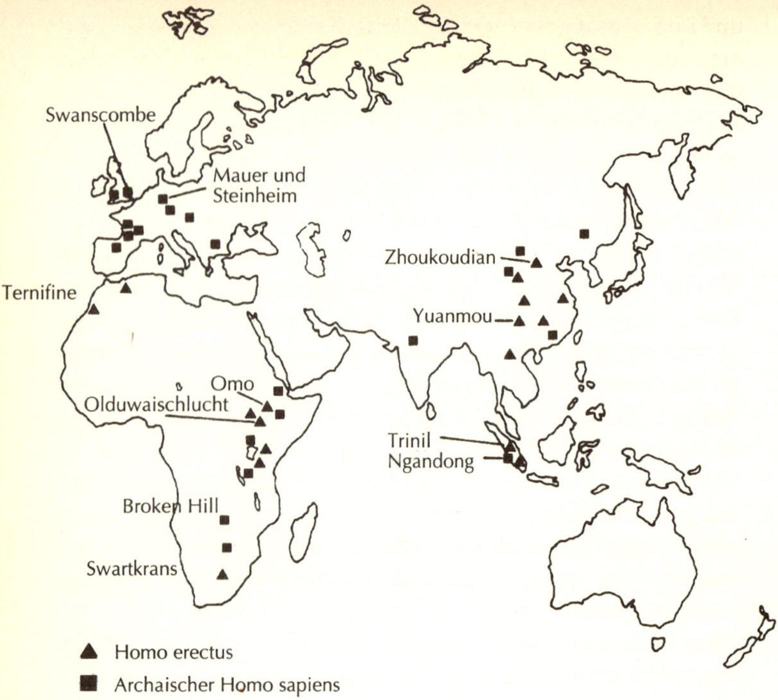

6. *Wichtigste Fundstellen von Fossilien des* Homo erectus *(Dreiecke) und des* Homo sapiens archaicus *(Vierecke).*

Vor kurzem sind Bilder von einem in China gefundenen Schädel veröffentlicht worden, der ein Zwischending zwischen einem *Homo erectus* und einem *Homo sapiens* sein könnte und auf eine Zeit vor 400 000 bis 500 000 Jahren datiert wurde. Der Fund ist hochinteressant, aber solange keine weiteren Daten dazu vorliegen, kann man nicht sagen, ob er sich als revolutionär für die Forschung erweisen wird.

Je näher wir an unsere eigene Zeit heranrücken, desto größer wird die Anzahl der Fossilien und archäologischen Fundstätten, und unsere Erkenntnisse werden immer gesicherter, obwohl noch große Fragezeichen bleiben. Der archaische *Homo sapiens* findet sich in Afrika (im Norden, Süden und Osten), in ganz Europa mit Ausnahme Skandinaviens, sowie in Asien, insbesondere im Osten und im Südosten, aber auch im Westen (andere Regionen sind weniger gut erforscht worden). Ihn als eine einzige Einheit zu betrachten fällt noch schwerer als im Fall des *Homo erectus*, obwohl es schon bei diesem problematisch war, zumal wir uns mit sehr wenigen Funden begnügen müssen. Es lassen sich aber eindeutig sowohl räumliche als auch zeitliche Differenzierungen feststellen. Wir haben bereits auf die Unterscheidung zwischen dem archaischen und dem modernen Menschen hingewiesen. Seit ungefähr 300 000 Jahren findet sich in Europa ein Typus des archaischen *Homo sapiens*, der sich von dem afrikanischen beziehungsweise dem chinesischen unterscheidet: Er gehört zur Untergliederung *Homo sapiens neanderthalensis*. Dem Neandertaler gebührt also ein Platz am Ende unserer Urahnengalerie. Um die Zeit vor 60 000 Jahren traf man ihn auch außerhalb Europas an, und zwar im Nahen Osten. Vor ungefähr 35 000 Jahren verschwand er. Anthropologen, Archäologen und Paläontologen sind in dieser Hinsicht in zwei Lager gespalten: Die einen meinen, der Neandertaler sei ausgestorben, wahrscheinlich infolge der Konkurrenz mit dem modernen Menschen, der aus dem Nahen Osten nach Europa gekommen war und ihn einfach verdrängt habe; die anderen glauben, der Neandertaler habe sich in den modernen europäischen Menschen verwandelt. Zwischen diesen beiden Hypothesen besteht ein großer Unterschied. Wenn der Neandertaler ausgestorben ist, müssen wir ihn sozusagen als Onkel (oder Vetter) betrachten, der keine Nachkommenschaft hinterlassen hat. Sollte er aber Nachkommen hinterlassen haben, wäre er ein Vorfahr, zumindest für die Europäer. Ich persönlich neige eher zur ersten Hypothese.

In den letzten 100 000 Jahren betrat dann der moderne Mensch, der sogenannte Jetztmensch, die Bühne. Er ist von uns nicht mehr zu unterscheiden und der einzige Vertreter der Gattung *Homo*, der bis heute überlebt hat. Er erhielt den Namen *Homo sapiens sapiens* und weist gegenüber seinen Vorgängern wichtige Veränderungen auf, in denen wir uns selbst immer mehr wiedererkennen: Unter ihm entwickelte sich die Sprache weiter und wurde die Qualität der Steinwerkzeuge entscheidend verbessert.

Gegen Ende der Periode des archaischen *Homo sapiens* wurde die alte Acheuléen-Technik, die eine Million Jahre oder länger beina-

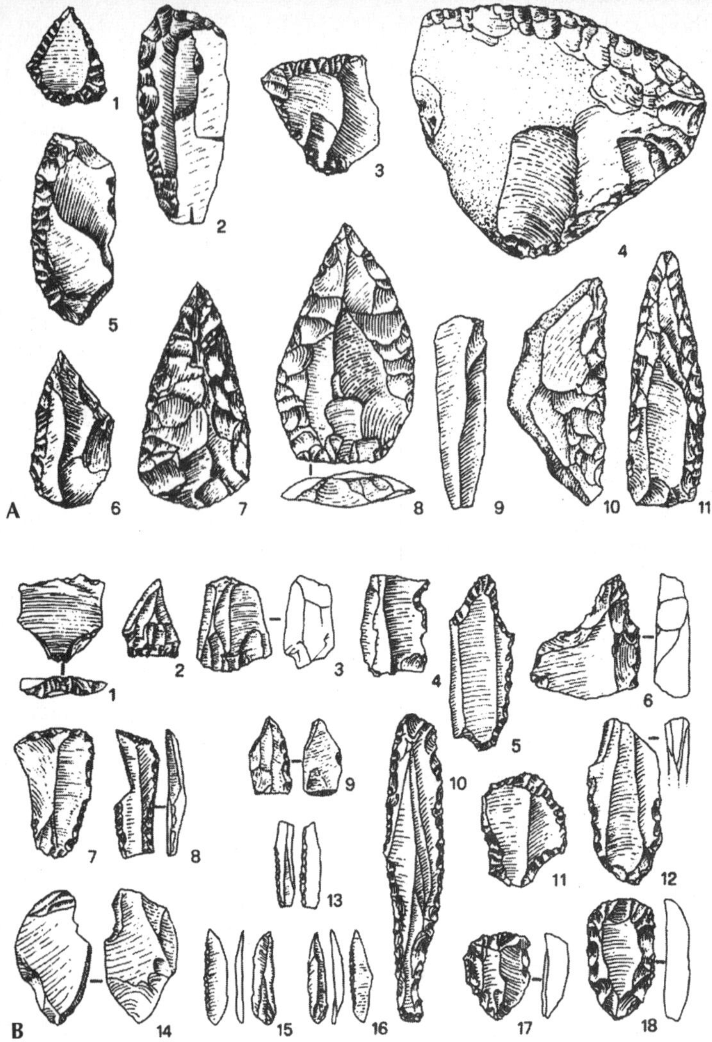

7. Homo sapiens: *Werkzeuge aus dem Moustérien (A) und dem Aurignacien (B): auf die Hälfte der Originalgröße verkleinert.*
A: *1, 6, 7 und 8: Spitzen; 2, 3, 4 und 10: Schaber; 9 und 11: Klingen.*
B: *1: Abschlag; 2 und 3: Kerne; 4 und 10: Klingen; 5, 6, 7 und 11: Kratzer; 8, 9, 12 und 14. Stichel: 13, 15 und 16: Lamellen; 17 und 18: Kielkratzer.*

he unverändert geblieben war, allmählich durch eine neue Methode der Werkzeugherstellung verdrängt. Diese bediente sich vor allem ganz unterschiedlich geformter Schaber, die abgeschlagen und im Laufe der Zeit ständig verbessert wurden. Diese jüngere Technik wird »Moustérien« genannt, nach dem Namen der französischen Höhle von Le Moustier, in der Nähe von Cro-Magnon, wo die ersten Exemplare gefunden wurden (der Fundort selbst ist aber viel älter als der Cro-Magnon-Mensch).
Es ist nicht klar, wo und wann die Moustérien-Technik eingeführt wurde. Fest steht jedoch, daß sie schon bald die Acheuléen-Technik verdrängte und eine Reihe verfeinerter und differenzierterer Werkzeuge hervorbrachte. In der Zeit zwischen 50 000 und 40 000 v. Chr. blieb sie die vorherrschende Technik in Europa, Afrika und im Nahen Osten, bis ein neues, noch weiter entwickeltes Instrumentarium, »Aurignacien« genannt (nach dem französischen Fundort Aurignac), in Erscheinung trat.
Für diese Epoche ist, zumindest in Europa – allerdings wohl nur für eine relativ kurze Spanne – ein gleichzeitiges Vorkommen zweier verschiedener Menschentypen nachweisbar: In dieser Zeit war in Europa sowohl der Neandertaler als auch der Jetztmensch anzutreffen, die sich nicht nur durch ihren Schädelbau voneinander unterschieden, sondern auch im Hinblick auf die Steinwerkzeuge, die wir in den von ihnen bewohnten Gebieten finden: Einerseits wurde noch die Moustérien-Technik, andererseits schon die Aurignacien-Technik angewandt. Die Moustérien-Technik verschwand dann zusammen mit dem Neandertaler, und die moderne Epoche brach an.

3

Hunderttausend Jahre

Schon vor 300 000 Jahren hatte das Gehirn des Menschen die gleichen Ausmaße wie heute; ja, es hat fast den Anschein, als wäre das Volumen sogar etwas größer gewesen. Das bedeutet aber nicht, daß sich die innere Struktur nicht von der unseres Gehirns unterschieden hätte. Es ist möglich, daß sie noch bedeutsame Veränderungen erfahren mußte, um den gegenwärtigen Stand der Perfektionierung zu erreichen. Einen Hinweis darauf liefert das Instrumentarium der damaligen Epoche, das sehr rudimentär ist und noch für lange Zeit rudimentär bleiben sollte. Im Laufe der folgenden 100 000 oder 200 000 Jahre sollten die primitiveren Teile der Physiognomie verschwinden (der archaische *Homo sapiens* sieht noch ein wenig äffisch aus) und die Werkzeuge eine bedeutsame Entwicklung erleben. Die neue Moustérien-Technik, die im Zusammenhang mit dem *Homo sapiens* auftritt, verdrängte die alte Acheuléen-Technik und umfaßte eine reichere Vielfalt an Werkzeugen, die oft Spuren einer wiederholten, sorgfältigen Überarbeitung aufweisen. Allerdings vermögen wir nicht zu sagen, wo und wann genau die Moustérien-Technik und der *Homo sapiens* zum ersten Mal in Erscheinung getreten sind.

Eines aber können wir mit einer gewissen Sicherheit behaupten: In den letzten 200 000 Jahren hat sich in Europa ein besonderer Typ des *Homo sapiens* herausgebildet, der Neandertaler (der in seiner klassischen Gestalt vor ungefähr 60 000 Jahren auftritt), während sich in Afrika zur gleichen Zeit ein Typ des archaischen *Homo sapiens* findet, der dem heutigen Menschen etwas mehr zu gleichen scheint als der Neandertaler. Dies stimmt mit anderen Tatsachen überein, die den Ursprung und das Zentrum der Expansion des modernen Menschen nach Afrika verlegen – eine Hypothese, die jedoch nicht von allen Experten geteilt wird. Über sie ist ein Streit entbrannt, in dem sich derzeit noch keine Lösung abzeichnet. Einige Paläoanthropologen messen den in China gemachten Entdeckungen große Bedeutung bei. Da die dortigen Funde des *Homo erectus* den heutigen Chinesen zu gleichen scheinen – über diese Ähnlichkeit herrscht allerdings auch keine große Einigkeit –, wird nun die Hypothese aufgestellt, daß der Jetztmensch sich nicht in einer besonderen Gegend, sondern in einem sehr großen Gebiet, ja praktisch in der ganzen Welt entwickelt habe. Diese beiden Theorien – jene, die einen einzigen, afrikanischen Ursprung postuliert, und die andere, die von einem »polyzentrischen« Ursprung ausgeht – werden unter den Anthropologen heiß diskutiert. Für den Genetiker liegt es näher, an einen einzigen Ursprung mit nachfolgender Expansion zu glauben.

Fast alle bedeutenden Entdeckungen fossilen Materials erfolgten durch Ausgrabungen, die ursprünglich keinem archäologischen Zweck dienten, sondern mit Baumaßnahmen für Häuser, Straßen und Eisenbahnlinien zusammenhingen. Da in Europa die Bevölkerungsdichte viel größer ist als in Afrika oder anderen Teilen der Welt – von China oder Indien abgesehen (wo es jedoch keine vergleichbare Entwicklung der Archäologie gab) – und viel gebaut wird, ist hier bis jetzt auch am meisten gegraben worden. Wenn interessante Funde zutage kamen, wurden sie gewöhnlich sofort Universitäten und Museen übergeben.

Das erklärt, warum Europa größere Mengen an archäologisch interessantem Material beigesteuert hat und im Hinblick auf Archäologie und Paläoanthropologie am besten erforscht ist. Hier sind sowohl der Neandertaler als auch der Cro-Magnon-Mensch entdeckt worden. Im Fall des Neandertalers hat das auch einen guten Grund: Er war nämlich vor allem in Europa verbreitet. Der Cro-Magnon-Mensch dagegen ist ein relativ später Vertreter des Jetztmenschen. Vom Typ des Jetztmenschen sind anderswo ältere Exemplare gefunden worden; auch sie sind, wie der Cro-Magnon-Mensch, kaum von jenen Menschen zu unterscheiden, die gegenwärtig auf der ganzen Welt leben.

Der »Homo sapiens neanderthalensis«

Der Neandertaler hat große Aufmerksamkeit erregt, weil er eindeutig primitive Züge trägt und sich so stark von uns unterscheidet, daß sich eine eingehende Beschäftigung mit ihm von selbst anbot. Das führte dazu, daß für ihn allein eine eigene Untergliederung des *Homo sapiens* eingeführt wurde; seither spricht man vom *Homo sapiens neanderthalensis.* Andere wollten ihn dagegen als eine Untergliederung des *Homo erectus* betrachten oder gar zu einer eigenen Art erklären. Tatsächlich aber sind die Unterschiede gar nicht so groß. Mein Schwiegervater Eppe Ramazzotti, ein hervorragender Naturforscher, wenn auch kein Anthropologe, sagte einmal, man brauche sich nur aufmerksam umzusehen, um festzustellen, daß der Neandertaler immer noch unter uns weile! Ich bin ihm jedoch nie begegnet und glaube, daß es sich nur um einen der üblichen Scherze meines Schwiegervaters handelte. Eine quantitative Analyse des Harvardprofessors Howells ergab keine besondere Ähnlichkeit der Neandertaler mit den europäischen Schädeln oder den Schädeln anderer lebender Menschenrassen.

Durch die freundliche Vermittlung von Professor J. J. Hublin vom Musée de l'Homme in Paris erhielt ich die Gelegenheit, zwei berühmte Schädel nebeneinander im Original zu sehen. Der eine, in Cro-Magnon gefundene, ist eindeutig der eines Jetztmenschen, während der andere zu einem berühmten Neandertaler gehörte, den man in Frankreich, in La-Chapelle-aux-Saints, entdeckt hatte. Der Unterschied ist eindrucksvoll, doch man muß einräumen, daß der Neandertaler große Variabilität aufweist und die Funde, die aus Osteuropa kommen, vielleicht weniger stark abweichend sind.

Der Schädel des Neandertalers hat dasselbe Innenvolumen wie der des Jetztmenschen, ja, manchmal ist es sogar ein bißchen größer. Die Schädeldecke jedoch ist länger und flacher; deswegen ist auch die Stirn viel niedriger, während die Überaugenwülste noch sehr ausgeprägt sind. Sein Gesicht ist lang, die Nase breit, das Kinn hat eine andere, eindeutig fliehendere Form, während das uns heute fast allen gemeinsame spitze Kinn erst beim Jetztmenschen in Erscheinung tritt. Der Neandertaler trägt auch eine

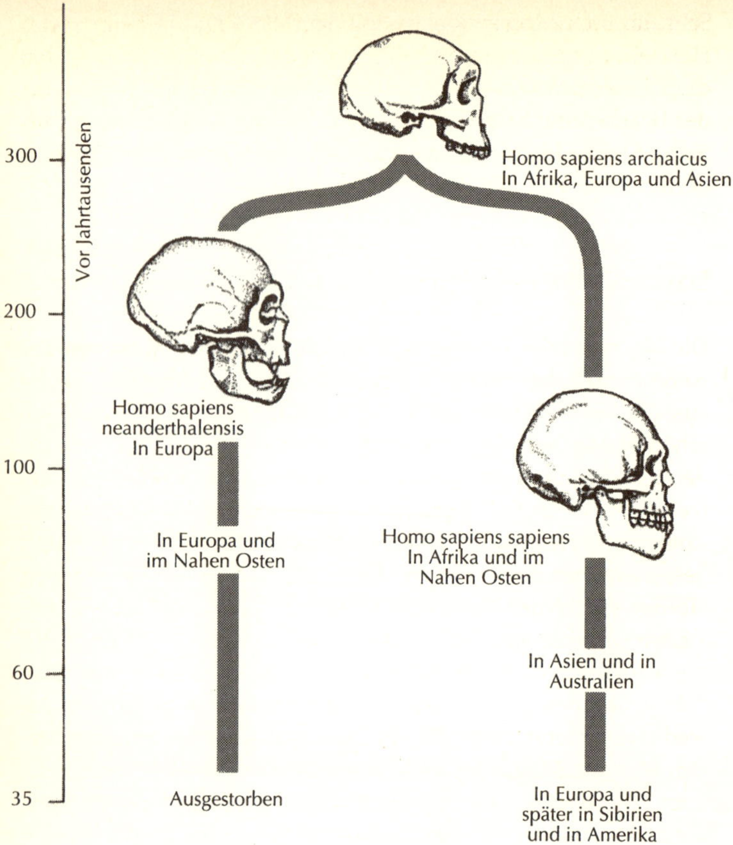

1. *Stammbaum des* Homo sapiens *und Vergleich zwischen Neandertaler und Jetztmensch.*

Art Knochen-Chignon* am Hinterkopf. Die Muskelansätze an den Knochen weisen darauf hin, daß er sehr kräftig gebaut war.
Ein seltsames Merkmal, insbesondere bei Personen höheren Alters, ist, daß die Schneidezähne nach außen hin abgeschliffen sind. Offensichtlich handelt es sich nicht um eine angeborene Veränderung, sie scheint vielmehr auf den Gebrauch des Gebisses als

*A. d. Ü.: chignon (frz.): Haarknoten

Schraubstock zurückzugehen, mit dem Werkzeuge während des Herstellungsprozesses festgehalten wurden; vielleicht wurden die Zähne auch verwendet, um Seile oder andere Materialien bei der Bearbeitung festzuhalten. Diese Art der Gebißnutzung trifft man unter anderem, wenn auch in viel weniger markanter Form, bei den Inuit an.

Das Leben der Neandertaler

Die Neandertaler konnten sich unterschiedlichen Klimaten anpassen und haben mehrere Eiszeiten überlebt. Wir gehen davon aus, daß sie in Höhlen lebten, wo fast alle bekannten archäologischen Funde gemacht wurden. Andererseits muß man auch bedenken, daß die Archäologen vorzugsweise in Höhlen graben, weil dort eine große Wahrscheinlichkeit besteht, auf Überreste zu stoßen, und die Fundgegenstände im allgemeinen unberührt und besser erhalten geblieben sind. Es sind zwar auch außerhalb von Höhlen – oft in der Nähe von Quellen, Flüssen und Seen – Fundstätten entdeckt worden, sie weisen jedoch keine Anzeichen auf, die auf eine dauerhafte Ansiedlung schließen lassen, wie zum Beispiel bei den Überresten der Lager des Jetztmenschen. In den Siedlungen unter freiem Himmel sind vor allem Steinreste gefunden worden. Möglicherweise wurden die Steine dort bearbeitet oder nur benutzt, um die erlegten Tiere in Stücke zu schneiden, die dann woandershin getragen wurden.

Diese Menschen waren ohne Zweifel Jäger und Nomaden, die vielleicht ein zentrales Lager hatten, in das sie nach der Jagd zurückkehrten. Sie lebten hauptsächlich von Fleisch – von Hirschen, Rindern und Pferden. In den von ihnen bewohnten Gegenden findet man immer Werkzeuge der Moustérien-Machart; deshalb ist das Moustérien ein gutes Indiz für die Anwesenheit des Neandertalers in Europa geworden, obwohl man nicht vergessen darf, daß diese Technik sehr lange Zeit in Gebrauch war und auch vom archaischen *Homo sapiens* und vom Jetztmenschen verwendet wurde.

Außer Messern, Schabern, Ahlen und vielen anderen Geräten hat man auch einige Lanzen gefunden, darunter eine über zwei Meter lange aus Holz, mit einer feuergehärteten Spitze, die noch zwischen den Rippen eines Elefanten steckte. Offensichtlich war die Waffe erfolgreich verwendet worden. Die Neandertaler bearbeiteten weder Knochen noch Elfenbein, sondern in erster Linie Stein und Holz und haben uns, im Gegensatz zu ihren Nachfolgern, keine Anzeichen hinterlassen, die auf irgendein Interesse an Kunst schließen ließen.

Skelettfunde von älteren Personen oder solchen mit Anzeichen langwieriger Krankheiten legen den Gedanken nahe, daß die Neandertaler sich der Alten und Behinderten annahmen.

Rituelle Verhaltensweisen?

Man hat in Höhlen auch Grabstätten von Neandertalern gefunden. Gewöhnlich war der Leichnam in gekrümmter Haltung in sein Grab gelegt worden. Das ist jedoch nicht unbedingt ein Hinweis auf ein besonderes Ritual; vielleicht wollte man nur keine größeren Gruben graben.

Es sind auch Ansammlungen zerbrochener Menschenknochen entdeckt worden: Dies legt den Gedanken nahe, daß das Innere, das Mark in den Langknochen und das Gehirn im Schädel, verzehrt wurde. Dazu müssen diese Menschen sich nicht, wie manche behaupteten, gegenseitig umgebracht haben. Möglicherweise handelte es sich um Nekrophagie, den Brauch, die Toten zu verzehren – eine in Afrika noch heute weitverbreitete Form des Kannibalismus, die bis vor wenigen Jahren auch in Neuguinea praktiziert wurde.

In der Zentralafrikanischen Republik wurden zu der Zeit, als ich dort arbeitete, immer wieder einmal Fälle von Anthropophagie bekannt, obwohl sie offiziell verboten war und unter Strafe stand. Selbst Präsident Bokassa, der sich später zum Kaiser von Zentralafrika ausrief, hat, wie es scheint, Fleisch von Schülern verspeist, die er von seiner Polizei hatte umbringen lassen, weil sie gegen eine seiner Verordnungen rebelliert hatten. Die Nekrophagie ist ein in der Geschichte des Menschen verbreiteter Brauch. 1967 habe ich eine Region Neuguineas besucht, wo sie noch üblich und für die Übertragung des Kurus, eines schweren neurologischen

Syndroms, verantwortlich war, das innerhalb weniger Jahre unweigerlich zum Tode führt. Da man in ein und derselben Familie mehrere Fälle antraf, schien es sich um eine Erbkrankheit zu handeln. Aber dann fand man heraus, daß der Kuru auf ein Virus zurückgeht, das von den Eltern auf die Kinder übertragen wird als Folge des Brauches, das Fleisch der verstorbenen Eltern zu essen; auch die Vorbereitung der Leiche für das Bestattungsritual durch die Familienangehörigen, vor allem die Frauen, kann für die Übertragung des Virus verantwortlich sein. Deshalb lag anfänglich auch der Verdacht auf eine erbliche Krankheit nahe.

An den Knochen der Neandertaler finden sich keine Spuren von Verletzungen, die auf Angriffe durch andere Menschen hinweisen würden, während es verschiedene Anzeichen – etwa Bißspuren etc. – gibt, die von fleischfressenden Tieren zu stammen scheinen. Andere Verletzungen lassen den Schluß zu, daß das Fleisch, wahrscheinlich vor der Beerdigung, mit Schabern von den Knochen getrennt wurde. Die Bestattung wurde vielleicht vorgenommen, um zu verhindern, daß die Leichname Beute der Raubtiere wurden, und der Brauch, das Fleisch von den Knochen zu trennen, wurde möglicherweise von der Notwendigkeit diktiert, den Verwesungsgeruch zu vermeiden, denn die Menschen wollten wohl weiterhin in ihrer angestammten Höhle leben.

Einige Funde haben Schlüsse auf gewisse Bestattungsrituale nahegelegt. So wurde 1939 in einer Grotte des Monte Circeo, südlich von Rom, bei Aushubarbeiten für den Bau einer Villa ein Kreis aus Steinen gefunden, die auf dem Boden der Höhle um einen Schädel herum angeordnet waren. Leider wurde der Schädel von den Entdeckern noch vor dem Eintreffen der Anthropologen von seiner ursprünglichen Position entfernt. An der Basis des Schädels befand sich eine Öffnung. Das legte zunächst die Vermutung nahe, daß das Hirn verspeist worden war, doch jüngste Forschungen haben diese Hypothese nicht bestätigt.

Was – vielleicht zu Unrecht – großes Aufsehen erregt hat, war die Entdeckung von Blütenpollen in einem anderen Neandertalergrab. Man nahm an, daß auf die Leiche Blumengaben gelegt wurden, aber wir wissen es nicht mit Sicherheit; es könnte sich ebensogut um Intrusivmaterial anderer Herkunft handeln. Dies

ist übrigens ein großes Problem, das sich bei allen Ausgrabungen stellt.
Abschließend können wir festhalten, daß wir nicht sicher sind, ob hinter der Bestattung der Toten wirklich eine religiöse Absicht stand. Viele schließen diese Möglichkeit kategorisch aus.

Die Verbreitung des Neandertalers

Knochen von Neandertalern finden wir in ganz Mittel- und Osteuropa; die Neandertaler hatten sich auch bis in den Nahen Osten und in das Gebiet östlich des Kaspischen Meeres ausgebreitet.
In diesem Zusammenhang ergibt sich ein bis heute ungelöstes Problem. Im Nahen Osten trifft man den Jetztmenschen schon sehr früh, das heißt vor 100 000 Jahren an. Aus jüngerer Zeit finden sich dort aber auch Skelette von Neandertalern. In Israel wurden in benachbarten Höhlen die Überreste von Neandertalern und Jetztmenschen entdeckt. Anfangs hat man für beide mit der ^{14}C-Methode ein Alter von 40 000 Jahren errechnet. Doch die ^{14}C-Methode erweist sich bekanntlich gerade ab diesem Alter als untauglich; ältere Daten können damit überhaupt nicht bestimmt werden. Als man aber die Reste genauer datieren konnte, stellte man fest, daß diese Menschen in verschiedenen, älteren Epochen gelebt hatten. Auf der Grundlage der neueren Datierungen wurde die Hypothese aufgestellt, daß die erste Niederlassung des Jetztmenschen im Nahen Osten, die vor etwa 100 000 Jahren erfolgte, nicht von Dauer war, und daß er vor 60 000 bis 65 000 Jahren von den Neandertalern verdrängt wurde, daß aber der Neandertaler später aus dem Nahen Osten ganz verschwunden und der Jetztmensch wieder dorthin zurückgekehrt ist.
In Europa sind die letzten Spuren des Neandertalers auf die Zeit vor ungefähr 35 000 Jahren datiert worden.

2. Größte Verbreitung des Neandertalers.

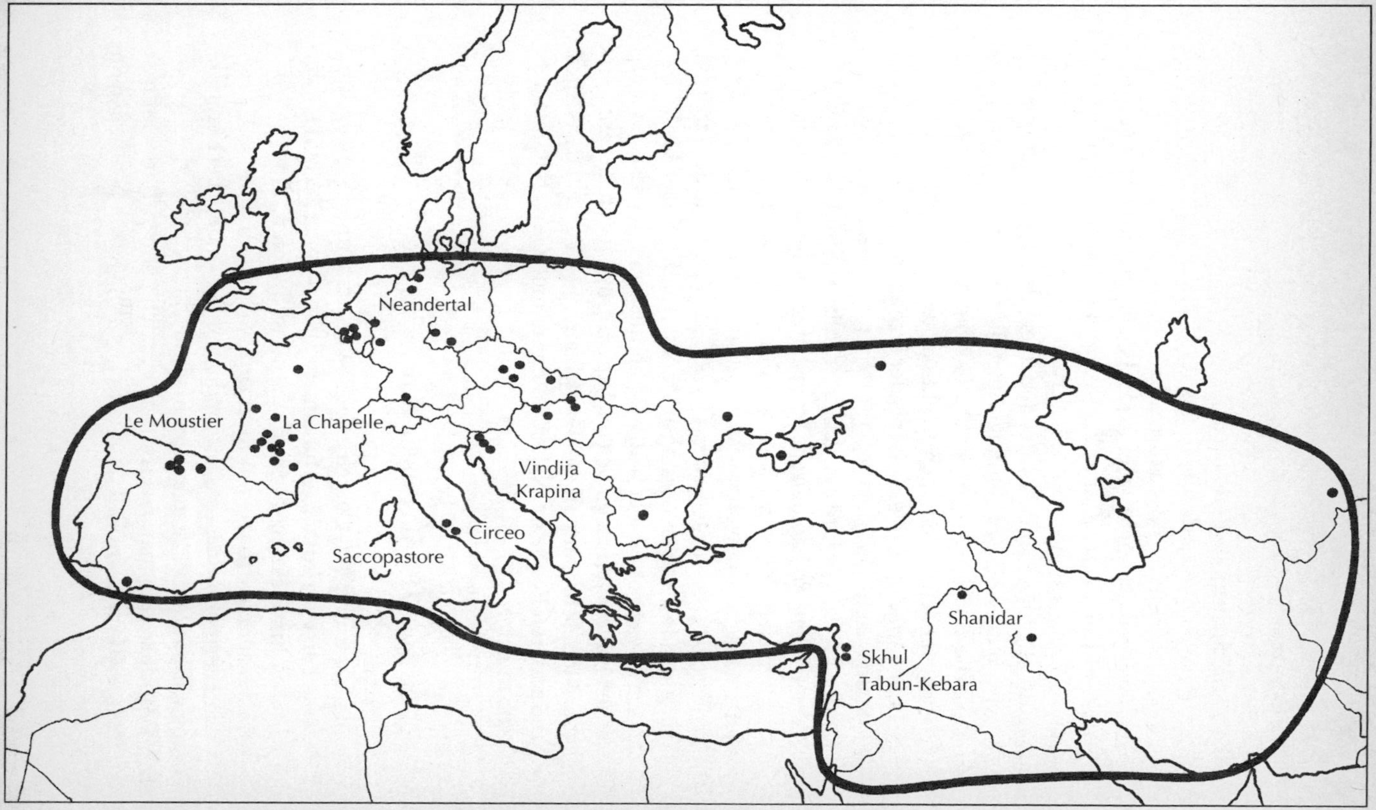
Neandertal
Le Moustier
La Chapelle
Vindija
Krapina
Circeo
Saccopastore
Shanidar
Skhul
Tabun-Kebara

Der »Homo sapiens sapiens«

Die beiden ältesten Zeugnisse unserer direkten Stammväter sind fast gleichaltrig: Beide wurden in Südafrika gefunden, und zwar in den sogenannten Border Caves beziehungsweise in den Höhlen nahe der Mündung des Flusses Klasies. Das Alter dieser beiden Fundstätten ist nicht sehr exakt bestimmt worden: Die erste soll zwischen 130 000 und 74 000, die zweite zwischen 115 000 und 74 000 Jahren alt sein. Aufgrund dieser Funde nimmt man heute allgemein an, daß der Jetztmensch seinen Ursprung in Afrika hatte – eine Schlußfolgerung, die gestützt wird durch die Tatsache, daß der afrikanische archaische *Homo sapiens*, der zuvor in verschiedenen Regionen Afrikas lebte, dem Jetztmenschen offenbar ähnlicher gewesen ist als der archaische *Homo sapiens*, der sich im Rest der Welt findet.

In der zweiten Hälfte der achtziger Jahre sind im Nahen Osten verschiedene archäologische Fundstätten entdeckt und genau datiert worden, die von Menschen des modernen Typs, also von Jetztmenschen, bewohnt waren. Die erste und vielleicht bedeutendste liegt im israelischen Qafzeh. Ihr Alter wurde – je nach angewandter Untersuchungsmethode – auf 109 000 bis 92 000 Jahre berechnet, wobei beide Daten mit einer gewissen statistischen Fehlerwahrscheinlichkeit behaftet sind. Jedenfalls erinnern die Daten sehr stark an die der afrikanischen Fundstätten. Auch die anderen Funde im Nahen Osten stammen ungefähr aus derselben Zeit.

Zwei neue Datierungsmethoden

Die Datierung von Qafzeh erfolgte vor allem unter Anwendung zweier erst vor kurzem erfundener Untersuchungstechniken: der Thermolumineszenz-Methode und einer anderen, ähnlichen Methode, der Elektronenspin-Resonanz-Methode (ESR).

Die Thermolumineszenz-Methode ist insbesondere bei Keramikgegenständen und generell bei Material anzuwenden, das zu dem Zeitpunkt, den man zu ermitteln versucht, hohen Temperaturen ausgesetzt war. Im Fall des Menschen von Qafzeh benutzte man

sie zur Datierung von Steinwerkzeugen, die zum Zeitpunkt ihrer Herstellung fast mit Sicherheit mit Feuer in Berührung gekommen waren.
Die Methode beruht auf der Berechnung von unter dem Mikroskop sichtbar werdenden Spuren von Atomen des Urans, des Kaliums und anderer radioaktiver Elemente, die diese bei jeder Umwandlung hinterließen. Man kann die von den umgewandelten Atomen hinterlassenen Spuren zählen, weil sie, wenn man das Material erwärmt, ein sichtbares Licht erzeugen. Zum Zeitpunkt der Herstellung des Gegenstandes muß jedoch eine genügend starke Erhitzung stattgefunden haben, damit die Uhr sozusagen auf Null gestellt wurde, das heißt, daß alle vorherigen Spuren gelöscht wurden und nur die nach diesem Zeitpunkt erfolgten Veränderungen sichtbar werden. Deshalb ist die Methode besonders geeignet für die Altersbestimmung von Keramikgegenständen, die in einem Ofen gebrannt wurden.

Die Verbreitung des Jetztmenschen

Etwa vereinfacht können wir die wahrscheinlichste Chronologie unserer unmittelbaren Vorfahren (das heißt der Angehörigen vom Typ *sapiens*) so darstellen: Verschiedene Typen des archaischen *Homo sapiens* bewohnten schon vor 300 000 Jahren, ja vielleicht schon früher, verschiedene Teile der Alten Welt; der Neandertaler war vor 200 000 Jahren in Europa anzutreffen, der Jetztmensch (der *Homo sapiens sapiens*) um die Zeit vor 100 000 Jahren in Südafrika und etwa zur selben Zeit in Israel. Vor circa 60 000 Jahren fand sich der Neandertaler dann im Nahen Osten, wo man allerdings keine gleich alten Spuren des Jetztmenschen entdeckt hat.
Nach dieser Epoche konnte man den *Homo sapiens sapiens* überall antreffen. Innerhalb von 60 000 oder 70 000 Jahren stieß er in jeden Winkel des Planeten vor und stellte damit nicht nur seine Anpassungsfähigkeit an die verschiedensten Umgebungen, sondern auch einen erstaunlichen Abenteuergeist unter Beweis.
In China wurden die Überreste eines 60 000 Jahre alten Jetztmenschen gefunden; doch es handelt sich um einen einzigen

Fund, dessen Altersbestimmung zudem ziemlich unsicher ist. Vor 60 000 Jahren erreichte der Jetztmensch offenbar auch Neuguinea und Australien. Dorthin kann er nur gelangt sein, indem er das Meer überquerte, das zu jenen Zeiten zwar weniger ausgedehnt war als heute, aber immerhin noch ein Hindernis darstellte, das nur mit einem Wasserfahrzeug – so primitiv es auch sein mochte – zu überwinden war. In Australien entdeckte man die fossilen Überreste eines Menschen – den meisten Paläoanthropologen zufolge ein Jetztmensch –, der zwischen 40 000 und 35 000 Jahre alt ist, und mit reichem archäologischem Material ausgestattete Fundstätten, die auf ein Alter von 55 000 bis 60 000 Jahren datiert wurden. In Europa trat der Jetztmensch erst spät auf. Man traf ihn vor ungefähr 40 000 bis 35 000 Jahren zuerst in Osteuropa und etwas später in Frankreich an. Die Vermutung liegt nahe, daß der Jetztmensch aus dem Osten kam. Aus etwa derselben Epoche stammen auch die letzten Spuren des Neandertalers.
In der Folgezeit stieß der Jetztmensch in die kältesten Regionen Asiens vor. Es war ohne Zweifel eine sehr schwierige Eroberung, denn Sibirien gehört zu den kältesten Gegenden der Welt. Diese Besiedelung hat eine kulturelle und wahrscheinlich auch eine biologische Anpassung an diese Klimate erforderlich gemacht. Von dort aus erreichte der Jetztmensch auch Nord- und Südamerika, spätestens vor rund 15 000 Jahren, vielleicht auch schon früher. Vermutlich profitierte er von der langen Periode, in der die Beringstraße im Laufe der letzten Eiszeit als Landmasse auftauchte, das Wasser des Ozeans sich zurückzog und sich in den Gletschern an den Polkappen konzentrierte, während die Küstenlinie sich senkte und ausdehnte, insbesondere dort, wo die Meere nicht besonders tief waren. In Kapitel 5, S. 200, zeigt eine Karte die möglichen Hauptwege der Expansion des Jetztmenschen.

Der Jetztmensch und der Neandertaler: Konkurrenz oder Vermischung?

Es ist schwer zu sagen, ob der Jetztmensch den Neandertaler verdrängt hat, indem er ihn möglicherweise physisch auslöschte, oder ob er sich ihm überlagert, sich vielleicht mit ihm vermischt hat, denn wir wissen nicht einmal, ob es sich um unterschiedliche Arten oder um dieselbe Art handelte. Im allgemeinen gilt: Wenn verschiedene Arten in derselben Umgebung um dieselben Ressourcen konkurrieren, überlebt auf lange Sicht nur eine. Wir können aber nicht ausschließen, daß sie sich vermischt haben. Zu der Zeit, als wahrscheinlich beide in Europa lebten, gab es dort allerdings wichtige kulturelle Unterschiede zwischen den beiden Menschentypen, die die These von einer Vermischung wenig plausibel machen.

Ein Rätsel muß noch gelöst werden. Als der biologisch gesehen moderne Mensch vor etwa 100 000 Jahren in Südafrika und Israel auftauchte, verfügte er noch über Werkzeuge vom Moustérien-Typ, wie sie die Neandertaler und alle archaischen *sapiens* sowohl in Afrika als auch im Rest der Welt benutzten. Man könnte also zu dem Schluß gelangen, daß die Biologie sich vor der Kultur verändert hat, daß die kulturelle Veränderung sich mithin in einem langsameren Tempo vollzogen hat als die biologische. Gewöhnlich geschieht das Gegenteil, das heißt, die kulturelle Evolution geht schneller vonstatten als die biologische. Doch es ist auch möglich, daß eine biologische Veränderung den kulturellen Wandel bedingt; so hat zum Beispiel die Entwicklung neuer Gehirnstrukturen eine neue kulturelle Evolution erst ermöglicht. In einem solchen Fall kann sich am Ende einer langen Periode der biologischen Veränderung eine kulturelle Evolution ganz rasch vollziehen. Dies trifft vielleicht auch auf die Entwicklung der Sprache zu.

Wie bereits erwähnt, begann der Jetztmensch vor ungefähr 50 000 Jahren, ein Instrumentarium zu benutzen, das er nach Europa mitbrachte. Es unterschied sich von dem des Moustérien-Typs und wird mit dem Begriff »Aurignacien« bezeichnet (es gibt jedoch auch andere Bezeichnungen dafür). Dieses Instrumentarium gehört so sehr zu jener Zeit, daß man es, in Ermangelung menschlicher Funde, heute verwendet, um die Fundstätten des Jetztmenschen von denen des Neandertalers zu unterscheiden. Es könnte riskant sein, sich auf dieses Kriterium zu verlassen; in Europa allerdings hat sich die Assoziation der Moustérien-Technik mit dem Neandertaler und der neuen Aurignacien-Technik mit dem Jetztmenschen bislang immer als richtig erwiesen.

Das Instrumentarium des Aurignacien ist reichhaltiger und differenzierter als das des Moustérien. Es umfaßt viele verschiedene Typen von Werkzeugen mit präzisen Formen und erkennbaren Funktionen, die eine stärkere Spezialisierung verraten. Es gibt mit der Klinge zugeschlagene Steine, die eher lang als breit sind und sehr scharfe Ränder haben, Skalpelle und sehr fein geschliffene Schaber. Außer Kieseln wurden auch Elfenbein, Horn und Knochen bearbeitet.

Das Aurignacien erlebte eine schnelle Entwicklung und eine rasche Ausbreitung. Es brachte eine Vielzahl lokaler Kulturen hervor, die diversifizierte Ausrüstungen produzierten. Da auch sie namentlich voneinander unterschieden werden müssen, ist es fast zu einer Explosion archäologischer Namen gekommen.

Glynn Isaac, ein hervorragender, leider schon vor einigen Jahren verstorbener Anthropologe, hat die interessante Hypothese aufgestellt, daß diese große Diversifikation der Werkzeuge zeitlich mit dem Beginn einer bedeutenden sprachlichen Differenzierung und Perfektionierung zusammenfällt. Manche glauben, daß der Rachen-Luftröhren-Trakt des Neandertalers nicht lang genug war, um denselben lautlichen Reichtum hervorzubringen, über den der Jetztmensch verfügt. Das ist eine weitere Hypothese zur Untermauerung der Vermutung, daß die Sprache des Neandertalers weniger entwickelt war als unsere.

Das Moustérien wies bereits lokale Variationen auf, aber niemals so markante Unterschiede wie die Werkzeuge vom Aurignacien-Typ. Man kann sagen, daß die große lokale Diversifikation der Werkzeuge mit der raschen Ausbreitung des Jetztmenschen einherging. Wahrscheinlich kam es zur gleichen Zeit auch zur sprachlichen Diversifikation, und zwar aus denselben Gründen: mehrere voneinander unabhängig verlaufende Evolutionsprozesse in Gesellschaften, die aufgrund der räumlichen Entfernungen nicht miteinander kommunizierten.

Im Gegensatz zum Neandertaler legte der Jetztmensch ein großes Interesse für Kunst an den Tag. Dieser Unterschied im Verhalten ist meiner Meinung nach ein weiterer wichtiger Beweis für die grundlegende Verschiedenheit der beiden Menschentypen. Wir entdecken praktisch überall Graffiti und Felsmalereien. Diese ersten künstlerischen Darstellungen im Südwesten Frankreichs, in der Pyrenäenregion, begleiteten ohne Zweifel die Ankunft des Jetztmenschen vor 35 000 Jahren. Hauptsächlich im französisch-kantabrischen Gebiet – wo bis jetzt nicht weniger als 150 kunstvoll ausgeschmückte Höhlen entdeckt worden sind! – zwischen der heutigen Dordogne und der Frankreich und Spanien gemeinsamen Atlantikküste (siehe Abbildung 5, S. 106) kam es zu einer frühen Blüte der Kunst. Neben den Felsmalereien, in denen vor allem Tiere mit eindrucksvoller Präzision und expressiver Kraft dargestellt wurden, finden wir auch behauene Felsen, Statuetten aus Stein (oft handelt es sich um weibliche Figuren mit ausladenden Brüsten, Bäuchen und Hüften) und persönliche Gegenstände wie Ketten oder anderen Schmuck aus Tierzähnen, Muscheln oder Elfenbein, aus Knochen oder weichem Stein, die bereits mit komplizierten Techniken hergestellt wurden.

Eine wichtige Innovation ist der Gebrauch des Bogens, der vielleicht vor 20 000 Jahren in Erscheinung trat und rasch Verbreitung fand. Die Lanze wurde perfektioniert, indem man sie durch einen kurzen Stock mit einer Rille verlängerte, in die man den Schaft steckte – eine Art Verlängerung des Armes, die es erlaubt, die Waffe mit mehr Kraft und weiter zu werfen. Ausgestattet mit einer scharfen Spitze aus Obsidian, genannt »Spitze von Clovis«, wurde sie in Amerika zum Erlegen von Mammuts verwendet. Neben verfeinerten Jagdwerkzeugen erschienen auch die ersten Angelgeräte, wie Harpunen und Angelhaken.

Die archäologischen Fundstätten geben uns Aufschluß darüber, daß Typ und Verteilung der Siedlungen sich im Vergleich zu den Zeiten des Neandertalers änderten. Sie weisen Ähnlichkeit mit jenen der heute noch lebenden Jäger und Sammler auf.

Der Mensch lebte zwar noch in Höhlen, die er zu verändern und wohnlicher zu gestalten trachtete, aber er baute auch – manchmal

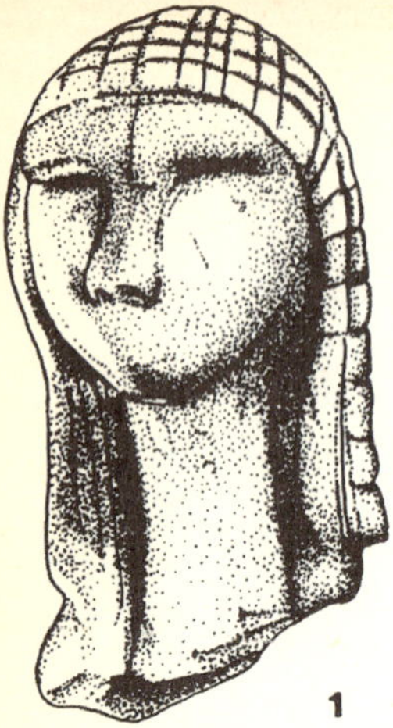

1

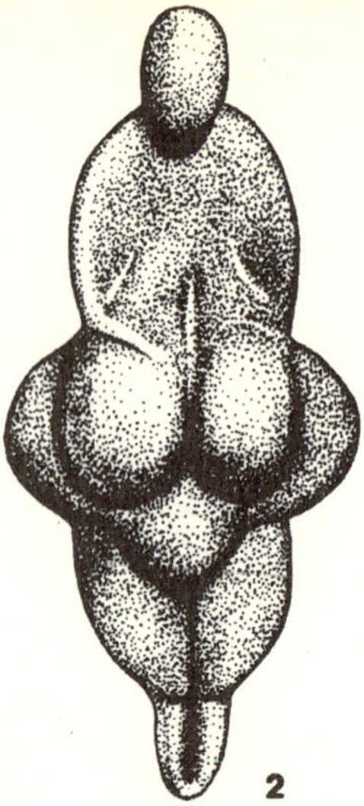

2

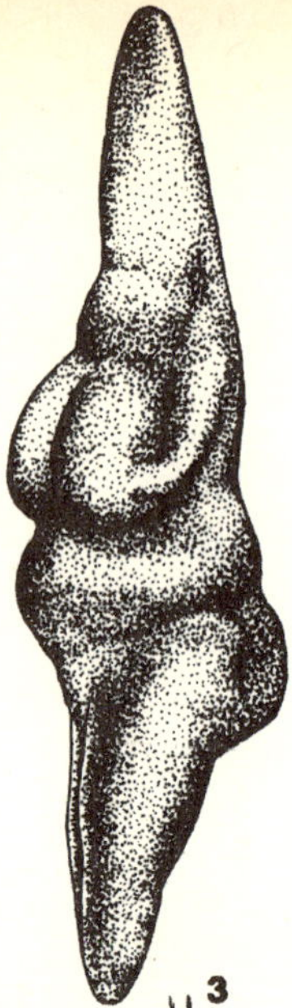

3

4

5

6

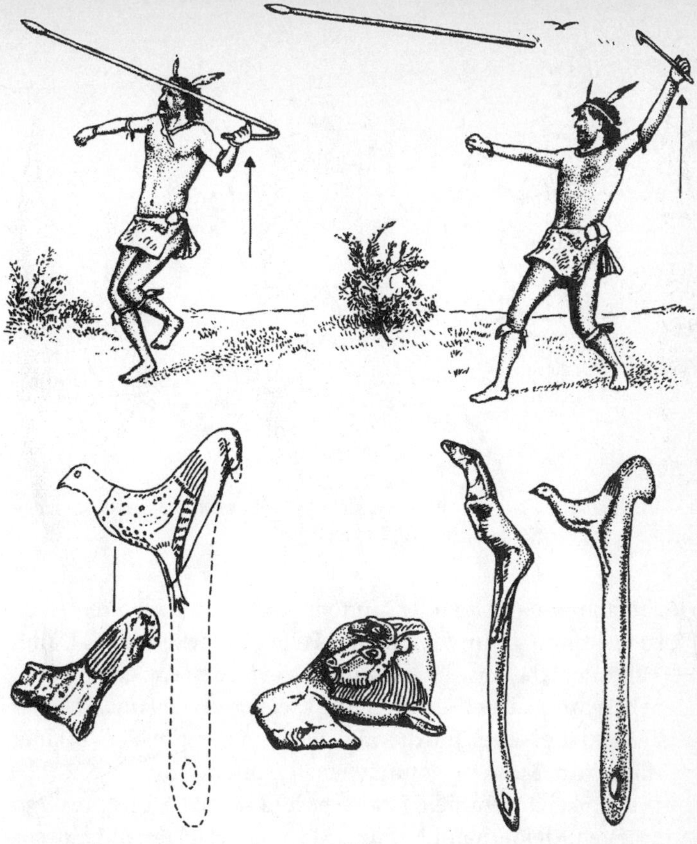

4. Der Wurfapparat war ein Instrument zur »Verlängerung« des Arms, mit dessen Hilfe man einen Speer mit größerer Kraft und weiter werfen konnte. Er war in der späten Altsteinzeit sehr weit – von Europa bis Australien und Amerika – verbreitet.
Unten: *Beispiel für verzierte Wurfapparate.*

3. Wandmalereien und Schmuckgegenstände der späten Altsteinzeit in Europa. 1: Kopf einer 22 000 Jahre alten Statuette aus Brassempouy (Frankreich), 3,5 Zentimeter; 2: Aus einem Mammutstoßzahn geschnitzte Figur einer Frau aus Lespugue (Frankreich), 14,7 Zentimeter; 3: »Venus von Savignano« (Emilia Romagna); 4: Vorder- und Rückseite einer winzigen, mit Einritzungen versehenen und perforierten Knochenscheibe aus der Dordogne (Frankreich); 5: Hirschfurt, Höhle von Lascaux (Frankreich); 6: Von einem Mann verfolgte Frau, Knochenschnitzerei, Höhle von Isturiz (Frankreich).

5. Wandmalereien aus der späten Altsteinzeit in Europa: Stiere aus der Höhle von Altamira (in Nordostspanien), 18 mal 9 Meter.

ziemlich große – Zelte oder Hütten. Man hat die Überreste von Holzstrukturen gefunden, die mit Fellen bedeckt waren. Damit die Felle nicht davonwehten, wurden sie mit den Knochen großer Tiere beschwert. Der Mensch stellte Kleider aus Fell und Pelz her und erfand die Nadel, um die Stücke zusammenzunähen. In einer nördlich von Moskau gefundenen Grabstätte, die drei 22 000 Jahre alte Skelette enthielt, fanden sich Reste von Mokassins und kompletten Kleidern mit Kapuzen, Hemden, Jacken und Hosen.

Die Frage der »afrikanischen Eva«

In den letzten Jahren ist ziemlich viel von der »afrikanischen Eva« die Rede gewesen – ein griffiger, aber aus verschiedenen Gründen irreführender Begriff, denn er suggeriert unter anderem, daß unsere Art eine einzige Stammutter gehabt habe. Das ist natürlich eine Vorstellung, die den christlichen Fundamentalisten sehr entgegenkommt, da sie eine wörtliche Interpretation der Bibel zu stützen scheint (sofern man über die Tatsache hinwegsieht, daß das Geburtsdatum der sogenannten Eva ungefähr 200 000, und nicht 6000 Jahre zurückliegt). Um diese Hypothese zu erklären, die auf einer Laborforschung über die Mitochondrien beruht, muß man den biologischen Hintergrund ein wenig beleuchten. Die Arbeit selbst wurde von Allan Wilson durchgeführt, einem hervorragenden Biochemiker, der im Lauf seiner Tätigkeit begonnen hatte, sich mit der Evolution zu beschäftigen; leider ist der an der Universität Berkeley tätige Wissenschaftler im Sommer 1991 allzu früh verstorben.

Das Mitochondrium ist eine Zellorganelle, die in allen Zellen der höheren Organismen vorkommt und den durch die Atmung in die Zellen gelangten Sauerstoff zur Erzeugung von Energie benutzt. Sie wirkt als Kraftwerk der Zelle, die allerdings auch auf andere, wenn auch weniger effiziente Weise Energie produziert. Das Mitochondrium befindet sich außerhalb des Zellkerns, in der Flüssigkeit zwischen dem Kern und der Außenmembran. In jeder Zelle kann es Tausende oder Zehntausende von Mitochondrien geben, jedenfalls aber mindestens eines. Es hat die Form einer kleinen Bakterie und ist wahrscheinlich auch eine Bakterie, die vor über einer Milliarde Jahren eine solche Anpassung vollzogen hat, daß sie seither mit der Zelle in einer Symbiose leben kann. Inzwischen ist sie – eben aufgrund ihrer Funktion als Kraftwerk – ein überaus wichtiger Bestandteil der Zelle geworden.

Das Mitochondrium besitzt jedoch insofern eine gewisse Unabhängigkeit vom Rest der Zelle, als es mit seinem eigenen winzigen Chromosom ausgestattet ist, das, wie alle Chromosomen, aus DNA besteht. Die DNA ist die Trägerstruktur des Erbgutes, also jene Substanz, die die gesamte Information enthält, die notwendig ist, um unbelebtes Material in lebendes zu verwandeln und neue Organismen aufzubauen; sie tut das, indem sie die Umwandlung der Nahrung zur Erzeugung neuer Zellen – Kinder, Nachkommen – steuert. Die DNA muß etwas ausführlicher vorgestellt werden, weil es ihr zu verdanken ist, daß die biologischen Merkmale in jedem lebenden Organismus von den Eltern auf die Kinder übertragen werden.

Die Struktur der DNA

Die DNA tritt in sehr langen Strängen auf und bildet die berühmten Chromosomen, DNA-Segmente, die im Innern des Kerns jeder Zelle enthalten sind. Die Chromosomen sind in allen Zellen eines Individuums gleich und für dieses eine Individuum charakteristisch. Das bedeutet nicht, daß man, wenn man die Chromosomen einer Person durch das Mikroskop betrachtet, feststellen kann, daß sie sich von denen einer anderen Person unterscheiden. Der Unterschied ist viel feiner, ja, der Detailreichtum in ihrem Inneren ist schier unermeßlich.

Es gibt viele Bausteine, Einheiten, aus denen sich die Chromosomen zusammensetzen, aber sie können nur vier Typen angehören – A, G, C und T. Diese vier Buchstaben stehen für vier einfache, sehr bekannte chemische Verbindungen: Adenin, Guanin, Cytosin und Thymin. A und G gehören zu jener Klasse von Substanzen, die »Purine« genannt werden, zu denen zum Beispiel auch das Koffein und die Harnsäure gehören; C und T sind »Pyrimidine«, etwas kleinere Moleküle (Vitamin B_1 ist zum Beispiel ein Derivat, ein Abkömmling, des Pyrimidins). Sie verhalten sich chemisch alle wie Basen (das Gegenteil von Säuren). Jede Base ist mit einem Zuckermolekül, der Desoxyribose (daher das D in DNA), verbunden. Der allgemeine Aufbau eines DNA-Stranges ist sehr einfach: Das Gerüst besteht aus einem regelmäßigen Wechsel zwischen Phosphorsäure und Desoxyribose. Wenn man mit dem Symbol P die Phosphorsäure angibt und mit dem D den Zucker, dann sieht die Grundstruktur der DNA so aus:

… – P – D – P – D – P – D – P – D – P – D – P – D – …

Jeder Zucker D ist mit einer Base – A, C, G oder T – in einer gewissen Abfolge verbunden, die für jedes DNA-Segment anders und charakteristisch ist. Die komplette Struktur eines einzelnen DNA-Stranges kann zum Beispiel so aussehen:

```
… – P – D – P – D – P – D – P – D – P – D – P – D – …
        T       A       A       C       T       G
```

Man kann die DNA in Abschnitte aufteilen, von denen jeder ein Molekül von D, eines von P und eine Base (A, C, G oder T) enthält. Diese DNA-Abschnitte werden Nukleotide genannt. Natürlich existieren auch von ihnen vier Typen wie bei den Basen (A, C, G und T). Wir bleiben bei diesem neuen Begriff Nukleotide, weil er etwas weniger allgemein ist als Base und sehr oft verwendet wird. Wir können auch sagen, daß die DNA eine Kette von Nukleotiden ist. Man muß sie sich vorstellen wie eine Perlenkette, deren Perlen nur aus vier verschiedenen Typen bestehen (im Gegensatz zu den zwanzig im Beispiel der Proteine, die wir im vorhergehenden Kapitel im Zusammenhang mit der Molekularuhr vorgestellt haben).

Die Reihenfolge der Nukleotide in der DNA ist für die *gesamte* Biologie des Individuums verantwortlich. Von der Anordnung der Nukleotide in den Chromosomen hängt es ab, ob wir blonde, braune oder schwarze Haare haben, ob wir groß oder klein sind

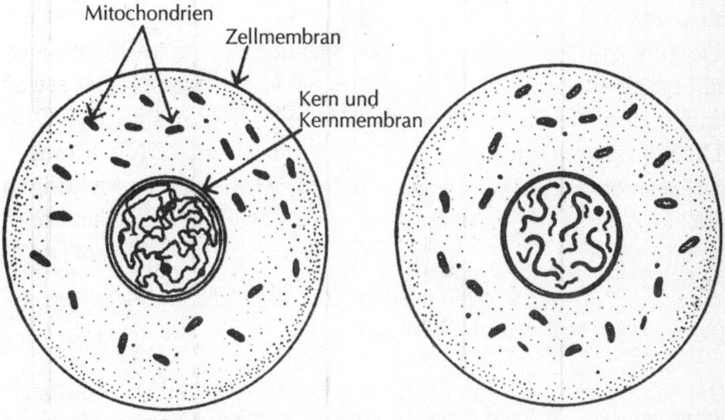

6. *Die Zelle in vereinfachter Darstellung.* Links: *Im Ruhezustand. Die DNA des Zellkerns ist ein Knäuel von Strängen. Die Mitochondrien ähneln Bakterien; sie befinden sich außerhalb des Kerns und enthalten je eine oder mehrere Kopien eines winzigen Stranges kreisförmiger DNA (nicht im Detail wiedergegeben). Es gibt mindestens ein Mitochondrium pro Zelle, es können aber auch Zehntausende sein.* Rechts: *In Vorbereitung auf die Zellteilung verkürzen und verdichten sich die Stränge der DNA des Kerns (die unter dem Mikroskop sichtbar werden) und bilden die Chromosomen.*

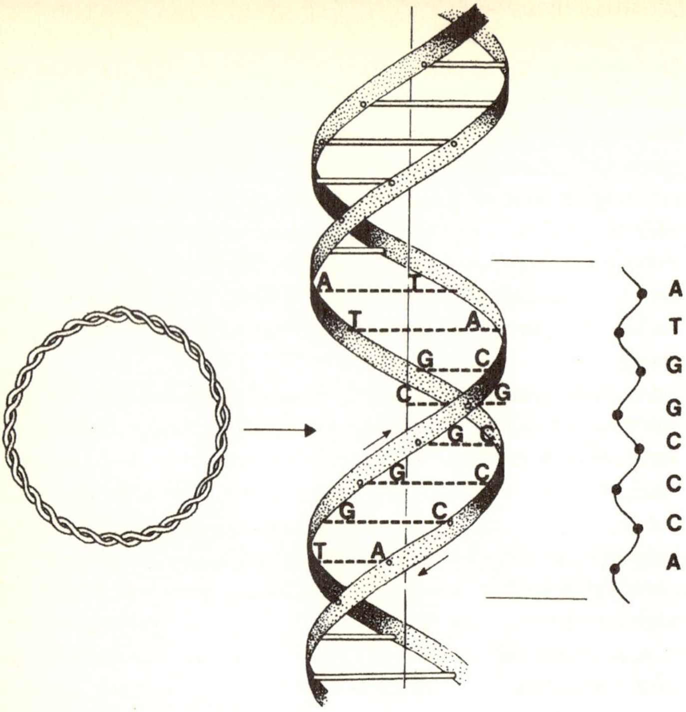

7. Ein mitochondriales Ringchromosom. Die DNA, die es bildet, hat die Form einer Doppelhelix. Eine einzelne Helix ist ein aus Nukleotiden bestehender Strang. Die Nukleotide sind in regelmäßigem Abstand vom einen zum anderen gruppiert. Es gibt vier Typen von Nukleotiden: A, G, C und T, die in einer charakteristischen Reihenfolge angeordnet sind. Ein mitochondriales Chromosom enthält ungefähr 16 000 Nukleotide.

und ob unsere Nase gerade oder gebogen ist. All das, was durch Vererbung bestimmt wird, steht in den Chromosomen geschrieben, die aus DNA gemacht sind: Folglich steht alles in der DNA geschrieben und hängt davon ab, in welcher Reihenfolge die Basen dort angeordnet sind. Wir können die DNA als das Buch ansehen, das die biologische Identität jedes Lebewesens enthält.

Die mitochondriale DNA

Die Zelle, die die Mitochondrien enthält, hat in ihrem Kern einen Satz von Chromosomen, die die Verdoppelung der Zelle und die Bildung neuer Individuen steuern; die Mitochondrien sind dagegen nicht imstande, weiterzuwachsen und sich von selbst zu verdoppeln. Wie bereits erwähnt, waren sie vor einer Milliarde oder mehr Jahren Bakterien, die frei existierten und die sich dann so angepaßt haben, daß sie im Zellinnern als Symbionten leben können: Eine Zelle kann gewöhnlich nicht ohne Mitochondrien auskommen, und die Mitochondrien können nicht ohne die Zelle überleben.

Jedes Mitochondrium enthält einen oder mehrere DNA-Stränge, von denen jeder einen winzig kleinen Ring bildet (das ist im übrigen auch ein Merkmal der Bakterien, die gewöhnlich ein einziges ringförmiges Chromosom haben). Das kleine Chromosom, das sich in einem menschlichen Mitochondrium befindet, setzt sich aus circa 15 600 Nukleotiden zusammen, ist also viel kürzer als jedes Chromosom des Zellkerns, das davon Dutzende oder Hunderte von Millionen enthält. Das mitochondriale Chromosom dient dazu, andere Mitochondrien zu produzieren; es kann aber nur in Verbindung mit dem Zellkern agieren, der sich sozusagen die allgemeine Kontrolle über die Lage gesichert hat. Daher kann das Mitochondrium nicht »durchdrehen« und sich in eine Art von Tumor verwandeln, der im Inneren der Zelle unkontrolliert wuchert. Viele der Substanzen, aus denen sich ein Mitochondrium zusammensetzt, werden vom Zellkern produziert; so wird die Integration zwischen dem Kern und den Mitochondrien garantiert.

Eine wichtige Tatsache, die man sich merken sollte, ist, daß die Mitochondrien *nur von der Mutter an die Kinder weitergegeben werden.* Wenn wir die DNA der Mitochondrien von zwei Geschwistern ansehen, stellen wir fest, daß sie selbst dann identisch ist, wenn sie verschiedene Väter haben. Doch hin und wieder finden in der mitochondrialen DNA kleine Veränderungen statt, Mutationen genannt, durch die eines jener fünfzehntausend und mehr Nukleotide durch ein anderes ersetzt wird. Von dieser Mutation an werden die Nachkommen ein und derselben Mutter jenen Strang mitochondrialer DNA in der veränderten Form aufweisen.

Mutationen sind ein ziemlich seltenes Phänomen. Wenn wir die mitochondriale DNA von Personen betrachten, die über die Mutter miteinander verwandt sind, bemerken wir sie gar nicht. Wenn wir jedoch Individuen ohne offenkundige Verwandtschaft nehmen, findet man die Unterschiede. Wir können nicht alle 15 000 Nukleotide einzeln untersuchen, weil es zu viele sind; es genügt, eine für die Untersuchung sinnvolle Probe auszuwählen, um einen Vergleich anstellen zu können.

Auf der Suche nach »Eva«

Die interessanteste Arbeit, die Allan Wilson und seine Schüler vorgelegt haben, ist an einem einzigen, nicht sehr langen Teil des mitochondrialen Chromosoms durchgeführt worden: Es handelt sich um 600 bis 700 Nukleotide, eine reduzierte Probe, deren Vielfalt aber so groß ist, daß man darin kaum zwei identische Individuen ausmachen kann – es sei denn, es handelte sich um Geschwister oder über die Mutter sehr eng miteinander verwandte Personen.

Wenn man die Unterschiede untersucht, kann man in dem Sinne einen Stammbaum rekonstruieren, daß zwei Individuen, die sich nur durch ein einziges Nukleotid unterscheiden, gemeinsame Vorfahren haben, die sich zeitlich näher sind, als Individuen, die sich durch zwei oder mehr Nukleotide unterscheiden. Es ist eine Methode, der wir schon im vorherigen Kapitel im Zusammenhang mit der Erforschung der Evolution der Proteine begegnet sind und die die Grundlage der sogenannten Molekularuhr bildet.

Wilsons Baum ist in Form eines Hufeisens dargestellt. Die Anzahl der untersuchten Individuen beträgt 182; sie sind einzeln am äußeren Rand des Hufeisens angeordnet und werden, je nach Herkunft, durch verschiedene Symbole repräsentiert: Es finden sich dort Afrikaner, Europäer, Asiaten, australische Aborigines und Ureinwohner von Neuguinea. Der Stammbaum beruht auf der Analyse der Sequenz eines Segments der mitochondrialen

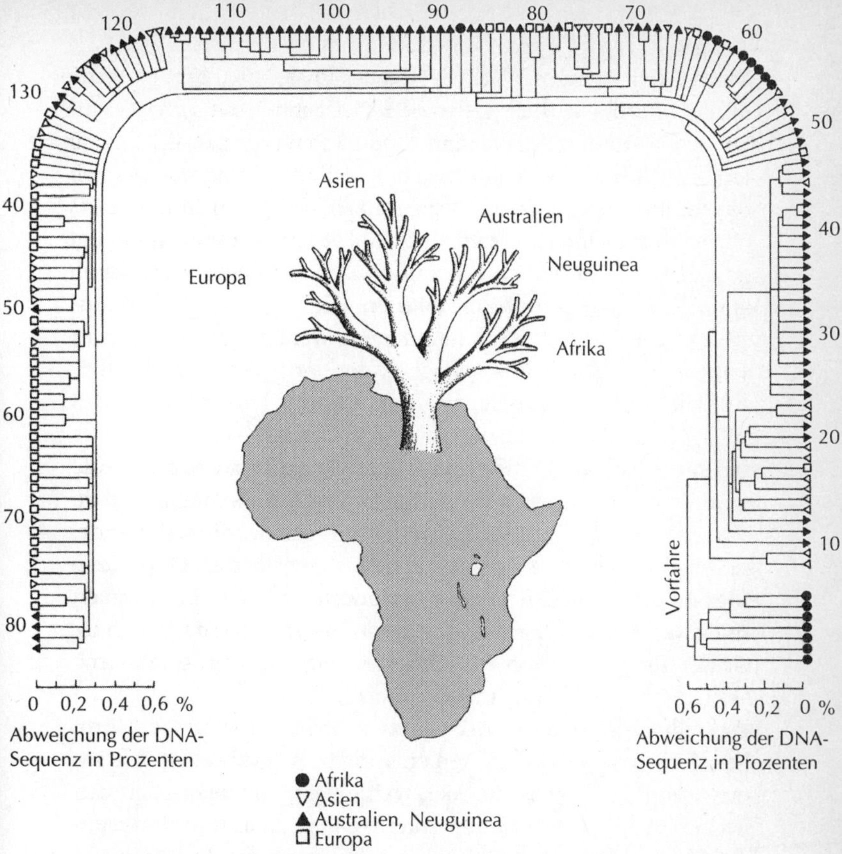

8. Der Baum der mitochondrialen DNA nach Wilson und Mitarbeitern. Dabei wurde die Geschichte vom Ursprung der Mitochondrien vieler Individuen auf der Grundlage der Struktur ihrer DNA rekonstruiert.

DNA und hat auf der Abbildung unterschiedlich lange Äste. Für den ältesten Vorfahren, von dem alle 182 Individuen abstammen, steht rechts unten das Wort »Vorfahr«. Man fragt sich: Wann hat er gelebt und wo? Der Baum kann auf diese Frage eine Antwort geben. Zum besseren Verständnis weisen wir darauf hin, daß vom gemeinsamen Vorfahren zwei Äste ausgehen: Aus dem einen, der nach rechts unten zeigt, gehen, nach einigen Verzweigungen, sieben Individuen hervor – allesamt Afrikaner. Von dem anderen Ast, der von dem gemeinsamen Vorfahren ausgeht, aber nach oben wächst, stammen, nach vielen Gabelungen, alle anderen Individuen ab, darunter wieder viele Afrikaner. Die Verzweigungen des Baumes sind von unterschiedlicher Länge. Die Länge eines Segmentes, das zum Beispiel von einer Verzweigung zu zwei Individuen führt, mißt die Anzahl der Unterschiede zwischen den einzelnen, das heißt die Zahl der Nukleotide, durch die sie sich voneinander unterscheiden. Zwei an eine ganz kurze Verzweigung gebundene Individuen, wie zum Beispiel die Individuen 68 und 69, sind untereinander wenig verschieden. Der quantitative Unterschied zwischen den Individuen wird durch die Skala veranschaulicht, die am Fuß der beiden Seiten des Hufeisens angegeben ist. Sie mißt – prozentual – die Anzahl der verschiedenen Nukleotide im Verhältnis zur Gesamtzahl der Nukleotide, aus denen sich die untersuchte DNA-Sequenz zusammensetzt. Wie im Fall der Analyse der Proteine, die wir im vorhergehenden Kapitel gesehen haben, wird die Hypothese aufgestellt, daß die Anzahl der Mutationen, die zwei Individuen voneinander unterscheiden, mit dem zeitlichen Abstand von ihrem letzten gemeinsamen Vorfahren wächst (der symbolisch durch die Verzweigung angedeutet ist).

Wir stellen fest, daß die erste Verzweigung, die älteste, die dem allen gemeinsamen Vorfahren entspricht, Afrikaner von Afrikanern trennt, und daß die Verzweigungen, die Menschen aus anderen Kontinenten voneinander trennen, alle später stattfanden. Daraus folgt der Schluß, daß der Jetztmensch seinen Ursprung in Afrika gehabt hat.

Diese Schlußfolgerung ist kritisiert worden, weil man auf der Grundlage derselben Daten auch völlig andere Bäume konstruieren kann, die besser sein könnten, auch wenn sie auf einen nicht eindeutig afrikanischen Ursprung hindeuten. Tatsächlich ist die Rekonstruktion des Baums nicht die sicherste Methode, um sich mit diesem Problem auseinanderzusetzen. Es gibt viele Rekonstruktionsmethoden, die zu anderen Ergebnissen kommen können; doch fast alle angewandten Methoden sowie viele andere Daten, die sich von denen der angewandten Methoden unterscheiden, führen zu demselben Schluß.

Es gibt noch eine andere, völlig eigenständige Art der Analyse, die ebenfalls zur Folgerung führt, daß der Mensch afrikanischen Ursprungs ist: Sie geht davon aus, daß die Afrikaner die größte Differenzierung, das heißt die größte Heterogenität, untereinander aufweisen, während die Bewohner anderer Kontinente eine weniger auffallende Ungleichheit an den Tag legen. Wir erwarten, daß die Population, die am meisten Zeit hatte, sich zu differenzieren, auch die größte Verschiedenheit aufweist. Dieses Kriterium ist von der zur Rekonstruktion des Baumes angewandten Methode unabhängig, die auf theoretischer oder statistischer Ebene unzulänglich sein mag.
Schließlich haben Wilson und seine Mitarbeiter das Geburtsdatum der sogenannten afrikanischen Eva, das heißt jenes Vorfahren errechnet, der allen in dem Hufeisen repräsentierten Individuen gemeinsam ist. Zu diesem Zweck haben sie die genetische Divergenz, die der Abzweigung des Vorfahren entspricht, der den ersten Afrikanern und den anderen gemeinsam ist, zu jener genetischen Divergenz in Beziehung gesetzt, die zwischen dem »durchschnittlichen« Menschen und dem Schimpansen beobachtet wurde. Wilson selbst hatte nachgewiesen, daß die Trennung zwischen diesen beiden fernen Vettern vor ungefähr 5 Millionen Jahren stattgefunden hat, und ermittelt, daß es im Baum der menschlichen mitochondrialen DNA vor 190 000 Jahren zur ersten Trennung gekommen ist (mit einer signifikanten Fehlermarge, aufgrund deren das Datum irgendwo zwischen 150 000 und 300 000 Jahren anzusiedeln ist).

Ein Geburtsdatum für den Jetztmenschen?

Heute herrscht die Überzeugung vor, daß alles seinen Ursprung in Afrika hat. Tatsächlich tritt der *Homo habilis* zum ersten Mal in Afrika in Erscheinung. Auch der *Homo erectus* kommt aus Afrika und hat sich von dort über die Alte Welt ausgebreitet. Die archäologischen Erkenntnisse über den Jetztmenschen lassen den Schluß zu, daß auch er seinen Ursprung in Afrika – oder möglicherweise in Israel – hatte und sich von dort über die ganze Welt verbreitete. Es hat also in jedem Fall einen Beginn in Afrika oder in der unmittelbaren Nähe von Afrika gegeben. Die Frage ist nur, wann. Für den *Homo habilis* nennt man ein Alter von 2,5 Millionen Jahren; der *Homo erectus* hat Afrika vor mindestens 1 Million Jahren verlassen, und für den *Homo sapiens sapiens* (den Jetztmenschen) gehen wir von einer Zeit vor 100 000 oder mehr Jahren aus, weil wir seit dieser Zeit in Afrika und auch im Nahen Osten Jetztmenschen antreffen.

Das von Wilson angegebene Alter von 190 000 Jahren paßt also allenfalls zu dem zuletzt genannten Datum, dem afrikanischen Ursprung des Jetztmenschen. Aber wegen des Unterschieds zwischen den von der mitochondrialen DNA suggerierten 190 000 Jahren und den 100 000 Jahren der archäologischen Funde von Überresten des Jetztmenschen in Südafrika und in Israel sind Zweifel angebracht.

Dennoch muß man gleich festhalten, daß sich Wilsons 190 000 Jahre nicht auf den ersten (männlichen) Jetztmenschen beziehen. Da es sich bei seiner Untersuchung um Mitochondrien handelt, dürften sie sich höchstens auf die erste Frau beziehen. Daher auch der Name Eva. Tatsächlich handelt es sich bei den 190 000 Jahren um ein ganz besonderes Datum, nämlich um das der ersten feststellbaren Mutation der mitochondrialen DNA; sie entspricht der ersten Verzweigung an Wilsons Baum und damit dem Zeitpunkt, zu dem der letzte, allen heute lebenden Individuen gemeinsame Vorfahr lebte. Daher markieren die 190 000 Jahre ein ganz spezielles Ereignis: In einer einzelnen Frau ist es zur Mutation eines einzigen Nukleotids gekommen, durch die sich dann eine ihrer Töchter von den anderen unterschied. Die Abkömmlinge dieser Frau wiederum haben sich in der Folge in unterschiedliche Gegenden ausgebreitet; aber es ist wohl wahrscheinlich, wenn auch nicht sicher, daß die gemeinsame Stammutter in Afrika lebte. Ihre Nachkommen, die Afrika verlassen haben, sind nicht unbedingt sofort nach der Mutation ausgewandert; es muß vielmehr eine geraume Zeit vergangen sein zwischen dem Auftreten der Mutation und der Bildung einer Gruppe von Nachkommen in einer (unbekannten) Gegend des afrikanischen Kontinents, die dann zu dessen Grenze wanderte und über die Straße von Suez in den Nahen Osten oder über das Rote Meer auf die Arabische Halbinsel vordrang. Die Wanderung kann auch erst kurz vor dem Zeitpunkt erfolgt sein, auf den man die ältesten in Israel gefundenen Schädel datiert hat. Sehr wahrscheinlich fand sie erheblich später statt als die mitochondriale Mutation, die an der Spitze von Wilsons Baum steht. Die beiden Daten – das mitochondriale und das archäologische – decken sich nicht, vielmehr muß das erste weiter zurückliegen als das zweite.

Die afrikanische Eva: ein Anhaltspunkt anhand der Nachnamen

Die Frage nach der afrikanischen Eva können wir mit Hilfe eines kleinen Exkurses besser verstehen. In den Kulturen des Abendlandes werden die Nachnamen – im Gegensatz zu den Mitochondrien – über die männliche Linie weitergegeben. Viele haben aus Wilsons Arbeit herausgelesen, daß wir alle von einer einzigen Frau abstammten. Dies ist der erste durch das Wort Eva provozierte Irrtum, denn viele denken nun, daß es eine einzige Stammmutter gegeben habe. Dieser Begriff war den Journalisten wegen der biblischen Assoziationen, die er weckt, sehr willkommen: Eva war die erste Frau; vor ihr hat es keine anderen gegeben, und alle anderen stammen von ihr ab. Nun kann das im großen und ganzen im Hinblick auf die Mitochondrien in dem Sinne zutreffen, als nur die Mitochondrien einer einzigen Frau überlebt haben, während die aller ihrer Zeitgenossinnen verlorengegangen sind. Wie bereits gesagt, werden die Mitochondrien nur über die mütterliche Linie von Generation zu Generation weitergegeben. Wenden wir uns jetzt dem Beispiel der Nachnamen zu, die ebenfalls nur über einen Erzeuger (den Vater) weitergegeben werden, um das Dilemma dieser nicht biblischen, sondern »mitochondrialen« Eva besser verstehen zu können.

Mancher Leser wird schon bemerkt haben, daß es in kleinen Bergdörfern nur wenige Familiennamen gibt. Dies ist ein Ergebnis des Zufalls, der dazu neigt, die Anzahl der Nachnamen mit jeder Generation zu reduzieren. Wir werden auf diese Tatsache noch zurückkommen müssen, weil es sich um ein in der Evolution sehr wichtiges Phänomen handelt, das auch auf die Gene zutrifft und *genetische Drift* genannt wird. Würde man die Beobachtung lange

genug, das heißt über viele Generationen, fortsetzen, würde man sehen, daß in dem Dorf nur noch ein einziger Nachname übrigbleibt. Das kommt in Europa, wo die Familiennamen erst ein paar Jahrhunderte alt sind und noch nicht genug Zeit hatten, um zu einem solchen Extrem zu gelangen, selten vor, während es in China, wo die Nachnamen oft sehr alt, manchmal über 4000 Jahre alt sind, Dörfer und sogar kleine Städte gibt, in denen sämtliche Bewohner denselben Nachnamen tragen. Würde man über viele Jahrtausende auf dieselbe Weise fortfahren, bliebe in ganz China nur ein einziger Nachname übrig, und noch später würde, wenn die ganze Welt Sprache und Sitten der Chinesen übernähme, auf der ganzen Welt nur noch ein einziger Nachname übrigbleiben. Daß die Nachnamen ihren Zweck dann nicht mehr erfüllen und aufgegeben würden, steht auf einem anderen Blatt.
Ähnlich gibt es heute auf der Welt nur Nachkommen jenes Mitochondriums, über das einmal eine einzige Frau, die »mitochondriale Eva«, verfügt hat. Es ist also so, als gäbe es nur einen einzigen Nachnamen, wobei sich allerdings die Mitochondrien, die von Eva abstammen, im Laufe der nachfolgenden Generationen durch akkumulierte Mutationen ein wenig verändert haben und deshalb untereinander nicht identisch sind. Es sind diese Mutationen, die uns, wie wir gesehen haben, die Rekonstruktion des Stammbaums erlauben.

Der größte Teil des gesamten genetischen Erbgutes liegt in den im Zellkern enthaltenen Chromosomen; für sie gilt das oben dargelegte Prinzip nicht, weil sie alle sowohl vom Vater als auch von der Mutter vererbt werden (mit Ausnahme der Geschlechtschromosomen X und Y, die besonderen Gesetzen der Vererbung von Eltern auf Kinder unterliegen). Aus der Analyse des Chromosomen-Erbes mittels mathematischer Methoden ergibt sich, daß es unter den Vorfahren, die zum Menschen geführt haben, immer sehr viele Frauen und sehr viele Männer gegeben hat – nennen wir einmal eine Größenordnung von 10 000 bis 100 000. Daher kann von Adam und Eva, also einem Menschenpaar im biblischen Sinne, nicht die Rede sein.
In den ersten Monaten des Jahres 1993 waren einige wissenschaftliche Zeitschriften, die manchmal die neuesten Nachrichten sen-

sationell aufmachen, voller Schlagzeilen über die Evolution des Menschen. Inspiriert vom Studium der Mitochondrien, lauteten sie zum Beispiel so: *Schwer, aber nicht tödlich verletzte mitochondriale Eva* und in der Folge: *Die afrikanische Eva weigert sich zu sterben.* Manche Kritik an Wilsons Rekonstruktion des Baumes und an der Altersbestimmung des gemeinsamen Vorfahren schien den Schlußfolgerungen der Wissenschaftler aus Berkeley etwas von ihrer Bedeutung zu nehmen; aber die Stichhaltigkeit dieser Kritik ist durch weitere Analysen praktisch hinfällig geworden. Gegenwärtig gibt es über verschiedene Teile der mitochondrialen DNA drei Gruppen von Beobachtungen, die alle den afrikanischen Ursprung bestätigen. Einige Laboratorien sind zu Daten gelangt, die älter sind als Wilsons 190 000 Jahre, aber neueste Resultate aus japanischen und amerikanischen Laboratorien, die erst vor kurzem veröffentlicht wurden, weisen auf jüngere oder jedenfalls auf solche Daten hin, die den afrikanischen Ursprung des Jetztmenschen bestätigen. Wir werden sehen, daß auch die Analyse der Chromosomen des Zellkerns zu denselben Erkenntnissen führt.

Wissenschaft und Gewißheit

Der Laie, der sogenannte Mann auf der Straße, fordert von der Wissenschaft oft Gewißheiten. Aber der Wissenschaftler richtet einen großen Teil seiner Energien darauf, Zweifel aufzurühren und, wenn nötig, die eigenen Theorien zu revidieren, denn es hat schon allzu viele Religionen und Ideologien gegeben, die die »Wahrheit« verkündeten. Um zu verstehen, wie die Wissenschaft vorgeht und welchen Grad an Gewißheit sie zu erreichen imstande ist, ist es sinnvoll, sich daran zu erinnern, daß es zwei zutiefst unterschiedliche Arten wissenschaftlicher Arbeit gibt. Der Wissenschaftler kann experimentieren oder einfach nur beobachten.

In der Forschung vom experimentellen Typ kann ein sehr hoher Grad an Gewißheit über die eigenen Schlußfolgerungen erreicht werden. Durch fortgesetztes Experimentieren lassen sich die Ergebnisse eines bereits gemachten Experiments erhärten und dadurch verfeinern, daß man es in größerem Maßstab wiederholt oder anderen Kontrollen unterzieht, bei denen die Bedingungen des vorhergehenden Experiments zweckentsprechend verändert werden. Möglicherweise führen sie zur Widerlegung der Ausgangshypothesen und zwingen den Wissenschaftler, diese durch andere zu ersetzen. In verschiedenen Fachbereichen haben sich allerdings schon sehr viele Kenntnisse angesammelt, und man stellt, auch wenn man mit dem Experimentieren fortfährt, fest, daß sich gewisse grundlegende Regelhaftigkeiten nicht mehr oder nur so geringfügig verändern, daß man sie, nachdem man sie erhärtet und verfeinert hat, als gegeben hinnehmen kann.

Die moderne Biologie weist der DNA bei der Erklärung der Phänomene des Lebens, einschließlich des Ursprungs der lebenden Organismen, die zentrale Bedeutung zu. Diese Erkenntnis beruht auf sehr vielen Beobachtungen und Experimenten, die bisweilen gar nicht zielgerichtet erfolgten. Aber die Gültigkeit der Theorien, die zu ihrer Erklärung entwickelt werden, kann angezweifelt werden – zumal keine Hoffnung besteht, daß wir sämtliche Experimente, die zu gewissen Schlußfolgerungen geführt haben, wiederholen und auf diese Weise ihre Richtigkeit überprüfen können. Doch es gibt eine andere Methode, sich von der Richtigkeit einer Theorie zu überzeugen, und das sind die praktischen Anwendungen, die auf ihr beruhen. Wir zitieren ein Beispiel aus der Biologie: Unter Ausnutzung der theoretischen Kenntnisse über die DNA ist es möglich geworden, in ein Bakterien-Chromosom das Gen einzuführen, das für die Produktion einer komplexen Substanz, wie eines Enzyms, eines Hormons, eines Wachstumsfaktors und so weiter, verantwortlich ist. Bei vielen genetischen Experimenten dieser Art konnten die Bakterien dazu gebracht werden, für den menschlichen Organismus typische Substanzen zu erzeugen, und es konnte nachgewiesen werden, daß diese Substanzen dieselbe Struktur und Funktion haben wie die vom Menschen produzierten. Die Bedeutung solcher Experimente liegt in der Tatsache, daß diese Substanzen, die sich für klinische Zwecke kaum in ausreichender Menge gewinnen ließen, heute durch die experimentelle Genetik produziert werden können. Praktische Anwendungen dieser Art stellen die sichersten Beweise für die Gültigkeit einer Theorie dar. Auf die gleiche Weise ist der Gedanke beruhigend, daß man heutzutage auf dem Mond spazierengehen und dort viele Erkenntnisse bestätigt finden kann, zu denen die Wissenschaft bereits vor der ersten Mondlandung gelangt war: Der Mond hat weder die Form eines Käselaibs, noch ist er, wie man einst glaubte, das Reich der Toten.

Es gibt jedoch einen anderen Typ von Wissenschaft, bei dem man sich auf die Beobachtung beschränken muß und bei dem keine Hoffnung besteht, jemals irgendwelche Experimente durchführen zu können. Wir beziehen uns auf die Geschichte, die Rekonstruktion von Ereignissen, die in der Vergangenheit stattfanden. Sie können wir nicht nach Belieben wiederholen, und wir können auch kein Experiment durchführen, bei dem wir die Evolution der Sterne, der lebenden Organismen oder der Menschheit sozusagen »zurückspulen«, um beispielsweise festzustellen, ob die Menschen am anderen Ende genauso erscheinen wie wir heute oder ob sie vielleicht doch ein wenig anders sind.
Experimente zur Evolution werden zwar gemacht, aber sie sind, verglichen mit der Geschichte, deren Teil wir sind, immer enorm vereinfacht. So können wir etwa die Drosophilae nehmen, die berühmten Taufliegen, die das wichtigste Versuchstier in der Genetik darstellen, und sie in einer Flasche oder unter anderen Bedingungen halten. Wir können Populationen von Tausenden von Taufliegen entstehen lassen und überprüfen, ob und inwiefern sie sich verändern, ob sie ihre Flügel verlieren oder ob ihnen statt der zwei Flügel vier wachsen. Wir können am Computer immer kompliziertere Evolutionsprozesse simulieren und verfügen über eine solide mathematische Theorie der Evolution, die es uns erlaubt, wichtige Vorhersagen zu treffen und sie zu verifizieren. Doch wir werden niemals darauf hoffen können, mit unseren Theorien oder durch Computersimulation die Geschichte genauso »abspulen« zu können, wie sie tatsächlich verlaufen ist, weil sie zu komplex ist und Feinheitsgrade besitzt, die wir niemals sondieren beziehungsweise imitieren können. Außerdem spielt auch bei den historischen Ereignissen der Zufall eine nicht unerhebliche Rolle. Wir können vorhersehen, was in einer gewöhnlichen Situation passieren wird, aber was im Einzelfall geschehen wird, können wir nicht im voraus wissen. Deshalb sind alle historischen Interpretationen – und die Evolution gehört zu ihnen

– zu einer größeren Ungewißheit verurteilt als solche, die auf Experimenten beruhen. Die Hoffnung, als Wissenschaftler so weit zu kommen, daß man restlos überzeugt und keinen Schatten eines Zweifels hinterläßt, ist hier sehr gering.
Es verwundert auch nicht, daß es noch immer Menschen gibt, die nicht an die Evolution glauben und meinen, daß alles, was wir sagen, im Grunde Lügen seien. Diese Leute haben in der Regel keine wissenschaftlichen Kenntnisse; doch die Kraft ihrer Überzeugung schöpfen sie aus einer anderen Quelle: Ihre Religion lehrt, daß es die Evolution nicht gegeben hat. Manche Religionen sind geschickt genug, sie nicht völlig auszuschließen; andere können die Evolution nicht akzeptieren, weil ihnen die Hände gebunden sind – etwa dann, wenn sie ihre Anhänger verpflichten, sich an eine wörtliche Auslegung der Bibel zu halten. Die absolute Sicherheit, daß die Evolution stattgefunden hat, können nur Menschen haben, die die Thematik gut kennen und genügend darüber nachgedacht haben.
Um bei der Interpretation historischer Phänomene zu überzeugen, müssen wir uns bemühen, möglichst viele Beweise anzuführen. Aber auch dann werden immer noch Menschen übrigbleiben, die sich nicht überzeugen lassen wollen, vor allem dann, wenn ihre Vorurteile so stark sind, daß sie nicht einmal das glauben, was auf der Hand liegt.
In diesem Sinne leben die historischen Wissenschaften mit größeren Ungewißheiten als andere Disziplinen, und die einzige Methode, diese zu überwinden, besteht darin, dieselben Phänomene unter allen möglichen Gesichtspunkten zu betrachten. Unter anderem aus diesem Grund versuche ich, die Evolution des Menschen nicht nur auf der biologischen, sondern auch auf der archäologischen, kulturellen, linguistischen etc. Ebene zu studieren. Ich werde der erste sein, der noch mehr an seine eigene Thesen glaubt, wenn es mir gelingt, in ganz verschiedenen Disziplinen möglichst viele Anhaltspunkte für ihre Untermauerung zu finden. Bekanntlich genügt ein einziger Gegenbeweis, um eine ganze Theorie zum Einsturz zu bringen; sollte ein solcher Beweis existieren, bin ich daran interessiert, ihn ausfindig zu machen – aus welchem Bereich er auch stammen möge. Wir können unsere wissenschaftlichen Hypothesen und Theorien nur dann überprü-

fen, wenn wir sie unter verschiedenen Gesichtspunkten betrachten und immer neue Beobachtungen anstellen, um zu kontrollieren, ob wir die auf der Grundlage unserer Theorie erwarteten Resultate erhalten, und wir dürfen uns erst dann zufriedengeben, wenn unsere Theorie uns tatsächlich dazu dient, das Ergebnis aller zuverlässigen Beobachtungen vorherzusagen. Daher ist es wichtig, die Untersuchung auf jede Disziplin auszudehnen, die für unser Problem irgendwie von Relevanz ist.

Fest steht, daß die Wissenschaft immer einen gewissen Grad an Ungewißheit mit sich bringt, aber wenn es nur den Schatten eines Zweifels gibt, wird ein am Thema interessierter Forscher dies früher oder später bemerken. Aus demselben Grunde finden sich in unseren Behauptungen gewöhnlich Worte und Wendungen wie »wahrscheinlich«, »es hat den Anschein, daß« und so weiter; wir sind uns sehr wohl bewußt, daß auch kleine Veränderungen unsere Interpretationen über den Haufen werfen können. Wir versuchen, uns dagegen abzusichern, so gut wir können, vor allem dadurch, daß wir selbst all jene Veränderungen in unsere Forschung einbeziehen, die es uns erlauben, dasselbe Phänomen unter verschiedenen Gesichtspunkten zu betrachten. Und wir versuchen, unsere Interpretationen auf andere Weise zu überprüfen, damit wir uns selbst darüber klarer werden, ob wir recht haben oder nicht. Experimentator oder Historiker – die Arbeit des Wissenschaftlers ist stets von Zweifeln umgeben; er stellt Hypothesen auf, um die Phänomene, die er untersucht, besser verstehen zu können; er überprüft sie soweit wie nur möglich und akzeptiert sie erst dann, wenn sie diese Prüfungen erfolgreich bestanden haben, denn er ist stets bereit, seine Ausgangshypothesen zu revidieren und zu verfeinern und sie gegebenenfalls durch völlig neue zu ersetzen.

Auf der Suche nach Adam

Wir haben die Nachnamen zur Erklärung der Frage herangezogen, warum wir dank der mitochondrialen DNA bis zu einer besonderen Art von Eva zurückgehen können. Gibt es eine Möglichkeit, auf dieselbe Weise bis zu Adam zurückzugehen? Ja, und zwar mit Hilfe des Y-Chromosoms. Das ist ein Chromosom, das sich nur bei Männern findet, weil es das männliche Geschlecht determiniert. Wir haben bereits festgestellt, daß die DNA die physische Basis des Erbgutes darstellt; dieses ist in 23 Chromosomenpaaren gespeichert, die sich im Zellkern finden (während die mitochondriale DNA außerhalb des Kerns ist). Die DNA der Chromosomen ist sehr viel reichlicher vorhanden als die mitochondriale DNA, weil sie, im Gegensatz zu den 15 600 des mitochondrialen Chromosoms, aus Milliarden von Nukleotiden besteht. In jedem der 23 Chromosomenpaare stammt ein Teil des Paares vom Vater und der andere von der Mutter, und man kann (unter dem Mikroskop) keinen Unterschied zwischen dem Chromosom väterlichen Ursprungs und dem mütterlichen Ursprungs feststellen – mit Ausnahme eines Paares, genannt XY. Während es in den männlichen Wesen ein X und ein Y gibt, sind es bei den weiblichen zwei X. X ist leicht von Y zu unterscheiden, weil das X ein Chromosom von mittleren Ausmaßen ist, während Y zu den kleinsten Chromosomen gehört; außerdem gibt es viele Methoden, das Y-Chromosom zu färben, um es unter dem Mikroskop von all den anderen kleinen Chromosomen zu unterscheiden, die im Zellkern enthalten sind.

Die Geschlechtsgleichungen lauten also so:
männlich = XY
weiblich = XX

Spermatozoen sind Zellen mit einem langen Schwanz, die im Sperma enthalten sind und die durch die Vagina und die Gebärmutter zu den Eileitern hinaufwandern auf der Suche nach einer Eizelle, um sich mit ihr zu vereinigen, sie zu befruchten und so einen Embryo entstehen zu lassen. Bei der Bildung der Spermatozoen trennen sich X und Y, das heißt, ein Spermatozoon erhält entweder nur ein X oder nur ein Y. Die Eizellen, die durch die Vereinigung mit einem Spermatozoon einen Embryo bilden, bekommen dagegen nur ein X. Wenn ein Spermatozoon mit einem Y-Chromosom sich mit einer Eizelle X vereinigt, entsteht ein Embryo XY, das heißt ein künftiges männliches Wesen. Ein Spermatozoon mit dem X-Chromosom dagegen läßt einen Embryo XX, also eine künftige Frau, entstehen.

Auch im Y-Chromosom haben Mutationen stattgefunden, und es finden sich, wie im Fall der mitochondrialen DNA, Unterschiede zwischen Individuen. Daher kann man darauf hoffen, eines Tages einen Stammbaum des Y-Chromosoms rekonstruieren und den Träger der ersten Mutation des Y-Chromosoms datieren zu können, das in seiner mutierten Form bis zum heutigen Tag überlebt hat, einen Adam, den man, analog zur mitochondrialen Eva, Y-Adam nennen müßte. Sollte es möglich sein, das Geburtsdatum dieses Adams festzulegen, wird es wahrscheinlich von dem der Eva abweichen. Dann wird es noch schwieriger sein, an jenes Paar zu glauben, das der Biblischen Geschichte zufolge aus dem irdischen Paradies vertrieben wurde.

4

Warum sind wir verschieden? Die Theorie der Evolution

Wenn wir zufällig zwei Individuen herausgreifen, werden wir immer irgendwelche Unterschiede – große und kleine – zwischen den beiden feststellen. Wie kann man diese Verschiedenheit erklären? Wir sprechen nicht von der Verschiedenheit zwischen den Rassen, die jedermann in die Augen springt, sondern nehmen Bewohner einer x-beliebigen Stadt oder irgendeines Dorfes: Überall werden wir sehen, daß sich zwei zufällig ausgewählte Individuen voneinander unterscheiden.

Einige dieser Unterschiede gehen auf Zufälle oder spontane Veränderungen zurück. Heute begegnet man hin und wieder Frauen mit grünen Haaren, die es früher nicht gegeben hat; wir wissen, daß es sich nicht um einen biologischen Unterschied handelt, sondern daß ihre Haare einfach nur grün gefärbt sind. Man kann sich aber leicht davon überzeugen, daß ein gewisser Teil der Unterschiede wirklich biologisch, das heißt genetisch bedingt, also erblich oder angeboren ist – alles Begriffe, die, mit kleinen Bedeutungsnuancen, besagen, daß diese Unterschiede durch unsere Natur bestimmt sind, also durch unsere DNA, oder wie man auch sagt, durch unsere Chromosomen oder unsere Gene (das sind Segmente der DNA, die eine spezifische, bekannte Funktion erfüllen).

Zwei Überlegungen genügen: Zwischen Eltern und Kindern können wir manchmal beeindruckende Ähnlichkeiten feststellen. Sie weisen zum Beispiel den gleichen Haaransatz und die gleichen Haarwirbel und viele andere gemeinsame Merkmale und Verhaltensweisen auf, während die Eltern selbst offensichtlich voneinander verschieden sind. Wenn man Merkmal für Merkmal untersucht, kann man herausfinden, daß das Kind einem der beiden

Eltern ähnelt, eine Mischung zwischen den beiden ist oder sich von beiden unterscheidet. Es gibt außerdem die sogenannten *identical twins* oder eineiigen Zwillinge. Sie sind tatsächlich identisch, und es ist korrekt zu sagen, daß sie sich gleichen wie ein Ei dem anderen. Griechische und lateinische Komödiendichter und auch Shakespeare lassen sie in einigen ihrer berühmten Werke auftreten und profitieren dabei von den Verwechslungen, die durch ihre große Ähnlichkeit zustande kommen. Eineiige Zwillinge gleichen sich so sehr, daß manchmal auch ihre Mutter oder Partner sie nicht voneinander unterscheiden können und sich an besonderen Kennzeichen orientieren müssen. Das beweist, wie stark das biologische Erbe sein kann.
Es sind die Mechanismen der Vererbung, die Kinder ihren Eltern ähnlich und eineiige Zwillinge einander gleich machen; gleichzeitig schaffen sie Unterschiede zwischen den verschiedenen Individuen. Wie kommt es zur Übertragung der erblichen Merkmale von den Eltern auf ihre Kinder?

Keimzellen: DNA, Gene und Chromosomen

Jeder lebende Organismus besteht aus Zellen, wovon jede besondere Funktionen erfüllt. Ein Mensch besteht aus einer Million Milliarden Zellen. Die Produktion von Kindern ist Aufgabe besonderer Zellen, die »Keimzellen« genannt werden, da sie den Keim, die neue Zelle, hervorbringen, die ein Individuum der nachfolgenden Generation formt: Beim Mann ist es das Spermatozoon, bei der Frau die Eizelle. Ein neues Individuum wird gezeugt, wenn ein Spermatozoon eine Eizelle befruchtet. Diese Keimzellen enthalten die ganze DNA, die das neue Individuum formt und es seinen Eltern ähnlich macht.
Außer einem Kern, der die Chromosomen enthält, bestehen die Spermatozoen fast ausschließlich aus Schutzmembranen, einem sehr langen Schwanz, der ihnen Beweglichkeit verleiht, und einem Kopf, der dazu dient, in die Eizelle einzudringen. Die Eizellen selbst sind sehr viel größer als die Spermatozoen, aber ihr chromosomenhaltiger Kern ist ungefähr genauso groß wie der der Spermatozoen. Das Erbgut, das von den Eltern auf die Kinder

übertragen wird, findet sich in den Chromosomen, und die chemische Substanz, die für die Weitergabe sorgt, ist die DNA. Dies gilt für die ganze Biologie. Es erstaunt also nicht, daß die DNA sich im Inneren jeder Zelle eines Organismus findet, und nicht nur in den Keimzellen.

Die DNA kann man sich wie ein Handbuch mit Anweisungen für die Produktion eines neuen Individuums vorstellen. Das Handbuch wird sozusagen von den Mechanismen der Zelle »gelesen«, die das Kind physisch produzieren. Dies geschieht, indem sie das Material, das sie in der Umgebung (das heißt in der der Zelle zur Verfügung stehenden Nahrung) vorfinden, gemäß den in der DNA enthaltenen »Bauanleitungen« umwandeln. Man kann sich die Gesamtheit der DNA, die die Chromosomen bildet, wie ein riesiges Buch in ebenso vielen Bänden vorstellen, wie es Chromosomen gibt, und das sind in jeder menschlichen Keimzelle 23. Es handelt sich um ein Dokument von außerordentlichem Umfang – eine gigantische Enzyklopädie. Wenn wir ein Chromosom mit einem Buchband gleichsetzen, ist jeder von ihnen sehr viel größer als der einer normalen Enzyklopädie, weil das Chromosom eine viel größere Anzahl von Buchstaben enthält.

Im Zusammenhang mit den Mitochondrien haben wir gesehen, daß dieses Buch in einem Alphabet geschrieben ist, das sich von unserem unterscheidet und nur aus vier Buchstaben besteht, die wir üblicherweise A, G, C und T nennen; das sind die Nukleotide, von denen bereits die Rede war. Ein DNA-Strang besteht aus Nukleotiden, die in einer für jedes Individuum charakteristischen Reihenfolge miteinander verbunden sind.

Das ist die chemische Grundlage der Vererbung. Was wir Gen oder Erbfaktor nennen, ist ein DNA-Segment, das eine besondere Funktion hat und sich gewöhnlich aus einigen hundert Nukleotiden (manchmal auch aus viel mehr) zusammensetzt, die in einer besonderen Reihenfolge angeordnet sind. Die Grundbuchstaben sind immer die gleichen vier, aber ihre Reihenfolge ändert sich in jedem Segment und bestimmt die Funktion jedes einzelnen Gens. Ein Gen bildet zum Beispiel das Pigment, das den Haaren oder den Augen oder der Haut eine bestimmte Farbe gibt, ein anderes ist für die Entstehung irgendeines der unzähligen sichtbaren oder unsichtbaren Merkmale unseres Körpers verantwortlich.

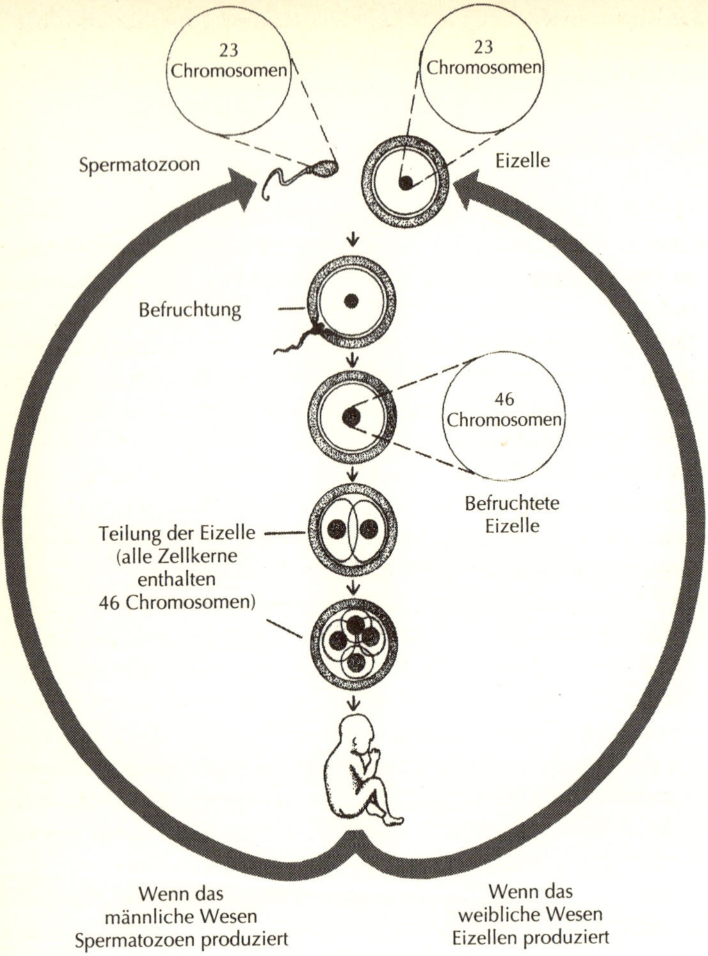

1. *Befruchtung der Eizelle und Bildung des Embryos.*

Jede Keimzelle ist ausgestattet mit einem vollständigen Satz aller Chromosomen – eines von jedem Typ. Das Spermatozoon hat 23 Chromosomen und die Eizelle ebenso viele; durch ihre Verschmelzung entsteht das neue Individuum, dessen Zellen also 46 Chromosomen oder genauer: 23 Chromosomen-*Paare* haben werden, weil jedes Chromosom seine eigene Identität besitzt und das Kind von jedem Chromosom eine Kopie vom Vater und eine von der Mutter erhält.

Die Übertragung genetischer Merkmale

Wir halten einen Augenblick inne und liefern dem Leser eine kurze Zusammenfassung der Begriffe, die für das Verständnis der Mechanismen der Vererbung von grundlegender Bedeutung sind.

Die DNA ist eine chemische Substanz mit einem präzisen Aufbau, ein Strang, der aus vier Nukleotiden besteht; diese sind, wie die Buchstaben, die die Wörter eines Buches formen, in einer bestimmten Reihenfolge angeordnet.

Ein Gen ist ein DNA-Segment, das bei der Entwicklung oder Aktivität eines lebenden Organismus eine besondere Funktion erfüllt; es ist Hunderte oder Tausende, manchmal auch Hunderttausende von Nukleotiden lang.

Ein Chromosom ist ein sehr langer, aber auf besondere Weise umhüllter DNA-Strang. Unter gewissen Voraussetzungen kann man es innerhalb einer Zelle sehen; es erscheint in seiner für jedes Chromosom charakteristischen Form, das heißt, es ist zu einem kurzen Körperchen zusammengestaucht.

Auf einem Chromosom sind sehr viele Gene nacheinander angeordnet und auch DNA-Segmente, die wir nicht Gene nennen, weil sie keine bekannte oder möglicherweise überhaupt keine Funktion haben; sie sind wie Parasiten, bereiten jedoch normalerweise keine Unannehmlichkeiten (die sogenannte egoistische DNA).

Die Zahl der Chromosomen variiert von Lebewesen zu Lebewesen – von einem einzigen Chromosom bei den Bakterien bis zu Dutzenden oder auch Hunderten bei den höheren Organismen. In den Zellen eines Menschen befinden sich, wie bereits erwähnt, 23 Paare: Von jedem Chromosomen-Paar stammt ein »Partner« vom Vater und einer von der Mutter.

Die gesamte, in einem Organismus enthaltene – und für die Vererbung verantwortliche – DNA ist in den Chromosomen gespeichert, die sich im Zellkern befinden. Ein wenig DNA ist auch außerhalb des Kerns (aber immer noch innerhalb der Zelle) vor-

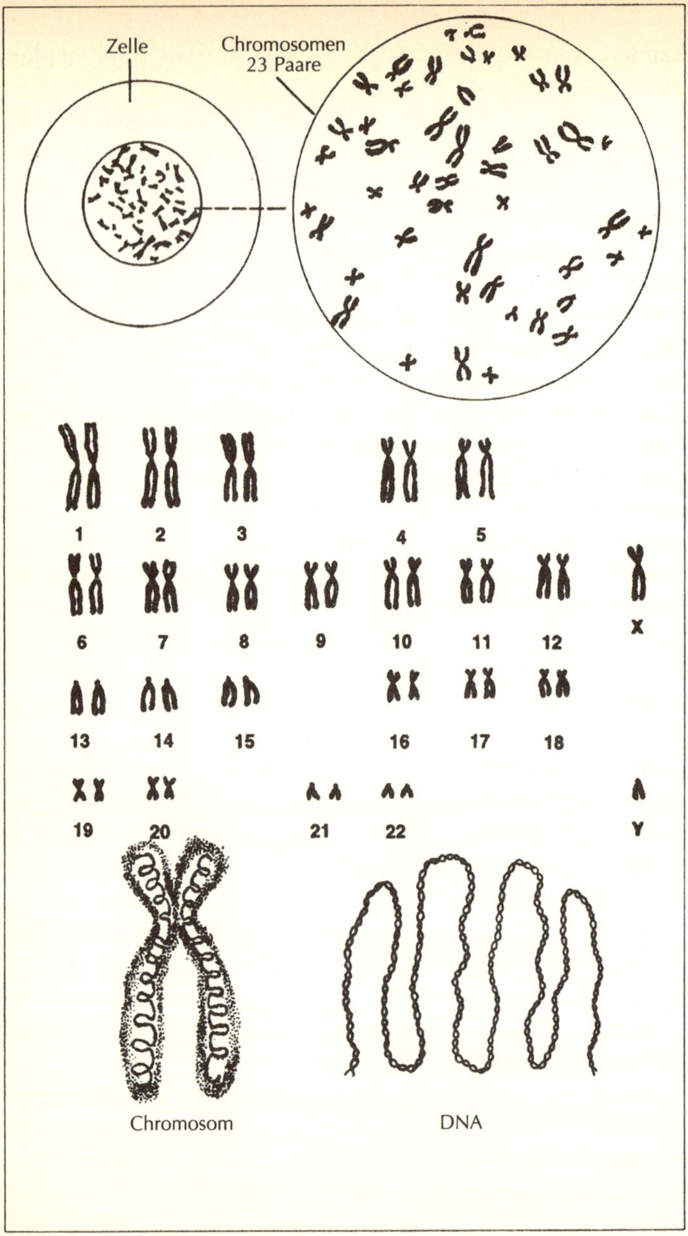

2. *Zelle – Kern – Chromosomen – DNA.*

handen, und zwar in den Mitochondrien (von denen wir im Zusammenhang mit der »afrikanischen Eva« gesprochen haben). Die Mitochondrien sind Organellen, die mit ihrer eigenen kurzen DNA ausgestattet sind, einem winzigen Chromosom, das auf besondere Weise übertragen wird (nur die Mutter gibt die Mitochondrien sowohl an Söhne als auch an Töchter weiter).
Die Chromosomen finden sich im Inneren jeder Zelle des lebenden Organismus, aber nur die in den Keimzellen enthaltenen, werden auf die Nachkommen übertragen.
Wenn die Eizelle von einem Spermatozoon befruchtet wurde, teilt sie sich in zwei neue Zellen, die sich ihrerseits wieder aufteilen; so entstehen vier neue Zellen und so weiter. Im Laufe dieses Vervielfältigungsprozesses entsteht das neue Individuum.
Die befruchtete Eizelle und alle Zellen des Körpers, die von ihr abstammen, sind identisch und enthalten je 46 Chromosomen. Ein kleiner Teil der Zellen, die sich so bilden, bringt, je nach Geschlecht, die Spermatozoen oder die Eizellen des neuen Individuums hervor.

Die Mutation

Bei der Verdoppelung jeder Zelle wird die DNA der Mutterzelle kopiert, und die zwei an die beiden Tochterzellen übertragenen Versionen der DNA sind mit der Ausgangs-DNA identisch. Es können jedoch während des Kopierprozesses regelrechte Fehler, sogenannte Mutationen, auftreten. Dazu kommt es bei der Teilung aller Zellen, daher auch bei jenen Zellen, die beim Mann Spermatozoen und bei der Frau Eizellen werden. Was uns hier interessiert, sind die in den Keimzellen erfolgten Mutationen, weil diese an die Nachkommen übertragen werden können.
Wir haben festgestellt, daß die DNA eine Sequenz einer sehr großen Zahl von Nukleotiden ist, die wir A, C, G oder T nennen. Bei einer Mutation kommt es zur Veränderung eines dieser Nukleotide. Nehmen wir an, beim Vater gibt es ein gewisses DNA-Segment in einer bestimmten Position, auf der die Nukleotidsequenz so lautet:

GCACCAATA,

und in einem Spermatozoon, das ein Kind entstehen läßt, hat eine Mutation im dritten Nukleotid stattgefunden, in deren Folge A durch G ersetzt worden ist. Beim Kind wird dann die folgende Nukleotidsequenz anzutreffen sein:

GCGCCAATA,

und sämtliche Nachkommen dieses Kindes werden Träger dieser DNA und nicht mehr der DNA seines Vaters sein.

Folgen der Mutation

In manchen Fällen kann schon eine winzige Veränderung schwerwiegende Folgen haben und zum Beispiel über Gesundheit und Krankheit des Individuums bestimmen. In anderen Fällen hat sie vielleicht überhaupt keine Folgen. Das hängt ganz von der Position des veränderten Nukleotids und von der Art der Veränderung ab.

Im Zusammenhang mit einer der ersten Raumfahrten hieß es in den Zeitungen, daß ein Satellit nur deshalb zerstört wurde, weil im Startprogramm ein Komma falsch gesetzt war; das habe genügt, um das ganze Unternehmen scheitern zu lassen.

Es gibt auch Beispiele, die nicht aus dem High-Tech-Bereich stammen, wie etwa die berühmte Antwort des Orakels von Delphi auf die Frage eines Königs, der wissen wollte, ob er in einen Krieg ziehen solle oder nicht. Im Original hat die Priesterin natürlich Griechisch gesprochen, aber der »Hörfehler« wird auch in der lateinischen Übersetzung deutlich. Sie erwiderte: »Ibis redibis non morieris in bello.« Es waren mündliche Antworten, ohne Interpunktion. Der König glaubte, das Orakel habe ihm gesagt: »In den Krieg wirst du ziehen, zurückkehren wirst du, nicht sterben wirst du.« Er zog in den Krieg und fiel in der Schlacht, denn er hatte das Komma falsch gesetzt. Die Antwort des Orakels hätte so interpretiert werden müssen: »In den Krieg wirst du ziehen, zurückkehren wirst du nicht, sterben wirst du.« Der ganze Unterschied lag in der Stellung eines Kommas, das nach dem »non«, und nicht nach »redibis« hätte gesetzt werden müssen – ein anderes Beispiel für die Tatsache, daß eine kleine

Veränderung schwerwiegende Konsequenzen nach sich ziehen kann.

Eine Erbkrankheit

Es gibt eine erbliche Anämie, die sogenannte Mittelmeeranämie oder Thalassämie, bei der der Organismus nicht genügend Hämoglobin produziert. Hämoglobin ist die Substanz, die den im Blut enthaltenen roten Blutkörperchen ihre Farbe verleiht und den Sauerstoffaustausch zwischen Lunge und Geweben ermöglicht (wir haben sie bereits im Zusammenhang mit der Molekularuhr erwähnt). Die Hämoglobinproduktion wird von zwei Genen gesteuert, die zwei Proteine (oder Proteinketten) namens Alpha und Beta bilden.
Der genetische Defekt, der für eine im Mittelmeerraum und vor allem auf Sardinien verbreitete Form der Thalassämie verantwortlich ist, betrifft das Gen, das die Synthese der Betakette steuert. Die DNA des Gens der Betakette besteht aus 438 Nukleotiden, und der Defekt tritt im 118. Nukleotid, normalerweise G, auf. Eine Mutation, die wahrscheinlich vor drei- oder viertausend Jahren auf Sardinien stattfand, hat bewirkt, daß an die Stelle jenes G ein A trat. Die Folge ist, daß das Gen der Betakette von jenem Punkt an nicht mehr richtig »gelesen« und die Synthese der Kette nicht fortgesetzt wird; deshalb kann sich kein normales Hämoglobin bilden.
Bis vor kurzem starben auf Sardinien alljährlich ungefähr hundert Kinder aufgrund dieser Mutation, die sich von dem einzigen Individuum an, in dem sie ihren Anfang nahm, in den folgenden drei- oder viertausend Jahren auf sehr viele Bewohner der Insel ausgebreitet hat.

In den mittelalterlichen Klöstern

Hier handelt es sich eindeutig um eine Mutation, eine Veränderung in der DNA. Da die DNA von einer Generation zur anderen kopiert wird, geht die erste Kopie nach einer Veränderung von

der veränderten »Vorlage«, das heißt von der neuen, mutierten DNA aus; deshalb wird sie von Eltern, die Träger der mutierten DNA sind, an die Kinder weitergegeben.
Aus dem kulturellen Bereich kennen wir ein praktisch analoges Phänomen – nämlich die Fehler, die beim Kopieren von Handschriften zustande kommen. Sehen wir uns ein Gedicht an, das im 6. Jahrhundert von einem irischen Mönch namens Beda Venerabilis kurz vor seinem Tod verfaßt wurde. Dieses Gedicht bezieht sich auf das, was nach dem Tod geschehen wird: Der Dichter fragt sich, ob ein Mensch, der an das Ende seines Lebens gelangt ist, besser zu begreifen imstande ist, was ihn erwartet (es ist nicht verwunderlich, daß Bedas Antwort »Nein« lautet: Man begreift nichts). Hier nun die ersten drei Worte des Gedichts, in altenglischer Sprache, so, wie sie in sieben verschiedenen, uns erhaltenen Handschriften zu finden sind, deren ungefähre Entstehungsdaten wir kennen. Alle Versionen sind ähnlich, weisen aber signifikante, wenn auch kleine Unterschiede auf, die eine Rekonstruktion ihrer Geschichte erlauben.

Handschrift	Jahrhundert	Anfang des Gedichts
1	IX	FORE THE'E NEIDFAERAE
2	X	FORE THAE NEIDFAERAE
3	XII	FORE TH-E NEIDFAERAE
4	XII	FORE TH-E NEIDFAER-E
5	XV	FORE TH-E NEYDFAER-E
6	XIII	FORE TH-E NEIDFAOR-E
7	XII	FORE TH-E NEIDFAOR-E
		»Vor der unvermeidlichen Reise« …

Die den Texten zugeschriebene Reihenfolge ist nicht chronologisch, sondern beruht auf der zwischen den verschiedenen Handschriften feststellbaren Verwandtschaft. Mit dem Bindestrich markieren wir den Wegfall eines Buchstabens; deshalb ist zum

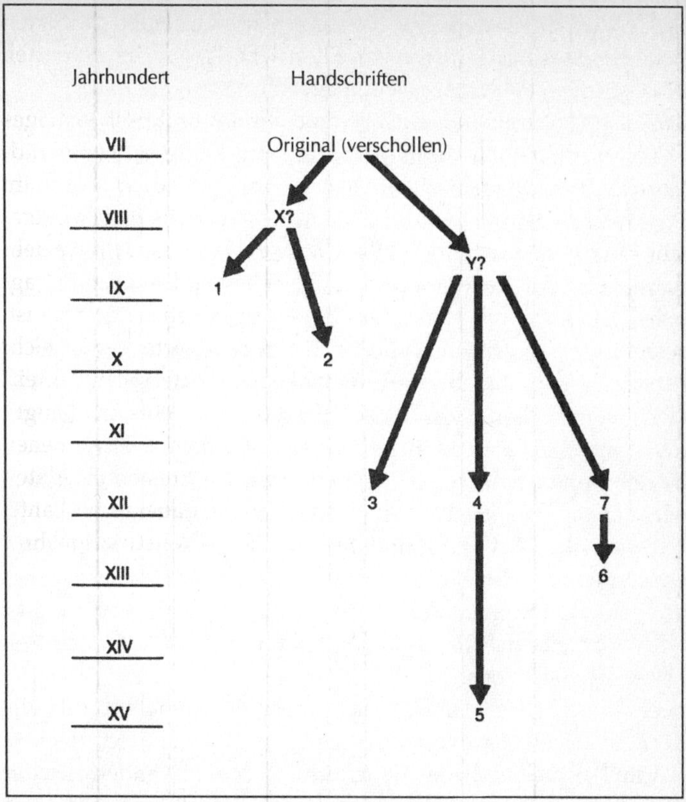

3. Stammbaum von sieben mittelalterlichen Handschriften.

Beispiel in den Manuskripten 3 bis 7 das zweite Wort der Artikel *the* des modernen Englisch.

In jedem dieser Fälle hat ein Mönch das Manuskript von einem älteren abgeschrieben. Hin und wieder hat ein Kopist die Schreibweise eines Wortes wegen eines Transkriptionsfehlers oder wegen einer persönlichen Vorliebe verändert. Jede kleine Veränderung ist dann von den nachfolgenden Schreibern, die eine vom Original verschiedene Handschrift kopierten, übernommen worden.

So kann man bei der Analyse vorgehen: Von den drei ersten Wörtern des Gedichts wird das erste (das dem modernen englischen *before*, »vor«, entspricht) immer gleich geschrieben und hilft uns nicht weiter; das zweite ist in den Handschriften 3 bis 7 identisch; das dritte (aus zwei Wörtern bestehende: *neid* für *need*, »Notwendigkeit«, und *faerae*, das »Reise« bedeutet) zeigt für die Handschriften 1 bis 3 einerseits und 4 bis 7 andererseits eine Verwandtschaft auf. Es bleibt also ein Zweifel in bezug auf die Position der Handschrift 3, die in einer Hinsicht 1 und 2, und in einer anderen 4 bis 7 ähnelt. Diesen Zweifel kann man ausräumen, wenn man den Rest dieses sehr langen Gedichtes liest.

Abbildung 3 zeigt die von einem Philologen erstellte Rekonstruktion des gesamten Stammbaums der sieben Handschriften. Ein heute verschollenes Manuskript aus dem 7. Jahrhundert ist von zwei verschiedenen Mönchen kopiert worden. Von einer der beiden Kopien wurden die Handschriften 1 und 2 abgeschrieben, von der anderen alle übrigen: zuerst drei von ihnen, nämlich die Handschriften 3, 4 und 7, und dann 6, die von 7, und 5, die von 4 kopiert wurde. Hinter dieser Analyse stehen die gleichen Überlegungen wie hinter der Rekonstruktion der Molekularevolution – wie wir bereits im Fall des Hämoglobins und der mitochondrialen DNA gesehen haben.
Nicht immer hat ein Fehler – auch ein zufallsbedingter Fehler wie die Mutation – negative Konsequenzen. Oft bleibt er so folgenlos wie im Beispiel des Beda-Gedichts; in diesem Fall ändert sich der Sinn des Gedichts nicht, in anderen Fällen jedoch kann schon eine geringfügige Änderung den Sinn entstellen.

Ein unerwarteter Vorteil

Manchmal kann sich eine zufällige Veränderung wie die Mutation auch als vorteilhaft erweisen. Um es bildlich auszudrücken: Man kann versehentlich einen Weg nehmen, der von der üblichen Route abweicht, und feststellen, daß es sich um eine Abkürzung handelt. So ist es auch mit der Mutation. Sie kann – allerdings selten – auch Vorteile mit sich bringen.
Das gilt teilweise für die Thalassämie. Diese bereits erwähnte Form der Anämie führte früher in der Regel zum Tode und kann

heute nur durch unzählige Bluttransfusionen überlebt werden (die allerdings nicht ganz ungefährlich sind, weil für die Kranken das Risiko besteht, sich eine Hepatitis B oder AIDS zuzuziehen). Die Thalassämie trifft man in bestimmten Gegenden von Sardinien sowie in vielen anderen Küstenregionen des Mittelmeerraums und auch noch in weiter entfernten Landstrichen an. Die Frage nach dem Warum liegt nahe, denn eine Erbkrankheit könnte automatisch ausgerottet werden, wenn ihre Träger sterben oder ihre Fortpflanzung verhindert würde.

Es gibt einen Grund. Wer an Thalassämie erkrankt, hat zwei Elternteile, die, ohne daß man es ihnen anmerkt, Träger des Thalassämie-Gens sind. Wir nennen sie »gesunde Träger« des Gens; sie haben das Thalassämie-Gen von einem Elternteil erhalten und erkranken selbst nicht an Anämie, sind aber dank des Thalassämie-Gens besonders resistent gegen die Malaria.

Früher war die Malaria eine sehr gefährliche Krankheit, die in verschiedenen Gegenden des Mittelmeerraums und auch auf Sardinien, insbesondere in den Küstenregionen, weitverbreitet war. In Malariagebieten befinden sich die gesunden Träger des Thalassämie-Gens in großem Vorteil: Aus diesem Grund hat sich das neue, durch Mutation entstandene Gen über die Nachkommen des ersten Trägers verbreitet. Die schwere Anämie kann nur bei jenen auftreten, die das Gen von *beiden* Elternteilen erben, was nur dann geschehen kann, wenn sowohl der Vater als auch die Mutter gesunde Träger sind. Da es nicht sehr viele gesunde Träger gibt, kann es auch nicht häufig zu Ehen zwischen gesunden Trägern kommen. Daher treten Erkrankungen relativ selten auf; sie betreffen nicht einmal 1 Prozent der Bevölkerung, und auch das nur in stark von der Malaria verseuchten Gegenden, während es dort bis zu 20 Prozent gesunde Träger geben kann.

Die Wahrscheinlichkeitsrechnung sagt uns, daß im Durchschnitt eines von vier Kindern eines Paares, die gesunde Träger sind, erkranken wird (das früher innerhalb weniger Jahre gestorben wäre); zwei weitere Kinder werden ihrerseits gesunde Träger des Gens (und daher gegen die Malaria resistenter) sein; das vierte Kind wird vollkommen gesund (aber ohne besonderen Schutz gegen die Malaria) sein.

Man kann mit Sicherheit behaupten, daß dort, wo man die Thalassämie antrifft, früher, das heißt vor Einleitung entsprechender Sanierungsmaßnahmen, die Malaria weit verbreitet war. Es mag grausam klingen, aber unter demographischen Gesichtspunkten wird der Schaden, also der Tod des an Thalassämie leidenden Kindes, dadurch mehr als kompensiert, daß es den Eltern des Kranken, zwei gesunden Trägern, gelingt, in einem malariaverseuchten Gebiet zu überleben.

Das menschliche Genom

Unsere Chromosomen setzen sich aus insgesamt circa drei Milliarden Nukleotid-Paaren zusammen. Es gibt einige Arten – etwa Amphibien –, die mehr DNA haben als wir, was sie jedoch weder intelligenter noch komplexer macht. Ein Teil der DNA kann funktionslos sein. (Für diese DNA gibt es verschiedene Bezeichnungen: auf englisch heißt sie »junk DNA«, das heißt Müll-DNA, oder »selfish DNA«, egoistische DNA.) Es ist schwer zu sagen, welche DNA nutzlos oder gar schädlich ist. Doch wir kennen Beispiele dafür, daß diese egoistische DNA auch Krankheiten verursachen kann. Die Insekten haben weniger DNA als wir, die Bakterien noch weniger und manche Viren am wenigsten. Viren sind Parasiten, die sich – wie alle Parasiten – im Laufe der Evolution so vereinfacht haben, daß sie nur noch die Fähigkeit besitzen, sich im Organismus ihres Wirts einzunisten und sich dort zu vermehren. Sie haben oft sehr komplexe und effiziente Mechanismen entwickelt, um in den Wirt eindringen zu können, und benötigen zu ihrer Vermehrung nicht mehr als das, was sie in ihrem Wirt vorfinden.

Mutation bedeutet fast immer den Ersatz eines Nukleotids durch ein anderes; manchmal kann aber auch ein Nukleotid (oder mehrere) verlorengehen oder ein Nukleotid (oder mehrere) hinzukommen.

Bekanntlich hat die DNA die Form einer Doppelhelix, wie sie auf Seite 110 abgebildet ist.

Diese Doppelhelix besteht aus zwei DNA-Spiralen, die genau komplementär sind. Das heißt: Wenn auf einer Helix in einer bestimmten Position das Element C zu finden ist, dann findet sich auf der anderen Helix G. Dort, wo auf der ersten Helix G ist, ist auf der zweiten C. Wo A ist, ist T, wo T ist, ist A.

Die beiden Stränge, die die Doppelhelix bilden, sind daher vollkommen verschieden, doch die Information, die sich auf dem einen Strang befindet, also die Nukleotidsequenz, entspricht genau der, die auf dem anderen gespeichert ist. Sie sagen im wesentlichen dasselbe, und man kann den einen fehlerlos in den anderen übersetzen. Deshalb spricht man auch von »komplementären« Strängen.

Die DNA des Menschen setzt sich also aus insgesamt 3 Milliarden Nukleotid-*Paaren* zusammen – alle sind in der Doppelspirale vorhanden, die die 23 Chromosomen der Keimzellen enthält. Wir wissen, daß die Keimzelle je ein Chromosom für jedes der 23 Paare enthält; in der Fachsprache der Genetiker haben sie ein »haploides Genom«, das sozusagen die vollständige Probe aller Gene darstellt, die im Erbgut der Gattung Mensch verfügbar sind. Es handelt sich um eine Probe, bei der jedes Gen in einer einzigen jener verschiedenen Formen vorhanden ist, in denen es in den verschiedenen Individuen einer Population existieren kann.

Da es zweier Keimzellen bedarf, um ein Individuum entstehen zu lassen, finden sich in den Zellen eines Erwachsenen sowohl das vom Vater stammende als auch das von der Mutter stammende Genom, deshalb gibt es zwei Doppelspiralen der DNA (und folglich 4 Nukleotide auf jeder einzelnen Position) – eine vom Vater und eine von der Mutter. Zusammengerechnet sind es also 6 Milliarden Nukleotid-Paare.

Wenn wir vom Genom des Menschen sprechen, bleiben wir aber bei 3 Milliarden Nukleotiden, weil es sich bei den anderen 3 Milliarden im wesentlichen um Wiederholungen der ersten drei handelt. Die Beiträge von väterlicher und mütterlicher Seite sind sich nur ähnlich, nicht identisch.

Kommen Mutationen häufig vor?

Die Mutation ist normalerweise ein sehr seltenes Phänomen, und sie muß auch zwangsläufig selten sein. Wir Menschen sind so differenziert und komplex aufgebaut, daß die Mutation für den

Organismus schädlich sein kann und gewöhnlich auch schädlich ist, weil es sich um eine zufällige Veränderung handelt. Man hat sie scherzhaft mit den Folgen eines Hiebs auf ein Fernsehgerät verglichen: Oft geschieht gar nichts; es kann vorkommen, daß der Apparat plötzlich besser funktioniert als vorher, aber manchmal trägt er auch einen Schaden davon. Damit das neue Individuum, das geboren wird, funktioniert, muß auch jedes seiner Teile funktionieren, und deshalb müssen Mutationen selten sein.
Für frisch hergestellte DNA-Kopien gibt es Kontroll- und Korrekturmechanismen, ähnlich wie bei den Computern, die überprüfen, ob eine Kopie korrekt ausgeführt wurde. Ist sie fehlerhaft, wird die Kopie korrigiert. Infolgedessen kommen Mutationen sehr selten vor. In einer Zelle wird man nach einer Generation nur einige Dutzend der insgesamt 3 Milliarden Nukleotide verändert vorfinden: Es gibt also pro Kopie einen winzig kleinen Fehler in der ungefähren Größenordnung von 1 zu 200 Millionen.

Eineiige Zwillinge haben genau dieselbe DNA, weil sie aus einer einzigen Eizelle kommen, die von einem einzigen Spermatozoon befruchtet wurde; ehe sie begann, einen Embryo zu bilden, hat sie sich jedoch zweigeteilt. Vergleicht man die Zwillinge miteinander, findet man nur wenige Dutzend Unterschiede zwischen den beiden, die auf Mutationen zurückzuführen sind.
Wenn wir hingegen zwei beliebige Individuen aus derselben Population miteinander vergleichen, treffen wir auf viel mehr Mutationen, weil diese sich im Laufe der vorangegangenen Generationen akkumuliert haben. Natürlich werden wir zwischen zwei Geschwistern oder zwischen Eltern und Kindern weniger Unterschiede ausfindig machen, doch es werden schon deswegen immer etliche sein, weil die genetischen Beiträge von zwei verschiedenen Elternteilen geliefert wurden. Es ist vielleicht von Interesse zu erfahren, daß es zwischen Geschwistern (oder zwischen Eltern und Kindern) im Durchschnitt etwa halb so viele Unterschiede gibt wie zwischen zwei zufällig aus derselben Population herausgegriffenen Individuen. Geschwister werden also bei einigen Merkmalen oft außergewöhnliche Ähnlichkeiten aufweisen, aber auch viele Unterschiede. Und das ist keineswegs erstaunlich.

Das obenerwähnte Verhältnis von einer Mutation auf 200 Millionen Nukleotide innerhalb einer Generation stellt nur einen angenäherten, noch wenig bekannten Durchschnittswert dar. Es gibt einige Abschnitte der DNA, an denen Mutationen häufiger auftreten. So liegt deren Häufigkeit etwa in den Mitochondrien viel höher.

Mutationen als Maßstab für die genetische Verschiedenheit

Wie gesagt, akkumulieren sich die Mutationen im Laufe der Zeit, das heißt, daß wir die genetische Verschiedenheit sowohl zwischen Individuen als auch zwischen Arten auf der Grundlage der Anzahl der Mutationen messen können, die sie voneinander unterscheiden. Es genügt, aufs Geratewohl zwei Individuen herauszugreifen und in einem bestimmten DNA-Segment die Zahl der unterschiedlichen Nukleotide festzustellen.

Wenn wir zwei Individuen aus derselben Art herausgreifen, finden wir wenige Unterschiede; im Durchschnitt ungefähr einen Unterschied pro 1000 Nukleotide; doch auf eine Gesamtzahl von 3 Milliarden Nukleotiden hochgerechnet, ergeben sich jedoch 3 Millionen Unterschiede.

Wenn wir zwei Individuen verschiedener Arten miteinander vergleichen, finden wir eine größere Anzahl von Unterschieden. Je weiter die Arten voneinander entfernt sind, desto zahlreicher werden die Unterschiede. Im Zusammenhang mit den Proteinen haben wir bei einem Vergleich zwischen Mensch, Pferd und Huhn festgestellt, daß der Mensch dem Pferd ähnlicher und vom Huhn weiter entfernt ist. Das ist die Grundlage der bereits erwähnten Molekularuhr; dieselben Konzepte gelten für die Abweichung der DNA, die eine andere Molekularuhr liefert. Diese gelangt erwartungsgemäß zu denselben Ergebnissen.

Ein Faktor, von dem das Schicksal einer Mutation abhängt

Die Mutation, auf die die obenerwähnte sardische Thalassämie zurückgeht, hat in einem Gen stattgefunden, das für die Synthese des Hämoglobins verantwortlich ist. Es handelt sich wohl um eine sehr seltene Mutation. Es gibt Hunderte verschiedener Thalassämien, und ihre besondere geographische Streuung legt den Schluß nahe, daß viele von ihnen auf eine einzige Mutation zurückzuführen sind, die in jedem einzelnen Fall anders ausfiel.

Angenommen, eine bestimmte Mutation ist zum ersten und vielleicht einzigen Mal in einem Spermatozoon aufgetreten. Die Eizelle, mit der sich das Spermatozoon vereinigt hat, hat ein normales Gen in der Position, die der des im Spermatozoon mutierten entspricht (wir sind ja davon ausgegangen, daß die Mutation nur in diesem letzteren stattgefunden hat). Das aus dieser Vereinigung entstehende Individuum wird sich von all den anderen bisher in der Population existierenden unterscheiden und im Hinblick auf das betreffende Gen heterogen sein, weil es vom Vater ein mutiertes Gen (das wir T nennen), und von der Mutter ein normales Gen (das wir N nennen) erhalten hat.

Wir müssen jetzt notgedrungen zwei neue Begriffe einführen: *heterozygot* und *homozygot*. Heterozygot ist aus zwei griechischen Wörter zusammengesetzt: mit »Zygot« ist eine befruchtete Eizelle gemeint, und »hetero« bedeutet »verschieden«. Wir benutzen diesen Terminus für ein Individuum, zu dem Vater und Mutter unterschiedliche Beiträge geliefert haben. Im Gegensatz zu diesem ersten Begriff wird ein Individuum, das vom Vater und von der Mutter das gleiche Gen erhalten hat, als Homozygot bezeichnet (»homo« bedeutet gleich).

Mit den soeben eingeführten Symbolen N und T ist der Heterozygot NT, während es zwei mögliche Homozygoten gibt, nämlich NN und TT. TT ist das Individuum, das das mutierte Gen T sowohl vom Vater als auch von der Mutter übernommen hat. Dies ist erst mehrere Generationen nach dem ersten Auftreten der Mutation möglich, weil man dann in der Population eine gewisse Anzahl von Individuen vom Typ NT antrifft, die als potentielle

Ehepartner füreinander zur Verfügung stehen. Wir werden das gleich noch näher erklären.
Zunächst aber müssen wir eine kleine Zäsur machen und den Begriff der *Vitalität* eines genetischen Typs einführen, der auf diese drei Typen NN, NT und TT anzuwenden ist. Unter *Vitalität* versteht man die Fähigkeit, bis zur Geschlechtsreife zu überleben und Kinder zu bekommen.
Vitalität ist eine ungefähre Übersetzung des englischen Terminus *fitness*. Im Englischen würde es jedoch nicht genügen, in diesem Zusammenhang von *fitness* zu sprechen, weil der Begriff mißverständlich ist. Erst wenn man ein Adjektiv hinzufügt und von »Darwinscher Fitneß« spricht, erhält der Terminus den Sinn, in dem Darwin, der Vater der Evolutionstheorie, ihn in bezug auf die natürliche Auslese benutzt hätte. In der Tat bezieht sich das sehr gebräuchliche Wort »Fitneß« auf die physische Leistungskraft, die man sich durch körperliche Übungen, gesunde Ernährung etc. erhält – Dinge, die heute sehr populär sind, vor allem in den Vereinigten Staaten. Natürlich besteht ein gewisser Zusammenhang zwischen der physischen und der Darwinschen Fitneß. Doch während ein Mensch, der gerne joggt, seine physische Fitneß aufgrund der Dauer seines Laufs oder der Anzahl der jeden Morgen zurückgelegten Kilometer mißt, bezieht sich die Darwinsche Fitneß auf die genetische Leistungskraft und wird nach der Anzahl der Nachkommen beurteilt, die ein genetischer Typus im Durchschnitt hervorbringt. Diese Größe schließt sowohl die Fähigkeit ein, bis ins Erwachsenenalter zu überleben, als auch die, Kinder zu bekommen. Es gibt schmächtige Typen, die beim Sport eine schlechte Figur machen würden, aber viele Kinder zeugen, während es hervorragende Athleten gibt, die keine Kinder haben; physische Fitneß und Darwinsche Fitneß (oder Vitalität) sind also zweierlei.
Nun unterscheidet sich die Vitalität der drei genetischen Typen NN, NT und TT voneinander – je nachdem, ob es in ihrem Lebensbereich Malaria gibt oder nicht. Wenn diese Krankheit in der Umgebung nicht existiert, haben das normale Individuum NN und der Heterozygot NT die gleiche Vitalität, während das Individuum TT an jener Form der Anämie leidet, die wir Mittelmeeranämie oder Mikrozytämie oder Thalassämie nennen; es

wird, wenn es nicht behandelt wird, noch vor Erreichen des Erwachsenenalters sterben. Heute gibt es allerdings neue und aufwendige Therapien (zum Beispiel Knochenmarkverpflanzungen), die dem Kranken eine gute Überlebenschance eröffnen, so daß er durchaus das reproduktionsfähige Alter erreichen kann, aber bis vor kurzem waren die Hoffnungen, mehr als ein paar Jahre zu überleben, äußerst gering oder praktisch gleich Null.

Die Situation ist dort anders, wo es die Malaria gibt, weil unter diesen Bedingungen der Typ NT besser überlebt als der normale Typ NN. Der Malariaparasit vermehrt sich nämlich in den roten Blutkörperchen des an Malaria erkrankten Individuums NN, zerstört sie und dringt in andere ein, die er ebenfalls zerstört, usw.: So löst er die berüchtigten Malariaanfälle aus. In den roten Blutkörperchen des Individuums NT jedoch, in denen es ein anderes Hämoglobin gibt, finden die Parasiten keine ähnlich günstigen Bedingungen zu ihrer Vermehrung vor, was der Gesundheit der betreffenden Person sehr förderlich ist. Der Typ TT dagegen ist zum Tode verurteilt.

Aus dem bisher Gesagten ist klargeworden, daß die Mutation T den Homozygoten zwar schwere Schäden zufügt, aber auch einen positiven Adaptationswert haben kann – allerdings nur in Malariagebieten.

Das Schicksal eines Mutanten in einer Population

Diese lange Vorrede war unverzichtbar; dennoch reicht sie immer noch nicht aus, um zu verstehen, was mit der soeben erfolgten Mutation T geschieht. Kehren wir zu dem Augenblick zurück, in dem alle Individuen der Population NN sind bis auf das eine, das durch die Mutation zu NT geworden ist. Dieses Individuum ist mindestens so gesund wie die NN, ja, wenn es in seinem Lebensbereich die Malaria gibt, geht es ihm sogar besser als ihnen.

Der erste NT kann nur ein Individuum NN heiraten, weil es (noch) keine anderen genetischen Typen gibt, und er wird jedem Sohn beziehungsweise jeder Tochter das Gen N *oder* das Gen T vererben. Es liegt auf der Hand, daß die Wahrscheinlichkeit 50 Prozent beträgt – genau wie der Wurf einer Münze nur die Alternative Kopf oder Zahl zuläßt. Der andere Elternteil ist NN und kann nur ein Gen N weitergeben; daher wird eine Hälfte der Kinder aus einer Verbindung NN/NT NN und die andere Hälfte NT sein.

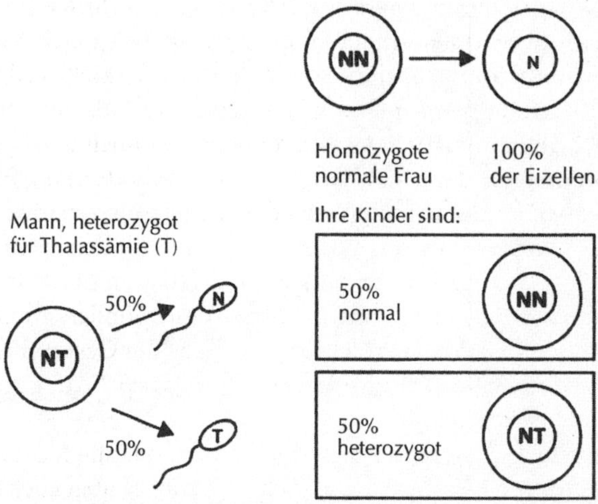

4. Kreuzung zwischen Homozygoten und Heterozygoten. Das Schema zeigt die Kinder, die aus einer Ehe zwischen einer normalen Frau NN und einem Mann NT (einem gesunden Träger der Krankheit) zu erwarten sind: Die Hälfte der Kinder sind NN und die andere Hälfte NT. Diese beiden genetischen Typen werden auch Homozygoten beziehungsweise Heterozygoten genannt. Bei einer Verbindung zwischen einem normalen Mann NN und einer Frau NT (gesunde Trägerin) ergibt sich dieselbe Situation.

An dieser Stelle können wir den Leser beglückwünschen, der uns bis hier gefolgt ist, denn er hat soeben ein Grundgesetz der Genetik kennengelernt, das der Augustinermönch Gregor Mendel, Prälat des Klosters von Brünn, 1865 veröffentlichte.

Wenn einer der beiden Elternteile NT und der andere NN ist, wird die Hälfte der Kinder wie der eine Elternteil und die andere Hälfte wie der andere sein. Natürlich ergibt es wenig Sinn, von der Hälfte der Kinder zu sprechen, wenn es in dieser Familie nur ein einziges Kind gibt. Es fällt einem sogleich der Witz des italienischen Dichters Trilussa (1871-1950) ein, der erklären wollte, wie die Statistik

funktioniert: Wenn ich ein Huhn gegessen habe und du keines, dann haben wir pro Kopf ein halbes Huhn gegessen.
Wenn die Anzahl der Individuen NT, die vom ersten NT abstammen, in den nachfolgenden Generationen anwächst (wie es – mehr als plausibel – vor allem in Malariagebieten der Fall ist, weil die NT gegen die Krankheit sehr viel resistenter sind als die normalen Individuen), dann kann es irgendwann vorkommen, daß ein Individuum NT ein anderes NT heiratet. Dann kommt ein neuer Faktor ins Spiel, denn *ein Spermatozoon T kann eine Eizelle T befruchten*, und aus dieser Verbindung wird der dritte genetische Typ hervorgehen, der bis dahin in der Population noch nicht aufgetreten ist, nämlich der Typ TT, der erkrankt und stirbt.

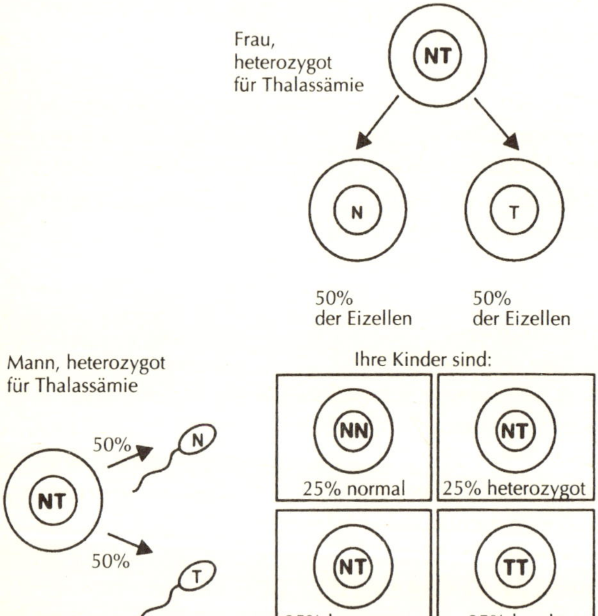

5. Kreuzung zwischen zwei Heterozygoten. Das Schema zeigt, welche Kinder aus der Ehe zwischen zwei Individuen NT (auch Heterozygoten genannt) zu erwarten sind, die beide gesunde Träger der Krankheit sind. Im Durchschnitt ist eines von vier Kindern normal, zwei sind gesunde Träger, und eines erkrankt an Thalassämie.

Unter Verwendung der bereits eingeführten Terminologie können wir sagen, daß aus einer Ehe zwischen zwei Heterozygoten NT (durchschnittlich) unter je vier Kindern ein homozygotes TT hervorgehen kann.
Aus einer Verbindung NT/NT ist also ein Viertel der Kinder TT. Ein Paar, bei dem sowohl der Mann als auch die Frau NT sind, bekommt mit derselben Wahrscheinlichkeit ein Kind TT, wie wenn man zwei Münzen in die Luft wirft und beide Zahl zeigen. Voraussetzung ist der Beitrag eines Spermatozoons T von seiten des Mannes (50 Prozent Wahrscheinlichkeit) und einer Eizelle T von seiten der Frau (50 Prozent Wahrscheinlichkeit). Hier kann das Ereignis in der Hälfte der Hälfte aller Fälle eintreten – also bei einem von vier Kindern.
Nun haben wir eine weitere Mendel-Regel verstanden und sind damit leider auch beim ersten Fall von Thalassämie angelangt, dem bald weitere folgen werden. Heute werden auf Sardinien ungefähr 110 Thalassämie-Kinder im Jahr geboren – oder eben nicht geboren, weil es fast immer möglich ist, die Geburt eines solchen Kindes rechtzeitig vorherzusehen und im Rahmen der eugenischen Indikation einen prophylaktischen Schwangerschaftsabbruch vornehmen zu lassen.

Wir rekapitulieren

Wenn es dem Leser gelungen ist, die bis jetzt vorgestellten Konzepte zu verdauen, kann er den folgenden Abschnitt ruhig überspringen. Wenn ihm dagegen der Kopf – wie nach einem allzu üppigen Mahl – etwas schwer ist, empfehlen wir die folgende kurze Zusammenfassung als Digestivum.

Wir haben zwei verschiedene Typen ein und desselben Gens betrachtet, die an der Bildung des Hämoglobins beteiligt sind:

N, das normale Gen, und
T, das mutierte (thalassämische) Gen.

Wenn wir aber von Individuen sprechen, haben wir drei mögliche genetische Typen, in unserem Beispiel:

NN, den normalen Homozygoten, der das Gen N sowohl vom Vater als auch von der Mutter bekommen hat;
NT, den Heterozygoten, der von einem Elternteil ein Gen N und vom anderen ein Gen T erhalten hat, und
TT, den thalassämischen Homozygoten, der an einer schweren Krankheit leidet, weil er von beiden Elternteilen das Gen T übertragen bekommen hat.

Wie sieht es nun mit der Vitalität dieser Individuen aus? Sie hängt von der Umgebung ab: Wo es keine Malaria gibt, haben NN und NT die gleiche Vitalität; TT ist krank und erreicht das Erwachsenenalter nur dann, wenn er mit ganz speziellen modernen Methoden behandelt wird. In Gegenden jedoch, wo die Malaria verbreitet ist, hat NN weniger Widerstandskraft gegen den Malariaparasiten, insbesondere gegen die schwerste Form der Malaria, die auf den gefährlichsten Parasiten, *Plasmodium falciparum*, zurückgeht, und stirbt eher als NT. Der dritte Typ, TT, ist, wenn er nicht behandelt wird, ohnehin zum Tode verurteilt.

Kehren wir zur Übertragung von den Eltern auf die Kinder zurück. Unser NT, der Heterozygot, kann, wenn er mit einem normalen NN verheiratet ist, mit derselben Wahrscheinlichkeit NT- oder NN-Kinder bekommen, denn die Hälfte seiner Keimzellen erhält das Gen N und die andere Hälfte das Gen T, während sein Partner nur Keimzellen mit dem Gen N liefern kann.
Damit überhaupt vom Thalassämie-Tod bedrohte TT-Individuen entstehen können, bedarf es in einer Population, die auf einen einzigen durch Mutation entstandenen Heterozygoten zurückgeht, mehrerer Generationen und zahlreicher Nachkommen dieses ersten Individuums NT.
In den ersten Generationen nach der Mutation wird es in der Regel keine Verbindungen zwischen NT-Individuen geben, weil diese zu nah miteinander verwandt wären. Ein Individuum NT kann einen Sohn NT und eine Tochter NT haben, aber Ehen zwischen Brüdern und Schwestern sind seit der Zeit der ägyptischen Pharaonen und der Kaiser des alten Persien nicht mehr üblich. Nach zwei Generationen könnte es bereits eine Ehe geben, wenn zum Beispiel ein Individuum NT eine Cousine ersten Grades heiratet,

die ebenfalls NT ist. Ehen zwischen Vettern werden auch von der katholischen Kirche erlaubt (allerdings mit Sondergenehmigung) und kommen gar nicht so selten vor. In Italien liegt der Anteil solcher Ehen zwischen einem Promille und einem Prozent. Nach wenigen Generationen ist der Grad der Verwandtschaft ohnehin vergessen. Was geschieht mit den Kindern, wenn ein NT einen anderen NT heiratet? Die Hälfte der Keimzellen, die jeder Elternteil produziert, ist T; die Hälfte der Hälfte der Kinder (also 25 Prozent oder eines von vier) wird das Gen T sowohl vom Vater als auch von der Mutter erhalten und an Thalassämie erkranken.

Das Schicksal einer Mutation

Kehren wir zum Ursprung der Mutation zurück, die die Geburt eines Individuums NT bestimmt hat. Wie viele Kinder wird dieses Individuum haben? Die Variationsbreite ist, wie wir alle wissen, sehr groß. Viele heiraten nie; andere heiraten und haben keine Kinder. In diesen Fällen geht die Mutation verloren. Wenn NT nur ein einziges Kind hat, besteht, unabhängig von seinem Geschlecht, eine Wahrscheinlichkeit von 50 Prozent, daß das Kind NN sein wird; ist das der Fall, geht die Mutation ebenfalls verloren. Wenn das Kind dagegen NT ist, besteht die Möglichkeit, daß sich die Mutation in den nachfolgenden Generationen fortsetzt. Hat das Individuum NT mehrere Kinder und sind einige von diesen NT, nimmt die Wahrscheinlichkeit entsprechend zu. Der Zufall spielt jedenfalls eine wichtige Rolle, insbesondere in der Phase, in der es in der Population nur wenige NT gibt. Nach ein paar Generationen kann das Gen T häufiger auftreten und wird sich mit der Zeit in einem erheblichen Anteil der Individuen einer Population wiederfinden – vor allem dann, wenn diese relativ klein ist.

Man muß keine komplexen Berechnungen anstellen, um zu begreifen, daß in Gebieten mit Malaria – gegen die NT besser geschützt ist als NN, der ihr erliegt – die Zahl der NT mit der Zeit zunimmt. In bestimmten Fällen kann das mutierte Gen schließlich das Gen, das am Anfang der »normale« Typ war, völlig verdrängen. Die Berechnungen aber zeigen, daß der Prozeß in jedem Fall etliche Generationen in Anspruch nimmt und das Gen N nur schwer von der Bildfläche verschwindet, es sei denn, der Vorteil von NT gegenüber NN ist wirklich sehr groß, doch auch dann wird es vieler Generationen bedürfen. Im Fall der Thalassämie kann das Gen T das Gen N nicht völlig verdrängen, weil die TT sterben, ehe sie sich fortpflanzen können. Auch wenn die NT am Anfang häufiger auftreten können, kommt diese Entwicklung irgendwann einmal zum Stillstand, weil zu viele TT geboren werden, die bald wieder sterben. (Dank aufwendiger und sehr kostspieliger Eingriffe haben die Homozygoten heute jedoch eine Überlebenschance.)

Die Kräfte, die uns anders machen

Wir können uns nun allmählich der Beantwortung der Frage zuwenden, die wir uns am Beginn dieses Kapitels gestellt haben. Welche Faktoren bestimmen die biologische Verschiedenheit von Individuen und Populationen? Im wesentlichen handelt es sich um drei Faktoren: die *Mutation*, die *natürliche Auslese* und den *Zufall*. Diese Behauptung werden wir auf den folgenden Seiten näher erläutern.

Wir können die Mutationen in große Kategorien einteilen: in solche, die dem Individuum schaden, weil sie eine seiner Funktionen zum Negativen hin verändern; solche, die überhaupt keine Auswirkung auf die Funktion haben, und solche, die das Funktionieren des Individuums unter seinen besonderen Lebensbedingungen verbessern. Der erste und der dritte Faktor sind Beispiele für die natürliche Auslese.

Eine nachteilige Mutation bedeutet für ihre Träger die Unfähigkeit, normal – das heißt mit derselben Wahrscheinlichkeit wie das nicht mutierte Individuum – zu leben und sich fortzupflanzen. Es handelt sich geradezu um eine Tautologie, denn nachteilig bedeutet hier, daß das Individuum frühzeitig stirbt oder sich nicht reproduziert, oder beides. Auf diese Weise wird die Mutation automatisch eliminiert.

Für eine vorteilhafte Mutation gilt genau das Gegenteil: Sie erhöht

die Überlebenschancen oder die Fertilität, oder beides; die genetischen Typen, die Träger einer vorteilhaften Mutation sind, nehmen also im Laufe der Generationen automatisch zu.
Der Fall, den wir aufgegriffen haben – die Thalassämie –, ist insofern kompliziert, als in Malariagebieten das Gen T von Vorteil ist, aber nur bei einem Individuum NT; beim Typ TT dagegen wirkt es sich in jedem Falle nachteilig aus und eliminiert seinen Träger. Nach einer gewissen Anzahl von Generationen stehen wir vor einer Situation, bei der es in der Population eine stabile Beziehung zwischen den Genen N und T gibt und ein konstanter Anteil von TT-Kindern geboren wird, die an der Krankheit leiden und bald nach der Geburt sterben. Die natürliche Auslese sorgt dafür, daß hier der Unterschied zwischen den Individuen konstant bleibt. Dort, wo es keine Malaria gibt, haben NN und NT dieselbe Vitalität, und die natürliche Auslese übt weder auf NN noch auf NT Druck aus: Wir haben es, zumindest im Hinblick auf diese beiden genetischen Typen, mit einer irrelevanten oder selektiv neutralen Mutation zu tun. Wenn jedoch TT-Individuen geboren werden, die nicht überlebensfähig sind, befindet sich das Gen T im Nachteil und geht allmählich verloren – es sei denn, die Malaria kommt ins Spiel und hält es am Leben.

Die Erbkrankheiten

Eine schädliche Mutation macht eine normale Entwicklung des Individuums unmöglich. Es gibt massive Mutationen wie die, die auf das Fehlen eines Chromosoms oder auf das Vorhandensein eines zusätzlichen Chromosoms zurückgehen; sie wirken sich im allgemeinen – und manchmal sogar schon vor der Geburt – tödlich aus oder verursachen schwere pathologische Defekte wie den Mongolismus, der auf ein kleines zusätzliches Chromosom zurückzuführen ist. Auch winzige Mutationen, bedingt durch die Veränderung, den Verlust oder das Hinzukommen eines einzigen Nukleotids, können für das Individuum tödlich sein.

Alle Erbkrankheiten sind auf schädliche Mutationen zurückzuführen; diese lassen zwar zu, daß das Individuum zur Welt

kommt, sorgen aber für eine erhöhte Wahrscheinlichkeit oder sogar die Gewißheit, daß es früher oder später an einer schweren Krankheit leiden und vorzeitig sterben wird. Wir kennen einige tausend solcher Erbkrankheiten, die jedoch alle ziemlich selten vorkommen, weil sie aufgrund ihrer Schädlichkeit durch die Auslese nach und nach eliminiert werden.
Natürlich treten im Laufe der Zeit neue Mutationen auf, die dazu führen, daß in einer Population weiterhin manche Individuen krank sind; da es sich aber um seltene Mutationen handelt, bleibt ihre Zahl in der Regel sehr begrenzt. Viele genetisch bedingte Krankheiten sind so selten, daß sie bislang nur in wenigen Familien beobachtet wurden.

Am anderen Ende der Skala steht die häufigste Mutation, nämlich die, die für den Mongolismus verantwortlich ist, eine Krankheit, an der ungefähr eines von tausend Neugeborenen leidet. Die Rate steigt, wenn die Mutter bei der Geburt des Kindes über fünfunddreißig Jahre alt ist, und das Risiko wächst mit jedem weiteren Lebensjahr der Mutter. Glücklicherweise können wir diese Krankheit an den betroffenen Embryonen heute so rechtzeitig erkennen, daß ein prophylaktischer Schwangerschaftsabbruch möglich ist. Der Name Mongolismus geht auf die Tatsache zurück, daß die Augenstellung der Betroffenen ein wenig der der Mongolen ähnelt. Doch mit Rücksicht auf die Chinesen und die Japaner sprechen wir heute nicht mehr vom Mongolismus, sondern nennen die Krankheit »Down-Syndrom«, nach dem ersten Kliniker, der sie erschöpfend beschrieben hat. Dieses Syndrom manifestiert sich in Individuen, die vom Chromosom 21 drei statt der üblichen zwei Kopien erhalten haben, weil ein Spermatozoon beziehungsweise eine Eizelle (in den meisten Fällen die letztere) aufgrund eines Fehlers im Entstehungsprozeß der beiden Keimzellen zwei Kopien des Chromosoms 21 und nicht – wie normal – nur eine hatte. Die Krankheit verursacht eine ausgeprägte Geistesschwäche, die die Integration der Betroffenen in die Gesellschaft stark erschwert. Wie gesagt, kann dank der Chromosomenanalyse rechtzeitig eine zuverlässige Diagnose gestellt werden. Früher war das, wie ich aufgrund persönlicher Erfahrung bestätigen kann, nicht der Fall. Als meine Mutter mich als Kind einmal zu einer Kontrolluntersuchung bei einem sehr bekannten Turiner Professor brachte, sah dieser mich nachdenklich, ja fast traurig an und sagte dann: »Mir kommt es wirklich so vor, als leide dieses Kind an Mongolismus.« Heute bin ich mir absolut sicher, daß seine Diagnose – zum Glück! – falsch war.

Eine Mutation, die zwar seltener vorkommt als der Mongolismus, aber doch noch relativ häufig auftritt, löst eine Krankheit, die Neurofibromatose, aus; von dieser Mutation ist ungefähr eines von 3000 Individuen betroffen. Im Laufe dieser Krankheit treten manchmal sehr zahlreiche gutartige Geschwülste im Hautgewebe auf, die, wenn sie nicht operativ entfernt werden, riesige Ausmaße annehmen können (ein berühmter Fall ist ein Mensch mit rüsselähnlicher Nase, der zu einem Film mit dem Titel *The Elephant Man* anregte).

Andere schwere Krankheiten – wie zum Beispiel die Chorea Huntington, die zur fortschreitenden Inkoordination der Motorik und zur Demenz führt und etwa eines von 12 000 Lebendgeborenen betrifft – kommen noch seltener vor. Dieser Krankheit gegenüber ist die natürliche Auslese fast machtlos, denn sie bricht erst im Erwachsenenalter, durchschnittlich im Alter von vierzig Jahren, aus und führt um das 50. Lebensjahr zum Tod. Sie hat deshalb praktisch keine Auswirkung auf die Vitalität: Alle Kinder, die geboren werden konnten, sind bei Ausbruch der tödlichen Krankheit bereits auf der Welt.

Es gibt sehr viele irrelevante Mutationen, die unter dem Gesichtspunkt der natürlichen Auslese auch neutral genannt werden und deren Existenz uns gar nicht zu Bewußtsein kommt. Schwere angeborene Krankheiten und Mängel wie solche, die zur Blindheit, Taubheit und ähnlichem führen, können sich auf ganz bestimmt Organismen und unter ganz bestimmten Lebensumständen auch positiv auswirken. So haben Höhlentiere die Augen verloren, die ihnen bei dem in ihrem Habitat herrschenden Lichtmangel ohnedies nichts nützen würden, ja sogar gefährlich werden könnten: Eine Verletzung am Auge, die sie sich im Dunkeln leicht zuziehen könnten, wäre potentiell gefährlicher als andere Verletzungen.

Vorteilhafte Mutationen

Es gibt relativ wenige vorteilhafte Mutationen, denn im Grunde sind all jene Mutationen, die sich in der Vergangenheit als nützlich erwiesen haben, von der natürlichen Auslese längst zum genetischen Programm gemacht worden und damit bereits ein Teil von uns. Wenn eine Mutation uns gegen eine bestimmte, häufig vorkommende Krankheit resistenter gemacht hat, sind alle daran erkrankten Individuen bereits gestorben; übriggeblieben sind nur die resistenten.

Ein wichtiges Beispiel für eine vorteilhafte Mutation, die in einer jüngeren Phase der Evolution des Menschen aufgetreten ist, ist die Fähigkeit, auch als Erwachsene Laktose zu verwerten. Laktose ist der in der Milch vorhandene Zucker; sie ist ein wichtiger Bestandteil der Nahrung, die der Säugling von seiner Mutter erhält. Das gilt für alle Säugetiere oder, besser gesagt, für fast alle, weil einige, wie zum Beispiel die Robben, keine Laktose in ihrer Milch haben.

Die Verwertung der Laktose ist durch ein Enzym namens Laktase ermöglicht worden, das sie in ihre Zuckerbestandteile aufspaltet. Nach der Entwöhnung stellen alle Säugetiere die Produktion von Laktase ein, weil sie nicht mehr benötigt wird. Der Mensch jedoch macht eine Ausnahme: Auch lange nach der Entwöhnung produzieren viele Erwachsene Laktase und können daher weiterhin Milch trinken, das heißt, sie sind imstande, Laktose zu verwerten. Wer jedoch keine Laktase produziert, kann als Erwachsener nicht ohne unangenehme Folgen – wie Übelkeit, Völlegefühl, Blähungen und auch Durchfall – Milch trinken; er neigt zu einem Ekelgefühl vor Milch und vermeidet es aus diesem Grund, überhaupt Milch zu konsumieren, oder er nimmt nur sehr geringe Mengen zu sich. Wenn ihm ohne sein Wissen – etwa als Zutat in irgendeiner Speise – Milch verabreicht wird, kann dies zu unliebsamen Reaktionen seines Körpers führen.

Bis vor wenigen Jahren war diese Laktose-Intoleranz nicht zu diagnostizieren, weil sie nicht bekannt war. Die Betroffenen merken es oft gar nicht, zumindest in Europa und Nordamerika, wo der Milchkonsum sehr verbreitet ist: Vielleicht sind sie gewöhnt, nur wenig Milch – ohne unangenehme Folgen – zu trinken, oder sie führen ihre Verdauungsstörungen nicht auf die konsumierte Milch zurück. Es gibt aber Länder, wie China und viele andere Teile der Welt, wo Milch als ein für Erwachsene ungeeignetes Nahrungsmittel angesehen wird und wo niemand sie nach Beendigung der Stillperiode mehr trinkt. Das trifft nicht auf alle Milchprodukte zu, weil bei der Herstellung von Käse und Joghurt die Laktose größtenteils von den Bakterien aufgezehrt wird, die zu ihrer Erzeugung eingesetzt werden, und die Konzentration der Laktose sich so weit verringert, daß sie keine spürbaren Störungen mehr verursacht. Viele Milchprodukte können daher auch von Menschen verzehrt werden, die unter Laktose-Intoleranz leiden.

Für all das gibt es eine geschichtliche Erklärung: Der Konsum von Frischmilch durch Erwachsene ist erst in den letzten 10 000 Jahren der menschlichen Evolution möglich geworden; Voraussetzung war der Beginn der Zucht von Schafen, Ziegen und Rindern. Davor war die einzige verfügbare Milch die Muttermilch gewesen, und diese war selbstverständlich den Säuglingen vorbehalten.

Die Zucht von Schafen, Ziegen und Rindern bedeutet nicht automatisch, daß auch deren Milch konsumiert wird. Damit sich insbesondere auch Erwachsene an den Frischmilchkonsum gewöhnten, mußten besondere Sitten entwickelt werden, die sich nur bei bestimmten Völkern – eigentlich nur in Europa, vor allem im Norden, und bei zahlreichen afrikanischen Hirtenstämmen – finden. Die Fähigkeit, auch nach der Entwöhnung Laktase zu produzieren, ist ein erbliches Merkmal, das Ergebnis einer Mutation, die begünstigt wurde durch die Gewohnheit, Rinder, Schafe und Ziegen zu züchten und ihre Milch in jedem Lebensalter zu trinken, ohne daß sie unbedingt zu Käse oder Joghurt verarbeitet werden mußte.

Bis auf wenige Ausnahmen gibt es zwischen diesem Brauch und der Anzahl von Individuen, die als Erwachsene Laktose verwerten können, eine ganz klare Beziehung: In Skandinavien, wo der Milchkonsum hoch ist, beträgt der Anteil 90 Prozent oder mehr; in Italien variiert er – von Region zu Region – zwischen 50 und 90 Prozent. Die Fähigkeit, Laktose zu verwerten, bringt außer der Nahrung, die aus der Aufnahme der Laktose selbst stammt, wahrscheinlich verschiedene Vorteile mit sich. Daß sie zum Beispiel bei der Resorption von Kalzium hilfreich ist, ist gerade in den nördlichen Breiten wichtig, wo es wenig Licht gibt und ein größeres Risiko, an Rachitis zu erkranken, besteht (heute tritt diese früher häufige Krankheit nur noch selten auf, da das gegen Rachitis wirksame Vitamin D jetzt sehr viel leichter verfügbar ist als in der Vergangenheit).

Die Mutation schlägt vor, die Auslese wählt aus

Die Mutation kommt zufällig zustande und schafft Neuerungen, die nützlich oder schädlich sein können. Es ist die Auslese, die automatisch auswählt, indem sie die vorteilhaften Mutationen begünstigt und die im Hinblick auf die Lebensbedingungen der Population nachteiligen eliminiert: Auf diese Weise erlaubt sie eine Anpassung an die jeweiligen Umweltbedingungen. Mutationen, die in arktischen Zonen von Vorteil sind, können in tropischen Gebieten sinnlos sein. Die Mutationen, die für die Produktion des Enzyms Laktase beim Erwachsenen verantwortlich ist, hat für Menschen, die nach der Entwöhnung keine Milch mehr trinken, möglicherweise auch leicht nachteilige Auswirkungen. Sie ist nur dort von Vorteil, wo die Milch auch für die Erwachsenen ein gewöhnliches Nahrungsmittel darstellt. In diesem Fall wird das Ambiente von einer Ernährungsgewohnheit – also nicht von einem genetischen, sondern einem kulturellen Faktor – bestimmt.

Es gibt viele Beispiele dafür, daß unsere Ernährung bei der Bestimmung des Typs von Genen, die uns nützen oder schaden, einen Einfluß ausübt. So scheint es, daß ein häufiger genetischer Typus unter den Indianern – und vielleicht auch anderswo – die Fähigkeit bestimmt, gewisse Bestandteile der Nahrung, vor allem Zucker und Stärken, dann »aufzusparen« und einzulagern, wenn es wenig Nahrung gibt (ähnlich wie Kamel oder Kaktus imstande sind, Wasser zu speichern, wenn es zur Verfügung steht – ein Vergleich, der etwas hinkt, aber vielleicht erklärt, was man hier unter »aufsparen« zu verstehen hat). Wenn dagegen Alkohol oder

Zucker im Überfluß vorhanden sind, neigt dieser genetische Typ zu Diabetes oder Fettsucht (oder zu beidem). Diese Krankheiten sind heute bei einigen Indianergruppen häufig geworden, während sie früher vermutlich unbekannt waren. Die Gene, die das Aufsparen der Nahrung erlauben, sind, wenn kein Grund zum Sparen mehr besteht, potentiell schädlich geworden.

In Europa hat sich mit der Entwicklung des Ackerbaus in den letzten 10 000 Jahren die Verwendung von Getreide als Hauptnahrungsmittel verbreitet. Getreide enthält kein Vitamin D, wie etwa Fleisch und vor allem die Fischleber, aber ein Provitamin, das sich in Vitamin D verwandelt, sobald es der ultravioletten Strahlung der Sonne ausgesetzt ist, die über die Haut absorbiert wird.
Wenn wir Getreide essen, kann unser Organismus immer noch soviel Vitamin D produzieren, daß wir überleben und normal heranwachsen können; Voraussetzung ist aber, daß unsere Haut hell ist, denn wenn sie dunkel ist, dringen die ultravioletten Strahlen nicht durch.
Dagegen bedeutet dunkle Haut einerseits einen beträchtlichen Schutz gegen die ultravioletten Strahlen, die bei sehr starker Sonneneinwirkung Hautschäden verursachen können. Andererseits verhindert sie die Umwandlung des Provitamins. Solange man genügend Vitamin D in Form von Fleisch und Fisch zu sich nimmt, spielt das keine Rolle. Problematisch wird es aber in den nördlichen Regionen, wo die Sonne seltener scheint und ein Dunkelhäutiger nicht in ausreichender Menge ultraviolette Strahlen aufnehmen könnte.
Daß Menschen überhaupt die nördlichen Breiten besiedeln und sich weiter von den Produkten des Ackerbaus ernähren konnten, ist letztlich nur der Entwicklung einer helleren Hautfarbe zu verdanken.
In einigen Regionen des hohen Nordens jedoch leben ziemlich dunkelhäutige Populationen wie die Inuit, die nicht gezwungen waren, eine helle Hautfarbe zu entwickeln, weil sie sich immer in ausreichender Menge von Fisch ernährt haben.

Es gibt auch eine Art von Auslese, die mit dem reinen Überleben wenig zu tun hat, aber dennoch eine natürliche Auslese darstellt

– die sogenannte sexuelle Auslese. Es ist zum Beispiel möglich, daß die Farbe der Augen aufgrund bestimmter Vorlieben ausgewählt wird. Das gilt vielleicht auch für die Haarfarbe, die jedoch normalerweise mit der Hautfarbe einhergeht (helle Haut, helle Haare; dunkle Haut, dunkle Haare); die Hautfarbe kann – wie wir gesehen haben – klimatisch und ernährungsphysiologisch bedingt einen wichtigen Adaptationswert haben.
Möglicherweise hat bei der Verschiedenheit der Haut auch ein Faktor der sexuellen Auslese eine Rolle gespielt. Es kann sein, daß der seltene Typ – ob schwarz oder weiß – gefallen hat. Oft sind ja gerade die Typen, die gefallen, auch die seltenen, und die Mutationen sorgen hier für eine große Variationsbreite. Wir wissen nicht, welche Farbe die Haut ursprünglich hatte. Einer chinesischen Legende zufolge – die sich übrigens auch bei anderen Völkern findet – schuf Gott den Menschen, indem er ihn im Ofen buk. Beim ersten Versuch war er zu heiß gebacken – die Afrikaner, beim zweiten nicht heiß genug gebacken – die Europäer; erst beim dritten Versuch erreichte Gott die richtige Backtemperatur, und aus dem Ofen kam der Chinese hervor.

Evolutionsgeschichtliche Vorteile

Die natürliche Auslese garantiert das Überleben des Tauglichsten, also desjenigen, der an seine Umwelt und seine Lebensbedingungen am besten angepaßt ist. Die wichtigsten Faktoren sind dabei Klima, Nahrungsquellen und Widerstandsfähigkeit gegen Krankheiten. Wie wir soeben gesehen haben, ist in tropischen Breiten eine dunkle Haut sinnvoll, während es in den nördlichen günstiger ist, eine helle Haut zu haben, sofern man nicht über andere Vitamin-D-Quellen verfügt. Dies ist einer der Gründe dafür, daß die Menschen unterschiedliche Hautfarben haben. Zweifellos fällt auch die Resistenz gegen die Sonnenstrahlen ins Gewicht. Dunkle Haut schützt vor Sonnenbrand und Tumoren, die durch die ultraviolette Bestrahlung der Haut verursacht werden.
Die Menschheit hat sich, nachdem sie die verschiedenen Regionen des Planeten besiedelt hatte, im Laufe der Zeit differenziert, in-

dem sie sich an die jeweiligen Umweltbedingungen anpaßte. Die Verbreitung über die nördlichen Gebiete der Erde und die Anpassung an die Kälte, die dort im Winter herrscht, haben in der Geschichte der menschlichen Evolution relativ spät stattgefunden. Erst der Jetztmensch hat jene Innovationen entwickelt, die es ihm ermöglichten, sich nach Norden, bis in die extremen arktischen Zonen hinein, auszubreiten.

Diese Innovationen waren zum Teil biologisch bedingt, das heißt, sie sind auf besondere Mutationen zurückzuführen, die vom Zufall abhängig waren und von der Umgebung begünstigt wurden. Verschiedene Körper- und Gesichtsmerkmale sind Teil des biologischen »Designs«, das für das jeweilige Klima am besten geeignet ist. Darüber haben wir schon im Zusammenhang mit den Pygmäen gesprochen, die eine hervorragende Anpassung an den warmen und feuchten Tropenwald vollzogen haben.

Für Menschen, die in der Kälte leben, ist es von Vorteil – im Gegensatz zu den Pygmäen –, schmale Nasenflügel zu haben, damit die kalte Luft länger braucht, um in die Lungen zu gelangen, und sich unterwegs aufwärmen kann. In kälteren Regionen ist es weiterhin vorteilhaft, schmale Lidspalten und fettgepolsterte Lider zu besitzen, um die Augen vor der Kälte zu schützen. Auch sollte das Individuum möglichst klein, breit und rund sein mit einer im Vergleich zum Körpervolumen geringen Oberfläche, denn die im Körper produzierte Wärme entweicht durch seine Oberfläche.

Neben diesen biologischen Veränderungen gab es wichtige kulturelle Innovationen, die auf dasselbe Ziel – Anpassung an das Klima – hin ausgerichtet waren: die Erfindung des Feuers, der Gebrauch von Pelzen und von Kleidern (mit Nadeln zusammengenähte Felle), der Bau von wärmenden Hütten und die Einführung von hundert anderen Techniken, zum Beispiel die Konservierung von Nahrungsmitteln für den Winter, wenn die Versorgung mit Lebensmitteln sehr schwierig sein konnte, oder der Brauch, sich bei großer Kälte den Körper mit Fett einzureiben. Die natürliche Auslese spielt hier auch noch insofern eine Rolle, als sie menschliche Typen begünstigt hat, die zu einem entsprechenden kulturellen Fortschritt befähigt sind. Aber das ist nur ein indirekter Einfluß. Zur Vervollständigung des Bildes muß man jedoch nicht nur die biologische Anpassung, sondern in jedem Falle auch die kulturelle in Betracht ziehen.

Die Bedeutung des Zufalls

Es gibt eine dritte, sehr wichtige Komponente, die die Evolution bestimmt. Mit dem Fachbegriff nennen wir sie *genetische Drift* (oder auch Gendrift), aber wir könnten auch ganz einfach nur von *Zufall* sprechen.

Wie bereits erwähnt, kann es vorkommen, daß eine Mutation auftritt, ihr Träger (den wir *Mutant* nennen) aber keine Kinder hat oder nur solche, an die die Mutation nicht weitergegeben wurde; in diesem Fall wird die Mutation verlorengehen. Das kann im Laufe der Zeit bei verschiedenen anderen Gelegenheiten passieren. Eine einzeln auftretende Mutation geht nach mehreren Generationen fast immer verloren. Nur sehr wenige Mutationen leben fort. Da es eine Frage des Zufalls ist, kann auch das Gegenteil passieren, das heißt, daß sich eine Mutation infolge eines oder vieler zufälliger Ereignisse in den nachfolgenden Generationen verbreitet und ziemlich häufig wird oder den älteren Typus sogar völlig verdrängt.

Der Zufall spielt bei einer Population, die aus nur wenigen Individuen besteht, eine besonders wichtige Rolle. Wenn man eine Münze in die Luft wirft, besteht eine 50prozentige Wahrscheinlichkeit, daß entweder die Zahl oder der Kopf nach oben zu liegen kommt. Wirft man zwei Münzen, ist es leicht möglich, daß zweimal der Kopf oder zweimal die Zahl oben liegt. Wirft man aber zehn Münzen, beträgt die Wahrscheinlichkeit, daß jedesmal der Kopf oben liegt, nur noch 1 zu 1000 (um genau zu sein: 1/2 mal 1/2 mal 1/2 mal und so weiter). Dasselbe gilt natürlich auch für die Zahl. Wenn man 100 Münzen wirft, ist es sehr unwahrscheinlich, daß nicht wenigstens einmal der Kopf oder einmal die Zahl nach oben zu liegen kommt.

Beim Wurf einer Münze ist das Wahrscheinlichkeitsverhältnis zwischen Kopf und Zahl stets 50 zu 50. Im Fall der genetischen Drift jedoch ändert sich die Wahrscheinlichkeit mit jeder Generation. Wenn es auf 1000 Individuen einen Mutanten gibt, ist es nicht sicher, daß wir in der nächsten Generation überhaupt noch einen zweiten antreffen werden, weil vielleicht gar keiner geboren wird; die Mutation ist dann verloren. Für Zahlenliebhaber sei hinzugefügt, daß dies mit einer Wahrscheinlichkeit von ungefähr 37 Prozent geschehen wird. Die Wahrscheinlichkeit, daß es, wie in der ersten Generation, nur einen einzigen Mutanten gibt, liegt ebenfalls bei 37 Prozent, die, daß es zwei gibt, bei 18 Prozent, daß es drei gibt, bei 6 Prozent und so weiter. Sollte es in der zweiten Generation zufällig drei Mutanten geben, ist die Wahrscheinlichkeit, daß die Mutation in der nächsten Generation verlorengeht, eindeutig geringer als dann, wenn es nur eine einzige Mutation gibt. Es kann sich also in jeder Generation die Anzahl der Mutanten und damit die Wahrscheinlichkeit eines Verlusts der Mutation ändern. Nimmt die Zahl der Mutanten zu, wird sich die Mutation mit der Zeit stabilisieren, insbesondere dann, wenn sich die Population aus vielen Individuen zusammensetzt, und die genetische Drift wird entsprechend an Bedeutung verlieren.

Die Inseln im Pazifischen Ozean sind gewöhnlich dünn besiedelt; auch die größeren Inseln sind oft von kleinen Gruppen kolonisiert worden, die im Laufe der Zeit relativ große Ausmaße annahmen und manchmal in die Zehn- oder Hunderttausende wuchsen, wie etwa in Neuseeland oder auf den Hawaii-Inseln. Ein klassischer Fall aus historischer Zeit ist der der berühmten Meuterer von der *Bounty:* Sechs englische Seeleute und etwa ebenso viele Tahitianerinnen waren die »Gründerväter« und »Gründermütter« der im Pazifischen Ozean gelegenen Pitcairn-Insel. Nach einem stürmischen Anfang, in dessen Verlauf sich fast alle Gründer gegenseitig umbrachten – aber erst nachdem sie Nachkommen gezeugt hatten! –, wuchs die Bevölkerung so stark an, daß sie auf eine andere Insel ausweichen mußte.

Auf diesen als glücklich geltenden Inseln sind oft Umstände eingetreten, bei denen die Bevölkerung durch einen »Flaschenhals« (eine drastische zahlenmäßige Verminderung) gehen mußte. Das war etwa zur Zeit der Ansiedlung der Fall oder in späterer Zeit infolge feindlicher Invasionen und Zerstörungen durch Taifune. Gibt es nur wenige »Gründerväter« oder nach einem solchen »Flaschenhals« wenige »Neugründer« und unterscheidet sich ihre genetische Zusammensetzung zufällig durch einige Merkmale von der der Urbevölkerung, dann kann es in der genetischen Zusammensetzung der Bevölkerung zu bedeutsamen Veränderungen kommen. Man spricht in solchen Fällen von einem »Gründereffekt«, aber es handelt sich immer um eine genetische Drift. Tatsächlich ist jede Generation Gründerin der nachfolgenden Generationen; und im Laufe der Generationen akkumulieren sich die Auswirkungen der genetischen Drift.

Die genetische Drift kann für die Pathologie dramatische Folgen haben: Erblich bedingte Krankheiten, die in anderen Populationen selten sind, können unter den Gründern völlig fehlen und werden auch in den nachfolgenden Generationen nicht auftreten, wenn sie nicht von irgendeiner (neuen) Mutation oder – wahrscheinlicher – von irgendeinem Einwanderer, der an der Krankheit leidet, eingeschleppt werden. Oder sie können sich – wenn sie unter den Gründern präsent sind – sehr weit verbreiten. Auf einer mikronesischen Insel namens Pingelap leiden 10 Prozent der Bevölkerung unter einem schweren Sehfehler mit völliger Farbenblindheit, der in anderen Teilen der Welt praktisch nicht existiert. Die Mutation muß vor ein paar Jahrhunderten bei einem Bewohner der Insel aufgetreten sein und ist durch die genetische Drift häufig geworden. Wenn es zehn Gründer gibt und einer von ihnen eine seltene genetische Krankheit hat, die sich auf die nachfolgenden Generationen überträgt, entweder weil sie nicht schwer ist oder weil sie, wie die Chorea Huntington, erst im vorgerückten Alter ausbricht, liegt die relative Häufigkeit der Krankheit am Anfang bei 10 Prozent (sie ist also sehr hoch) und kann auch in den nachfolgenden Generationen hoch bleiben.
Dieses Prinzip gilt offensichtlich nicht nur für geographisch isoliert lebende Populationen, sondern für jede Gruppe von Menschen, die sich in einer Situation genetischer Isolierung befinden. Eine Gruppe, die aus historischen, kulturellen oder religiösen Gründen keine Mischehen eingeht und folglich nur geringen genetischen Austausch mit anderen Gruppen hat, tendiert dazu, besondere Krankheitsbilder aufzuweisen. Unter orthodoxen Juden ist eine sonst sehr seltene Krankheit, eine schwere Form der Blindheit, verbreitet, die sich erst nach einigen Lebensmonaten

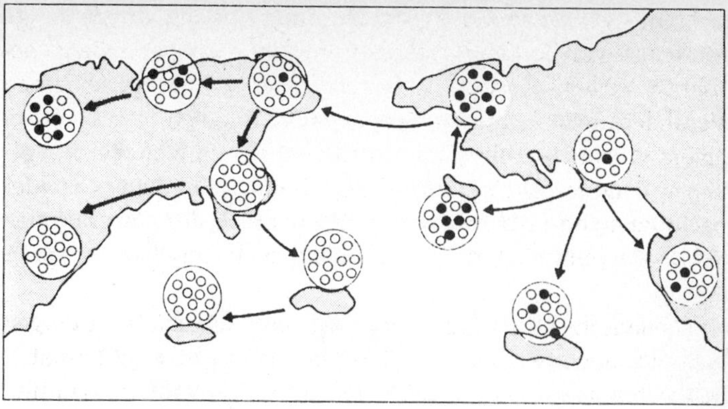

6. Änderung der Häufigkeiten eines Gens von einer Generation zur anderen infolge der genetischen Drift.

entwickelt und rasch zum Tode führt (die sogenannte Tay-Sachs-Krankheit). Ein Fall, der vor einiger Zeit in Südafrika bekannt wurde, löste allgemeines Erstaunen aus, weil er in einer christlichen Familie auftrat. Es konnte jedoch nachgewiesen werden, daß die Familien beider Eheleute jüdischer Herkunft und vor nicht allzu langer Zeit zum Christentum übergetreten waren. Heute kann die Tay-Sachs-Krankheit – wie viele andere Erbkrankheiten – vermieden werden, indem man die Eltern einem Gentest unterzieht und dann, wenn beide Heterozygoten sind, die Zellen des gefährdeten Embryos untersucht. In den jüdischen Familien mittel- und osteuropäischer Herkunft (den Aschkenasim) wird diese besondere Analyse vorgenommen, aber bei den anderen ethnischen Gruppen kommt die Krankheit so selten vor, daß sich eine prophylaktische Diagnose nicht lohnt.

Im Gebirge, wo die Dörfer klein und der Austausch durch Wanderbewegungen weniger ins Gewicht fällt als im Flachland, tritt die Drift deutlicher zutage. In den Alpentälern und insbesondere in entlegenen Bergdörfern ist die Wahrscheinlichkeit, kleine (manchmal große) Krankheitsherde oder genetische Mängel anzutreffen, hoch. Typisch ist der Albinismus, das heißt der Pigmentmangel in der Haut und sogar in der Netzhaut: Bei den

Erkrankten ist die Haut ganz weiß, die Augen sind rosa, und es besteht eine Überempfindlichkeit gegen Sonneneinstrahlung. Der Defekt kommt relativ selten vor (in einem Verhältnis von 1 zu 10 000), aber in geographisch isolierten Gebieten kann er da und dort gehäuft auftreten, während er anderswo fehlt. Es handelt sich um in der Vergangenheit erfolgte Mutationen, die nicht eliminiert wurden, sondern sich gelegentlich durchgesetzt und sich in einzelnen Gegenden mit erhöhter Häufigkeit verbreitet haben.

Auf dieselbe Weise neigen andere schwere erbliche Mängel, von Schwachsinn bis zu Blindheit oder Taubheit, dazu, sich in solchen Dörfern zu konzentrieren, die nur wenige Zuwanderer aufnehmen. In einigen Fällen konnte mit Sicherheit nachgewiesen werden, daß der zufällige Anstieg der Konzentration auf einen einzigen Mutanten zurückgeht. In Costa Rica existiert zum Beispiel in einem abgelegenen Dorf namens Taras eine lokale Form der Taubheit, die Gegenstand gründlicher Untersuchungen wurde. Anhand der Kirchenbücher konnte man die Genealogien der Kranken rekonstruieren und nachweisen, daß alle Erkrankten von einem einzigen Paar abstammten, das vor ungefähr vierhundert Jahren gelebt hatte. Die genetische Analyse vieler Patienten hat gezeigt, daß es sich immer um dieselbe Mutation handelte.

Eine Feldforschung im Tal des Flusses Parma

Die genetische Drift ist für alle diese außergewöhnlichen Situationen verantwortlich, die durch Zufallseinwirkung entstanden sind, und beschränkt sich natürlich nicht auf die Erbkrankheiten, sondern erstreckt sich auf alle erblichen Merkmale.

In den fünfziger Jahren hatte ich beschlossen, die Gendrift in einer Region Italiens, und zwar im Tal des Flusses Parma, eingehender zu untersuchen. Es gelang mir dank eines Forschungsauftrages der Rockefeller-Stiftung und der Ausdauer meines damals noch blutjungen Mitarbeiters Franco Conterio, heute Dekan der Naturwissenschaftlichen Fakultät der Universität Parma. Damals haben wir in fast 100 Dörfern des Tales Blutproben gesammelt: Wir begannen in der Ebene rund um die Stadt Parma (reiche Dörfer mit vielen Einwohnern), dann zogen wir flußaufwärts ins Hügelland (mit zahlreichen Dörfern mittlerer Größe, von denen einige so berühmt sind wie Langhirano, wo die besten Parmaschinken reifen – vom Parmesankäse ganz zu schweigen; berühmt auch Torrechiara mit einer der schönsten Burgen Italiens) und schließlich in die Berge, wo die Dörfer nur ein paar hundert Einwohner oder noch weniger zählten. Damals konnte man nur wenige Gene untersuchen, unter anderem die Blutgruppen A, B und 0 und die Rhesusfaktoren. Unsere Forschungsarbeit gestaltete sich ziemlich problemlos dank der tatkräftigen Unterstützung durch die Dorfpfarrer, die fast ausnahmslos Schüler im Seminar von Don Antonio Moroni gewesen waren, zur damaligen Zeit mein Student und heute Ökologieprofessor in Parma und Vorsitzender der Italienischen Gesellschaft für Ökologie. In den kleinen Pfarreien wurden die Blutproben nach der Sonntagsmesse in der Sakristei entnommen.

Entsprechend der Theorie der genetischen Drift, an die viele Genetiker in jenen Jahren noch nicht glaubten, erwarteten wir, zwischen den größeren Dörfern in der Ebene wenige Unterschiede zu finden: Die Prozentsätze von Individuen mit einer bestimmten Blutgruppe, sagen wir von Rh-Positiven und Rh-Negativen, mußten in den verschiedenen Dörfern sehr ähnlich sein, rund 86 Prozent Rh-Positive und 14 Prozent Rh-Negative in dieser Gegend Italiens. In den Dörfern des Hügellandes rechneten wir mit einer größeren Variation zwischen den einzelnen Dörfern, weil sie von kleineren Gemeinschaften bewohnt waren. In den Bergdörfern, den kleinsten Einheiten, waren wir auf noch bedeutsamere Variationen vorbereitet. Unsere Erwartungen wurden von den Beobachtungen voll bestätigt – manchmal sogar bis in die kleinsten Einzelheiten.

Die Auswirkungen der genetischen Drift

Die genetische Drift wird gewöhnlich definiert als »die zufällige Fluktuation der Genhäufigkeiten von einer Generation zur anderen«. Sie ist aufgrund zweier demographischer Daten genau vorhersehbar: Da ist zum einen die Anzahl der Individuen pro

Population und zum anderen der Austausch, der infolge von Wanderungsbewegungen zwischen ihnen stattfindet. Im Fall des Parmatals konnten wir die Kirchenbücher der ganzen Region einsehen, in denen seit dem Ende des 16. Jahrhunderts sämtliche Taufen, Todesfälle und Eheschließungen jeder Pfarrei verzeichnet wurden. Anhand der so ermittelten demographischen Daten konnten wir die genetische Variation zwischen den Dörfern errechnen und sie am Ende mit den Daten über die an Ort und Stelle gesammelten Blutgruppen in Beziehung setzen.

Es mag merkwürdig klingen, daß man beim Studium der Auswirkungen des Zufalls zu regelmäßigen Ergebnissen gelangt: Müßten sie nicht – per definitionem – unvorhersehbar sein? Tatsächlich verhindert es der Zufall, das einzelne Resultat vorherzusehen, ob sich zum Beispiel in einer bestimmten Pfarrei ein größerer oder kleinerer Prozentsatz von Rh-negativen Individuen finden wird. Sofern man aber genügend Beobachtungen sammelt, um für möglichst viele Daten einen Durchschnittswert ermitteln zu können, erzielt man die gewünschte Präzision.

Man darf jedoch nicht glauben, daß sich die genetische Drift bei einer sehr großen Population nicht mehr auswirkt. Sie ist immer vorhanden, nur dauert es in einer größeren Population eben länger, bis sie ihre Wirkung entfaltet.

In jedem Fall müßte sich eine Population, in der zwei Formen ein und desselben Gens – zum Beispiel »Rh-positiv« und »Rh-negativ« – vorhanden sind, auf lange Sicht nur aus Individuen des einen oder des anderen Typs zusammensetzen. Das gilt jedoch nur, wenn keine Zuwanderer aus anderen Populationen hinzukommen, die den durch die Gendrift eliminierten Typ wieder einführen. Je häufiger es zu Zuwanderungen kommt, desto weniger fällt der Effekt der genetischen Drift ins Gewicht. Es zählen also auch die nicht unbedingt zufallsbedingten Wanderbewegungen zwischen den verschiedenen Dörfern.

Zufall oder Notwendigkeit

Was wir über die drei Evolutionsfaktoren gesagt haben, gilt ausnahmslos für jede Art: Es trifft immer zu, daß die Mutation das

Material (die genetischen Unterschiede) liefert, auf das dann die Evolution – sowohl durch den Zufall als auch durch die natürliche Auslese – einwirkt. Die natürliche Auslese kann man auch *Notwendigkeit* oder *Schicksal* nennen. Wie gesagt: Die Mutation schlägt vor, die Auslese wählt aus; der Zufall aber ist ein zusätzlicher Faktor, der sozusagen die Karten jedesmal neu mischt.

Bis vor kurzem hielt man den Zufall noch für irrelevant; doch inzwischen wissen wir, daß ihm eine zweifache Bedeutung zukommt: Er übt seinen Einfluß sowohl durch den statistischen Effekt aus, den wir genetische Drift nennen, aufgrund dessen die Häufigkeit von Typen in den Populationen von einer Generation zur nächsten und von einem Dorf zum anderen variieren, als auch durch die Zufälligkeit, mit der es zu einer Mutation kommt.

Einige sehr seltene Mutationen können für große Überraschungen sorgen. Hin und wieder tritt eine vollkommen neue Mutation auf oder eine, die sich in den letzten 10 Jahrhunderten oder 10 Jahrmillionen nicht ergeben hat, die aber sehr wichtig und positiv ist und der Evolution völlig ungeahnte Möglichkeiten eröffnet. Natürlich genügt es nicht, daß die Mutation erfolgt, sie muß auch von der Evolution akzeptiert, also von der Auslese begünstigt werden und Glück haben. Die Evolution ist nicht nur das Überleben des Tauglichsten, wie Darwin meinte, sondern auch das Überleben dessen, der am meisten Glück hat, wie der japanische Genetiker Motoo Kimura behauptet, der sich mehr als jeder andere mit dem Einfluß des Zufalls auf die Evolution beschäftigt hat.

Mutationen, die Geschichte gemacht haben

Die bedeutendste genetische Veränderung in der Geschichte des Menschen war das Anwachsen des Umfangs und die Entwicklung neuer Funktionen des Gehirns – ein Prozeß, der vor ungefähr 3 Millionen Jahren einsetzte. Zu einem äußerst wichtigen Sprung kam es im Laufe der letzten Jahrmillion. Wir haben bereits vor 300 000 oder 400 000 Jahren das gegenwärtige Gehirnvolumen erreicht, das viermal größer ist als das unseres auf der Evolutionsskala am nächsten stehenden Vetters, des Schimpansen.

Zweifellos sind mehrere genetische Mutationen für die Zunahme des Gehirnvolumens verantwortlich, und sicher hat es sich nicht nur um ein quantitatives Phänomen gehandelt, sondern es hat auch qualitative Variationen gegeben. So hat sich zum Beispiel der zur Produktion und zum Verständnis der Sprache bestimmte Teil des Gehirns weiter ausgebildet; denn die Sprache macht ja den größten Unterschied zwischen uns und den Tieren aus.
Andere grundlegende Mutationen haben uns veranlaßt, die Geschicklichkeit der Hände zu entwickeln, die die Herstellung perfektionierter Werkzeuge – ein der Spezies Mensch eigenes Charakteristikum – erlaubt hat. Diese Fähigkeiten sind nur durch zuvor erfolgte Mutationen ermöglicht worden, die es uns gestattet haben, auf nur zwei, statt auf vier Gliedmaßen zu gehen, und die die Hände für neue Funktionen frei gemacht haben.
Eine weitere wichtige genetische Variation ist der fast vollständige Verlust der Körperbehaarung, der uns selbst von jenen Tieren unterscheidet, die uns am nächsten verwandt sind. Den Verlust der Körperhaare konnte der Mensch leichter verschmerzen als jedes andere Lebewesen – unbehaarte Säugetiere sind sehr selten –, vielleicht weil er zu jenem Zeitpunkt bereits die kulturelle Fähigkeit erworben hatte, sich Kleider, also Felle, zu beschaffen. Daher war der Schaden – wenn es überhaupt ein Schaden war – nicht gravierend; ja, wir können es sogar als Vorteil betrachten, im Sommer, bei sehr großer Hitze, keine Körperbehaarung zu haben. Außerdem wird ohne Fell die durch das Schwitzen ermöglichte Abkühlung wahrscheinlich effizienter. Wenn es dagegen kalt ist, kann der Mensch sich mit dem Fell anderer Lebewesen bedecken.
Allerdings genügt es nicht, sich Felle zu besorgen; damit diese ihren Zweck erfüllen, müssen sie zugeschnitten und zusammengenäht werden, und diese Fähigkeiten gehören erst zu der kulturellen Ausstattung des Jetztmenschen.

Die Migration

Gewöhnlich neigt man dazu, die möglichen Evolutionsfaktoren weiter zu spezifizieren und über Mutation, Auslese und geneti-

sche Drift hinaus auch die Migration ins Spiel zu bringen. Damit wären wir beim vierten Faktor angelangt. Tatsächlich könnte man aber immer noch weiter spezifizieren: Auch die Migration ist kein für sich stehender Faktor, sondern kann völlig unterschiedliche Aspekte und Funktionen annehmen.
Praktisch ist jede Art, einschließlich der menschlichen, in viele Populationen unterteilt, die voneinander entfernt leben. Wenn sich zwei Gruppen völlig gegeneinander abschotten, das heißt, wenn keine Wanderungsbewegungen zwischen den beiden in eine Richtung oder in beide Richtungen stattfinden, neigen die Gruppen dazu, sich zu differenzieren. Wenn die Isolierung über geraume Zeit vollständig oder zumindest sehr stark bleibt, können sie sogar zu unterschiedlichen Arten werden (bei Säugetieren dauert dieser Prozeß im Durchschnitt sehr lange, ungefähr 1 Million Jahre).
Die genetische Drift reicht aus, um zwischen völlig isolierten Gruppen unter Umständen sehr tiefreichende Unterschiede zu bewirken; aber Gruppen, die in verschiedenen Gegenden wohnen, werden sich wahrscheinlich auch an ihre jeweiligen Umgebungen anpassen müssen, die sich im Hinblick auf das Klima, die eßbaren Pflanzen und die erlegbaren Tiere voneinander unterscheiden. Eine Population, die in einer trockenen Zone lebt, hat völlig andere Probleme als eine, die in einer vielleicht nicht allzu weit entfernten, aber sehr feuchten Gegend lebt. Zu der durch die Drift hervorgerufenen genetischen Differenzierung kann also die durch die natürliche Auslese bewirkte hinzukommen, die sich in verschiedenen Umgebungen unterschiedlich auswirkt.

Es kommt – allerdings selten – vor, daß zwei Populationen völlig voneinander isoliert leben; Wanderungsbewegungen zwischen den Gruppen halten dagegen die Isolierung in Grenzen und vermindern die Auswirkungen der Drift. Gewöhnlich findet die Migration zwischen Nachbarn statt, oder zumindest zwischen nicht allzu weit entfernten Dörfern oder Gegenden – mit dem Ergebnis, daß die nächstgelegenen Dörfer genetisch einander immer ähnlicher sind als die weiter entfernten. Migrationen dieser Art wiederholen sich zwischen zwei Populationen üblicherweise von einer Generation zur anderen, und zwar im gleichen Rhythmus. Ein wichtiges Motiv ist die Suche nach einem Lebenspartner, der sich oft nicht im eigenen Dorf findet, vor allem dann, wenn dieses sehr klein ist. Diese Art von Migration reduziert automatisch den Effekt der genetischen Drift, der sich ansonsten zwischen den Dörfern stabilisieren würde.

Aber es gibt noch eine andere Art von Migration, und zwar dann, wenn eine ganze Gruppe, vielleicht nur wenige Individuen, auf einmal den Wohnort wechselt und sich anderswo, manchmal sogar in weiter Ferne, niederläßt. Solche Migrationen kommen in kritischen Zeiten oft vor, weil die Menschen Hungersnöten, Naturkatastrophen, Kriegen oder einfach nur der Überbevölkerung entfliehen wollen. Derartige Massenwanderungen sind in der Geschichte der Menschheit keine Seltenheit, ja, sie haben die Besiedelung neuer Regionen und Kontinente erst ermöglicht. Wenn die Migration eine Gruppe sehr weit fortführte, wurden – vor allem im früheren Zeiten, als das Reisen beschwerlicher war als heute – die Kontakte zwischen der neuen Kolonie und dem Mutterland oft abgebrochen, und die Drift und die Anpassung an die neuen Umgebungen sorgten auch für extreme Differenzierungen. Solche Wanderungsbewegungen bewirken also Abspaltungen und eine zunehmende Differenzierung zwischen Gruppen, während die individuelle Migration zwischen benachbarten Gruppen die Differenzierung verringert.

Eine ästhetische Wahl

Bei den bis jetzt angesprochenen Themen haben wir versucht, die wichtigsten Punkte einer mathematischen Theorie, die in diesem Jahrhundert von vielen Genetikern entwickelt wurde, in eine allgemeinverständliche Sprache zu übersetzen. Drei von ihnen leisteten dabei wirklich herausragende Beiträge – zwei Engländer, Sir Ronald A. Fisher und J.B.S. Haldane, und ein Amerikaner, Sewall Wright. Sie alle wurden vor rund 100 Jahren geboren. Mit dem ersten habe ich zwei Jahre lang in Cambridge zusammengearbeitet, und auch die beiden anderen habe ich recht gut gekannt. Es waren außergewöhnliche Persönlichkeiten, ja wirkliche Genies. Es ist ein unerhört glücklicher Zufall, daß diese drei zur selben Zeit gelebt haben und fast genau dieselbe Leidenschaft und dieselben Ideen hatten. Die mathematische Evolutionstheorie geht vor allem auf diese drei zurück.

Ich habe während des Zweiten Weltkriegs in Medizin promoviert. Zu jener Zeit war die Genetik in Italien fast noch unbekannt. Ich fühlte mich zum Studium der Evolution hingezogen durch Überlegungen, die ich ästhetisch nennen würde – die Schönheit der Evolutionstheorie. Ich war durch meine Arbeit als Student bei Adriano Buzzati-Traverso, dem Bruder von Augusto, Nina und Dino Buzzati, mit dieser Disziplin bekannt gemacht worden. Adriano war mein Professor in Pavia und hat mich nicht nur in die Wissenschaft der Vererbung eingeführt, sondern mich auch – völlig unabsichtlich – veranlaßt, die Genetik im wahrsten Sinn des Wortes zu praktizieren, indem er mich seiner Nichte Alba, der späteren Mutter meiner vier Kinder, vorstellte.

5

Wie sehr unterscheiden wir uns voneinander? Die genetische Geschichte der Menschheit

Kann man die Vergangenheit der Menschheit auf der Grundlage der heutigen genetischen Situation rekonstruieren? Diese Frage habe ich mir vor über vierzig Jahren gestellt und mit mir selbst gewettet, daß die Evolutionstheorie uns den Schlüssel zu einer Antwort bereithält. Als ich während des Krieges anfing, mich mit der Genetik zu beschäftigen, war sie eine noch sehr junge Wissenschaft. Es hat zwanzig Jahre gedauert, bis ich mir das für den Versuch einer Antwort notwendige Instrumentarium angeeignet hatte. Ich werde den zurückgelegten Weg noch einmal kurz skizzieren und bei dem Stand der Wissenschaft beginnen, den sie zu dem Zeitpunkt, als ich mich ihr zuwandte, erreicht hatte.

Von 1948 bis 1950, als ich noch am Anfang meiner Laufbahn stand, hatte ich einen Forschungsauftrag in Cambridge. Dort hatte ich das Glück, mit dem Vater der modernen Statistik, Sir Ronald A. Fisher, zusammenzuarbeiten. Er war nicht nur einer der besten Genetiker dieses Jahrhunderts und Mitbegründer der mathematischen Evolutionstheorie, sondern überhaupt ein ganz außergewöhnlicher Mensch.

In diesen beiden Jahren habe ich Experimente über die Genetik von Bakterien durchgeführt. Zuvor hatte ich mich mit Populationsgenetik befaßt und war mit der Immunologie und den Blutgruppen vertraut, über die ich am Serotherapeutischen Institut in Mailand unmittelbar im Anschluß an meine Promotion in Medizin geforscht hatte.

In Cambridge legte Fisher großes Gewicht auf die Blutgruppenforschung mit dem Ziel, mehr über die Evolution des Menschen herauszufinden. Er hatte sich mit dem AB0-System beschäftigt, vor allem aber hatte er das schwerverständliche Rh-System interpretiert und eine schöne Theorie formuliert, die wohl noch heute ihre Gültigkeit besitzt. Er hatte auch völlig neue, vielversprechende Forschungsmethoden entwickelt. Die Atmosphäre in Cambridge trug wesentlich dazu bei, daß mein Interesse an diesen Themen ständig wuchs.

Eine Hochburg des Wissens

Cambridge ist eine gotisch-spätmittelalterliche Stadt, deren zahlreiche Kirchen sich durch sehr hohe Schiffe und Kapellen mit reichem Skulpturenschmuck auszeichnen und deren Straßen von imposanten, graurosa Steingebäuden seiner »Colleges« gesäumt sind. Sie ist im Lauf von fast achthundert Jahren um die Universität herum gewachsen, die – wie die von Oxford – auf zwei Dutzend über die Stadt verstreute Colleges verteilt ist, in denen die Studenten und auch viele der Professoren wohnen. Die Colleges sind zumeist in gotischen Gebäuden untergebracht; es gibt aber auch einige im Renaissancestil erbaute und moderne Häuser. Fast alle sind prachtvoll, mit großen Innenhöfen und herrlichen Rasenflächen, deren Gras so kurz gehalten wird, daß man über einen ganz weichen Samtteppich zu gehen scheint.

Seit ihrer Gründung praktiziert die Universität Cambridge die Selbstverwaltung, das heißt, jedes College wird traditionell vom eigenen Lehrkörper regiert und verfügt über eigene Finanzmittel; deshalb konnte sich die Universität auch gegen die Macht der Kirche und des Staates behaupten. Cambridge hat seine alten, ganz typischen akademischen Traditionen bewahrt. So tragen die Angehörigen des Lehrkörpers bei Zeremonien Tracht und folgen jahrhundertealten Bräuchen.

Durch die Stadt fließt der Cam, der von einigen der schönsten Colleges und ihren »Backs« gesäumt wird; das sind großzügig angelegte Rasengärten, wo man spazierengehen und sich unterhalten kann. An den Wochenenden geht es auf dem Fluß sehr lebhaft zu: Mit Booten, die nicht mit Rudern, sondern mit langen Staken vorwärts bewegt werden, hält man dort Regatten ab, die speziellen Regeln folgen, weil der Cam sehr schmal ist. Jedes Boot, das das vor ihm fahrende berührt, nimmt dessen Platz ein, und schließlich gewinnt der, dem es gelingt, alle vor ihm fahrenden Boote anzustoßen.

Während meiner Zeit in Cambridge arbeitete ich im Hause meines Professors. Zusammen mit einem prachtvollen Garten stellte es die Ausstattung des Lehrstuhls für Genetik dar. Zu den im Garten gezüchteten Pflanzen gehörte übrigens auch die wohlriechende Platterbse, die hundert Jahre zuvor dem Prälaten Gregor Mendel geholfen hatte, jene Vererbungsgesetze zu verstehen, die heute seinen Namen tragen und die wir dem Leser im vorhergehenden Kapitel etwas beiläufig vorgestellt haben. Da die Universität Fisher aber kein Labor zur Verfügung gestellt hatte, hatte er das ganze Haus für diese Zwecke in Beschlag genommen. Dort befand sich unter anderem auch eine große Rattenzüchtung für seine genetischen Experimente; sie strömte einen nicht gerade angenehmen Geruch aus, der in jeden Winkel des Hauses drang. Zur Untersuchung der Genetik von Bakterien hatte ich mir ein eigenes kleines Labor eingerichtet. In Anlehnung an die von Fisher eingeleiteten Forschungen schloß auch meine Arbeit viel Mathematik und Statistik ein.

Ich hatte mich bereits als Student im Rahmen meiner Arbeit bei Adriano Buzzati-Traverso mit Populationsgenetik beschäftigt. In den letzten Kriegsjahren hatten wir im Keller seiner Familienvilla in Belluno Unmengen von Drosophilae (das sind die berühmten Taufliegen, die den großen Aufschwung der Genetikstudien ermöglichten) gesammelt; es war nicht schwer gewesen, denn sie tummelten sich in wahren Massen auf den Fässern, in denen der Wein gärte. Wir untersuchten die Taufliegen unter dem Mikroskop und sperrten sie dann in Gläser, wo sie sich vermehrten. Bis dahin hatte es sehr wenige Studien über die Taufliegen draußen in der Natur gegeben; die genetische Forschung wurde im Laboratorium betrieben, wo man auch experimentelle Kreuzungen vornahm. Da so etwas am Menschen natürlich nicht möglich ist, mußte man sich mit der Untersuchung solcher Kreuzungen zufriedengeben, die spontan zustande kommen. Heute kann man unter Verwendung im Reagenzglas gezüchteter menschlicher

Zellen im Labor kreuzungsähnliche Experimente durchführen. Es gibt jedoch immer noch Grenzen: So kann man etwa aus den Zellen einer Kultur nicht herauslesen, welche Form die Nase des ursprünglichen Besitzers der Zellen hatte.

Die Forschung über die Blutgruppen

In der Humangenetik wurde zu der Zeit, als ich in Cambridge war, fast ausschließlich über die Blutgruppen geforscht, weil die einzige genetische Variation, die man wirklich gut kannte, im Zuge der Bluttransfusionen-Forschung entdeckt worden war. Für die Kliniker war es wichtig zu verstehen, wem man wessen Blut übertragen konnte; die in dieser Hinsicht bedeutsamsten Tatsachen waren schon seit Beginn des Jahrhunderts bekannt. Zu einer Blutgruppe gehören Menschen, die ohne die Gefahr einer Abwehrreaktion miteinander Blut austauschen können. Man unterscheidet vier Hauptgruppen: 0 (gelesen Null), A, B und AB. Die Gruppe 0 gilt als Universalspender, weil ein Individuum 0 Blut an Personen anderer Gruppen abgeben kann, obwohl man Bluttransfusionen möglichst innerhalb derselben Gruppe vornehmen sollte. Die AB0-Blutgruppen sind von drei Formen ein und desselben Gens bestimmt, die eben A, B und 0 genannt werden. Da wir Bedenken haben, zu viele schwierige Begriffe einzuführen, haben wir noch gar nicht gesagt, daß die verschiedenen, einander entsprechenden Formen eines Gens »Allele« genannt werden, und wir erwähnen dies auch jetzt nur nach einigem Zögern. Die Individuen 0 haben das Allel, also die Form 0, sowohl vom Vater als auch von der Mutter erhalten. Von den Individuen A gibt es zwei Typen: AA oder A0; die AA haben A sowohl vom Vater als auch von der Mutter bekommen (sie sind Homozygoten); die A0 haben von einem Elternteil A und vom anderen 0 erhalten (sie sind Heterozygoten; die beiden Begriffe haben wir im vorhergehenden Kapitel erläutert). Entsprechendes gilt für die Individuen der Gruppe B: Sie können BB oder B0 sein. Wer zur Gruppe AB gehört, kann nur AB sein. Hier ein kleines Rätsel für Denksportfans: Können Eltern, die beide A sind, ein Kind 0 bekommen? Zweite Frage: Kann aus einer Verbindung zwischen einem Individuum AB und einem A ein Kind 0 hervorgehen? (Die Antworten befinden sich auf Seite 433.)

In der Folge hat man viele andere Blutgruppensysteme entdeckt, aber die wichtigsten sind nach wie vor das AB0- und das Rh-System, die beide für die Transfusion von Blut von entscheidender Bedeutung sind. Hier gibt es ganz genaue Regeln. Der Grund, weshalb man das Blut nicht zwischen beliebigen Individuen frei austauschen kann, ist, daß der Organismus auf ganz besondere Weise auf die Übertragung heterogener Substanzen fremder Herkunft reagiert, indem er nämlich *Antikörper* produziert, die deren Eliminierung begünstigen. Die roten Blutkörperchen eines Spenders, dessen Blutgruppe sich von der des Empfängers unterscheidet, können mit den Antikörpern reagieren, die im Blut des letzteren vorhanden sind, indem sie zu Trauben zusammenkleben; sie können dann nicht mehr frei in den Blutgefäßen zirkulieren, was zu schwerwiegenden Verschlüssen, ja sogar zum Tod führen kann.

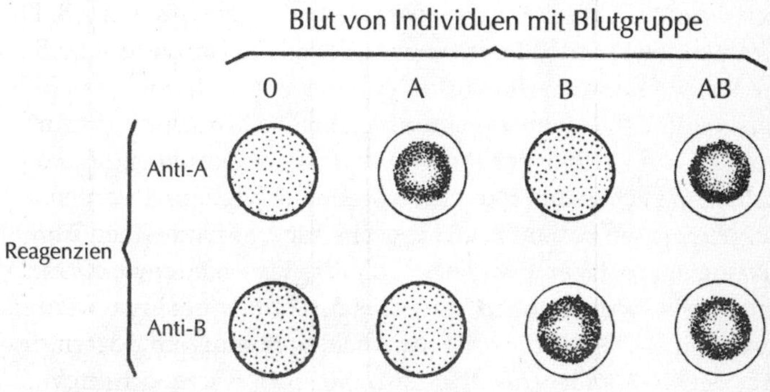

1. So wird die Blutgruppe bestimmt: In den Kreisen ist (durch die Pünktchen) angezeigt, wie sich die roten Blutkörperchen eines Individuums verhalten, wenn man sie mit bestimmten Reagenzien, das heißt Anti-A- oder Anti-B-Antikörpern, zusammenbringt.
Wenn das Individuum der Blutgruppe A oder AB angehört, werden die roten Blutkörperchen von den Anti-A-Antikörpern agglutiniert oder »verklumpt«. Das heißt, die roten Blutkörperchen, die normalerweise gleichmäßig im Blut verteilt und nur unter dem Mikroskop zu sehen sind, verdichten sich zu einer Masse, die auch mit bloßem Auge erkennbar ist.
Das Blut von Individuen mit der Blutgruppe B oder AB wird von den Anti-B-Antikörpern agglutiniert.

Wenn man die AB0-Blutgruppen studiert, erkennt man sofort, daß sie in verschiedenen Populationen in unterschiedlicher Häufigkeit vorkommen: In Europa finden wir etwa 40 Prozent von Individuen der Gruppe 0, etwa 40 Prozent der Gruppe A, 15 Prozent der Gruppe B und 5 Prozent der Gruppe AB. Bei anderen Populationen gelangt man zu anderen Prozentsätzen, aber auch in Europa variieren die Häufigkeiten in verschiedenen Gegenden.

Eine neue, 1940 entdeckte Blutgruppe hat sich in der klinischen Praxis ebenfalls als sehr wichtig erwiesen. Nach dem überraschenden Tod eines Neugeborenen gelang einem ausgezeichneten New Yorker Immunologen namens Philip Levine der Nachweis, daß das Kind von Antikörpern umgebracht worden war. Diese hatte die Mutter gegen eine Substanz entwickelt, die sich in den roten Blutkörperchen des Kindes, aber nicht in denen der Mutter befunden hatten; auf sie hatte der Körper der Mutter mit einer immunologischen Reaktion, ebender Bildung von Antikörpern, reagiert. Die Substanz war vom Vater auf den Sohn übertragen worden. Daß sie »Rh« genannt wurde, geht auf eine andere Entdeckung zurück, die in einem anderen Zusammenhang, aber im selben Jahr gemacht wurde.

Man hatte festgestellt, daß eine ursprünglich in den roten Blutkörperchen von Affen der Art *Macaca rhesus* ausfindig gemachte Substanz auch in den roten Blutkörperchen vieler Menschen vorhanden ist. Sie kommt bei 85 Prozent der amerikanischen Bevölkerung mit weißer Hautfarbe vor (die als erste einer Analyse unterzogen wurde), während sie bei den übrigen 15 Prozent fehlt. Diese Substanz wurde nach den beiden ersten Buchstaben des Wortes Rhesus Rh genannt; als Rh+ (Rh-positiv) bezeichnete man jene Personen, in denen sich diese Substanz befindet, und als Rh– (Rh-negativ) die übrigen, bei denen sie fehlt. Nun stellte sich heraus, daß es genau diese Substanz war, die den Tod des von Levine untersuchten Kindes verursacht hatte. In diesem Fall waren Vater und Sohn Rh-positiv gewesen, während die Rh-negative Mutter auf das Vorhandensein der Substanz Rh in den roten Blutkörperchen des Kindes reagiert hatte, als dieses sich noch im Uterus befand; sie hatte besondere, gegen die Substanz Rh gerichtete Antikörper gebildet, die über die Plazenta dem Kind zugeführt worden waren, die Zerstörung der roten Blutkörper-

chen bewirkt und eine für das Kind tödliche Anämie ausgelöst hatten.
Später erkannte man, daß dies ein ziemlich häufiges Phänomen ist: Rh-negative Frauen reagieren auf den Rh-positiven Fötus mit der Bildung von Antikörpern, die die roten Blutkörperchen des Kindes agglutinieren, also verklumpen, und so seinen Tod herbeiführen. Bei der ersten Schwangerschaft kommt das Kind in der Regel mit dem Leben davon, weil die Mutter noch nicht genügend Antikörper entwickelt hat; bei den folgenden Schwangerschaften aber können die Föten schwere Schäden erleiden und schon im Uterus sterben. Zum Glück bilden sich im Rh-System – im Unterschied zum AB0-System – die Antikörper nicht spontan, sondern werden in den Rh-Negativen nur durch die Transfusion von Rh-positivem Blut produziert (und bei Rh-negativen Frauen durch die Schwangerschaft, wenn das Kind Rh-positiv ist). Das Neugeborene kann durch einen sofort nach der Geburt eingeleiteten vollständigen Blutaustausch gerettet werden.
Beim Studium des Rh-Gens hat man festgestellt, daß Rh-Negative vor allem bei Populationen europäischer Herkunft sehr häufig vorkommen; bei ihnen finden sich im Durchschnitt 15 Prozent von Rh-Negativen. Bei einigen europäischen Populationen liegt ihr Anteil allerdings höher. Am häufigsten trifft man Rh-Negative unter den Basken an – dort machen sie bis über 30 Prozent der Bevölkerung aus. In Afrika gibt es weniger Rh-Negative, und in Asien und bei den Indianern fehlen sie ganz.

Blutuntersuchungen lassen Hypothesen über die Vergangenheit zu

Um die Mitte unseres Jahrhunderts wußte man nicht viel mehr, doch ein Hämatologe baskischer Herkunft, Michele Angelo Etcheverry, hatte bereits beobachtet, daß die Basken einen hohen Anteil von Rh-Negativen aufweisen. Er hatte deshalb die Hypothese aufgestellt, sie seien ein protoeuropäisches Volk mit einem sehr hohen Anteil von Rh-Negativen (vielleicht sogar 100 Prozent) gewesen, das in Europa gelebt habe, bevor andere Völker zugewandert seien, die ihrerseits alle oder fast alle Rh-positiv waren. In Spanien und Südfrankreich, wo die Basken heute leben, habe man die Präsenz der Neuankömmlinge weniger stark zu spüren bekommen als auf dem übrigen Kontinent, weil diese Gebiete vom Ausgangspunkt der Einwanderer, der wahrscheinlich in Asien lag, am weitesten entfernt waren. Heute weisen viele andere Elemente darauf hin, daß die damals gewiß revolutionär anmutende These richtig war.

Eine andere, recht erstaunliche Tatsache, die bereits vor mehreren Jahrzehnten entdeckt wurde, betrifft die Indianer, denn unter diesen findet sich nur die Blutgruppe 0 – mit Ausnahme einiger Stämme in Kanada, bei denen man auch die Gruppe A sehr häufig antrifft (aber nicht B). Auf den anderen Kontinenten gibt es immer sowohl A als auch B und 0, mit einigen Schwankungen in ihren Anteilen, und dasselbe gilt auch für die letzten Ankömmlinge in Amerika in prähistorischer Zeit, die Inuit. Eine Untersuchung an präkolumbianischen Mumien hatte darauf hingedeutet, daß es vor ein paar tausend Jahren unter den Indianern auch die Gruppen A und B gegeben habe, aber später gerieten diese Behauptungen ins Wanken, weil man herausfand, daß manche Bakterien ähnliche Substanzen produzieren wie die, die für die Gruppen A und B verantwortlich sind. Die in den letzten Jahren eingeführten Methoden der DNA-Forschung lassen hoffen, daß man die entsprechenden Untersuchungen wiederholen und zu zuverlässigen Erkenntnissen gelangen wird; zuvor aber müssen noch einige technische Hürden überwunden werden.

Zur Erklärung für das Fehlen von B und A auf fast dem gesamten amerikanischen Kontinent wurden zwei interessante Hypothesen aufgestellt. Die erste lautet, daß vor 15 000 oder mehr Jahren, als der *Homo sapiens sapiens* Amerika besiedelte, nur sehr wenige Individuen von Sibirien über das Beringland (das, wieder vom Meer überflutet, zur heutigen Beringstraße wurde) nach Alaska zogen und diese alle die Blutgruppe 0 hatten. In diesem Fall könnten wir von einer genetischen Drift sprechen, einem sehr markanten Beispiel für den »Gründereffekt«. Dieses Phänomen haben wir bereits im Zusammenhang mit den Polynesiern erläutert: Den Gründern fehlt ein bestimmter genetischer Typ, der sich nicht mehr bildet; er kann nur wieder auftreten infolge einer Mutation oder neuer Zuwanderungen. In Wirklichkeit muß es nicht unbedingt schon unter den Gründervätern zum »Flaschenhals« kommen; die Situation könnte sich auch erst später einstellen, worauf das Vorhandensein von A und das Fehlen von B bei manchen Indianerstämmen im Norden schließen lassen.

Die zweite Hypothese ging dahin, daß die natürliche Auslese die anderen Gruppen ausgeschaltet hatte, weil sich zum Beispiel die Gruppe 0 gegen bestimmte Krankheiten als resistenter erwies. Auch in diesem Fall bedürfte es einer ergänzenden Hypothese, um das Vorhandensein von A im hohen Norden zu erklären.

Das Fehlen der Gruppen A und B fast überall in Amerika ist mit einer Krankheit in Verbindung gebracht worden, die sich schon sehr bald nach der Rückkehr des Christoph Kolumbus auch in Europa verbreitet hat – der Syphilis. Man hat deshalb versucht festzustellen, ob die Individuen der Gruppe 0 zufällig gegen diese Krankheit resistenter sind oder nicht.

Bis zum Zweiten Weltkrieg war die Syphilis noch sehr weit verbreitet; sie ist erst später dank der Entdeckung des Penicillins stark eingedämmt worden, das sich als wirksamer erwiesen hat als alle früheren Behandlungsmethoden. Doch in den Vereinigten Staaten müssen sich Heiratswillige noch heute einer Blutuntersuchung, der sogenannten Wassermann-Reaktion, unterziehen. Ergibt der Test, daß der Betreffende Syphilis hat, muß er (oder sie) sich vor der Heirat behandeln lassen. Auf diese Weise will der Gesetzgeber die Ansteckung des Ehepartners und auch eine mögliche Schädigung der Nachkommen vermeiden.

Die Untersuchungen ergaben, daß die Individuen aus der Gruppe 0 der Syphilis nicht weniger ausgesetzt sind als die anderen, daß sie aber, wenn man sie mit den damals – vor der Entdeckung des Penicillins – bekannten Medikamenten behandelte, schneller gesund wurden. Daraus könnte man schließen, daß die Individuen der Gruppe 0 resistenter sind und das Fehlen von A und B bei den Indianern also auf die natürliche Auslese zurückzuführen wäre, weil die Individuen dieser Gruppen gegen die Syphilis weniger resistent sind. Aber das ist nur eine Vermutung, keine feststehende Tatsache.

Man hat jedenfalls bei den Untersuchungen der AB0-Blutgruppen festgestellt, daß Individuen der einen oder der anderen Gruppe für einige Störungen des Verdauungssystems (Geschwüre und Tumoren im Magen-Darm-Trakt) und auch für viele andere Infektionskrankheiten besonders empfänglich sein können. Zu den letzteren gehören die Tuberkulose, durch Streptokokken verursachte Krankheiten und andere, die auf besondere Stämme von Kolibakterien zurückzuführen sind und die vor allem bei Kindern häufig auftreten. Es ist daher wahrscheinlich, daß sich bei den AB0-Gruppen ein gewisser Einfluß der natürlichen Auslese bemerkbar macht.

Trotzdem sind die Anteile der AB0-Blutgruppen – mit Ausnahme der Indianer – auf der Welt in ausreichendem Maße konstant und variieren nicht, wie die vieler anderer Gene, von Gegend zu Gegend. Vielleicht kann die natürliche Auslese, die in verschiedenen Klimaten und Regionen Individuen einer bestimmten Gruppe begünstigt, manchmal auch die Neigung haben, die Anteile an A, B und 0 relativ konstant zu halten. Das geschieht in einer besonderen Situation, das heißt dann, wenn die Individuen, die von beiden Eltern unterschiedliche Formen eines Gens erhalten haben (also die Heterozygoten), den anderen Individuen gegenüber im Vorteil sind, wie zum Beispiel im Fall der Thalassämie bei gleichzeitigem Vorkommen von Malaria. Aber bei den Indianern könnte diese Art von Auslese aus anderen Gründen nicht funktioniert haben, und die Typen A und vor allem die Typen B sind bei ihnen fast überall verschwunden.

Neuere Studien über die Mitochondrien der Indianer scheinen darauf hinzudeuten, daß die Gründer wohl nicht sehr zahlreich waren, aber noch sagen sie nichts über deren tatsächliche Anzahl aus. Die beiden Hypothesen – natürliche Auslese und genetische Drift – schließen sich nicht gegenseitig aus, und vorläufig bleibt das Problem ungelöst.

Wie kann man unsere Vergangenheit rekonstruieren?

Zu der Zeit, als ich anfing, mich mit der Evolution des Menschen zu befassen, beschränkte sich unser ganzes Wissen auf diese und wenige andere Erkenntnisse und Hypothesen. Für den geplanten Versuch, die Vergangenheit des Menschen zu rekonstruieren, reichte es nicht aus. Mit den Genen der AB0-Blutgruppen allein hätte man höchstens ganz allgemeine und gewöhnlich auf Einzelfälle (wie zum Beispiel die Basken) begrenzte Behauptungen aufstellen können.

Mein Ausgangspunkt war folgender: Sobald genügend Daten über andere Gene zur Verfügung stünden, würde man vielleicht sogar den ganzen Stammbaum der phylogenetischen Evolution rekonstruieren können. Höchstwahrscheinlich würde die Anhäufung von Informationen über viele Gene die Möglichkeit eröffnen, das, was ein einziges Gen nur vage ahnen ließ, besser zu begreifen. Ich arbeitete eine Analysenmethode aus, die es erlauben würde, dann, wenn genügend Informationen über viele Gene in mehreren verschiedenen Populationen verfügbar würden, Daten über die genetischen Unterschiede zwischen den Völkern zu verwenden. Zum damaligen Zeitpunkt wäre es für mich schwierig gewesen, persönlich eingeborene Populationen in verschiedenen Teilen der Welt zu analysieren. Doch ich war mir sicher, daß sich die erforderlichen Informationen in ziemlich kurzer Zeit akkumulieren würden, weil viele andere Forscher daran interessiert waren, Blutgruppen und andere Beispiele für genetische Variationen, die in der Zwischenzeit entdeckt worden waren, zu untersuchen. Es war nur eine Frage der Zeit.

Um das Jahr 1960 hatte ich den Eindruck, daß sich in der wissenschaftlichen Literatur genügend Daten angesammelt hätten, um mein Projekt in Angriff zu nehmen. In jener Zeit verfügte ich an der Universität von Pavia über Forschungsmittel aus Italien und den Vereinigten Staaten und lud Anthony Edwards, einen anderen Schüler von Fisher, nach Pavia ein. Anthony, der inzwischen wieder nach Cambridge zurückgekehrt ist, kennt sich nicht nur in der Statistik und der Populationsgenetik hervorragend aus, sondern ist auch ein Experte in der Datenverarbeitung. Uns stand damals ein funkelnagelneuer Computer der Firma Olivetti zur Verfügung, den die Universität Pavia erworben hatte. Erstaunlicherweise hatte das damalige Bildungsministerium, das sich normalerweise bei der Gewährung von Mitteln äußerst zurückhaltend zeigt, beschlossen, den Universitäten durch die Anschaffung elektronischer Rechenanlagen unter die Arme zu greifen. Das Gerät war für alle neu, und wir waren lange Zeit die Hauptnutzer, ja gewöhnlich sogar die einzigen, die es – ohne zeitliche Begrenzung – benutzten. Der Computer füllte einen ganzen vollklimatisierten Raum aus, war aber viel weniger leistungsstark und schnell als ein heutiger PC. Anthony arbeitete etliche Programme aus, um die günstigsten statistischen Methoden und unsere neuen Methoden der Rekonstruktion phylogenetischer Bäume auf die Datenanalyse anzuwenden (diese Programme sind heute allgemein üblich und in gebrauchsfertigen »Paketen« erhältlich, damals aber gab es sie noch nicht). Er konzipierte auch eine ganz eigenständige Rekonstruktion der Bäume, die sich von der, die ich vorgeschlagen hatte, unterschied und die auf einem inzwischen populär gewordenen Prinzip (dem der »minimalen Evolution«) beruhte. Heute sind viele Rekonstruktionsmethoden der Stammbäume verfügbar. Jede hat ihre Vor- und Nachteile, aber in den Ergebnissen gibt es keine großen Unterschiede.

Einige Gene weisen sehr wenige Unterschiede zwischen Populationen auf. Es gibt manche, die überall mit fast konstanter Häufigkeit auftreten, also in allen Populationen der Welt in derselben Größenordnung vorhanden sind. Für diese Tatsache gibt es mehrere mögliche Erklärungen. Fest steht jedoch, daß für unsere Zwecke die Gene, die nur geringfügige Unterschiede aufweisen, weniger nützlich sind. Viele Gene dagegen variieren in höherem Maße von einem Volk zum anderen und liefern in der Regel eine größere Menge an für unsere Forschung nützlichen Informationen. Ich war überzeugt, daß man für den Versuch, die Geschichte der Menschheit zu rekonstruieren, in jedem Fall aus den Daten vieler Gene einen Durchschnittswert ermitteln mußte.
Man mußte aber eine Möglichkeit finden, den Unterschied zwischen zwei Populationen in einem einzigen Wert, der alle verfügbaren Gene berücksichtigt, zusammenzufassen. Diesen synthetischen Index nennen wir »genetische Distanz«. Betrachten wir einmal die Alternative Rh-positiv/Rh-negativ: Wenn es bei den Basken zum Beispiel 20 Prozent Rh-Negative, in Norditalien 15 Prozent und in China 2 Prozent gibt, dann könnte eine sehr einfache genetische Distanz so aussehen: 5 Prozent zwischen Basken und Italienern (20 – 15 = 5), und analog dazu 18 Prozent (20 – 2 = 18) zwischen Basken und Chinesen, sowie 13 Prozent (15 – 2 = 13)

zwischen Italienern und Chinesen. Tatsächlich hatten wir schon damals gute Gründe, eine etwas kompliziertere Formel anzuwenden, auf die wir hier aber nicht näher einzugehen brauchen. Wir haben dann festgestellt, daß die besondere, bei der Berechnung der Distanz angewandte Formel ohnehin nicht sehr wichtig ist. Aber wir haben es bereits gesagt und wiederholen es noch einmal, daß möglichst viele Gene gleichzeitig in Betracht gezogen werden müssen: Wie auch immer die Grundformel zur Berechnung der Distanz lautet, wenn man von einem einzigen Gen ausgeht – die globale genetische Distanz kann man nur errechnen, wenn man aus den für jedes Gen festgestellten Distanzen einen Durchschnittswert ermittelt.

Ein auf den Blutgruppen beruhender Stammbaum

1961/62 gelang es uns, für insgesamt 20 genetische Varianten veröffentlichte Werte aus 15 Populationen – drei pro Kontinent – zusammenzutragen. Es waren allesamt Blutgruppen: AB0, Rh und drei andere Systeme (die, nebenbei bemerkt, MN, Diego und Duffy heißen).

Die genetische Distanz zwischen zwei Populationen haben wir auf der Grundlage dieser Daten errechnet, und zwar für alle die möglichen 105 Paare, die sich aus dem Vergleich zwischen den 15 paarweise zusammengefaßten Populationen ergaben. So konnten wir unter Anwendung der von uns entwickelten Rekonstruktionsmethoden und auf der Grundlage der verfügbaren Daten den plausibelsten Baum erstellen (Abb. nächste Seite).

Dies also ist – in vereinfachter Form – der Baum, den wir beim ersten Versuch erhielten. Trotz der damals recht geringen Anzahl der ausgewerteten Gene besitzt er heute noch mehr oder weniger Gültigkeit. Man sieht, daß die Populationen ein und desselben Kontinents dazu neigen, sich nahezustehen – ein gutes Zeichen, weil man zu Recht erwarten kann, daß die Populationen eines Kontinents sich untereinander mehr ähneln als den Bewohnern anderer Kontinente. Einige Populationen aber gruppierten sich um einen bestimmten Zweig des Baumes: So erwiesen sich etwa die Indianer als mit den Inuit und – entfernter – mit den Koreanern

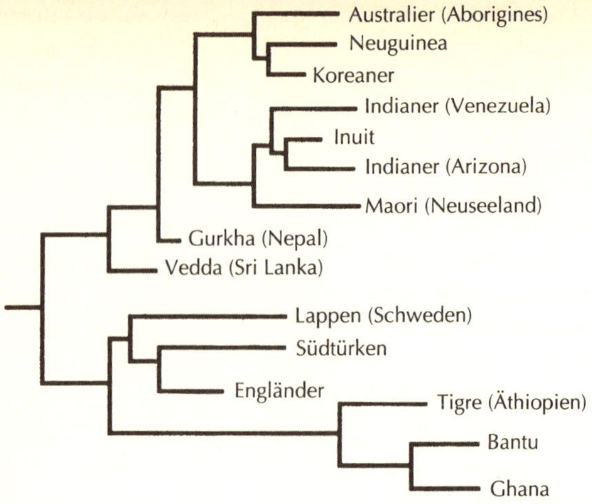

2. 1962 auf der Grundlage von fünf Blutgruppensystemen in 15 Populationen – drei pro Kontinent – erstellter Stammbaum (L. Cavalli-Sforza in Zusammenarbeit mit Anthony Edwards).

verwandt. Das war ein anderes ermutigendes Zeichen, weil praktisch allgemeine Übereinstimmung darüber herrscht, daß die Indianer und die Inuit mongolischer Herkunft und, wie bereits erwähnt, von Ostasien über Sibirien und Alaska nach Amerika eingewandert sind.

Für andere Populationen gelangte man zu Resultaten, deren Tragweite aufgrund der damaligen Kenntnisse nur schwer einzuschätzen war: So fanden wir zum Beispiel heraus, daß die Europäer den Afrikanern, aber auch den anderen Populationen ziemlich ähnlich waren – als nähmen sie eine Art Zwischenposition ein. Die äußersten Pole der Varianten waren einerseits die Afrikaner, andererseits die Völker Neuguineas und die australischen Aborigines.

Die Erstellung dieses ersten Stammbaumes war für Anthony und mich natürlich von einer gewissen Genugtuung begleitet. Unter anderem konnte man, wenn man ihn auf eine geographische Weltkarte projizierte, ungefähr die Wege nachzeichnen, die der Jetztmensch im Zug seiner Expansion zurückgelegt hatte. Selbstverständlich waren die Angaben zwangsläufig noch sehr approximativ. Die beiden Bäume – der oben abgebildete und der auf die Karte projizierte – waren mit zwei verschiedenen Methoden erstellt worden. Der eine mit der von mir bevorzugten Methode und der andere mit der von Anthony konzipierten; beide kamen zu sehr ähnlichen, aber nicht identischen Ergebnissen. Wir hatten nun guten Grund zu der Annahme, daß es wirklich möglich sei, heute lebende Populationen auszuwählen und ihre Geschichte mit Hilfe einer mathematischen Methode zu rekonstruieren. Wir waren dabei, die Wette mit uns selbst zu gewinnen, wußten aber auch, daß dies nur ein erster Versuch war. Vor uns lag noch ein weiter Weg.

Die Verzweigungen des Baumes mußten den historischen Trennungen zwischen zwei Populationen entsprechen, also jenem Zeitpunkt, zu dem sich von einer Population ein Teil abgespaltet hat und anderswohin gewandert ist, in eine Gegend, die von der ersten so weit entfernt war, daß die nachfolgenden Kontakte durch Migration gering oder gleich Null waren. Unter der Voraussetzung, daß die Rekonstruktion richtig war, müßte die Aufeinanderfolge der Zweige der der Abspaltungen entsprechen. Und mit sehr viel Glück würde die Länge der Zweige den Zeiträumen entsprechen, in denen diese Abspaltungen stattfanden. Wir haben uns aber erlaubt, über die Daten der Trennung erst später Berechnungen anzustellen, als wir bereits wesentlich zuverlässigere Daten zur Hand hatten.

Ein Baum, der auf äußeren Körpermerkmalen beruht

In der unmittelbar daran anschließenden Arbeit haben wir diese Resultate überprüft, indem wir ganz andere Merkmale heranzogen, über die ebenfalls gesammelte Daten vorlagen. Es handelte sich um Hautfarbe, Körpergröße und alle anderen sogenannten *anthropometrischen* Daten, wie Brustumfang, Länge der Gliedmaßen, Maße des Schädels einschließlich des transversalen und antero-posterioren Durchmessers, die beide bei den Anthropologen sehr beliebt waren. Um die Mitte des Jahrhunderts hatte jemand vorgeschlagen, aus ihnen den »zephalen Index« zu errechnen;

daher die berühmte Unterscheidung zwischen Dolichozephalen (Langköpfen) und Brachyzephalen (Breitköpfen), deren biologischer Aussagewert für die Evolution heute als sehr gering eingeschätzt wird. So haben wir etwa zwanzig körperliche Merkmale analysiert, von denen bekannt war, daß sie nur zum Teil vom Erbgut bestimmt und zum anderen Teil sehr empfänglich für Umweltfaktoren sind.
Unter Anwendung genau derselben Methode gelangten wir zu einem ganz anderen Baum. Hier waren plötzlich die australischen Aborigines den Afrikanern näher verwandt als den Asiaten (Chinesen und Japanern), während die Indianer, die auf dem genetischen Baum den Chinesen geähnelt hatten, jetzt den Europäern näher zu stehen schienen.

Welche Merkmale sagen etwas über die Geschichte des Menschen aus?

Natürlich mußte die Diskrepanz zwischen dem Baum, den man auf der Grundlage der Gene erhalten hatte, und dem, der auf den anthropometrischen Merkmalen beruhte, erklärt werden. Aber die Diskrepanz an sich hat uns nicht besonders beunruhigt, weil die anthropometrischen Merkmale nicht in dem gleichen hohen Maße erblich sind wie die der Blutgruppen. Wir wußten, daß es starke – direkte und indirekte – durch die Lebensumstände verursachte Einflüsse gibt, die auf die Ergebnisse einwirken können. Tatsächlich variieren Körpergröße und sämtliche Körpermaße, die zwangsläufig in einer engen Beziehung zur Statur stehen, mit den jeweiligen Lebensbedingungen: Wer sich quantitativ und qualitativ besser ernährt, wird auch größer; die Hautfarbe wird durch Sonneneinwirkung beeinflußt (auch die Afrikaner nehmen Farbe an). Selbstverständlich machen sich bei Körpermaßen, Hautfarbe und Gesichtsform auch genetische Einflüsse bemerkbar. Doch wenn der genetische Einfluß auf diese Merkmale groß ist, warum gelangen wir dann zu einem Baum, der sich von dem der Gene unterscheidet? Sollten wir vielleicht den Schluß ziehen, daß der Einfluß der Gene auf die anthropometrischen Daten gering oder gleich Null ist?

Welche Bedeutung den genetischen Faktoren bei der Festlegung dieser Merkmale zukommt, ist nicht genau bekannt, aber es gibt eine andere Überlegung, die eine allzu intensive Beschäftigung mit dieser Frage hinfällig macht.

Die äußeren Merkmale des Körpers, wie Hautfarbe, Form und Größe des Körpers, werden in hohem Maße von der natürlichen, vom Klima determinierten Auslese beeinflußt. Es ist also plausibel, daß Afrikaner und Australier sich auf dem Baum der anthropometrischen Merkmale nebeneinander befinden, denn sie leben unter sehr ähnlichen klimatischen Bedingungen. Diese Merkmale zum Studium der genetischen Geschichte heranzuziehen ist sinnlos, weil sie zwar viel über die geographisch bedingte Art des Klimas, aber fast nichts über die Geschichte der Population aussagen. So läßt sich etwa aus ihnen herauslesen, daß sowohl die Afrikaner als auch die Australier und die Bewohner Neuguineas seit langem in einem warmen Klima, die Mongolen dagegen in einem kalten Klima leben, aber sie helfen uns nicht bei der Beantwortung der Frage, wann sich diese Populationen voneinander getrennt haben und was ihnen davor gemeinsam war. Wir wissen aufgrund in der Folge eigens durchgeführter Forschungen, daß der Klimafaktor sich auch auf die von uns untersuchten Blutgruppen-Gene etc. auswirken kann. Höchstwahrscheinlich handelt es sich in diesem Fall um Auswirkungen der natürlichen Auslese, aber die Einflüsse sind viel geringer als bei den anthropometrischen Merkmalen.

Die Variation zwischen Genen, die weitgehend von Zufallsfaktoren bestimmt ist, kann uns, wenn wir sie richtig interpretieren, die Geschichte der Trennungen erzählen, die der Besiedlung neuer Gebiete und Kontinente durch Kolonisatorengruppen vorausgingen. Es mag seltsam erscheinen, daß für die Rekonstruktion der Entwicklungsgeschichte aufgrund der Abspaltungen zwischen Populationen ausgerechnet Zufallsfaktoren von Nutzen sind, aber der Grund ist – wie wir im vorhergehenden Kapitel sagten –, daß die zufälligen Phänomene genau vorhersehbar sind, sofern wir aus einer ausreichend großen Zahl von Daten einen Durchschnittswert ermitteln.

Es ist von großem Interesse, daß Darwin – der nichts von der genetischen Drift oder der Zufälligkeit der Mutationen wissen konnte, weil sie damals noch von niemandem erfaßt waren – erkannt hatte, daß die für das Studium der Evolution sinnvollsten Merkmale jene sind, die er »trivial«, also »geringfügig«, »belanglos«, »bedeutungslos« nannte. Heute nennen wir sie »selektiv neutral«, weil sie keinen Adaptationswert haben. Es ist bekannt, daß viele Merkmale selektiv neutral oder fast neutral sind, wie dies als erster der Genetiker Motoo Kimura in einem berühmten Artikel aus dem Jahr 1968 behauptet hatte, in dem er die Daten der molekularen Evolution interpretierte. Er hat damit einen langen Streit zwischen der »neutralistischen« Position Kimuras und der vieler Biologen ausgelöst, die den revolutionären Vorschlag des japanischen Genetikers anfangs mit großer Skepsis aufnahmen. Der Streit wurde inzwischen zur Zufriedenheit beider Seiten beigelegt. Man sollte daran erinnern, daß die modernen Biologen in der Vorstellung aufgewachsen sind, die natürliche Auslese sei die einzige evolutionsgeschichtlich wirksame Kraft, die die Anpassung an die Umwelt – und damit das Leben – ermögliche. Diese Behauptung trifft auch hundertprozentig zu, und in der DNA und in den Proteinen finden sich viele unverwechselbare Spuren der natürlichen Auslese. Es gibt aber auch viele andere Hinweise, die die Bedeutung des Zufalls bestätigen, insbesondere in jenen Teilen der DNA, die vor der Einwirkung der Auslese geschützt sind, weil sie sich nicht, wie der Fachmann sagt, »exprimieren«. Ein Beispiel: Im Genom finden sich einige Duplikate aktiver Gene, die nicht funktionieren können, weil sie durch Mutationen inaktiviert wurden; wir nennen sie *Pseudogene.* Die natürliche Auslese kann auf diese DNA nicht einwirken, die für das Studium der Evolution besonders wertvoll ist, eben weil sie – über sehr lange Zeiträume hinweg – nur jene Veränderungen durchgemacht hat, die durch das Auftreten zufälliger Mutationen bedingt waren. Zu unserem Untersuchungsmaterial gehörten keine Pseudogene, aber verschiedene von uns durchgeführte Analysen deuten darauf hin, daß der größere Teil der von uns untersuchten Gene weitgehend von der genetischen Drift, also vom Zufall, beeinflußt ist – vielleicht noch mehr als von der Auslese.

Wir mußten nun von den zwei Bäumen denjenigen auswählen, der mit größerer Wahrscheinlichkeit die Entwicklungsgeschichte des Menschen repräsentiert. Wir haben uns für den Baum entschieden, den wir aufgrund der genetischen Daten erstellt hatten. Die anthropometrischen Merkmale sagen zwar etwas über die geographisch bedingte Art des Klimas aus – das ist eine durchaus interessante Tatsache, aber nicht das, was wir suchten.

Gene und anthropometrische Merkmale

Die nachfolgenden Entwicklungen in der Forschung haben uns recht gegeben, unter anderem die Studien von W.W. Howells, einem berühmten Anthropologen der Universität Harvard, der um den Erdball reiste, um bei 17 Populationen verschiedener Kontinente persönlich eine große Anzahl von Schädeln zu vermessen. Seine Art von Forschung hatte eine gewisse Ähnlichkeit mit unserer Blutgruppenanalyse. Anthropometrische Daten variieren oft, je nachdem, wer die Messungen vornimmt; wenn immer dieselbe Person Maß nimmt, wird bekanntlich eine bessere Vergleichbarkeit erzielt. Bei der Rekonstruktion des Baumes auf der Grundlage seiner Schädelmessungen kam Howells praktisch zu denselben Ergebnissen, zu denen wir aufgrund der äußeren Körpermerkmale gelangt waren (zu denen bereits ein kleiner Teil von kraniometrischen, die Schädelabmessungen betreffenden Daten, wie die von Howells benutzten, aber auch viele andere Körpermaße sowie die Hautfarbe gehört hatten). Bei Howells' Baum sind Afrikaner und Australier nahe beisammen; das heißt also, wenn der Baum einen evolutionsgeschichtlichen Aussagewert hätte, müßten Afrikaner und Australier einen nicht allzu lange zurückliegenden gemeinsamen Ursprung haben. Das gleiche gilt für Indianer und Europäer.
Wir hatten, wie gesagt, die evolutionsgeschichtliche Interpretation des Baumes, der auf äußeren Merkmalen beruhte, abgelehnt, weil diese zumeist die Folge von Anpassungen an unterschiedliche klimatische Bedingungen sind und mehr über die geographisch bedingte Form des Klimas aussagen als über die Evolutionsgeschichte. Genau derselbe Einwand galt für Howells' neue kraniometrische Daten: Wir haben tatsächlich nachweisen können, daß seine wesentlichen Daten alle eng mit dem Klima zusammenhängen.

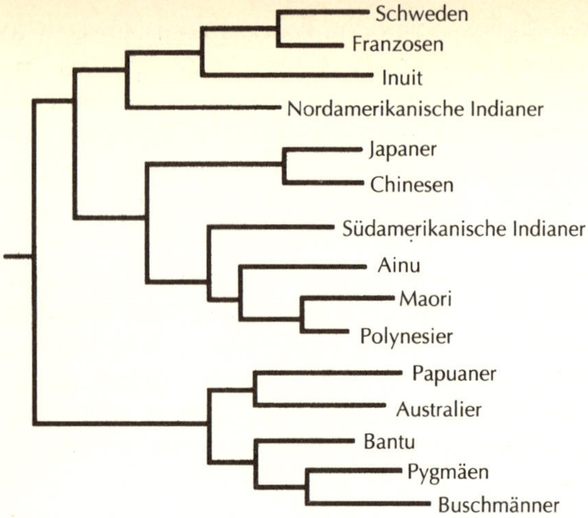

3. Baum der Populationen der Welt, erarbeitet auf der Grundlage kraniometrischer Merkmale (nach W.W. Howells.)

Das ist auch weiter nicht verwunderlich, denn alle Dimensionen des Körpers passen sich an das Klima an; davon war bereits ausführlich die Rede sowohl im Zusammenhang mit den Pygmäen als auch im Hinblick auf die Besiedlung der arktischen Regionen durch den Jetztmenschen. Es gibt viel umfangreichere Beobachtungen, die zum Beispiel auf eine exakte Korrelation zwischen Körpergröße und Klima (ausgedrückt durch die mittlere Jahrestemperatur) hinweisen. In einem kalten Klima ist es sinnvoll, größer zu sein, um das Entweichen von Wärme durch die Körperoberfläche zu begrenzen; für ein warmes Klima gilt das Gegenteil [vgl. die Abbildung auf S. 34]. Ein hochgewachsenes Individuum hat in der Regel einen größeren Schädel, und seine Körpermaße sind im allgemeinen größer als die eines kleinwüchsigen. Alle Schädelmaße neigen, wie die Maße des Körpers, dazu, mit der mittleren Temperatur zu korrelieren.

In einer späteren Forschungsarbeit hat Howells statistische Indizes errechnet, die eher die Form als die Ausmaße des Schädels berücksichtigen. Dabei hat sich herausgestellt, daß auch die Form mit dem Klima korreliert. Der mongolische Gesichtsschädel mit dem breiten, flachen, quasi in sich selbst geschlossenen Gesicht drückt eine Anpassung an ein kaltes Klima aus: Ein Gesicht ohne hervorstehende Partien bietet besseren Schutz vor Frost. In einem heißen Klima ist dagegen ein vorspringendes, längliches Gesicht nützlich – daher die klassische Prognathie (Vorstehen des Oberkiefers) der Afrikaner, die der in anderen tropischen Gebieten, zum Beispiel in Südostasien und Neuguinea, vorkommenden ähnelt.

Auch die Form des Gesichts sagt dasselbe aus wie die Ausmaße des Schädels. Die äußeren Körpermerkmale sind vor allem Ausdruck der durch die klimatischen Unterschiede bedingten natürlichen Auslese. Daneben gibt es auch andere Gründe statistischer Natur dafür, daß die anthropometrischen Merkmale des Körpers bei der evolutionsgeschichtlichen Analyse weniger hilfreich sind als die Gene.

Der Stammbaum wird weiter perfektioniert

Unser erster Baum ist abgebildet (S. 188), weil er mir gefällt; man muß schließlich bedenken, daß das damalige Material nur ein Zehntel von dem heute zugänglichen umfaßte, womit nicht gesagt ist, daß dieser Baum nicht weniger Korrekturen bedurfte.

In den folgenden Jahren haben wir mit Unterbrechungen unseren Baum weiter perfektioniert, indem wir neue Daten einbezogen und einige unvermeidliche Fehler korrigierten. Heute stehen uns Daten über Hunderte von Genen zur Verfügung: Viele sind von derselben Art wie die bereits untersuchten, also Blutgruppen; andere gehören zu neuen Kategorien, zu Proteinen und Enzymen, die erst in neuerer Zeit erforscht wurden. Im allgemeinen nennen wir alle diese Gene, die für das Studium der Evolution nützlich sind, »Markierungsgene«, weil sie Unterschiede zwischen Individuen aufzeigen und uns daher helfen, die Populationen aufgrund ihres Erbgutes zu markieren.

In den letzten zehn Jahren ist es außerdem möglich geworden, die DNA direkt, also auf der »molekularen« Ebene, zu erforschen, was eine größere Klarheit der Analyse des genetischen Materials garantiert. Blutgruppen und Proteine erlauben nur indirekte, weniger eindeutige und unvollständige Erkenntnisse.

Trotzdem erhalten wir weiterhin sehr ähnliche Resultate wie am Anfang, auch wenn immer noch gewisse Ungewißheiten bleiben, die erst durch die Auswertung umfangreicheren Datenmaterials ausgeräumt werden können. Bei einem in jüngerer Zeit angefertigten Baum haben wir 110 Gene an einer Gruppe von 42 Eingeborenenpopulationen aus der ganzen Welt untersucht. Es handelt sich um Gene des klassischen Typs, wie die bis vor wenigen Jahren untersuchten, unter anderem Blutgruppen, Proteine des Blutes, Enzyme und andere erbliche Merkmale. Die Abbildung dieses ganzen Baumes findet sich auf S. 308; in dem hier abgebil-

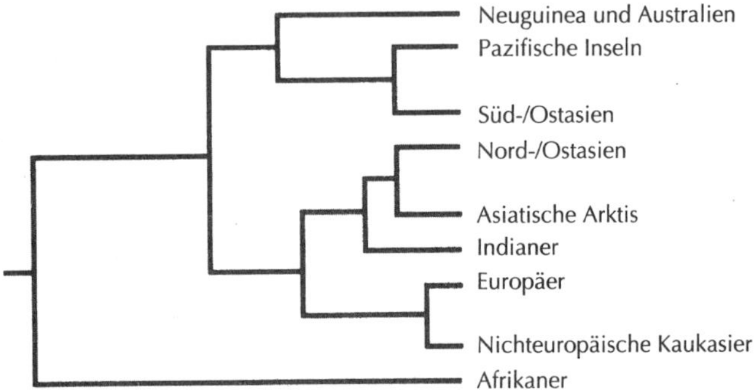

4. *Baum der Populationen der Welt auf der Grundlage von 110 Genen, darunter die aller Blutgruppen, Proteine, Enzyme usw. (L. Cavalli-Sforza in Zusammenarbeit mit Paolo Menozzi und Alberto Piazza aus* The History and Geography of Human Genes, *Princeton 1994).*

deten sind die 42 Populationen der Einfachheit halber zu neun Gruppen zusammengefaßt worden.

Der Baum zeigt, daß der Unterschied zwischen Afrikanern und Nichtafrikanern am größten ist. Das unterstützt die von vielen Paläoanthropologen aufgestellte Hypothese, der Jetztmensch habe seinen Ursprung in Afrika gehabt und sich von dort über den Rest der Welt verbreitet. In unserer anfänglichen Analyse hatten wir noch nicht erkennen können, daß die erste Gabelung des Baumes Afrikaner und Nichtafrikaner voneinander trennt (diese Tatsache wurde von dem japanischen Genetiker Masatoshi Nei entdeckt), weil die damals zur Verfügung stehenden Daten über die wenigen Blutgruppen auf eine große Ähnlichkeit zwischen Afrikanern und Europäern hindeuteten; so kam es seinerzeit dazu, daß die erste Verzweigung mit einer Trennung zwischen Afro-Europäern und dem Rest der Menschheit gleichgesetzt wurde. Zumindest teilweise handelte es sich in dem Sinne um einen »statistischen Fehler«, daß die verfügbaren Daten nicht ausreichten, um die tatsächliche Situation zu repräsentieren, und zufällig von ihr abwichen.

Die Nichtafrikaner teilen sich in zwei große Zweige auf. Der eine entspricht den Populationen, die gegenwärtig Südostasien bewohnen, und jenen, die – höchstwahrscheinlich von dort – nach Australien, Neuguinea und zu den Pazifischen Inseln gelangten. Der andere große Zweig hat Nordasien bevölkert mit einer Hauptabzweigung nach Osten (Sibirien und von dort nach Nord- und Südamerika) und einer anderen nach Westen, zu der vor allem die europäischen und nichteuropäischen Kaukasier gehören. Letztere, auch »Europide« genannt, sind in der Mehrzahl Völker mit weißer Haut, umfassen aber auch die Populationen des im tropischen Bereich liegenden Südindien, die eine starke Abdunkelung der Haut aufweisen, deren Gesichts- und Körpermerkmale aber eindeutig kaukasisch oder europid, und nicht afrikanisch oder australisch sind.
Die Bewohner Südostasiens gehören diesem Baum zufolge eher zu Australien und Neuguinea. Dieser Punkt ist noch ungeklärt, weil man mit etwas anderen Analysemethoden zu dem Ergebnis kommt, daß die Bewohner Südostasiens mit den weiter nördlich lebenden Mongoloiden zusammengehen, und nicht mit den Bewohnern Ozeaniens. Zwischen den Völkerschaften Südostasiens gibt es genetische Verschiedenheiten, die wir noch nicht genau analysieren können, weil die verfügbaren Daten nicht ausreichen. Einige, wie die Vietnamesen und manche Kambodschaner, sind von einem mongolischeren Typus, der dem der Chinesen und Japaner ähnelt; andere, wie die Malaien und mehr noch die »Negritos«, sind wieder anders und ähneln vielleicht eher gewissen Populationen Ozeaniens. Zweifellos werden umfangreichere Forschungen auf diesem Gebiet dazu beitragen, die gegenwärtig bestehenden Schwierigkeiten aus dem Weg zu räumen. Ganz

generell herrscht ein großer Bedarf an weiteren genetischen Daten über die menschlichen Populationen, der aber mit Hilfe der neuen Techniken der Molekulargenetik problemlos gedeckt werden kann. Dies ist die Aufgabe einer neueren Initiative, des internationalen »Human Genome Diversity Project«, mit dem ich mich in Zusammenarbeit mit vielen Kollegen seit 1991 beschäftige.

Wanderungsbewegungen in beide Richtungen

Das Hauptproblem, das das Bild kompliziert und das wir bis jetzt nur in Teilen gelöst haben, besteht darin, daß es häufigen Austausch zwischen benachbarten Populationen gegeben hat; dies ist eine Folge von Wanderbewegungen in beide Richtungen, die den Verzweigungen am Baum entsprechen.

Wenn die Wanderbewegungen bedeutsam waren, lassen sich besondere Anomalien feststellen, denen wir unter anderem im Fall der Europäer oder – allgemeiner – der Europiden oder Kaukasier begegnet sind. Die Komplikation besteht nun darin, daß die Kaukasier (eine Gruppe, die Europäer, Vorderasiaten, Iraner, Pakistaner und Inder einschließt) sowohl den Afrikanern als auch den Asiaten ähneln. Eine schon beim ersten Baum sichtbare Folge ist, daß die Europäer und teilweise auch die Asiaten kürzere Zweige haben. Eine mögliche Erklärung dafür wäre, daß zwischen Kaukasiern und Afrikanern einerseits, sowie zwischen Kaukasiern und Asiaten andererseits ein genetischer Austausch stattgefunden hat. Da die Kaukasier sich in einer Art geographischer Sandwichposition zwischen Afrika und Ostasien befinden, gibt es gute Gründe für die Annahme, daß es tatsächlich zu Wanderungsbewegungen gekommen ist – teils in späterer, teils in früherer Zeit.

Für dieses Phänomen gibt es aber eine andere mögliche Erklärung, die technischer Natur ist: Die Auswahl der bisher für diese Forschungen benutzten Markierer hat die zwischen den Populationen europäischer Herkunft existierende Variabilität bevorzugt. Es handelt sich nicht um eine boshafte oder rassistische Auslese, sondern um eine Folge reiner Bequemlichkeit: Die Forscher, die Blutproben von Einzelpersonen und Familien brauchten, um die

Erblichkeit eines soeben entdeckten Markierers zu überprüfen, haben sich stets an die unmittelbar verfügbaren Personen gewandt, die fast immer europäischer Herkunft sind oder waren. Man muß daher neue Markierer wählen, die die in außereuropäischen Populationen existierende Variabilität in angemessener Weise berücksichtigen; dies kann noch jahrelange Arbeit erfordern.

Wann ist es zu den großen Trennungen zwischen den Menschengruppen gekommen?

Im Hinblick auf die archäologischen Daten ergeben sich die eindeutigsten Erkenntnisse im Zusammenhang mit der Besiedelung neuer Kontinente. Heute verfügen wir über vier Daten, die eine gewisse Zuverlässigkeit besitzen, auch wenn sie in Zukunft aufgrund neuer Entdeckungen noch variieren können.

Das erste Datum bezieht sich auf die ältesten Exemplare des Jetztmenschen, denen man ein Alter von rund 100 000 Jahren zuschreibt. Diese Funde wurden, wie erwähnt, sowohl in Afrika als auch im Nahen Osten gemacht, aber wir können nicht mit Sicherheit sagen, welche die älteren sind. Die afrikanischen Schädel, die aus noch früherer Zeit stammen, scheinen einen gewissen Fortschritt in Richtung Jetztmensch aufzuweisen, weshalb auch viele Paläoanthropologen überzeugt sind, daß der Ursprung des Menschen tatsächlich in Afrika liegt. Dies stimmt mit den Daten der mitochondrialen DNA (wir erinnern an die berühmte afrikanische Eva) überein – mit den korrigierenden Einschränkungen, die wir erklärt haben. Die einzige Behauptung, die wir mit Sicherheit aufstellen können, ist also, daß das aus der mitochondrialen DNA abgeleitete Datum vor der tatsächlichen Einwanderung der Afrikaner nach Asien gelegen haben muß. Die Tatsache, daß man den Jetztmenschen vor 100 000 Jahren sowohl westlich als auch östlich von Suez antrifft, legt den Gedanken nahe, daß die Wanderung von Afrika nach Asien (oder, weniger wahrscheinlich, in umgekehrter Richtung) um diese Zeit stattgefunden haben muß, weshalb die Differenzierung zwischen Afrikanern und Nichtafrikanern wohl zur gleichen Zeit oder kurz davor eingesetzt hat.

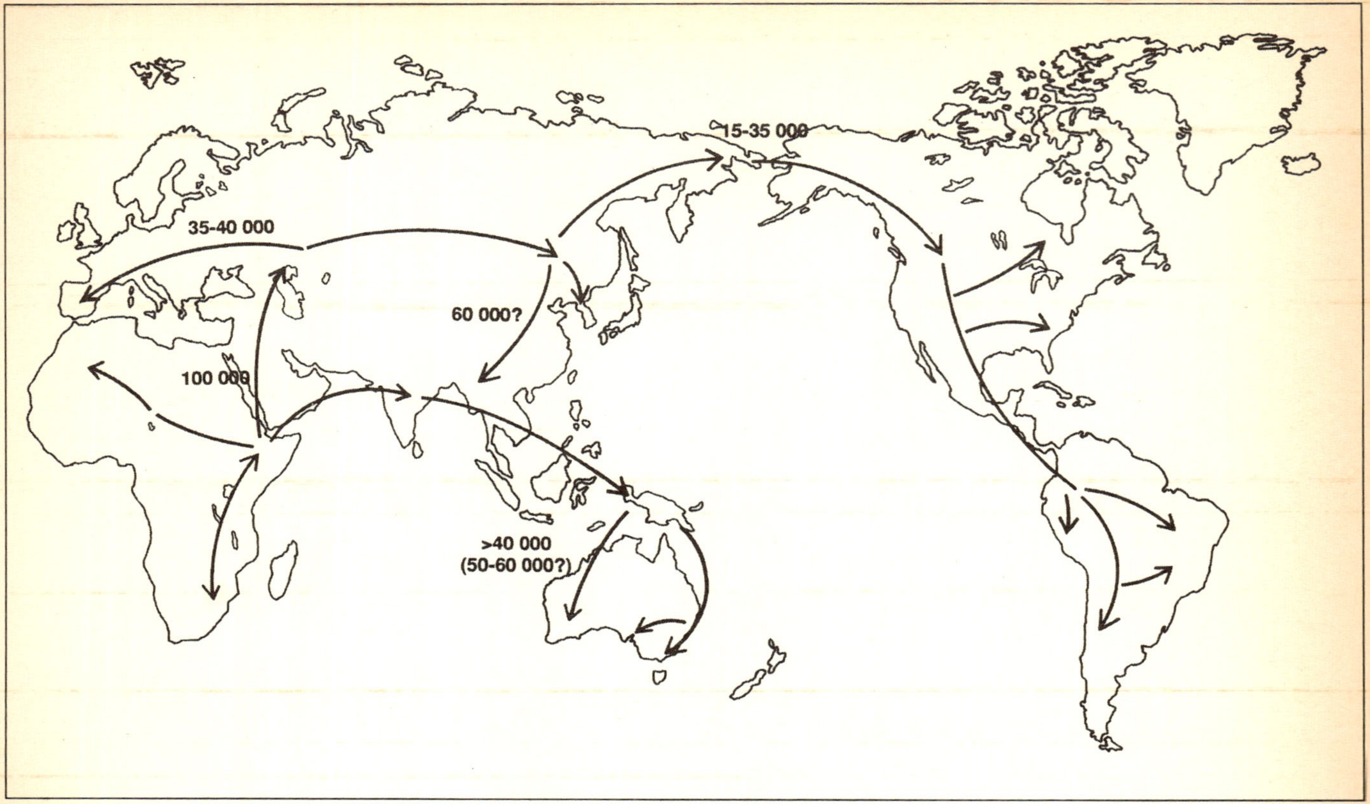
35-40 000
15-35 000
60 000?
100 000
>40 000
(50-60 000?)

Den ersten Spuren des Menschen in Australien und Neuguinea hat man ein Alter von 55 000 bis 60 000 Jahren zugeschrieben. Die genetische Distanz zwischen den Ureinwohnern Ozeaniens (die als »Grundstock« der australischen Aborigines und der Ureinwohner von Neuguinea gelten, die untereinander eine gewisse genetische Ähnlichkeit aufweisen) und ihren Nachbarn in Südostasien ist ungefähr halb so groß wie die zwischen Afrikanern und Nichtafrikanern. Auch der Zeitpunkt der Trennung liegt ungefähr in der Mitte. Wir stellen also bis dahin eine Korrelation zwischen Daten und Distanzen fest, die vollkommen einzuleuchten scheint.

Die beiden anderen Daten stammen aus jüngerer Zeit und entsprechen dem Zeitpunkt der – vermutlich von Westasien ausgehenden – Besiedelung Europas, die vor 35 000 bis 40 000 Jahren erfolgte, und derjenigen Nord- und Südamerikas, deren Datierung leider immer noch sehr vage ist, die aber fast mit Sicherheit vor 15 000 bis 35 000 Jahren stattfand.

Die Abbildung zeigt die Wege, die der Jetztmensch wahrscheinlich zurückgelegt hat (die genaue Route ist wegen des Mangels an Funden nicht nachzuvollziehen), und die ungefähren Daten seiner Ankunft auf den verschiedenen Kontinenten; diese wurden auf der Grundlage archäologischer Informationen errechnet.

An dieser Stelle sollte man kurz über die Beziehungen nachdenken, die wir erwarten können zwischen den Zeitpunkten, zu denen die Einwanderer auf einem bestimmten Kontinent eintrafen, und den genetischen Distanzen, die feststellbar sind zwischen jenen Populationen, die den betreffenden Kontinent jetzt bewohnen, und denen, die bis heute auf dem Ursprungskontinent leben (und von denselben Vorfahren abstammen wie die damaligen Auswanderer). Die genetischen Distanzen, die der Verzweigung des auf S. 196 abgebildeten Baumes der neun Populationsgruppen entsprechen, sind in die untenstehende Aufstellung eingetragen, und zwar im relativen Maßstab, das heißt, daß die größte

5. *Wahrscheinliche Routen des anatomisch modernen Menschen* (Homo sapiens sapiens) *auf seiner Ausbreitung von Afrika auf die anderen Kontinente und der wahrscheinliche Zeitpunkt der jeweiligen Ankunft auf den verschiedenen Kontinenten.*

gefundene Distanz, nämlich die zwischen Afrikanern und Nichtafrikanern, mit 100 gleichgesetzt wurde.
Aus dem folgenden Schema lassen sich also die Werte ablesen, die die vier Vergleiche zwischen den verfügbaren archäologischen und genetischen Daten erbracht haben:

Trennung zwischen verschiedenen Populationen	Zeitpunkt	genetische Distanz
Afrika und Rest der Welt	vor 100 000 Jahren	100
Südostasien und Australien	vor 55 000–60 000 Jahren	62
Asien und Europa	vor 35 000–40 000 Jahren	48
Nordostasien und Amerika	vor 15 000–35 000 Jahren	30

Die genetische Distanz zwischen zwei Populationen muß mit der seit ihrer Trennung vergangenen Zeit wachsen; bei der einfachsten Hypothese wird sie konstant ansteigen. Aus dem Schema ist eine eindeutige Progression ersichtlich: Je weniger Zeit seit der Trennung vergangen ist, desto geringer ist erwartungsgemäß auch die genetische Distanz. Leider sind die Daten nur approximativ, und obwohl die genetischen Distanzen aus dem Durchschnittswert von 110 Genen ermittelt wurden, sind sie mit einem statistischen Fehler von rund 20 Prozent behaftet. Unter Berücksichtigung dieses statistischen Fehlers findet man bei den ersten drei Vergleichen eine große Übereinstimmung – so, als nähmen die genetischen Distanzen regelmäßig und proportional zu den Daten der Trennung zu. Der vierte Vergleich ist zu ungenau, als daß man ihn besonders berücksichtigen könnte. Dennoch kann man, wenn man die ersten drei Vergleiche als Bezugsskala nimmt, versuchen, auf der Grundlage der genetischen Distanz den Zeitpunkt der Besiedelung Amerikas zu errechnen. Man gelangt dann zu einem Wert von circa 30 000 Jahren, der somit innerhalb des von den Archäologen vorgeschlagenen Rahmens von 15 000 bis 35 000 Jahren liegt, aber näher an das ältere Datum herankommt.

Verschieden, aber nur an der Oberfläche

Wir unterscheiden uns nur sehr geringfügig voneinander. Weil uns die Unterschiede zwischen weißer und schwarzer Haut oder zwischen den verschiedenen Gesichtsschnitten auffallen, neigen wir zu der Annahme, zwischen Europäern, Afrikanern, Asiaten und so weiter müsse es große Unterschiede geben. Tatsächlich aber haben sich die für diese sichtbaren Unterschiede verantwortlichen Gene nur infolge der klimatischen Einwirkungen verändert. Alle Menschen, die heute in den Tropen oder in der Arktis leben, haben sich im Verlauf der Evolution an die lokalen Bedingungen anpassen *müssen*; eine allzu große individuelle Variation aufgrund von Merkmalen, die unsere Überlebensfähigkeit im jeweiligen Lebensraum kontrollieren, ist nicht tolerierbar. Wir müssen auch eine andere Notwendigkeit im Auge behalten: Die Gene, die auf das Klima reagieren, beeinflussen die äußeren Merkmale des Körpers, weil die Anpassung an das Klima vor allem eine Veränderung der Körperoberfläche erforderlich macht (die sozusagen die Schnittstelle zwischen unserem Organismus und der Außenwelt darstellt). *Eben weil diese Merkmale äußerlich sind, springen die Unterschiede zwischen den Rassen so sehr ins Auge, daß wir glauben, ebenso krasse Unterschiede existierten auch für den ganzen Rest der genetischen Konstitution. Aber das trifft nicht zu: Im Hinblick auf unsere übrige genetische Konstitution unterscheiden wir uns nur geringfügig voneinander.*

Die genetischen Unterschiede zwischen den »Rassen« können wir in bezug auf die Hautfarbe oder die anderen sichtbaren Merkmale nicht in allen Einzelheiten studieren, weil wir die Gene, die diese Merkmale bestimmen, noch nicht mit Hilfe von DNA-Analysen identifiziert haben. Wir wissen nur, daß es wenigstens drei oder vier verschiedene Gene gibt, die bei der Determinierung der extremen Pigmentationsunterschiede – zum Beispiel zwischen Weißen und Schwarzen – zusammenwirken. Bei jedem anderen untersuchten Gen sind die Unterschiede sehr viel geringer.

Wir können sagen, daß die Unterschiede zwischen den »Rassen« dann, wenn wir die Verschiedenheit der Pigmentation einmal außer acht lassen, in dem Sinne nur quantitativ und nicht qualitativ sind, daß wir in verschiedenen »Rassen« praktisch niemals zwei völlig verschiedene Typen eines Gens antreffen. Untersuchen wir zum Beispiel für einige ausgewählte Gene die Statistiken der Unterschiede zwischen den Ureinwohnern verschiedener Kontinente oder weit voneinander entfernter Regionen auf demselben Kontinent, wie Europa, Afrika (begrenzt auf die Region südlich der Sahara, denn Nordafrika ist von kaukasischen Populationen bewohnt, die den Europäern ähnlicher sind als den südlich der Sahara lebenden Afrikanern), Indien, Fernost (China und Japan), Südamerika, wo es weniger Vermischung mit den weißen Kolonisten gegeben hat als in Nordamerika, und den australischen Aborigines. Wir wählen drei Gene aus und geben in der Tabelle die Häufigkeit jedes Gens in Prozenten an. Für das erste der drei Gene, GC, existieren zwei besonders wichtige Formen, GC-1 und GC-2. GC ist ein im Blut enthaltenes Protein, das das Vitamin D bindet und seine Verteilung über den Organismus steuert. In der ersten Zeile der untenstehenden Tabelle erscheinen die Prozentzahlen der Gene vom Typ GC-1 und in der zweiten die vom Typ GC-2. Da uns hier nur diese beiden Formen des Gens interessieren, addieren sie sich immer zu 100 Prozent. Aus den Werten der Tabelle ist ersichtlich, daß die Teilungsverhältnisse der beiden Formen des Gens, die sich in verschiedenen Individuen finden, bei den Populationen der Welt nur sehr wenig variieren.
In die Tabelle haben wir noch zwei andere Gene aufgenommen: HP und FY. HP ist ein anderes Protein des Blutes, das das aus den roten Blutkörperchen ausgetretene Hämoglobin bindet, wenn diese sich am Ende ihres normalen Lebens selbst zerstören oder durch irgendeinen pathologischen Prozeß, zum Beispiel durch die Malaria, zerstört werden. HP kommt in zwei Formen vor: HP-1 und HP-2; das Fehlen des Proteins, also die Form HP-0, ist selten; sie ist zwar mit dem Leben kompatibel, kann aber manche Nachteile für ihren Träger mit sich bringen. Wir geben nur die

prozentuale Häufigkeit der Form HP-1 an, denn HP-2 entspricht fast immer 100 minus des Prozentsatzes von HP-1.

Das letzte der drei Gene, FY-0, bedeutet die Abwesenheit der Substanz FY; normalerweise findet diese sich auf der Oberfläche der roten Blutkörperchen und hilft einem besonderen Malariaparasiten, *Plasmodium vivax*, der sich wie alle Malariaparasiten in den roten Blutkörperchen vermehrt, in ebendiese einzudringen. Das Fehlen des Proteins erschwert dagegen das Wachstum des Parasiten und verleiht dem Individuum eine gewisse Resistenz gegen diese besondere Form der Malaria.

Gene	Europa	Afrika südlich der Sahara	Indien	Ferner Osten	Süd-amerika	Australien
GC-1	72%	88%	75%	76%	73%	83%
GC-2	28%	12%	25%	24%	27%	17%
HP-1	38%	57%	17%	23%	60%	27%
FY-0	0,3%	87%	3%	0%	0,2%	0%

Die Schwankungen der Prozentsätze von GC-1 oder GC-2 zwischen den verschiedenen Populationen sind minimal; sie bewegen sich zwischen 72 und 88 Prozent. Dieses Gen ist wahrscheinlich als Garantie für die normale Zirkulation von Vitamin D im Organismus von Bedeutung. Man hat behauptet, eine der beiden Formen, GC-2, sei dort, wo die Sonneneinwirkung intensiver ist, sinnvoll, und GC-1 in Regionen, wo sie weniger intensiv ist. Aber es kann sich nur um einen kleinen Unterschied handeln, denn die Schwankungen zwischen den Prozentsätzen der beiden Gen-Formen in unterschiedlichen Klimaten ist gering.

Die Prozentsätze von HP-1 weisen eine größere Variation zwischen den Populationen auf: Sie schwanken zwischen 17 und 60 Prozent. Natürlich zeigen auch die auf der Grundlage der von HP-1 leicht errechneten Prozentsätze von HP-2 eine entsprechende Variation auf (von 83 bis 40 Prozent). Es ist klar, daß das Gen CG im Vergleich zu HP wenig variiert.

Das letzte Gen, FY, weist die größte Variationsbreite auf: Sie reicht von 0 bis 87 Prozent. Der Typ FY-0 wird in Afrika begünstigt, weil es dort einen Malariaparasiten gibt, gegen den die Träger von FY-0 resistent sind; daher kommt er in dieser Region infolge der natürlichen Auslese auch besonders häufig vor, während er anderswo fast vollständig fehlt. Die Variation, die man bei der Farbe der Haut feststellt, ist mit der von FY vergleichbar, aber es handelt sich um einen einmaligen Fall unter den mehreren hundert bekannten Genen. Alle anderen der 110 untersuchten Gene sind im Durchschnitt mit viel kleineren Unterschieden behaftet, während FY Unterschiede zwischen Afrikanern und Nichtafrikanern aufweist, die vermutlich vergleichbar sind mit jenen, die in bezug auf die Hautfarbe zwischen den Populationen der Tropen und jenen, die weit vom Äquator entfernt leben, existieren. Wie bereits erwähnt, kennen wir die für die Pigmentierung verantwortlichen Gene noch nicht im einzelnen, aber wir wissen, daß es mindestens drei oder vier davon gibt und daß sie zusammenwirken.

Die Unterschiede zwischen den »Rassen« – ein Begriff, dessen Sinn und Grenzen wir später noch eingehender untersuchen werden – sind also ziemlich gering. Innerhalb der Kontinente sind die Unterschiede in der Regel sogar noch kleiner. In diesem Licht betrachtet sind die Demütigungen, die großen Tragödien und die Grausamkeiten, die auf die Verschiedenheit der Rassen auf der Welt zurückzuführen sind, mit den Worten Macbeths »eine Geschichte, von einem Narren erzählt, voller Schall und Wut und ohne Bedeutung«.

6

Die letzten zehntausend Jahre oder der weite Weg der Ackerbauern

Zehntausend Jahre trennen uns vom Beginn einer regelrechten Revolution in der Geschichte der Menschheit, dem Übergang von der Jagd- und Sammelwirtschaft zur direkten Nahrungsproduktion. Bis dahin hatte der Mensch von dem gelebt, was er in der Natur vorfand. Seine Fähigkeiten als Jäger und die Kenntnis seines Lebensraums hatten sich im Lauf von Jahrmillionen in außerordentlicher Weise entwickelt und es ihm ermöglicht, sich aus den Angeboten der Umwelt zu bedienen.

Die von unseren Vorfahren, die vor 15 000 bis 20 000 Jahren in Europa lebten, hinterlassenen Zeugnisse lassen auf eine hohe Lebensqualität schließen. Durch Jagd, Fischfang und das Sammeln von Pflanzen, Früchten und Wurzeln besorgten sich die Menschen das für den Unterhalt kleiner Gemeinschaften Notwendige. Daß sie dabei nicht schlecht lebten, bezeugen perfektionierte Werkzeuge sowie Schmuckgegenstände und Kunstwerke, die uns noch heute in Staunen versetzen.

Vor 10 000 Jahren jedoch hat der Mensch begonnen, Pflanzen und Tiere zu domestizieren und seine Nahrung selbst zu produzieren. Es waren im großen und ganzen die gleichen Pflanzen und Tiere, von denen er sich schon früher ernährt hatte, als er sie sich noch in der freien Natur besorgte. Diese Umstellung hat dazu geführt, daß zumindest potentiell eine viel größere Zahl von Individuen auf der Erde leben konnte. Innerhalb der vier- oder fünfhundert Generationen, die in dieser Zeit aufeinandergefolgt sind, hat sich die Weltbevölkerung vertausendfacht oder mehr als vertausendfacht und ist von den wenigen Millionen, die damals lebten, auf die fast sechs Milliarden von heute angewachsen – ein Anstieg, dessen Ende bekanntlich nicht abzusehen ist.

Die Frage, warum ein Genetiker sich mit Nahrungsproduktion befaßt, ist durchaus berechtigt. Ich bin über einen ziemlich verschlungenen Weg bei diesem Thema angelangt, und es lohnt sich vielleicht, kurz darüber zu berichten.

Vor ungefähr dreißig Jahren besuchte ich einmal zufällig das Prähistorische und Ethnographische Museum Pigorini in Rom. Kurz zuvor war ich auf Sardinien gewesen und hatte Gelegenheit gehabt, einige Nuraghen zu besichtigen, jene großen Bauten aus unverfugten Steinblöcken, die man in großer Anzahl über fast die ganze Insel verstreut findet.

Die Nuraghen sind ungewöhnliche Bauwerke. Wer sie nicht mit eigenen Augen gesehen hat, kann sich nur schwer eine Vorstellung von ihnen machen. Es sind Türme, die wahrscheinlich nicht nur als Behausungen, sondern auch als Festungen dienten; sie bildeten ein Netz, das die ganze Insel überzog, und waren so angeordnet, daß man von einer Nuraghe zur anderen Signale geben konnte. Sie waren seit 1800 v. Chr. über einen Zeitraum von mindestens 1000 Jahren errichtet worden. Von ihnen sind ungefähr 6000 Exemplare erhalten geblieben. Diese Zahl beweist, daß damals auf Sardinien sehr viele Menschen lebten; die Inselbevölkerung umfaßte vielleicht zwischen 200 000 und 300 000 Personen. Die heutige Bewohnerzahl ist nur zehnmal so groß.

Bei meinem Besuch im Museo Pigorini wurde mir nun klar, daß die zahlreichen in Apulien, im Süden Italiens, gefundenen, heute fast ausnahmslos zerstörten Monumente namens *Specchie* (»Steinhaufen«) den Nuraghen sehr stark ähneln. Später konnte ich feststellen, daß man auch auf anderen Mittelmeerinseln ganz ähnliche Monumente antrifft. Es muß also eine einzige Zivilisation gegeben haben, die sich über die Inseln verbreitet und dort diese Bauwerke errichtet hat.

Tatsächlich finden sich große prähistorische Steinbauten über einen Gürtel verteilt, der sich vom Atlantischen Ozean bis Indien, ja fast bis nach Japan erstreckt, aber die bedeutendsten Beispiele und dichtesten Konzentrationen gibt es in verschiedenen Gegenden Europas, zumeist in der Nähe von Meeresküsten. Die Nuraghen sind nur ein – allerdings ganz spezielles – Beispiel. Es

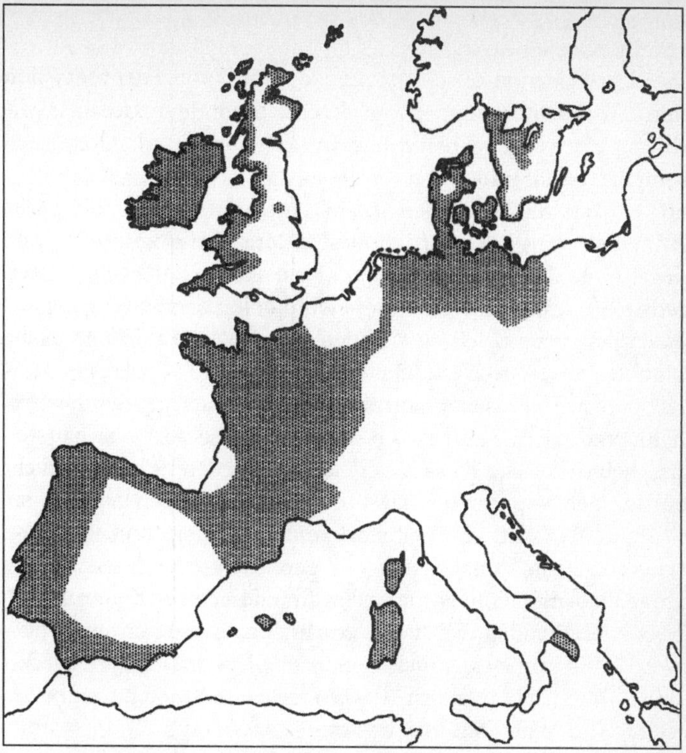

1. Verteilung der megalithischen Monumente in Europa.

existieren etliche andere architektonische Formen – Häuser, Grabmäler und Tempel. Alle diese Monumente könnten von einem einzigen Volk von Kolonisatoren, Seefahrern und Bauern errichtet worden sein, die wir, in Ermangelung weiterer Informationen, einfach Megalithiker (von Megalith, »großer Stein«) nennen. Da die ältesten megalithischen Monumente in Frankreich, England und Spanien zu finden sind, vermutet man, daß die Megalithiker aus diesen Ländern stammten. Die berühmteste ihrer Anlagen, das westlich von London gelegene Stonehenge, ist mit einem treffenden Schlagwort als »Computer aus Stein« bezeichnet worden: Man geht nämlich davon aus, daß es sich um ein Observatorium handelte, das astronomischen Zwecken diente; aufgrund ihrer Beobachtungen konnten die Megalithiker die für die Aussaat und die Landwirtschaft im allgemeinen bedeutsamen Phänomene vorhersagen.

Die sardischen Nuraghen weisen eine besondere Bauweise auf, die sie von vergleichbaren Bauten in anderen Gegenden unterscheidet. Es hat jedoch den Anschein, daß die apulischen Specchie ebenso wie die Nuraghen in ein Verteidigungsnetz eingebunden waren; eine Rekonstruktion ist leider kaum möglich, denn die erhalten gebliebenen Specchie sind fast alle auf bloße Steinhaufen reduziert, während viele andere wohl völlig zerstört wurden.

Nachdem ich mir diese Ähnlichkeiten bewußtgemacht hatte, glaubte ich, daß sich zwischen den Völkern, die diesen besonderen Typ megalithischer Bauten errichteten, auch genetische Ähnlichkeiten nachweisen lassen könnten. Diese Aufgabe hätte eigentlich durch die Tatsache erleichtert werden müssen, daß die Sarden sich, wie man damals schon wußte, von fast allen anderen Europäern genetisch sehr stark unterscheiden – höchstwahrscheinlich eine Auswirkung der genetischen Drift infolge der langen Isolation vom Festland. Sardinien ist eine sehr große Insel, liegt aber ziemlich weit von der Mittelmeerküste entfernt. Deshalb ist sie immer ziemlich isoliert geblieben, und die Bevölkerung, die sie in den letzten 10 000 oder mehr Jahren bewohnt hat, hat sich auf eine vom Rest des Mittelmeerraums ziemlich unabhängige Art und Weise entwickelt. Über die Genetik Apuliens aber war damals noch nicht viel bekannt, und deshalb beschloß ich, mit zwei oder drei Freunden und Kollegen, deren Interessen ähnlich gelagert waren wie meine, eine kleine Expedition zu organisieren, um in den uns am interessantesten erscheinenden Gegenden Apuliens Blutproben zu sammeln und dann Analysen durchzuführen, die es uns erlauben würden, die Genetik der Sarden mit der der Apulier und gegebenenfalls mit der anderer Populationen zu vergleichen.

Ein falscher Ansatz und eine gute Idee

Dieser erste Versuch, einen Zusammenhang zwischen Archäologie und Genetik herzustellen, endete mit einem Fiasko, denn es

stellte sich eindeutig heraus, daß es überhaupt keine besondere Ähnlichkeit zwischen Sarden und Apuliern gibt, wohl aber zwischen ihnen und den Populationen des übrigen Süditalien.
Dieser Mißerfolg war mir eine wichtige Lehre: Kulturelle Ähnlichkeiten reichen als Hinweise auf mögliche genetische Ähnlichkeiten nicht aus.
Steinmonumente, die sich in Apulien und anderswo finden und den sardischen Nuraghen ähneln, müssen also von einem Volk stammen, das in diese Gebiete gekommen und imstande war, solche Bauwerke zu errichten. Es mußte ihm entweder gelungen sein, gute Beziehungen mit den Einheimischen herzustellen oder sie mit Waffengewalt zu unterwerfen. In jedem Falle hatte es sie überzeugt oder gezwungen, ihm bei der Erstellung dieser großen Bauwerke zu helfen, die als Behausungen und Verteidigungsbauten, vielleicht aber auch religiösen, politischen und manchmal astronomischen Zwecken dienten. Statt Bauern können die Megalithiker auch eine Art Priesterkaste gewesen sein, eine kleine Aristokratie der Prähistorie, die über taugliche Schiffe und vielleicht auch über effiziente Waffen, außerdem über astronomische und architektonische Kenntnisse verfügte, die wesentlich weiter fortgeschritten waren als die ihrer Zeitgenossen. Sie zwangen den Völkern, denen sie begegneten, ihre Überlegenheit auf, doch im Vergleich zu den Ackerbauern, die bereits die Küsten des Mittelmeers besiedelt und eine gewisse Bevölkerungsdichte erreicht hatten, waren sie wahrscheinlich nicht sehr zahlreich.
Die Zufuhr neuer Gene seitens der Megalithiker ist also gering ausgefallen und in jedem Falle nicht groß genug gewesen, um die genetische Zusammensetzung der Populationen zu verändern, zu denen sie gestoßen waren, obwohl sie, wie gesagt, auf kultureller Ebene überaus beeindruckende Spuren hinterlassen haben, die bis heute eines der größten Rätsel der Prähistorie darstellen.
Man könnte sich auch andere Interpretationen vorstellen, zum Beispiel, daß es nach der Ankunft der Megalithiker weitere, zahlenmäßig sehr bedeutsame Einwanderungen gegeben hat, die den genetischen Beitrag der Megalithiker so weit verwässerten, daß man ihn mit den von uns angewandten Methoden nicht untersuchen kann. Jedenfalls hat man noch in keiner Gegend Europas eindeutige Anzeichen eines genetischen Beitrags der Megalithi-

ker zu den in der Umgebung der megalithischen Monumente lebenden Populationen gefunden.

Die Bedeutung der Zahlen

Wäre uns die Geschichte der Menschheit bekannt, oder könnten wir in einem Zauberspiegel all das sehen, was die Generationen vor uns gemacht haben, dann könnten sich die Daten von Archäologie und Genetik gegenseitig aufhellen, denn es gibt offensichtlich nur *eine* Geschichte der Menschheit. Da uns unsere Vergangenheit aber weitgehend unbekannt ist und die Wissenschaften, die sie erforschen, zu einer einzigen Wahrheit verschiedene, oft nicht miteinander in Verbindung stehende Bruchteile beitragen, muß diesen Disziplinen eine intensive Zusammenarbeit ermöglicht werden.

Ich habe begonnen, mich mit der Entstehung des Ackerbaus zu beschäftigen (der, wie gesagt, einen ersten demographischen Boom auslöste), weil ich glaubte, auf diese Weise archäologische und genetische Phänomene besser aufeinander beziehen zu können. Meine Überlegungen gingen dahin: Wenn die Zahl der Individuen, aus denen sich eine Population zusammensetzt, so stark wächst, daß ein großer Teil von ihnen gezwungen ist, abzuwandern und andere Gegenden zu besiedeln, dann werden die Zuwanderer die einheimische Bevölkerung mit der Zeit durch ihre Gene bereichern. Das genetische Bild der so entstehenden gemischten Population wird ausschließlich von dem zahlenmäßigen Verhältnis zwischen Neuankömmlingen und Alteingesessenen abhängen.

Die Zeit nach der Einführung des Ackerbaus

Offensichtlich wußte niemand, wie umfangreich die Kontingente der Ackerbauern waren, die sich damals in Bewegung setzten, aber wahrscheinlich fielen sie zahlenmäßig viel mehr ins Gewichts, als dies bei anderen Wanderungsbewegungen der Fall war. Deshalb wandte ich mein Interesse jener Zeit zu, in der der

Ackerbau erfunden wurde. In Europa wird diese Epoche nach den neuen, von den Ackerbauern eingeführten Steinwerkzeugen Neolithikum oder Jungsteinzeit genannt. Diese Geräte dienten manchmal verschiedenen Zwecken und waren oft bereits geschliffen und nicht mehr nur abgeschlagen; jedenfalls waren sie besser verarbeitet als die von den Vorgängern der Bauern, also den Jägern und Sammlern, hergestellten Werkzeuge des Paläolithikums oder der Altsteinzeit.

Die Ackerbauern benutzten neuartige Werkzeuge, zum Beispiel Sicheln zum Mähen, die man dort, wo man Obsidian fand, vorzugsweise aus diesem Stein anfertigte, weil er so abgeschlagen werden kann, daß man eine sehr scharfe Klinge erhält. Für die Herstellung von Sicheln schlugen die neolithischen Bauern mehrere gleich große Klingen von dem Obisidan ab und befestigten sie so im Schaft, daß sie sehr gut schneidende Flächen erhielten, die dank der Härte des Steins auch lange Zeit scharf blieben.

Um die entsprechende Forschungsarbeit in Gang zu bringen, tat ich mich mit einem jungen Archäologen namens Albert Ammermann zusammen, den ich zuerst nach Pavia einlud und der später

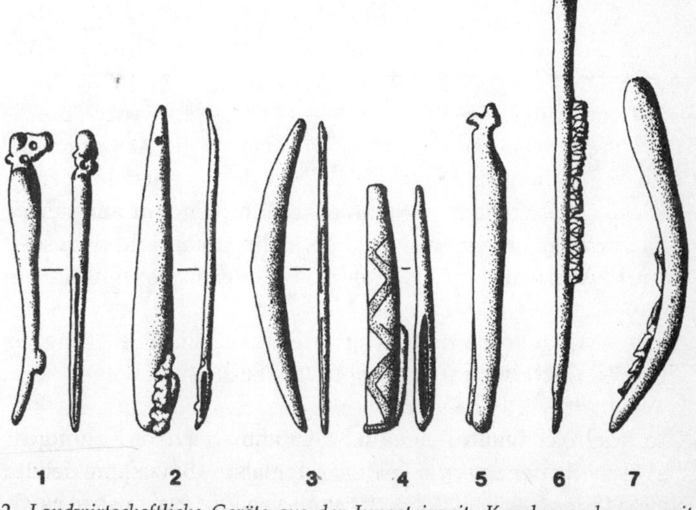

2. Landwirtschaftliche Geräte aus der Jungsteinzeit: Knochenwerkzeuge mit eingesetzter Klinge. 1-5: Sicheln aus dem Iran und aus Ägypten; 6-7: Sicheln aus Bulgarien und Spanien.

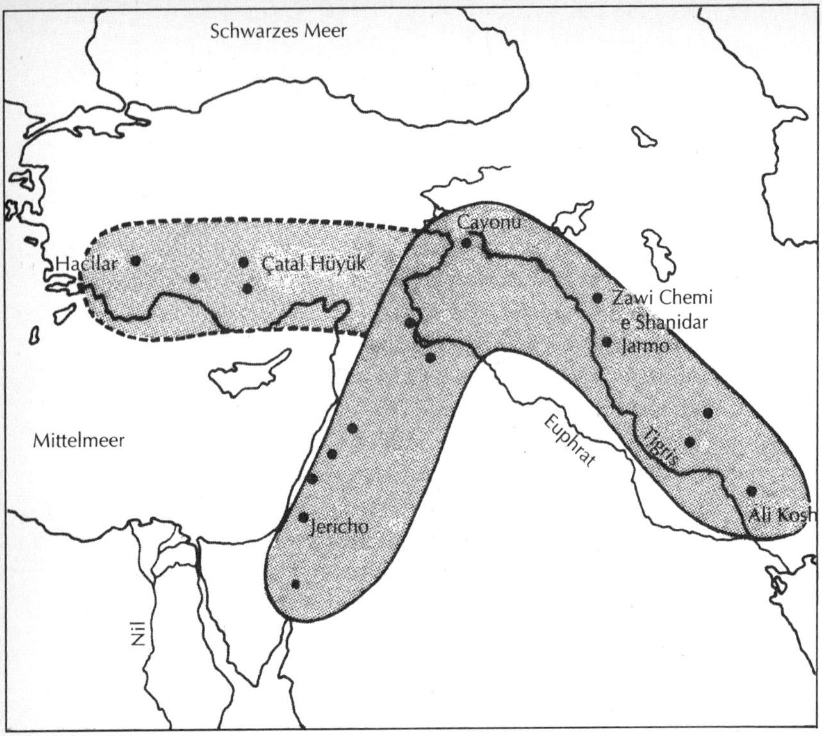

3. Der Fruchtbare Halbmond im Nahen Osten und seine Verlängerung in die Türkei hinein, mit Hinweisen auf die bedeutendsten Orte, in denen Spuren von Getreideanbau und Viehzucht entdeckt wurden.

noch einige Jahre lang in Stanford, Kalifornien, mit mir zusammenarbeitete. Gemeinsam haben wir das untersucht, was man über die Verbreitung des Ackerbaus wußte; als bekannteste Ursprungsregion galt damals der Nahe Osten.

In dieser Gegend hatte der Getreideanbau seinen Ausgang genommen. Getreide war dort bereits zuvor in seiner wilden Form konsumiert worden. Der planvolle Ackerbau hat dann eine bessere Kontrolle über Menge und Qualität der Nahrung und die Bestimmung der Lage der Felder ermöglicht. Außer Getreide – im Nahen Osten gab es wildwachsende Weizen- und Gerstensorten – wurden auch verschiedene Tiere, insbesondere Schafe, Ziegen, Rinder und Schweine, domestiziert.

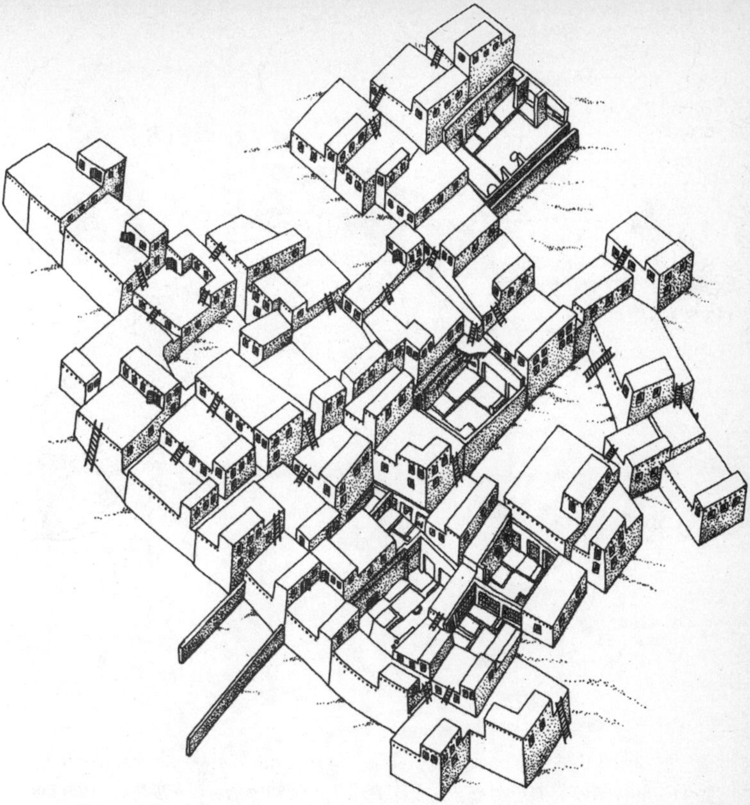

4a. Die erste kleine jungsteinzeitliche Stadt ist Çatal Hüyük in der heutigen Türkei – ein kleiner Hügel, der, wie die Archäologen nachgewiesen haben, aus übereinandergelagerten Städten besteht, von denen jede über den Ruinen der älteren erbaut wurde. Es gab keine Straßen (die Häuser wurden von oben betreten).

So hat sich eine sehr mächtige Mischwirtschaft herausgebildet, die es den in diesen Breiten lebenden Menschen erlaubte, sich dank der größeren Verfügbarkeit der Nahrung stärker als bisher zu vermehren und zuerst größere Dörfer und dann die ersten Städte zu errichten. Ein wunderschönes Beispiel für eine solche frühe Siedlung stellt der Ruinenhügel von Çatal Hüyük in der Türkei dar. Die älteste Schicht von Ziegelhäusern stammt aus der Zeit vor 10 000 Jahren; als die Gebäude nach einer gewissen Zeit

4b. Çatal Hüyük. Beispiele für Verzierungen in wahrscheinlich für religiöse Zwecke ausgeschmückten Räumen. Die Motive wurden bis heute überliefert und sind, trotz teilweise raffinierter Stilisierung, auf Teppichen und Kelims zu erkennen, die in denselben und den benachbarten Gegenden hergestellt werden. Es handelt sich unter anderem um Hörner von Stieren und Hammeln, Fruchtbarkeits- und Geiergöttinnen und Höhlen.

verfielen und unbewohnbar wurden, errichteten die Bewohner über den Ruinen neue Häuser, und auf diese Weise haben sie im Laufe der Jahrtausende eine große Anzahl von Schichten übereinandergehäuft. Die sorgfältig durchgeführten Ausgrabungen haben eine Altersbestimmung der verschiedenen Siedlungen ermöglicht und den Nachweis erbracht, daß in Çatal Hüyük schon vor 9000 Jahren eine Ackerbauernstadt mit ungefähr 5000 Einwohnern existierte. Dort hatte sich unter anderem eine Kunst der

Wanddekorationen entwickelt, die wahrscheinlich auch auf – nicht erhalten gebliebene – Textilien angewandt wurde. Dieselben Motive findet man übrigens heute noch auf Zierstoffen und Teppichen wie den anatolischen Kelims.

Die demographische Explosion

Die Gewohnheiten und Bräuche, die die Geburtenhäufigkeit in einer Ethnie bestimmen, sind immer sehr tief verwurzelt. Vor Einführung des Ackerbaus hatten sie nur ein sehr langsames Wachstum der Bevölkerung zugelassen. Doch dann konnten in einer Region viel mehr Menschen ernährt werden, und die Bevölkerungsdichte wuchs. Wenn aber die Geburtenzahl einmal angestiegen ist, kann sie bekanntlich nur schwer wieder reduziert werden.

Die Jäger und Sammler von damals verhielten sich vermutlich nicht viel anders als die von heute, die im Durchschnitt fünf Kinder bekommen – ungefähr alle vier Jahre eines. Mit einer Pause von vier Jahren zwischen den Geburten können sie immer umherziehen und das zuletzt geborene Kind im Arm oder auf dem Rücken mit sich tragen, während die älteren Kinder bereits selbst gehen können, zwar nicht sehr schnell, aber sie können auf den Wanderzügen der Gruppe doch mithalten. Durch die großen Abstände zwischen den Schwangerschaften kann die Stillperiode bis zum vierten Lebensjahr des Kindes ausgedehnt werden, was die Wahrscheinlichkeit einer unmittelbar folgenden Schwangerschaft weiter vermindert. Mit durchschnittlich fünf Kindern pro Frau hält sich die Bevölkerung ungefähr konstant, weil von diesen fünf Kindern mehr als die Hälfte noch vor Erreichen des Erwachsenenalters, im allgemeinen schon in den ersten Lebensjahren, stirbt. So hat jedes Paar praktisch nur zwei Kinder, die das Erwachsenenalter erreichen und sich ihrerseits fortpflanzen; auf diese Weise bleibt die Population konstant, das heißt, sie wächst nicht oder nur sehr langsam.

Der Bauer hat im Gegensatz zum Jäger und Sammler keinen Grund mehr, die Anzahl seiner Kinder zu beschränken. Seßhaft geworden hat er nicht das Problem, mit zu kleinen Kindern umherziehen zu müssen, und er muß auch nicht befürchten, zu viele Kinder zu haben und sie nicht alle ernähren zu können; um den Boden bestellen zu können, braucht er vielmehr viele Kinder. Sollten sich am Wohnsitz schließlich zu viele Kinder drängen, können sie immer noch anderswohin gehen und neue Gebiete in Besitz nehmen. Zu Beginn der landwirtschaftlichen Revolution, als es noch wenige Bauern gab, waren die Möglichkeiten für Migranten unbegrenzt: Ihnen stand praktisch die ganze Welt offen.

Tatsächlich hat sich die Expansion von Menschen, die auf der Suche nach neuen Anbaugebieten sind, in verschiedenen Gegenden bis in dieses Jahrhundert der Menschheitsgeschichte fortgesetzt. In jüngerer Zeit mußte man, seitdem jedes Fleckchen Erde besiedelt ist, insbesondere in jenen Regionen, in denen die landwirtschaftliche Entwicklung am frühesten eingesetzt hat, wie im Nahen Osten, in Europa und in China, auf die Suche nach neuen Ländern oder einer anderen Art von Arbeit in manchmal auch sehr weit entfernte, oft sogar in Übersee gelegene Gegenden ziehen.

Die Expansion der Ackerbauern

Die Verbreitung des Ackerbaus muß schon deshalb stattgefunden haben, weil sich infolge der Vermehrung der ersten Bauern rasch ein Bevölkerungsüberschuß ergab. Es war unvermeidlich, daß ein Teil der Kinder sich in der Umgebung neue Anbaugebiete suchte. Da am Anfang auch fast überall Land zur Verfügung stand, konnten sich die Populationen, die den Ackerbau im Nahen Osten entwickelt hatten, in alle Richtungen ausbreiten. Ein Teil von ihnen zog nach Europa. Über diesen Kontinent fanden Ammermann und ich in der archäologischen Literatur viele nützliche Daten, deren wir uns bei der Rekonstruktion einer Karte für den Zeitpunkt der Einführung des Ackerbaus in fast allen Teilen Europas bedienten.

Die Expansion begann vor ungefähr 9000 Jahren und ging von einem Gebiet zwischen den heutigen Staaten Irak und Türkei aus. Es handelte sich um einen sehr langsamen Prozeß, eine allmähliche Ausdehnung in alle Richtungen, die sich in manchen Gegenden, insbesondere entlang den Küsten des Mittelmeers und den Flüssen Mitteleuropas, etwas rascher vollzog. Als der Norden des Kontinents – Skandinavien – erreicht war, kam sie zum Stillstand: Damals war es dort noch sehr kalt, und es gab keine entsprechenden Anbaumethoden. Die Expansion nach Norden wurde erst später fortgesetzt und ging ziemlich langsam vonstatten. Um in die von der Ausgangsregion am weitesten entfernten Gebiete – wie England, Dänemark und Spanien – zu gelangen, haben die Migranten 4000 Jahre gebraucht. Wenn man die weiteste Entfernung, die sie zurücklegten, auf ungefähr 4000 Kilometer berechnet, kamen sie also mit einer Geschwindigkeit von einem Kilometer (Luftlinie) pro Jahr voran.

Die Ackerbauern waren zweifellos imstande, Wasserfahrzeuge zu benutzen, die es ihnen erlaubten, sich den Flußläufen entlang etwas schneller auszubreiten, als dies über den eigentlichen Landweg möglich gewesen wäre. Vor kurzem fand man in der Nähe von Paris ein Seine-Boot aus dem Neolithikum; aber wir wußten schon vorher, daß die Neolithiker zu Wasser fahren konnten, denn sie verarbeiteten in größerem Umfang Obsidian für ihre Werkzeuge. Obsidian ist ein seltenes Gestein vulkanischen Ursprungs, das die Ackerbauern sich auf ihrer Wanderung von der Türkei nach Griechenland zunächst auf den Inseln des Ägäischen Meeres und dann, als sie Süditalien erreicht hatten, auf der Insel Lipari beschafften, wo sich heute noch bedeutende Lagerstätten befinden. Es ist bekannt, daß Obsidian in sehr weit vom Herkunftsort entfernte Gegenden gelangte – dank des sogenannten ersten Handels, der wohl im wesentlichen ein nur von einem Dorf zum anderen praktizierter Austausch von Gütern war.

Nachdem die Ackerbauern die Donau erreicht hatten, konnten sie auf dem Festland leichter vorankommen. Die neuen Kolonisten folgten sowohl der Donau selbst als auch ihren Nebenflüssen bis zur Quelle des Stromes, die nicht weit von der des Rheins entfernt liegt, der ebenso wie die Elbe und andere Flüsse nach Norden fließt; über diesen Weg haben sie sich dann über die ganze Ebene Mitteleuropas verbreitet und sich dabei ganz langsam vermehrt und immer weiter ausgebreitet, bis sie schließlich den ganzen Kontinent bevölkerten.

Zur Zeit der Verbreitung der neolithischen Bauern war Europa

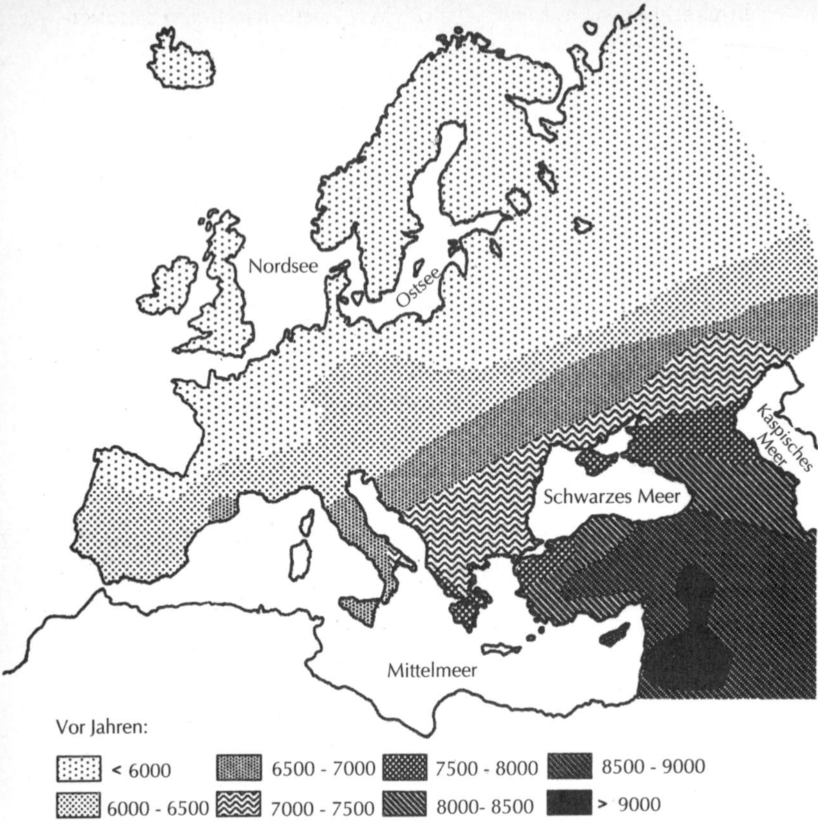

5. Verbreitung des Ackerbaus in Europa, auf der Grundlage der Datierung durch die Archäologen (mit Hilfe der Radiokarbonmethode). Von der Karte läßt sich der Zeitpunkt der Ankunft der jungsteinzeitlichen Ackerbauern in den verschiedenen Regionen ablesen (Skizze erstellt auf der Grundlage von Forschungsergebnissen von Ammermann und Cavalli-Sforza).

von jenen Populationen bewohnt, die sich im Lauf der vorangegangenen 30 000 bis 40 000 Jahre, das heißt im Zuge der großen Expansion des Jetztmenschen, dort niedergelassen hatten. Sie waren Jäger und Sammler, und jene, die in den letzten Jahrtausenden vor der Einführung des Ackerbaus in Europa lebten, werden Mesolithiker genannt (nach der Epoche, der mittleren Steinzeit). Sie unterscheiden sich insofern von den letzten Paläolithikern, als sie über fortschrittlichere und wirksamere Steinverarbeitungstechniken verfügten; aber sie waren nicht imstande, den Boden zu bebauen, oder wenn sie in einem gewissen Umfang den Ackerbau entwickelt hatten, waren sie noch weit davon entfernt, jene komplexe Ackerbau- und Viehzuchtwirtschaft zu betreiben, die für die aus dem Nahen Osten stammende Landwirtschaft so charakteristisch ist. Die Lebensweise der Mesolithiker unterschied sich grundlegend von der der neolithischen Akkerbauern, und fast mit Sicherheit lebten sie auch in anderen Umgebungen: Jäger und Sammler suchten sich vor allem Gegenden, in denen sie Tiere vorfanden, also insbesondere in den Wäldern, die zu jener Zeit den größten Teil des Kontinents bedeckten, während die Neolithiker den Wald abholzen mußten, um ihn in Ackerland umzuwandeln.

Der Prozeß der Waldzerstörung vollzog sich langsam; deshalb muß das Zusammenleben zwischen Jägern und Sammlern einerseits und Ackerbauern andererseits auch in den Gebieten möglich gewesen sein, in denen die Mesolithiker anfangs in der Mehrzahl waren. Die am dichtesten besiedelten Teile Europas waren damals Südwestfrankreich und Nordspanien, wo sich zuvor die beeindruckende Magdalénien-Kultur entwickelt hatte, der andere Kulturen mit anderen Namen vorausgegangen waren und folgten. Es sind jene Gegenden, in denen heute noch Baskisch gesprochen wird, und es gibt viele Gründe für die Annahme, daß das Baskische von einer in uralten Zeiten in dieser Region gesprochenen Sprache abstammt; sie soll die Sprache der letzten mesolithischen Jäger gewesen sein, die vor der Ankunft der Ackerbauern dort lebten (siehe Abbildungen auf S. 249).

Ammermann und ich stellten auf der Grundlage einer Analyse der archäologischen Daten die Hypothese auf, daß die Expansion des Ackerbaus in Wirklichkeit eine durch demographischen Druck erzwungene Expansion von Menschen, ebender Ackerbauern, war.

Natürlich muß das demographische Wachstum am Ausgangspunkt dieser Expansion irgendwann einmal nachgelassen haben. Der Ackerbau hat den ersten »demographischen Übergang« bestimmt – den Anstieg der Geburten, deren Zahl sich ziemlich lang auf einem hohen Niveau hielt. Der zweite demographische Über-

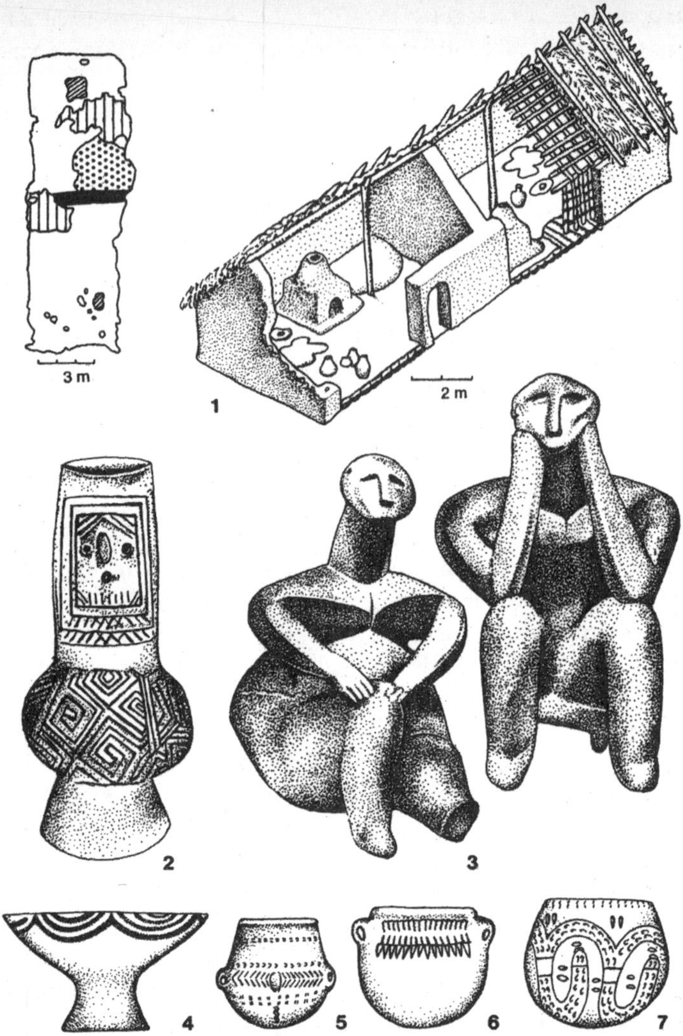

6. Verbreitung der jungsteinzeitlichen Kultur in Europa:
1. Grundriß und Rekonstruktion eines jungsteinzeitlichen Hauses; 2. Gefäß mit Sockel aus Ungarn, 4500 v. Chr.; 3. Kleine Terrakottafiguren eines Mannes und einer Frau, 4. Jahrtausend v. Chr.; 4.-7. Beispiele für Keramiken: Cris-Gefäß aus Rumänien; Gefäß aus der Donaugegend; Gefäß aus Südfrankreich; Bandkeramik aus Deutschland.

gang erfolgte in umgekehrter Richtung; er hat in Europa im letzten Jahrhundert stattgefunden und einen bedeutenden Geburtenrückgang mit sich gebracht.
Wo der Ackerbau schon früher betrieben wurde, konnten neue Techniken eingeführt werden, die eine bessere Nutzung des Bodens und folglich den Unterhalt von mehr Menschen erlaubten. Dies ist im Nahen Osten schon sehr früh der Fall gewesen, wo sich zum ersten Mal in der Geschichte der Menschheit dank einer Reihe von Erfindungen im Bereich des Ackerbaus eine städtische Kultur entwickelte. Aber da das Stadtleben die Sterblichkeit erhöhte, muß sich das demographische Wachstum in den Ursprungsgebieten des Ackerbaus verlangsamt haben.
Die weiter zur Peripherie hin gelegenen Anbaugegenden waren zu der Zeit, als die Kerngebiete bereits verstädterten, noch von einem sehr einfachen Ackerbau geprägt, von dem man überall fast identisch erscheinende Spuren antrifft. Wenn man zum Beispiel von Ungarn nach Österreich, Deutschland und Frankreich blickt, findet man in den ersten Jahrtausenden eine einzige Kultur, die über lange Zeit nahezu unverändert blieb: Die Funde aus jener Epoche sind charakterisiert durch »linear« verzierte Keramiken, (man spricht auch von der sogenannten Bandkeramik), und fast überall trifft man auf ähnliche Häuser mit Balkenwerk, Mauern aus Lehm und kaum variierendem Grundriß.

Eine wenig orthodoxe Hypothese

Unsere Hypothese stand im Gegensatz zu der vorherrschenden Meinung der Archäologen, vor allem der Angloamerikaner, die seit vielen Jahren Begriffe wie »Expansion« und »Migration« mieden und glaubten, daß die Zusammensetzung der Populationen sich in einer bestimmten Region praktisch niemals ändere und daß lediglich Ideen und Manufakte, also Erzeugnisse menschlicher Handarbeit, sich bewegten.
Zwischen den beiden Weltkriegen hatten sich die englischen Archäologen von der Interpretation eines glänzenden Kollegen namens Gordon Childe blenden lassen, der jede Entdeckung besonderer Manufakte und anderer Neuheiten (wie Äxte, besonders

geformter Schwerter, Becher oder Kelche) mit einer Expansion von Völkern und ihrer nachfolgenden Verbreitung über ein größeres Gebiet erklärte. Über diese in prähistorischer Zeit erfolgten Expansionen war aber nichts bekannt, und so nannte man die hypothetischen Eroberer nach den Gegenständen, die die Archäologen in ihren Siedlungsgebieten gefunden hatten, und sprach dann zum Beispiel von den Trägern der Glockenbecherkultur. Die Verbreitung solcher Gegenstände mit der von Völkern gleichzusetzen war sicher nicht legitim; denn es konnte sich auch um die Verbreitung von kurzlebigen Moden mit begrenzter geographischer Reichweite handeln oder um die Eroberung eines Gebietes durch eine Aristokratie, in deren Folge sich nicht nur Moden und Gegenstände, sondern auch Personen verbreiteten, die jedoch einer wenig zahlreichen sozialen Schicht angehörten; dann hätte es sich nicht um die Ausbreitung eines ganzen Volkes, sondern höchstens um die eines kleinen Bruchteils gehandelt.

In der Nachkriegszeit flammte eine heftige, praktisch einstimmige Kritik der angloamerikanischen Archäologen am Konzept des »Migrationismus« auf. Die Reaktion war, wie gesagt, in mancher Hinsicht grundsätzlich berechtigt, aber nicht in jeder. Sie bewies jedenfalls, daß archäologische Funde nicht ausreichen, um zwischen Migrationismus und seinem Gegenteil, dem dann in Mode gekommenen »Indigenismus«, zu entscheiden, der in seiner extremen Form die Meinung vertrat, daß sich niemand je bewegte, sondern nur Ideen und allenfalls Objekte zirkulierten.

Unser Vorschlag, daß es eine von uns »demisch« genannte Verbreitung, also die Expansion von Populationen, gegeben habe, stand in krassem Widerspruch zu der These von einer rein kulturellen Ausbreitung. Zur Untermauerung unserer Position hatten wir vor allem anderen nachgewiesen, daß eine demische Verbreitung insofern möglich gewesen sein könnte, als sie von den demographischen Daten gestützt wurde. Es war klar, daß es nach der Ankunft der ersten Ackerbauern zu einem sehr bedeutsamen Bevölkerungswachstum gekommen ist und daß die Bevölkerungsdichte der neolithischen Bauern wahrscheinlich zehn- bis fünfzigmal höher war als die der letzten Jäger.

Wie kann man die Bevölkerungsdichte auf der Grundlage archäologischer Daten schätzen? Grundsätzlich zählt man die Siedlungen, die entdeckten archäologischen Fundstätten, und schätzt dann auf der Grundlage der Zahl der Behausungen und deren Ausmaße die Anzahl der Individuen, die dort wohnten. Es ist sehr hilfreich, in diesem Fall auch vergleichbare ethnographische Situationen heranzuziehen. Wenn man die Zahl der Orte mit der Anzahl der Personen pro Ort multipliziert, kann man sich eine Vorstellung von der Bevölkerungsdichte machen. Natürlich gibt es mehrere mögliche Fehlerquellen, unter anderem den Umstand, daß offensichtlich nicht alle bewohnten Orte, die tatsächlich existierten, auch bekannt sind. Ferner müssen wir uns in jedem Fall darauf beschränken, unsere Berechnungen auf sehr gut untersuchte Beispiele zu stützen, auf Gebiete, die so minuziös studiert worden sind, daß man glauben könnte, alles, was es dort gegeben hat, sei bereits gefunden worden. Tatsächlich ist aber in den meisten Gebieten eine so erschöpfende Forschung nicht möglich gewesen beziehungsweise niemals durchgeführt worden.

In England gingen die Mesolithiker auf die Hirschjagd; die Hirschknochen, die in der Nähe ihrer Lager gefunden wurden, wo sie das Fleisch verzehrten, sind gezählt worden, und auf dieser Grundlage konnte geschätzt werden, wie groß die mesolithische, also die vor der Einführung des Ackerbaus in England ansässige Bevölkerung gewesen sein muß. Sie umfaßte zwischen 5000 und 10 000 Personen – eine sehr kleine Zahl, wenn man bedenkt, daß die heutige Bevölkerung fast zehntausendmal so groß ist. Daß es sich dennoch um eine glaubhafte Zahl handelt, beweist eine historische Parallele: In Tasmanien war es möglich, eine Population zu zählen, die im Jahre 1800 noch vom Jagen und Sammeln lebte. Auf einem Gebiet, das ungefähr ein Drittel so groß ist wie England und ähnliche klimatische Bedingungen aufweist, lebten, als es von den weißen Kolonisten in Besitz genommen wurde, insgesamt nur etwa zwei- bis dreitausend Eingeborene.

Leider sind die Ureinwohner Tasmaniens verschwunden – teils, weil sie dem Wunsch zum Opfer fielen, unbequeme Leute loszuwerden, teils, weil sie den Krankheiten erlagen, die die Menschen aus dem Westen eingeschleppt hatten. Es hat dort also eine gewollte und eine ungewollte Komponente gegeben, die in Tasmanien wie in vielen anderen Teilen der Welt bewirkten, daß die Urbevölkerung nach der Ankunft der Weißen verschwand.

Warum ist der Ackerbau entstanden?

Die Frage, ob unsere Hypothese richtig war oder nicht, können wir vorläufig offenlassen und uns zunächst fragen, warum sich der Ackerbau entwickelt und auch, warum er sich ausgerechnet in bestimmten Gegenden und zu einem bestimmten Zeitpunkt in der Geschichte entwickelt hat.

Die Vermutung liegt nahe, daß sich in einigen Gebieten eine höhere Bevölkerungsdichte ergeben hatte und daß es schwierig wurde, die lokale Population mit der alten Jagd- und Sammelwirtschaft am Leben zu erhalten. Dieses Problem der Überbevölkerung ging wahrscheinlich mit einer Veränderung der Umweltbedingungen einher, von der damals der ganze Globus betroffen war. Infolge einer deutlichen Abkühlung des Klimas veränderten sich auch Flora und Fauna. In Amerika starben zum Beispiel vor ungefähr 11 000 Jahren die Mammute aus – entweder weil ihre pflanzlichen Nahrungsquellen verschwunden waren oder weil sie von den Jägern ausgerottet wurden. In den Ebenen des nördlichen Amerika traten dann die Wisente an ihre Stelle und wurden zur neuen Nahrung für die Jäger. Doch nicht überall erfolgte die Ablösung so schnell und schmerzlos; in anderen Gegenden müssen sich die menschlichen Populationen in großen Nöten befunden haben.

Diese beiden Faktoren können erklären, warum der Ackerbau mehr oder weniger zur selben Zeit in verschiedenen Gegenden der Welt eingeführt wurde – wahrscheinlich zuerst in jenen Gebieten, deren Umweltbedingungen eine höhere Bevölkerungsdichte begünstigten, weil sie besonders fruchtbar waren und vor allem über Pflanzen und Tiere verfügten, die leicht anzubauen beziehungsweise zu züchten waren.

Zu ihnen gehörten ursprünglich drei Regionen: Die erste war der Nahe Osten: Hier ernährte man sich seit langem von den lokalen wildwachsenden Getreidesorten, insbesondere von Weizen und Gerste. Im heutigen Israel hatte sich um das 9. Jahrtausend v. Chr. eine Population namens Natufian angesiedelt, die Steinhäuser

7. Die wichtigsten und ältesten Ursprungsgebiete des Ackerbaus in der Welt.

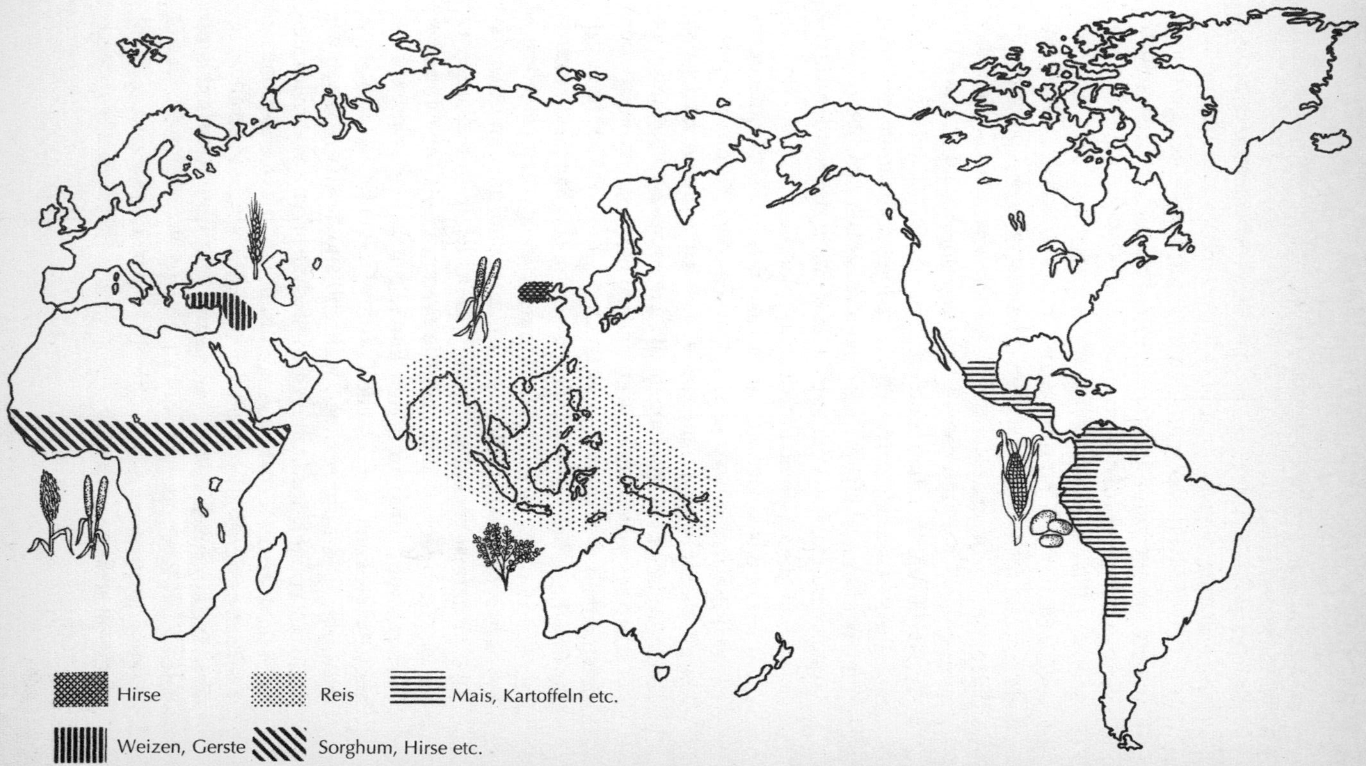
Hirse
Reis
Mais, Kartoffeln etc.
Weizen, Gerste
Sorghum, Hirse etc.

errichtet hatte, wahrscheinlich weil sie nicht weit zu gehen brauchte, um ihre Nahrung zu finden, und sich daher den Luxus leisten konnte, auf den für die Jäger und Sammler so typischen Nomadismus zu verzichten. Sobald sie seßhaft geworden waren und in festen Behausungen lebten, muß der Anreiz, auf den Feldern in der unmittelbaren Umgebung Anbau zu betreiben, noch größer geworden sein. Israel ist das am besten erforschte Gebiet im Nahen Osten und war wahrscheinlich auch eine der vorderasiatischen Ursprungsregionen des Ackerbaus. Israel war aber bestimmt nicht die einzige, denn es gibt weiter entfernte Beispiele. So finden sich einige der ältesten heute bekannten Spuren von Schaf- und Ziegenzucht im Iran; sie sind auf ein Alter von 10 700 Jahren datiert worden.

Eine andere Gegend, in der sich – allerdings unter anderen Bedingungen – die gleichen Entwicklungen vollzogen, ist China. Zuerst hat sich der Ackerbau vor ungefähr 9000 Jahren im Norden durchgesetzt, in dem Gebiet um die alte Hauptstadt Xian, wo vor kurzem komplette, ziemlich große neolithische Dörfer ausgegraben wurden, deren Bevölkerung hauptsächlich vom Hirseanbau lebte. In dieser Region standen die Frauen in so hohen Ehren, daß die chinesischen Archäologen die Hypothese aufstellten, der Ackerbau sei von den Frauen entwickelt worden. Dies wäre auch einleuchtend, weil unter den Jägern und Sammlern die Männer in der Regel für die Jagd, und die Frauen für das Sammeln verantwortlich sind: Es waren also die Frauen, die die von ihnen normalerweise gesammelten Pflanzen kannten und die den größeren Nutzen daraus zogen, wenn sie die Felder in der Nähe ihrer Häuser bewirtschafteten. Daß die Frauen in den neolithischen Dörfern Nordchinas in hohen Ehren gehalten wurden, schloß man übrigens aus der Tatsache, daß ihre Gräber reicher ausgestattet waren als die der Männer, während anderswo das Gegenteil der Fall ist oder keine Unterschiede festzustellen sind.

In Südchina dagegen hat sich, zumindest in zwei Regionen – einerseits in der Umgebung des heutigen Schanghai und andererseits auf der Insel Taiwan, die damals noch mit dem Festland verbunden war – der Reisanbau entwickelt. Viehzucht wurde weniger intensiv betrieben, obwohl es in beiden Gegenden einen Überfluß an Schweinen gab.

Die dritte für die Entwicklung des Ackerbaus wichtige Zone umfaßt Mexiko und die nördlichen Anden, wo schon vor mindestens 8000 Jahren Mais – der erst nach der Entdeckung Amerikas nach Europa eingeführt wurde –, Kürbisse und Bohnen angebaut wurden. Anfangs war der Mais eine kleine Pflanze, die nur 2 oder 3 Zentimeter lange Kolben hervorbrachte, aber im Laufe der Jahrtausende sind sie regelmäßig angewachsen, bis sie, dank der Pflege, die mit dem Anbau verbunden war, und wahrscheinlich auch dank der ständigen Auslese der Pflanzen mit den schönsten Kolben, ihre heutige Größe erreichten.

Der Beitrag Amerikas zum Ackerbau kann nicht hoch genug eingeschätzt werden: Zu den zahlreichen aus Amerika stammenden Pflanzen, deren Anbau vor nicht allzu langer Zeit auf anderen Kontinenten eingeführt wurde, gehören unter anderem so beliebte Nahrungsmittel wie Kartoffeln, Tomaten, Kakao und Maniok.

Maniok, aus dem das Tapioka genannte Stärkemehl gewonnen wird, kann nur unter tropischen Bedingungen gedeihen; Maniok ist jedoch eine der ganz wenigen Pflanzen, deren Anbau so problemlos ist, daß sie, als einige Missionare sie vor zwei oder drei Jahrhunderten nach Afrika brachten (so will es jedenfalls die Legende), dort eine explosive Entwicklung erlebte. Inzwischen hat der Maniok in allen tropisch-feuchten Gebieten Afrikas die

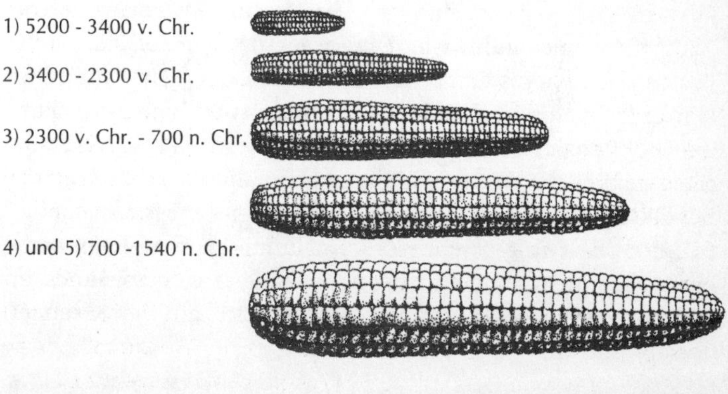

8. Die Entwicklung des Maiskolbens in Mexiko seit Beginn des Maisanbaus.

früheren Nutzpflanzen – wahrscheinlich hauptsächlich Sorghum* – verdrängt.

Nachdem der Ackerbau – vielleicht aus seinem nahöstlichen Ursprungszentrum – nach Nordafrika gelangt war, hat er sich in jüngerer Zeit auf die tropischen Bereiche des Kontinents ausgebreitet. Vor ungefähr 4000 Jahren begannen die ersten afrikanischen Bauern, die in der Sahara gelebt und dort auch in bedeutendem Ausmaß Rinderzucht betrieben hatten, jene Region zu verlassen, weil sie zu trocken wurde (sie sollte sich nach und nach in jene Wüste verwandeln, die wir heute kennen). Auf ihrer Wanderung nach Süden mußten sie den Anbau zahlreicher neuer Pflanzen entwickeln, unter denen Sorghum-Arten die wichtigsten waren.

Vom Nahen Osten aus hat sich der Ackerbau in alle Richtungen verbreitet, also nicht nur nach Europa und Nordafrika, sondern auch nach Norden, wo er bis zur Steppe vordrang, und nach Osten, wo er über Iran und Pakistan bis nach Indien gelangte. Der neolithische Bauer hat sich auch als geschickter Züchter erwiesen, indem er viele wildwachsende Pflanzen domestizierte und unter ihnen neue Sorten zur Züchtung auswählte.
Auch von den anderen Kerngebieten aus hat sich der Ackerbau über große Entfernungen verbreitet. So ist er von China nach Korea, Japan, Tibet und Südostasien exportiert worden; eine sekundäre Ausbreitung ging von Taiwan aus, gelangte über die Philippinen nach Indonesien und drang im Osten bis nach Polynesien und im Westen bis nach Madagaskar vor. In Neuguinea kam es frühzeitig zu einer bedeutenden Entwicklung des Anbaus lokaler Pflanzen, der sich auf die näher gelegenen Inseln Melanesiens ausbreitete. Dies erlaubte ein beträchtliches Anwachsen der Bevölkerungsdichte. Doch die Entwicklung der Metalltechnologie, die sonst fast überall stattfand, unterblieb hier. Ich habe bereits in einem anderen Zusammenhang erwähnt, daß ich im Landesinneren von Neuguinea noch vor 25 Jahren die Herstel-

*A. d. Ü.: Tropische und subtropische Gräsergattung, zu der auch afrikanische und indische Getreidearten gehören.

lung und Verwendung von Steinwerkzeugen beobachten konnte. Nach Australien dagegen drang der Ackerbau niemals vor; er wurde dort erst von den weißen Kolonisatoren eingeführt.
Vom Zentrum Amerikas und den nördlichen Andengebieten aus verbreitete er sich nur sehr langsam über den Rest des Kontinents; in einige Regionen – wie die nordamerikanische Pazifikküste, einschließlich Kalifornien, die arktischen Gebiete und den äußersten Süden der Anden – kam er erst mit den weißen Siedlern.

Haben sich die Menschen oder die Technologien verbreitet?

Unsere Hypothese, wonach die Verbreitung des Ackerbaus eine Verbreitung von Bauern und nicht von Anbautechnologien war, hat mich auch aus einem sehr einfachen Grund überzeugt: Es ist nämlich einerseits immer sehr schwer, die eigene Lebensweise zu ändern, und andererseits sind die Unterschiede zwischen dem Leben des Jägers und dem des Ackerbauern wirklich sehr tiefgreifend. Jäger und Sammler ziehen es vor, ihre angestammte Lebensweise, die sie als sehr angenehm empfinden, zumindest so lange beizubehalten, wie sie gut damit leben können. Der Ackerbau ist wahrscheinlich nur aus einer Notsituation heraus erfunden worden – weil in den Gebieten, in denen er entstanden ist, Jagd- und Sammelwirtschaft den Bedarf an Nahrung nicht mehr deckten: Die Umwelt war nämlich, bedingt durch den Druck des Bevölkerungsüberschusses und die klimatischen Veränderungen der damaligen Zeit, regelrecht ausgelaugt.
Nach Abschluß meiner Forschungen mit Ammermann stand fest, daß die Archäologie allein nicht so leicht eine Antwort auf unsere Hypothese liefern würde. Wir haben darüber in einem Buch, »The Neolithic Transition and the Genetics of Populations in Europe«, berichtet. Dennoch haben wir der Archäologie wichtige Ansatzpunkte zu verdanken, wie etwa die Tatsache, daß der vom Nahen Osten ausgehende Ackerbau sich konstant und sehr langsam über ganz Europa verbreitet hat.
Die Archäologen hatten zwischen den beiden Interpretationen geschwankt und hatten sich jetzt, zumindest in der Welt der in

der Forschung führenden Angloamerikaner, auf eine auf manche Situationen sicher zutreffende Hypothese versteift, die man aber nicht auf alle ausdehnen durfte. Wie bereits erwähnt, herrschte fast überall die Überzeugung vor, in einer Welt von seßhaften Populationen hätten sich die Technologien und nicht die Menschen ausgebreitet. Unsere Hypothese, daß sich bei der Verbreitung des Ackerbaus die Ackerbauern – unter demographischem Druck – bewegt hätten, stieß anfangs auf viel Widerstand, da die entgegengesetzte Meinung dominierte. Man mußte überzeugende Beweise vorlegen. Ich hoffte, daß die Genetik mir bei der Lösung des Problems helfen würde. Aber wie?

Der Beitrag der Genetik

Die Genetik hatte bereits Hinweise darauf geliefert, daß sich im äußersten Westen Europas Populationen befanden, die sich von den weiter östlich, also näher zu Asien lebenden unterschieden. Und einiges deutete schon darauf hin, daß die Basken Nachfahren der ersten Jetztmenschen waren, die Europa besiedelt hatten und die wir heute mit den Cro-Magnon-Menschen gleichsetzen. Die erste Grundlage für diese Hypothese war die Tatsache, daß die Basken eine größere Häufigkeit des Rh-negativen Gens aufwiesen. Spätere Analysen ergaben, daß sie sich auch durch andere Gene unterschieden. Aus der geographischen Karte für das Rh-negative Gen ging hervor, daß in Osteuropa und Asien Rh-negative Menschen viel weniger zahlreich vertreten sind und mit zunehmender Entfernung von Europa sogar ganz verschwinden. Dies legte den Gedanken nahe, daß bei den Neolithikern zu Beginn ihrer Expansion vom Nahen Osten aus die Rh-positiven überwogen, während die europäischen Ureinwohner weitgehend, oder vielleicht ausschließlich, Rh-negativ gewesen waren. Die geographische Rh-Karte untermauerte also die Hypothese, daß sich Rh-positive Völker, die sich auf ihrer Wanderung mit anderen, überwiegend oder vielleicht ausschließlich mit dem Rh-negativen Gen ausgestatteten Völkern vermischt hatten, vom Nahen Osten nach Europa verbreitet hatten. Aber ein Gen allein genügte nicht als Beweis. Da von der Migration alle Gene betrof-

fen sind, und nicht nur eines, mußte dieses Ergebnis anhand möglichst vieler Gene bestätigt werden.
Zusammen mit Paolo Menozzi von der Universität Parma und Alberto Piazza von der Universität Turin – zwei italienischen Kollegen, die mehrere Jahre mit mir in Stanford verbrachten – begannen wir, die in der wissenschaftlichen Literatur vorhandenen relevanten Daten in den Computer einzugeben. Es handelte sich um Daten über sämtliche bekannte Blutgruppen, über die HLA-Gene (die studiert werden, damit man bei Transplantatio-

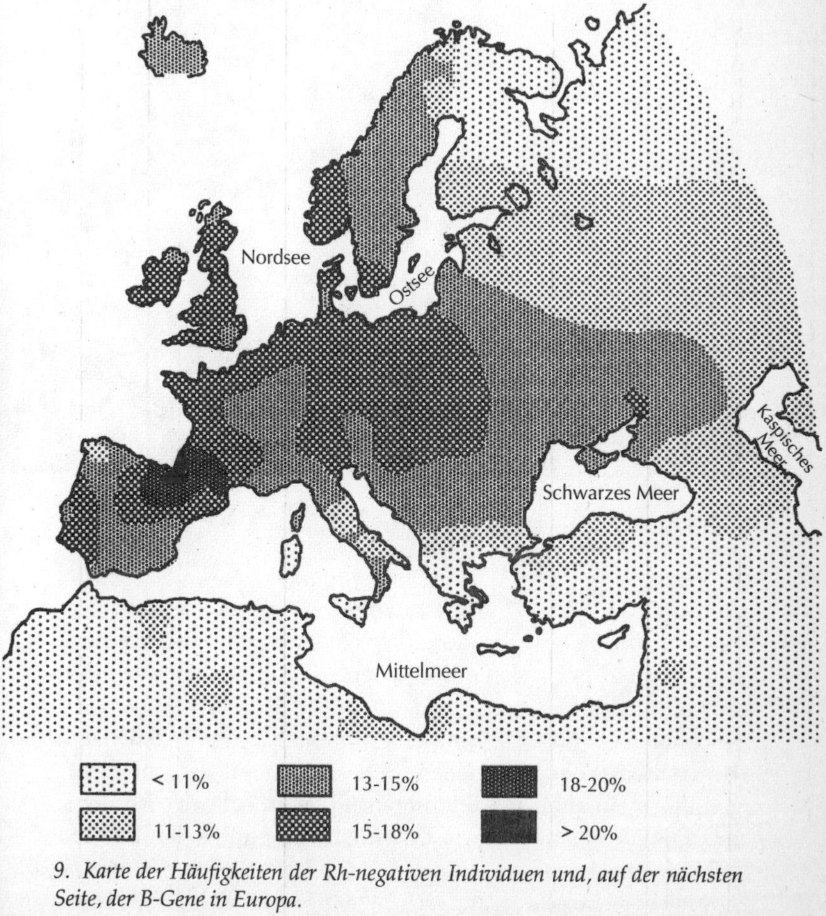

9. Karte der Häufigkeiten der Rh-negativen Individuen und, auf der nächsten Seite, der B-Gene in Europa.

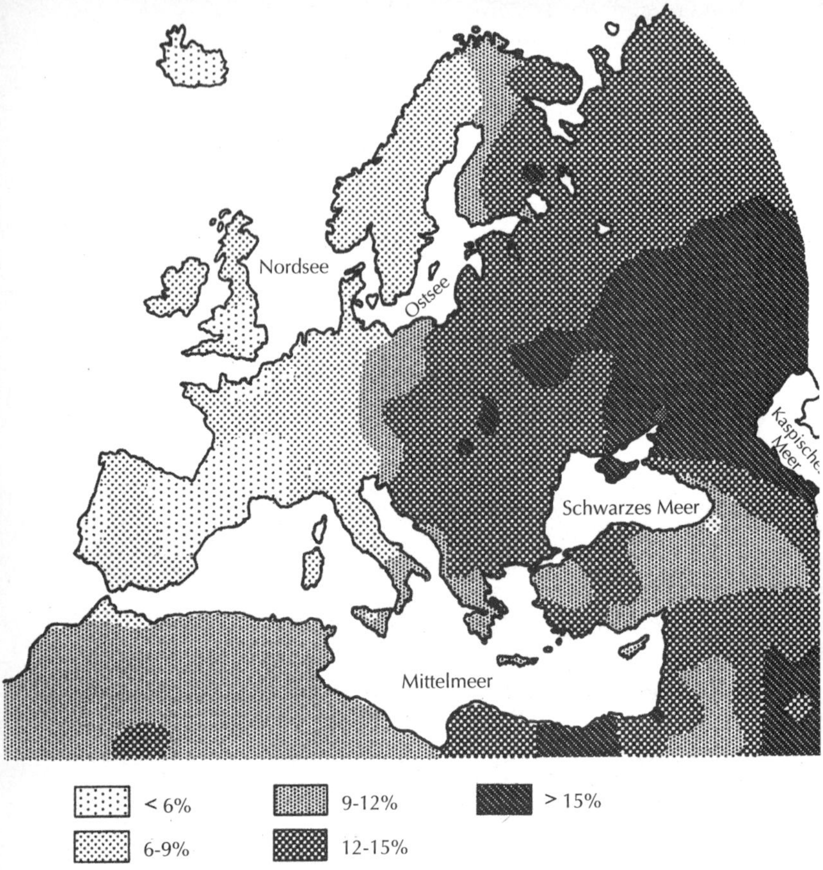

nen die Chancen des Anwachsens der Organe im voraus einschätzen kann) und über etliche andere Gene, die in der Zwischenzeit entdeckt und bei vielen verschiedenen Populationen analysiert worden waren.

So konnten wir für viele Gene geographische Karten erstellen und diese miteinander vergleichen. Dabei erkannten wir, daß einige von ihnen ein ähnliches Bild ergaben wie im Falle des Rh-Gens: So wie »Rh-positiv« nach Osten hin besonders häufig und »Rh-negativ« in derselben Region besonders selten vorkommt, so verhielt es sich auch bei anderen Genen. Einige Male gab es sogar einen Höchstwert (beziehungsweise einen Tiefstwert) in der Ursprungsregion des Ackerbaus im Nahen Osten. Es bestand also eine hohe Wahrscheinlichkeit, daß die Geographie der Gene unsere Hypothese bestätigen würde. Andere Gene jedoch verhielten sich anders; so zeigte etwa die Karte der Blutgruppe B einen Höchstwert in Südrußland. Es war klar, daß man viele Gene untersuchen mußte, um ein klareres Bild zu gewinnen.

Genetische Landschaften

Wer mit vielen Daten arbeitet – wie wir in unserem Fall, bei dem 39 verschiedene Gene an zahlreichen europäischen Populationen untersucht worden sind – und versuchen will, daraus ein allgemeines Verhalten abzuleiten, muß die Statistik zu Hilfe nehmen. Ein amerikanischer Mathematiker namens Harold Hotelling hatte schon in den dreißiger Jahren eine Methode erfunden, wie sich aus solch umfangreichem, kompliziertem Datenmaterial eine Synthese gewinnen läßt; weil sie sehr langwierige Berechnungen erforderte, war sie jedoch sehr selten angewandt worden. Man hätte über ein ganzes Heer von Personen verfügen müssen, die Unmengen von arithmetischen Operationen von Hand durchführten. Vor der Zeit des modernen Rechners hatten Kristallographen, Physiker und einige Mathematiker als einzige Wissenschaftler solche Heere von präzis und geduldig arbeitenden Individuen organisieren können. Deshalb hatte fast niemand gewagt, die Hotelling-Methode anzuwenden. Dies änderte sich erst mit der Verfügbarkeit der elektronischen Rechner.
Eine Beschreibung dieses Verfahrens, das *Hauptkomponenten-Analyse* genannt wird, ist nicht möglich ohne die Einführung einiger mathematischer Begriffe, die den meisten Lesern wohl nicht bekannt sind. Es erlaubt jedenfalls, aus sehr vielen Daten eine Synthese zu erstellen – in unserem Fall die geographischen Karten sämtlicher untersuchter Gene – und aus ihr gewisse Tendenzen und Regelmäßigkeiten herauszulesen, die etlichen Genen gemeinsam und auf Phänomene zurückzuführen sind, die die geographische Verteilung der Gene beeinflußt haben. Auf diese Weise ist es möglich, in der Gesamtheit der Daten latente, höchst-

wahrscheinlich durch historische oder geographische Faktoren bestimmte »Strukturen« zu erkennen. Wir können auch die wichtigsten Strukturen voneinander trennen und jede von ihnen auf eine besondere Art und Weise graphisch darstellen, die uns helfen kann, die Natur der sie bestimmenden Phänomene zu verstehen. Die Auswirkungen dieser Phänomene kann man auch sehen, wenn man die Gene einzeln betrachtet, aber das so gewonnene Bild ist sehr ungenau und unvollständig, weil die Häufigkeiten eines einzelnen Gens zufälligen Schwankungen unterworfen sind, die die Analyse erschweren. Wie bei jeder Anwendung statistischer Methoden überwindet man die Schwierigkeit durch die Ermittlung sinnvoller Durchschnittswerte (in diesem Fall aus vielen verschiedenen Genen). Mathematiker und Physiker, die diese statistische Methode nicht kennen, werden ihre Natur ahnen können, weil sie wissen, daß es sich darum handelt, Spektralanalysen der Matrix vorzunehmen, die durch die Häufigkeitsdaten jedes Gens an jedem Punkt eines Netzes gebildet wird, das die geographische Karte der untersuchten Gene darstellt.

Die geographischen Karten jedes Gens, unter anderem die abgebildete für das Rh-negative Gen, bestehen aus »isogenen« Kurven, die jene Bereiche, in denen ein gegebenes Gen dieselbe Häufigkeit hat, miteinander verbinden und daher Höhen- beziehungsweise Tiefseekarten ähneln. Wenn man, wie bei der Hauptkomponenten-Analyse, eine Art von Durchschnittswert vieler Gene ermittelt, werden die Werte jedes einzelnen Gens durch einen einzigen Wert ersetzt, und zwar auf jedem Punkt der Karte für die ganze Gruppe der untersuchten Gene: Dieser stellt den Wert dar, den die Hauptkomponente an jenem Punkt annimmt, und wir behandeln ihn, als wäre er eine Höhenlinie auf einer geographischen Karte. Auf diese Weise erhalten wir so etwas wie eine »genetische Landschaft«, die ebenfalls wie eine Höhenkarte mit Höhenlinien gestaltet ist und eine latente Struktur in den Daten aufweist. Für sie können wir nach einer Erklärung suchen.

Aber damit nicht genug. Mit der ersten aus den Daten gewonnenen Hauptkomponente, die den wichtigsten Teil genetischer Variabilität ausdrückt, haben wir noch nicht die gesamte in ihnen enthaltene Information ausgeschöpft, sondern nur einen gewissen Prozentsatz der ganzen Variabilität erklärt, die für alle Gene zwischen den Punkten der geographischen Karte besteht. Zum Beispiel erklärt in Europa die erste Komponente 28 Prozent der gesamten Variabilität der Genhäufigkeiten von einem Punkt zum anderen (das heißt der verfügbaren Information); es bleibt ein ungeklärter Rest von 72 Prozent.

Um aus diesem Rest eine weitere Hauptkomponente zu erhalten, können wir die Operation wiederholen und dabei im wesentlichen dieselbe Technik anwenden. Diese Komponente nennen wir die zweite Hauptkomponente; sie wird eine zweite genetische Landschaft ergeben, die sich von der ersten unterscheidet und unabhängig von dieser ist, aber auch weniger Aussagekraft besitzt. In der Tat deckt die zweite Komponente – wir beziehen uns immer noch auf Europa – nur 22 Prozent der anfänglichen Variabilität ab. So kann man mit einer dritten und einer vierten Komponente fortfahren, bis man schließlich insgesamt eine Komponente weniger hat, als Gene ausgewertet wurden. Doch nachdem man aus den Daten die ersten fünf oder sechs Komponenten erhalten hat, werden die Aussagen der weiteren Komponenten viel zu unzuverlässig. Bis dahin aber hat man über die wichtigsten Informationen zur genetischen Variabilität der untersuchten Region Klarheit gewonnen.

Menozzi, Piazza und ich wandten diese Methode zum ersten Mal 1978 auf die damals über Europa verfügbaren Daten (39 Gene) an und entdeckten mit großer Genugtuung, daß die erste Hauptkomponente einen Höchstwert eben im Bereich des Nahen Ostens aufwies, daß die Werte zur Peripherie hin abnahmen und daß die niedrigsten Werte in Regionen wie dem Baskenland zu finden waren. In der folgenden Abbildung markieren wir die Werte der Hauptkomponente durch die Dichte der Schraffur. Die Wahl der stärksten beziehungsweise schwächsten Tönung ist willkürlich getroffen worden; was zählt, ist, daß aus der Karte eine genetische Expansion abzulesen ist, die vom Nahen Osten ausging und sich von dort ziemlich gleichmäßig nach ganz Europa verbreitet hat. Die hier präsentierte Analyse beruht auf neueren Daten als die 1978 benutzten und stützt sich auf eine größere Anzahl von Genen (95). Doch trotz des viel größeren Umfangs des verfügbaren Materials unterscheidet sich die neue Abbildung nur sehr geringfügig von der, die wir beim ersten Mal erhalten hatten.

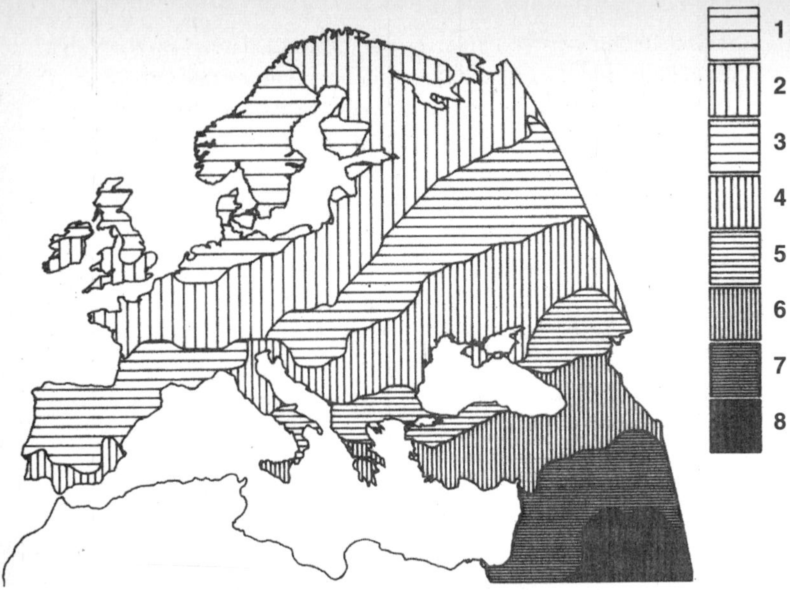

10. Die wichtigste genetische Landschaft Europas (die erste Hauptkomponente der Häufigkeiten von 95 Genen). Sie spiegelt sehr genau die Verbreitung des neolithischen Ackerbaus wider (siehe geographische Karte auf S. 227).

Man kann nach dem Grund dieser besonderen geographischen Verteilung der ersten Hauptkomponente der europäischen Gene fragen, und die Antwort ist nicht schwer zu finden. Zu der Zeit, als der Ackerbau eingeführt wurde, gab es zwischen den Populationen der verschiedenen Teile Europas sicher einen genetischen Unterschied. Der Vollständigkeit halber schließen wir hier auch die Populationen des Nahen Ostens ein, obwohl es sich bei dieser Region geographisch um Westasien, also per definitionem um ein außereuropäisches Gebiet, handelt. Die genetischen Unterschiede zwischen Völkern verschiedener Gegenden waren zu jener Zeit besonders groß, weil die Bevölkerungsdichte vor Einführung des Ackerbaus nachweislich gering war. Die Bevölkerung Europas und des Nahen Ostens hat sich damals vielleicht aus 100 000 Individuen zusammengesetzt; heute sind es 700 Millionen. Sie war wahrscheinlich auch in relativ kleine, isolierte Gruppen aufgespalten, bei denen die genetische Drift für große Variationen zwischen den verschiedenen Populationen sorgte, etwa so, wie es noch heute in kleinen, abgelegenen Bergdörfern der Fall ist. Dazu hatte unter anderem die letzte Eiszeit beigetragen: Die Kälte, die vor 18 000 Jahren ihren Höhepunkt erreichte, hätte beinahe eine Spaltung der Bevölkerung Mitteleuropas in den westlichen Teil, in das von den Cro-Magnon-Menschen bewohnte Gebiet (Südfrankreich und Spanien), und den östlichen Teil zur Folge gehabt. Zu jener Zeit kam es wahrscheinlich zu einer starken Differenzierung der Bevölkerung des westlichen Europa von der des östlichen, und die »Westeuropäer« wurden, vielleicht infolge der genetischen Drift, überwiegend Rh-negativ, während der Rest der Welt Rh-positiv blieb.

Mesolithiker und Neolithiker

Voraussetzung für ein »genetisches Gefälle« zwischen dem Nahen Osten und Europa – das heißt eine stufenweise Variation (die Anstieg oder Abstieg sein kann) von Genhäufigkeiten, die so stark und regelmäßig war wie die von der ersten Hauptkomponente angedeutete – war ein anfänglicher wichtiger Unterschied von Genhäufigkeiten zwischen den beiden Regionen für zumindest einige – nicht unbedingt für alle – Gene. Dieser Unterschied kann sich zu einem großen Teil während der letzten Eiszeit ergeben oder aber auch schon vorher existiert haben. Es muß auch eingeräumt werden, daß es im Verlauf der Expansion der Bauern vom Nahen Osten nach Europa zu einer allmählichen Vermischung mit den Ureinwohnern kam. Diese letzten europäischen Jäger und Sammler jener Periode, die der Ankunft der neolithischen Ackerbauern unmittelbar voranging, wurden »Mesolithiker« genannt. Wir haben bereits festgestellt, daß Mesolithiker und Neolithiker in zwei unterschiedlichen Umgebungen lebten: Die einen brauchten den Wald, die anderen Ackerland, das man durch die Rodung bestimmter Waldtypen gewinnen konnte. An der äußersten Peripherie des Expansionsgebietes, zum Beispiel in Spanien und Dänemark, überlebten einige Mesolithiker lange an der Seite der ersten Neolithiker, vielleicht weil ihre Sitten so fortgeschritten waren, daß sie den Vergleich mit ihnen nicht zu fürchten brauchten. Es gab dort bestimmt zahlreiche gegenseitige Kontakte, und es gibt keine eindeutigen Spuren, die auf irgendwelche Konflikte hinweisen. Die Ackerbauern lebten gewöhnlich in Dörfern und einzeln stehenden Häusern ohne besondere Schutzvorrichtungen – bis auf Pfahlzäune, die aber bestenfalls das Vieh fernhalten konnten. Erst Jahrtausende später und vor allem in der Metallzeit tauchen die ersten Anlagen auf, die eindeutig Verteidigungszwecken dienten.

Die Aufteilung des Landes zwischen Mesolithikern und Neolithikern kann sich friedlich vollzogen und den Austausch von Gütern und auch von Personen, etwa durch Mischehen, begünstigt haben.

Zwischen Jägern und Sammlern einerseits und Ackerbauern, die in derselben Region wohnen, andererseits hat es immer soziale Kontakte gegeben: Wir sehen das auch am Beispiel der afrikanischen Pygmäen, die seit Jahrtausenden Beziehungen zu den am Rande des Tropenwaldes lebenden Bauern unterhalten. Auch auf der demographischen Ebene hat immer ein – allerdings begrenzter – Austausch stattgefunden: Manche Bauernstämme, die die Pygmäen zwar für eine unterlegene Rasse halten, heiraten gelegentlich Pygmäenfrauen, weil in jenem Teil von Afrika eine Ehefrau gekauft werden muß und die Pygmäenfrau wenig kostet. Es gab sogar unter den Tutsi oder den hochgewachsenen, stolzen Hirten Ruandas, pygmäische Königinnen. Hier ging es nicht um den Vorteil eines günstigen Preises, sondern um politische oder magische Gründe oder um eine echte Anerkennung der Qualitäten dieser Frauen. Die Heirat in die andere Richtung – Frauen von den Ackerbauern mit Pygmäenmännern – kommt sehr viel seltener vor. Im allgemeinen wird akzeptiert, daß die Frau die soziale Leiter hinaufsteigt, aber nicht, daß sie absteigt. In einer männlich orientierten Gesellschaft ist die Frau ein zu kostbares Gut, als daß man sie niedrig Gestellten überlassen würde. In Indien praktizieren einige Kasten die Hypergamie: Eine Frau kann in eine höhere Kaste einheiraten, aber wenn sie einen Mann aus einer niedrigeren Kaste heiratet, wird das Paar degradiert und praktisch aus der Hindugesellschaft ausgeschlossen.

Daß durch Mischehen bedingter genetischer Austausch mit Sicherheit stattgefunden hat, beweist die Tatsache, daß es zwar heute in Europa keine Jäger und Sammler mehr gibt, ihre genetischen Spuren aber in dem stetigen Gefälle, das die geographische Karte der ersten Hauptkomponente aufweist, immer noch sichtbar sind. Es entspricht übrigens genau der Reihenfolge der Daten, die die Archäologen im Zusammenhang mit der Einführung des Ackerbaus in Europa ermittelt haben. Wir können die Werte für die erste Hauptkomponente also mit der Migration der Neolithiker und ihrer allmählichen Vermischung mit den europäischen Mesolithikern erklären.

Eine Computersimulation

Noch waren einige offene Fragen zu klären. Dazu diente uns eine Computersimulation, die in Stanford eine Studentin Alberto Piazzas, Sabina Rendine aus Turin, durchführte. Eine Simulation ist die vereinfachte Rekonstruktion des Verhaltens eines Phänomens; in unserem Falle ging es, wie gesagt, um die Migration der Neolithiker aus dem Nahen Osten.

Wir haben im Computer ein vereinfachtes Europa mit ungefähr 400 Stämmen von Jägern und Sammlern rekonstruiert, die wir geographisch gleichmäßig verteilten (denn wir wußten nicht, wie sie sich tatsächlich über den Kontinent verteilt hatten), behielten dabei aber die wichtigsten physischen Hindernisse, insbesondere die Gebirge und natürlich die Meere, im Auge.

Simulationen sind zwangsläufig sehr simpel, oder, genauer gesagt, sie stellen eine Übervereinfachung der tatsächlichen Situation dar. Sonst müßte man, wie gesagt, bereit sein, eine überaus komplizierte Arbeit durchzuführen. In der Regel ist das aber gar nicht notwendig. So haben wir zum Beispiel das Verhalten der Stämme, und nicht das der einzelnen Individuen, rekonstruiert und darauf verzichtet, die Tatsache, daß die Neolithiker an den Küsten des Mittelmeers und den Flußufern entlang nach Europa eingewandert sein müssen, genau zu simulieren.

Bei unserer Simulation haben wir die Bevölkerung jedes neolithischen Stammes bis zu einer Dichte anwachsen lassen, die um einiges höher lag als bei den Stämmen der Jäger und Sammler. Dabei stützten wir uns auf ihre Fähigkeit, ihre Nahrung selbst zu

produzieren, statt sich darauf zu beschränken, die in der Natur vorgefundene zu konsumieren. Als sich die Bevölkerung eines Stammes dem Punkt näherte, einen Überschuß an Menschen hervorzubringen, ließ ihr Wachstum nach, bis es stagnierte. Doch nach wie vor breiteten sich die Nachkommen in den noch unbesiedelten Gebieten in der Nähe aus und nahmen sie in Besitz.
Zwischen Bauernstämmen, die in verschiedenen Regionen lebten, gab es, wie bei fast allen benachbarten Stämmen der Welt, Austausch durch Heiraten, und es fand auch eine bescheidene Migrationsbewegung von den Jäger- und Sammlerstämmen zu den lokalen Gruppen der Bauern statt. Nach Vorgabe der archäologischen Beobachtungen setzten wir nur wenige Jäger und Sammler mit gleichbleibender Bevölkerungsdichte in die Simulation ein. Ihre einseitige Migration zu den Stämmen der ansässigen Ackerbauern war eine unzulängliche, aber praktische Art, ihren Übergang von einer primitiveren Wirtschaft zu der Wirtschaft der Ackerbauern zu simulieren, und einer der Gründe, weshalb sie, in unserer Simulation, einige Jahrhunderte oder Jahrtausende nach der Ankunft der Bauern verschwanden.
Zu Beginn haben wir jede Population mit etlichen Genen – genau gesagt mit zwanzig – ausgestattet (aus Sparsamkeitsgründen konnten wir leider nicht mit mehr Genen operieren: Je größer die Anzahl der Gene, desto genauer ist natürlich das Resultat). So konnten wir die Verbreitung jener Gene in Europa simulieren, mit denen wir gleich zu Beginn die ersten Ackerbauern, das heißt die Populationen des Nahen Ostens, ausgestattet hatten.

Wir erwarteten natürlich, daß die Analyse der Hauptkomponenten uns – bei diesem Verfahren – die geographische Expansion der Ackerbauern vom Nahen Osten nach Europa aufzeigen würde. Dann würde es möglich sein, den Einfluß möglicher Komplikationen festzustellen: Die Expansion der Ackerbauern war zwar vor 5000 Jahren beendet, aber danach haben noch andere Migrationen stattgefunden.
Zweifellos gab es während der ganzen Periode der neolithischen Expansion und danach eine Migration im kleinen Maßstab zwischen benachbarten Dörfern (von uns in der Simulation als Migration zwischen Nachbarstämmen dargestellt). Aber es kam

dann auch zu bedeutenderen Wanderungen von Völkern, von denen einige historisch belegt sind, und möglicherweise fanden auch noch andere Expansionen statt.

Man hat darauf schließen können, daß es über 5000 Jahre lang eine Migration im kleinen Maßstab gab (etwa in demselben Umfang wie die, die in den letzten drei Jahrhunderten unter den Bauern Norditaliens beobachtet und zum Beispiel für das Parmatal gemessen wurde), die aber das durch die Expansion der Neolithiker geschaffene Gefälle nur ganz marginal beeinflußt hat.

Da wir außer der neolithischen noch andere wichtige Migrationen simulierten, konnten wir auch nachweisen, daß die Analyse der Hauptkomponenten es oft erlaubte, diese Migrationen voneinander zu isolieren. Jede einzelne von ihnen brachte in der Simulation tatsächlich eine andere »genetische Landschaft« hervor, die den Ursprungsort und das Hauptgebiet der Expansion angab. So haben wir bestätigt, daß die verschiedenen Hauptkomponenten Expansionen mit unterschiedlichen Ursprungsorten auseinanderhalten und folglich die Existenz von noch unbekannten prähistorischen Expansionen aufdecken können.

Leider dienen die Karten der Hauptkomponenten nicht zur Rekonstruktion des Zeitpunkts einer Expansion, es sei denn, man setzt sie zu datierbaren archäologischen Fakten in Beziehung. Ein allgemeiner Hinweis auf den Zeitpunkt einer Expansion ergibt sich aber aus der Tatsache, daß gewöhnlich die älteren Migrationen die wichtigsten sind, weil sie zu einer Zeit stattfanden, als die Bevölkerungsdichte noch gering war. Wie bereits erwähnt, sind dann die Auswirkungen der genetischen Drift spürbarer, und es ergeben sich auch relevantere Unterschiede in bezug auf die Genhäufigkeiten. Aus diesem Grund besteht eine hohe Wahrscheinlichkeit, daß die Migrationen, die im späten Paläolithikum und zu Beginn des Neolithikums stattfanden, die ersten Hauptkomponenten beeinflußt haben.

Eine wenig orthodoxe Hypothese findet Bestätigung

Die Ergebnisse dieser ersten genetischen Untersuchung über die neolithische Expansion in Europa, bei der genetische Daten mit

einer nie zuvor angewandten Methode erforscht wurden, sind 1978 in der Zeitschrift »Science« unter den Namen Menozzi, Piazza und Cavalli-Sforza veröffentlicht worden. Es war natürlich eine Genugtuung, die sechs Jahre zuvor gemeinsam mit dem Archäologen Ammermann aufgestellte Hypothese bestätigt zu sehen, wonach die Verbreitung des Ackerbaus vom Nahen Osten nach Europa das Resultat einer geographischen Expansion der Ackerbauern war. In dieser Arbeit haben wir auch die Karten der zweiten und dritten Hauptkomponente abgedruckt, von denen andere mögliche Phänomene und Ereignisse abzulesen waren. Die zweite Komponente zeigte ein klares Nord-Süd-Gefälle, das wir auf die natürliche Auslese aufgrund des Klimas zurückführten. Auch die dritte Karte war interessant: Man erkannte dort das mögliche Zentrum einer anderen Expansion im Bereich Polen und Ukraine, für die wir damals noch keine Erklärung gesucht haben.
Unsere Erkenntnisse sind von einer Gruppe amerikanischer Forscher unter der Leitung von Robert Sokal aus Stony Brook, Long Island (New York), unter Anwendung völlig anderer statistischer Methoden bestätigt worden, und zwar in einem Werk, das zwischen 1982 und 1991 in drei Teilen veröffentlicht wurde.
Wir haben die Analyse der genetischen Daten zehn Jahre später wiederholt und die neuen, zwischenzeitlich publizierten Informationen in unsere Arbeit einbezogen; sie erlaubten es uns, die Zahl der verwendeten Gene um das Zweieinhalbfache zu erhöhen. Unsere Ergebnisse konnten so bestätigt und zugleich verfeinert werden. Es ist uns dabei auch gelungen, die Bedeutung der zweiten, dritten, vierten und fünften Hauptkomponente besser zu verstehen und zu rechtfertigen.

Eine genetisches Profil Europas

Im Hinblick auf Europa gibt es gute Gründe, zumindest aus den ersten fünf Hauptkomponenten Expansionen herauszulesen; die nachfolgenden Komponenten sind statistisch nicht zuverlässig genug, als daß sich ein Interpretationsversuch lohnte.
Am Anfang unserer Forschung hatten wir festgestellt, daß die zweite Komponente ein Nord-Süd-Gefälle aufwies, das mit einer

genetischen Anpassung an das Klima zusammenhängen könnte. Im Laufe der Arbeit hat sich dann gezeigt, daß es auch eine Korrelation gibt zwischen diesen genetischen Unterschieden und den sprachlichen Unterschieden, die zwischen den Sprechern indoeuropäischer und uralischer Sprachen zu beobachten sind: Dies würde eine weitere Erklärung für die Expansion von Völkern liefern. Die zweite Erklärung muß keineswegs im Widerspruch zur ersten stehen, denn die Völker, die uralische Sprachen sprechen, haben traditionell in sehr kalten Regionen gelebt.

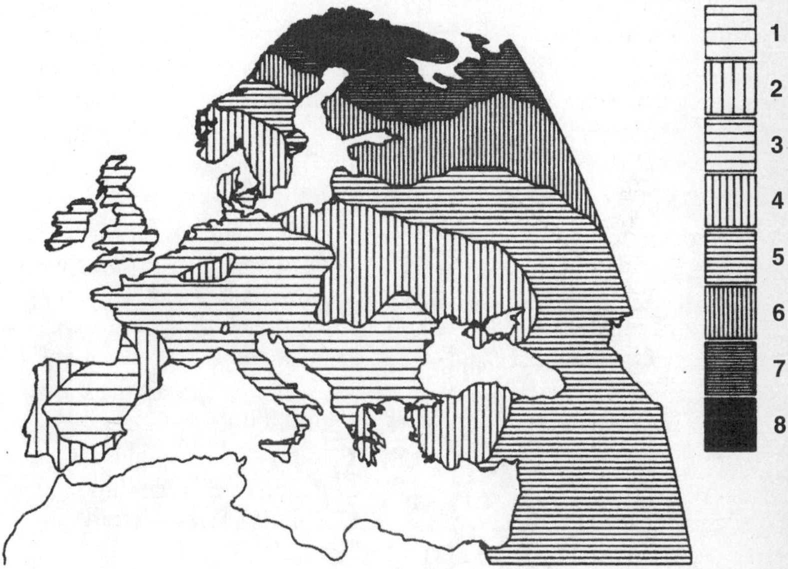

11. Die zweite Hauptkomponente der genetischen Karte Europas ergibt eine zweite Landschaft, die von der ersten und den nachfolgenden vollkommen unabhängig ist. Sie kann eine genetische Anpassung an die Kälte Nordeuropas darstellen, steht aber auch in Verbindung mit der Verbreitung der Sprachen der uralischen Familie. (Siehe Karte S. 276.)
Wahrscheinlich sind beide Phänomene eine Folge einer einzigen großen Wanderung. Die uralischen Sprachen sind vor allem in den nördlichsten Gebieten Europas und Westasiens verbreitet. Die Populationen, die diese Sprachen sprechen, stammen vermutlich von Gruppen ab, die in früher Zeit nach Norden vorgedrungen sind und sich genetisch an die arktischen Lebensbedingungen angepaßt haben.

Die Völker Sibiriens, deren physischer Typus dem der Mongolen ähnelt, haben eine besondere Widerstandsfähigkeit gegen die Kälte entwickelt, die sie genetisch etwas von den weiter südlich lebenden Populationen unterscheidet. In den Tausenden oder Zehntausenden von Jahren der Trennung von anderen ethnischen Gruppen hat sich in Westsibirien eine neue Sprachfamilie, die sogenannte uralische, herausgebildet. Doch nach Nordrußland und Südskandinavien sind später Populationen vom europäischen Typ eingewandert, die andere Sprachen sprachen, und sie

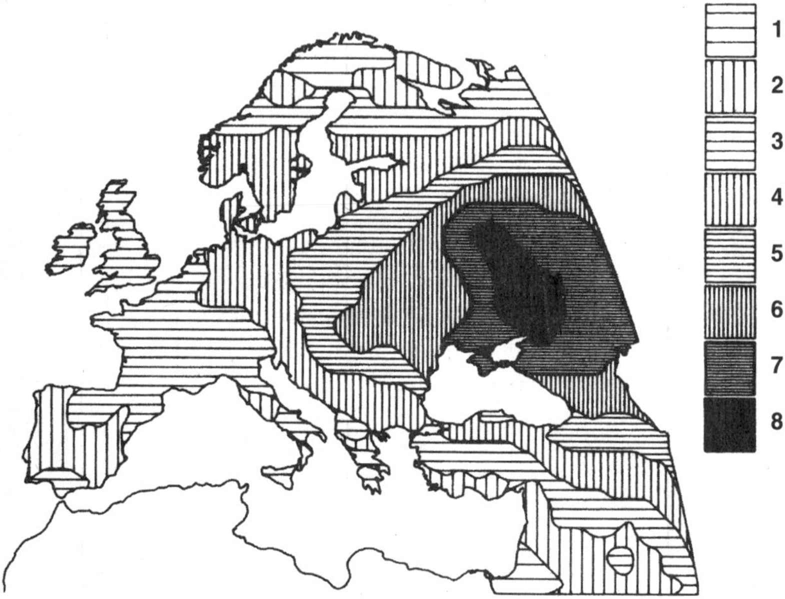

12. Die dritte Hauptkomponente der europäischen Gene weist eine beachtliche Korrelation mit der Karte der archäologischen Daten auf (siehe S. 253). Diese weisen – M. Gimbutas zufolge – auf die Verbreitung von Hirtennomaden indoeuropäischer Sprachzugehörigkeit hin, die vor 6000 bis 4500 Jahren von den eurasiatischen Steppen ausging.
Es handelt sich höchstwahrscheinlich um Nachkommen der ersten Ackerbauern, die in die Steppenregionen nördlich des Ursprungsgebietes des Ackerbaus eingewandert sind. Das Hirtenwesen und insbesondere die Domestizierung des in den Steppen häufig vorkommenden Pferdes stellten eine Anpassung an lokale Bedingungen dar.

haben sich zum Teil mit den Sprechern uralischer Sprachen vermischt.
Die zweite Komponente gibt also ein Nord-Süd-Gefälle wieder, das sowohl der klimatisch bedingten Differenzierung als auch der sprachlichen Differenzierung entspricht. Die reinsten Vertreter des physischen Typus des Sibiriers und der uralischen Sprachen finden sich östlich des Uralgebirges, also in Asien, während in Europa Sprachen einer Finno-Ugrisch genannten Gruppe aus der uralischen Familie gesprochen werden, zu der verschiedene Sprachen der Lappen, die im hohen Norden Skandinaviens gesprochen werden, sowie das Finnische, andere baltische Sprachen und auch das Ungarische gehören. In physischer Hinsicht weisen die Lappen in höherem Maße die genetischen Anzeichen sibirischer Herkunft auf, aber einige wenige, kaum erkennbare Spuren finden sich auch bei den Ungarn und den Finnen.
Die dritte Komponente hat eine enge Korrelation mit einem archäologisch belegten Phänomen aufgedeckt, das nichts mit der ursprünglichen Verbreitung des Ackerbaus zu tun hat: Es handelt sich um eine sekundäre, mit der Entwicklung der Schafzucht im südlichen Rußland verbundene Expansion von Populationen. Wir werden im Zusammenhang mit den indoeuropäischen Sprachen darauf zurückkommen.
Die vierte Komponente erinnert sehr stark an die griechische Expansion, die ihren Höhepunkt zwischen 1000 und 500 v. Chr., also in historischer Zeit, erlebte, aber zweifellos schon früher eingesetzt hatte.
Die fünfte Komponente hängt mit dem Ackerbau zusammen, aber in einem negativen Sinne, weil das genetische Bild spätpaläolithischer und mesolithischer Populationen Westeuropas beweist, daß sie sich zumindest in Teilen dem Vorrücken der Ackerbauern widersetzt haben. Auf diese Weise ist es ihnen gelungen, zu überleben und eine vollständige Vermischung zu vermeiden, und so sind sie von ihren Nachbarn genetisch unterscheidbar geblieben. Der schwarze Bereich auf der Karte entspricht einem Gebiet, in dem Baskisch gesprochen wird oder, genauer gesagt, eine Vorläufersprache des modernen Baskisch gesprochen wurde. Heute ist, vor allem in Frankreich, das baskische Sprachgebiet kleiner als das auf der Karte umrissene, aber die Ortsnamen haben

in der älteren Baskenregion gemeinsame Merkmale. Es ist bekannt, daß sich Ortsnamen besonders lang erhalten.

Der Vergleich der fünften Hauptkomponente mit den anderen Karten könnte den Schluß zulassen, daß es von der Baskenregion aus eine Expansion gegeben habe; man kann jedoch anhand der Hauptkomponenten nicht entscheiden, ob es sich um eine Explosion oder eine Implosion gehandelt hat, das heißt, ob sich die heute in den Zonen ansässigen Populationen, in denen man Baskisch spricht, von jenen Gebieten aus verbreitet oder ob sie sich unter dem Druck heranrückender Migranten dort zusammengedrängt haben. Angesichts unserer Erkenntnisse ist es viel wahrscheinlicher, daß es sich um eine Restbevölkerung handelt, die sich sowohl genetisch als auch sprachlich und kulturell den aus allen Richtungen herandrängenden Ackerbauern widersetzt hat. Man müßte eigentlich ein neues Wort prägen und von einer »Impansion« sprechen. Natürlich ist der Ackerbau heute auch im Baskenland bekannt, aber gerade die Ereignisse der letzten Jahre

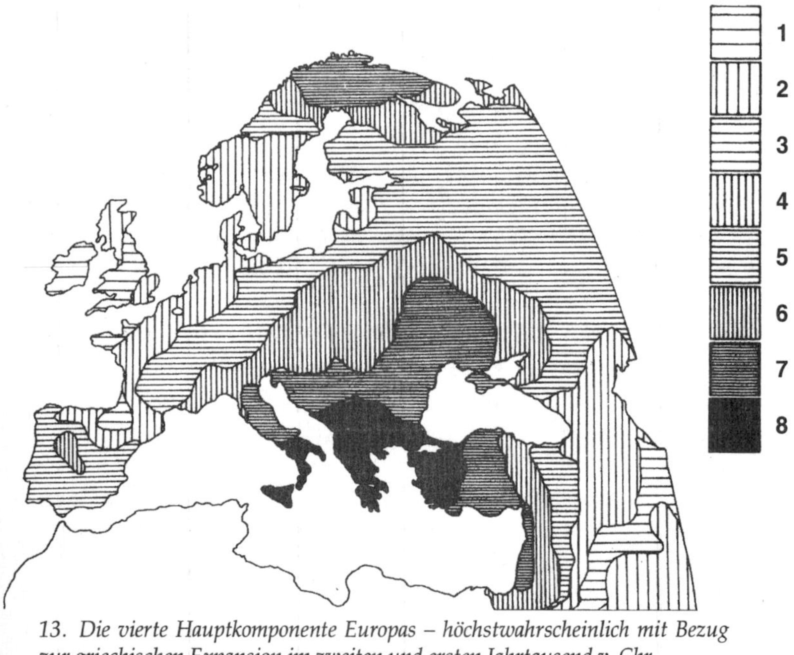

13. Die vierte Hauptkomponente Europas – höchstwahrscheinlich mit Bezug zur griechischen Expansion im zweiten und ersten Jahrtausend v. Chr.

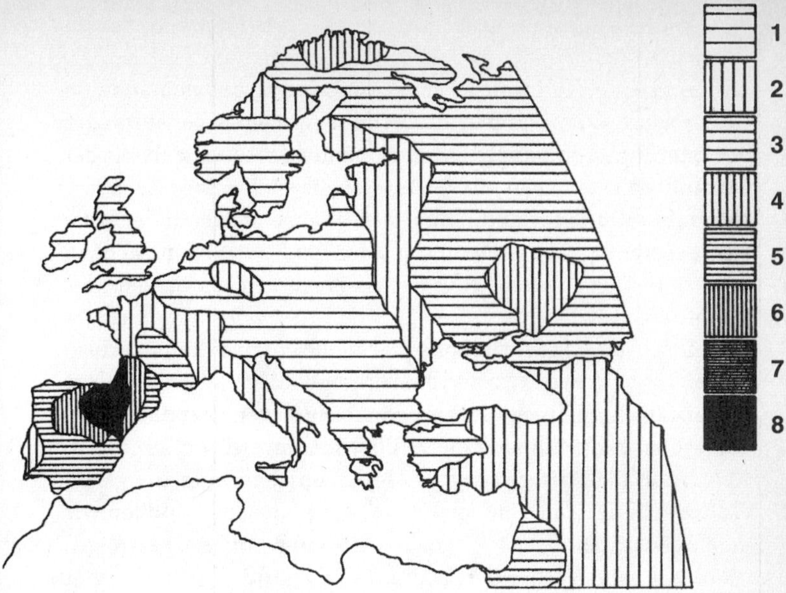

14. Die fünfte Hauptkomponente der europäischen Gene. Die dunkel gezeichnete Region entspricht dem Gebiet, in dem man bis vor wenigen Jahrhunderten baskische Sprachen sprach – und zum Teil auch heute noch spricht. Weitere Korrelationen mit Ortsnamen und der Entstehung von Kunstwerken gehen aus den Abbildungen S. 362 hervor.
Das dunkel eingezeichnete Gebiet ist in diesem Fall nicht das Zentrum einer Expansion (wie es wahrscheinlich auf den Karten der ersten, dritten und vierten Hauptkomponente zutrifft); es weist vielmehr auf präneolithische Restpopulationen hin, die von den aus dem Osten vordringenden Neolithikern nicht vollständig absorbiert wurden.

beweisen, daß der Wille, sich der Aggression der von außen kommenden Kultur entgegenzusetzen und die eigene Autonomie zu behaupten, noch keineswegs gebrochen ist.

Vermehrung und Migration – die Faktoren der Expansion

Als wir unsere Analysen mit den Karten der genetischen Landschaften über die Grenzen Europas ausdehnten, stießen wir auf so bedeutende Spuren zahlreicher Expansionen, daß wir zu der

›erzeugung gelangten, in der Geschichte des Jetztmenschen :ten wiederholt Migrationen stattgefunden, denen allen eines gemeinsam war – ein kultureller Vorteil, der an die Nachkommen weiterzugeben war und mit einem so großen Wachstum der Bevölkerung einherging, daß eine anhaltende Abwanderungsbewegung entstand. Wir haben auch festgestellt, daß das Wort »Migration« mißverständlich ist, weil damit einfach nur der Ortswechsel eines Volkes gemeint sein kann; eine Expansion dagegen impliziert auch ein demographisches Wachstum als Ursache der Migration.

Die Einführung des Ackerbaus war vielleicht das dramatischste Beispiel, weil er es der Menschheit ermöglicht hat, sich im Verlauf von 10 000 Jahren mehr als zu vertausendfachen und die Erdbevölkerung von Millionen auf Milliarden anwachsen zu lassen. Aber auch die Ausbreitung des Jetztmenschen über die ganze Welt, die in der Zeit von vor 100 000 (oder vielleicht müßten wir sagen: 50 000 bis 60 000) bis vor 10 000 Jahren erfolgte, hat möglicherweise eine Verhundertfachung der Zahl der Erdbewohner zur Folge gehabt. Alle diese Zahlen sind sehr unsicher, aber wir können einige wesentliche Stationen in der Geschichte unterscheiden, um uns eine Vorstellung von dem Wachstum machen zu können:

a) *die ersten Jetztmenschen:* In jenen Gegenden, wo die Entwicklung des Jetztmenschen vor rund 100 000 Jahren ihren Ausgang nahm, das heißt in Ostafrika oder im Nahen Osten (oder in beiden Regionen), lebten vielleicht zwischen 20 000 und 100 000 Personen – diese Schätzung beruht allerdings auf sehr vagen Daten;
b) *am Ende der Ausbreitung des Jetztmenschen* über die gesamte heute bewohnte Welt vor ungefähr 10 000 bis 15 000 Jahren lebten etwa 5 Millionen Menschen auf der Erde;
c) vor 9000 bis 10 000 Jahren begann die Nahrung zumindest in den gemäßigten Zonen für eine reine Jagd- und Sammelwirtschaft knapp zu werden; in verschiedenen Teilen der Welt hatte eine Nahrungsproduktion eingesetzt, die durch die *Einführung von Ackerbau und Viehzucht* ein vorher nie gekanntes Anwachsen der Bevölkerungsdichte ermöglichte;
d) die Domestizierung einiger Tiere hat besonders günstige Be-

dingungen für die Expansion der Menschen geschaffen: So wurde das Pferd als Nahrungs- und Transportmittel genutzt und im Kampf eingesetzt. Dem Pferd ist die Verbreitung der Hirtennomaden Südrußlands seit ca. 3000 v. Chr. nach Europa, Zentralasien und Indien zu verdanken. Das *Hirtenwesen* hat auch andere Möglichkeiten eröffnet: So hat zum Beispiel die Kamelzucht im christlichen Zeitalter die Expansion der Araber nach Nordafrika begünstigt. Im südlichen Andengebiet ist das Tier sowohl für den Transport von Gütern (nicht von Menschen) als auch als Nahrungsmittel benutzt worden; das Lama war eine der Quellen des Reichtums des Inkareiches;

e) die *Transportmöglichkeiten* sind nicht nur durch Haustiere verbessert worden, sondern auch durch zahlreiche Erfindungen; zu ihnen zählen das Rad, das Segel, die Metalle, die Ausleger für die Ozeanschiffahrt, der Kompaß und das Studium von Position und Bahn der Gestirne;

f) die von der Eroberung neuer Länder begleitete Expansion ist durch einige *militärische Innovationen* wie die Angriffs- und Verteidigungswaffen aus Metall – zuerst aus Bronze und dann aus Eisen – sowie durch den Einsatz des Pferdes erleichtert worden.

Bei diesen verschiedenen Beispielen hat oft eine Neuheit eine vorherrschende oder sogar entscheidende Rolle gespielt. Wir wissen noch nicht genau, welche Innovation beziehungsweise welcher Komplex von Innovationen die Phase a) – also die Verbreitung des Jetztmenschen über den ganzen Planeten – begünstigt haben könnte, aber einige Hypothesen können wir dazu aufstellen:

1. Die Entwicklung einer fortgeschritteneren Sprache hat eine bessere Kommunikation zwischen Individuen und zwischen Gruppen erlaubt, was die Expansion der Menschen in völlig neue Regionen und Klimazonen erleichterte.

   Der Archäologe Glynn Isaac hat für die Zeit der Expansion des Jetztmenschen eine immer bedeutsamere »Aufsplitterung« der prähistorischen Kulturen festgestellt, so daß die Archäologen das Bedürfnis verspürten, die Namen der verschiedenen Kulturen, die in den letzten 50 000 Jahren in Erscheinung traten, immer weiter zu vermehren. Es hat den Anschein, als hätten sich mit den Manufakten aus Stein und Knochen, die in verschiedenen Gegenden gefunden wurden, auch verschiedene Sprachen und Dialekte herausgebildet. Diese kulturelle Vielfalt hat gemeinsame Wurzeln mit der Diversifizierung von Sprachen und Dialekten, die die ethnischen Gruppen voneinander trennen und ihre kulturelle und vielleicht auch ihre genetische Differenzierung erleichtern.

Wenn – was sehr wahrscheinlich ist – die menschliche Sprache in den letzten 50 000 oder 100 000 Jahren einen qualitativen Sprung gemacht hat, dann hat es zweifellos auch eine biologische Evolution gegeben, die diesen Sprung überhaupt erst ermöglichte. Es handelt sich also nicht nur um kulturelle und technologische, sondern, zumindest in diesem Fall, auch um biologische Innovationen.

2. Die Verbesserung der Transportmöglichkeiten hat wahrscheinlich die Wanderung in ferne Gegenden entscheidend erleichtert. Australien konnte nur nach einer anstrengenden Überquerung von Meeresstraßen von 70 bis 80 Kilometern Breite überwunden werden. Es sind keine Überreste von Booten, Flößen oder anderen Wasserfahrzeugen bekannt, die bei solchen Überfahrten verwendet wurden. Man könnte auch einfache Baumstämme benutzt haben, obwohl eine Seefahrt von 70 oder 80 Kilometern auf dem Meer auf einem Baumstamm oder einem Floß aus Baumstämmen ein sehr schwieriges Unterfangen gewesen sein dürfte. Jedenfalls müssen die Wasserfahrzeuge aus Holz gewesen sein, einem Material also, das kaum über lange Zeit erhalten bleibt.
3. Die Expansion in Regionen mit völlig unterschiedlichen Klimaten hatte bedeutsame biologische und kulturelle Anpassungen zur Folge. Die letzteren fanden ihren Ausdruck in der Entwicklung neuer Techniken in den Bereichen Hausbau, Kleiderherstellung, Jagd und Fischfang.

Andere große Wanderungen

Für einige Expansionen, deren genetische Spuren erkennbar sind, kann man heute die wahrscheinliche Ursache rekonstruieren. Bei anderen kann man nur Hypothesen aufstellen, die auf archäologischen Erkenntnissen beruhen. Wieder andere Expansionen, die in Regionen stattfanden, in denen es wenig oder gar keine archäologische Forschung gegeben hat, sind ein Ansporn, nach Spuren verschwundener Zivilisationen zu suchen, auf die man sie zurückführen könnte. Für viele Gegenden der Welt allerdings reichen die vorliegenden Daten noch nicht aus, um gute Karten der genetischen Landschaften erstellen zu können.

Vorläufig ist es nur möglich, einige wahrscheinliche Expansionen zu rekonstruieren, die sich zum Teil auf Daten der Sprachforschung stützen.

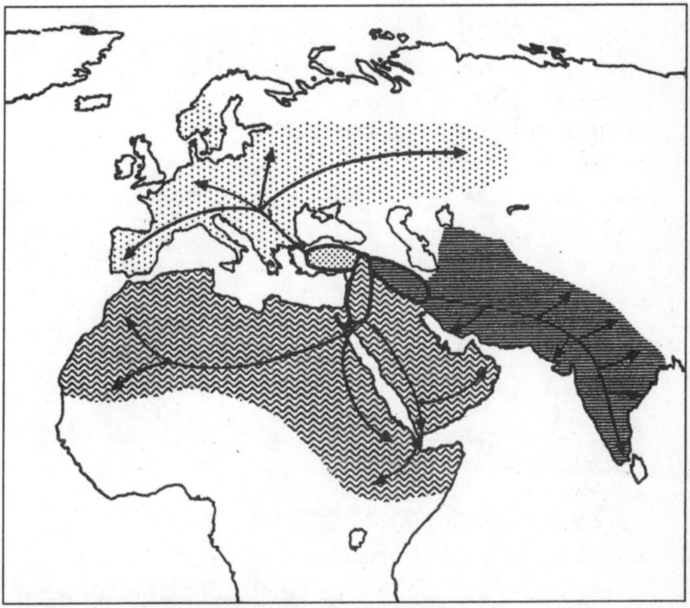

Alte, vielleicht proto-indoeuropäische Sprachen

Afroasiatische Sprachen

Drawidische Sprachen

15. Eine Hypothese über die Sprachen, die die aus dem Nahen Osten vordringenden jungsteinzeitlichen Ackerbauern sprachen–unabhängig voneinander aufgestellt von L. Cavalli-Sforza und Colin Renfrew.

Aus dem nahöstlichen Ursprungsgebiet des Ackerbaus führt nicht nur ein Expansionszweig nach Europa, sondern auch einer in die entgegengesetzte Richtung, das heißt nach Iran, Pakistan und Indien. In Pakistan ist eine Ackerbauernkultur bekannt, die ihre Blüte in der Zeit vor 3500 bis 4500 Jahren erlebte. Diese sogenannte Industalkultur ist etwas jünger als die von Euphrat und Tigris; man hat Belege dafür gefunden, daß zwischen den

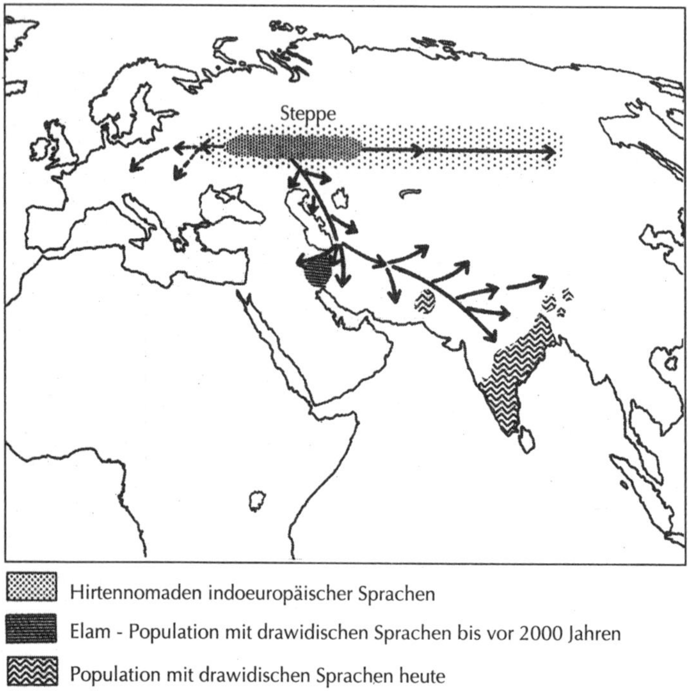

16. Die Expansion indoeuropäischsprachiger Steppennomaden nach Persien und Indien und möglicherweise auch nach Europa (gestrichelte Pfeile). Es handelt sich um die sogenannten Arier, *ein Begriff, der soviel wie »Adlige« bedeutet. Sie könnten ursprünglich mit jenen Populationen verwandt gewesen sein, die in der Karte der dritten Komponente aufgezeigt werden (S. 246) und die sich in Richtung Europa verbreitet haben. Der Zeitpunkt ihres Eintreffens in Indien liegt um die Zeit vor 3500 Jahren. In Persien und Indien haben die von den Hirtennomaden gesprochenen indoeuropäischen Sprachen weitgehend die dort zuvor gesprochenen drawidischen Sprachen verdrängt.*

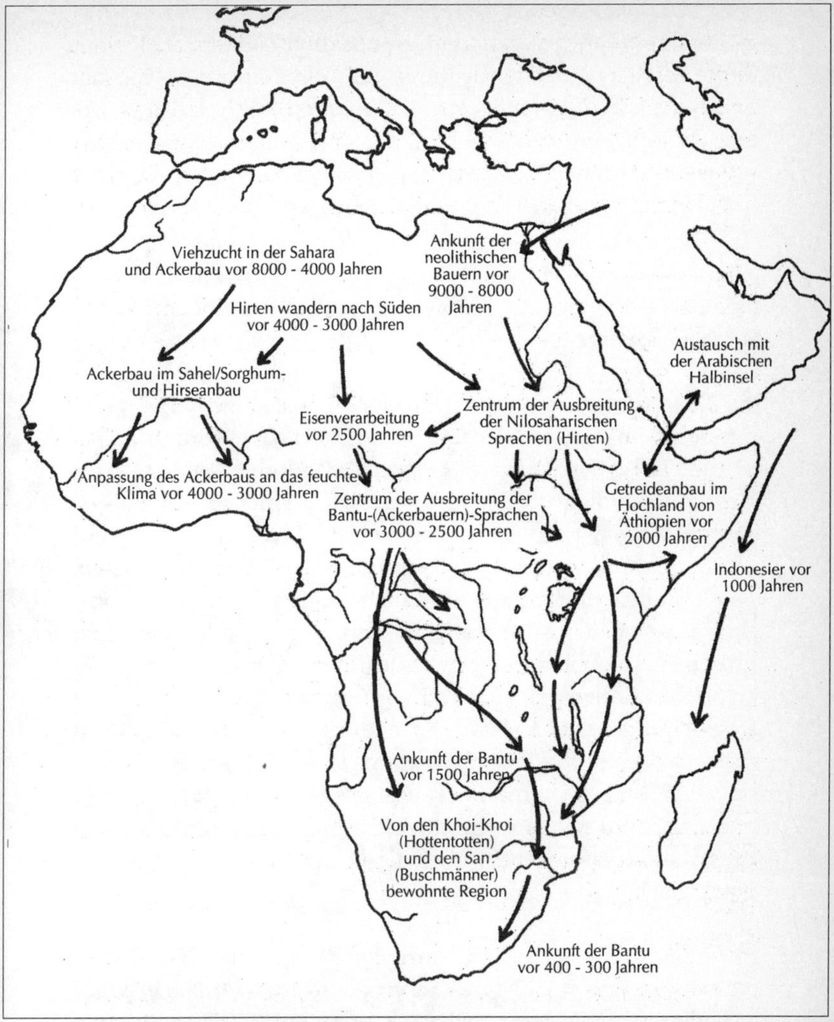

17. Wahrscheinliche Expansionen in jüngerer Zeit in Afrika, auf der Grundlage der genetischen Karten. Mindestens eine von ihnen, die jüngste sogenannte »Expansion der Bantu«, stimmt mit den linguistischen Daten überein, die als erste auf ihre Existenz hindeuteten, und paßt auch zu den Erkenntnissen der Archäologen.

beiden Kulturen Beziehungen bestanden, daß sie sich aber unabhängig voneinander entwickelten. Insbesondere zwei Städte, Mohendscho Daro und Harappa, weisen eine außergewöhnliche Entwicklung auf und beherbergten in ihrer Glanzzeit fast 50 000 Einwohner. Vor ungefähr 3500 Jahren wurden die Städte – wahrscheinlich infolge einer Änderung des Laufes des Indus – verlassen. Daß sie später nicht wieder aufgebaut wurden, hängt vielleicht damit zusammen, daß die Gegend von jenen Hirtennomaden asiatischer Herkunft in Besitz genommen wurde, die auf den Gebieten von Indien, Pakistan und Iran indoeuropäische Sprachen einführten.

In Afrika sind eindeutig verschiedene Expansionen erkennbar: eine, aus dem Nahen Osten kommend, führt nach Nordafrika; sie ist zum Teil mit der ursprünglichen Verbreitung des Ackerbaus identisch. Ihr folgte die Expansion der Bantu sprechenden Völker, die von der Gegend zwischen Nigeria und Kamerun ausging und sich in der Zeit zwischen 1500 vor und 1500 n. Chr. nach Osten, aber vor allem nach Süden ausbreitete. Eine weitere Migration – ebenfalls erst in sehr später Zeit – erfolgte in Südarabien und Äthiopien und vollzog sich in beide Richtungen. Ein arabisch-äthiopisches Königreich entstand vor ungefähr 3000 Jahren in Südarabien mit der Hauptstadt Saba, doch wurde die Hauptstadt später in das nordäthiopische Axum verlegt. Von Äthiopien können auch frühere Migrationen ausgegangen sein. Vor der Expansion der Bantu hat es wahrscheinlich Ackerbauernexpansionen nach Westafrika gegeben, über die wir keine zuverlässigen archäologischen Belege besitzen.

In China war die Expansion – ausgehend von dem Gebiet, in dem die früheste Entwicklung des Ackerbaus mit dem Anbau von Hirse verbunden gewesen war – nach Norden und Westen vor der Wüste beziehungsweise der Steppe zum Stehen gekommen. Im Süden dagegen begünstigten andere klimatische Bedingungen in etwas späterer Zeit die Entwicklung von mindestens zwei weiteren Ackerbauernkulturen, die vor allem von Reisanbau lebten. Zwischen den Nord- und den Südchinesen gibt es gravierende genetische Unterschiede; in ihnen spiegeln sich wahrscheinlich noch ältere Unterschiede wider, die sich während der getrennten Entwicklung der beiden Ackerbauernkulturen des Nordens und des Süden erhalten haben. Der Osten, das heißt die Region um Schanghai, liegt in genetischer und kultureller Hinsicht zwischen ihnen, weist aber auch eine eigenständige Entwicklung auf.

In Japan lassen die genetischen Forschungsergebnisse auf eine bedeutsame Expansion in früher Zeit schließen. Man muß in diesem Zusammenhang daran erinnern, daß Japan vor 10 000 bis 15 000 Jahren noch mit dem Festland – Nordrußland und Südkorea – verbunden war und ein Binnenmeer umschloß, weshalb die ganze Region eine einzige, vom Fischreichtum der Meere begünstigte Entwicklung erlebt haben könnte. Die ältesten uns bekannten Keramiken, die für den häuslichen Gebrauch bestimmt waren, wurden in Japan gefunden; man hat ihnen ein Alter von mehr als 11 000 Jahren zugeschrieben. Die Bevölkerung war bereits vor 5000 bis 6000 Jahren sehr zahlreich – Japan hatte damals eine Einwohnerzahl von ungefähr 300 000 erreicht – und nahm in späteren Zeiten leicht ab. Diese Entwicklungen fanden vor Einführung des Ackerbaus statt, der dort sehr spät aufkam und erst vor wenig mehr als 2000 Jahren von Korea übernommen wurde. Das frühere Wachstum der Bevölkerung war auf die Entwicklung des Fischfangs und den Reichtum an wilden Pflanzen zurückzuführen gewesen.

Wir haben bereits festgestellt, daß die Karten der Hauptkomponenten bei der Datierung der verschiedenen Migrationen nicht hilfreich sind – mit Ausnahme der Fälle, in denen die ältesten Migrationen spürbare Spuren hinterließen. Auf der Grundlage dieser Beobachtung könnte die japanische Expansion vielleicht mit einer der paläolithischen Migrationen in Verbindung gebracht werden, die von Ostasien nach Amerika führten.
Es besteht die Hoffnung, daß eine weitere Vertiefung dieser Forschungsrichtung, die Verbesserung des genetischen und archäologischen Datenmaterials und dessen koordinierte Auswertung neue Erkenntnisse über die früheste Geschichte der Menschheit liefern werden.

7

Der Turm zu Babel

Die Ruinen der Stadt Babylon befinden sich 88 Kilometer südlich von Bagdad. In der damals dort gesprochenen Sprache (dem Akkadischen) hieß der Ort Bab-Ili, was soviel wie »Gottespforte« bedeutet. Im Bezirk des Tempels, der Marduk, dem wichtigsten Gott der Stadt, geweiht war, erhob sich der Tempelturm Etemenanki, das »Haus des Fundaments von Himmel und Erde«, den die Überlieferung in »Turm zu Babel« umbenannt hat. Er war eine 91 Meter hohe siebenstöckige, pyramidenförmige »Zikkurat« mit großen Stufen, von der uns Herodot eine ganz genaue Beschreibung hinterlassen hat.
In der Bibel heißt es, daß die Babylonier eine mächtige Stadt erbauen wollten mit einem Turm, dessen Spitze in den Himmel ragen sollte. Aber dieses ehrgeizige Vorhaben mißfiel dem Herrn, und er beschloß, seine Durchführung zu verhindern. Zu diesem Zweck ließ er die Leute, die am Turmbau arbeiteten, unterschiedliche Sprachen sprechen, und die Verwirrung, die daraufhin entstand, verhinderte tatsächlich die Fortsetzung der Arbeiten. Da das Wort Babel im Hebräischen dem Verbum *balal*, »verwirren«, ähnelt, bedient sich die Bibel in Genesis 11.9 eines Wortspiels: »Darum nennt man sie [die Stadt] Babel. Denn dort hat Jahwe die Sprache der ganzen Erde verwirrt, und von dort hat sie Jahwe über die ganze Erde zerstreut.«

Betrachtungen über eine Legende

Diese Legende berichtet vom Ursprung der Unterschiede zwischen den menschlichen Sprachen. Wir können mühelos feststellen, daß diese Unterschiede tatsächlich groß sind. Ja, sie sind so gravierend, daß die Zusammenarbeit von Menschen, die verschiedene Sprachen sprechen, nachhaltig erschwert wird. Es ist aber – bei allem Respekt vor jenen, die die Bibel wörtlich nehmen – wenig wahrscheinlich, daß diese Diversifizierung mit einem Schlag erfolgte. Die Entwicklung hat sich wohl viel eher über einen ziemlich langen Zeitraum erstreckt. Plausibler ist schon die Annahme, daß sich das Problem, auf das die Bibel anspielt – wenn es denn überhaupt ein Problem gab –, deshalb stellte, weil fremde Arbeiter aus verschiedenen Regionen am Werk waren, die sich nicht verstanden und daher miteinander stritten. Die Unterschiede zwischen den Sprachen müssen sich schon viel früher herausgebildet haben.

Wir sprechen von verschiedenen Sprachen, wenn ihre Sprecher sich gegenseitig nicht verstehen. Kleinere Unterschiede, die die Verständlichkeit nicht gefährden, gelten als »dialektale« Abweichungen. Tatsächlich ist es aber manchmal unmöglich, extreme Beispiele von Dialekten ohne Dolmetscher zu verstehen, und hier und dort kann bezweifelt werden, ob es richtig ist, sie als Dialekte und nicht als eigenständige Sprachen zu klassifizieren. Es gibt historische, geographische und soziologische Gründe, die die extremen Unterschiede zwischen einigen Dialekten erklären können. Daß die Variationsbreite sehr groß ist, können wir uns leicht vor Augen führen, wenn wir vor allem durch die ländlichen Gegenden von Ländern wie Italien, Frankreich oder Spanien reisen; die Landessprache ist zwar allen Bewohnern gemeinsam, aber ihre Dialekte variieren sehr stark.

In einigen geographisch zusammenhängenden Regionen werden mehrere Sprachen gesprochen, die sich klar voneinander unterscheiden. Auf der Iberischen Halbinsel etwa trifft man Baskisch, Katalanisch, Spanisch und Portugiesisch an. Das Baskische, das von mehr als einer Million Menschen in Nordostspanien gesprochen wird, findet man auch nördlich der Pyrenäen, in Südwestfrankreich, wo einige 10 000 Personen leben, die diese Sprache ebenfalls noch sprechen.

In Italien gibt es ethnische Minderheiten, die ihre ursprüngliche Sprache bewahrt haben: So werden im Nordwesten Französisch, im Nordosten Deutsch und Slowenisch und in einigen Gegenden des Südens Griechisch und Albanisch gesprochen. Belgien und

die Schweiz sind in zwei beziehungsweise drei große Sprachgebiete aufgeteilt.
Es ist bekannt, daß es außer den räumlich definierten sprachlichen Variationen, deren man sich beim Reisen rasch bewußt wird, im Laufe der Zeit einige Diversifikationen gegeben hat; allerdings fanden sie erst vor so kurzer Zeit statt, daß sie noch nicht ganz eindeutig in die Geschichte eingegangen sind. Man muß nicht in die Ferne schweifen, um zu begreifen, wie schnell sich eine Sprache in eine andere verwandeln kann. Bis vor ungefähr 1500 Jahren wurde im westlichen Europa Latein gesprochen; heute könnten wir uns mit den damaligen Europäern – abgesehen von ein paar einfachen Ausdrücken – nicht mehr verständigen. In Italien, Frankreich und Spanien haben sich andere Sprachen entwickelt, deren Sprecher sich gegenseitig nicht verstehen können, auch wenn diesen Sprachen der lateinische Ursprung eindeutig gemeinsam ist. Eine andere Sprachschwester findet sich viel weiter östlich, in Rumänien, in einem Land, das nicht nur durch die Sprache, sondern auch durch seinen Namen mit Rom verbunden geblieben ist.
Sprachen können sich also in einem Zeitraum von 1500 Jahren so weit auseinanderentwickeln, daß ihre Sprecher sich untereinander nicht mehr verstehen. Obwohl Island erst Ende des 9. nachchristlichen Jahrhunderts von den Norwegern kolonisiert wurde, können die Isländer heute zwar die anderen skandinavischen Sprachen – mehr oder weniger mühsam – verstehen, aber die Skandinavischsprachigen haben Schwierigkeiten, die Isländer zu verstehen. Dieses Beispiel zeigt, daß es mindestens 1000 Jahre dauert, bis sich eine Sprache so weit verändert, daß sie für die Träger verwandter Sprachen unverständlich wird.

Verschiedene Sprachen, eine einzige Sprachfähigkeit

Wenn wir in Zeit und Raum noch weiter gehen, finden wir zwischen den Sprachen auch wirklich verblüffend große Unterschiede. Die Sprachen, die von allen anderen heute gesprochenen am weitesten entfernt sind, gehören zu einer Khoisan genannten Sprachgruppe; sie werden von den Buschmännern und Hottentotten gesprochen, den Ureinwohnern des südlichen Afrika, die die Holländer in der Region um Kapstadt antrafen, als sie dort um 1650 die gleichnamige Kolonie gründeten. In diesen Sprachen gibt es besondere Laute, die sogenannten *clicks* oder Schnalzlaute (ein Schnalzen mit der Zunge, ähnlich dem, mit dem man Pferden Befehle gibt oder das Geräusch ihres Trabens nachahmt). Zusätzlich zu den Vokalen und Konsonanten, die auch wir verwenden, gibt es vier oder fünf solcher Schnalzlaute. Die *clicks* finden sich in keiner anderen Sprache und werden nur von Völkern verwendet, die in jüngerer Zeit mit den Khoisan in Kontakt gekommen sind.

Es lohnt sich nicht, allzulange bei der großen Verschiedenheit zwischen entfernten Sprachen zu verweilen; wir erwähnen nur noch, daß zum Beispiel eines der wenigen chinesischen Wörter, die eine gewisse Ähnlichkeit mit ihren Äquivalenten in europäischen Sprachen haben, das Wort *ma* (»Mutter«, »Mama«) ist, fügen aber sofort hinzu, daß die Silbe *ma* im Chinesischen auf mindestens viererlei Art, auf vier verschiedenen Tonhöhen, ausgesprochen werden kann und daß nur eine dieser Silben »Mutter« bedeutet; die anderen stehen für »Hanf«, »Pferd« und »schelten« und werden auch jeweils anders geschrieben.

Trotz der gewaltigen Unterschiede zwischen den Sprachen gibt es einige wirklich grundlegende Fakten, die allgemein gültig sind. Wo ein Mensch auch herkommen mag – er kann jede Sprache gleich gut erlernen, sofern sie ihm nur in den ersten Lebensjahren beigebracht wird. In diesen ersten Jahren fällt ihm das Lernen nicht nur sehr leicht, sondern er verspürt auch einen echten Drang (einen starken Impuls etwa in dem Sinne, wie früher der Begriff »Instinkt« verwendet wurde), sprechen zu lernen. Wer in diesem Lebensalter keine Sprache erlernt, wird später keine Chance mehr haben zu lernen, wie man sich korrekt ausdrückt. Nach der Pubertät wird es auch sehr schwer, sich die Aussprache einer fremden Sprache so gut anzueignen, daß man mit Muttersprachlern verwechselt werden kann. Wenn die zweite Sprache nicht sehr früh erlernt wird, schwinden also auch die Hoffnungen, eines Tages in einem anderssprachigen Land als Spion tätig werden zu können.

Eine andere sehr wichtige Tatsache: Alle auf der Welt existierenden Sprachen verfügen über eine ähnlich komplexe Struktur; die von den ökonomisch ärmeren Ureinwohnern gesprochenen Sprachen sind genauso reich wie die unseren, ja manchmal noch komplexer. Sie haben auch eine Literatur und Dichtung hervorgebracht, die allerdings nur mündlich tradiert wurden, weil die meisten Sprachen niemals oder bestenfalls erst in jüngerer Zeit über eine Schrift verfügten.

Wie viele Sprachen gibt es gegenwärtig?

Heute sind noch ungefähr 5000 Sprachen in Gebrauch, und die Zahl der Dialekte ist noch viel größer. Viele Sprachen werden nur von wenigen hundert Personen gesprochen und werden, wie so viele andere im Laufe der letzten Jahrhunderte, bald untergehen. Einige sind bereits im Aussterben begriffen oder vor kurzem ausgestorben. Vor 30 Jahren habe ich den Bürgermeister von Monte Carlo kennengelernt, einen von vier Menschen, die damals noch die lokale Mundart beherrschten (die man als ligurischen Dialekt bezeichnen könnte); damit sie nicht völlig aus dem Gedächtnis verschwindet, hat er selbst eine monegassische Grammatik verfaßt. Heute ist wahrscheinlich kein einziger Sprecher mehr am Leben.

Die Sprachen differenzieren sich auf vielfältige Art und Weise: in bezug auf die Laute (die Phonetik), die Bedeutung (die Semantik) sowie im Hinblick auf Satzbau und Grammatik. Das lateinische Wort *mater* ist im Italienischen und Spanischen zu *madre* und im Französischen zu *mère* geworden. Die Deutschen haben *Mutter*, die Engländer *mother*, die Schweden *Mor*, die Russen *mat'*, die Griechen *metéra*. Der Anlaut *m-* ist also erhalten geblieben, der zweite Konsonant nicht in jedem Fall, und der Vokal variiert häufig (mit gewohntem Scharfsinn meinte Voltaire, daß die Konsonanten bei der Rekonstruktion der Etymologie von geringem Nutzen, die Vokale aber zu überhaupt nichts nütze seien). In der Ursprache, die allen indoeuropäischen Sprachen gemeinsam ist, hieß »Mutter« übrigens *ma*.

Wenn man eine Sprache mit anderen vergleicht, stößt man oft auf Bedeutungsveränderungen, die gelegentlich ganz fein, manchmal aber durchaus gravierend sein können. Das italienische *moglie*, das sich eindeutig von *donna* unterscheidet, kommt vom Lateinischen *mulier*, das »Frau« (im Sinne von *donna*), aber auch »Ehefrau« (im Sinne von *moglie*) bedeutet. Im Französischen hat man, wie im Lateinischen, für *moglie* und *donna* ein einziges Wort, *femme*, das vom Lateinischen *femina* abgeleitet ist. Im Englischen ist *wife* die »Ehefrau« und etymologisch verwandt mit dem deutschen »Weib«, das heute nur noch pejorativ für »Frau« verwendet wird.

Wörter, die praktisch identisch sind und zweifellos denselben Ursprung haben, können in verschiedenen Sprachen verschiedene Bedeutungen annehmen und jene Wortpaare hervorbringen, die als »faux amis« bekannt sind: *eventuell* weist im Deutschen auf etwas hin, was möglicherweise geschehen wird; im Englischen bedeutet *eventual* etwas, was am Ende tatsächlich geschehen wird. Im Spanischen bedeutet *burro* »Esel«, im Italienischen aber »Butter«; das englische *apology* ist etwas ganz anderes als eine »Apologie«. Eine *sage femme* ist keine »weise Frau« (das wäre eine *femme sage*), sondern eine »Hebamme«. Das deutsche Wort *Fleisch* hat zwar denselben Ursprung wie das englische *flesh*, aber im Englischen gebraucht man für das Fleisch, das gegessen wird, das Wort *meat*, das einen ganz anderen Ursprung hat.

Diese Veränderungen haben zu einer quantitativen Methode für die Analyse der Ähnlichkeiten zwischen verschiedenen Sprachen angeregt; sie ist von zwei amerikanischen Linguisten, Morris Swadesh und Robert Lees, erfunden worden und unter den Namen »Lexikostatistik« oder »Glottochronologie« bekannt. Es ist leicht zu erkennen, daß das italienische und das spanische *madre*, das französische *mère* und auch das deutsche und englische *Mutter* beziehungsweise *mother* einen gemeinsamen Ursprung haben und ihre Bedeutung bewahrt haben. Wir können alle diese Wörter als »verwandt« (englisch: cognate) bezeichnen. Auf den ersten Blick ist aber nicht klar, daß auch das italienische *occhio* und das deutsche »Auge« miteinander verwandt sind; das gleiche gilt für das italienische *acqua* (»Wasser«) und das französische *eau*. Der Nachweis der Verwandtschaft erfolgt über die Regeln des Lautwandels.

Wie rasch ändern sich die Sprachen?

Swadesh und Lees haben eine Standardliste von 100 Wörtern aufgestellt, die unter den nicht allzu stark variierenden ausgewählt wurden, und haben den Anteil verwandter Wörter bei Sprachpaaren errechnet, von denen der Zeitpunkt ihrer Trennung bekannt ist, wie im Fall von Latein und Italienisch. Dabei haben sie herausgefunden, daß mit zunehmendem zeitlichem Abstand der Prozentsatz verwandter Wörter auf vorhersagbare Weise abnimmt.

Wenn wir eine Sprache mit ihrer Vorgängerin auf deren Stand vor 1000 Jahren vergleichen, finden wir (im Durchschnitt) 86 Prozent verwandter Wörter; wenn wir dagegen zwei Sprachen untersuchen, die sich vor 1000 Jahren von einer gemeinsamen Vorfahrin abgespalten haben, wird die eine wie die andere nur noch eine Verwandtschaft von 86 Prozent mit der »Mutter«-Sprache aufweisen, und wenn ihre Entwicklung unabhängig voneinander verlaufen ist (also kein Austausch stattgefunden hat), wird ihre Verwandtschaft nur noch 86 Prozent von 86 Prozent, also 74 Prozent, ausmachen, denn beide müßten sich seit der Trennung von ihrem gemeinsamen Ursprung im gleichen Ausmaß verändert haben. Das bereits erwähnte Isländische, das sich vor 1000 Jahren vom Norwegischen getrennt hat, ist tatsächlich eine bekannte Ausnahme: Vielleicht aufgrund seiner Isolation hat es sich weniger stark verändert als die anderen skandinavischen Sprachen.

Wenn man dieses Kriterium zugrunde legt, könnte man hoffen, die Geschichte der Trennung der Sprachen rekonstruieren, ja sogar deren Zeitpunkt bestimmen zu können. Doch dieses Glottochronologie genannte Verfahren gelangt gewöhnlich nur zu sehr approximativen Ergebnissen, weil es mit mehreren Fehlerquellen behaftet ist. Jedenfalls läßt sich eine überraschende Ähnlichkeit zwischen dieser Methode und der der Molekularuhr feststellen, die wir im Zusammenhang mit der biologischen Evolution vorgestellt haben.

Das Prinzip ist dasselbe: Der Glottochronologie zufolge gibt es eine meßbare Wahrscheinlichkeit, wonach innerhalb einer bestimmten Zeitspanne eine semantische Veränderung stattgefunden hat, durch die eine Bedeutung durch ein anderes als das ursprüngliche Wort ausgedrückt wird. In der molekularen Evolution wird ein Nukleotid der DNA durch ein anderes oder eine Aminosäure eines Proteins durch eine andere Aminosäure ersetzt, und die wahrscheinlichen Zeiträume, innerhalb deren sie ersetzt werden, sind ebenfalls kalkulierbar. Doch diese Wahrscheinlichkeiten sind nicht so konstant, wie es wünschenswert wäre: Sie variieren bei verschiedenen Wörtern manchmal sehr stark, und sie sind auch in der Biologie variabel – allerdings in weniger dramatischem Ausmaß.

Das Ergebnis ist, daß die mit Hilfe der Glottochronologie errechneten Daten zu den Trennungszeiten nicht sehr zuverlässig sind. Korrekturmethoden sind vorgeschlagen, aber noch nicht ausreichend erprobt worden.

Wer beißt wen?

Bei den Journalisten heißt es: Ein Hund, der seinen Herrn beißt, macht keine Schlagzeilen, aber ein Herr, der seinen Hund beißt, sehr wohl. Die Reihenfolge der Wörter ist von entscheidender Bedeutung, insbesondere die von Subjekt (S), Prädikat (P) und Objekt (O). Die linguistischen Veränderungen sind, wie bereits erwähnt, nicht nur semantischer oder phonologischer Art; denn auch Grammatik und Satzbau können variieren. Im Deutschen muß in vielen Fällen, zum Beispiel in Nebensätzen, das Prädikat an das Satzende gestellt werden: »..., daß ein Hund seinen Herrn beißt«. Im Italienischen, Französischen, Englischen und Spanischen ist die Folge gewöhnlich SPO, im Deutschen oft SOP.

Aus einer Statistik geht hervor, daß in den Sprachen der ganzen Welt die Konstruktionen SPO und SOP am häufigsten vorkommen: Sie finden sich in mehr als 75 Prozent der zahlreichen untersuchten Sprachen. 10 bis 15 Prozent der Sprachen (zum Beispiel das Walisische) kennen die Reihenfolge PSO (mit dem Prädikat am Beginn des Satzes, gefolgt vom Subjekt). Die Reihenfolge POS (ebenfalls mit dem Prädikat an erster Stelle, aber mit dem Subjekt am Ende) gibt es in den Sprachen Madagaskars, die aus dem fernen Indonesien stammen. Im Amazonasbecken finden sich einige Sprachen, in denen man sagt: »Seinen Herrn beißt der Hund« (Reihenfolge OPS). In Amerika gibt es noch andere, wenn auch seltene Sprachen, mit der Reihenfolge OSP, die man auch im Japanischen verwendet, wo jedoch die SOP-Konstruktion vorherrscht. Gleichermaßen können sich viele andere Regeln von Grammatik und Satzaufbau ändern, im allgemeinen zeigt sich jedoch, daß sie auf lange Sicht stabiler sind als Phonetik und Semantik. Deshalb kann man den Ursprung einer Sache mit größerer Sicherheit aus ihrer Struktur erkennen als aus ihrer Phonetik oder Semantik, und dies obwohl die Phonetik für die Einflüsse anderer Sprachen wenig empfänglich ist.

Das Englische hat eine enorme Anzahl von Wörtern lateinischer Herkunft entliehen; sie machen ungefähr 50 Prozent seines Wortschatzes aus. Diese Tatsache geht einerseits auf die römische Besatzung zurück, die den Gebrauch der lateinischen Sprache einführte, und andererseits auf die Eroberung durch die Normannen (mit der Schlacht von Hastings 1066), die den Gebrauch des Französischen mit sich brachte, sowie auf den Einfluß der Renaissance. Die Struktur des modernen Englisch beweist jedoch, daß es sich um eine – allerdings vereinfachte – angelsächsische Sprache handelt.

Sprachfamilien

Der Mensch tendiert heute dazu, alles zu klassifizieren, und natürlich hat er es auch bei den Sprachen versucht. Ein klassisches, aufsehenerregendes Beispiel war die Erkenntnis des englischen Rechtsgelehrten und Orientalisten Sir William Jones, daß die älteste bekannte indische Sprache, in der philosophische und religiöse Schriften abgefaßt sind, das Sanskrit, unzweifelhafte Ähnlichkeiten mit den alten Sprachen des Mittelmeergebietes, dem Lateinischen und Griechischen, aufweist. In einem berühmten Vortrag vor der Royal Asiatic Society in Kalkutta wies Jones im Jahre 1786 nach, daß eine Gruppe von mindestens sechs verwandten Sprachen – Sanskrit, Griechisch, Latein und vielleicht auch das Gotische, das Keltische und das Persische – »aus einer gemeinsamen Quelle stammt, die wahrscheinlich nicht mehr existiert«.

Die Ähnlichkeiten zwischen den vom Lateinischen abgeleiteten Sprachen Französisch, Italienisch, Spanisch usw., zwischen den germanischen, den slawischen und anderen hatte man schon früher erkannt. Auch die Ähnlichkeit zwischen dem Sanskrit und insbesondere dem Italienischen war bereits 200 Jahre zuvor dem Italiener Filippo Sassetti aufgefallen, der zwischen 1581 und 1588 in Indien lebte. Aber die erste Anerkennung der *indoeuropäisch* genannten Familie geht auf Jones zurück. Im letzten Jahrhundert setzte dann eine sehr rege sprachwissenschaftliche Tätigkeit ein. Sie widmete sich zum großen Teil dieser Familie, und bis heute ist keine auch nur annähernd so gründlich erforscht wie diese.

Zu Beginn unseres Jahrhunderts wurde eine Verwandtschaft zwischen den indoeuropäischen Sprachen und einer ausgestorbenen Sprache festgestellt, in der einige Dokumente aus Westchina verfaßt waren. Diese auf das 7. Jahrhundert unserer Zeitrechnung datierten Schriftstücke waren in zwei ähnlichen Sprachen abgefaßt, die Tocharisch A und B genannt wurden. Ungefähr zur selben Zeit gelang es, Tontafeln aus der Hauptstadt des Hethiterreiches, das zwischen 1500 und 1200 v. Chr. in der heutigen Türkei eine Blüte erlebte, zu entziffern, weil ihre Texte in Keilschrift abgefaßt waren, deren phonetischer Wert uns bekannt ist. So konnte die Existenz einer weiteren alten indoeuropäischen Sprache, des Hethitischen, nachgewiesen werden.

Im vorigen Jahrhundert begann man auch andere Sprachfamilien zu identifizieren, die sich von der indoeuropäischen Familie unterscheiden, und öffnete so der Sprachforschung, die in unserem Jahrhundert fortgeführt wurde, neue Wege. Über einige Familien wird noch immer – manchmal sogar ziemlich heftig – gestritten, weil es unter den Linguisten große methodische Unterschiede gibt, die zu ganz unterschiedlichen Resultaten führen können.

Auf der unten abgebildeten Tabelle zeigen wir ein Beispiel für die von dem bedeutendsten Systematiker unserer Zeit, dem Linguisten Joseph Greenberg von der Universität Stanford, angewandte Methode, die darin besteht, Hunderte von Wörtern aus Hunderten von verschiedenen Sprachen miteinander zu vergleichen, die bekanntermaßen zu jenen Begriffen und sprachlichen Aspekten gehören, die sich im Laufe der Zeit am besten erhalten; es handelt sich unter anderem um Bezeichnungen für Körperteile sowie für allgemeine Aspekte der Natur, um Personalpronomina und schließlich auch um einige Grammatikregeln. Viele dieser Wörter gehören zu den ersten, die ein Kind lernt – eine Tatsache, die sicherlich zu ihrer Konservierung beiträgt.

Sprache	eins	zwei	drei	Kopf	Auge	Zahn
Irish	aon	dau	tri	ceann	sūil	fiacal
Walisisch	un	do	tri	pen	ligad	dant
Dänisch	en	to	tre	hoved	öje	tand
Schwed.	en	to	tre	huvad	öga	tand
Englisch	wən	tuw	θrij	hɛd	aj	tuwθ
Italienisch	uno, una	due	tre	testa	okkjo	dente
Spanisch	un, una	dos	tres	kabesa	oxo	diente
Französ.	æ, yn	dø	trwa	tɛ:t	œj, jø	dæ
Rumän.	un, o	doj, dowə	trej	kap	okju	dinte
Albanisch	nji	dy	tre, tri	krye-(t)	sy(ni)	dâmi
Griech.	enas	dhyo	tris	kefáli	máti	dhóndi
Polnisch	jeden	dva	tši	glova	oko	zāb
Russisch	adʲin	dva, dvʲe	trʲi	galavá	óko	zup
Bulgar.	edin	dva	tri	glava	oko	zĭb
Finnisch	yksi	kaksi	kolme	pää	silmä	hammas
Estnisch	ūks	kaks	kolm	pea	silm	hambaid
Ungarisch	egy	ket	harom	fo:, fej	sem	fog
Baskisch	bat	bi	iru	buru	begi	ortz

Grundwortschatz von 19 europäischen Sprachen (nach J. Greenberg: *Language in the Americas*, Stanford Univ. Press, 1987).

Greenberg bemerkt zutreffend, daß schon aus einer so einfachen Tabelle wie dieser die systematische Gruppierung moderner europäischer Sprachen, die heute allgemein anerkannt ist, sofort in die Augen springt.
Die ersten fünfzehn Sprachen (einschließlich des Deutschen in der ersten Zeile) sind indoeuropäische Sprachen: zwei keltische, vier

germanische, vier romanische (das heißt vom Lateinischen abgeleitete) Sprachen, sowie drei slawische Sprachen; zwei – das Albanische und das Griechische – sind isoliert. Die letzten vier Sprachen sind keine indoeuropäischen Sprachen; drei von ihnen – Finnisch, Estnisch und Ungarisch – gehören zu einer anderen, *uralisch* genannten Familie; diese besteht aus Sprachen, die im Norden Europas und rund um das Uralgebirge (das Europa von Asien trennt) gesprochen werden; die vierte Sprache, das Baskische, gehört zu keiner bekannten Familie, weist aber einige entfernte Beziehungen zu Sprachen auf, die im Kaukasus gesprochen werden. Es ist nicht schwer, das völlige Fehlen jeder Ähnlichkeit zwischen dem Baskischen und den übrigen Sprachen in der Tabelle festzustellen. Die drei uralischen Sprachen weisen untereinander beträchtliche Ähnlichkeiten auf (das Ungarische weniger als die beiden anderen), besitzen aber, nicht nur in diesen Beispielen, recht wenige, um nicht zu sagen, gar keine Ähnlichkeit mit den indoeuropäischen Sprachen.

Aus Greenbergs Tabelle geht eindeutig hervor, daß es in Europa mindestens zwei Sprachfamilien und eine isolierte Sprache gibt.

Eine der heute unter den Linguisten umstrittensten Fragen betrifft die indianischen Sprachfamilien, deren Zahl bis vor kurzem auf mindestens 60 geschätzt wurde. In einer unlängst veröffentlichten Arbeit kommt Greenberg allerdings zu dem Schluß, daß es nur drei sind. Eine *Iinuit-Aleutisch* genannte Familie besteht aus neun im hohen Norden gesprochenen Inuit-Sprachen. Von den Na-Dene-Sprachen gibt es 34; sie sind hauptsächlich in Westkanada verbreitet, während sie in den Vereinigten Staaten von zwei Stämmen gesprochen werden, die sich vor fast 1000 Jahren von den nördlichen Stämmen getrennt haben – den Apatschen und den Navajos. Alle anderen amerindisch genannten Sprachen – 583, wenn man auch einige ausgestorbene, aber recht bekannte dazuzählt – bilden eine dritte Familie, die zwar ziemlich heterogen, aber noch genau identifizierbar ist.

Greenbergs Ansichten und die einiger seiner Kollegen weichen sehr weit von denen anderer Amerikanisten ab, die eine andere Methode bevorzugen und die Sprachen immer nur paarweise vergleichen. Selten gehen sie bei ihren Vergleichen über mehrere

Paare hinaus und erklären zwei Sprachen nur dann für verwandt, wenn sie ungewöhnlich starke Ähnlichkeiten aufweisen. Bei 583 Sprachen belaufen sich die möglichen paarweisen Vergleiche auf 169 653, und besagte Sprachforscher halten die Beantwortung der Frage, ob zwei Sprachen miteinander verwandt sind oder nicht, natürlich für eine Lebensaufgabe oder fast eine Lebensaufgabe. Bis jetzt haben sie dort, wo Greenberg nur eine einzige Sprachfamilie sieht, eine sehr große Anzahl verschiedener Familien geschaffen – mindestens 60, manche sogar über 100. Es ist eine etwas verwirrende Situation, wenn man bedenkt, daß in der übrigen Welt nur 14 Sprachfamilien existieren.

Warum gibt es so viele unterschiedliche Auffassungen? Auch in der Zoologie, in der Botanik und in anderen Disziplinen bestehen manchmal tiefgreifende Divergenzen zwischen jenen Systematikern, die die Dinge global betrachten und die Fakten verallgemeinern wollen, und solchen, die Details und Unterschiede lieben. Im Englischen spricht man von *lumpers*, den »Sammlern«, die dazu neigen, Tiere und Pflanzen – oder in diesem Fall die Sprachen – zu wenigen großen Gruppen zusammenzufassen, und den *splitters*, die es vorziehen, sie in viele kleinere Gruppen aufzuspalten. Im Wörterbuch findet man unter *splitter*: »Haarspalter«. Wahrscheinlich war der Verfasser dieses Eintrags kein Freund jener, die sich weigern, die Dinge als Ganzes zu sehen, und es vorziehen, sich bei detaillierten Beschreibungen aufzuhalten – Menschen, denen der Blick für das große Ganze fehlt.

Der Mensch ist ein unermüdlicher Klassifikator

Die heftige Diskussion über die Sprachfamilien der Indianer kann man noch nicht als abgeschlossen betrachten; aber auch über einige andere Sprachfamilien sind die Meinungen immer noch geteilt. Was ist überhaupt eine Familie, wird man sich fragen. Wir fügen noch hinzu, daß dieses Wort in unserem Gebrauch gleichbedeutend ist mit dem von anderen bevorzugten Begriff »Phylum«. Es besteht in der Tat eine gewisse Ähnlichkeit zwischen der Situation in der Biologie und der in der Linguistik; auch in der Biologie hat es über die Einteilung der Phyla und die jeweilige Zuordnung von Organismen oder Organismengruppen Diskussionen gegeben, von denen einige immer noch im Gange sind. Sie erregen jedoch weit weniger Aufsehen. Außerdem herrscht bei den Einheiten der biologischen Klassifizierung eine strenge hierarchische Ordnung: Reich, Phylum oder Stamm (bei den Pflanzen: Abteilung), Klasse, Ordnung, Familie, Gattung, Art. Die Linguisten haben sich keiner ähnlich eisernen Disziplin unterworfen, die übrigens auch immer – und zwar zwangsläufig – Elemente der Subjektivität enthält. Nur für die Art existiert eine ganz klare Definition, mit deren Hilfe man entscheiden kann, ob eine bestimmte Gruppe von Organismen eine Art ist oder nicht, auch wenn diese Definition in der Praxis manchmal versagt. Es lohnt sich, darauf hinzuweisen, daß die biologische Einheit Art (oder Spezies) der Einheit Sprache entspricht: Beide sind Gruppen von Individuen, die fähig sind, miteinander zu kommunizieren, das heißt, Informationen auszutauschen. Innerhalb einer biologischen Art ist die Kreuzung zwischen Individuen derselben Art und daher der Austausch von genetischer Information durch den Akt der Zeugung möglich; zwischen Individuen, die dieselbe Sprache sprechen, ist die Kommunikation von Ideen möglich – eine andere Art von Informationsaustausch.

Wie für die biologischen Organismen ist die wichtigste taxonomische Einheit, die wir Familie oder Phylum nennen können, eine Gruppe von Sprachen, die auf einen gemeinsamen Ursprung zurückgehen. Bis vor kurzem war dies die oberste taxonomische Einheit, daher die Entsprechung mit dem zoologischen Phylum. Heute werden immer häufiger Gruppen von Familien – oft Überfamilien genannt – festgestellt, von denen viele glauben, sie hätten einen gemeinsamen Ursprung. Es fehlt jedoch noch ein Baum zur Klassifizierung sämtlicher Sprachen, denen man mit Sicherheit eine evolutionsgeschichtliche Bedeutung zuerkennen kann – das heißt, eine Klassifikation, die ihre Ursprünge und ihre Geschichte berücksichtigt. Allerdings beginnen sich die ungefähren Umrisse eines solchen Baumes allmählich abzuzeichnen.

Ausmaß und Homogenitätsgrad der Sprachfamilien sind sehr unterschiedlich. Einige umfassen nur sehr wenige Sprachen, andere 1000 oder mehr. Ihr Grad an Komplexität variiert daher sehr stark. Ich bin dem Schicksal dankbar, daß ich in einem für meine gemeinsame Forschung mit Menozzi und Piazza kritischen Augenblick das Buch von Merritt Ruhlen, einem Linguisten und Greenberg-Schüler, mit dem Titel *A Guide to the World's Languages* noch vor seiner Veröffentlichung zur Verfügung hatte. Dieses Buch ist die modernste, umfassendste und kohärenteste Darstellung von Grundlagen und Geschichte der linguistischen Systematik und enthält eine komplette Klassifikation von fast 5000 Sprachen. Es hat uns geholfen, die biologischen Daten, die wir über die Populationen der Welt gesammelt hatten, in eine einfache Hierarchie einzuordnen. Am Ende haben wir zu unserer größten Genugtuung festgestellt, daß die sprachliche Hierarchie ihre tieferen Gründe hatte. Darauf werden wir später noch zurückkommen.

Was spricht für Greenbergs Hypothese?

Nicht nur in der Linguistik tendieren die Diskussionen unter den Systematikern dazu, erbittert geführt zu werden und sich in die Länge zu ziehen; am Ende steht in der Regel eine Übereinkunft – manchmal, weil man zu einem Ergebnis gelangt, das viele Spezialisten zufriedenstellt, manchmal aber auch aus Überdruß und weil das Interesse an der Fortsetzung solcher nicht besonders konstruktiver Streitereien geschwunden ist. Die größten Schwierigkeiten, einen Konsensus zu finden, verursachte bis jetzt ebendie Frage der Indianersprachen, nicht zuletzt deshalb, weil sie erst vor kurzem (1987) wieder aufgeworfen wurde.

Ich persönlich ergreife Greenbergs Partei unter anderem deshalb, weil mir seine Methode des globalen Vergleichs sinnvoller erscheint als die des zweiseitigen, der die Sprachen nur paarweise betrachtet (und sich darauf beschränkt, festzustellen, ob die beiden Sprachen miteinander verwandt sind oder nicht, ohne auch nur einen Verwandtschaftsgrad zu bestimmen). Die Verfechter der zweiten, binären Methode lehnen es ohne ersichtliche Gründe ab, auch jene Ähnlichkeiten zwischen den amerindischen Sprachen zu berücksichtigen, die sie von allen anderen Sprachen der Welt unterscheiden, wie zum Beispiel ihr einzigartiges System von Personalpronomina. Während in den eurasiatischen Sprachen die Pronomina, die für die erste und die zweite Person Singular stehen, *mi* und *ti* lauten, sagt man in den Indianersprachen *n-* und *mi*. Man muß bedenken, daß die Personalpronomina zu den am besten erhaltenen Wörtern und daher zu den wichtigsten gehören, mit deren Hilfe sich Verwandtschaften – insbesondere die weiter entfernten – rekonstruieren lassen.

Dann gibt es außerhalb der Linguistik liegende Faktoren, die die Hypothese stützen, wonach es nur drei verschiedene Migrationen von Sibirien nach Amerika gegeben hat, die genau den drei Sprachfamilien entsprechen. Es handelt sich um sichtbare biologische Ähnlichkeiten; sie wurden anhand der Form der Zähne nachgewiesen, die sich in den alten Populationen und in den Fossilien wiederfinden, und um genetische Ähnlichkeiten, die auch durch unsere eigenen Forschungsergebnisse eindeutig bestätigt wurden.

Schließlich gibt es noch einen historischen Grund für unser Vertrauen in Greenbergs Erkenntnisse. Dieser Linguist, der in vielen Bereichen seiner Wissenschaft überaus Wertvolles geleistet hat, hat seine Tätigkeit als Systematiker vor über 30 Jahren mit einer Arbeit über die afrikanischen Sprachen begonnen, über die bis vor kurzem eine ähnliche Verwirrung herrschte wie heute über die Sprachen Amerikas. Unter Anwendung seiner Methode hat Greenberg dann nachgewiesen, daß es in Afrika nur vier Sprachfamilien gibt. Am Anfang hat er damit einen ähnlichen Aufruhr unter den damaligen Linguisten ausgelöst, die nicht bereit waren, von ihren früheren Positionen abzurücken. Heute ist der Streit vergessen, und Greenbergs Klassifikation wird praktisch von allen akzeptiert. In 30 Jahren wird man sehen, ob sich das Ganze noch einmal wiederholt.

Ein Überblick über die Sprachen der Welt

Wenn man Greenbergs Erkenntnisse auch für Ozeanien akzeptiert, wo wir mit einer ähnlichen, aber weniger kontroversen Situation konfrontiert sind, dann können die 5000 auf der Erde existierenden Sprachen in 17 Familien (die Zahl variiert, je nach Autor) sowie einige isolierte Sprachen eingeteilt werden. Demnach finden sich vier Sprachfamilien in Afrika, eine in Australien, eine in Neuguinea, drei in Amerika, zwei in Europa und alle übrigen in Asien, wobei es an den Grenzen zwischen den Kontinenten gelegentlich zu Überschneidungen kommt. Die geographische Verteilung dieser Familien über die Erde kann mit der Geschichte der Verbreitung des Jetztmenschen in Zusammenhang gebracht werden und paßt genau zu dem, was wir in bezug auf die Migrationen und die genetische Differenzierung festgestellt haben.

Die Abbildung auf Seite 276, die Merritt Ruhlen vor einigen Jahren veröffentlicht hat, nennt 19 Familien und gibt deren jüngste geographische Verteilung wieder.

Zwischen Europa und Asien gibt es keine klare Trennung; deshalb ist es angebracht, die beiden als einen einzigen Kontinent – Eurasien – zu betrachten. Das Uralgebirge, das traditionell die geographische Grenze bildet, setzt sich nicht nach Süden fort. Von Rumänien bis zu der am Pazifik gelegenen Mandschurei könnte man über weite Strecken durch eine nahezu homogene Landschaft, die Steppe, wandern, eine Ebene mit hohen Gräsern, die sich fast ohne Unterbrechung über viele Tausende von Kilometern hinzieht.

Eine Sprachfamilie, das *Indoeuropäische,* verteilt sich über Europa und Südasien, mit einer Unterbrechung auf der Höhe der Türkei, wo eine Sprache der *altaischen* Familie gesprochen wird. Die altaische Sprachfamilie ist im größten Teil Sibiriens und in der Mongolei, bis zum Pazifischen Ozean, verbreitet; zu ihr gehören – zumindest nach Ansicht einiger Linguisten – auch das Koreanische und das Japanische. Sie ist in relativ später Zeit vor allem mit Waffengewalt verbreitet worden: Die Türken sind Ende des 11. Jahrhunderts nach Kleinasien gekommen und dann wieder im 15. Jahrhundert, als sie 1453 Konstantinopel eroberten und die türkische Sprache das zuvor dort gesprochene Griechische zu verdrängen begann. Eine andere Familie, die *uralische* Sprachfamilie, ist diesseits und jenseits des gleichnamigen Gebirges verbreitet und teilt sich zwischen Asien und Europa auf – nahe dem Arktischen Ozean, also in einer sehr kalten Region. Im Gegensatz zu dem, was wir auf der Karte sehen, gibt es tatsächlich zwei kaukasische Familien; ihre Sprachen werden im Kaukasus-

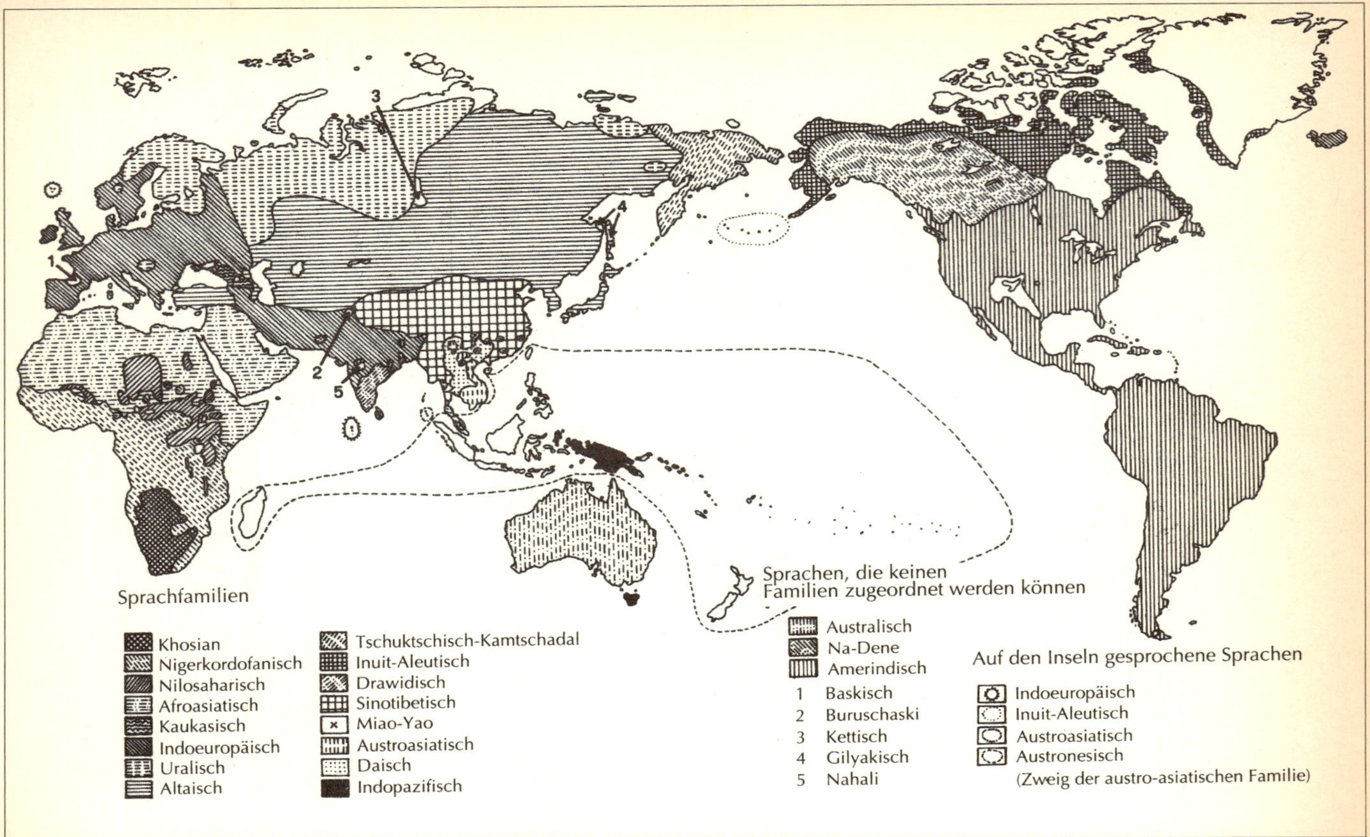
1
2
3
4
5
Sprachfamilien
Khosian
Nigerkordofanisch
Nilosaharisch
Afroasiatisch
Kaukasisch
Indoeuropäisch
Uralisch
Altaisch
Tschuktschisch-Kamtschadal
Inuit-Aleutisch
Drawidisch
Sinotibetisch
Miao-Yao
Austroasiatisch
Daisch
Indopazifisch
Sprachen, die keinen Familien zugeordnet werden können
Australisch
Na-Dene
Amerindisch
1 Baskisch
2 Buruschaski
3 Kettisch
4 Gilyakisch
5 Nahali
Auf den Inseln gesprochene Sprachen
Indoeuropäisch
Inuit-Aleutisch
Austroasiatisch
Austronesisch
(Zweig der austro-asiatischen Familie)

gebirge, nahe der Grenze zwischen Europa und Asien, gesprochen.

In Asien ist die *sinotibetische* Familie in ganz China und Tibet anzutreffen. Südlich dieser Region gibt es andere Sprachfamilien, die weniger ausgedehnte Territorien abdecken. Eine begrenzte Verbreitung hat auch die *drawidische* Familie, deren Sprachen heute vor allem in Südindien gesprochen werden. Es gibt Gründe für die Annahme, daß diese Sprachfamilie sich einst vom Iran bis nach Pakistan und Indien erstreckte.
Historische Dokumente beweisen, daß östlich von Bassora – einer Stadt, die durch die Kämpfe im ersten Golfkrieg zwischen dem Iran und dem Irak Berühmtheit erlangte – vor ungefähr 4500 Jahren Elamitisch gesprochen wurde, eine Sprache, die eng mit den drawidischen Sprachen verwandt war und später, wahrscheinlich vor 2000 Jahren, ausgestorben ist. Die Elamiter werden in der Bibel erwähnt, und in Keilschrift geschriebene elamitische Dokumente haben die Zuordnung der Sprache zur drawidischen Familie ermöglicht – eine Entdeckung, die zu Beginn dieses Jahrhunderts Furore machte.
Wahrscheinlich wurden die drawidischen Sprachen von der Westgrenze des Iran bis in den indischen Raum hinein gesprochen, wo sie seit 7000 v. Chr. von den neolithischen Bauern eingeführt wurden. Vielleicht sprachen auch die Träger der Industalkultur im heutigen Pakistan drawidische Sprachen, aber leider verfügen wir nicht über genügend schriftliche Dokumente, um das belegen zu können. Diese Kultur, die nach ihren wichtigsten, vor nicht allzu langer Zeit entdeckten und ausgegrabenen Städten auch Harappa- oder Mohendscho-Daro-Kultur genannt wird, ging vor ungefähr 3500 Jahren aus noch unbekannten Gründen unter. Der Zeitpunkt ihres Verschwindens könnte auch mit der Invasion der Arier zusammenfallen; das waren indoeuropäische Sprachen sprechende Hirtennomaden, die aus der Region südlich des Urals über Turkestan und Persien gekommen waren. Höchst-

1. Geographische Verteilung der Sprachfamilien nach Ruhlen (die Karte wurde weitgehend auf der Grundlage der systematischen Arbeiten Joseph Greenbergs erstellt).

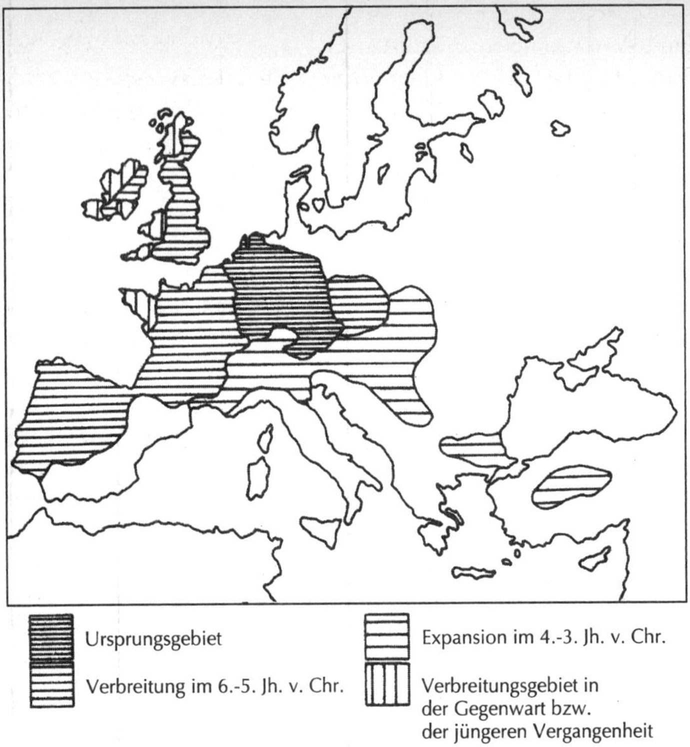

2. *Verteilung der keltischen Sprachen im Altertum und der von ihnen abgeleiteten Sprachen in jüngerer Zeit.*

wahrscheinlich waren sie es, die Sprachen wie das Sanskrit nach Pakistan und Indien brachten. Die drawidischen Sprachen, die zu jener Zeit in Indien gesprochen wurden, starben fast alle aus und überlebten nur bei einigen Stämmen in Nordindien, in Pakistan und im äußersten Süden Indiens.

Auf die Ankunft siegreicher Eroberer, die weite Landstriche in Besitz nehmen, folgt oft der Untergang der lokalen Sprachen; diese können jedoch manchmal in Randgebieten und isolierten Zonen fortbestehen, die schwer zugänglich und von geringem ökonomischem Interesse sind, wie zum Beispiel in gebirgigen Regionen, auf einzelnen Inseln und so weiter. Dies ist ein Prinzip, für das sich bei der geographischen Verteilung der menschlichen Sprachen viele Belege finden.

Ein bekanntes Beispiel liefert jener Zweig der indoeuropäischen Sprachfamilie, der von den *keltischen* Sprachen gebildet wird, welche vor 3000 bis 2500 Jahren in Mitteleuropa gesprochen wurden und zwischen 600 und 200 v. Chr. in fast ganz Europa verbreitet waren. Dann aber begann Rom seine Eroberung des südlichen und westlichen Europa, und das Keltische wurde in Frankreich (die Gallier sprachen eine keltische Sprache), in Spanien, in Norditalien und, einige Jahrhunderte später, auch in England vom Lateinischen verdrängt. Danach verbreiteten sich in Mitteleuropa die germanischen Sprachen, und für eine gewisse Zeit verschwand der keltische Zweig aus Kontinentaleuropa.
Vier keltische Sprachen werden noch heute an der Peripherie ihres ursprünglichen Verbreitungsgebietes gesprochen: in Schottland und Wales, wo die römische Eroberung auf Widerstand stieß und nicht von Dauer war, und in Irland, wo die Römer gar nicht erst Fuß faßten. In Cornwall, im äußersten Südwesten Englands, wurde bis in die jüngste Zeit hinein eine keltische Sprache gesprochen. In Frankreich sprechen die Bretonen noch immer eine keltische Sprache, aber es handelt sich um einen Reimport: Bewohner der Britischen Inseln flüchteten nach dem Zusammenbruch des Römischen Westreichs im 5. bis 6. nachchristlichen Jahrhundert vor den einfallenden Angelsachsen in die Bretagne.

In Nordafrika werden Sprachen der *afroasiatischen* Familie gesprochen, die früher »hamito-semitsch« genannt wurde und die sich auch über den Nahen Osten, die Arabische Halbinsel und Äthiopien erstreckte; zum semitischen Zweig gehören das Hebräische, das Arabische, das Aramäische, das Assyrische und viele ausgestorbene mesopotamische Sprachen, aber auch einige der afroasiatischen Sprachen, die in Äthiopien gesprochen werden (wie das Tigre und das Amharische). Im südlich der Sahara gelegenen Teil Afrikas sind die Sprachen der *nigerkordofanischen* Familie verbreitet, die sich seltsamerweise aus einem kleinen Kern im Sudan (der Region Kordofan) und einer Vielzahl anderer Sprachen zusammensetzt, die in ganz West-, Zentral- und Südafrika gesprochen werden. Zwischen der afroasiatischen und der nigerkordofanischen Familie findet sich, ähnlich wie der Belag eines etwas ausgefransten Sandwichs, die *nilosaharische* Sprachfamilie.

Im äußersten Süden Afrikas folgt schließlich die der *Khoisan*-Sprachen, die sich, wie bereits erwähnt, vor allem durch ungewöhnliche Laute, die sogenannten *Clicks* oder Schnalzlaute, auszeichnen.

Amerika und Australien wurden bekanntlich von Asien aus besiedelt und sind in diesem Sinne Fortsätze dieses Kontinents. In Amerika finden wir drei Sprachfamilien, von denen schon die Rede war. Von den australischen Aborigines werden viele Sprachen gesprochen, und früher waren es noch mehr: Jeder Stamm hatte seine eigene Sprache, und es gab 500 oder 600 Stämme, also viel mehr, als bis heute überlebt haben. Die Eingeborenen von Neuguinea sprechen Sprachen einer anderen, *indopazifisch* genannten Familie, die früher ein größeres Verbreitungsgebiet gehabt haben muß. Diese beiden Familien sind wahrscheinlich viel älter, denn Australien und Neuguinea wurden vor ungefähr 60 000 Jahren besiedelt, und es verwundert nicht, daß sich beide aus sehr unterschiedlichen Sprachen zusammensetzen, die sich manchmal nur schwer zwei Familien zuordnen lassen, da sie sich wohl schon vor sehr langer Zeit auseinanderentwickelt haben.

Auf den kleineren pazifischen Inseln unterscheidet man nach dem physischen Habitus drei Menschentypen: die *Melanesier*, die so dunkelhäutig sind wie die Afrikaner, oft gekräuselte Haare, eine kleine Statur und breite Nasen haben; sie ähneln den Eingeborenen von Neuguinea und bewohnen die Neuguinea am nächsten gelegenen Inseln; die *Mikronesier*, die auf einer nördlich von Neuguinea liegenden, relativ kleinen Inselgruppe leben und sich geringfügig von den Melanesiern unterscheiden, und die *Polynesier*, die eine hellere Haut haben, zur Molligkeit neigen und dank der Reklame, die der Maler Gauguin und verschiedene Hollywoodfilme gemacht haben, in dem Ruf stehen, besonders glückliche Menschen zu sein. Die Polynesier sprechen Sprachen einer *Austronesisch* genannten Unterfamilie. Sie bewohnen eine Unmenge von Inseln und Inselchen, und deshalb ist es nicht verwunderlich, daß diese Familie sich aus 959 verschiedenen Sprachen zusammensetzt. Daß die Polynesier hervorragende Seefahrer waren, bestätigt die geographische Ausdehnung der Unterfamilie, die sowohl im Pazifischen Ozean als auch im Indischen Ozean verbreitet ist. Austronesische Sprachen finden sich im Westen sogar auf der vor rund 1000 Jahren besiedelten Insel Madagaskar, nahe der afrikanischen Küste, auf den Inseln Neuseelands, südöstlich von Australien, auf den Hawaii-Inseln und auf der Osterinsel, die nicht allzu weit von der amerikanischen Küste entfernt liegt. Von den Melanesiern, die auf den Nachbarinseln Neuguineas leben, zum Beispiel auf Bougainville, sprechen einige Sprachen der Familie von Neuguinea, andere verwenden austronesische Sprachen. Eine ähnliche Mischung findet sich auch in den Küstenregionen von Neuguinea selbst. Nicht in diese Klassifikation passen mindestens fünf Sprachen, die in dem Sinne »isoliert« sind, daß sie sich in keine der genannten Familien einordnen lassen. Ein Beispiel ist das Baskische; die übrigen isolierten Sprachen finden sich in Asien.

Familien und Überfamilien: das Eurasiatische und das Nostratische

Viele der genannten Sprachfamilien werden inzwischen von allen oder von fast allen Linguisten anerkannt. Seit längerem wird zudem eingeräumt, daß es auch zwischen den verschiedenen Familien Ähnlichkeiten gibt, wenn auch weniger markante. Es ist nicht immer leicht, diese Ähnlichkeiten zu erkennen. Das Problem besteht darin, daß die Sprachen sich schnell verändern, und einige Sprachwissenschaftler vertreten die Auffassung, daß es nicht möglich ist, Verwandtschaften über einen Zeitraum von mehr als 6000 Jahren zurückzuverfolgen. Zu dieser Überzeugung trägt die von der Glottochronologie festgestellte Tatsache bei, daß der gemeinsame Wortschatz nach 6000 Jahren auf ungefähr 10 Prozent zusammengeschrumpft ist, was auf einer Liste von 100 oder 200 Wörtern zu einem allzu großen statistischen Fehler führt.
Die in der Glottochronologie angewandte Methode ist also nicht geeignet, irgendwelche quantitativen Aussagen zu machen, vor allem nicht über sehr lange Zeiträume. Doch bei Spezialisierung auf besonders lang erhalten gebliebene Wörter und unter Verwendung anderer Ansätze war es möglich, noch weiter zurückzugehen, und eine Gruppe russischer Forscher und ein Amerika-

ner – übrigens wieder einmal Greenberg, der bedeutendste Sprachsystematiker aller Zeiten – gelangten sogar so weit, daß sie glaubten, bei der Klassifizierung eine Stufe weiter gehen und einige Familien zu einer »Überfamilie« eurasiatischer Sprachen zusammenfassen zu können.

Es gibt einige Unterschiede zwischen der von den Russen vorgeschlagenen Überfamilie und der des Amerikaners. Beide Überfamilien umfassen die indoeuropäische, die uralische sowie die altaische Sprachfamilie, unterscheiden sich aber in bezug auf die anderen, die sie mit diesen drei assoziieren.

Greenbergs Überfamilie heißt »Eurasiatisch« und schließt auch das Japanische, das Koreanische (das einige Forscher von der altaischen Familie getrennt halten) und die Familien der Inuitsprachen und des Tschuktschischen mit ein – also Sprachen, die praktisch im ganzen nördlichen Teil Eurasiens mit Ablegern im Iran, in Indien und im arktischen Teil Amerikas gesprochen werden. Die Russen dagegen schließen in ihre Familie, die sie »Nostratisch« nennen, auch die drawidische und die afroasiatische sowie einen Teil der kaukasischen Familie ein.

Greenberg bediente sich einer Methode, die aus der Untersuchung vieler Wörter und anderer besonders gut erhaltener Elemente der Sprache, insbesondere der Grammatik, und einem entsprechenden Vergleich zwischen vielen Sprachen besteht. Hier einige Beispiele für verwandte Wörter.

Sprachfamilie oder Sprache	ich	du	Plural-endung	älterer Bruder	denken
Indoeuropäisch	*me	*tu, te			*med-
Uralisch	*-m	*ti, te	*-t	aka	mett
Mongolisch	mini	*ti	*-t	aqa	*mede
Koreanisch	-ma				mit
Tschuktschisch	-m	-t	-ti		mitelhen
Inuit	-ma	-t	-t		misiyaa

Einige dieser Wörter haben eine Bedeutung, die nicht mit der in der ersten Zeile angegebenen identisch ist, sich aber eindeutig von dieser ableitet: Zum Beispiel heißt *mitelhen* auf tschuktschisch »erfahren«, »kundig«, *mit* auf koreanisch »glauben« und *mede* auf mongolisch »wissen«. Die Ausdehnung der Bedeutung auf ein größeres semantisches Feld ist ebenfalls ein wichtiges Element von Greenbergs Methode, weil sie erlaubt, in der Zeit weiter zurückzugehen. Natürlich besteht dabei die Gefahr von Entlehnungen aus anderen Sprachen und von zufälligen Übereinstimmungen. Doch Greenberg hat überzeugend dargelegt, daß diese Fehlerquellen seine Ergebnisse kaum ernsthaft verfälschen können: Der von ihm verwendete Bereich des Wortschatzes beschränkt sich auf jene Wörter, die dafür bekannt sind, daß sie sich am besten erhalten, und es ist daher unwahrscheinlich, daß sie aus anderen Sprachen entlehnt wurden. Was die zufälligen Übereinstimmungen anbelangt, so sind sie angesichts der zahlreichen Wörter und zahlreichen Sprachen eher unwahrscheinlich, jedenfalls minimal. Aus den genannten Gründen ist der »multilaterale« Ansatz Greenbergs, der viele Sprachen ein und derselben Familie gleichzeitig in Betracht zieht, besonders nützlich.

Die Ähnlichkeiten nehmen zu, wenn man Sprachen betrachtet, die den obengenannten benachbart sind: Zum Beispiel ist im Altjapanischen das Pronomen, das der ersten Person entspricht, *mi*; für »älterer Bruder« sagt man *aka* sowohl im Türkischen als auch im Japanischen, das auf den Riukuinseln gesprochen wird, und in der Sprache der Ainu, die einst alle Inseln Japans bewohnten und heute nur auf der Insel Hokkaido und auf Sachalin überlebt haben.

Die von den Russen angewandte Methode beruht auf der Rekonstruktion der »Protosprache« jeder Familie, das heißt der hypothetischen Ursprache, von der die verschiedenen modernen Sprachen abstammen (Proto-Indoeuropäisch im Fall der indoeuropäischen Familie, Proto-Uralisch usw.). Natürlich kann man nur solche Familien in die Untersuchung einbeziehen, deren Pro-

* Der Bindestrich weist darauf hin, daß es sich um ein Suffix handelt, und der Asteriskus, daß das Wort für die entsprechende Protosprache rekonstruiert wurde.

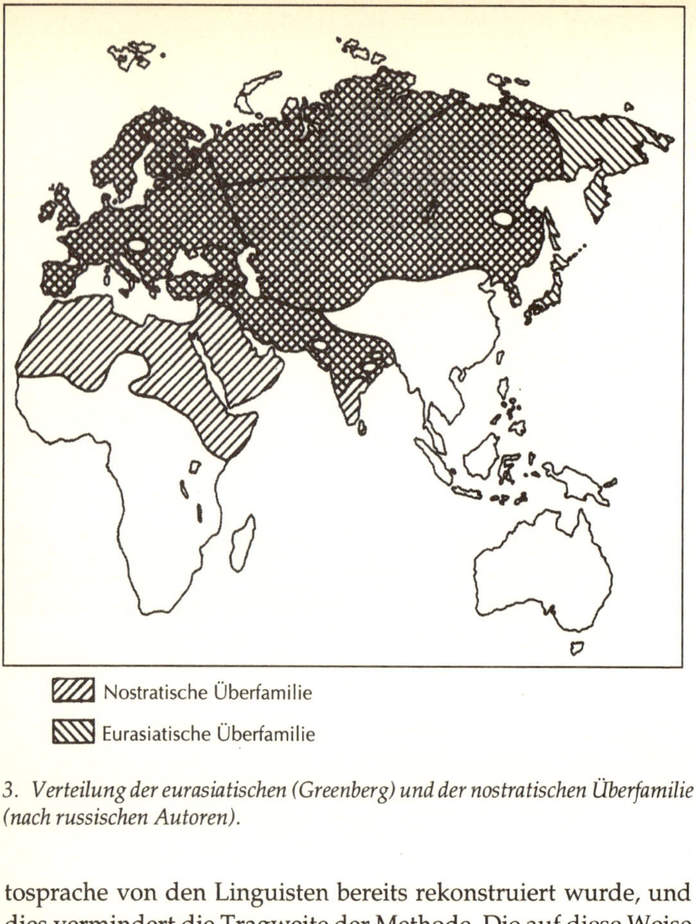

3. *Verteilung der eurasiatischen (Greenberg) und der nostratischen Überfamilie (nach russischen Autoren).*

tosprache von den Linguisten bereits rekonstruiert wurde, und dies vermindert die Tragweite der Methode. Die auf diese Weise gefundenen Wörter sind nicht unbedingt ganz präzise eruierbar, weil man oft nicht mit Sicherheit zwischen den vielen möglichen Alternativen auswählen kann. Der »Vater« des Nostratischen, der bedeutende russische Sprachwissenschaftler V. M. Illich-Svitych,

4. *Heutige Verteilung der Na-Dene/sinotibetischen/kaukasischen Überfamilie. Es muß sich um die Überreste einer ziemlich alten großen Familie handeln, die durch nachfolgende Expansionen von Sprachen der nostratisch-eurasiatischen Gruppe zergliedert wurde.*

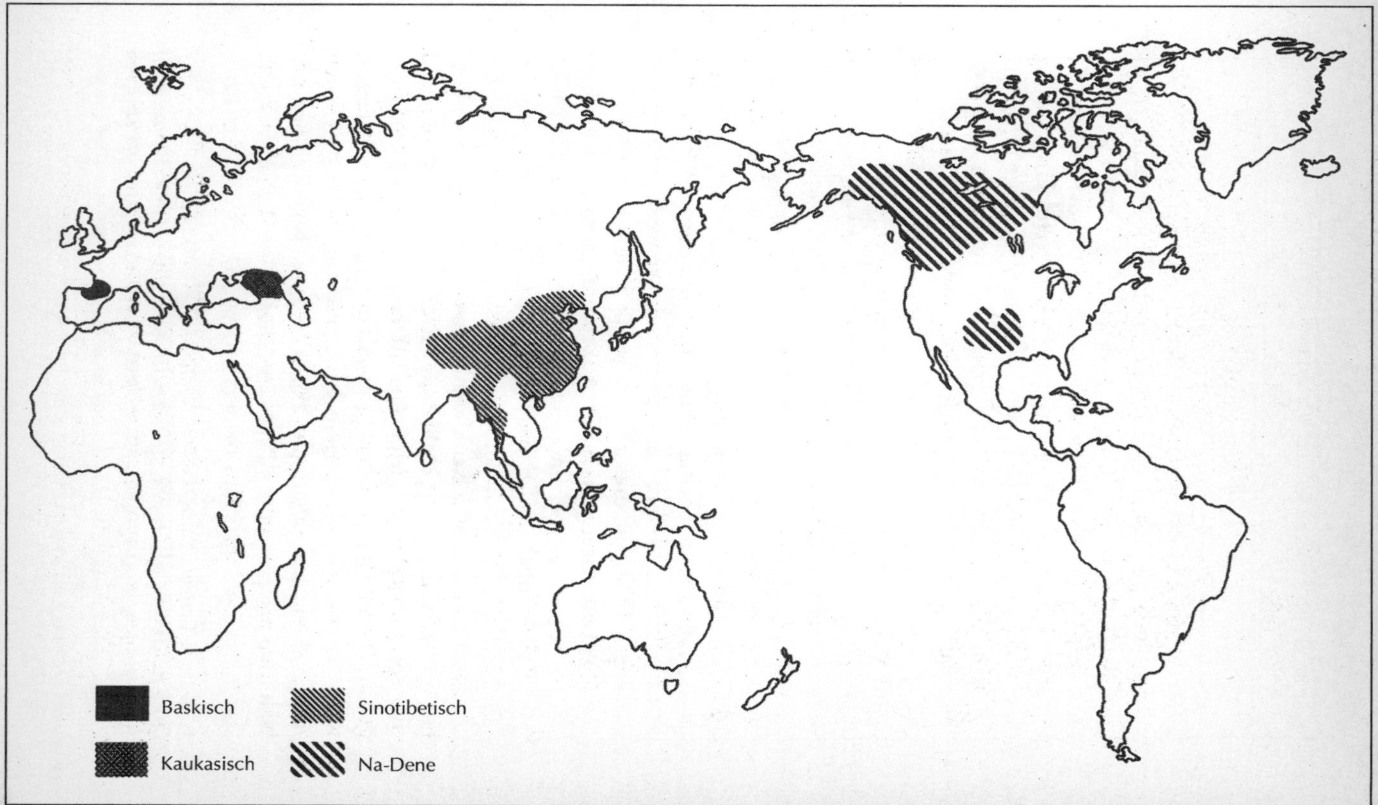

Baskisch
Sinotibetisch
Kaukasisch
Na-Dene

hat dennoch versucht, die nostratische Protosprache auf der Grundlage der Protosprachen der ihr angehörenden Familien zu rekonstruieren. Er hat sogar ein Gedicht in dieser hypothetischen Sprache verfaßt, die vor mehr als 10 000, vielleicht sogar vor 20 000 Jahren gesprochen wurde. Der russische Linguist V. Shevoroshkin hat übrigens auch die amerindischen Sprachen dazugerechnet.

Zwischen Greenbergs Erkenntnissen und denen der Russen gibt es keinen echten Dissens; angesichts des Unterschieds der Methode und der unabhängigen Entwicklung ihrer jeweiligen Untersuchungen ist es vielmehr erstaunlich, daß sie zu so ähnlichen Schlußfolgerungen gelangt sind. Greenberg glaubt, die afroasiatischen und drawidischen Sprachen hätten sich von jenen abgespalten, die er der eurasiatischen Überfamilie einer früheren Zeit zugerechnet hat und die also eine geringere Verwandtschaft aufweisen. Höchstwahrscheinlich können die gegenwärtigen Unterschiede zwischen dem Nostratischen und dem Eurasiatischen durch eine übergreifende Klassifizierung gelöst werden.

Diese Synthesen sind von den anderen Linguisten mit großer Zurückhaltung, manchmal geradezu feindselig aufgenommen worden. Man muß einräumen, daß es sehr wenige Sprachwissenschaftler gibt, die an dieser Frage wirklich interessiert sind und auch über die erforderlichen Grundkenntnisse verfügen, um sich mit ihr auseinandersetzen zu können. Die überwiegende Mehrheit der Linguisten spezialisiert sich auf ganz andere Probleme und beschäftigt sich mit viel jüngeren historischen Perioden, über die gewöhnlich ziemlich umfangreiches schriftliches Dokumentationsmaterial vorliegt. Daher neigen sie dazu, Schlußfolgerungen systematischer Art, die sich auf sehr weit zurückliegende Zeiträume beziehen und Methoden erfordern, die von den traditionellen abweichen, mit Skepsis zu begegnen.

Man könnte fast behaupten, daß sich hier noch der negative Einfluß eines 1866 offiziell von der Gesellschaft für Linguistik in Paris verkündeten Tabus bemerkbar macht, das eine Beschäftigung mit den Problemen der Evolution der Sprache ächtete. Man muß allerdings einräumen, daß die angewandten Methoden noch quantitativer werden müssen – dann könnten sie auch objektiver sein.

Es sind auch andere Überfamilien in die Diskussion eingebracht worden. So hat man Ähnlichkeiten zwischen der Gruppe der Na-Dene-Sprachen Nordamerikas, der sinotibetischen Familie und einer Reihe von Sprachen des Kaukasus gefunden – übrigens denselben, die auch mit dem Baskischen in Verbindung gebracht wurden. Es handelt sich um Familien, die geographisch sehr weit voneinander und von Spanien bis Nordamerika verbreitet sind.

Wahrscheinlich war diese »Dene-Kaukasisch« genannte Überfamilie vor der Expansion des Nostratischen (der Russen) beziehungsweise des Eurasiatischen (Greenbergs) über das gesamte Gebiet Eurasiens verbreitet. Die geographisch kompaktesten Familien sind in der Tat jene, deren Sprecher sich in relativ junger Zeit ausgebreitet haben. Wir haben Beispiele dafür, daß ältere Familien oder Unterfamilien durch die teilweise Überlagerung seitens anderer Gruppen aufgespalten wurden, die sich in späterer Zeit ausbreiteten und zum Teil Gebiete in Besitz nahmen, in welchen man zuvor die älteren Sprachen gesprochen hatte. So müßte in diesem Fall die dene-kaukasische Überfamilie die ältere, ja über 30 000 Jahre alt sein, wenn das Baskische tatsächlich von der Sprache abstammt, die von den ersten nach Europa eingewanderten Jetztmenschen, den sogenannten Cro-Magnon-Menschen, gesprochen wurde – wofür es viele Anzeichen gibt. Wenn andererseits die Entwicklung und Expansion der nostratisch-eurasiatischen Überfamilie vor 20 000 Jahren eingesetzt hat, verwundert es nicht, daß die dene-kaukasische schon 40 000 Jahre alt ist.

Man hat darüber hinaus auch noch andere Überfamilien hypothetisch angenommen, und die Tendenz geht zu der – vorläufig nur potentiellen – Aufstellung eines einzigen Stammbaums der Sprachen. Von diesem Ziel ist man jedoch noch ein gutes Stück entfernt.

Jetzt, da sich eine sprachliche Klassifizierung abzuzeichnen beginnt, die imstande ist, fast alle existierenden Sprachen einzuschließen und diese auf nur wenige anfängliche Äste zurückzuführen, steht man unweigerlich vor der Frage: Hat es in der

Vergangenheit des Menschen einmal eine einzige Sprache gegeben? Viele weigern sich noch, dieses Problem überhaupt in Betracht zu ziehen, und meinen, die Sprache entwickle sich mit zu großer Geschwindigkeit, als daß man darauf eine Antwort geben könnte. Aber Greenberg – wiederum er! – hat begonnen, eine Antwort zu geben, indem er nachwies, daß mindestens eine Wurzel existiert, die allen Sprachen gemeinsam zu sein scheint, und das ist das Stammwort *tik.* Hier seien folgende Variationen davon angeführt:

Familie oder Sprache	Formen	Bedeutung
Nilosaharisch	tok-tek-dik	eins
Kaukasisch (Süd-)	titi, tito	Finger; einzeln
Uralisch	ik-odik-itik	eins
Indoeuropäisch	dik-deik	mit dem Finger zeigen
Japanisch	te	Hand
Inuit	tik	Zeigefinger
Sinotibetisch	tik	eins
Austroasiatisch	ti	Hand, Arm
Indopazifisch	tong-tang-teng	Finger, Hand, Arm
Na-Dene	tek-tiki-tak	eins
Amerindisch	tik	Finger

Es fehlen nur Beispiele für Ähnlichkeiten im Khoisan und im Niger-Kordofanischen, den beiden wichtigsten afrikanischen Sprachen und wahrscheinlich auch den beiden ältesten Sprachfamilien der Menschheit.

Interessant sind die semantischen und die phonetischen Variationen, die manchmal ziemlich extrem sind, wie etwa in der indopazifischen Gruppe *(tong).* Die Bedeutung konzentriert sich auf die Gleichwertigkeit oder Äquivalenz zwischen dem Begriff »Finger« und der Zahl »eins«, was ziemlich plausibel ist angesichts der

Tatsache, daß wir, um die Zahl »eins« auszudrücken, beim Zählen einen Finger zu Hilfe nehmen. Abgesehen von der Schwankung zwischen der Bedeutung von »eins« und der von »Finger«, sehen wir, daß der Finger manchmal zur Hand, ja sogar zum Arm, oder zum Verbum »(mit dem Finger) zeigen« wird; in einem Fall wird er sogar zu »einzeln«. In den Inuit-Sprachen bezeichnet *tik* den Zeigefinger, aber in den Sprachen, die man auf den Aleuten spricht (nahe Alaska, wo Fischer leben, die in ihrem Aussehen und ihren Sitten den Inuit ähneln und Sprachen derselben Familie sprechen), ist aus *tik* der Mittelfinger geworden. Auf das indoeuropäische Verbum *additare* »(mit dem Finger) zeigen« (Formen *dik-deik*, im klassischen Griechisch *deik-numi*, dessen Wurzel der erste Teil, *deik*, ist), geht wahrscheinlich das lateinische *digitus* zurück, daher *digit* (englisch »Ziffer«) und das italienische *dito*. Es gibt immer einen semantischen Tanz, begleitet von phonetischer Variation.

Wir haben bereits darauf hingewiesen, daß die ersten drei Zahlen ein großes Beharrungsvermögen aufweisen und daher besonders geeignet sind, um auch zwischen weit entfernten Sprachen mögliche Verbindungen aufzudecken. Dabei steht die Zahl »eins« eindeutig an der Spitze. Eine Ruhlen zufolge sehr gut konservierte Wurzel ist die, die dem Wort »Milch« entspricht (wie man sieht, handelt es sich immer um Wörter, die im menschlichen Leben von elementarer Bedeutung sind). Die nahezu universale Wurzel wäre dem deutschen »Milch« und dem englischen »milk« sehr ähnlich; im Griechischen, im Lateinischen und in den vom Lateinischen abgeleiteten Sprachen jedoch ist sie von einer anderen Wurzel unbekannten Ursprungs, *glac* (daher das griechische *galaktos* und das lateinische *lac*), verdrängt worden. Bengston und Ruhlen haben ungefähr dreißig interessante Wurzeln gefunden, die für Körperteile (wie Knie, Vagina, Auge) oder andere im Alltagsleben wichtige Dinge (wie Wasser, Flöhe usw.) stehen. Heute haben wir zum Glück gelernt, die Flöhe, zumindest in den entwickelten Ländern, unter Kontrolle zu halten, aber früher hatten selbst die Könige Probleme, sie sich überhaupt nur vom Hals zu halten.

Für Leser, die die Suche nach der Ursache interessiert, zitieren wir hier aus der Arbeit von Bengston und Ruhlen einige Beispiele für globale Etymologien:

Familie	wer	zwei	Arm	Vagina	Wasser
Khoisan	!ku		//kan	K''a	
Nilosaharisch	kukne	ball-	-kani	buti	kwe
Niger-Kordofanisch	*ki	bala	kono	butu	
Afroasiatisch	*k(w)	*bwr	*-gan	*put	*ak'w
Nostratisch/Eurasiatisch	*k i	*pala	*kon	*poto	*ak a
Dene-Kaukasisch	*k i		*kan	*puti	*ok a
Austrisch	o-ko-e	*mbar	*xeen	*betik	
Indopazifisch		boula	akan		okho
Australisch	kuwa	*bula		puda	*gugu
Amerindisch	kune	*pal	kano	butie	*akwa

* Der Asteriskus steht für rekonstruierte Laute von Protosprachen.

An dieser Stelle sei daran erinnert, daß Alfredo Trombetti, ein polyglotter italienischer Sprachwissenschaftler und berühmter Gelehrter, zu Beginn dieses Jahrhunderts Bücher veröffentlichte, in denen er eine einzige Ursprache postulierte. Er wurde aber damals von seinen Kollegen nur verspottet. Da seine Hypothese heute allmählich an Boden gewinnt, ist inzwischen sogar die Übersetzung seiner Werke ins Englische vorgeschlagen worden. Zweifellos wird es lange dauern, bis man zu einem Konsens gelangen wird, der bei so schwierigen Themen nicht generell, aber zumindest breit sein kann. Zwei Fragen werden offenbleiben: Wenn es tatsächlich eine Ursprache gegeben hat, wann hat sie existiert? Eine vorläufige Antwort lautet: in jedem Fall vor der Verbreitung des Jetztmenschen, die vor spätestens 60 000 Jahren eingesetzt haben muß. Und die zweite Frage: Wann hat der Mensch überhaupt zu sprechen begonnen?

Wann ist die Sprache zum ersten Mal in Erscheinung getreten?

Es ist schwer vorstellbar, daß die Sprache plötzlich aufgetreten ist und mit einem Schlag den Grad ihrer heutigen Komplexität erreicht hat. Es gibt jedoch einige kleine Hinweise, daß es schon in der ältesten Art der Gattung *Homo*, dem *Homo habilis*, eine biologische Grundlage für eine Form von primitiver Sprache gegeben haben könnte.

Wir wissen, daß es im Gehirn Bereiche gibt, die für die Sprache wichtige Funktionen haben, denn bei Individuen, die ein Trauma oder einen Gehirnschlag erlitten haben, kann die Fähigkeit, Sprache hervorzubringen, zu verstehen oder zu schreiben, beeinträchtigt sein. Diese Broca- oder Wernickezentren genannten Bereiche befinden sich in der Schläfengegend der linken Großhirnhemisphäre und sind für eine leichte Asymmetrie des Schädels verantwortlich, der links etwas ausgedehnter ist. Diese Asymmetrie ist bereits bei den besser erhaltenen (über 2 Millionen Jahre alten) Exemplaren des *Homo habilis* festzustellen, fehlt aber selbst bei jenen Affen, die den Menschen am nächsten stehen.

Heute ist nachgewiesen, daß Schimpansen und Gorillas fähig sind, die Bedeutung von Hunderten von Wörtern zu lernen und sie auch in ziemlich langen, wenn auch grammatikalisch nur sehr rudimentären Sätzen anzuwenden. Unseren fernen Vettern gelingt es, symbolische Bedeutungen zu erfassen, aber sie sind nicht imstande, Laute hervorzubringen, die den unseren ähneln. Um sich mit ihnen verständigen zu können, muß man zu besonderen Kommunikationsmitteln wie der Taubstummensprache oder zu speziellen, am Computer visualisierten Symbolen greifen.

Vielleicht haben schon unsere fernsten Vorfahren, die ersten Exemplare der Gattung *Homo*, mit der Entwicklung ihrer Stimme begonnen; aber es hat lange gedauert, bis der Mensch über den Reichtum an Lauten verfügte, die wir heute zu produzieren und zu verstehen imstande sind, und bis er besondere Bereiche des Gehirns ausbildete, die dazu bestimmt sind, unser überaus reiches Vokabular zu speichern und die komplexen Strukturen unserer Sprache selbst zu erzeugen und zu entschlüsseln.

Das Gehirnvolumen dieser fernen Vorfahren war noch sehr gering und umfaßte ein Drittel bis die Hälfte des heutigen Volumens. Zweifellos muß die bedeutsame Entwicklung, die dann einsetzte, auch – und vielleicht vor allem – dazu gedient haben, Platz für jene Strukturen zu schaffen, die für die Sprache wesentlich sind. Das Volumen unseres Gehirns hat vor ungefähr 300 000 Jahren aufgehört zu wachsen, aber es hat dann sicher noch sehr lange gedauert, bis eine so artikulierte Kommunikation wie heute möglich war.

Vom Neandertaler, der vor 200 000 bis 40 000 Jahren lebte, ist behauptet worden, er sei wahrscheinlich nicht imstande gewesen, mit derselben Geläufigkeit zu sprechen wie wir, weil sein Kehlkopf und sein Rachen nicht genügend ausgebildet waren, um die Laute so zu artikulieren, wie wir es können. Da es sich um Weichteile des Körpers handelt, die nicht erhalten bleiben, stützt sich diese Hypothese tatsächlich nur auf indirekte Anhaltspunkte, die von den in unmittelbarer Nähe liegenden, erhalten gebliebenen harten Körperteilen geliefert wurden. Diese Hypothese ist also letztlich nicht zu beweisen, hat aber zweifellos ihre Reize.

Andere Faktoren legen die Vermutung nahe, daß der Erwerb einer Sprache auf gehobenem Niveau – mit dem Reichtum an Wörtern und der Komplexität der Syntax, die sie auszeichnen – ein ziemlich junges Phänomen ist. Alle Sprachen weisen eine grundlegende Gemeinsamkeit auf: Der Grad ihrer Komplexität ist sehr ähnlich. Man könnte sogar sagen, daß die Sprachen, die von jenen Populationen gesprochen werden, die uns primitiver erscheinen, noch reicher und komplizierter sind als unsere (es ist darauf hinzuweisen, daß im Italienischen im Laufe der Zeit die im Lateinischen üblichen Deklinationen der Substantive verlorengegangen sind und daß im Englischen auch die Konjugation der Verben vollständig verschwunden ist). In biologischer Hinsicht sind die Menschen, die diese Sprachen sprechen, praktisch vollkommen gleich: Jeder normale Mensch besitzt die gleiche Fähigkeit, die Sprache der Engländer, der australischen Ureinwohner oder der Angehörigen irgendeines auch noch so isoliert lebenden Indianerstamms zu erlernen, sofern dies in den ersten Lebensjahren geschieht, denn die entsprechende Fähigkeit geht schon ziemlich früh verloren.

Das wichtigste Instrument des Jetztmenschen

Eine komplexe Sprache setzt hohe Intelligenz voraus. Wir wissen, daß in der Zeit vor 100 000 bis 60 000 Jahren ein bedeutender Fortschritt in der Qualität der Steinwerkzeuge zu verzeichnen war und die Verbreitung des Jetztmenschen über die ganze Welt begonnen hatte, die erst in der Zeit vor 30 000 bis 10 000 Jahren endete. Sobald die Menschheit sich über die ganze Erde ausgebreitet hatte, wuchs sie weiter, ohne allerdings genausoleicht expandieren zu können wie zuvor. Da der Ertrag, der durch Jagen und Sammeln gewonnen wurde, nicht mehr ausreichte, mußte die Nahrungsmittelproduktion entwickelt werden.

In dem Prozeß der geographischen Ausbreitung des Jetztmenschen muß eine schnelle und präzise Kommunikation von enormem Vorteil gewesen sein. Man mußte ja nicht nur Kundschaftertrupps aussenden, die nach ihrer Rückkehr Bericht erstatten und Empfehlungen über die besten Routen und Ansiedlungsgebiete geben sollten, sondern sich vor allem neuen Umgebungen anpassen, die in bezug auf Klima, Flora und Fauna ganz anders als die bisher gewohnten waren und voller Probleme und unbekannter Gefahren steckten. Die Fähigkeit zur Kommunikation hat sicherlich die Geschicklichkeit und die Erfindungsgabe herausgefordert, die die Verwendung der nach und nach verfügbaren Materialien ermöglicht und die Herstellung neuer Waffen, die Planung von Erkundungen und Migrationen, den Bau von Häusern, die den verschiedenen klimatischen Bedingungen angepaßt waren, und die Anfertigung von Kleidern erlaubt haben.

Andererseits hat eine so komplexe und entwicklungsfähige Sprache die Neigung, sich regional zu differenzieren. Es verwundert daher nicht, daß die Archäologen eine weitere Differenzierung festgestellt haben, die parallel zu der der Sprache verlief und vor allem in den letzten 50 000 Jahren sehr markant hervortrat: Es handelte sich um eine beachtliche Diversifikation der Werkzeugproduktion und die Verbreitung des Gebrauchs neuer Materialien wie Knochen, Elfenbein und Holz. Und es verwundert auch nicht, daß dies als ein – allerdings indirekter – Beweis für die Existenz perfektionierterer Sprachen gewertet wurde, die sich ihrerseits bereits von Ort zu Ort unterschieden.

Die heute existierenden Sprachen unterscheiden sich in ihrer Gesamtheit sehr stark voneinander, und die Geschwindigkeit ihrer Entwicklung und vor allem ihrer Differenzierung ist so groß, daß die Datierung ihrer Entstehung auf die Epoche seit ungefähr 100 000 Jahren mit den gegenwärtigen Divergenzen vereinbar ist. Was zählt, ist, daß die Struktur der Sprachen sehr ähnlich geblieben ist. Deshalb muß sie schon zu Beginn des Abenteuers jener hypothetischen Gruppe von einigen zehntausend Individuen komplex gewesen sein, die bessere Lebensbedingungen schufen und einen Prozeß des demographischen und kulturellen Wachstums einleiteten, der sie veranlassen sollte, sich im Laufe von rund 50 000 Jahren über die ganze Erde auszubreiten.

Die Evolution in der Biologie und in der Linguistik

Seit den Anfängen der modernen Biologie und Linguistik hat zwischen diesen Disziplinen – zum Teil auch unter der Oberfläche – ein Gedankenaustausch stattgefunden.
Um die Mitte des letzten Jahrhunderts erklärte Charles Darwin die biologische Evolution als Folge eines natürlichen Prozesses, der die Lebewesen hervorbringt, indem er sie »durch Trial-and-Error« ausliest. Am erfolgreichsten sind jene Organismen, die sich als besonders tauglich erweisen, weil sie am besten an ihre Umwelt angepaßt sind; sie werden automatisch ausgelesen, so daß sie sich stärker vermehren als die anderen.
Die »Trial-and-Error«-Methode der Natur besteht darin, ständig neue Mutationen vorzuschlagen (eine Bezeichnung, die es zu Darwins Zeiten noch nicht gab). Die *natürliche Auslese* ist das Sieb, in dem die nachteiligen Mutationen hängenbleiben und die vorteilhaften einfach dadurch begünstigt werden, daß sie sich stärker vermehren und weiter verbreiten als die ersten.
Auf der Grundlage dieser Schlüsselbegriffe erklärt Darwin die Vermehrung, die Veränderung und die Differenzierung der Lebewesen, und er hat sie in seinem Buch *Über die Entstehung der Arten* mit hypothetischen Beispielen von Stammbäumen der Arten illustriert. Ein zeitgenössischer Sprachwissenschaftler, August Schleicher, hat kurze Zeit später den auf der nächsten Seite

abgebildeten Stammbaum der indoeuropäischen Sprachen veröffentlicht.
Die moderneren Erkenntnisse weichen ein wenig von diesem Baum ab, der heute nur noch von historischem Interesse ist. Eine Analyse aus allerjüngster Zeit, die zwei bekannte Linguisten, Isidore Dyen und Paul Black, in Zusammenarbeit mit dem Statistiker Joseph B. Kruskal publiziert haben, stützt sich auf die mit Hilfe einer klassischen Liste von 200 Wörtern in 84 indoeuropäischen Sprachen festgestellten Verwandtschaften. Sie weist einige Unterschiede in bezug auf die herkömmlichen Ansichten auf, die sich noch in dem von Schleicher vorgeschlagenen Baum widerspiegeln.
Dyen und Black erkennen die Existenz einer keltischen, italischen, germanischen, baltoslawischen, indischen, griechischen, iranischen, armenischen und albanischen Sprachgruppe an (die armenischen Sprachen fehlen übrigens in Schleichers Baum). Sie stellen eine – allerdings sehr geringe – Ähnlichkeit zwischen den italischen, germanischen und baltoslawischen Sprachen fest, aber im Gegensatz zu Schleicher werden keine Ähnlichkeiten zwischen den italischen und den keltischen Sprachen, oder zwischen den indischen und den iranischen oder zwischen anderen der neun soeben erwähnten Gruppen entdeckt. Die Tatsache, daß die indoiranische Gruppe nicht anerkannt wurde, steht in einem deutlichen Widerspruch zu den von der Mehrheit der traditionell orientierten Sprachwissenschaftler akzeptierten Erkenntnissen.

Das theoretische Modell für einen Stammbaum ist für die Darstellung der Differenzierung der Sprachen nicht immer von Nutzen, weil es zwischen verschiedenen Sprachen benachbarter Populationen Austausch und wechselseitige Beeinflussung geben kann. Es handelt sich zwar um eine Form von »Migration«, die aber nicht vergleichbar ist mit der, die in der Biologie vorkommt. Wenn man die Evolution verschiedener Arten untersucht, kann es zwischen Arten keinen Austausch durch Wanderungsbewegungen geben, weil aus der Kreuzung zwischen Individuen verschiedener Arten *per definitionem* keine fruchtbaren Nachkommen hervorgehen können. Untersucht man die Evolution von Populationen derselben Art, die Individuen durch Migration austauschen

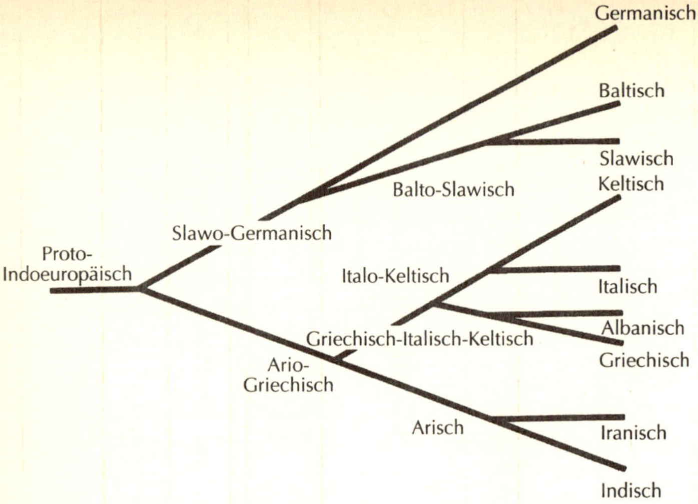

5. Einer der ersten Stammbäume, die in der Geschichte der Sprachwissenschaft und der Biologie veröffentlicht wurden: Auf der Grundlage der Forschungsergebnisse des berühmten Linguisten Schleicher (1863) zeichnet er den Ursprung der indoeuropäischen Sprachen nach. Die Bäume, die in der Folge erstellt wurden, sind nicht unbedingt besser. Aber es gibt objektive Schwierigkeiten, die ältesten Abzweigungen und die von Schleichers griechisch-italisch-keltischem Zweig klar zu erkennen.

können, dann besitzt ein Baum nur dann wirklich Gültigkeit, wenn dieser Austausch begrenzt ist. In den Bereichen Linguistik und Biologie gibt es in bezug auf migrationsbedingten Austausch noch andere wichtige Unterschiede.

Die Aufnahme eines Wortes oder eines anderen sprachlichen Elements in eine fremde Sprache (»Entlehnung« genannt) ist ständig zu beobachten – sehr zum Verdruß der Puristen, die sprachliche Kontaminationen ablehnen; doch sie ist ein Maßstab für den unvermeidlichen kulturellen Einfluß eines Volkes auf ein anderes. Das Phänomen kommt so häufig vor, daß es eine Theorie der Sprachentwicklung gibt, der zufolge die Wörter vom Ausgangspunkt mit einer Bewegung nach außen wandern können, ähnlich der der kreisförmigen Wellen, die sich bilden, wenn wir einen Stein in einen Teich werfen. Auf den Sprachkarten kann man die Grenzen sehen, die ein Wort oder ein Ausdruck oder ein anderes

6. Geographische Verteilung und Isoglossen sprachlicher Ausdrücke in Italien.

sprachliches Phänomen, das sich auf diese Weise verbreitet hat, erreicht hat: Diese Grenzen werden »Isoglossen« genannt, das heißt Linien des gleichen Sprachgebrauchs.

Diese Hypothese von der Ausbreitung von Wörtern oder Redensarten als selbständiges Phänomen, die sogenannte »Wellentheorie«, kann als Antithese zu der der Stammbäume angesehen werden, der zufolge sich jede Sprache unabhängig von den anderen entwickelt. Selbstverständlich sind beide Modelle – unter verschiedenen Gesichtspunkten – richtig und nützlich. Es gibt auch ein Modell, das beide berücksichtigt, aber es ist sehr kompliziert. In der Biologie stehen wir vor genau derselben Situation. Die Evolution verschiedener Arten und auch die von Populationen derselben Art, die untereinander keine oder nur sehr wenige Individuen austauschen, kann anhand eines Stammbaums erläutert werden. Vergleichbares gilt auch für Sprachen, die keinen Austausch gehabt haben, der sich in wichtigen Entlehnungen niederschlug. Es gibt jedoch auch biologische Theorien, die unter dem Begriff der »Isolierung auf Distanz« bekannt sind und denen zufolge man vorhersagen kann – was in Wirklichkeit auch zutrifft –, daß geographisch benachbarte Populationen häufiger Individuen austauschen und deshalb in genetischer Hinsicht einander ähnlicher sind als entfernt lebende Populationen. Die theoretische Erkenntnis, daß die genetische Distanz zwischen zwei Populationen mit dem Anwachsen ihrer geographischen Entfernung zunimmt, hat sich auch für die Sprachen als zutreffend erwiesen.

Die Linguistik kennt Phänomene, die der Mutation ähneln: Änderungen von Vokalen und Konsonanten, Abkürzungen und Verlängerungen der Wörter (in manchen Sprachen Verdoppelungen, die vor allem in den polynesischen Sprachen sehr häufig vorkommen, aber auch in verschiedenen Regionen Afrikas, wo man zum Beispiel für Peperoni *pilì-pilì* sagt). Semantische Änderungen sind ebenso häufig wie phonetische, während grammatikalische seltener auftreten. Ohne Mutationen würden die Sprachen stagnieren. Die sprachlichen Neuerungen müssen allerdings nicht durch das Sieb der natürlichen Auslese wandern, sondern sich einer anderen Art von Auslese unterziehen. Sie gilt generell für alle kulturellen Phänomene, von denen die Sprache zweifellos eines der wichtigsten ist. Es ist daher naheliegend, in diesem Fall von einer *kulturellen Auslese* zu sprechen.

Natürliche Auslese, kulturelle Auslese

Die natürliche Auslese wird von der Natur vorgenommen, das heißt von der Umwelt im weitesten Sinn des Wortes, in der die durch Mutation entstandenen Neubildungen sozusagen überprüft, erprobt, bewertet und dann entweder angenommen oder ausgesondert werden. Die kulturelle Auslese wird dagegen von der menschlichen Gemeinschaft vollzogen: Wenn uns ein neues Wort präsentiert wird, wird es unserem Urteil unterworfen, also einer Auslese, die wir selbst treffen.

Die Sprache kann fast immer völlig problemlos den Bedürfnissen des praktischen Lebens angepaßt werden und wird zur Förderung der Zusammenarbeit und des Informationsaustausches zwischen den Menschen eingesetzt: Man braucht sich nur zu vergegenwärtigen, wie viele Wörter existieren, mit denen die Werkzeuge und die Tätigkeiten einzelner Berufszweige bezeichnet werden. Natürlich regen technologische Neuheiten oft zur Schaffung neuer Wörter an. Einige solcher Begriffe setzen sich durch, andere verschwinden wieder: Im Italienischen haben sich für »Flugzeug« die Wörter *aereo* und *aeroplano* behauptet; der Begriff *velivolo* mag poetischer sein und vielleicht schöner klingen, aber er ist so gut wie ausgestorben. Zur Zeit des Faschismus wurden neue Wörter kreiert, die andere, aus dem Französischen oder aus dem Englischen entlehnte, ersetzen sollten. Doch diesen nationalistisch motivierten Bemühungen war wenig Erfolg beschieden, sieht man einmal von wenigen Begriffen wie dem *autista* ab, der tatsächlich dem importierten *chauffeur* vorzuziehen ist, zumal die Orthographie und die Aussprache für einen Italiener unkomplizierter sind.

In einigen Ausnahmesituationen haben bestimmte Wörter als Faktoren der natürlichen Auslese gedient. Zur Zeit der Sizilianischen Vesper (1282) brach in Palermo ein Aufstand gegen die französische Besatzung der Stadt aus. Angeblich hatte ein französischer Soldat ein Mädchen durchsucht und die Situation auf eine Weise ausgenutzt, die die anwesenden Angehörigen sehr empörte. Im Volk erzählt man sich noch heute, daß diese Episode in eine Revolte mündete, in deren Verlauf die Franzosen vertrieben wurden. Für die modernen Historiker ist sie dagegen nur eine Episode in dem Kampf zwischen den Dynastien der Aragón und der Anjou um die Herrschaft über die Insel. Um ihre Feinde zu identifizieren, ließen die Sizilianer sie das Wort *ceci* aussprechen. Die Unfähigkeit, dieses Wort richtig auszusprechen, kostete viele Franzosen das Leben. In der Bibel (Richter 12.5-6) findet sich eine ganz ähnliche Episode, in der die Leute von Gilead die Angehörigen des mit ihnen verfeindeten Stammes Ephraim dadurch identifizierten, daß sie sie aufforderten, das Wort »Schibboleth« auszusprechen. Wer »Sibboleth« sagte, wurde umgebracht. Beide Beispiele belegen, daß Menschen, die mehrere Sprachen beherrschen, immer im Vorteil sind.

Fest steht, daß bei der Entwicklung einer Sprache die kulturelle Auslese eine große, und die natürliche wahrscheinlich nur eine sehr geringe Rolle spielt. In der Regel ist eine Vorliebe für kurze Wörter zu beobachten, und in manchen Gegenden geht diese Vorliebe ziemlich weit. Ob die Franzosen wohl aus diesem Grund bei sehr vielen Wörtern die letzte Silbe weggelassen haben und ihre Nachbarn, die Katalanen, auf dem besten Weg sind, dasselbe zu tun? (Wie viele andere Sprachen, die vom Lateinischen abstammen – zum Beispiel das Italienische –, lag auch im Französischen der Akzent auf der vorletzten Silbe, die durch den Wegfall der letzten Silbe selbst zur letzten wurde; deshalb ist es heute in Frankreich üblich, immer die letzte Silbe zu betonen, auch dort, wo es gar nicht angebracht ist, wie zum Beispiel bei Fremdwörtern. Die Katalanen sprechen eine Sprache, das »català«, das sehr stark dem alten Südfranzösischen, der sogenannten Langue d'oc, ähnelt.)

Gehirn und Sprache

Einige Entwicklungsprozesse scheinen für die Sprachen charakteristisch zu sein und finden sich nicht (zumindest nicht ebenso eindeutig) in anderen Arten der Evolution, weder in der biologischen noch in der kulturellen. Ein solches Phänomen ist die »lexikalische Verbreitung«, also die Verbreitung einer Neuheit von einem Wort zum anderen. Im Englischen wird zum Beispiel die Vergangenheit der Verben auf zweierlei Weise ausgedrückt: entweder durch Anfügen des Suffixes *-ed*, wie in *to love*, »lieben«, das zu *loved* wird (und das heißt: ich, du, er, sie, es etc. »liebte«), oder anderer Suffixe oder sogar, indem man zu anderen Wurzeln greift. Verben vom zweiten Typ werden unregelmäßige oder starke Verben genannt: Zum Beispiel lautet die Vergangenheit von *to find* (»finden«) *found*, die von *to go* (»gehen«) *went*. Vom Mittelalter bis heute hat sich die Anzahl von Verben, die sich in regelmäßige verwandelt haben, beträchtlich vermehrt – eine von vielen Vereinfachungen, von denen der Transformationsprozeß des Englischen im Laufe der Jahrhunderte begleitet wurde.
Die Liste der Beispiele für eine lexikalische Verbreitung durch fortschreitende analoge Verbreitung einer gegebenen Form oder, besser gesagt, eines bestimmten Modells, kann beliebig verlängert

werden. Im Italienischen etwa ist der Buchstabe »n« zwischen einem Vokal und einem »s« verschwunden, wenn diesem »s« ein weiterer Konsonant folgte (das sogenannte »s impura«): so sagt man *istituto, traslazione, trasporto* usw., während man im Französischen (genau wie im Englischen usw. und natürlich ursprünglich auch im Lateinischen) *institut, translation, transport* usw. hat. Der Soziolinguist William Labov aus Philadelphia hat in einem Vortrag, den er in seiner Eigenschaft als Vorsitzender der Gesellschaft der amerikanischen Linguisten gehalten hat, erklärt, in jüngerer Zeit sei die lexikalische Verbreitung die größte Entdekkung zum Thema »sprachliche Evolution« gewesen. (Sie ist übrigens dem Sprachwissenschaftler William Wang aus Berkeley zu verdanken.) Labov überprüft jetzt, ob ein wichtiges, in vielen Sprachen bekanntes Phänomen – darunter mit besonderer Klarheit im Englischen – als Beispiel für eine lexikalische Verbreitung betrachtet werden muß. Es handelt sich um eine der interessantesten Erscheinungen in der Entwicklung der englischen Sprache vom Mittelalter bis heute. Dieses »Great Vowel Shift« (große Vokalverschiebung) genannte, komplexe Phänomen ist unter anderem auch für die große Divergenz zwischen Schreibweise und Aussprache der englischen Wörter verantwortlich. Zu Beginn dieses Prozesses hatte das Englische wenige Selbstlaute, eigentlich nur jene sieben Vokale, die wir auch im Italienischen haben (die geschriebenen Vokale sind fünf, aber die entsprechenden Laute sieben, weil *e* und *o* jeweils offen oder geschlossen ausgesprochen werden können). Dagegen verfügt das Englische über ungefähr zwanzig unterscheidbare Vokale und eine große Anzahl von Diphthongen; viele Wörter, wie *bite* (»Biß«), *white* (»weiß«) und *mite* (»Milbe«) sprach man im Mittelalter ungefähr so aus, wie sie heute geschrieben werden; dann ist der letzte Vokal weggefallen, und der erste ist über eine Reihe von Verwandlungen zum Diphthong *ai* geworden: die Aussprache [bait], [huait], [mait] ist ins Englische der Oberschicht und auch der BBC übernommen worden (man spricht von der »received pronunciation« oder hochsprachlichen Aussprache). In einigen Teilen Englands ist die Aussprache [boit], [uoit], [moit] verbreitet, aber sie variiert, je nach Region und Wort, sehr stark. Im Londoner Dialekt, dem sogenannten Cockney – der dem australischen Akzent übrigens deshalb so ähnelt, weil viele der ersten australischen Siedler aus den Londoner Gefängnissen kamen – werden die Wörter *mate* (»Kumpel«), to *wait* (»warten«) und *fate* (»Schicksal«), die man im Standardenglischen wie [meit], [ueit], [feit] ausspricht, zu [mait], [uait] und [fait].

Hier stehen wir vor evolutionsgeschichtlichen Prozessen, die manchmal, sogar in verschiedenen Sprachen, dazu neigen, demselben Weg zu folgen. Ist es so, als erfolgten die Mutationen immer in dieselbe Richtung? Oder ist es die kulturelle Auslese, die immer in dieselbe Richtung wandert? Das Phänomen ist noch nicht ganz geklärt, doch was es mit dem Paradigma der lexikalischen Verbreitung vergleichbar macht, ist der Umstand, daß der Prozeß in vielen Wörtern stattfindet, die ähnliche phonetische Eigenschaften haben. Wenn es sich um Mutationen handelt, die dazu neigen, immer in dieselbe Richtung zu zielen, haben wir eine ganz andere Situation als in der Biologie, wo die Mutation typischerweise zufällig ist (auch wenn es Unterschiede in den Häufigkeiten geben kann, mit denen sie in den verschiedenen Nukleotiden und Chromosomenabschnitten stattfindet).
Dieses Phänomen der Variation in eine bestimmte Richtung ist von einem berühmten Linguisten, E. Sapir, als »Drift« bezeichnet worden. Hier gibt es leider eine deutliche Abweichung vom Sprachgebrauch der Genetiker: Die genetische Drift tendiert nicht in eine einzige Richtung, sondern mit gleich großer Wahrscheinlichkeit in die eine oder in die andere der beiden möglichen Richtungen, das heißt, sie führt entweder zur Vermehrung oder zur Verminderung der Häufigkeit der Form eines bestimmten Gens.
In der Tat müssen wir einräumen, daß die Sprachwissenschaftler das Wort korrekter verwenden, denn »driften« heißt, sich von einer Strömung treiben lassen, die in eine bestimmte Richtung fließt. Es ist nicht allzu verwunderlich, daß die von den Linguisten verwendete Definition exakter ist als die der Genetiker: Die Sprache ist nun einmal ihr Metier. Um den Unterschied zwischen der Bedeutung des Wortes im Sprachgebrauch der Genetiker und seiner üblichen Bedeutung klar hervorzuheben, hat der Genetiker Motoo Kimura, der die mathematische Theorie der Gendrift um

wertvolle Beiträge bereicherte, den Ausdruck »zufällige genetische Drift« vorgeschlagen, der aber für den alltäglichen Gebrauch natürlich etwas zu schwerfällig ist.

Man kann auch verallgemeinern und die klassischen, im 19. Jahrhundert entdeckten »Lautgesetze« in die Theorie der lexikalischen Verbreitung integrieren. Natürlich ist dies eine Frage der Definitionen. Ich beziehe mich auf die Gesetzmäßigkeiten des Lautwandels, die insbesondere im 19. Jahrhundert vielfach nachgewiesen wurden. Berühmtheit erlangten die Grimmschen Regeln (benannt nach Jacob Grimm, der zusammen mit seinem Bruder die berühmten Märchen gesammelt hat und auch ein hervorragender Sprachwissenschaftler war): Zum Beispiel ist aus den Buchstaben, die früher (das heißt im Griechischen, Lateinischen oder Sanskrit) *p, t, k* waren, im Englischen *f, th, h* und im Hochdeutschen *f, d, h* geworden. So wird *pater* im Englischen zu *father* und im Gotischen zu *fadar* (und *Vater* im modernen Hochdeutsch). Ende des 19. Jahrhunderts behauptete eine Gruppe von Linguisten, die sogenannten »Neugrammatiker«, die Regeln des Lautwandels seien vollkommen und alle Ausnahmen könnten erklärt werden. Es handelte sich um einen übertriebenen Anspruch, aber man muß einräumen, daß die Laute sich mit einer zweifellos beachtlichen Regelmäßigkeit ändern. Es ist naheliegend, die Erklärung dafür in irgendeinem biologischen Substrat zu suchen.

Der Linguist Noam Chomsky hat die Existenz einer Tiefenstruktur der Sprache anerkannt, die sich durch unsere Fähigkeit zeigt, feine Unterschiede zwischen oberflächlich ähnlichen Sätzen wahrzunehmen, die in Wirklichkeit aber unterschiedliche Bedeutung haben. Und er meinte, daß der menschliche Geist über eine angeborene Fähigkeit verfüge, die Sprache zu verstehen, und folglich, daß dafür eine einzige, ganz besondere biologische Grundlage existiere.

Man braucht sich für die vielen Spitzfindigkeiten von Chomskys Theorie nicht so zu begeistern wie seine unmittelbarsten Anhänger, aber es ist sicherlich etwas Wahres an der Tatsache, daß der menschliche Geist zum Erlernen der Sprache prädestiniert ist. Diese Anlage ist bei anderen Lebewesen nicht vorhanden, auch nicht bei unseren nächsten Vettern, die in dieser Hinsicht wahr-

scheinlich niemals zu einer so komplexen Effizienz und Funktionalität gelangen können wie wir.
Diese Einmaligkeit des menschlichen Geistes hat sich bisher in zwei Phänomenen manifestiert: In dem enormen Interesse, das das normale Kind am Sprechenlernen an den Tag legt, damit es mit den Erwachsenen und mit anderen Kindern kommunizieren kann, und in der Existenz besonderer, genetisch bedingter Fähigkeiten, die es uns erlauben, mit den feinsten Details des Sprachgebrauchs und der Sprachstruktur umzugehen.

Kinder, die in den ersten Lebensjahren nicht mit anderen menschlichen Wesen in Berührung kommen, von denen sie sprechen lernen können, verlieren nach dieser Phase die Fähigkeit, das Sprechen zu erlernen, und sind dazu verurteilt, teilweise oder ganz stumm zu bleiben. Zur Aktivierung der Lernfähigkeit gehört aber unweigerlich ein entsprechendes soziales Umfeld. Es gibt viele Beispiele für sogenannte »Wolfskinder«, die nach ihrer Geburt einige Jahre von Menschen isoliert geblieben sind, zum Beispiel weil sie von Tieren (Wölfen, Bären, Schafen, Schweinen) aufgezogen wurden, und die die Fähigkeit, sprechen zu lernen, ganz oder teilweise verloren haben. Der letzte solche Fall, über den berichtet wurde, ist der einer kleinen Amerikanerin namens Genie, die von ihrem Vater in einem Zimmer gefesselt gehalten und so über mehrere Jahre am Sprechen gehindert wurde. Als schließlich dieser unglaubliche Mißbrauch bekannt wurde, wurde Genie von mehreren Spezialisten untersucht. Sie haben auch versucht, ihr das Sprechen beizubringen, allerdings mit nur mäßigem Erfolg.
Es muß eine kritische Zeit geben, in der die Kinder eine große Prädisposition zum und ein starkes Interesse am Sprechenlernen haben – ein offenkundiges Zeichen für eine biologische Grundlage, die zur psychischen Ausstattung eines normalen menschlichen Wesens gehört. Es gibt eine andere, bereits erwähnte kritische Periode, die bei den meisten mit der Pubertät endet; sie betrifft die Fähigkeit, eine zweite Sprache und insbesondere die exakte Wiedergabe der besonderen Laute einer anderen Sprache als der Muttersprache zu erlernen. Für uns Italiener ist es zum Beispiel besonders schwer, die beiden für das Englische so typi-

schen Laute zu lernen, die durch die Buchstabenkombination *th* dargestellt werden, wie sie etwa im Artikel *th*e und im Nachnamen Smi*th* vorkommt. Die einzige Möglichkeit, sie perfekt zu erlernen, besteht darin, sie lange vor der Pubertät zu üben; es gibt jedoch wenige Glückliche, denen es auch noch danach gelingt, die korrekte Aussprache zu lernen.

Die Wiedergabe ungewohnter Laute ist nicht die einzige Schwierigkeit, die jedes Kind spielend meistert, während sie für die meisten Erwachsenen unüberwindlich ist. Im Laufe des Lebens – und ebenfalls am besten in jungen Jahren – lernt man die unzähligen Regeln, die jeder Sprache zugrunde liegen. Jeder oder fast jeder kann sie lernen. Tatsächlich gibt es Individuen, die im Gebrauch der Sprache oftmals schwer behindert sind: Es handelt sich um die Folgen von Verletzungen von bestimmten Bereichen des Gehirns oder um genetische Schädigungen, die sich in manchen Familien als erblich erwiesen haben. Der entsprechende Forschungszweig ist noch sehr jung, und deshalb liegen auch erst wenige Fallbeispiele vor. Neben den schwerwiegendsten Mängeln, wie Taubheit, Taubstummheit oder Aphasie (das ist der vollständige Verlust des Sprachverständnisses oder des Sprechvermögens), gibt es auch leichtere Defekte, wie die Dyslexie und die Dysgraphie, also die Unfähigkeit, richtig zu lesen beziehungsweise zu schreiben. Einige dieser Mängel sind für die Forschung von besonderem Interesse, weil sie hochgradig spezialisiert sind; dies gilt etwa für das Unvermögen, Verben zu konjugieren oder Substantive zu deklinieren oder beides.

In einem vor kurzem beschriebenen Familienstammbaum hat man in Kanada eine nicht geringe Zahl von Personen beobachtet, die unfähig sind, den Plural ungewohnter Substantive korrekt zu bilden. Wenn wir zum Beispiel jemanden fragen würden: »Was sagt man, wenn nicht ein Hut, sondern zwei da sind?«, hätte der Befragte keine Schwierigkeit, für die üblichen Substantive die richtige Antwort zu finden, in diesem Fall also: »zwei Hüte«. Erklärte man ihm aber, daß ein bestimmtes Tier *wombat* heißt – ein Wort, das der Betreffende noch nie gehört hat –, und würde man ihn nach dem Plural fragen, bekäme man nie die Antwort *wombäte*. Die Regeln, nach der der Plural gebildet wird, werden also nicht automatisch erkannt. Es ist interessant, inwiefern von den Beobachtungen über diesen besonderen, ziemlich aussagereichen Stammbaum die wahrscheinliche Existenz eines Gens abgelesen werden kann, das die Fähigkeit, Pluralformen zu bilden oder Verben zu konjugieren, steuert. Mit Hilfe der Molekulargenetik wird es wohl gelingen, das Gen zu identifizieren, das für den entsprechenden Defekt verantwortlich ist.

Unser Gehirn ist imstande, diese Regeln zu erkennen. Wenn es sie gewöhnlich ganz unbewußt anwendet, dann geschieht dies wahrscheinlich, um die Anstrengung zu vermindern, die unternommen werden muß, um unsere Kommunikation effizienter zu gestalten.

Gibt es einen Zusammenhang zwischen biologischer und linguistischer Evolution?

Wir haben bereits gesagt, daß der Stammbaum der Sprachen noch viele Ungewißheiten enthält und unvollständig ist. Der auf genetischen Daten beruhende Stammbaum ist zuverlässiger, aber auch hier können noch einige Zusammenhänge durch mögliche spätere Forschungserkenntnisse modifiziert werden.

Doch beide sind immerhin schon so weit ausgereift, daß wir uns fragen dürfen, ob es eine Parallele zwischen linguistischer und genetischer Evolution gibt. In Zusammenarbeit mit meinen italienischen Kollegen Paolo Menozzi und Alberto Piazza habe ich versucht, auf diese Frage eine erste Antwort zu geben, und zwar in einem 1988 veröffentlichten Artikel, in dem wir die Daten analysierten, die wir zur Rekonstruktion des genetischen Baums der menschlichen Populationen verwendet hatten.

Die Populationen hatten wir nach linguistischen Kriterien gruppiert, weil dies die einfachste und umfassendste Art war, die riesige Menge verfügbarer Daten zu ordnen – Hunderte von genetischen Daten, die von 1500 verschiedenen Populationen stammten. Die rund 5000 heute auf der Welt gesprochenen Sprachen entsprechen ziemlich genau den existierenden Völkern und Eingeborenenstämmen. (Die am besten geordnete und vollständigste Liste der ethnischen Gruppen, die auch immer wieder aktualisiert wird, findet sich in einem Buch mit dem Titel *The Ethnologue*. Es ist eine Publikation, die wissenschaftlichen Maßstäben genügt und offensichtlich auch religiösen Zwecken dient, denn neben den demographischen, geographischen und linguistischen Daten wird eigens erwähnt, ob in der betreffenden der über 5000 Sprachen eine vollständige oder teilweise Übersetzung der Bibel vorliegt.)

Dank der Tatsache, daß die Populationen von Anfang an nach linguistischen Kriterien geordnet waren, konnte leicht nachgeprüft werden, ob irgendeine Beziehung zwischen unserem genetischen Baum und dem linguistischen bestand. Die Antwort fiel positiv aus.

Die rund 1500 Populationen, über die wir genetische Daten besaßen, wurden auf 42 reduziert, wobei geographisch und ethnisch benachbarte Populationen zusammengefaßt und bei der Bündelung zu Gruppen manchmal auch linguistische Kriterien zugrunde gelegt wurden. Wir haben sichergestellt, daß durch diese Verfahrensweise unsere Ergebnisse nicht verfälscht wurden. Jedenfalls ist darauf hinzuweisen, daß das linguistische Kriterium der Gruppierung der Sprachen sehr oft zu Resultaten führt, die dem geographischen ähneln sowie denen, die von kulturellen und physischen Ähnlichkeiten abgeleitet sind. Die 42 Populationen wurden dann der Einfachheit halber auf 27 reduziert. So sind sich zum Beispiel die meisten der europäischen Populationen, die wir am Anfang in Betracht gezogen hatten, im Hinblick auf die zwischen ihnen beobachteten genetischen Unterschiede ziemlich ähnlich – zumindest im Vergleich zu jenen, die sie von den Populationen der anderen Kontinente unterscheiden. Deshalb haben wir die sechs europäischen Populationen zu einer einzigen Gruppe zusammengefaßt und nur die Lappen ausgenommen, die sich von den übrigen ganz klar unterscheiden.

Wenn man die von Ruhlen aufgezählten Sprachfamilien und Überfamilien mit unserem genetischen Baum, so wie wir ihn abgebildet haben, in Verbindung bringt, sieht man, daß mit diesen zumeist einander sehr nahe stehende Zweige des Baumes zusammengefaßt werden; es handelt sich also um solche Sprachfamilien, die sich erst in jüngerer Zeit voneinander getrennt haben. Für

diese Regel gibt es wenige Ausnahmen, für die sich aber leicht überzeugende Begründungen finden lassen.
Es ist auch bemerkenswert, daß die größeren Überfamilien, wie das Nostratische und das Eurasiatische, ungefähr mit den obersten Zweigen des Baumes übereinstimmen. Das gilt auch für andere Überfamilien, wie die *austrische*, die die große austronesische Gruppe umfaßt, zu der unter anderem die malaiisch-polynesischen Sprachen gehören.

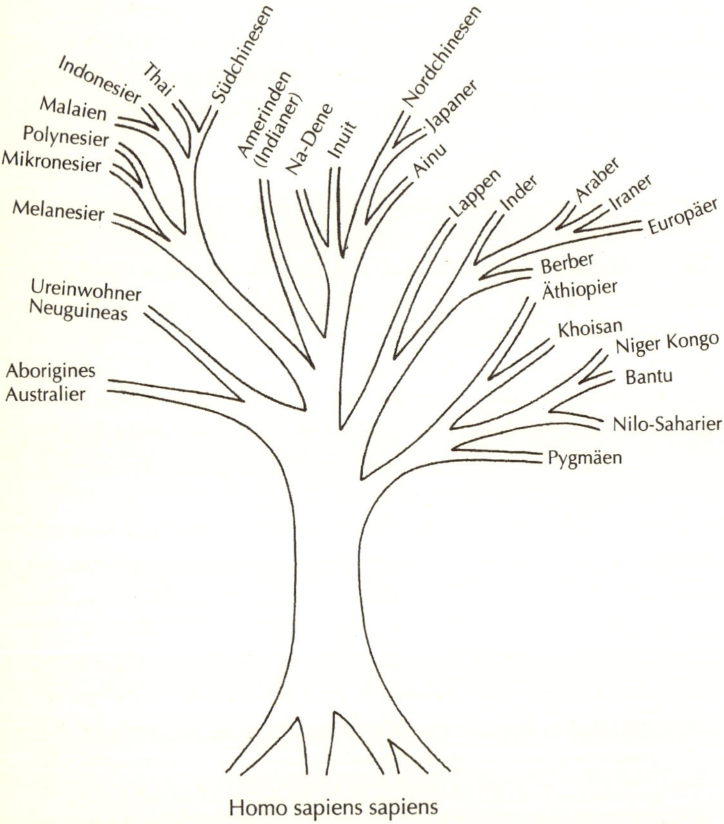

7. *Übereinstimmung zwischen dem genetischen Baum der wichtigsten Populationen der Welt und den verschiedenen Sprachfamilien.*

Wir hoffen, unseren genetischen Baum noch verfeinern zu können, und sehen mit großem Interesse weiteren Perfektionierungen des Sprachenbaums entgegen. Wir sind schon jetzt sicher, daß die Ähnlichkeit zwischen den beiden nicht auf Zufall beruhen kann. Diese Behauptung ist von einigen Sprachwissenschaftlern angefochten worden, die sozusagen auf der anderen Seite der Barrikade stehen (die gegen Greenberg gerichtete Amerikanisten-Koalition), die es sehr verdrießt, daß die genetischen Ähnlichkeiten zwischen den Amerinden die von Greenberg festgestellten linguistischen Ähnlichkeiten bestätigen. Den Kritikern entgegnen wir: Sollte die Ähnlichkeit zwischen dem genetischen Baum und der linguistischen Klassifizierung zufällig sein, so könnte sie – wie wir nachgewiesen haben – nur mit einer so geringen Wahrscheinlichkeit auftreten, daß sie vollkommen unerheblich wäre.

Die Ausnahme »kontrolliert« die Regel

Man sagt: »Die Ausnahme bestätigt die Regel.« Das ist ein törichter Spruch, weil eine Ausnahme eine Regel zunichte macht. Andererseits kennen natürlich fast alle Regeln Ausnahmen, und ursprünglich stand hinter dem Satz auch die Aussage: »Die Ausnahme dient zur Kontrolle der Regel.« Es gibt Ausnahmen, die so grundlegend sind, daß sie eine Theorie über den Haufen werfen können; andere können – dank einer überzeugenden Erklärung – eine Theorie sogar noch bestärken.

Sehen wir uns in unserem Fall einmal die wichtigsten Ausnahmen an. Die Äthiopier, die verschiedene ethnische und sprachliche Gruppen umfassen und die eine der 42 genetischen Gruppen repräsentieren, zu denen wir unsere 1500 Populationen gleich zu Beginn zusammengefaßt haben, werden aufgrund ihrer Gene als Afrikaner klassifiziert, auch wenn eine detailliertere Analyse ergibt, daß sie insofern ganz besondere Afrikaner sind, als sie eine starke Komponente kaukasoiden (also europiden) Ursprungs besitzen. Man kann sogar sagen, daß sie eine Mischung von Genen afrikanischen und europiden Ursprungs aufweisen: Die beiden Komponenten kann man im Durchschnitt auf 60 beziehungsweise 40 Prozent schätzen. Unter sprachlichen Gesichtspunkten da-

gegen stehen die Äthiopier den Arabern näher, weil sie im allgemeinen Sprachen einer – afroasiatisch genannten – Familie sprechen, die in Nordafrika, auf der Arabischen Halbinsel und im Nahen Osten verbreitet ist.
In der genetischen Vermischung und dem Erwerb afroasiatischer Sprachen spiegelt sich die Geschichte der Äthiopier wider, die lange Zeit hindurch enge Beziehungen mit Arabien pflegten. Zu Beginn des christlichen Zeitalters waren Äthiopien und Afrika in einem gemeinsamen Reich vereint, das seine Hauptstadt zuerst in Arabien, in Saba, und später in Afrika, in Axum, hatte. Der äthiopischen Überlieferung zufolge soll Makeda, die Königin von Saba, König Salomon einen Besuch abgestattet haben und ihm einen Sohn, Menelik, geboren haben, den Gründer der erst vor kurzem entthronten äthiopischen Dynastie (die sich selbst auch »salomonisch« genannt hat). Über den Besuch findet sich auch ein Bericht in der Bibel. Angesichts der über 3000 Jahre alten Verbindungen verwundert es nicht, daß die Äthiopier im genetischen Baum eine Einheit mit den Afrikanern bilden, sprachlich aber mit Arabien und Nordafrika verbunden sind.
Nicht unähnlich ist die Geschichte der Lappen, die aufgrund ihrer genetischen Daten auf denselben Zweig plaziert wurden wie die Europäer (obschon sie ziemlich weit von ihnen abweichen), während die linguistischen Daten sie mit der uralischen Familie in Verbindung bringen, die in Nordosteuropa, aber auch in Westsibirien verbreitet ist. Die Genetik beweist tatsächlich, daß die Lappen Bindeglieder zwischen Europäern und Sibirern sind: Zweifellos hat hier eine Vermischung der beiden Gruppen stattgefunden, die sie, die Lappen, zu über 50 Prozent zu Europäern gemacht hat (sie sind oft blond, aber Lappen mit dunkler Haut und dunklen Haaren sind auch keine Seltenheit). Wir wissen, daß sie seit mindestens 2000 Jahren, vielleicht schon viel länger, in Lappland, im Norden Skandinaviens, leben. Sie haben eine einzigartige Anpassung an die arktischen Lebensbedingungen vollzogen, indem sie lernten, wilde Rentiere zu jagen, Tiere zu zähmen und Fische zu fangen. Schon vor 2000 Jahren benutzten sie im Winter Holzskier, um sich auf den zugefrorenen Flächen fortzubewegen.
Eine andere Situation – die sich insofern von den bisher erwähn-

ten unterscheidet, als sich keine genetischen Vermischungen nachweisen lassen – ergibt sich im Fall der Tibeter (die auf dem Baum S. 308 nicht eingetragen sind), die aus Nordchina stammen und wie die Nord- und die Südchinesen Sprachen der sinotibetischen Familie sprechen. Die Südchinesen sind jedoch in genetischer Hinsicht anders und erscheinen deshalb auf einem anderen Zweig des genetischen Baums. Diese Diskrepanz geht auf die Tatsache zurück, daß die chinesische Sprache in Nordchina schon vor dreitausend Jahren gesprochen wurde. Ungefähr gleichzeitig mit der Vereinigung Chinas, die vor rund 2200 Jahren stattfand, hat sie sich dann nach Süden ausgebreitet. Daß die Tibeter in der linguistischen Klassifikation mit den Südchinesen assoziiert wurden, hat also nichts mit ihrer Herkunft zu tun, sondern nur mit den Folgen politischer Ereignisse.

Die Sprache der Eroberer

Wenn man diese »Ausnahmen« aufmerksam untersucht, stellt man fest, daß es sich um keine wirklichen Ausnahmen handelt, vor allem dann, wenn man sich der Existenz eines besonderen Mechanismus der sprachlichen Entwicklung bewußt ist, nämlich der vollständigen Verdrängung einer Sprache durch eine andere infolge einer besonderen soziopolitischen Situation. (Die Rede ist nicht von der »Wanderung« einzelner Wörter, die die Linguisten, wie wir gesehen haben, »Entlehnungen« nennen.)

Es genügt, an die jüngere Geschichte der Sprachen in Amerika zu erinnern. Bis Kolumbus wurden in einem großen Teil des Nordens und im ganzen Zentrum und im Süden amerindische Sprachen gesprochen. Mit der Ankunft der europäischen Kolonisatoren wurden dann vier neue Sprachen eingeführt: Englisch und Französisch im größten Teil Nordamerikas, Spanisch in der Mitte und im Süden mit Ausnahme des östlichen Teils von Südamerika, wo Portugiesisch gesprochen wird. Die Kolonisatoren haben nicht nur selbst die Sprache ihrer Herkunftsländer weiter gesprochen, sondern diese auch verbreitet und in der Regel den Eingeborenen aufgezwungen. Zum Glück werden viele der ursprünglichen Indianersprachen noch heute gesprochen, und man kann sie studieren; mehrere von ihnen sind jedoch in einem raschen Niedergang begriffen, und in 200 oder 300 Jahren werden nur wenige der 600 heute noch existierenden Eingeborenensprachen überlebt haben.

Voraussetzung für eine so erfolgreiche Verdrängung ist normalerweise, daß die Neuankömmlinge in ausreichender Zahl vorhanden sind und vor allem, daß sie über große Macht verfügen. Die Produktion moderner Waffen und die Aufstellung von Besatzungsheeren haben in diesen letzten Jahrhunderten die Verdrängung von Sprachen beschleunigt. Sie hat aber auch schon in früherer Zeit stattgefunden. Wir haben bereits gesehen, daß mit der Ankunft indoeuropäischer Eroberer in Persien und Indien die drawidischen Sprachen weitgehend verdrängt wurden. Ähnliches geschah auch in Europa: Es ist historisch weniger eindeutig nachzuweisen, aber sehr wahrscheinlich, daß die keltischen Eroberer ihre Sprachen mitbrachten, die dann in Westeuropa und in England vom Lateinischen verdrängt werden sollten. In England wurde das Lateinische später von der Sprache der Angelsachsen abgelöst.

Nicht immer zwangen die Eroberer eines Landes den Einheimischen ihre Sprache auf. So respektierten die Römer in Griechenland und Kleinasien und auch in Süditalien den Gebrauch des Griechischen, weil diese Sprache ein hohes Prestige besaß. Die Franken, ein germanischer Stamm, der am Ende des Römischen Reiches, im 6. Jahrhundert nach Christus, in Nordfrankreich einfiel, unterdrückte dort die lateinische Sprache nicht, die damals bereits begonnen hatte, sich zum modernen Französisch hin zu entwickeln. Ein anderer germanischer Stamm, der vielleicht aus Schweden kam, die Langobarden (einer Überlieferung zufolge »Männer mit langen Bärten«, oder einer anderen zufolge »Männer mit langen Lanzen«), eroberte zwischen dem 6. und dem 8. nachchristlichen Jahrhundert einen großen Teil Italiens und zwang ihm ihre Herrschaft und ihre Gesetze auf, nicht aber ihre Sprache. Das moderne Italienisch enthält eine kleine Anzahl von Wörtern langobardischen Ursprungs, die zumeist etwas mit den Sitten und den damals erlassenen Gesetzen zu tun haben (zum Beispiel *guidrigildo*, »Wergeld«, *faida*, »Fehde« oder *ordalia*, »Gottesurteil«), aber es haben viele Ortsnamen (wie Sala und Farra), Eigennamen und noch viel mehr Familiennamen langobardischen Ursprungs (Adimari, Anselmi, Alberti, Berlinguer etc.) bis heute überlebt. Die Verdrängung einer Sprache durch eine andere ist ein extremer Fall von beschleunigter Sprachentwicklung. Eine Sprache kann eine andere innerhalb weniger Generationen ablösen. In Afrika ist mir folgendes passiert: Als ich in ein Pygmäendorf kam, mußte ich feststellen, daß die Fragen eines demographischen Fragebogens, den ich in anderen Dörfern problemlos benutzt hatte, nur noch von den ältesten Mitgliedern des Lagers verstanden wurden. Es handelte sich – wie eingeräumt werden muß – um ein ganz besonderes Lager, das am Rande des von Pygmäen bewohnten Gebietes in der Zentralafrikanischen Republik gelegen und inmitten eines offenen Feldes der Sonne ausgesetzt war; es lag also nicht in einem Wald oder in Waldnähe, wie die üblichen Lager. Was mich vielleicht am meisten verblüfft hat, war, zwischen den Hütten Hühner im Boden scharren zu sehen: Sie waren die ersten Haustiere, die ich bei den Pygmäen zu sehen bekam.

Eine Prophezeiung Darwins

Mit einer Mischung aus Rührung, Genugtuung und auch ein wenig Beschämung habe ich festgestellt, daß Charles Darwin unsere Beobachtung der großen Ähnlichkeit zwischen dem genetischen Stammbaum und dem der Sprachfamilien vorhergesehen hatte. Zu diesem Thema schreibt er in seinem *Ursprung der Arten:* »Wenn wir einen vollkommenen Stammbaum der Menschheit besäßen, würde eine genealogische Ordnung der Menschenrassen die beste Klassifizierung der Sprachen erlauben, die heute in der ganzen Welt gesprochen werden. Und wenn darin noch alle ausgestorbenen Sprachen und Dialekte sowie jene eingeschlossen werden könnten, die sich langsam ändern, wäre diese Ordnung wirklich die bestmögliche.« An diese Prophezeiung hat mich Franco Scudo erinnert, ein Freund, der sich mit der Geschichte der Evolutionslehre beschäftigt. Es war mir peinlich, ihm eingestehen zu müssen, daß mir diese weitblickende Bemerkung Darwins entfallen war.

Warum muß es zwischen sprachlicher Entwicklung und genetischer Evolution Ähnlichkeiten geben? Die Erklärung ist einfach: Im Verlauf der Expansion des Jetztmenschen sind neue Regionen und neue Kontinente von Gruppen in Besitz genommen worden, die sich von ihrer ursprünglichen Gemeinschaft abgespalten hatten und sich in neuen Gegenden niederließen; von ihnen haben sich wieder andere Fragmente abgetrennt, die in noch weiter entfernte Gebiete gezogen sind. Über diese Kette von Abspaltungen und Ortswechseln sind sie in so weit entfernte Regionen vorgedrungen, daß es schwierig oder praktisch unmöglich wurde, die Beziehungen zu den Ursprungsgebieten und ihrer Bevölkerung aufrechtzuerhalten. Die Isolierung vieler auf diese Weise entstandener Gruppen hat zwei unvermeidliche Phänomene zur Folge gehabt: die Herausbildung genetischer und die Herausbildung sprachlicher Unterschiede. Beide Phänomene haben eine eigene Richtung eingeschlagen und ihre eigene Dynamik entwickelt, doch die Geschichte der Trennungen, die den Differenzierungen vorausgingen, ist beiden gemeinsam. Die Geschichte, die in bezug auf die Sprachen wie die Gene rekonstruiert wird, ist ebendie Geschichte der Trennungen und daher zwangsläufig dieselbe.

Man kann einwenden, daß die Geschichte der Welt nicht nur aus »Abspaltungen« von Völkern besteht. Es hat klarere und wichtigere Trennungen gegeben, zum Beispiel bei der Inbesitznahme neuer Kontinente und Inseln, wo die genetische und kulturelle Diskontinuität von der geographischen Trennung begünstigt wurde. Aber auch dort, wo eine geographische Kontinuität den Austausch erleichtert, läßt sich – natürlich mit einigen Ausnahmen – innerhalb eines Volkes eine Korrelation zwischen genetischer Ausstattung und Sprache feststellen. Die Faktoren, die die Herausbildung von Unterschieden zwischen einzelnen Gruppen bestimmen – also Isolierung und Migration –, wirken auf ähnliche, wenn auch nicht auf ganz gleiche Weise auf die Gene und die Sprachen ein, und zwar selbst dann, wenn keine bestimmte geographische Diskontinuität gegeben ist.

8

Kulturelles Erbe, genetisches Erbe

Die ersten Kontakte mit den Pygmäen lösten bei mir einen Schock aus. Der Unterschied zwischen unserer Lebensweise und der, die sie selbst so natürlich finden, ist unglaublich. Sie verbringen ihr Leben in ganz einfachen Hütten, die sie in wenigen Stunden eigenhändig aufbauen; sie wohnen im dunklen Schatten des Waldes zwischen sehr hohen Bäumen, durch deren dichtes Laubdach die Sonne nur selten dringt. Sie leben in Gruppen, die kaum mehr als 20 oder 30 Personen umfassen, besorgen sich ihre Nahrung täglich mit uralten listenreichen Techniken, indem sie Tiere »überrumpeln« und mit rudimentären Waffen erlegen oder indem sie geduldig eine große Anzahl von Blättern, Wurzeln und Früchten sammeln, für die die westlichen Botaniker zum Teil noch nicht einmal einen Namen haben.

Viele Pygmäen sind sehr mutige Menschen; manche haben bedeutende Entdeckungen über das Verhalten der Tiere gemacht und medizinische Behandlungsmethoden und neue Jagdtechniken erfunden, und es ist ihnen gelungen, unzählige Widrigkeiten, Gefahren und Wechselfälle zu überleben.

Es bedarf schon eines bewundernswerten Mutes, um einen Elefanten zu erlegen, indem man zwischen seine Beine schlüpft und ihn dann mit einer Holzlanze angreift. Alle Elefanten, deren Stoßzähne in den vergangenen Jahrhunderten als Elfenbein auf den Märkten der Welt verkauft wurden, sind von Pygmäen gejagt worden; die afrikanischen Feldbauern haben die Stoßzähne nur noch zu den Schiffen der Händler transportiert. Und es waren Pygmäen, die die wirklich seltenen Tiere des Tropenwaldes einfingen, die man heute in den zoologischen Gärten sieht. In den Augen eines Umweltschützers sind dies natürlich keine »Verdienste«. Doch solange die Pygmäen mit ihren eigenen Methoden gejagt haben, waren die seltenen Arten nicht ernsthaft vom Aussterben bedroht. Die Ausrottung der afrikanischen Fauna begann erst mit dem von den Weißen eingeführten Gewehr. Doch noch heute kommt es sehr selten vor, daß Pygmäen mit dem Gewehr auf die Jagd gehen, und wenn das geschieht, haben sie sich die Waffe meistens von anderen geborgt.

Seit meinen ersten Kontakten mit den Pygmäen waren mir diese Menschen überaus sympathisch, und alle meine Kollegen, mit denen ich ziemlich viel Zeit zubrachte, um dieses Urvolk des Tropenwalds zu befragen und zu untersuchen, entwickelten rasch die gleiche Sympathie und Bewunderung für sie. Für mich war es sehr lehrreich zu sehen, wie ein hervorragender Anthropologe wie Colin Turnbull, mit dem ich einige Lager besucht habe, mit ihnen redete und mit ihnen umging. Am ersten Tag, an dem ich ihm zusah, war eine ganz kleine, alte Pygmäenfrau in das Dorf der Feldbauern gekommen, wo die Pygmäen oft hochmütig und gemein, wie dumme Knechte, behandelt werden. Mit seinen über einen Meter achtzig beugte sich Colin tief hinab, um die Dame mit einem Respekt und einer Höflichkeit anzusprechen, wie sie seine schottischen Vorfahren vielleicht einer Königin gegenüber an den Tag gelegt hätten.

Die Frage drängte sich auf: Warum besteht ein so großer Unterschied zwischen unserer und ihrer Lebensweise? Es liegt auf der Hand, daß die ins Auge fallenden biologischen Unterschiede nur oberflächlicher Natur sind. Die Pygmäen haben zweifellos eine völlig andere Wirtschaftsform als wir, aber das allein genügt nicht, um diese Verschiedenheit zu erklären. Es mochte sich vielleicht nur um ein kulturelles Erbe handeln, das sich radikal von dem unseren unterscheidet, Jahrtausende alt ist, gut an ihre Lebensumwelt angepaßt ist und sich außerordentlich schwer verändern läßt. Und warum hätte es auch je verändert werden sollen? Der einzige Grund ist, daß wir ihnen ihre Wälder wegnehmen, weil es uns so in Konzept paßt und wir uns nicht im mindesten darum kümmern, daß wir damit ihre Lebensweise zerstören, ohne ihnen eine andere anbieten zu können; allenfalls zwingen wir sie, sie durch eine weit weniger attraktive Lebensweise zu ersetzen.

Der Kontakt mit einer Welt, die sich so stark von der unseren unterscheidet, hat mich veranlaßt, den Versuch zu unternehmen, die Gründe für diese kulturellen Unterschiede zu verstehen und das zu studieren, was man »kulturelle Evolution« nennen kann. Man muß nicht in die Tropenwälder Afrikas gehen, um sich klarzumachen, daß es sehr einflußreiche kulturelle Hinterlassenschaften gibt und daß diese auch im Umkreis weniger Kilometer variieren können. Es genügt, die Unterschiede zwischen den verschiedenen Regionen eines europäischen Landes zu betrachten, ganz zu schweigen von den wohlbekannten nationalen Klischees. Man spricht nicht oft davon, weil wir im Grunde mit unserer eigenen Lebensweise zufrieden sind oder es uns zumindest sehr schwer fallen würde, wenn wir uns an eine andere anpassen müßten. Um die Unterschiede zwischen uns und unseren Nachbarn zu verstehen, müßten wir mit ihnen oder mit einem neutralen Beobachter über sie reden, und es ist oft unangenehm zu erfahren, was die anderen über uns denken, insbesondere dann, wenn sie ganz offen ihre Meinung sagen.
Natürlich gelten die weitverbreiteten Stereotypen verschiedener nationaler Charaktere nicht für alle Angehörigen einer Nation, sind aber doch im Durchschnitt gültig. Keine der ihnen zugeschriebenen »typischen« Verhaltensweisen ist leicht quantifizierbar oder läßt sich in wissenschaftlich verwertbare Daten übersetzen. Dennoch möchte ich eine allgemeine Überzeugung exemplifizieren: daß es nämlich zwischen den Völkern große Unterschiede gibt, die zwar unverkennbar feststellbar sind, sich aber nur schwer messen lassen.

Gene, Aussehen und Verhalten

Im 19. Jahrhundert sprach man viel vom »Nationalcharakter«. Woher kommt dieses Paradigma? Handelt es sich um ein genetisches Phänomen? Ist es ein kulturelles Phänomen? Als ich während meiner Studienzeit unter vielen Menschen ganz unterschiedlicher Herkunft lebte, stellte ich fest, daß ich keine Mühe hatte, die Nationalität meiner Altersgenossen zu erraten. Natürlich ging ich dabei von äußerlichen Beobachtungen aus, bei denen das Verhalten keine oder nur eine geringe Rolle spielte. Sollte es möglich sein, daß in Europa tatsächlich alle diese verschiedenen »Rassen« existierten? Ich beschloß, mir darüber klarzuwerden, welche Indizien ich für meine Diagnose verwendete. Natürlich war die Farbe der Haare und Augen aufschlußreich, aber es gab viele andere, wichtigere Anhaltspunkte, etwa die Form der Schuhe, der Zuschnitt und die Farbe der Kleider und vor allem der Haarschnitt – alles kulturelle Phänomene.

Bei einem Blick auf die Gene stellen wir fest, daß zwischen den europäischen Völkern die Unterschiede der Häufigkeiten beim Rh-Gen, dem AB0-System und ganz allgemein bei allen bekannten Genen minimal sind. Deutsche und Franzosen haben sich lange bekriegt und gehaßt, aber ihre Gene sind sich im Durchschnitt sehr ähnlich. Wenn wir Südost-, Südwest-, Nordwestfranzosen usw. betrachten, finden wir zwischen ihnen sogar größere Unterschiede als zwischen Franzosen und Deutschen. Europa ist tatsächlich insofern ein Ausnahmefall, als es in genetischer Hinsicht außerordentlich homogen ist – zumindest im Vergleich zu anderen Kontinenten.

Ein gravierender Zweifel erhebt sich jedoch: Zwischen Nord und Süd gibt es eindeutig eine große Abweichung in bezug auf die Farbe der Haare, der Augen und der Haut. Diese Unterschiede sind biologisch und erblich, mit Sicherheit nicht kulturell bedingt. Warum sind diese mit bloßem Auge erkennbaren biologischen Unterschiede größer als die Unterschiede, die bei den Blutgruppen oder anderen Genen festzustellen sind? Und wenn es Gene gibt, die die Haarfarbe steuern, könnte es dann nicht auch andere, hypothetische geben, die zum Beispiel die Disziplin oder das Humorgefühl steuern? Wir wissen nicht, ob es sie gibt, und die moderne Genetik ist heute mit Sicherheit noch nicht imstande, Forschungen über so spezielle Merkmale durchzuführen. Vielleicht wird sich die Situation in 20 oder 30 Jahren geändert haben. Für die großen Unterschiede der Hautfarbe liefert, wie wir schon gesehen haben, die Anpassung an die Umwelt und an das Klima eine überzeugende Erklärung. Es kann sein, daß die Farbe der Haare wie der Augen einfach nur der der Haut folgt, auch wenn sie nicht eng miteinander verbunden sind. So finden wir etwa Menschen mit schwarzen Haaren und blauen Augen; es sind seltene, aber sehr attraktive Typen. Tatsächlich sind diese Merkmale bei der Partnerwahl von Bedeutung und haben einen selektiven Vorteil, weil die hellen Farben dort, wo sie selten vorkommen, sehr begehrt sind; umgekehrt sind dort, wo die hellen Farben dominieren, die dunklen gesucht. Es ist die sexuelle Auslese, die uns oft veranlaßt, die weniger häufigen Typen vorzuziehen. Typen mit ungewöhnlicher Pigmentierung, wie etwa die Albinos, die mit einer Häufigkeit von 1 zu 10 000 vorkommen, haben gelegentlich erstaunliche Erfolge verbucht; manchmal ist solchen Menschen sogar ein göttlicher Ursprung zugeschrieben worden.

Kurz und gut – wir können nicht völlig ausschließen, daß es in den Verhaltensmerkmalen auch genetische Komponenten gibt, die den Betreffenden zum Nazismus oder Liberalismus, zur Religiosität oder zum Atheismus, zum blinden Gehorsam oder zur geistigen Unabhängigkeit prädisponieren. Es ist jedoch nicht vorstellbar, daß es etwa in Deutschland höhere Anteile an genetischen Typen gibt, die zum Nazismus prädisponiert sind, als in Frankreich oder in England. Wir halten jetzt schon fest, daß die bislang durchgeführten Forschungen, die darauf abzielten, genetische Auswirkungen auf die einzelne Persönlichkeit festzustellen, unhaltbare oder jedenfalls sehr wenig überzeugende Ergebnisse erbracht haben.

Andererseits haben die Psychologen nachgewiesen, daß es zwischen dem ersten, dem zweiten und dem zuletzt geborenen Kind einer Familie große Unterschiede gibt. Die Geschwisterfolge begünstigt verschiedene und ganz bestimmte Tendenzen, die unter gar keinen Umständen genetisch bedingt sein können. Es ist ein ausschließlich kulturelles Phänomen. Im gleichen Maße zeigen sich in allen Verhaltensweisen starke kulturelle Einflüsse, und mit diesen wollen wir uns im folgenden näher befassen.

Von diesen Überlegungen angeregt, habe ich vor ungefähr 20 Jahren in Pavia mit Studien über das kulturelle Erbe begonnen, die ich dann in Stanford – vor allem in Zusammenarbeit mit meinem Freund, dem hervorragenden Mathematiker Marc Feldman – fortgesetzt habe.

Ich hatte von Anfang an das Bedürfnis nach einer für mich zufriedenstellenden Definition des Begriffs »Kultur« verspürt; denn ich wollte verstehen, womit ich es eigentlich zu tun hatte. Zwei berühmte amerikanische Anthropologen, Arthur Kroeber und Clyde Kluckhohn, haben vor vielen Jahren einmal eine Liste mit von Anthropologen formulierten Definitionen des Begriffes »Kultur« zusammengestellt: Sie kamen auf 164. Es schien keine wirklich gute Definition zu geben, oder zumindest keine, die besser gewesen wäre als jene, die ich, ganz in meiner Reichweite, nämlich in meinem Webster, gefunden hatte: »Kultur ist die Gesamtheit der menschlichen Verhaltensweisen und deren Produkte, wie Gedanken, Worte, Handlungen und Manufakte, und hängt von der Fähigkeit des Menschen ab, entsprechende Kenntnisse zu erwerben und sie an die nachfolgenden Generationen weiterzureichen.«

Die Anthropologen haben sich lange bemüht, die Kultur als ausschließlich menschliche Aktivität zu definieren – eine Ausgangsposition, die zweifellos ihre Entscheidungen beeinflußt hat. Heute wissen wir, daß auch viele Tiere eine Kultur besitzen, Erfindungen und Entdeckungen machen und sie an ihre Nachkommen weitergeben. Die Bemühungen der Anthropologen sind also von den Entwicklungen überholt worden: Die Menschen haben kein Monopol auf die Kultur. Aber auch wenn wir nicht die einzigen kulturellen Lebewesen sind, bleiben wir immer noch die, die am *meisten* Kultur besitzen. Garant für diese Überlegenheit ist die enorme Entwicklung der Sprache, die zweifellos sehr viel weiter reicht als bei allen anderen Lebewesen und uns die beste Kommunikation ermöglicht, die bislang in der Natur hervorgebracht worden ist.

Wer nicht imstande ist zu lernen, kann nicht zu Erkenntnissen gelangen. Die Grundlage der Kultur ist die Fähigkeit, Kenntnisse anzuhäufen, dieses Erbe von der vorhergehenden Generation zu übernehmen und es an die nachfolgende weiterzugeben, damit nicht jeder einzelne die Zahnbürste, das Rad und die Integralrechnung neu erfinden muß. Die Kommunikation zwischen Individuen ist also das Fundament, auf dem jedes kulturelle Gebäude ruht.

Evolution, Komplexität und Fortschritt

Die Anthropologen haben es fast immer abgelehnt, das Wort »Evolution« im Zusammenhang mit Kultur, Sprache oder ähnlichem zu verwenden. Sie bevorzugen den Ausdruck »kultureller Wandel« – vielleicht, weil sie die Vorstellung nicht akzeptieren wollen, daß es hier einen Fortschritt gibt; denn dies würde ja implizieren, daß man die Völker in rückständige und fortschrittlichere einteilen kann. Diese Sensibilität ist mehr als berechtigt, auch wenn die Zurückweisung des Ausdrucks »kulturelle Evolution« übertrieben zu sein scheint.
Ganz spontan könnte man denken, daß die ethnischen Gruppen, die die älteste Wirtschaftsform, nämlich die des Jagens und Sammelns, noch nicht aufgegeben haben, am weitesten zurückgeblieben sind, gefolgt von den Feldbauern, die primitive Techniken anwenden, dann von den fortgeschritteneren Ackerbauern usw.; damit würde also der Fortschritt mit dem Maßstab der Ökonomie gemessen. Es ließe sich schwer leugnen, daß es eine Skala des ökonomischen Fortschritts gibt, aber es gibt auch andere Maßstäbe – zum Beispiel den der ästhetischen oder ethischen Werte oder den des Glücks (einmal vorausgesetzt, man könnte es messen) –, die wahrscheinlich nicht unbedingt dem der ökonomischen Effizienz entsprechen. Eine andere Kultur auf der Grundlage ihres ökonomischen Niveaus positiv oder negativ zu bewerten ist nicht akzeptabel und erinnert bei näherem Hinsehen an gewisse alte Rassenideologien.
Man muß hinzufügen, daß das Wort Evolution nicht unbedingt Fortschritt bedeutet. Es gibt in der biologischen wie in der kulturellen Evolution gewöhnlich eine gewisse Zunahme an Komplexität, die nicht allgemein oder unvermeidlich ist; es gibt oft auch bedeutende Ausnahmen. Zunahme an Komplexität ist je-

doch nicht gleich Fortschritt. Ein Parasit hat oft auf viele eigene Organe verzichtet, weil ihm zu seinem Fortleben die Fähigkeit, sich zu reproduzieren und in den Wirt einzudringen, genügt; auf diese Weise bemächtigt er sich der Hebel, die es ihm erlauben, die im Wirt vorhandenen – und ihm selbst fehlenden – Funktionen auszunutzen, wie zum Beispiel die Fähigkeit, sich Nahrung zu besorgen. Die Parasiten haben also gegenüber ihren ferneren Vorfahren in verschiedener Hinsicht an Komplexität verloren, sind aber in bezug auf die Anpassung an ihre gegenwärtigen Lebensbedingungen ziemlich weit fortgeschritten. Der einzige Schwachpunkt ist, daß sie wirklich auf Gedeih und Verderb von ihrem Wirt abhängen. Andererseits würde kein Organismus überleben, wenn sich die Umwelt über gewisse Grenzen hinaus veränderte.

Ein Beispiel aus dem kulturellen Bereich: Seit dem Jahre 1066 hat sich die englische Sprache (zum Glück!) ziemlich vereinfacht, aber man kann nicht behaupten, daß dies einen Verlust bedeutete – höchstens einen Vorteil. Das Chinesische hat sich in noch größerem Umfang vereinfacht. Menschen mit einer Vorliebe für die größere Präzision jener Sprachen, in denen sich alle Konjugationen und Deklinationen erhalten haben, können jedoch befürchten, daß die Vereinfachung des Englischen und des Chinesischen eine Vermehrung von Mißverständnissen zur Folge haben könnte. Der Begriff »Fortschritt« läßt sich also kaum auf objektive und völlig zufriedenstellende Weise definieren.

Es besteht kein Zweifel, daß es in der biologischen Evolution über lange Zeiträume einen Fortschritt jener Organismen gibt, die sich im Konkurrenzkampf behaupten, sich vermehren und verbreiten und vielleicht neue, nützliche Funktionen entwickeln. Im gleichen Maße hat es mit Sicherheit über Jahrmillionen einen Fortschritt in der Effizienz der menschlichen Sprache gegeben, denn bei den fernsten Vorfahren muß sie zwangsläufig viel primitiver gewesen sein.

Die Furcht vor der Idee eines Fortschritts ist für die längeren Zeiträume der – biologischen wie der kulturellen – Evolution nicht gerechtfertigt, während sie bei kurzen Zeiträumen, in denen Veränderungen nur in bescheidenen Ausmaßen stattfinden, plausibel erscheint. Manchmal scheinen diese Veränderungen sogar kontraproduktiv zu sein; jedenfalls ist es schwierig, ihren Adaptationswert und künftigen Erfolg objektiv einzuschätzen.

Die kulturelle Übertragung

Die Art und Weise, wie wir sprechen, uns kleiden und uns allgemein verhalten, ist ein Erbe, das wir von jenen erhalten, die uns vorangehen, und das ständigen Änderungen unterworfen ist – schnellen Änderungen im Hinblick auf die Kleidung, langsameren in bezug auf die Sprache (obwohl sich zwischen der Sprache der Alten und der der Jungen offenkundige Unterschiede finden – abgesehen von altersbedingten Phänomenen). Dieses kulturelle Erbe macht uns auf unverkennbare Weise zu Italienern, Engländern und Pygmäen und ist daher der Wesenskern der Kultur. Inwiefern wird dieses Erbe nun erhalten, und inwieweit verändert es sich? Auf diese grundlegenden Fragen habe ich – so erstaunlich das auch klingen mag – in keinem Buch eine überzeugende Antwort gefunden.

Fest steht, daß es Kräfte gibt, die die Kultur fast oder ganz unverändert bewahren, und andere, die sie verändern. Wenn wir einen Vergleich vornehmen zwischen der Biologie (die wir dank der Genetik besser kennen) und der Kultur (über deren Erhaltung und Veränderung wir fast nichts wissen), stellen wir fest, daß in der Biologie die Erhaltung durch die Weitergabe des Erbgutes von einer Generation zur anderen ermöglicht wird, während die Veränderung auf die Mutation zurückgeht, deren Schicksal von der Notwendigkeit (der natürlichen Auslese) und vom Zufall (von der genetischen Drift) bestimmt wird.

Können wir nun die Hypothese aufstellen, daß dasselbe auch auf die Kultur zutrifft? In einem gewissen Sinne fällt die Antwort positiv aus, aber die Ähnlichkeit zwischen Genetik und Kultur auf der evolutionsgeschichtlichen Ebene ist manchmal nur vage, und man muß sinnvollerweise differenzieren. Der größte Unterschied besteht darin, daß in der Biologie das Erbgut das Gen ist, das heißt, chemisch die DNA, während es sich in der Kultur um die Gesamtheit unserer Kenntnisse und Überzeugungen handelt, eine nicht greifbare Materie, die keine chemische Beschaffenheit zu haben scheint, sondern vielmehr wie die »Software« eines Computers ist, über den wir sehr wenig wissen – unser Gehirn. Wenn wir das Gehirn mit physikalischen Begriffen beschreiben können, werden wir feststellen, daß es dem Speicherinhalt eines Computers ähnelt (oder, besser gesagt, daß es eine vergleichbare Verarbeitungspotenz besitzt), nur noch komplexer ist; wahrscheinlich werden das Wissen und die Kultur als die Gesamtheit der Zustände und des Grads der Erregung von Nervenzellen und ihrer Verbindungen zu beschreiben sein.

Vielleicht werden wir im übrigen auch herausfinden, daß die Kultur noch komplexer ist als unsere Biologie. Die genetische Konstitution des Menschen wird beschrieben von einer Reihe von 3 Milliarden Nukleotiden, die die von der Mutter erhaltene DNA ausmachen, und von einer anderen, ebenfalls von 3 Milliarden oder etwas weniger, die das Individuum von seinem Vater bekommt. Die Anzahl der Zellen, die unser Nervensystem bilden, ist aber mindestens zehntausendmal größer; noch größer ist die Anzahl der Verbindungen zwischen ihnen, die insofern äußerst wichtig sind, als sie das Netz bestimmen, durch das die einzelnen Nervenzellen miteinander verbunden sind. Von der Beschaffenheit des Gedächtnisses und, allgemein gesprochen, jener Kräfte, die unser Verhalten steuern, wissen wir heute noch so wenig, wie wir über die Beschaffenheit des Gens vor 50 Jahren wußten, also zu jenem Zeitpunkt, da ich begonnen habe, mich für Genetik zu interessieren.

Eines wissen wir jedoch mit Sicherheit: Unsere Motivationen scheinen von Nervenzentren aus gesteuert zu werden, deren genaue Lage im Gehirn uns bekannt ist; sie entscheiden darüber, ob ein Gefühl oder eine Handlung als angenehm oder unangenehm empfunden wird. Die Art und Weise, wie diese Zentren unser Verhalten beeinflussen, ist zweifellos komplex. Wir wissen zwar wenig darüber, kennen aber einige Substanzen, die wahrscheinlich an der Funktion dieser Zentren beteiligt sind und die Lustgefühle bestimmen. Eine dieser Substanzen hat man Endorphin, also endogenes (körpereigenes) Morphin, genannt. Durch die komplizierten Netze der Nervenfasern im Gehirn nimmt fast jedes Gefühl und jede Handlung, auch jede Erinnerung, eine Gefühlsfarbe an, die positiv oder negativ sein kann und dazu dient, unser Verhalten zu lenken. Wie dies alles funktioniert, ist noch ziemlich rätselhaft und stellt eines der großen, bislang ungelösten Probleme der Physiologie dar.

Abgesehen von dem, was wir über die Organisation des Gehirns wissen, bleibt die Tatsache, daß wir die Gesamtheit unserer persönlichen Kenntnisse stets um neu Hinzugelerntes bereichern; damit ist nicht nur das gemeint, was wir durch eigene Erfahrung lernen, sondern auch und vor allem das, was wir vom Wissen der anderen profitieren, also von der Gesamtheit der Informationen, die uns in Form von Befehlen oder Ratschlägen oder einfach von potentiell nützlichen Botschaften übermittelt werden. Von diesem System von Kenntnissen lassen wir unser Verhalten – bewußt oder unbewußt – bestimmen.

Wer sind nun diese »anderen«, die uns diese Unmenge von Informationen übermitteln? Sie wechseln natürlich mit dem jeweiligen Alter. In den ersten Lebensjahren sind es unsere nächsten Familienangehörigen: Mutter, Vater, Geschwister und andere Personen, die in der Familie leben. Nach und nach weitet sich der Kreis der Kontakte auf die Spielkameraden und deren Familien aus, auf die Lehrer und die Mitschüler, und heutzutage auch auf den Lesestoff und die Massenmedien. In der Zeit, in der unsere Selbständigkeit wächst, kann jeder unser Lehrer beziehungsweise unser Schüler werden. Wir hören nie auf zu lernen, aber die Information, die von außen kommt, nimmt mit zunehmendem Alter ab – entweder weil sie in geringerem Umfang rezipiert wird, oder weil die Kontakte sich verdünnen und unser Verhalten bereits weitgehend von der Form bestimmt wird, die unsere Persönlichkeit im Laufe der Zeit angenommen hat.

Die Gesamtheit dieser Transaktionen, die sinnvollerweise als kulturelle Übertragung bezeichnet werden kann, bildet die Grundlage für ein kulturelles Erbe. Die Weitergabe erfolgt sowohl zwischen den Angehörigen ein und derselben Generation als auch an die der nachfolgenden Generation. Dank der Erfindung der Schrift können uns Informationen auch aus sehr weit – bis zu 5000 Jahren – zurückliegenden Zeiten direkt erreichen, das heißt aus der Zeit, aus der die ältesten schriftlichen Dokumente stammen. Die Archäologie führt uns in der Zeit noch weiter zurück, aber die aus dieser fernen Vergangenheit stammende Information, die von den Archäologen rekonstruiert werden kann, ist zwangsläufig ziemlich begrenzt und unzuverlässig.

Die vertikale Übertragung

Die Geburtsstunde der modernen Genetik schlug, als Gregor Mendel, Prälat am Augustinerkloster von Brünn (heute Brno), die nach ihm benannten Gesetze der biologischen Vererbung entdeckte, die erklären, mit wie hoher Wahrscheinlichkeit die Kinder die erblichen Merkmale des einen oder des anderen Elternteils oder eines entfernteren Vorfahren tragen werden. Seine Entdekkungen wurden 1865 veröffentlicht, blieben aber bis zum Jahre 1900 unbekannt, als drei Forscher sein Werk wiederentdeckten beziehungsweise seine Experimente wiederholten. Obwohl die Genetik seither eine rasante Entwicklung erlebt hat, nehmen die Mendel-Regeln in dieser Wissenschaft immer noch eine Schlüsselstellung ein. Sie erklären unter anderem, warum eine biologische Population von einer Generation zur nächsten praktisch identisch bleibt, sofern keine Mutationen oder andere evolutionsgeschichtliche Faktoren, wie die natürliche Auslese oder die genetische Drift, auftreten. Doch auch unter der Einwirkung dieser Faktoren verändern sich die Populationen in genetischer Hinsicht normalerweise nur sehr langsam, während die kulturelle Evolution – zumindest in manchen Fällen – sehr rasch vor sich gehen kann.

Ein Teil der kulturellen Übertragung vollzieht sich zweifellos von den Eltern auf die Kinder, und insofern ähnelt sie der genetischen Übertragung. Eine theoretische Studie zeigt, daß die evolutionsgeschichtlichen Folgen einer derartigen Transmission sehr stark jenen ähneln, denen man im Bereich der Biologie begegnet: Kulturelle Merkmale, die auf diese Weise übertragen werden, verhalten sich ähnlich wie die genetischen. Sie sind daher in der Zeit sehr stabil, oder, wie man sagt, hochgradig konservativ.

Was uns von den Eltern beigebracht wird, bleibt unter dem Einfluß späterer kultureller Übertragungen natürlich leicht revidierbar. Es gibt jedoch einen Mechanismus, der die Unterweisung durch die Eltern – zumindest in mancher Hinsicht – besonders wirksam machen kann, und das ist die größere Empfänglichkeit für bestimmte Einflüsse im jugendlichen Alter. In der psychischen Entwicklung gibt es sogenannte »kritische Perioden«, in denen ein kultureller Einfluß eine unauslöschliche Prägung bestimmt; wenn dieser Einfluß zum richtigen Zeitpunkt im Leben eines Individuums unterbleibt, wird es sich nicht in der Weise entwikkeln können, die diese Prägung ermöglicht. Bei den Tieren ist dieser Mechanismus besonders stark ausgebildet: Berühmt ist das Beispiel des Entenkükens, das in den ersten 24 Stunden seines Lebens lernt, wer die Mutter ist; wenn das einzige Objekt, das sich in seiner Sichtweite bewegt, ein Mensch ist – wie bei einem Experiment von Konrad Lorenz, dem Begründer der Ethologie – oder vielleicht ein großes, von ihm in Bewegung gesetztes Spielzeug, ist die von dem neugeborenen Entenküken anerkannte Mutter, der es folgt, eben Lorenz oder das Spielzeug. Beim Menschen sind bislang noch keine so begrenzten und präzise meßbaren kritischen Perioden festgestellt worden, aber wir haben gesehen, daß das Sprechen fast nur in den ersten Lebensjahren richtig erlernt werden kann und daß man sich eine zweite Sprache nach der Pubertät nicht mehr perfekt anzueignen vermag.

Es gibt andere kritische Perioden, die ins Auge fallen und näherer Untersuchung wert wären. Die interessanteste ist die Hemmung sexueller Beziehungen zwischen Partnern, die sich schon vor der Pubertät gut gekannt haben, oder, wie man auch gerne sagt, die Unmöglichkeit, sich in jemanden zu verlieben, mit dem man lange Zeit den Nachttopf geteilt hat. Für diese Hypothese, die zu Beginn dieses Jahrhunderts von dem Soziologen Edvard Westermarck aufgestellt wurde, gibt es heute im wesentlichen zwei Beweise: In den Kibbuzim, in denen die Kinder aller Familien gemeinsam aufwachsen und nur einige Stunden am Tag bei ihren Eltern verbringen, sind Ehen zwischen Mitgliedern ein und desselben Kibbuz die absolute Ausnahme. Auf Taiwan gibt es bis in die heutige Zeit hinein den chinesischen Brauch der Kinderverlobung. Das heißt, es wird ein soeben geborenes Mädchen adoptiert mit dem Ziel, die Frau eines gleichaltrigen Sohnes der Adoptionsfamilie zu werden. Dieser allmählich aussterbende Brauch einer

Heirat zwischen Bruder und Adoptivschwester hat in der Regel wenig Erfolg, auch wenn er es der Schwiegermutter erlaubt, zu versuchen, die künftige Schwiegertochter nach ihren eigenen Vorstellungen zu formen.
Es gibt weitere Beispiele für Phänomene, die auf kritische Perioden zurückzuführen sind, auch wenn die Dauer dieser Perioden nicht genau zu bestimmen und möglicherweise sehr variabel ist. So ist eine Tendenz zu beobachten, daß Erwachsene sich Lebensräume aussuchen, die sehr stark jenen ähneln, in denen sie als Kinder oder Jugendliche gelebt haben. Ein allgemein bekannter Fall ist die Konzentration von Skandinaviern in Wisconsin und Minnesota, in Gegenden, die mit ihren vielen großen und kleinen Seen an Schweden erinnern. Ein anderes Beispiel: Frauen, die einen älteren Vater hatten, tendieren dazu, selbst Männer zu heiraten, deren Alter über dem des Durchschnitts liegt. Es wird auch behauptet, daß Männer dazu neigen, eine Frau zu heiraten, die der eigenen Mutter ähnelt. Diesbezügliche Forschungen sind jedoch problematisch, denn die Ähnlichkeiten lassen sich kaum objektiv erfassen.

Die größere Formbarkeit der Kinder macht den Einfluß der Eltern relativ bedeutsam, aber natürlich verlieren die Eltern im Laufe der Zeit den Kontakt zu den Kindern und die Kontrolle über sie, die von der Lawine der Informationen und Aktivitäten überrollt werden, welche einen großen Teil der Zeit sowohl der einen als auch der anderen in Anspruch nehmen. Ferner neigen die Kinder in mancher Hinsicht dazu, gegen die Belehrungen oder das Beispiel der Eltern zu opponieren; dies kann zu periodischen Schwankungen führen, wie sie sich vielleicht in der Art der Kleidung ausdrücken, die ja bekanntlich modischen Zyklen unterworfen ist. Die Rocklänge etwa variiert zyklisch, aber nicht allzu regelmäßig; es gibt lange, kurze, lange und wieder kurze Röcke mit weiteren Komplikationen, bedingt durch die Mutation »Minirock«, die ebenfalls bestimmten Fluktuationen unterworfen ist. Vielleicht ist mit der kürzlich – auch auf dem Gebiet der Architektur – zu beobachtenden Rückkehr zur Mode der zwanziger Jahre ein kompletter Zyklus von ungefähr 60 Jahren vollendet worden, der zwei Generationen entspricht: Diese Dauer würde man erwarten, wenn es sich um eine Reaktion der radikalen Abkehr vom Geschmack der jeweiligen Eltern handelte. Wir bewegen uns hier aber nur im Bereich einer – allerdings amüsanten – Spekulation, die sich auf kein sicheres Fundament stützt.

Was bleibt, ist die Tatsache, daß die Eltern zweifellos nicht die einzige Quelle der kulturellen Übertragung sind (in der Regel im positiven, im Fall der Ablehnung im negativen Sinne). Wir nennen die Übertragung von den Eltern auf die Kinder und, allgemeiner, von einer Generation auf die nächste »vertikal«, weil sie in einer zeitlichen Abfolge stattfindet. Im Gegensatz dazu gibt es die »horizontale« Übertragung, die gleichzeitig stattfindet und bei der die Frage des Lebensalters, der Generationen und der Verwandtschaft keine Rolle spielt.

Die horizontale Übertragung

Es gibt viele Formen der horizontalen Übertragung. Die einfachste ist die von einer Person zur anderen – wie im Fall der Weitergabe eines Witzes, eines Kochrezepts, einer Klatschgeschichte oder jeder mehr oder weniger wichtigen Information. Der Form nach ähnelt sie sehr stark der Ausbreitung einer Erkältung und anderer Infektionskrankheiten. Ein Unterschied besteht natürlich darin, daß man Witze und Nachrichten auch lesen oder am Telefon oder im Fernsehen hören kann, während die ansteckende Krankheit einen physischen Kontakt voraussetzt, bei dem der Krankheitserreger übertragen werden kann.

Die horizontale Übertragung verläuft insofern analog zur Epidemie, als sich die Information zunächst mit wachsender Geschwindigkeit verbreitet, diese dann konstant wird und schließlich, wenn die Ränder des Kommunikationsbereichs erreicht und die Expansionskräfte erschöpft sind, wieder abnimmt. Nur unter bestimmten Umständen kann sich ein Äquivalent zur Endemie etablieren, das heißt, einer Krankheit, die sich innerhalb einer Population für unbestimmte Zeit auf einem gewissen Häufigkeitsniveau einpendelt. (Solche Endemien waren zum Beispiel die Diphtherie und die Tuberkulose bis zur Einführung der Impfungen beziehungsweise der Antibiotika.) Wie beim Drogenkonsum oder bei einer Epidemie einige gefährdete Gruppen der Bevölkerung schnell erfaßt werden, so erfassen auch die Auswirkungen der kulturellen Übertragung solche Kreise, die dafür besonders empfänglich sind. Gegebenenfalls können sie sich, analog zur Endemie, in Form eines Brauchs auf Dauer festmachen.

Bei einer anderen wichtigen Form der horizontalen Übertragung ist derjenige, der die Transmission bewirkt, ein Lehrer, ein Politiker, ein hoher geistlicher Würdenträger oder eine Person von großem gesellschaftlichem Ansehen. In solchen Fällen disponieren die Mentoren potentiell über Dutzende, Hunderte, manchmal Tausende oder sogar Millionen von Anhängern. So steht etwa der Papst an der Spitze von Hunderten von Millionen von Gläubigen, die zumindest formell gehalten sind, seinen religiösen Weisungen zu folgen. Die Lehre der Ajatollahs, die den Heiligen Krieg predigen, hat in den letzten Jahren einen großen Teil der islamischen Welt erobert. Ein politischer Führer hat ein riesengroßes Publikum, das ihm zuhört; die Soldaten einer Armee sind verpflichtet, von oben kommende Befehle auszuführen; Lehrer und Professoren geben ihre Kenntnisse an Schüler und Studenten weiter. Moden werden heute bisweilen von Personen propagiert, die im Rampenlicht stehen, während sie früher von den Königen oder dem Hochadel diktiert wurden. In der letzten Szene von Shakespeares *Heinrich V.* will der König von England, der den französischen König besiegt hat, seine künftige Gemahlin Katharina, die Tochter ebendieses Königs, küssen. Katharina entzieht sich ihm mit der Begründung: »Es ist nicht Brauch in Frankreich, sich vor der Hochzeit zu küssen« (ein Beispiel, das beweist, wie sehr sich die Sitten ändern!). Der König läßt sich nicht entmutigen, sondern küßt seine Braut mit den Worten: »*Wir* sind es, die die Sitten schaffen, Kate.« Auch die Art, wie Schauspieler, Sportler und andere im Rampenlicht stehende Persönlichkeiten sprechen, sich kleiden und auftreten, wird von weiten Kreisen der Bevölkerung nachgeahmt.
In allen diesen Fällen bestimmt ein einziges Individuum das Verhalten von sehr vielen anderen, und der kulturelle Wandel kann sich rasch, ja blitzschnell – nämlich mit der Geschwindigkeit heutiger Kommunikationsmittel – vollziehen, sofern derjenige,

der einen Befehl erteilt oder das Modell für ein Verhalten abgibt, großen Einfluß oder hohes Prestige besitzt oder die Neuerung sehr verlockend ist. Langsamer verläuft der Prozeß dann, wenn zum Beispiel die Übernahme des Neuen für die Jüngeren leichter ist als für die Alten. Dann bleibt zumindest ein Teil der Bevölkerung zurück, der die Veränderung unter Umständen niemals akzeptieren wird. In den Schulen eingeführte Neuheiten, von denen die Erwachsenen nicht beeinflußt werden, brauchen im allgemeinen zwei oder drei Generationen, um sich in der ganzen Bevölkerung auszubreiten. Das gilt auch für Tiere. Bei Forschungsarbeiten über die japanischen Makaken wurde beobachtet, wie ein junges, hochintelligentes Weibchen namens Imo auf besondere, von den Experimentatoren durch verschiedene Erfindungen ausgelöste Situationen reagierte: Bevor sie die sandverkrusteten Kartoffeln fraß, wusch Imo sie im Meer, und um die Getreidekörner vom Sand zu befreien, ließ sie sie auf dem Wasser schwimmen. Die neuen Verhaltensweisen wurden von den anderen Makaken mehr oder weniger rasch akzeptiert, aber praktisch nur von gleichaltrigen oder jüngeren Individuen.

Im Gegensatz zu dieser Art von horizontaler Übertragung von einer auf viele Personen kann sich infolge sozialen Drucks auch die umgekehrte Situation ergeben: Viele wirken auf einen einzelnen ein, um ihn dazu zu bewegen, eine bestimmte Vorschrift oder Neuheit zu akzeptieren.

Von mehreren Seiten werden jedem Individuum die Gebote, nicht zu stehlen und nicht zu töten, erklärt und eingeschärft. Obwohl eine Botschaft im allgemeinen leichter akzeptiert wird, wenn sie von mehreren Seiten gleichzeitig übermittelt wird, werden diese beiden Grundgebote des zivilisierten Lebens nicht notwendigerweise auf alle übertragen beziehungsweise von allen akzeptiert. So wird das Gebot, nicht zu töten, nicht automatisch auch auf Soldaten und Polizisten ausgedehnt, und solange man noch keine Waffen entwickelt hat, die eine Person – auch auf eine gewisse Distanz – bewegungsunfähig machen, ohne sie zu töten, wird sich daran kaum etwas ändern. Natürlich werden die beiden Grundgebote des zivilisierten Lebens in kriminellen Kreisen nicht respektiert, wo Diebstahl und auch Mord an der Tagesordnung sein können. Die Lehren, die dort den Kindern erteilt werden, unterscheiden sich tiefgreifend von dem, was Kindern in einer normalen Umgebung beigebracht wird. Allerdings ist bei beiden Gruppen eine »Umkehr« oder »Bekehrung« in beide Richtungen möglich, auch wenn gewöhnlich derjenige, der auf die eine der beiden Arten erzogen wurde, den größten Teil seines Lebens daran festhalten wird. Daher ist es sehr wichtig, die Kinder – soweit wie möglich – den negativen Einflüssen solcher Familien zu entziehen, die unfähig sind, sie auf ein zivilisiertes Leben vorzubereiten.

Normalerweise stellt der Familienverband eine wichtige soziale Gruppe dar. In vielen Kulturen ist die Familie größer als die Kernfamilie (die nur aus Eltern und Kindern besteht). In polygamen Gesellschaften, wie sie in Afrika die Regel sind, ist die Großfamilie ein wichtiger Stützpunkt für das Individuum, das sich auf die Hilfe eines Großteils seiner Verwandtschaft verlassen kann. So werden die Kinder vom Lande, die in einem anderen Dorf oder in der Stadt zur Schule gehen müssen, auch über lange Zeit von den Verwandten beherbergt, die in der Nähe der Schule wohnen. Der Familienverband sorgt auch für ein ganzes Netz von Unterkünften, wo man während einer Reise Station machen kann. Er ist ein sehr wichtiger Ort des kulturellen Austausches, denn natürlich muß derjenige, der einen Vorteil in Anspruch nimmt, auch seinerseits Vorteile anbieten. Der immense Einfluß, den der Familienverband als Gruppe, die sozialen Druck ausübt, auf das Individuum hat, wird zum Beispiel bei der Mafia sichtbar, wo der Verrat eines Angehörigen eine Ausnahme darstellt.

Der Druck, der durch den gebündelten und gleichzeitigen Einfluß vieler Mitglieder einer sozialen Gruppe auf einen der Ihren ausgeübt wird, wirkt sich dann besonders stark aus, wenn es darum geht, Änderungen zu verhindern. Daher stellt er einen wichtigen Faktor der kulturellen Bewahrung dar.

Kulturelle Mutationen

Bis jetzt haben wir vor allem darüber gesprochen, wie das kulturelle Erbe bewahrt wird. Es ist klar, daß dort, wo die vertikale

Übertragung zwischen Generationen, oder die horizontale von einer Gruppe zum einzelnen, zur Konservierung tendiert, ein kultureller Wandel kaum möglich ist. Der Lebensabschnitt, in dem die Übertragung stattfindet, ist auch insofern von Bedeutung, als wir im jüngeren Alter beeinflußbarer sind; es sind zwar, wie gesagt, jederzeit späte »Bekehrungen« möglich – vom braven Kind zum Banditen, vom Kriminellen zum Kronzeugen, vom Faschisten zum Kommunisten und vom Christen zum Muslim oder umgekehrt –, aber sie werden mit zunehmendem Alter wahrscheinlich immer schwieriger. Bei der horizontalen Übertragung von Mensch zu Mensch und von einem auf viele vollzieht sich der kulturelle Wandel dagegen schneller. Zumindest potentiell geht er bei der Übertragung von oben (vom Führer oder Lehrer) nach unten dann sehr rasch vonstatten, wenn es sich um Befehle, Vorschläge oder nachzuahmende Vorbilder handelt.

Damit es überhaupt zu einer Veränderung kommen kann, muß es eine Alternative zur augenblicklichen Praxis geben. Oft wird diese Alternative von der Neuerung selbst vorgeschlagen, die sich dann verbreitet, wenn sie allgemein für nützlich und akzeptabel gehalten wird.

Die Innovation kann als »kulturelle Mutation« definiert werden. Sie hat eine ähnliche Funktion wie die Mutation in der Biologie, doch im Unterschied zu dieser ist sie in der Regel begründet und geschieht nicht zufällig, sondern stellt vielmehr sogar den Versuch einer Problemlösung dar. Wenn der Versuch Erfolg hat, wächst die Wahrscheinlichkeit, daß die Neuerung Verbreitung findet. Manchmal hat sie aber einfach nur deshalb Erfolg, weil das Neue oder die Person, die es einführt, gut »ankommt«.

Hundert Arten zu heiraten

Auf der Welt gibt es sehr unterschiedliche Heiratsbräuche, die sich hervorragend zum Studium der kulturellen Diversifikation und der Verflechtung von Gewohnheit und Innovation eignen.

Wie kommt eine Ehe zustande? In jeder Gesellschaft gibt es oftmals komplizierte Regeln und Traditionen, gegen die man nicht verstoßen darf. Aber in fortschrittlicheren Gesellschaften, wie

etwa der US-amerikanischen, kann es vorkommen (ich selbst habe in der Silvesternacht 1967 in einem eleganten Club in Washington mehrere solcher Fälle erlebt), daß zwei junge Leute sich auf einem Ball kennenlernen und zu heiraten beschließen, noch ehe der Abend zu Ende ist. Man kann überall einen Friedensrichter wecken, der die beiden an Ort und Stelle traut. Das taten die Leute auch. Allerdings hatte ich keine Gelegenheit, das Gesicht der Frischvermählten am Morgen danach zu sehen, als sie, nachdem die Alkoholdünste verflogen waren, zu begreifen versuchten, was geschehen war.
In Afrika ist die Ehe eine wichtige ökonomische Transaktion. In den meisten Fällen wird die Braut vom Bräutigam oder seiner Familie der Brautfamilie abgekauft, und zwar zu einem Preis, der bei reichen Familien aus einer Vielzahl von Kühen und Geschenken bestehen kann. Probleme gibt es, wenn es zu einer Scheidung kommt, denn die Geschenke und die Kinder können, je nachdem, wer schuldig ist, entweder bei der Familie des Ehemannes oder bei der der Ehefrau bleiben. In einer bestimmten Gegend Südwestafrikas ist der Brautpreis auf einen lächerlich geringen Betrag geschrumpft, weil dort der ökonomische Wert einer Frau aus irgendeinem Grund entsprechend niedrig ist. Anderswo, zum Beispiel bei den Pygmäen, wo es nur in einem sehr begrenzten Umfang persönliches Eigentum gibt, erwirbt man die Ehefrau durch Arbeit für die Schwiegereltern, das heißt, daß man sie praktisch monate- oder auch jahrelang mit frisch erlegten Beutetieren versorgen muß. In anderen Regionen praktizieren die Pygmäen den Austausch von Schwestern; aber einerseits hat man nicht immer eine Schwester zur Verfügung, und andererseits muß einem die Schwester des Tauschpartners auch nicht unbedingt gefallen. In Ostafrika dagegen ist man unter alten – wahrscheinlich arabischen – Einflüssen mit der umgekehrten Situation konfrontiert; sie ist mit der zu vergleichen, die in den europäischen Kulturen vorherrscht beziehungsweise früher vorherrschte: Hier bietet der Brautvater eine Mitgift an. Der Bräutigam kauft also nicht, sondern wird gekauft.

Gibt es eine Erklärung für alle diese Unterschiede? Die Entwicklungen, die zu ihnen geführt haben, lassen sich jedenfalls kaum

rekonstruieren. Vielleicht sind der Schwesterntausch und der Grundsatz, daß man die Eltern der Braut für den Verlust der Tochter entschädigen muß, alte afrikanische Prinzipien, die im Laufe von Zehntausenden von Jahren untergegangen sind, und inzwischen hat sich die gegenteilige Praxis durchgesetzt. Wie dem auch sei – die verschiedenen Eheformen können die Resultate von kulturellen Mutationen sein, denen, je nach der lokalen Evolution, ein unterschiedlicher Erfolg beschieden war.
Leichter lassen sich wohl die ökonomischen Gründe nachvollziehen, die für andere Aspekte der Ehe, wie die Monogamie und die Polygamie, von Bedeutung sein können. In der monogamen Ehe kann man den Partner erst nach dem Tod des einen oder nach einer Scheidung wechseln; in der polygamen Ehe ist man dagegen flexibler. Polygamie kann bedeuten, daß ein Mann viele Frauen oder eine Frau viele Männer hat; man spricht dann von Polygynie beziehungsweise Polyandrie. In Tibet existieren beide Eheformen im selben Dorf nebeneinander, und es gibt auch, allerdings selten, »Mehrfachehen« mit mehr als einem Ehemann und mehr als einer Ehefrau. Oft heiraten mehrere Schwestern denselben Mann oder mehrere Brüder dieselbe Frau, und es gibt auch gemischte Formen. In den meisten westlichen Ländern ist die Polygamie illegal, während sie in anderen Gegenden der Welt üblich ist. Doch auch die westlichen Länder müssen gute Miene zum bösen Spiel machen, wenn sich reiche Araber oder Afrikaner mit ihren vielen Ehefrauen dort niederlassen.
Im Fall der Eheformen kann der kulturelle Wandel im Übergang von der Monogamie zur Polygamie bestanden haben. Jäger und Sammler neigen schon deshalb zur Monogamie, weil es schwierig ist, viele Ehefrauen mit Jagdbeute zu versorgen. Für den afrikanischen Feldbauern, der seiner Frau fast die gesamte Feldarbeit überläßt, bedeutet eine größere Anzahl von Ehefrauen auch mehr Nahrung und mehr Kinder (die für den Bauern einen Reichtum darstellen). Wie viele Ehefrauen ein Mann sich leisten kann, hängt natürlich von seiner Vermögenslage ab. In einem großen Teil Afrikas und insbesondere im Tropenwald expandiert der Ackerbau übrigens noch, weil es dort noch Platz für neue, wenn auch karge Felder gibt und das Land sich in Gemeinbesitz befindet. In Tibet, wo es bis vor kurzem ein Feudalsystem und nicht dieselbe

Freiheit gab, zielen Polygynie und Polyandrie darauf ab, ein sozialökonomisches Problem, nämlich das der Aufteilung des Landes unter den Kindern, zu lösen. Sehr vereinfacht, aber im wesentlichen korrekt gesagt: Wenn alle Söhne dieselbe Frau heiraten, oder wenn alle Schwestern denselben Mann heiraten, ist das Problem gelöst und das Land muß nicht aufgeteilt werden. In anderen Weltgegenden hat man sich für das Erstgeborenenrecht oder ähnliche Lösungen entschieden.

Motivationen, die auf bewußter Ebene nicht nachzuvollziehen sind

Die Gründe für andere Innovationen sind komplizierter. Die Erklärung für die niedrige Geburtenrate bei den Jägern und Sammlern ist sehr interessant, auch wenn die Motive noch nicht vollständig erforscht sind. Ihre Frauen werden im Durchschnitt nur alle vier Jahre schwanger und bringen während ihrer fruchtbaren Phase praktisch fünf Kinder zur Welt, von denen im Durchschnitt drei noch vor Erreichen der Geschlechtsreife sterben. Deshalb hält sich die Bevölkerung im demographischen Gleichgewicht, das heißt, ihr Wachstum liegt sehr nahe bei Null. Wahrscheinlich haben sie auf diese Weise automatisch eine Geburtenregelung übernommen, die es ihnen erlaubt, sich nicht übermäßig zu vermehren.

Für eine halbnomadische Bevölkerung, die oft unterwegs ist, bedeutet es einen wichtigen Vorteil, nur alle vier Jahre Kinder zu bekommen: Ein Elternteil kann ein kleines Kind, der andere etwas Hausrat und vor allem das schwere Fangnetz tragen, während die Kinder, die über drei Jahre alt sind, schon allein gehen können.

Der Grund, den die Pygmäen selbst für die Beschränkung ihrer Geburtenzahl anführen, ist jedoch nicht der, daß sie ein demographisches Gleichgewicht aufrechterhalten wollen oder viel umherziehen müssen. Sie begründen sie vielmehr damit, daß eine erneute Schwangerschaft dem zuletzt geborenen Kind, das erst nach drei oder mehr Jahren vollständig entwöhnt wird, die Milch wegnehmen würde. Deshalb haben sie ein sexuelles Tabu eingeführt, das nach einer Geburt drei Jahre lang eingehalten wird (es scheinen nicht alle sexuellen Beziehungen verboten zu sein, nur die Zeugung; falls es dazu kommt, ist ein Schwangerschaftsabbruch möglich). Die Pygmäeneltern sind sehr bestrebt, jede mögliche Schädigung von ihren Kindern abzuwenden. Eine verlängerte Stillperiode kann das Kind für längere Zeit immun gegen Krankheiten machen und so seine Überlebenschancen erhöhen. Andererseits vermindert eine dreijährige Stillperiode die Fruchtbarkeit der Frau, ist aber nicht lang genug, um zu gewährleisten, daß es nicht doch zu einer erneuten Schwangerschaft kommt, sonst würde man sicher nicht von einem sexuellen Tabu sprechen.

Heute versuchen wir uns über komplizierte Gedankengänge die Gründe zu erklären, die unsere Vorfahren veranlaßt haben, bestimmte Bräuche, wie zum Beispiel die Beschneidung der männlichen Kinder, einzuführen. Vielleicht störte sie ja einfach die Wahrnehmung eines üblen Geruchs; außerdem wollten sie vielleicht die aufgrund mangelhafter Hygiene häufigen Entzündungen der Eichel vermeiden – ein Problem, das beim Beschnittenen nicht auftritt. Die Beschneidung ist bei sehr vielen Populationen noch immer eine Zeremonie, deren soziale Bedeutung nicht geringer ist als die hygienische. Sie vermindert das Risiko von Vorhautkrebs; aber es ist natürlich kaum vorstellbar, daß unsere Vorfahren diesen Zusammenhang ahnten. Die Beschneidung der Mädchen (die Entfernung der Klitoris) ist dagegen eine grausame, törichte und gefährliche Verstümmelung, die der Frau einen großen Teil des Genusses am Geschlechtsverkehr nimmt und dem Ehebruch vorbeugen soll. In Nordafrika, wo beschnittene Ehefrauen sehr begehrt sind, ist sie immer noch weit verbreitet.
Die Gründe dafür, warum bestimmte Bräuche Geltung erlangt haben, sind wahrscheinlich kompliziert, und die ursprünglichen Beweggründe können in Vergessenheit geraten sein oder sind vielleicht nie jemandem bewußt gewesen. Die Gründe, die heute, nach so langer Zeit, genannt werden, sind nur ein Teil der tatsächlichen Motivation, die uns verborgen bleibt und durch die Tatsache gerechtfertigt wird, daß das System funktioniert, wenn auch möglicherweise aus anderen Gründen als denen, die uns bewußt sind.

Wenn wir nach Beispielen für kulturellen Wandel suchen, brauchen wir uns nur umzusehen: Heute findet er auf so zahlreichen Ebenen und so schnell statt, daß man sich schwerlich einen erschöpfenden Überblick verschaffen kann. Wir leben in einer Epoche ständiger kultureller Mutationen, aber ihre tatsächlichen Vorteile, ihre Ursachen und ihre mögliche Zukunft zu erkennen bleibt ein Problem. Die Anthropologie der modernen Kultur in den westlichen Ländern heißt Soziologie und beschreibt oft mit Zahlen von zweifelhafter Genauigkeit Phänomene, über die wir uns auch ohne präzise Erhebungen im klaren sind. Aber wir haben uns bereits daran gewöhnt, ständig nach quantitativen Angaben zu verlangen, und wenn diese tatsächlich zuverlässig sind, verdienen sie, gesammelt und von allen Seiten betrachtet zu werden, auch wenn sie nur ziemlich banale Phänomene beschreiben. Doch trotz aller Bemühungen der Soziologen ist es dennoch oft schwer zu begreifen, warum die Veränderungen stattfinden, die wir beobachten, beziehungsweise, warum nicht die Veränderungen stattfinden, die wir herbeiwünschen.

Ein Beispiel: Die variierenden Geburtenzahlen sind für die Zukunft der Welt auf lange Sicht viel wichtiger als die Börsenberichte. Verantwortungsbewußte Menschen möchten, daß sich die Geburtenrate dort, wo sie besonders rasant wächst, auf niedrigem Niveau einpendelt. Leider wird in dieser Hinsicht recht wenig unternommen, was optimistisch stimmen könnte. Ein *social engineering,* das diese schwerwiegenden Fehler auf humane und intelligente Weise korrigieren könnte, ist noch nicht in Sicht. Abstoßend wirkt indessen das chinesische System, das auf schwangere Frauen sozialen Druck ausübt und sie so zum Abbruch einer Schwangerschaft drängt. Aber wäre es wirklich besser, wenn sich die chinesische Bevölkerung, die heute über 1 Milliarde zählt und damit bereits fast ein Viertel der Menschheit ausmacht, alle 20 oder 25 Jahre verdoppelte?

Kulturelle Veränderungen, genetische Veränderungen

Sind die Veränderungen, die wir beobachten, tatsächlich kulturelle Veränderungen, oder sind sie vielleicht genetisch bedingt? Die genetische Veränderung geht auch dann sehr langsam vonstatten, wenn sie relativ rasch verläuft. Eine der schnellsten und wichtigsten genetischen Entwicklungen, für deren Dynamik wir einige Anhaltspunkte haben, ist die Zunahme des Anteils von Menschen, die die Laktose, den in der Milch enthaltenen Zucker, verwerten können. Der höchste Prozentsatz, der festgestellt wurde – rund 90 Prozent –, findet sich in Skandinavien und kann, ausgehend von einem Sockel von 1 bis 2 Prozent der Bevölkerung, vielleicht auch weniger, im Laufe von 10 000 Jahren erreicht worden sein. Dieselbe Dauer könnte für die Aufhellung der Haut veranschlagt werden und allgemein für den fast vollständigen Verlust der Pigmentierung der Haut, der Augen und der Haare, den man bei den Skandinaviern beobachtet, deren ursprüngliche Farbe vielleicht mit der der heutigen Libanesen vergleichbar war.

Ein sehr rascher Wandel kann kaum genetisch bedingt sein. Vor 1000 Jahren waren die Bewohner Südskandinaviens, die Wikinger, hervorragende Seefahrer und Bauern, aber auch wilde und weithin gefürchtete Krieger. Sie besetzten Schottland, Irland, Norwegen und Island, drangen bis Grönland und Amerika vor und unternahmen auch einige Abstecher ins Mittelmeer. Im krassen Gegensatz zu den wilden Wikingern stehen ihre Nachkommen, die heutigen Skandinavier, die friedlichsten, sanftesten und opferwilligsten Pazifisten des europäischen Kontinents, von denen einige bereit waren, für den Weltfrieden große Verantwortung auf sich zu nehmen und große Risiken einzugehen. Es ist kaum denkbar, daß es sich in diesem Fall um eine genetische Veränderung handelt oder daß in der Zwischenzeit alle Gewalttätigen eliminiert worden sind. Eher vorstellbar ist eine kulturelle Entwicklung.

Eine gewisse genetische Veränderung kann aber tatsächlich immer stattfinden. Es ist nur äußerst schwierig, eine genetische Analyse von Verhaltensmerkmalen durchzuführen. Zuerst einmal ist schon die Messung voller Tücken, vor allem aber werden die Persönlichkeit und das individuelle Verhalten stark von Faktoren beeinflußt, die von der Geschichte des Individuums abhängen und nur selten identifizierbar sind. Sie ändern sich häufig mit dem Alter, manchmal auch in unvorhersehbare Richtungen. Oft sind sie auch dem Individuum selbst nicht bekannt. Ferner gibt es einen Anteil innerer Motivationen, die zuzugeben wir nur ungern bereit sind. Wie soll man Neid, Heuchelei, Wut und Lügenhaftigkeit messen? Ohne Messungen aber ist eine gute genetische Analyse schwierig. Sie ist bereits im Fall von Merkmalen wie der Körpergröße kompliziert, die sich nach einem bestimmten Alter nicht – oder nur wenig – verändert und deren Messung sehr einfach ist. Der Blutdruck, der sich sehr oft ändert, ist noch schwieriger zu untersuchen, obwohl er sich so leicht messen läßt, daß der Arzt diese Aufgabe bisweilen dem Patienten selbst überläßt. Erst heute werden die ersten Versuche unternommen, einige der Facetten der erblichen Prädisposition zu einer so vielgestaltigen Krankheit wie dem Bluthochdruck zu erhellen.

Der Intelligenzquotient

Was bislang an Verhaltensmerkmalen am sorgfältigsten gemessen wurde, schlägt sich in dem berühmten Intelligenzquotienten (oder IQ) nieder. Er mißt nicht die eigentliche Intelligenz, die zu schwer zu definieren ist und viele Aspekte und verschiedene Fähigkeiten umfaßt, sondern nur die Fähigkeit, bestimmte numerische, geometrische, linguistische Analysen oder Analysen abstrakter Formen durchzuführen; die verwendeten Tests erinnern sehr stark an jene Aufgaben, die wir in der Schule lösen müssen. Mancher Fachmann gibt sich dabei der Illusion hin, er messe nur »angeborene« Eigenschaften. An der Intelligenz des Kindes oder des Erwachsenen ist aber nichts wirklich und ausschließlich angeboren: Sie ist vielmehr das Produkt der persönlichen Erfahrung, die komplex ist und von einem Individuum zum anderen variiert. Welche Fähigkeiten auch immer bei den Intelligenztests gemessen werden, sie werden in eine standardisierte Skala eingeordnet, auf der die Werte, die der Durchschnitt der Bevölkerung aufweist, mit einem Wert um 100 angegeben werden; die Abweichungen sind dann so berechnet, daß 95 Prozent der beobachteten Individuen einen IQ zwischen 70 und 130 aufweisen. Die Standardisierung geht so weit, daß mögliche Auswirkungen von Alter und Geschlecht der Getesteten nicht berücksichtigt werden. Wäre das nicht so, könnten männliche Testpersonen böse Überraschungen erleben! Wenn man eine Person kurze Zeit später einem ähnlichen, aber nicht identischen Test unterzieht, gelangt man zu einem sehr ähnlichen Resultat wie beim ersten Mal. Dies alles hat manchen der Psychologen, die mit dem IQ arbeiten, den Eindruck vermittelt, sie würden etwas sehr Wichtiges und Nützliches messen. Tatsächlich ist aber keineswegs klar, was genau der Test mißt – vielleicht nur die Fähigkeit, in der Schule gut zu lernen. Es steht jedoch fest, daß er nicht nur angeborene Eigenschaften mißt. Wir wissen auch mit Sicherheit, daß der Test nicht »culture-free« ist, also nicht unabhängig von der Kultur und der Sprache des Landes, in dem er ausgearbeitet wurde.

Ein Professor an der School of Education in Berkeley, Arthur Jensen, veröffentlichte 1969 in der angesehenen »Harvard Educational Review« einen Artikel, in dem er erklärte, daß der in Amerika zwischen Weißen und Schwarzen beobachtete IQ-Unterschied – die Weißen haben den Schwarzen im Durchschnitt 15 IQ-Punkte voraus – größtenteils genetisch bedingt sein müsse und deshalb irreparabel sei. Er behauptete dies zuerst mit Vorsicht, dann mit Entschiedenheit. Das machte ihn in einigen Kreisen unpopulär und brachte ihm von anderen Beifall ein. Von der Richtigkeit seiner Argumente überzeugt, setzte Jensen (zweifellos mit Mut und, wie ich denke, in gutem Glauben) seine Kampagne fort. Er wurde dabei von einer wichtigen Persönlichkeit unterstützt, einem berühmten Physiker von meiner eigenen Universität namens William Shockley, der als Miterfinder des Transistors 1956 mit dem Nobelpreis ausgezeichnet worden war. Shockley startete eine Vortragskampagne in den Vereinigten Staaten, um Jensens genetische Überzeugungen populär zu machen, denen er gleich einen praktischen Vorschlag zum »social engineering« hinzufügte: Schwarze Frauen, die sich zu einer Sterilisation bereit erklärten, sollten eine Geldprämie erhalten.
Tatsächlich aber beruhten Jensens und Shockleys Argumente

über die Erblichkeit des Unterschieds zwischen Weißen und Schwarzen allesamt auf Extrapolation und waren im wesentlichen unhaltbar. In einem 1970 in der Zeitschrift »Scientific American« erschienenen Artikel und in einem Kapitel eines Buches über die Genetik der menschlichen Populationen, die ich beide in Zusammenarbeit mit Sir Walter Bodmer (wie ich ein Schüler von R.A. Fisher, war er zu jener Zeit Professor in Stanford und ist heute Leiter eines bedeutenden wissenschaftlichen Instituts in England) verfaßt habe, wiesen wir nach, warum es diesen Argumenten an Glaubwürdigkeit fehlte. In der Folge sah ich mich bei diversen Gelegenheiten gezwungen, Jensen und vor allem Shockley öffentlich zu widerlegen.

Die Qualität der Schulen, die die schwarzen Amerikaner besuchen (und vor allem damals besuchten); die Probleme der Motivation der jungen Leute, die in ihrem sozialen Umfeld unglaublichen Demütigungen ausgesetzt, in äußerst schwierigen Familienverhältnissen aufgewachsen und von finanziellen Problemen und schwerer Arbeitslosigkeit betroffen sind; die Unzulänglichkeit der Erziehung, die sie von ihren Eltern erhalten (die in der Regel nur aus den Müttern bestehen, denen es unmöglich ist, den Kindern zu helfen, weil sie arbeiten müssen, während die Väter traditionell dazu neigen, Frau und Kinder zu verlassen) – dies alles waren und sind sehr gravierende allgemein bekannte und offenkundige Nachteile, die ein Pädagoge als mögliche Ursachen des niedrigeren IQ hätte berücksichtigen müssen. Sie waren so groß, daß sich ein direkter Vergleich zwischen schwarzen und weißen Schülern von vornherein verboten hätte. Der Vergleich hätte vorgenommen werden müssen zwischen Weißen und Schwarzen, die in Familien mit vergleichbarem intellektuellem, ökonomischem und sozialem Hintergrund groß geworden waren, was sehr schwierig gewesen wäre, weil es damals zwischen Weißen und Schwarzen eine markante soziale Trennung gab, die es zum Teil auch heute noch gibt.

Ein direkter Beweis hätte langwierige und aufwendige Beobachtungen erfordert. Sie wurden erst von zwei Psychologinnen geliefert, einer Amerikanerin und einer Engländerin, deren Forschungsergebnisse eine Antwort auf das Problem geben konnten.

Sandra Scarr, die amerikanische Psychologin, fand eine große Zahl von schwarzen Kindern, die kurz nach ihrer Geburt von wohlsituierten Familien in Minnesota adoptiert worden waren, und verglich sie mit weißen Kindern aus ähnlichen Verhältnissen. Beide Gruppen wiesen einen höheren IQ auf als der Durchschnitt der Weißen; die Unterschiede zwischen Schwarzen und Weißen waren sehr gering. Barbara Tizard, die englische Psychologin, veröffentlichte Daten, die sie in gutgeführten englischen Waisenhäusern gesammelt hatte, und fand keinen Unterschied zwischen schwarzen und weißen Schülern. Studien über adoptierte Kinder erlauben, wenn sie richtig durchgeführt werden, als einzige den Nachweis darüber, ob ein Merkmal – zumindest teilweise – durch das biologische Erbe bestimmt ist oder nicht. Es ist jedoch schwierig, solche Untersuchungen durchzuführen, und vor allem, adoptierte Kinder zu finden, die unter solchen Bedingungen leben, daß die Beobachtungen auch aussagekräftig sind.

Die genannten Studien ließen Jensens Hypothese in sich zusammenfallen. In der Zwischenzeit aber hatte ein Psychologe von der Harvard University namens Robert Herrnstein eine ähnliche Hypothese aufgestellt, die sich jedoch auf die verschiedenen sozialen Schichten und nicht auf die ethnischen Unterschiede bezog. Es ist weithin bekannt, daß der IQ der höheren Schichten (ebenso wie die Körpergröße und andere physische Merkmale) über dem der weniger privilegierten sozialen Schichten liegt; der Unterschied fällt sogar noch größer aus als der zwischen Weißen und Schwarzen, insbesondere dann, wenn man die jeweiligen Extreme miteinander vergleicht. Herrnstein vertrat die Meinung, daß es sich auch hier um erbliche Unterschiede handelte. Dabei ging er von der Überlegung aus, daß ein hoher IQ eine notwendige Voraussetzung sei, um zu Reichtum und in wichtige gesellschaftliche Positionen zu gelangen.

Wiederum fehlte jegliche Berücksichtigung der Auswirkungen des familiären und außerfamiliären Umfelds und der Qualität der Schulen, zu denen Schüler aus reichen und solche aus armen Familien Zugang haben. Und wieder bestand die einzige Hoffnung darin, Studien über Adoptivfamilien heranziehen zu können. Eine solche Untersuchung wurde in Frankreich durchgeführt, wo man herausfand, daß Kinder aus der Arbeiterschicht, die von reichen Familien adoptiert wurden, einen hohen IQ hatten und ähnliche Noten nach Hause brachten wie die Kinder, die in wohlhabenden Familien geboren und aufgewachsen waren.

Wird der IQ vom Erbgut oder von der Umwelt bestimmt?

Dies alles bedeutet nicht, daß der Intelligenzquotient nicht auch von erblichen Faktoren beeinflußt wird. Für Studien über adoptierte Kinder stehen zwangsläufig wenige Individuen zur Verfügung, und deshalb kann man auch nicht zu besonders zuverlässigen Ergebnissen gelangen. Es gibt aber andere Methoden, mit deren Hilfe man die Erblichkeit eines Faktors feststellen kann. Sie allein genügen im allgemeinen nicht, um zwischen Erb- und Milieufaktoren zu unterscheiden, aber wenn man sie zusammen mit den Adoptionsstudien in Betracht zieht, kann man versuchen, die relative Bedeutung der beiden Faktoren herauszuarbeiten.
Zu diesen Methoden gehört die Messung der Ähnlichkeit zwischen Blutsverwandten, zu der möglichst alle Verwandten verschiedenen Grades herangezogen werden. Die engsten Verwandten sind eineiige Zwillinge, die bei den Europäern ungefähr ein Drittel aller Zwillingspaare ausmachen. Eineiige Zwillinge sind hinsichtlich aller in Betracht gezogenen genetischen Merkmale tatsächlich identisch. Sehr ähnlich sind sie auch in bezug auf den IQ. Die zweieiigen Zwillinge werden auch »geschwisterliche« Zwillinge genannt, weil sie sich genetisch im gleichen Maße ähnlich sind wie Geschwister, die keine Zwillinge sind. Im Hinblick auf den IQ können wir feststellen, daß sie sich mehr gleichen als zwei gewöhnliche Geschwister – höchstwahrscheinlich weil sie in einem ähnlicheren Milieu aufwachsen.
Ferner kann man die Ähnlichkeiten zwischen Eltern und Kindern messen, indem man Mutter und Vater jeweils in bezug auf jedes ihrer Kinder untersucht. Man muß auch die Ähnlichkeit zwischen Vater und Mutter in Betracht ziehen, die in bezug auf den IQ in der Regel sehr groß ist, wahrscheinlich weil es eine Tendenz gibt, intellektuell gleichrangige Personen zu heiraten. Es kann sich um einen Auswahlfaktor handeln oder einfach nur von den Gelegen-

heiten abhängen, die sich in der Umgebung, in der man üblicherweise verkehrt, bieten. Dieser Umstand wirft bei der Interpretation der Daten einige theoretische Probleme auf. Man kann auch die Ähnlichkeiten mit entfernteren Verwandten messen, und das ist auch gemacht worden, aber es ist klar, daß sich mit der Abnahme des Verwandtschaftsgrades auch die Aussagekraft der Daten vermindert.

Müssen wir nun glauben, daß die sehr große Ähnlichkeit zwischen eineiigen Zwillingen ausschließlich genetisch bedingt ist? Es ist schwer zu entscheiden, weil sich eineiige Zwillinge, die zusammen aufwachsen, emotional noch näher stehen als andere Geschwisterpaare: Manchmal denken sie sich Geheimsprachen aus; sie teilen sich Freunde und Freundinnen, besuchen die gleichen Schulen und verbringen einen großen Teil ihres Lebens zusammen. Man kann schwerlich behaupten, sie würden in voneinander unabhängigen Milieus aufwachsen, was die Voraussetzung für einen gültigen Aussagewert des relativen Effektes von Erbgut und Milieu wäre.

Diese Schwierigkeiten kann man auf eine – allerdings mühsame – Art überwinden: Man muß nur erneut auf die Adoption zurückgreifen, also eineiige Zwillinge suchen, die in verschiedenen Familien aufgewachsen sind. Frühzeitig getrennte Zwillinge sind eine Seltenheit, und es ist immer schwer, sie ausfindig zu machen und sie zu überreden, sich untersuchen zu lassen. Es hat sich gezeigt, daß die Ähnlichkeit zwischen getrennt aufgewachsenen eineiigen Zwillingen geringer ist als die zwischen gemeinsam aufgewachsenen, aber sie ist dennoch groß. Es handelt sich immer nur um wenige Paare, und die Familien, in denen die beiden aufgewachsen sind, wohnen oftmals gar nicht so weit voneinander entfernt: So waren die Adoptionsfamilien in mehreren Fällen Geschwister der Eltern (Onkel und Tanten), die ganz in der Nähe lebten.

Ein berühmter Psychologe, Sir Cyril Burt, suchte in englischen Schulen nach Zwillingen, die getrennt und von verschiedenen Familien adoptiert worden waren. Er fand auch etliche und veröffentlichte mehrere Beobachtungsreihen, aus denen eine frappierend große Ähnlichkeit der beobachteten Zwillingspaare deutlich wurde.

Hier begann nun ein wissenschaftlicher Krimi. Nach vielen Jahren fiel einem amerikanischen Psychologen namens Leon Kamin etwas ganz Merkwürdiges auf: Drei von Burt in drei verschiedenen Arbeiten angegebene Zahlen, mit denen er die Ähnlichkeit ausdrückte, die er bei verschiedenen Beobachtungen einer immer größeren Anzahl von Zwillingspaaren festgestellt hatte, waren identisch. Dieser Zufall war tatsächlich sonderbar. Daraufhin beschloß ein englischer Journalist, der Sache auf den Grund zu gehen, und entdeckte dabei völlig unerwartet, daß eine Person, mit der zusammen Burt seine Arbeiten über die eineiigen Zwillinge publiziert hatte, niemals existiert hatte. Sie konnte nur Burts Phantasie entsprungen sein. Es war nun nicht mehr auszuschließen, daß er auch die Daten über die Zwillinge erfunden hatte.
Burt war tot und konnte sich nicht mehr verteidigen, und seine Daten konnten niemals bis zu ihrem Ursprung zurückverfolgt werden. Aber wie konnte ein Wissenschaftler, der aufgrund seiner Leistungen eine solche Reputation erlangt hatte, daß ihm der Titel »Sir« verliehen worden war, derart durchdrehen und sich irgendwelche Daten aus den Fingern saugen? Das Rätsel ist bis heute nicht gelöst worden. Es gibt keinen Zweifel, daß der IQ von getrennten Zwillingen eine ziemlich große Ähnlichkeit aufweist, während die Ähnlichkeit zwischen Eltern und Adoptivkindern wesentlich geringer ausfällt, aber aus Burts Daten geht eine viel stärkere Ähnlichkeit hervor als aus den wenigen anderen Forschungsarbeiten, die zu diesem Thema vorliegen. Die wichtigste Lehre, die wir aus dieser Episode ziehen können, ist: Auch berühmte Wissenschaftler können ihren Vorurteilen so sehr verhaftet sein, daß sie sogar zu unredlichen Mitteln greifen, um nur ja an ihnen festhalten zu können. Zum Glück handelt es sich um seltene Fälle.

Schätzungen auf der Grundlage der besten heute zur Verfügung stehenden globalen Datenanalysen über den IQ haben ergeben, daß die Genetik, das soziale Entwicklungsmilieu im Sinne von »Bildung« (also das übertragbare soziale Milieu) und das Ambiente, in dem der einzelne aufwächst, für die geistige Entwicklung des Individuums von ungefähr gleich großer Bedeutung sind. Demnach würde also jeder dieser Faktoren für etwa ein

Drittel des Intelligenzquotienten des Individuums verantwortlich sein. Allerdings beziehen sich die gesammelten Daten nur auf weiße angloamerikanische Bevölkerungsgruppen. Dennoch besteht überhaupt kein Zusammenhang mit der Frage, ob der IQ-Unterschied zwischen weißen und schwarzen Amerikanern genetisch bedingt ist oder nicht. Wenn man davon ausgeht, was über diesen genetischen Unterschied bisher gesagt wurde – falls es ihn überhaupt gibt –, ist er minimal, während der wichtigste Unterschied vermutlich durch das soziale Entwicklungsmilieu bedingt ist.

Ende der siebziger Jahre wurde die Entdeckung bekannt, daß der IQ der Japaner um 11 Punkte höher liegt als der der weißen Amerikaner. Der Unterschied ist fast genauso groß wie der, der zwischen weißen und schwarzen Amerikanern festgestellt wurde (15 Punkte). Es hätte sich also erneut die Frage stellen müssen, ob der Unterschied, diesmal zwischen Japanern und weißen Amerikanern, genetisch oder milieubedingt ist. Es mag ein Zufall sein, aber in Amerika hat niemand behauptet, daß er genetisch bedingt sei! Vielmehr hat man begonnen, von der schlechten Qualität der amerikanischen Secondary School zu sprechen. Diese Reaktion war tatsächlich weitgehend berechtigt. Vielleicht wird sie dazu beitragen, das Bildungsniveau in den Vereinigten Staaten zu heben. Wenn sich die Unterschiede zwischen den Schulen in den Armenvierteln und denen in den reichen Wohngegenden verringern, wird sich sicher auch der Niveauunterschied zwischen dem IQ der Weißen und dem der Schwarzen verringern, der sich unter den schwarzen Amerikanern vor allem in der hohen Arbeitslosigkeit deutlich widerspiegelt.
Wir wissen, daß der Schule eine große Bedeutung zukommt und daß eine gute Schule den durchschnittlichen IQ erhöhen kann. Es ist auch bekannt, daß die Grundschulen und die weiterführenden Schulen in Japan ausgezeichnet sind und den Schülern ein großes Engagement und eine immense Disziplin abverlangen und daß die japanischen Eltern größten Wert auf das Studium ihrer Kinder legen. In Japan hängt die ganze spätere Karriere von den Noten in der Grundschule und der weiterführenden Schule ab, die die Qualität der Universität bestimmen, zu der der Schulabgänger

Zugang erhält; von dieser wiederum hängt die Qualität der staatlichen oder privaten Organisation ab, die den Universitätsabsolventen aufnehmen wird. Im Gegensatz zur japanischen Familie verfolgt die amerikanische den schulischen Erfolg der Kinder normalerweise mit äußerst geringem Interesse und scheint sich angesichts von Mißerfolgen relativ passiv zu verhalten, als wäre sie bereit, die Grenzen der individuellen Veranlagung zu akzeptieren, ohne zu versuchen, diese Grenzen zu überwinden.
Eine Besonderheit sei noch erwähnt, die vielleicht nicht ohne Bedeutung ist: Allein das wenige, was ich an japanischen Schriftzeichen studiert habe – die ja zum großen Teil mit den chinesischen identisch sind, von denen sie abstammen –, hat mir vor Augen geführt, daß sie ein ständiges Gedächtnistraining und eine sehr hohe analytische Fähigkeit erfordern und die Lernenden zu einer harten, aber wahrscheinlich sehr nützlichen Übung zwingen. Der IQ wird auch, ja vielleicht hauptsächlich, von der Menge an Schweiß bestimmt, der bei der Lösung allgemeiner Probleme vergossen wurde, die eine gewisse intellektuelle Anstrengung erfordern.

Zwei Studien über das kulturelle Erbe

Die kulturelle Übertragung ist bis heute noch sehr wenig untersucht worden – ein Manko, über das ich mich nicht genug wundern kann, weil doch die Kulturanthropologie sie als ihr tägliches Brot betrachten müßte: Es ist doch gerade die kulturelle Übertragung, die die Erhaltung des kulturellen Erbes über die Generationen gewährleistet und die bestimmt, inwiefern ein System bestehen bleibt und inwieweit es sich ändert. Das heißt, sie eignet sich besonders gut zur Untersuchung langfristiger kultureller Entwicklungen. Von geringerem Interesse ist sie für den Soziologen, der sich damit befaßt, gegenwärtige Situationen zu beschreiben oder ganz kurzfristige Veränderungen zu studieren. In einem Buch mit dem Titel *Cultural Transmission and Evolution* (Princeton University Press, 1981) habe ich mich, in Zusammenarbeit mit meinem Kollegen Marc Feldman, vor allem darum bemüht, für unsere Behauptungen stichhaltige Beweise zu liefern, wobei wir allerdings nicht mit mathematischen Fachausdrücken gegeizt haben. Wir mußten also von vornherein damit rechnen, daß sich nicht viele Leute für unseren Ansatz interessieren würden, und leider traf das auch auf die Anthropologen zu. Dafür aber wird das Buch von Wirtschaftswissenschaftlern gelesen, die sich von der Mathematik nicht abschrecken lassen. Der tatsächliche Test für die Nützlichkeit unserer Überlegungen aber wird erst kommen, wenn sie in der Praxis Anwendung finden. Mit einigen Kollegen haben wir inzwischen mit Untersuchungen begonnen, die wir hoffentlich noch ausbauen können, die aber schon jetzt einige interessante Ergebnisse erbracht haben. Zwei davon werde ich im folgenden zusammenfassen.

Im Rahmen einer an der Stanford University durchgeführten Forschungsarbeit hatten wir Studenten um Auskünfte über ihre eigenen Gewohnheiten, Usancen und Glaubensvorstellungen sowie über die ihrer Eltern und Freunde gebeten. Überraschenderweise haben wir dabei vor allem bei zwei Merkmalen große Übereinstimmung zwischen Eltern und Kindern festgestellt, nämlich in den Bereichen Religion und Politik. Bei vielen anderen Präferenzen und Gewohnheiten – von der, das Essen stark oder wenig zu salzen, über die, die Rechnung vor dem Bezahlen genau zu überprüfen, bis hin zu abergläubischen Tendenzen und zur Neigung, morgens früh oder spät aufzustehen – fiel die Übereinstimmung weit geringer aus oder war überhaupt nicht vorhanden.
Es kann, wie gesagt, späte Bekehrungen geben, aber im allgemeinen lernt man die Religion vor allem in der Familie kennen. Unsere Daten belegen, daß die Mutter im Hinblick auf zwei grundlegende Aspekte der Religion praktisch als einzige Einfluß auf das Kind ausübt, und das ist die Häufigkeit des Gebets und die Wahl der Religionszugehörigkeit für den Fall, daß die Eltern unterschiedlichen Glaubensrichtungen angehören. In beiden Fällen handelt es sich offensichtlich um eine frühzeitige Einflußnahme: Das könnte auch erklären, warum der Einfluß so stark ist. Das Problem der Religionszugehörigkeit wird von den Eltern zu einem Zeitpunkt gelöst, da der Betroffene selbst dazu noch nicht imstande ist. Bei der Frage nach der Häufigkeit des Gottesdienstbesuches spielt auch der Vater eine gewisse Rolle.

Aufschlußreich ist eine Anekdote, die der Biograph von Doktor Samuel Johnson, dem berühmten Schriftsteller und Autor des großen *Dictionary of the English Language* (1755), erzählt: »Die Frömmigkeit [seiner Mutter] stand ihrer Intelligenz nicht nach; und ihr ist es zu verdanken, wenn sich die Religion, die sich im Laufe seines Lebens so segensreich auswirkte, ihrem Sohn so tief einprägte. Er erzählte mir, daß er sich genau erinnerte, wie seine Mutter zum ersten Mal vom Paradies sprach als von ›einem Ort, in den die Guten eingehen‹, und von der Hölle als von ›einem Ort, in den die Bösen eingehen‹; damals habe sie ihn noch als kleines Kind zu sich ins Bett genommen. Und um dies alles seinem Gedächtnis besser einzuprägen, befahl die Mutter dem Kind, es vor ihrem Diener Thomas Jackson zu wiederholen.«

Es ist klar, daß die katholische oder protestantische Lehre nicht wie die Augenfarbe durch die Gene übertragen wird, sondern daß es sich um einen kulturellen Einfluß handelt. Erfolgte die Übertragung durch die Gene, wäre es in der Tat außergewöhnlich, wenn dies über die mütterliche Linie geschähe. Auf diese Weise werden zwar die Mitochondrien weitergegeben, aber wenn wir einräumten, daß sie ausgerechnet die Frömmigkeit beeinflussen, müßte man ja den Schluß ziehen, daß ihr Einfluß sich bei allem, was wir über ihre Struktur und Funktion wissen, in vollkommen unvernünftig scheinende Richtungen erstreckt. Es hat sicher nichts mit den Mitochondrien zu tun, wenn die Kinder aus »Mischehen« zwischen Katholiken und Protestanten oder zwischen Katholiken und Juden vorzugsweise die Religion der Mutter annehmen.

Die kulturelle Übertragung politischer Neigungen und Aktivitäten – zu der sowohl der Vater als auch die Mutter beitragen – wirkt sich fast ebenso stark aus wie die der Merkmale religiösen Verhaltens. Es handelt sich wahrscheinlich ebenfalls um einen frühzeitigen Einfluß, weil in der Familie oft über Politik gesprochen wird. Manche haben die Hypothese aufgestellt, daß die Struktur der Familie – sei sie nun patriarchalisch und autoritär oder weitläufig und wohlwollend oder nur noch eine Kernfamilie (in der die Rechte und Pflichten zwischen Eltern und Kindern mit dem Erwachsensein der letzteren enden) – einen Mikrokosmos beziehungsweise eine Prägung schafft, an die man sich gewöhnt und die man als Erwachsener im Makrokosmos der Gesellschaft zu perpetuieren versucht. Demnach würden die drei genannten Familienstrukturen das Individuum für autoritäre Systeme wie absolute Monarchien oder Diktaturen beziehungsweise für sozialistenfreundliche respektive liberale Systeme prädisponieren. In manchen Gesellschaften, unter anderem in der französischen, konnten einige Korrelationen festgestellt werden, die diese Hypothese stützen.

Statt die Ähnlichkeiten zwischen Eltern und Kindern zu untersuchen, ist es leichter und zufriedenstellender, die kulturelle Übertragung mit Blick auf bestimmte Merkmale zu studieren. Das heißt, man fragt die Betroffenen, woran sie sich erinnern, wenn sie an ihre Einführung in bestimmte Aktivitäten zurückdenken. In einer Studie über die Pygmäen, die wir mit dem Anthropologen Barry Hewlett durchführten, haben wir erforscht, wie der Pygmäe die Dinge lernt, auf die er sich versteht und die es ihm ermöglichen, im Wald zu überleben – angefangen bei der Jagd über die Zubereitung der Speisen, bis hin zur Kinderpflege, den Tänzen und den grundlegenden sozialen Kenntnissen. Es stellte sich heraus, daß er sie in fast 90 Prozent der Fälle von den Eltern gelernt hatte, vielleicht nur von einem Elternteil, insbesondere dann, wenn es sich um geschlechtsspezifische Tätigkeiten handelte. Sehr selten (praktisch nur im Fall einer erst vor kurzem eingeführten Waffe, der Armbrust) schlüpften die Feldbauern für die Pygmäen in die Lehrerrolle. Was die sozialen Aktivitäten anbelangt, so wird die Unterweisung von mehreren Personen des Lagers erteilt. Gewöhnlich erinnern sich die Befragten auch noch genau an den Zeitpunkt und den Ort, an dem die Unterweisung stattfand.

Wir haben bereits erwähnt, daß die Übertragung von den Eltern auf die Kinder und die von der ganzen sozialen Gruppe auf ihre Mitglieder kulturelle Mechanismen sind, die eine Übernahme von Innovationen erschweren. Dies erklärt auch, warum die Pygmäen ebenso wie andere Jäger und Sammler sehr stark bestrebt sind, ihre Kultur zu bewahren. Sie geht nur dann verloren, wenn ihr Lebensraum, in dem sie gedeihen kann, verlorengeht; im Fall der Pygmäen ist dies der Wald.

Die Fähigkeit der Kultur, sich dann, wenn es nützlich ist, über

Generationen zu erhalten, und sich dann, wenn es notwendig ist, auch rasch zu ändern, macht sie zu einem wertvollen Anpassungsmechanismus, obschon man sich gelegentlich mehr Elastizität oder umgekehrt mehr Stabilität wünschen würde. Der Mensch verdankt seine privilegierte Stellung in dieser Welt der enormen Entwicklung der kulturellen Phänomene und der der Sprache, die diesen Phänomenen besondere Wirksamkeit verleiht. Wir wissen jedoch, daß es sich um eine äußerst fragile Position handelt. Die Bürgerkriege, die wir um uns herum erleben, das Schicksal einiger von verschiedenen Formen des Rassismus bedrohter Minderheiten und die terroristischen Aktivitäten von Fanatikern erinnern uns daran, wie kurz der Weg vom Paradies ins Inferno manchmal sein kann.

9

Rasse und Rassismus

Mein Vater hat mir einmal erzählt, daß er nach dem Ersten Weltkrieg im Hafen von New York Plakate gesehen hatte, auf denen für weiße Arbeiter ein Höchstlohn, für Italiener ein niedrigerer und für Schwarze ein noch niedrigerer Lohn angeboten wurde. Nachdem man hundert Jahre lang Einwanderer aus allen Nationen ins Land eingeladen hatte (»Gebt mir eure Armen und Müden, die nach Freiheit dürsten, die Entrechteten, die eure Strände bevölkern ...«, heißt es auf dem Sockel der Freiheitsstatue), begann auch in Amerika der Rassismus wiederaufzublühen, der in Europa zu den Tragödien von trauriger Berühmtheit führen sollte, der aber auch in den Vereinigten Staaten mit dem sogenannten »eugenischen« Programm einen bedeutenden politischen Erfolg errang. Ziel dieser Vorschläge war es, die Gattung Mensch dadurch zu verbessern, daß man die Fortpflanzung der »Besten« förderte und die der »Ungeeigneten« reduzierte. In den zwanziger Jahren starteten die amerikanischen Eugeniker einen Pressefeldzug und lancierten eine Reihe von Interventionen im Kongreß, um die Verabschiedung von rassistischen Gesetzen und von Einwanderungsquoten durchzusetzen, die den Zuzug aller Immigranten mit Ausnahme von Nord- und Mitteleuropäern strikt begrenzen sollten. Da es diesen in ihren Ländern aber normalerweise ganz gut ging, waren nur wenige von ihnen an einer Auswanderung interessiert.

Die Eugeniker beklagten die Geistesschwäche vieler Immigranten und untermauerten ihre Behauptungen mit Untersuchungen zum Intelligenzquotienten, die beweisen sollten, daß die Einwanderung aus den Ländern Süd- und Osteuropas die Vereinigten Staaten nur um minderwertiges Menschenmaterial bereichere. Tatsächlich waren viele der Einwanderer aus den angeprangerten

Ländern absolute Analphabeten. So verzeichneten etwa die Regionen Süditaliens, aus denen ein großer Teil der Immigranten stammte, zu Beginn unseres Jahrhunderts tatsächlich noch sehr hohe Analphabetenquoten.

Auch wenn die damaligen Eugeniker sich als wissenschaftlich inkompetent erwiesen, so waren sie doch auf politischem Gebiet äußerst effizient und erreichten die Verabschiedung der von ihnen eingebrachten Gesetze. Einer von ihnen, Carl Brigham, kann zumindest teilweise entschuldigt werden, weil er – allerdings zu spät – zu der Einsicht gelangte, daß die Untersuchungen der Eugeniker keinen Beweis für die Erblichkeit der Intelligenz- und Verhaltensunterschiede zwischen Einwanderern und Einheimischen geliefert hatten. In einer 1930 publizierten zusammenfassenden kritischen Analyse erklärte er, daß »eine der anmaßendsten jener Studien über den Vergleich zwischen den Rassen« – nämlich seine eigene! – »unbegründet war«. Der wissenschaftliche Leiter der Eugenikergruppe war C.B. Davenport, der Gründer des Cold-Spring-Harbor-Forschungslabors in der Nähe von New York. Zusammen mit seinen Mitarbeitern führte er auch andere humangenetische Forschungen über gewöhnliche Merkmale, wie Nasenform oder Augen- und Haarfarbe, durch, die, wie sich zeigte, von ganz minderwertiger Qualität waren. Die ganze Argumentation war fragwürdig, und das wäre sie auch heute noch. Davenport aber bemerkte es nicht und veröffentlichte wissenschaftlich unhaltbare Ergebnisse. Die genetische Forschung über andere, nichtmenschliche Organismen wurde dagegen von hervorragenden Wissenschaftlern weiterentwickelt. Das Resultat war, daß in Amerika die Genetiker von Rang zu der Überzeugung gelangten, die Humangenetik sei unbrauchbar. Zum Glück wurden diese Forschungen in Cold Spring Harbor noch vor dem Zweiten Weltkrieg eingestellt, und das Labor verwandelte sich in ein großartiges Forschungszentrum für die Genetik nichtmenschlicher Organismen.

Rasse und Rassen

Um den Rassismus richtig zu verstehen, muß man sich zunächst über die Bedeutung des Begriffs »Rasse« einigen, mit dem manchmal, vor allem im Englischen, die ganze Spezies Mensch, häufiger aber eine ihrer Unterabteilungen bezeichnet wird. Oft wird er als Synonym für »Nation« oder »Volk« benutzt und sorgt so für einige Verwirrung. Die Definition von »Rasse«, die ich im etymologischen Wörterbuch von Cortelazzo und Zolli finde, lautet: »Die Gesamtheit der Individuen einer Tier- oder Pflanzenart, die sich von anderen Gruppen derselben Art durch eines oder mehrere konstante und auf die Nachkommen übertragbare Merkmale unterscheidet.« Der Ursprung des Wortes, das auf das 15. Jahrhundert oder noch weiter zurückgehen soll, ist nicht ganz klar: Man streitet sich darüber, ob es vom Lateinischen *generatio* abgeleitet ist oder von *ratio* in der Bedeutung von »Natur«, »Beschaffenheit«.

Wichtig ist jedenfalls, daß der Begriff sich auf »konstante und vererbbare« Eigenschaften bezieht; heute würden wir von genetisch bedingten Merkmalen sprechen. Doch das Wort »konstant« kann Fragen aufwerfen: Bedeutet es »von einem Individuum zum anderen nicht veränderbar« oder »im Laufe der Zeit nicht veränderbar«? In beiden Fällen wird es nur unter Vorbehalten akzeptiert. Gewöhnlich besitzen wir keine Informationen darüber, wie sich ein Merkmal im Laufe der Zeit verhält; daher bescheiden wir uns und sprechen von der Variabilität zwischen Individuen, wie wir sie heute beobachten. Im Hinblick auf fast alle beobachteten erblichen Merkmale stellen wir fest, daß die Unterschiede zwischen einzelnen Individuen bedeutsamer sind als die, die man zwischen Rassen antrifft. Sehr selten kommt vor, was wir in bezug auf die Hautfarbe zu sehen gewohnt sind, nämlich daß alle Individuen der Rasse A eindeutig dunkel und alle der Rasse B hell sind.

Es existiert also keine Konstanz im Sinne der üblichen Definition von »Rasse«. Die Rassen voneinander zu unterscheiden ist kompliziert: Wir müssen uns dabei immer auf Statistiken der Häufigkeit vieler Merkmale von vielen Individuen stützen und niemals auf ein Merkmal allein. Und es kommt noch schlimmer: Wir sind zum Beispiel nicht einmal imstande, die Frage: »Wie viele Rassen gibt es auf der Erde?« zu beantworten.

Wie viele Rassen gibt es auf der Erde?

Vor über hundert Jahren hatte Darwin bereits mit großer Klarheit die ernsthaften Probleme vorhergesehen, die mit der Definition von »Menschenrassen« verbunden sind. Sie sind so schwerwiegend, daß wir auf eine solche Definition lieber verzichten oder zumindest den Leser warnen wollen, daß jede mögliche Liste an bedeutsame Grenzen stößt.

Schon Darwin wies darauf hin, daß die von verschiedenen Forschern ermittelten Zahlen der Rassen sehr stark voneinander abweichen. Das trifft auch heute noch zu: Man findet neuere Klassifikationen, die von drei bis sechzig »Rassen« variieren. Wenn man wollte, könnte man noch viel mehr zählen, doch können wir in einer solchen Auflistung keinen Sinn erblicken, da alle diese Klassifizierungen gleich willkürlich sind.

Die Schwierigkeit geht grundsätzlich auf eine andere, ebenfalls von Darwin bemerkte Tatsache zurück: Bewegt man sich von einer Population zu einer anderen, benachbarten, so sieht man sich sehr oft mit einer kontinuierlichen Abstufung in der Variation aller Merkmale konfrontiert. Auch die genaueste Analyse zeigt, daß auf geographischen Karten nur sehr selten abrupte Diskontinuitäten genetischer Merkmale festzustellen sind. Die Veränderung vollzieht sich überall allmählich und nur in einigen Gegenden etwas schneller als anderswo. Das kann man beobachten, wenn man die genetische Variation pro Kilometer mißt – eine Untersuchung, die nur in Regionen möglich ist, in denen die Geographie der Gene besonders genau bekannt ist (das gilt heute praktisch nur für bestimmte Teile Europas). Man hat vorgeschlagen, die Zonen rascher genetischer Variation als »genetische Grenzen« anzugeben, wenn es möglich ist, sie aufgrund von mehr als einem genetischen Merkmal zu bestätigen. Die Grenzen, die für Europa festgestellt wurden, fallen oft mit geographischen Grenzen zusammen: Das sind zum einen Gebirgszüge wie die Alpen oder die Pyrenäen, die jedoch keine komplette, sondern nur

eine teilweise Barriere darstellen; dann wichtige Meeresabschnitte (die Genetik von Inseln wie Sardinien oder Island beweist, daß sie sich ganz deutlich von der des Festlandes unterscheiden) sowie große Flüsse und manchmal auch nur einfache Sprachgrenzen (ohne geographische oder politische Grenzen). In diesen zuletzt genannten Fällen läßt sich schwer entscheiden, ob die genetische Grenze eine Folge oder eine Ursache der linguistischen ist. Die bisher in Europa gezogenen genetischen Grenzen sind jedenfalls noch nicht vollständig und reichen nicht aus, um geschlossene Regionen zu erkennen, die, wenn sie existierten, bei der Definition von Rassen behilflich sein könnten. Es handelt sich nur um grobumrissene Regionen, in denen die Migration weniger häufig vorkommt, weshalb diesseits und jenseits der Grenze eine etwas größere genetische Verschiedenheit entsteht, die kleinen quantitativen Unterschieden entspricht.
Aus all diesen Gründen ist die Klassifizierung von Rassen schwierig, wenn nicht gar ebenso unmöglich wie die Antwort auf zwei präzise Fragen: Gibt es eine italienische Rasse? Gibt es eine jüdische Rasse?

Die genetische Geographie Italiens

In Italien ist heute ein großes Interesse für die Fragen der Populationsgenetik zu verzeichnen, dem eine gewisse Fülle von Daten und Spezialisten zu verdanken ist. Alberto Piazza aus Turin und seine Mitarbeiter haben die Technik der synthetischen Karten, von denen wir einige auf ganz Europa bezogene Beispiele gesehen haben, auf Italien angewandt und uns so eine sehr interessante Analyse der genetischen Landschaft Italiens geliefert. Daraus kann man eindeutig den Schluß ziehen, daß die größte genetische Variation zwischen Norden und Süden besteht und daß sie mit zahlreichen Abstufungen verläuft.
Der klassische Süden Italiens entspricht dem Gebiet der griechischen Kolonien: Er erstreckte sich von Neapel (Neapolis, »neue Stadt«, war der griechische Name einer Kolonie, die von Cuma, einer etwas weiter nördlich gelegenen griechischen Kolonie, der ältesten auf italienischem Boden, gegründet wurde) bis hinunter

nach Reggio Calabria, stieg die Küsten des Ionischen Meeres hinauf bis zum Absatz des Stiefels und die adriatische Küste entlang fast bis zum Sporn, der Halbinsel von Gargano. Die Griechen kolonisierten auch den östlichen Teil Siziliens, aber nicht den westlichen, wie man auf den genetischen Karten genau erkennen kann, von denen sich ein deutlicher Unterschied zwischen der Westspitze und dem Ostteil ablesen läßt. Im Westteil dagegen gründeten die Phönizier und die Karthager Kolonien.

Der südliche Teil Italiens wurde Magna Graecia, das heißt »Großes Griechenland«, genannt, weil dort mehr Griechen lebten als im Mutterland. Dort ist bis vor sechs- oder siebenhundert Jahren Griechisch gesprochen worden, und es wird auch heute noch in einigen Gebieten gesprochen, so zum Beispiel in neun Dörfern südlich von Lecce, deren bedeutendstes Calimera heißt, was im Griechischen soviel wie »guten Morgen« bedeutet. Spuren dieses über zweitausendjährigen hellenischen Einflusses finden sich auch in vielen Familiennamen. In der ganzen kolonisierten Zone stößt man auf Nachnamen, die eindeutig griechischen Ursprungs sind; in den Provinzen von Reggio Calabria und Messina machen sie sogar 15 Prozent aller Nachnamen aus.

Während der griechische Einfluß in Süditalien bedeutsam ist, macht sich in Norditalien ein wichtiger Einfluß der Kelten bemerkbar. Die keltische Kultur trat nach 1000 v. Chr. in Österreich und in der Schweiz in Erscheinung, könnte aber aus älterer Zeit und aus etwas weiter östlich und vielleicht weiter nördlich gelegenen Gegenden stammen. Sorgfältig hergestellte Waffen und Kunstwerke von hoher Qualität sind Kennzeichen dieser Zivilisation, die auch von einer Sprache geprägt ist, welche in der zweiten Hälfte des ersten Jahrtausends v. Chr. von den keltischen Fürsten und ihren Heeren nach Frankreich, England, in einen Teil

1. *Auf dieser geographischen Karte Italiens sind die Ergebnisse einer Analyse genetischer Daten nach A. Piazza und Mitarbeitern eingezeichnet. Ein schraffiertes Gebiet weist darauf hin, daß die dort ansässige Bevölkerung dazu tendiert, genetisch von der benachbarten abzuweichen. Dies ist wahrscheinlich auf die Tatsache zurückzuführen, daß die in früherer Zeit festgestellten Unterschiede noch nicht durch den Austausch zwischen benachbarten Dörfern ausgeglichen wurden. Diese Aussagen ähneln sehr stark jenen, zu denen G. Zei mit Hilfe der Analyse der geographischen Verteilung von Familiennamen gelangt ist.*

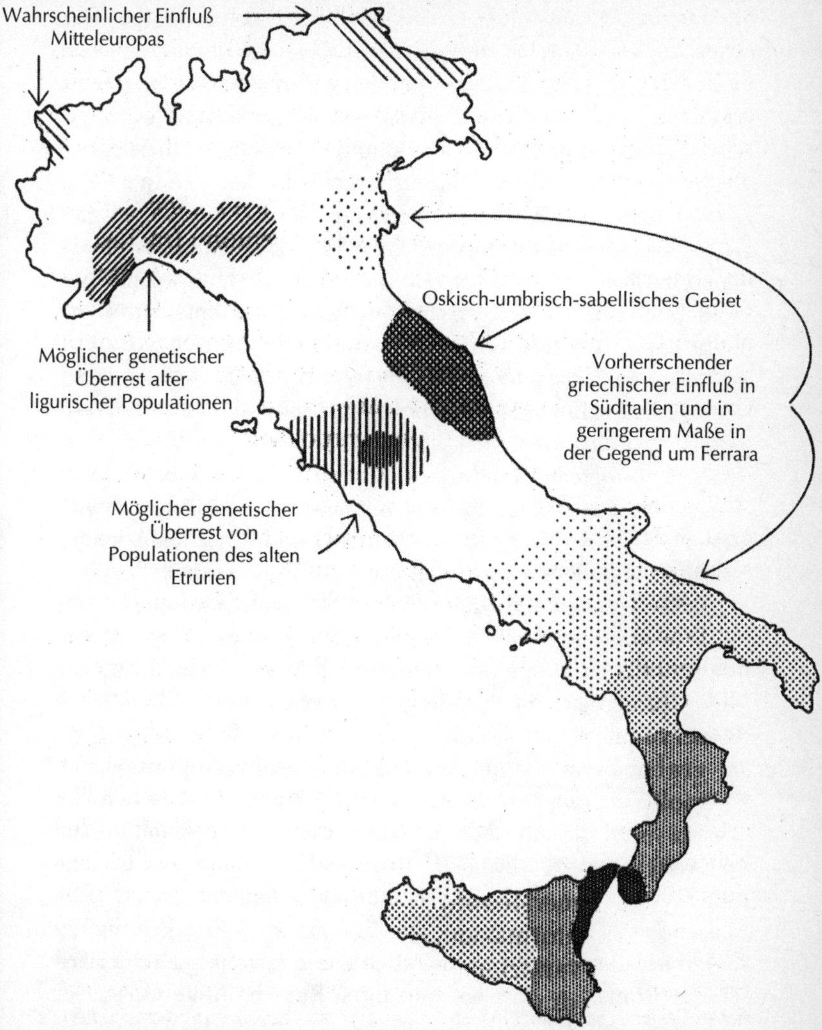
Wahrscheinlicher Einfluß
Mitteleuropas
Möglicher genetischer
Überrest alter
ligurischer Populationen
Oskisch-umbrisch-sabellisches Gebiet
Vorherrschender
griechischer Einfluß in
Süditalien und in
geringerem Maße in
der Gegend um Ferrara
Möglicher genetischer
Überrest von
Populationen des alten
Etrurien

Spaniens und nach Norditalien exportiert wurde. Es gibt einige Hinweise darauf, daß die Besetzung dieser Regionen durch die Kelten zahlenmäßig nicht unbedeutend war: Die Verbreitung der Sprachen, die dann bis zur Besetzung durch die Römer in diesen Gegenden vorherrschten, ging einher mit der Entstehung eines ausgedehnten Netzes von Ortsnamen wie zum Beispiel jenen, die auf *-ac* enden: Berühmt ist das bekanntlich in Frankreich gelegene Cognac; derselbe Name kommt übrigens in den Varianten Cugnac, Cugnago und Cugnasco auch in Norditalien vor. Es gibt keinen Beweis dafür, daß es sich um Namen keltischen Ursprungs handelt. Doch wenn die Besetzung durch die Kelten zahlenmäßig tatsächlich bedeutend war, würde dies auch eine Antwort auf die Frage liefern, warum zwischen Norditalien, Frankreich (vor allem im mittleren und östlichen Teil), Österreich, Süddeutschland und zum Teil auch England bestimmte genetische Ähnlichkeiten festzustellen sind.

In Italien findet man auch andere Spuren von alten Populationen, die auf der genetischen Karte sichtbar werden, weil sie sich von denen ihrer Umgebung unterscheiden. Im Ligurischen Apennin nördlich von Genua trifft man etwa auf Spuren einer Bevölkerung, die von den alten Ligurern abstammen könnte, einem präindoeuropäischen Volk, das von den Römern nur unter Aufbietung großer Kräfte unterworfen wurde. Es ist bezeichnend, daß diese Spuren sich in den Bergen finden, in denen die älteren Bewohner nach der Ankunft der Invasoren Zuflucht suchten, während man in den Ebenen und an den Küsten Spuren der in späterer Zeit Eingetroffenen findet. Im Apennin zwischen der Toskana und Latium stößt man auf Spuren einer Population, die auf die Zeiten der Etrusker zurückgehen könnte: Es ist jene Region, in der in den ersten Jahrhunderten des ersten Jahrtausends v. Chr. die etruskische Zivilisation in Erscheinung getreten ist, die dann eine Blüte erlebte und später, nach dem Triumph Roms, zusammen mit ihrer Sprache unterging. Der römische Kaiser Claudius bemühte sich zwar, das literarische Erbe der Etrusker zu retten, aber leider ist sein Werk verlorengegangen.

Unweit von Ancona finden sich genetische Spuren einer anderen frühen italischen Zivilisation, die ebenfalls aus dem ersten Jahr-

tausend v. Chr. stammt; dabei könnte es sich um die sogenannte oskisch-umbrisch-sabellische Kultur handeln. Wenn man einmal an menschlichen Fossilfunden zufriedenstellendere genetische Untersuchungen durchführen kann als heute, wird man überprüfen können, ob diese Beobachtungen dem entsprechen, was die genetische Geographie und die Geschichte dieser Regionen nahelegen. Leider war es bei vielen dieser Populationen nicht üblich, die Toten zu begraben; da man sie verbrannte, gibt es keine Möglichkeiten mehr, genetische Analysen durchzuführen. Zum Glück handelte es sich aber bei der Leichenverbrennung nicht um einen überall verbreiteten Brauch.
Dies alles könnten wir von den Karten ablesen, die die geographische Variation vieler Gene zusammenfassen und die Existenz von Völkern beweisen, die sich genetisch von ihren Nachbarn unterscheiden wie Hügel oder Senken auf einer Höhenkarte. Zwischenzeitlich hat Gianna Zei aus Pavia viele Daten über Familiennamen ausgewertet und auf dieser Grundlage geographische Karten erstellt, die denen der Gene sehr stark ähneln. Da ihre Karten auf einer viel größeren Anzahl von Individuen beruhen, ermöglichen sie auch eine genauere Analyse.

Einige europäische Völker

Auf geographischen Karten ähnelt Frankreich einem Viereck, dessen vier Ecken sich aber in genetischer und historischer Hinsicht vollkommen voneinander unterscheiden.
In der nordwestlichen Ecke liegt die Bretagne, und die Menschen, die dort wohnen, stammen, wie schon der Name ahnen läßt, zum großen Teil aus Großbritannien. Noch heute wird dort eine keltische Sprache gesprochen, aber es handelt sich um eine sekundäre Keltisierung, weil zu dem Zeitpunkt, als die Angelsachsen sich nach dem Zusammenbruch des Römischen Reiches der Britischen Inseln bemächtigten, zahlreiche keltischsprachige Bewohner aus England flohen und sich in der Bretagne ansiedelten.
Aus verschiedenen historischen Gründen weist die Nordostecke, also der Landstrich, der an das heutige Belgien angrenzt, in genetischer Hinsicht eine größere Ähnlichkeit mit Mitteleuropa auf.

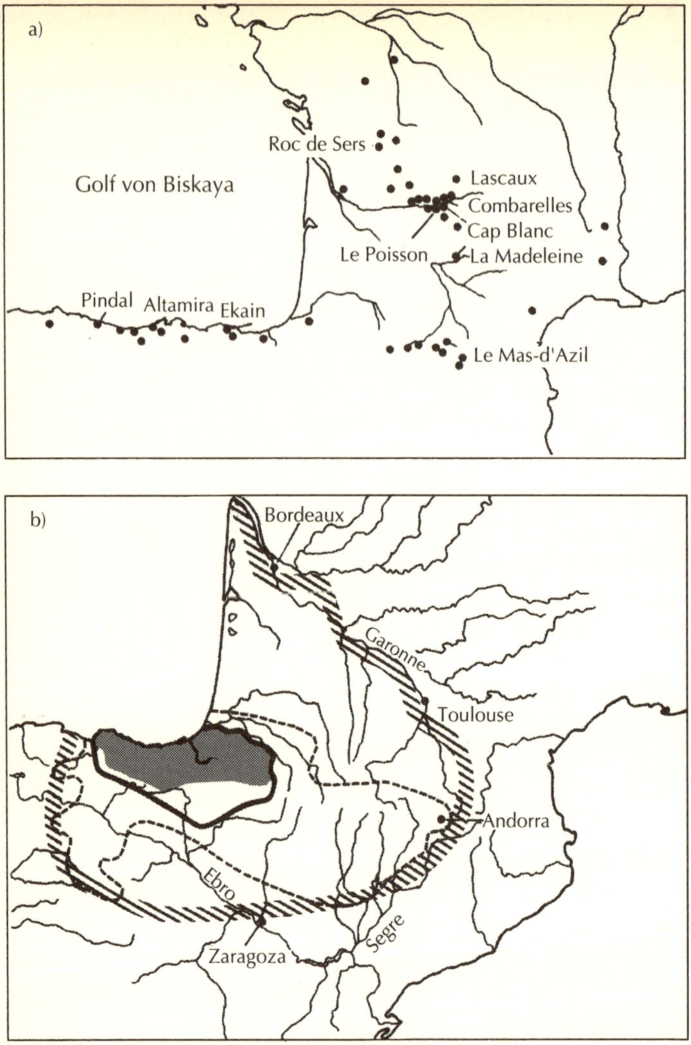

Ortsnamen eindeutig baskischen Ursprungs

Baskisches Sprachgebiet

Baskisches Sprachgebiet im 18. Jh. n. Chr.

Baskisches Sprachgebiet im 6. Jh. n. Chr.

Der eine – und zugleich älteste – Grund liegt in der Tatsache, daß die neolithischen Ackerbauern entlang den Flüssen des mitteleuropäischen Flachlandes und von dort auch nach Frankreich wanderten; in der Seine nahe bei Paris wurde ein altes Boot entdeckt, das vor 6500 Jahren von den Neolithikern benutzt worden war. In späterer Zeit, im 5.–6. Jahrhundert n. Chr., trafen dort germanische Stämme aus der Kölner Region ein; sie waren durch Holland und Belgien gezogen und ließen sich in der Gegend

2. Ähnlichkeit dreier geographischer Karten: a) im späten Paläolithikum ausgeschmückte Höhlen in dem von Cro-Magnon-Menschen bewohnten Gebiet; b) Ortsnamen eindeutig baskischer Herkunft und Gebiete, in denen Baskisch gesprochen wird; c) erste Hauptkomponente des westlichen Europa auf der Grundlage der genetischen Daten (nach Bertranpetit).

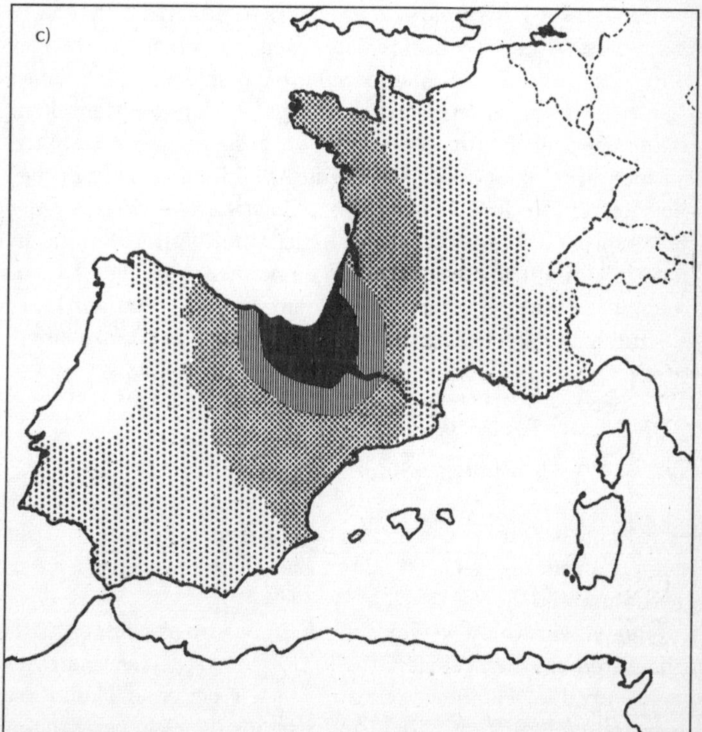

nördlich von Paris nieder. Es waren Franken, die der Nation den Namen, nicht aber die Sprache geben sollten: Es wurde dort nach wie vor eine Sprache lateinischen Ursprungs gesprochen.

Ganz anderer Herkunft sind die Populationen im Süden Frankreichs. Wenn man von Südfrankreich spricht, muß man mindestens zwei Teile voneinander unterscheiden: den östlichen Teil, die Region um Marseille, die von den Griechen kolonisiert wurde und zum Teil noch genetische Spuren aus dieser Zeit aufweist, und den Teil im äußersten Westen, wo dank des unermüdlichen Widerstandes eines immer kleiner werdenden Kerns gegen die Zentralregierung, die die Benutzung der französischen Sprache propagiert, auch heute noch Baskisch gesprochen wird.

Das baskische Sprachgebiet war früher einmal viel größer: Das beweisen die Ortsnamen und, wie der Pariser Anthropologe und Biologe Jacques Ruffié nachgewiesen hat, auch die Genetik. Das von den Basken bewohnte Gebiet setzt sich südlich der Pyrenäen fort, wo der Anteil der baskischsprechenden Personen sehr viel höher liegt. In diesen Baskenpopulationen sind die Gene einer der ältesten Populationen Europas, der Cro-Magnon-Menschen, erhalten geblieben, von denen, wie wir gesehen haben, die Basken wahrscheinlich abstammen. Die Abbildung zeigt, daß dieselbe Region, in denen ihre großen Kunstwerke – wie die Felsmalereien von Lascaux in Frankreich und von Altamira in Spanien, um nur die berühmtesten zu nennen – überlebt haben, von einer genetisch einheitlichen Population bewohnt wird, die die durch die Pyrenäen geschaffene natürliche Grenze überschreitet.

Gibt es eine jüdische Rasse?

Diese Frage ist schon deshalb von besonderem Interesse, weil die Juden seit mindestens 2000 Jahren Zielscheibe rassistischer Aggressionen sind.

Überlegen wir vorläufig einfach nur einmal, ob es wissenschaftlich vertretbar ist, von einer jüdischen Rasse zu sprechen. Sehr viel hängt von dem Feinheitsgrad ab, den wir bei einer Definition erreichen wollen. Tatsächlich sind wir uns der Schwierigkeiten bewußt, die so groß sind, daß sie komplizierte Berechnungen und bessere statistische Daten erforderten als die, über die wir gegenwärtig verfügen.

Die Juden sind von Anfang an eine heterogene Population gewesen. In den Jahrtausenden, die seit den beiden großen Diasporen (Verstreuungen in alle Welt) vergangen sind – die erste nach dem Babylonischen Exil im Jahr 586 v. Chr. infolge der Eroberung des Königreichs Juda durch die Assyrer, die zweite nach der Eroberung Jerusalems durch den römischen Kaiser Titus im Jahre 70 n. Chr. –, haben sich die Juden über verschiedene Teile Europas, Nordafrikas und des Nahen Ostens verbreitet. Religiöse Verfolgungen bewirkten, daß sie in der Folge oft ihren Wohnsitz wechseln mußten. So wurden etwa die spanischen Juden 1492 aus Spanien vertrieben. In jüngerer Zeit haben viele Juden, zum Beispiel die russischen, die Gelegenheit ergriffen und sind nach Israel zurückgekehrt. Diese Tendenz hält noch immer an.

In der jüdischen Religion ist die Neigung zum Proselytenmachen wenig ausgeprägt, aber die Existenz äthiopischer und jemenitischer Juden läßt sich wahrscheinlich nur mit der Bekehrung lokaler Populationen in früherer Zeit erklären, denn diese Juden unterscheiden sich genetisch sehr stark von den anderen und weisen große Ähnlichkeit mit der übrigen Bevölkerung ihrer Herkunftsländer auf. In den anderen Fällen haben die Juden nicht nur ihre Religion beziehungsweise ihre Traditionen bewahrt, sondern auch – zumindest teilweise – ihre genetischen Merkmale, wie eine gewisse Ähnlichkeit zwischen den verschiedenen Gruppen beweist. Im Laufe der Diaspora haben sie sich in den verschiedenen Teilen der Welt in geringem Umfang mit ihren Nachbarn vermischt. Die Juden Ost- und Nordeuropas (die Aschkenasim) haben – wahrscheinlich aufgrund dieser Vermischung – oft blonde Haare und blaue Augen, aber es ist nicht auszuschließen, daß diese Veränderung zum Teil auch auf die natürliche Auslese zurückzuführen ist. Dasselbe gilt für die Gene, die die unsichtbaren Merkmale bestimmen. Sie würden den Schluß zulassen, daß die Mischung der genetischen Ausstattung – infolge von gemischten Verbindungen über Generationen hinweg – einen Grad von bis zu 50 Prozent der ursprünglichen jüdischen Bevölkerung und 50 Prozent ihrer jeweiligen Nachbarn erreichen kann. Ein so hoher

Mischungsgrad ist allerdings nur selten zu beobachten. Gemessen an der langen Zeit der Trennung, ist die pro Generation errechnete Mischung sehr gering und beträgt nur wenige Prozent. Unter den Abkömmlingen solcher Mischehen bestand jedoch eine verstärkte Tendenz, den sozialen und religiösen Kontakt zu ihren Wurzeln zu verlieren, weshalb sie nicht mehr als Teil der jüdischen Welt gelten und tatsächlich nicht in die Berechnungen einbezogen werden. Die sephardischen Juden, die heute in weit voneinander entfernten Ländern wie Spanien, Italien, Marokko, Ägypten und Bulgarien verstreut leben, unterscheiden sich ziemlich stark voneinander.

Diese Heterogenität erschwert die Analyse noch weiter. Man kann nur feststellen, daß unter den Vorfahren der heutigen Juden die Endogamie (die Ehen zwischen Individuen, die derselben Gruppe angehören) ziemlich weit verbreitet war, so daß ein nicht unbeträchtliches gemeinsames genetisches Erbe erhalten geblieben ist. Deshalb verwundert es nicht, daß zwischen den Juden jeglichen Ursprungs eine gewisse Ähnlichkeit festzustellen ist, und auch zwischen jedem einzelnen von ihnen und den Angehörigen jener Völker, die genau wie sie aus dem Nahen Osten stammen.

Genügt dies bereits, um von einer jüdischen Rasse sprechen zu können? Wenn wir uns darauf beschränkten, die fünf Rassen in Betracht zu ziehen, die die fünf Kontinente repräsentieren, wäre klar, daß bei einem Vergleich die Unterschiede zwischen Juden und nichtjüdischen Europäern lächerlich gering ausfielen. Nähme man eine große Anzahl von Rassen in der Welt und würde man jede von ihnen mit den benachbarten vergleichen, würde man vielleicht herausfinden, daß die Juden ihren nichtjüdischen Nachbarn im gleichen Maße ähneln wie die Norditaliener den Süditalienern oder die Nordfranzosen den Südfranzosen. Solche Rechnungen könnten ziemlich leicht durchgeführt werden, aber was wäre damit gewonnen? Einfacher ist es, sich auf die Aussage zu beschränken, daß es zwischen Juden und Nichtjuden einige genetische Unterschiede gibt, daß die durchschnittliche genetische Zusammensetzung der Juden nicht weit von der der Völker abweicht, die noch heute in den an Israel angrenzenden Regionen wohnen, und daß es aufgrund der im Laufe der Diaspora erfolgten Vermischungen eine gewisse Heterogenität zwischen Juden gibt, obwohl noch immer eine gewisse »Familienähnlichkeit« zu beobachten ist.

Es ist nicht leicht, Genetik und Kultur miteinander zu vergleichen, aber der allgemeine Eindruck geht dahin, daß das, was die Juden mit so großer Kraft zusammenhält, nicht ein genetischer, sondern ein kultureller Faktor ist. Daß das jüdische Volk seine Identität bewahrt hat, ist hauptsächlich seinen Traditionen zu verdanken, in denen die Religion eine wichtige, aber wahrscheinlich nicht die einzige Rolle spielt. Der Begriff der Rasse ist so vage, daß wir die Juden nur dann als Rasse oder, besser gesagt, als eine Gesamtheit von Rassen ansehen könnten, wenn wir bereit wären, Tausende verschiedener Rassen zu definieren, die sich jeweils nur ganz geringfügig voneinander unterscheiden.

Tatsächlich ist bei der Gattung Mensch eine Anwendung des Begriffs »Rasse« völlig unsinnig. Die Struktur der menschlichen Populationen ist äußerst komplex und variiert von Region zu Region und von Volk zu Volk; dank der ständigen Migrationen innerhalb der Grenzen aller Nationen und darüber hinweg gibt es immer Nuancen, die klare Trennungen unmöglich machen.

Rassismus und reine Rassen

Wir gehen von einer ähnlichen, wenn auch nicht der gleichen Definition von Rasse aus, wie der, die wir eingangs zitiert haben: Unter Rasse verstehen wir eine Gesamtheit von Individuen, die eine gemeinsame Herkunft haben und daher im Hinblick auf die biologisch bedingten vererblichen Merkmale eine gewisse genetische Ähnlichkeit bewahren. Sie können auch eine gewisse kulturelle Identität, ausgedrückt durch gemeinsame Traditionen, gemeinsame Sprache und politische Einheit, bewahrt haben oder nicht, oder eines oder mehrere von diesen einigenden Bändern verloren haben. Kulturelle Identitäten sind im allgemeinen labiler, genetische dauerhafter. Deshalb werden wir nur noch diese letzteren ins Auge fassen, wenn wir uns um die Definition von Rasse bemühen.

Obwohl der Rassismus viele Wurzeln hat und viele Definitionen kennt, wissen wir, daß die Rassisten in erster Linie um die *Reinheit der Rasse* besorgt sind. Wir beginnen mit diesem Aspekt, weil er leicht abzuhaken ist: Es gibt keine reinen Rassen, und wenn man sie zu schaffen versuchte, könnten sie sich als ziemlich unattraktiv erweisen.

Diese Tatsache ist leicht zu verstehen. Wenn wir irgendein genetisches System studieren, stellen wir immer einen hohen Grad dessen fest, was wir *Polymorphismus*, also genetische Vielfalt, nennen: Das heißt, daß ein Gen verschiedene Formen aufweist. Dies gilt für eine winzig kleine Population genauso wie für die Gesamtheit der europäischen Bevölkerung, für eine ganze Nation genauso wie für eine Stadt oder ein x-beliebiges Dorf. Die Häufigkeiten der Gene A, B und 0 etwa variieren von Dorf zu Dorf, von Stadt zu Stadt, von Nation zu Nation, aber nicht in extremer Form: In jedem Mikrokosmos werden wir eine genetische Zusammensetzung finden, die trotz aller Abweichungen mit der der Gesamtheit vergleichbar ist. Wir können versuchen, die Reichen oder die Armen, die Weißen oder die Schwarzen zu analysieren: Wir werden in jedem Fall demselben Phänomen begegnen. Welchen Sinn hat es dann, von der »Reinheit« einer Rasse zu sprechen, wenn jede Population, und sei sie noch so klein, variabel ist? Wenn wir uns auf einem anderen Kontinent umsehen, werden wir für die Häufigkeiten der verschiedenen Typen etwas andere Zahlen finden, aber jeder Mikrokosmos wird stets dazu tendieren, den Makrokosmos widerzuspiegeln.

Es gibt also keine genetische Reinheit; sie ist in den menschlichen Populationen einfach nicht vorhanden. Selbst wenn Mitglieder einer Familie über zwanzig, dreißig Generationen hinweg ausschließlich untereinander Verbindungen eingehen würden (die menschliche Gesellschaften per Gesetz ausschließen, wie etwa die Ehe zwischen Bruder und Schwester oder zwischen Vater und Tochter), entstünde kein vollkommen »reiner« Stamm, aus dem jede genetische Variabilität verschwunden wäre.

In der landwirtschaftlichen Viehzucht versucht man – auf unzulängliche Weise – »reine« Stämme zu züchten und weiß daher, daß diese Praxis letztlich zur Unfruchtbarkeit führt, weshalb es schwierig ist, die entstandenen Linien am Leben zu erhalten.

Genau das Gegenteil ist richtig: Um eine normale Fruchtbarkeit und Gesundheit zu gewährleisten, müssen Ehen zwischen nahen Verwandten verhindert werden, oder es muß wenigstens dafür gesorgt werden, daß sie nicht allzu häufig vorkommen. Im allgemeinen weisen die Nachkommen aus Kreuzungen zwischen Individuen unterschiedlicher Herkunft, auch zwischen zutiefst unterschiedlichen Rassen, eine größere Robustheit auf, und bis jetzt ist kein einziger biologischer Nachteil bekannt, der sich aus Verbindungen zwischen Angehörigen verschiedener Rassen ergeben hätte.

Der Rassismus

Rassisten sind Leute, die davon überzeugt sind, daß eine Rasse allen anderen biologisch überlegen ist. Um diese Überlegenheit nicht zu verlieren, gilt ihre ganze Sorge der »Reinerhaltung der Rasse«. Doch wir wissen, daß keine Rasse rein ist: Die Reinerhaltung der Rasse ist folglich eine unsinnige Sorge. Die Tatsache, daß fast alle Menschen, die in bestimmten Gegenden Skandinaviens geboren sind, blonde Haare haben oder daß fast alle Araber dunkle Haare haben, bedeutet keineswegs, daß es für andere Merkmale eine ähnliche »Reinheit« gäbe. Die Homogenität bedeutet nur, daß sich bei diesem Merkmal, und vielleicht noch bei wenigen anderen, höchstwahrscheinlich eine klimatisch bedingte natürliche Auslese bemerkbar macht. Im Hinblick auf alle anderen Gene sind die blonden Menschen genauso variabel, also genauso »unrein« wie diejenigen, die nichtskandinavischen Populationen angehören. Gleichermaßen berührt die Auslese von Hunden oder Pferden oder anderen Tieren aufgrund der Homogenität sichtbarer Merkmale – wie der Farbe des Fells, der Form des Körpers und seiner einzelnen Teile – oder von Merkmalen wie der hervorragenden Witterung bei Hunden und Schweinen, der Laufgeschwindigkeit bei Hunden und Pferden oder der Fähigkeit der Schäferhunde, die Schafe zusammenzutreiben, die große individuelle Variabilität im Hinblick auf alle die anderen Merkmale nicht. Ein Züchter, der die Homogenisation dieser Rassen über Kreuzungen zwischen nahen Verwandten zu weit treibt in der

Hoffnung, sie »reiner« zu machen, läuft Gefahr, infolge der abnehmenden Fruchtbarkeit und der nachlassenden allgemeinen Vitalität die Rasse zu verlieren.

Heute sind wir ganz sicher, daß es keine reinen und vollkommenen Rassen gibt, doch in der Vergangenheit hat sich das falsche Ideal der Reinheit der Rassen auf viele Theorien gestützt, die zwar falsch waren, aber nichtsdestoweniger einen immensen Einfluß ausgeübt haben.

Es sei nur an jene Theorien erinnert, die im 19. Jahrhundert von dem französischen Grafen Joseph Arthur de Gobineau aufgestellt wurde. Gobineau, der seine Laufbahn als Sekretär des berühmten französischen Essayisten und Staatsmanns Alexis de Tocqueville begonnen hatte, war in verschiedenen Ländern als Diplomat tätig und Verfasser vieler Bücher. In seinem *Versuch über die Ungleichheit der Menschenrassen* (1853–1855) legte er dar, daß die überlegene Rasse von den Deutschen repräsentiert werde, die er für die reinsten Nachkommen eines mythischen Volkes, der Arier, hielt. Auf der Suche nach einer Ursache des Niedergangs der Zivilisationen glaubte er, diese in den ethnischen Vermischungen erkannt zu haben, die die Vitalität der Rasse vermindert und so ihren Niedergang beschleunigt hätten. Gobineau war in einem gewissen Sinne der Schöpfer jenes Mythos, von dem sich dann Wagner, Nietzsche und auch Hitler inspirieren ließen.

Doch der Rassismus ist älter als diese Ideologien, ja wahrscheinlich so alt wie die Menschheit. Gewöhnlich hält jeder seine eigene »Rasse« für die beste, wenn man unter Rasse die eigene soziale Gruppe versteht – unabhängig von der Tatsache, ob die Phänomene, die wir an unserer Gruppe am meisten loben, biologisch bedingt sind (wir kommen uns schöner oder tüchtiger vor als die anderen) oder auf soziokulturelle Tatsachen zurückzuführen sind (bei uns ist das Leben angenehmer als überall sonst). Normalerweise macht man sich nicht die Mühe, zwischen Biologie und Kultur zu unterscheiden, und der Fehler, sie gleichzusetzen, ist sehr weit verbreitet. Zu Gobineaus Zeiten wäre es aber tatsächlich schwer gewesen, eine Trennungslinie zu ziehen.

In einer weiter zurückliegenden Epoche hatten die Griechen für alle Fremden nur Verachtung übrig; sie nannten sie »Barbaren«, also Stammler, weil sie nicht Griechisch sprechen konnten. Aber wahrscheinlich hat es in jeder ethnischen Gruppe immer einen Gruppenstolz gegeben, der objektive Vergleiche erschwert hat. Doch als Rassist war Gobineau insofern eine Ausnahme, als er den Vorrang nicht seinem eigenen Volk einräumte, sondern einem anderen, nämlich dem deutschen. Allerdings können sich die Nordostfranzosen und viele Aristokraten – zu Recht oder zu Unrecht – einer Abstammung von den Franken rühmen, also von jenen germanischen Barbaren, die nach dem Untergang des Römischen Reiches in den Norden des Landes einfielen. Auch die Engländer können dank der angelsächsischen Invasionen eine anteilige germanische Herkunft für sich reklamieren. Einer von ihnen, Houston Stewart Chamberlain, der eine Tochter Richard Wagners heiratete, wurde ein großer Bewunderer der Deutschen und Propagandist des Ariermythos.

Dieser Mythos ist übrigens eine Erfindung neueren Datums. Der Begriff »Arier« ist zum ersten Mal in der Sprachwissenschaft des 19. Jahrhunderts aufgetaucht, und zwar im Zusammenhang mit der Definition der indischen Sprachen. Die indoeuropäische Wurzel *ari* bedeutet Führer, Adliger (daher auch »Aristokrat«). Hitler war in das Wort vernarrt, hätte aber vielleicht ein anderes gewählt, wenn er seinen wahren Ursprung gekannt hätte: Die Inder sind mit Sicherheit von den blonden Nordländern so verschieden wie zum Beispiel die Juden, also die Gruppe, die ihm am meisten verhaßt war.

Wir alle wissen (und wer es nicht wissen sollte, wird dringend gebeten, sich gründlich zu informieren!), welche Wendung der deutsche Rassismus nahm, als Hitler die absolute Herrschaft über Deutschland erlangte. Man hätte hoffen können, daß die Lektion für immer gelernt sei, aber in diesen Jahren und Monaten beweisen uns Zeitungsberichte auf immer tragischere Weise, wie leicht es ist, die Vergangenheit zu vergessen und die gleichen Fehler zu wiederholen.

Heute ist in ganz Europa eine Verschärfung des Rassismus in großem Maßstab zu verzeichnen, selbst in Gegenden, wo es ihn zuvor nicht oder nur ganz selten gegeben hat. Waren die sechs Millionen in den Konzentrationslagern der Nazis umgebrachten Juden denn nicht genug? Und es gibt sogar Leute, die die Existenz dieser Lager leugnen! Wie ist das möglich? Müssen wir den

Schluß ziehen, daß der Rassismus eine unausrottbare soziale Krankheit ist, die uns in alle Ewigkeit quälen wird?

Die Ursprünge der angeblichen biologischen Überlegenheit

In der modernen Geschichte Europas gab es große politische und ökonomische Expansionen: Vor allem England und Frankreich haben von Glanz und Gloria überstrahlte Jahrhunderte erlebt; dieser Glanz ist zwar noch nicht ganz erloschen, aber ohne Zweifel drastisch geschwunden. Auch Spanien hat drei Jahrhunderte Reichtum und Eroberungen erlebt. In anderen Teilen der Welt sind verschiedene Reiche entstanden, die sich manchmal Jahrhunderte, manchmal nur kurze Zeit hielten.

Die ständigen Machtwechsel beweisen, wie labil die Macht ist und wie schwierig es ist, sie über lange Zeit zu halten. Gewöhnlich geht der Erfolg Hand in Hand mit der Macht. Das euphorisierende Gefühl, zur führenden Nation der Welt oder wenigstens zu einer der drei bedeutendsten Nationen der Welt zu gehören, mit all den Vorteilen, die sich daraus ergeben, kann die Angehörigen dieser Nationen leicht veranlassen zu glauben, die eigene Überlegenheit sei objektiv, angeboren und dauerhaft, während sie einfach nur das Ergebnis einer intelligenten und auch vom Glück begünstigten Politik ist, die sich als flüchtig erweisen könnte. Tatsächlich beweist die Geschichte, daß diese Glücksphasen nicht von langer Dauer sind, ja daß sie ein – manchmal sehr überstürztes – Ende nehmen müssen. Doch wenn der Erfolg ausbleibt – wo bleibt dann die angebliche Überlegenheit? Es gibt keinen triftigen Grund mehr, sie für sich zu reklamieren. Man kann mit Sicherheit nicht davon ausgehen, daß sich im Laufe der wenigen Generationen, die für den Untergang der größten Zivilisationen ausreichen, das genetische Erbe eines Volkes ändern kann, vielleicht sogar noch infolge einer Vermischung der Rassen – und insbesondere mit den Gelben oder den Schwarzen! –, wie Gobineau meinte.

Grundlage dieser angeblichen biologischen Überlegenheit, die niemand nachweisen kann, ist die Verwechslung von genetischem Erbe und Kultur beziehungsweise Zivilisation, von Population und Nation. Gobineaus Argumente sind insofern beschämend, als er, ohne irgendeinen Beleg beizubringen, so tut, als stünde fest, daß der Niedergang aller Zivilisationen auf die Vermischung verschiedener Rassen zurückzuführen sei und daß jeder Fortschritt, den die Menschheit gemacht hat, einzig und allein einigen wenigen Ariern zu verdanken sei. Jedenfalls aber gelang es ihm, mit dieser falschen rassistischen These einen beträchtlichen Teil der europäischen Intelligenz zu überzeugen und sie fast ein Jahrhundert lang damit zu blenden. Natürlich war es leicht, die Deutschen zu überzeugen, die von seiner Theorie ja direkt begünstigt wurden und auch am längsten und mit den unheilvollsten Folgen an sie glaubten.

Es wäre falsch, Gobineau allein die Schuld zu geben; viele andere verbreiteten in seinem Kielwasser oder auch unabhängig von ihm ähnliche Ideen. Auf jeden Fall hat der Rassismus viel verzweigtere Wurzeln und geht nicht nur auf das Geplauder eines intellektuellen Aristokraten zurück.

Unter dem Einfluß verschiedener derartiger Impulse tauchten Ende des vorigen und Anfang dieses Jahrhunderts mehrere Klassifikationen der europäischen Rassen auf. Eine besonders einfache und besonders populäre stammte von dem amerikanischen Anthropologen und Wirtschaftswissenschaftler W.Z. Ripley. Er zog nur drei Rassen in Betracht: die teutonische (nordische), die mediterrane und eine geographisch dazwischen liegende, die alpine, der eine asiatische Herkunft zugeschrieben wurde; die alpine Rasse sei im Neolithikum eingewandert und habe sich keilförmig zwischen die beiden älteren Rassen gedrängt. Moderne genetische Analysen beweisen, daß die Situation tatsächlich viel komplizierter ist. Ripley beschränkte sich auf eine Beschreibung der physischen Merkmale seiner drei Rassen, aber einige amerikanische Psychologen erweiterten den Katalog, indem sie Verhaltensmerkmale hinzufügten, die im allgemeinen eine Geringschätzung der nichtnordischen Rassen erkennen ließen.

Mehrere Elemente machen den Rassismus zu einer keineswegs unerwarteten Verirrung; er ist nämlich nur eine besondere Erscheinungsform eines umfassenderen Syndroms, der Xenophobie. Darunter versteht man die Angst vor Fremden oder den Haß gegen sie und, allgemeiner gesagt, gegen alle, die anders sind.

Die soziale Gruppe, der das Individuum angehört, spielt in seinem Leben eine sehr wichtige Rolle, und die Annahme scheint plausibel, daß es einen wesentlichen Impuls gibt, in Übereinstimmung mit der eigenen Gruppe zu fühlen und zu handeln, um sich deren Unterstützung zu sichern und diese Unterstützung gegebenenfalls auch selbst zu gewähren. Die Tatsache, daß diese Annahme plausibel ist, bedeutet nicht, daß dieser Impuls auch tatsächlich existiert, und es ist schwierig, hieb- und stichfeste Beweise für seine Existenz zu liefern. Aber wir erlauben uns, die Hypothese aufzustellen, daß es einen solchen Impuls tatsächlich gibt, also eine angeborene Neigung, die Gruppe, der wir angehören, als eine Ganzheit zu begreifen, die wir WIR nennen und die definiert wird im Gegensatz zu denen, die nicht zur Gruppe gehören, also den ANDEREN.

Wenn wir diese Hypothese akzeptieren, müssen wir auch anerkennen, daß die Definition des Wir je nach den Umständen variiert. Das Wir kann die Familie sein – oder vielleicht die Familie unter Ausschluß irgendeines Mitglieds, dem wir unsere Unterstützung und unser Vertrauen entzogen haben, weil wir es für nicht würdig halten. Die Familie ist selbstverständlich das erste Wir, dem wir im Laufe unseres Lebens angehören. Das gilt natürlich nicht für diejenigen, die nicht das Glück hatten, eine Familie oder eine gute Familie zu haben. Im Laufe des Lebens gewinnen mit dem Ausbau der sozialen Kontakte andere Wir-Gruppen an Bedeutung: Spielkameraden, Freunde, Mitschüler und andere Personen, die zur Schule und zu Gruppen gehören, mit denen wir uns nach und nach zusammentun. Später sind es Arbeitskollegen oder Mitarbeiter in verschiedenen Vereinen, und in jeder Vereinigung entsteht ein neuer Kreis von Individuen, die eine neue Wir-Gruppe bilden. Viele dieser Wir-Gruppen können im Gegensatz zu anderen stehen: So kann zum Beispiel die Familie unseren Umgang mit bestimmten Freunden oder Kameraden mißbilligen und damit Konflikte heraufbeschwören, die sich tiefgreifend auf das Leben des einzelnen auswirken können. Es wäre besonders interessant, einige jener Wir-Gruppen, die wir uns im Laufe des Lebens zur Gestaltung unserer Freizeit schaffen, einmal auf anthropologischer Ebene zu untersuchen: »Unsere« Fußball-, Baseball-, Basketballmannschaft usw. kann tatsächlich eine enorme Bedeutung erlangen. Insbesondere in den Städten, in denen es zwei oder mehr konkurrierende Mannschaften gibt, besteht fast ein Zwang, sich für eine zu entscheiden und emotional an ihrem Schicksal teilzuhaben.

Diese verschiedenen Wir-Gruppen, die einen so großen Teil unseres Lebens beeinflussen, sind als Quelle von Freuden und Sorgen, Eifersucht, Neid, Schuld- und Zugehörigkeitsgefühlen von großer emotionaler Bedeutung (in bestimmten Fällen können wir sogar von Identifizierung sprechen, wie etwa beim Patriotismus in seinen verschiedenen Ausprägungen, einschließlich des Lokalpatriotismus). Ihre Bedeutung im Alltagsleben legt den Schluß nahe, daß es eine angeborene Neigung gibt, solche Wir-Gruppen aufzubauen, die eine Erweiterung unseres eigenen Ichs darstellen und uns helfen, einen Schutzgürtel um uns herum zu bilden.

Diese Neigung kann in einigen Menschen stärker ausgeprägt sein als in anderen. Wenn einige von diesen Wir-Gruppen eine besondere Bedeutung erlangen, weil sie uns helfen, andere Wir-Gruppen zu ersetzen (zum Beispiel die Familie), die unsere Bedürfnisse, zu Recht oder Unrecht, nicht befriedigen, können sich schwere Konfliktsituationen ergeben.

Dennoch genügt diese Erklärung allein nicht, um den Rassismus zu verstehen. Es gibt andere wichtige Elemente, die ihn charakterisieren. Eines davon ist die Kraft des Vorurteils, das sich auch zu einer schweren Neurose auswachsen kann. Wir wissen nicht genau, aus welchen Gründen, aber oft erleben wir – auch seitens sehr intelligenter Menschen – so entschiedene und so törichte Stellungnahmen, daß man manchmal doch schon von einer Neurose sprechen muß. Ein klassisches Beispiel: Manche Leute – zum Glück nur sehr wenige – verbringen einen großen Teil ihrer Zeit damit, die angeblichen Missetaten der Juden zu untersuchen. Die extreme Ausprägung einer solchen Neurose war die Judenfeindlichkeit Adolf Hitlers. Die Juden sind diesen Neurotikern deshalb ein Dorn im Auge, weil sie im gesellschaftlichen Leben erfolgreich sind und sich trotz unzähliger Verfolgungen immer wieder erholt haben und oft in sehr wichtige Positionen gelangt sind, etwa in der Kunst, der Wissenschaft und in der Finanzwelt – eigentlich in allen Bereichen, zu denen sie Zugang hatten.

Neid und Eifersucht sind oft Ursachen des Rassismus ebenso wie die Überbewertung der eigenen Person und der eigenen Gruppe und die Geringschätzung der anderen. Die Pygmäen werden von einigen ihrer Nachbarn geradezu wie Tiere behandelt, auf die man mit dem Finger zeigt. Der Rassismus ist also kein Monopol der Europäer und Amerikaner – man findet ihn überall. Vor vielen Jahren hatte ich auf einer Polizeistation in der Zentralafrikanischen Republik einmal Gelegenheit, ein Rundschreiben zu lesen, das der Präsident der Republik, Jean Bedel Bokassa, diktiert hatte. Das war in der Zeit, bevor er sich, vom Größenwahn befallen, zum Kaiser ausrief. In diesem Schreiben sagte Bokassa, daß man jeden Menschen als Individuum respektieren müsse und sich nicht auf die Gruppe stützen dürfe, der man selbst angehöre. Er wiederholte, daß »zo we zo« (in der offiziellen Sprache der Republik: »Ein Mensch ist ein Mensch«) stets das richtige Gebot sei. Höchstwahrscheinlich stammte dieser Spruch nicht von ihm, sondern von dem ersten Präsidenten der Republik, Barthelemy Boganda, einem nahen Verwandten Bokassas. Boganda war ein sehr wertvoller Mensch, der allzufrüh bei einem Flugzeugunglück ums Leben gekommen ist. Nebenbei sei bemerkt, daß die Politik der Zentralafrikanischen Republik viele Jahre von einem relativ kleinen Stamm, den Ngbaka, beherrscht wurde, die enge Kontakte mit den Pygmäen unterhielten und, da sie sie gut und seit langem kannten, deren Talente sehr zu schätzen wußten.

Im allgemeinen kann der eigene Mißerfolg – unabhängig von seiner Ursache – den Wunsch wecken, sich an einem Sündenbock zu rächen, der in jedem Fall ein Schwächerer ist. Jeder weiß, daß in den Vereinigten Staaten die verschiedenen ethnischen Gruppen sich für die rassistisch motivierten Übergriffe, denen sie ausgesetzt waren (und sind), rächten (und rächen), indem sie ihrerseits jene ethnischen Gruppen mißhandeln, die sie für unterlegen halten. Die Zuletztgekommenen befinden sich praktisch immer in einer Position der Unterlegenheit, denn sie hatten noch nicht die Zeit, sich die notwendige Bildung anzueignen, um ihren gesellschaftlichen Status zu heben, und auch noch nicht die Gelegenheit, die Möglichkeiten, die das amerikanische System bietet, zu nutzen. Nach der Einwanderung dauert es im Durchschnitt mindestens zwei oder drei Generationen, bis die Immigranten auf derselben Stufe stehen wie die, die vor ihnen da waren – oder bis sie wenigstens in ihre Nähe gelangen. Iren, Italiener und Polen nehmen aneinander Rache für die Übergriffe, die sie von seiten der dominierenden Gruppen erleiden, welche vor ihnen nach Amerika gekommen sind und sich heute in einer besseren sozialen Position befinden. Alle aber halten sich an den Schwarzen schadlos, von denen die ersten schon vor 300 Jahren in Ketten von Afrika nach Amerika geschleppt wurden. Die Sklavenhalterei, die offiziell erst mit der dreizehnten Novellierung der Verfassung der USA abgeschafft wurde, zwang die Afroamerikaner, auf der untersten Sprosse der gesellschaftlichen Leiter zu beginnen. Von Abraham Lincoln befürwortet und 1865 verabschiedet, erklärte dieses »Amendment« die Sklaverei für verfassungswidrig und wurde in der Folge durch zwei Novellierungen von 1868 beziehungsweise 1870 ergänzt, die allen Bürgern das Wahlrecht und die Gleichheit vor dem Gesetz garantierten. Es dauerte jedoch noch fast ein Jahrhundert, bis das Gesetz voll angewandt wurde: 1954 erklärte der Supreme Court der USA die Rassentrennung in den öffentlichen Schulen für verfassungswidrig, und 1964 folgte ein entsprechendes Dekret des Parlaments für den privaten Sektor. Trotz alledem ist die Trennung zwischen Weißen und Schwarzen in verschiedenen Wohnbereichen nach wie vor sehr ausgeprägt, und trotz der wiederholten Versuche, die zu ihrer Überwindung unternommen wurden, hat sie einen weitreichenden negativen Einfluß auf die Bildung der Schwarzen, was ihnen den Zugang zu den besseren Stellen erschwert.

Es verwundert daher nicht, daß in ökonomischer Hinsicht noch immer sehr beträchtliche Unterschiede zu beobachten sind. Es besteht wenig Hoffnung, daß es den Afroamerikanern gelingt, sie mit derselben relativen Leichtigkeit wie die Einwanderer europäischer Herkunft zu überwinden. Fast unverändert bleibt die Hauptbarriere, die die eigentliche Feuerprobe für die Rassengleichheit darstellt –, und das ist die mangelnde Bereitschaft, Mischehen zu akzeptieren. Während Ehen zwischen weißen Amerikanern und Amerikanern asiatischer, indianischer oder polynesischer Herkunft (letzteres auf Hawaii) relativ häufig vorkommen, hat sich die Zahl der Ehen zwischen Weißen und Schwarzen seit den ersten Schritten in Richtung Gleichheit der Rechte kaum erhöht. Wie der Genetiker Curt Stern schon vor vielen Jahren nachgewiesen hat, würde, wenn bei der Partnerwahl die Hautfarbe nicht eine so gewichtige Rolle spielte, die gegenwärtige Diskontinuität zwischen Weiß und Schwarz innerhalb von zwei oder drei Generationen verschwinden. Aber die kulturellen und ökonomischen Unterschiede sind noch zu groß, und die Sensibilität gegenüber der Hautfarbe ist noch zu verbreitet, als daß sich an dieser Situation rasch etwas ändern könnte.

Wie der Mißerfolg, der aus schwierigen sozialen Verhältnissen resultiert, zum Rassismus führen kann, so kann auch der Kummer, der durch ein falsches Verhältnis zu den Eltern, insbesondere zwischen Vater und Sohn oder Mutter und Tochter, heraufbeschworen wird, ein Anreiz zur Rebellion sein. Auf diese Weise werden junge Menschen oft zu gewaltsamen Reaktionen veranlaßt, die häufig nur den Zweck haben, die Aufmerksamkeit der Eltern auf ihre seelische Not zu lenken. Der Haß- und Wutstau kann nicht wiedergutzumachende Gesten provozieren und in Verzweiflungstaten münden. Der unbewußte Wunsch, dem Vater zu schaden, kann zur Droge und zur Kriminalität führen, und heute ist dazu noch die rassistische Gewalttätigkeit en vogue. Eine Karikatur, die ich in »La Repubblica« gesehen habe, faßt das Problem gut zusammen. Man sieht dort zwei verzweifelte Männer, die sich über ihre privaten Tragödien unterhalten: »Ich habe AIDS«, sagt der eine. »Hast du ein Glück!« antwortet der andere. »Mein Sohn ist bei den Skinheads.« Natürlich ist der Haß auf die eigene Familie nur eines der möglichen Motive, die junge Leute in die Gewalttätigkeit treiben.

Rassistisch motivierte Taten, wie wir sie heute in vielen europäischen Nationen täglich verzeichnen müssen, sind grausame Verbrechen. Sie sind noch widerwärtiger als die, die von geistesgestörten Personen ausgeführt werden, von deren Handlungen in »normaleren« Zeiten eine einzige genügt hätte, um die Seiten der Zeitungen über Monate zu füllen: »Die Bestie aus der Soundso-Straße«, »Geistesgestörter schießt in einem Laden um sich: zwei Tote und fünf Verletzte«, »Familie mit Axthieben ausgelöscht« und so weiter. Im Gegensatz zu einem irren Delinquenten, der als Einzeltäter handelt, haben wir heute engmaschig organisierte Jugendbanden, die auf ihrer erregten Suche nach Opfern die ärmeren Wohngegenden durchkämmen. Es bleibt zu hoffen, daß nur wenige von ihnen imstande sind, wie echte Verbrecher zu handeln, aber wir wissen es nicht.

Die Gruppen jugendlicher Rassisten, die bewaffnet umherziehen, um in ihrer Wut irgendein Verbrechen zu begehen, bestehen natürlich nicht aus lauter Kindern böser, verständnisloser Väter, und nicht alle wünschen sich bewußt, den eigenen Vater unglücklich zu machen. Viele sind einfach arbeitslos oder aus anderen Gründen unglücklich und verunsichert beim Anblick »anderer«, denen sie nicht gönnen, daß sie auf ihrem Boden leben, eine Arbeit haben und versuchen, ein menschenwürdiges Leben zu leben. Es kann auch den einen oder anderen Perversen oder Kriminellen geben, aber es ist eher wahrscheinlich, daß kleine politische Grüppchen der äußersten Rechten (und vielleicht nicht einmal so kleine Gruppen) versuchen, die Situation auszunutzen, und Öl auf das Feuer des Rassismus gießen. In schwierigen wirtschaftlichen Situationen kann der Vergleich zwischen der eigenen Notlage und der Situation des vielleicht besser in den sozialen Kontext integrierten Fremden schmerzlich ausfallen. Man will den Fremden nicht die gleichen Rechte einräumen wie sich selbst, und es fällt schwer, zur Kenntnis zu nehmen, daß es ihnen gelingt, etwas zu bekommen, was einem selbst fehlt. Dies ist eine der schwerwiegendsten Ursachen der Xenophobie. Der Haß ist natürlich noch stärker, wenn die »Fremden« Gruppen angehören, die als sozial niedriger eingestuft werden als die eigene Gruppe; aber das bloße Gefühl des Andersseins kann auch schon genügen.

Der Antisemitismus ist ein gutes Beispiel für diese Art von Xenophobie. In vielen Ländern haben Juden eine gute, manchmal eine beneidenswerte soziale und ökonomische Position erreicht. In den Vereinigten Staaten ist dieser Aufstieg leichter zu vollziehen als anderswo, weil der Selbstbehauptung weniger Barrieren im Wege stehen. Die ausgezeichneten Karrieren vieler meiner Kollegen sind gewiß nicht der Einflußnahme ihrer Eltern zu verdanken, die in vielen europäischen Ländern eine so große Rolle beim Karrieremachen spielt. Die jüdischen Kollegen meines Alters kommen fast alle aus sehr armen Familien, die noch nicht lange in Amerika sind. In New York erzählte mir ein alter Jude, der dort zeit seines Lebens Taxi fuhr, daß er zwei Söhne habe, die an einer der angesehensten Universitäten Amerikas studierten, um Arzt beziehungsweise Anwalt zu werden, und einmal zwei sehr gut bezahlte Berufe ausüben würden. Es war bestimmt nicht die soziale und ökonomische Unterstützung des Vaters, die es den beiden Jungen ermöglicht hatte, nach Harvard zu gehen, sondern Intelligenz und unermüdlicher Fleiß; allerdings spielt der enorme psychologische Druck, den die jüdische Familie auf ihre Kinder ausübt, sicherlich eine positive Rolle. Aus denselben Gründen erreicht, wie bereits erwähnt, der durchschnittliche Japaner auch einen viel höheren IQ als der Durchschnittsamerikaner.

Wer nicht weiß, welche enorme Anstrengung und Opferbereitschaft solche Karrieren für Eltern und Kinder bedeuten, kann den Erfolg vielleicht als Ungerechtigkeit empfinden. Ohne die Frage erörtern zu wollen, ob die Juden eine größere angeborene Fähigkeit für bestimmte Forschungsrichtungen und Laufbahnen haben oder nicht – die Menge an Energie, Disziplin und Fleiß, die sie aufwenden, um ihre Ziele zu erreichen, müßte jeden zum Nachdenken bringen, der aus irgendeinem Grund beschlossen hat, sich für einen Antisemiten zu halten. Das Ergebnis dieses Aufwandes ist, daß es unter den Juden eine außergewöhnlich hohe Zahl von Personen mit großer fachlicher Kompetenz gibt. Sie zu vertreiben oder aus einem Land hinauszuekeln bedeutet den Verzicht auf einen großen intellektuellen Reichtum, der sich, wenn er nicht behindert wird, für die ganze Gesellschaft immer positiv auswirkt, indem er einen wachsenden Wohlstand mit sich bringt. Die 1492 angeordnete Vertreibung der Juden aus Spanien war mit einer folgenschweren Verarmung des Landes verbunden. Die Erinnerung an die von den Nazis beschlossene Vernichtung muß die Juden von Deutschland fernhalten, zu dessen wissenschaftlicher, kultureller und künstlerischer Entwicklung sie vor dem Zweiten Weltkrieg zweifellos viel beigetragen hatten; einige der größten Wissenschaftler dieses Jahrhunderts, von Albert Einstein bis Paul Ehrlich, dem Erfinder der Chemotherapie, waren deutsche Juden. Natürlich kann man nicht hoffen, daß solche Überlegungen einen wütenden Rassisten oder Nazi von einer Untat abhalten würden. Man kann nur handeln, damit alle, die ihre geistige Gesundheit bewahrt haben, alles in ihrer Macht Stehende tun und entsprechenden Druck ausüben, um eine Änderung der Situation herbeizuführen, was zum Teil ja auch schon geschieht.

Die Therapie

Gibt es eine Therapie gegen den Rassismus? Angezeigt ist immer und in jedem Fall die richtige Erziehung mit dem Ziel der Prävention. Der Rassismus ist nicht die einzige gesellschaftliche Krankheit, gegen die im Bereich von Schule und Familie von den allerersten Lebensjahren an eine intensive Prophylaxe betrieben werden muß. Aber in Situationen wie der heutigen reicht Vorbeugung allein nicht aus; man braucht auch eine angemessene Therapie, und zwar sofort.

Ich glaube, daß in jenen westlichen Ländern, deren Regierungen imstande sind, sich das Problem bewußtzumachen, zum gegenwärtigen Zeitpunkt drei Arten von Interventionen erforderlich sind:

Die erste ist, gegenüber diesen verbrecherischen Taten die strengste und unnachgiebigste Haltung einzunehmen und gleichzeitig alles zu tun, um die Unglücklichen zu schützen, die durch unsere Unwissenheit oder Schwäche ähnlichen Gefahren ausgesetzt sind wie in den finstersten Zeiten des Zweiten Weltkriegs.

Viel schwerwiegender ist das Problem in jenen Ländern Europas, deren Regierungen sich auf Operationen eingelassen haben, die von ihnen selbst mit dem schrecklichen Ausdruck »ethnische

Säuberung« bezeichnet werden, das heißt grausame Gewalttätigkeiten gegen schwächere ethnische Gruppen, die von einer herrschenden, gnadenlos gegen Sezessionsversuche kämpfenden Schicht verübt werden. Daraus haben sich regelrechte Stammeskriege entwickelt, die mit modernen Waffen und mit abstoßender Gewalt und widerwärtigem Zynismus ausgefochten werden – Kriege, die nicht zwischen Soldaten, sondern von bewaffneten Menschen gegen wehrlose Zivilisten geführt werden, insbesondere gegen die Schwächsten: Frauen, Alte, Kinder und Unbewaffnete. Das gilt für den tragischen Fall Jugoslawien und, in einem etwas weniger gravierenden Ausmaß, aber mit noch größerer historischer Verantwortung seitens der Zentralregierung, für die ehemaligen sowjetischen Kaukasus-Republiken und andere Teile des alten russischen kommunistischen Imperiums. Mit Nuancen und verschiedenen lokalen Komplikationen gibt es außerdem Situationen wie die in Südafrika und die diversen Bürgerkriege mit entweder ethnischem oder politisch-ökonomischem Hintergrund, von denen unser Planet überzogen wird. Natürlich gibt es einen grundlegenden Unterschied zwischen diesen offenen Konfliktsituationen, wo die ethnischen Zusammenstöße von der Zentralregierung geschürt werden, wie in Jugoslawien, und dem, was in der Europäischen Gemeinschaft oder innerhalb der Vereinigten Staaten vor sich geht, also in Ländern, deren Regierungen weit davon entfernt sind, ethnische Zusammenstöße von sich aus zu schüren. Das Problem ist dort besonders gravierend und schwierig, wo die Hilfe für ein bedrängtes Volk eine Einmischung in die Innenpolitik eines souveränen Staates bedeutet.

Zweitens erscheint es, zumindest mit Blick auf die Europäische Gemeinschaft, notwendig, die Zuwanderung von Fremden durch strenge Kontrollen zu verlangsamen und eine Zeitlang vielleicht ganz zu stoppen. Wir müssen die Demut haben einzuräumen, daß wir jenen Grad an gesellschaftlicher Reife, der eine unbegrenzte Einwanderung gestatten würde, noch nicht erreicht haben und daß wir bei ungehindertem, ja gefördertem Zufluß von Einwanderern aus den ärmsten Ländern der Welt und vielleicht auch aus anderen europäischen Ländern diese auf törichte und kriminelle Weise großen Gefahren aussetzen, sogar in Lebensgefahr bringen,

ohne daß wir imstande wären, ihnen irgendwelche Garantien zu geben.
Die deutschen Gesetze, die vielen Fremden Einwanderung und Asyl ermöglicht haben, sind nach dem Krieg formuliert worden, zu einer Zeit also, da es notwendig erschien, starke Schuldgefühle dadurch zu dämpfen, daß man Entscheidungen traf, die die Hoffnung auf eine politisch bessere Zukunft nähren sollten. Sie waren offensichtlich wenig realistisch, weil sie die Wirklichkeit der menschlichen Natur nicht ausreichend berücksichtigten, die nicht unbedingt rational, altruistisch und weitblickend ist. Eine Änderung dieser Gesetze kann vielleicht als Zeichen der Schwäche gedeutet werden, die den Rassisten und Nazis recht gibt. Tatsächlich aber bedeutet sie nur, daß man die große Gefährlichkeit der Rassisten und Nazis erkannt hat, die bis jetzt ungestört agieren konnten: Man kann es sich einfach nicht leisten, einerseits sicherlich nützliche, bereit- und arbeitswillige Arbeitskräfte in das Land zu lassen, wenn wir andererseits nicht wissen, wie wir sie gegen die kriminellen Aktionen jener schützen sollen, die sie um jeden Preis vertreiben wollen.

Der dritte Punkt betrifft die positiven Maßnahmen, die notwendig sind, um die Ursache dieser Unruhen zu beseitigen, die eindeutig im Bereich von Wirtschaft und Organisation zu finden ist. Man muß dort, wo sie heute fehlen, Möglichkeiten für sinnvolle Arbeit anbieten. Das ist vielleicht die größte Schwierigkeit, denn die Lösung des Problems erfordert, wie zum Beispiel in Ostdeutschland, einen gewaltigen finanziellen Aufwand und eine enorme soziale Anstrengung; zum Glück ist in diesem Fall der Teil des Landes, der beschlossen hat, diese Lasten auf sich zu nehmen, zugleich auch der reichste Europas. Andere Nationen, wie das benachbarte Polen, haben keinen so reichen und leistungsbereiten Onkel.

Ein *social engineering* erfinden

Die Disziplin, die wir am schmerzlichsten vermissen – weil sie tatsächlich nicht existiert –, ist vielleicht jenes *social engineering*, das wir bräuchten, um die Übel unserer Gesellschaft zu heilen.

Tatsächlich sehen wir uns völlig unvorbereitet mit sehr schweren Problemen konfrontiert, wie etwa dem der Drogen und des organisierten Verbrechens, die heute sehr eng miteinander verknüpft sind. Der Rassismus ist eine andere soziale Krankheit, die wir nicht auf angemessene Weise verhindern und heilen können. Man könnte sogar sagen, daß wir die Probleme noch weiter verschlimmern, denn dadurch, daß wir sorgsam vermeiden, auf sie zu reagieren, haben wir ihr Wachstum begünstigt und gefördert. So haben wir bei der Einwanderungspolitik eine törichte Toleranz walten lassen, indem wir den massenhaften Zustrom von Personen zuließen, die auf das Leben in unseren Gesellschaften, die sich so sehr von den ihren unterscheiden, überhaupt nicht vorbereitet waren. Wir haben sie auf der Straße stehen lassen und zugesehen, wie elende Gettos entstanden, ohne ihnen konkrete Chancen und tatkräftige Hilfe anzubieten.

Die Kontrolle der Einwanderung ist ein Problem, das bis zum heutigen Tage nicht auf vernünftige Weise gelöst wird. Was Europa anbelangt, so wird der enorme Druck derjenigen, die außerhalb der Europäischen Gemeinschaft leben, mit der Zeit ein immer größeres Problem darstellen; denn in den armen Ländern ist bekanntlich ein außergewöhnlich starkes Bevölkerungswachstum zu verzeichnen. In den Vereinigten Staaten begünstigt die lange Grenze mit Mexiko eine heimliche Einwanderung im großen Stil, die die Regierung durch eine Verschärfung der Gesetze in den Griff zu bekommen versucht.

Es wäre schwierig, an dieser Stelle tiefer in den ganzen Fragenkomplex einzudringen. Eine gute Analyse, die viele Beispiele für die globale Situation liefert und wichtige Schlußfolgerungen daraus zieht, findet sich in Guy Sormans Buch *Warten auf die Barbaren*. Die Parallele zum Ende des Römischen Reiches, die der griechische Dichter Konstantinos Kavafis in einem Gedicht zieht, das dem Buch den Titel gab, ist unübersehbar, auch wenn sich das Europa von heute zum Glück nicht in jenem Zustand der Auflösung befindet wie das Römerreich des 5. Jahrhunderts. Sorman weist darauf hin, daß für diejenigen, die aus Ländern außerhalb der Europäischen Gemeinschaft stammen, die dauerhafte Emigration nicht unbedingt die beste Lösung ist und daß es für beide Seiten sehr wünschenswert wäre, wenn der Immigrant nach einer vielleicht auch längeren Arbeitsperiode in seinem Gastland wieder in sein Ursprungsland zurückkehrt, insbesondere dann, wenn man ihm zwei Vorteile anbietet: Der Fremde erhält in der Zeit, die er im Ausland verbringt, die Möglichkeit, in Teilzeit einen Beruf zu erlernen, der ihm nach der Rückkehr in seine Heimat von Nutzen sein wird, und das Gastland hilft, seine Rückkehr vorzubereiten, indem es im Ursprungsland entsprechende Initiativen finanziert. Der finanzielle Aufwand mag übertrieben erscheinen, aber Japan hat den Nachweis erbracht, daß dieser Eindruck falsch ist: Der ausländische Arbeitnehmer erhält dort ein Stipendium und keinen Arbeitslohn, der mehr Kosten verursachen würde. Außerdem werden durch die Förderung industrieller und kommerzieller Initiativen im Ursprungsland in diesen Ländern neue Märkte eröffnet; auf diese Weise zahlen sich die anfänglichen Investitionen langfristig zumeist aus.

Hoffentlich geht aus diesen wenigen Bemerkungen hervor, daß es keinen Grund für eine negative und defätistische Haltung gibt und daß es nicht nötig ist, den Menschen besser und altruistischer zu machen, als er tatsächlich ist (ein Vorhaben, das hoffnungslos erscheint), um eine schwierige Situation zu verbessern. Es genügt, nach intelligenten Lösungen zu suchen.

10

Die genetische Zukunft der Menschheit und das Studium des menschlichen Genoms

Seit ihrem ersten Auftreten vor 100 000 Jahren haben sich die Jetztmenschen insofern verändert, als sie sich in jene Gruppen aufspalteten, die wir heute noch auf der Welt beobachten können, auch wenn Tausende von ihnen im Aussterben begriffen sind. Die Menschen haben ihre Fähigkeiten zur Kommunikation entwikkelt, müssen aber noch einen weiten Weg zurücklegen, bis sie sie so gut anwenden können, daß sie miteinander in Frieden leben können. Es wäre sehr schwierig, die »Hardware«, das heißt unsere erbliche Ausstattung, zu verändern; sehr viel leichter ist es, die »Software«, also unsere Kultur, zu verbessern. Auf sozialem Gebiet hat es schon Fortschritte gegeben: Es genügt, an die Sklaverei zu erinnern, die jahrtausendelang fast überall verbreitet war und die in unserem Jahrhundert als legalisierte Einrichtung nahezu verschwunden ist, oder an die unmenschlichen Arbeitszeiten der Lohnabhängigen im vorigen Jahrhundert oder daran, daß Kinder in die engen Stollen der englischen Bergwerke geschickt wurden. Zumindest im Westen wird die grauenhafte Ausbeutung des Menschen durch den Menschen nicht mehr vom Gesetz geduldet. Tatsächlich aber berichten uns die Zeitungen und das Fernsehen jeden Tag über Dinge, die genauso entsetzlich sind wie die, die im Laufe der beiden Weltkriege geschahen. Die Verbrechen, von denen wir lesen, sind manchmal so grausam wie die Scheiterhaufen der Inquisition. Der technologische Fortschritt war gewaltig, aber nicht unbedingt nur positiv, denn er hat zahlreiche äußerst schädliche Nebenwirkungen, die aus Unwissenheit, Trägheit oder Gier nie so ernst genommen werden, daß man ihnen recht-

zeitig vorbeugen könnte. Man braucht nur an die Anhäufung der riesigen Müllberge zu denken, an die Verunreinigung der Meere und der Luft, an die systematische Zerstörung der Wälder, denen wir überhaupt die Möglichkeit verdanken, auf der Erde atmen zu können, oder an die wahnwitzige, wahllose Plünderung der nicht erneuerbaren Energiequellen, die zu ihrer Entstehung Hunderte von Jahrmillionen benötigt haben und die wir nun innerhalb eines Jahrhunderts ausbeuten.
Der technologische Fortschritt als solcher ist neutral und kann im positiven wie im negativen Sinne angewandt werden. Die Kernenergie kann vielleicht die Lösung für das Energieproblem darstellen, das schon sehr bald beängstigende Ausmaße annehmen wird, aber die friedliche Anwendung muß noch grundlegend verbessert werden, um Umweltverseuchungen und die Gefahr von Katastrophen zu vermeiden. Die militärische Nutzung stellt für das Überleben der Menschheit die größte Bedrohung dar; denn es besteht eine kleine, aber nicht unerhebliche Wahrscheinlichkeit, daß sehr große Regionen, ja sogar unser ganzer Planet, mit allen seinen Bewohnern durch den Wahnsinn eines drittklassigen Diktators oder den Fehler eines hochrangigen Bürokraten vernichtet werden.

Inwiefern wird der Mensch sich genetisch verändern?

Die Kräfte der Evolution haben sich infolge der Entwicklungen der letzten 10 000 Jahre radikal verändert. Die Anzahl der Individuen, die auf der Erde leben, hat sich seit der Einführung des Ackerbaus mehr als vertausendfacht. Die genetische Drift wirkt sich deshalb heute viel weniger stark aus, ja, man kann sagen, daß sie fast eingefroren ist. Unter diesen Umständen wird die Differenzierung zwischen den Gruppen kaum zunehmen.

Bestimmte Erscheinungsformen der natürlichen Auslese sind ebenfalls völlig eingefroren worden. Bis vor wenigen Jahrhunderten starben 50 Prozent der Kinder noch vor der Pubertät, zumeist im ersten Lebensjahr. Heute sterben nur noch sehr wenige: In den fortschrittlicheren Ländern liegt die Kindersterblichkeit deutlich unter einem Prozent. Obwohl sie in der Dritten Welt noch nicht ähnlich weit zurückgegangen ist, ist sie im allgemeinen viel geringer als in der Vergangenheit, während sich an der Geburtenhäufigkeit fast nichts verändert hat. Infolgedessen wächst die Bevölkerung auf eindrucksvolle Weise, und in einigen Ländern, insbesondere in Afrika, Südamerika und Südasien, wird sie sich in den nächsten zwanzig Jahren wohl verdoppeln.

Eine natürliche Auslese setzt voraus, daß einige Individuen dort, wo andere überleben, sterben müssen und daß manche früher sterben als andere. Der starke Rückgang der Kindersterblichkeit hat die Auswirkung der natürlichen Auslese, die durch die unterschiedliche Sterblichkeit bedingt ist, fast zunichte gemacht. Was bleibt, ist noch eine gewisse Zahl von nicht reduzierbaren und bislang unheilbaren Erbkrankheiten. Diejenigen, die die tragischsten Folgen haben könnten, bekommen wir nicht einmal zu Gesicht, weil sie in den ersten Monaten der Schwangerschaft durch einen spontanen, oftmals gar nicht bemerkten Abgang verschwinden. Eine immer größere Zahl von Erbkrankheiten kann vor der Geburt, in der Regel durch einen Schwangerschaftsabbruch, vermieden werden.

Verschiedene Religionen vertreten den Standpunkt, daß Abtreibung ein Verbrechen ist, während der größte Teil der Menschheit sie akzeptiert und praktiziert, weil sie sie für einen notwendigen, in manchen Fällen allerdings schmerzhaften Eingriff halten. Wenn die chinesische Regierung die Abtreibung zum Zwecke der Geburtenkontrolle nicht fördern würde, würde die chinesische Bevölkerung, die bereits ungefähr ein Viertel der Weltbevölkerung ausmacht, explosionsartig anwachsen und müßte bald die übrige Menschheit vertreiben, um deren Lebensraum in Besitz zu nehmen; sie würde ihn am Ende höchstens noch mit Indien und anderen Nationen teilen, die bis dahin, trotz einiger Versuche, die Geburtenkontrolle nicht durchsetzen konnten. In China verbietet das Gesetz jedem Paar, mehr als ein Kind oder gegebenenfalls zwei Kinder zu haben – eine sehr strenge und zweifellos harte, aber unvermeidliche Regelung, für die die restliche Welt dankbar sein müßte.

Man kann das Unvermögen der Regierungen verstehen, das Reproduktionsverhalten zu ändern, weil es sich zweifellos äußerst

schwer kontrollieren läßt. Nicht gerechtfertigt werden kann die Position der Kirchenoberen, die es ablehnen, der Menschheit bei diesem notwendigen Kreuzzug beizustehen. Die katholische Kirche, die die Abtreibung und fast alle Verhütungsmethoden im Namen des Rechts auf Leben verurteilt, betreibt eine Vogel-Strauß-Politik: Sie weigert sich, die epochale Ausrottung zur Kenntnis zu nehmen, der die Menschheit innerhalb wenig mehr als einer Generation entgegengeht, weil sie bis dahin zahlenmäßig zu sehr angewachsen sein wird – eine Vernichtung, die herbeigeführt wird durch Hungersnöte, Seuchen und Kriege, jene drei großen Faktoren, die das demographische Gleichgewicht wiederherstellen, seit es Leben auf der Erde gibt. Dies sind sozusagen die Waffen, die von der Vorsehung, auf die die Gläubigen vertrauen, für den Fall bereitgehalten werden, daß die Bevölkerungen die von ihrer Lebensumwelt gesetzten Grenzen sprengen.
Es ist jedoch interessant und ermutigend, daß ausgerechnet in Italien, dem katholischsten Land der Welt und Sitz des Papstes, der zu den unnachgiebigsten Verhütungsgegnern gehört, auch das Volk lebt, das die niedrigste Geburtenhäufigkeit aufweist. Zum Glück werden hier die Ratschläge der katholischen Kirche nicht genau befolgt. Man kann die Abtreibung als Mittel zur Geburtenbeschränkung für unerfreulich halten, aber es ist wichtig, daß die Chance besteht, mögliche Fehler wiedergutzumachen. Die Bedeutung der Abtreibung ist übrigens nicht auf die Geburtenkontrolle beschränkt: Sie ist heute auch die einzige Methode, bestimmte Erbkrankheiten in Grenzen zu halten.

Die natürliche Auslese wirkt nicht nur durch die Sterblichkeits-, sondern auch durch die Fruchtbarkeitsrate. Unterschiedliche Fruchtbarkeiten können wichtige Veränderungen zur Folge haben. In den letzten hundert Jahren (und in einigen Ländern und Regionen auch schon früher) haben sich die wohlhabenden Schichten weniger rasch vermehrt. Das ging so weit, daß einige, die Reichtum mit Intelligenz gleichsetzten, vor der Gefahr der Verminderung der durchschnittlichen Intelligenz warnten. Es handelte sich um eine Übergangserscheinung, die mit der Tatsache zusammenhing, daß die Verringerung der Geburtenzahl zuerst in den höheren Schichten, insbesondere in bestimmten Berufsgruppen, erfolgte; dann aber setzte sie sich auf der sozialen Leiter nach unten fort, bis hinunter zu den ungelernten Arbeitern, die als letzte die Geburtenzahl senkten.

Zwischen Familien gibt es in bezug auf die Fruchtbarkeit eine breite Variation: Sie ist zum Teil biologisch bedingt und kann eine selektive Wirkung haben, aber es gibt auch eine starke kulturelle Variation. So stellen zum Beispiel die Katholiken in England und in den Vereinigten Staaten eine Minderheit dar, sind aber, wenn es um die Einhaltung religiöser Vorschriften geht, wahrscheinlich gewissenhafter als ihre Glaubensgenossen in den Ländern mit großer katholischer Mehrheit wie Italien, Frankreich und Spanien. Es gibt diesbezügliche Statistiken, aber schon auf der oberflächlichsten Ebene fällt jedem auf, in welcher Stille religiöse Zeremonien wie die Messe in angelsächsischen Ländern vollzogen werden, ganz im Gegensatz zu dem Geschwätz und dem relativen Mangel an Aufmerksamkeit, wie sie in den Kirchen Italiens zu beobachten sind. Darüber hinaus halten sich einige katholische Familien, wenn man von ihrer hohen Kinderzahl ausgeht, sogar an die schwierigsten Vorschriften.

Die natürliche Auslese durch Fruchtbarkeit wird zwar weiterhin als Evolutionsfaktor wirken, aber auf eine Art und Weise, die dazu tendiert, den Status quo für alle Merkmale insofern zu erhalten, als er die Heterozygoten begünstigt (das heißt diejenigen, die zwei verschiedene Formen ein und desselben Gens vom Vater und von der Mutter erhalten haben) und sich daher zum Nachteil der extremen Typen und zugunsten der »mittelmäßigen« auswirkt.

Die natürliche Auslese verändert die Weltbevölkerung in einem anderen Sinne tiefgreifend, weil sich die Zahlenverhältnisse zwischen den verschiedenen »Rassen« – wie auch immer sie definiert sein mögen – verschieben. Die erhöhte Fruchtbarkeit in den afrikanischen Ländern, in Brasilien, Indien und vielen anderen Ländern der südlichen Erdhalbkugel verändert unweigerlich die Zusammensetzung der Spezies Mensch in ihrer Gesamtheit. Diese Erkenntnis wird die weißen Rassisten zum Zittern bringen; tatsächlich ist sie aber unter anderen Aspekten tröstlich, insbesondere im Hinblick auf den Konsum. Europäer und Nordamerikaner konsumieren Unmengen an Energie, um all die Güter zu

produzieren, die sie benötigen, und sie haben keine andere Wahl, wenn sie nicht auf ihre gewohnte Lebensqualität und ihren gewohnten Lebensstil verzichten wollen. Würden sie sich mit der Geschwindigkeit der afrikanischen Länder reproduzieren, bräche die Welt infolge Rohstoffmangels schnell zusammen, oder man müßte sich an einen viel ärmlicheren Lebensstil gewöhnen. Wahrscheinlich spiegelt sich in der Senkung der Geburtenzahlen in den ökonomisch fortgeschrittenen Ländern die Notwendigkeit wider, ebengerade deshalb zahlenmäßig nicht weiterzuwachsen, weil man bestrebt ist, tiefe Einschnitte in den Konsum und ihre Folgen für die Lebensqualität zu vermeiden.
Das tatsächliche Problem wird das Wachstum des Energie-, Nahrungs- und Rohstoffbedarfs in den südlichen Ländern sein, der auch schon ohne Bevölkerungswachstum sehr schwer zu decken wäre. Aber die Weltbevölkerung verdoppelt sich nunmehr bereits alle zwanzig Jahre, weshalb eine weitere Verbesserung der Lebensqualität praktisch unmöglich erscheint; vielmehr ist zu erwarten, daß es zu schweren sozioökonomischen Einbrüchen kommt oder daß die Natur mit den ihr eigenen Methoden (Hungersnöten, Seuchen und Kriegen) eingreift. Ist das nicht schon heute der Fall? Man muß wirklich ein großer Optimist sein, um angesichts dieser Perspektiven nicht in Panik zu geraten.
Alle diese Überlegungen betreffen soziokulturelle Phänomene. In genetischer Hinsicht wird der Mensch sich im Durchschnitt nur sehr wenig weiterentwickeln. Die bedeutsamste Entwicklung wird die Verschiebung der Zahlenverhältnisse zwischen den »Rassen« sein. Es wird auch zu einer ständigen Zunahme der individuellen Migrationsbewegungen kommen, und die Rassenvermischung wird zwangsläufig stärker sein als heute; das ist mit Sicherheit keine schlechte Nachricht, auch wenn sie den Grafen Gobineau und seine Freunde in Angst und Schrecken versetzt hätte.

Die Eugenik

Der Begriff »Eugenik« geht auf Francis Galton zurück, einen Vetter von Charles Darwin und einen Pionier der humangenetischen Forschung, der ihn 1883 einführte. Unter »Eugenik« verstand er die Idee, das genetische Erbe der Spezies Mensch gezielt zu verbessern.

Man unterscheidet zwischen positiver und negativer Eugenik. Die negative zielt auf die Eliminierung physischer und psychischer Mängel ab, die positive auf die Steigerung der Häufigkeit der wünschenswertesten Eigenschaften. Einige Bundesstaaten der USA und manche skandinavische Länder haben Gesetze erlassen, die solche Personen zur Sterilisation verpflichten, die unter bestimmten Mängeln, vor allem unter geistigen Defekten, leiden. Aus dem einen oder anderen Grund werden diese Gesetze aber kaum angewandt. Einerseits sind die Individuen in den schlimmsten Fällen sehr oft von vornherein unfruchtbar, andererseits handelt es sich in jedem Fall um eine recht wenig effiziente Methode zur Ausrottung genetisch bedingter Krankheiten – noch dazu um eine sehr fragwürdige. In vielen Fällen ist über das für einen erblichen Mangel verantwortliche Gen sowie über die Art, wie es weitergegeben wird, noch nicht sehr viel bekannt. Andere Defekte werden in einer Weise vererbt, daß man eine erhebliche Zahl von Personen sterilisieren müßte, um diese Mängel wirklich zu eliminieren.
Die zystische Fibrose oder Mukoviszidose ist zum Beispiel eine Krankheit, von der in Europa eines von zweitausend Neugeborenen betroffen ist. Erst heute beginnt man diese Krankheit auf genetischer Ebene zu erforschen; um sie auszurotten, müßte man eines von zwanzig Individuen sterilisieren, weil die Häufigkeit der »gesunden Träger«, die heute in den meisten Fällen leicht identifizierbar sind, entsprechend groß ist. Die zystische Fibrose führt, oder besser gesagt: führte mit hoher Wahrscheinlichkeit zum frühen Tod des Kindes, das unter starken Beeinträchtigungen der Atemwege und des Verdauungsapparates leidet; die Diagnose kann heute noch leicht vom Kinderarzt gestellt werden, weil diese Kranken Salz (Natriumchlorid) ausschwitzen. Heute ist die Prognose viel günstiger: Die durchschnittliche Lebenserwartung wird auf zwanzig oder dreißig Jahre verlängert, unter der Voraussetzung, daß intensive und kostspielige Behandlungen durchgeführt werden.

Dies ist nur eine, wenn auch besonders häufig auftretende Krankheit; es gibt noch Tausende anderer, die fast alle seltener vorkommen oder meistens noch nicht genügend erforscht sind, in ihrer Gesamtheit aber eine imposante Gruppe bilden. Würde man die Maßnahme der Sterilisation auf sämtliche Träger von Erbkrankheiten anwenden, bliebe wahrscheinlich nicht ein einziges Individuum übrig, dem man die Reproduktion gestatten dürfte. Krankheiten wie die zystische Fibrose werden »rezessiv« genannt, von einem lateinischen Wort, das soviel wie »zurücktreten«, »sich verstecken« bedeutet. Tatsächlich verstecken sich diese erblichen Krankheiten im gesunden Träger und kommen nur zum Vorschein, wenn zwei gesunde Träger heiraten, und auch dann brechen sie nur bei einem von vier Kindern dieses Paares aus. Andere Krankheiten dagegen, die »dominant« genannt werden, kommen im Träger selbst zum Ausbruch, aber manchmal erst im vorgerückten Alter. Eine schreckliche dominante Krankheit, die Chorea Huntington, die über einen langen und unvermeidlichen Prozeß des nervlichen und geistigen Verfalls langsam zum Tode führt, tritt im Durchschnitt erst im Alter von vierzig Jahren auf. In diesem Alter sind die Kinder der Erkrankten, die die Krankheit mit einer Wahrscheinlichkeit von 50 Prozent erben, in der Regel bereits geboren. Hier wäre die Sterilisation als Vorbeugungsmaßnahme sinnvoll, doch ist die Identifizierung des Kranken vor Ausbruch der Krankheit nur mit einer gewissen Wahrscheinlichkeit möglich, die heute bei 95 Prozent oder höher liegt. Die Möglichkeiten der Diagnose werden sich noch weiter verbessern, aber es wird für einen Arzt immer eine grausame Pflicht bleiben, einem gesunden Menschen mitzuteilen, daß er einmal an einer schrecklichen schleichenden Krankheit in einem psychiatrischen Krankenhaus sterben wird. Nur wenige Kinder von an der Chorea Huntington erkrankten Personen bitten um eine Diagnose; der Hauptvorteil ist, daß der einzelne dann, wenn sie negativ ausfällt, beruhigt Kinder in die Welt setzen kann. Ist sie aber positiv, kann das Leben zur Hölle werden. Vielleicht ist es ein Glück, daß die Diagnose noch eine kleine Fehlermarge aufweist. So bleibt für das Kind, dessen einer Elternteil von der Krankheit betroffen ist, immer noch ein Hoffnungsschimmer, auch wenn der Gentest ergibt, daß es das schreckliche Gen geerbt hat.

Eine schwere rezessive Anämie, die Thalassämie, von der bereits ausführlich die Rede war, ist dort, wo sie sehr häufig auftrat (auf Sardinien und in Ferrara) praktisch verschwunden; denn heute werden Untersuchungen am Embryo vorgenommen, denen, wenn er Anzeichen der Krankheit aufweist, ein Schwangerschaftsabbruch folgen kann. In diesem Fall handelt es sich jedoch nicht um eine Maßnahme der negativen Eugenik. Die Krankheit tritt in den genannten Gegenden sehr häufig auf und ist so bekannt und gefürchtet, daß sich fast alle Paare gleich nach der Heirat freiwillig dem Test unterziehen und gegebenenfalls einen Schwangerschaftsabbruch vornehmen lassen; deshalb werden in den Regionen mit hoher Thalassämie-Häufigkeit praktisch keine thalassämischen Kinder mehr geboren. Die katholischen Priester dieser Regionen müßten eigentlich von Amts wegen die Leute von einem Schwangerschaftsabbruch abhalten. Zum Glück aber haben sie zu wenig Einfluß oder einfach Mitgefühl mit diesen Familien, die sich sonst in der schmerzlichen Zwangslage befänden, jahrelang ein Kind behandeln lassen zu müssen, das ständig Bluttransfusionen benötigt (und dabei Gefahr läuft, sich mit AIDS oder Hepatitis anzustecken) und trotzdem nicht lange zu leben hätte. Heute gibt es zwar eine wirksame therapeutische Behandlung durch die Übertragung von Knochenmark, aber man muß erst den richtigen Spender finden.
Die Vorhersage einer genetischen Erkrankung des Ungeborenen und der nachfolgende Schwangerschaftsabbruch sind keine eugenischen Maßnahmen, sondern mögliche Wege der Prophylaxe. Wenn man auf diese Weise auch die Geburt vieler Kranker verhindert, vermindert sich die Häufigkeit der Krankheit in der Zukunft doch nicht. In emotionaler Hinsicht jedoch ist diese Lösung für die meisten Eltern viel akzeptabler. Es ist eine technisch viel weniger komplizierte und riskante Maßnahme, als ein Kind auf die Welt kommen zu lassen, das an einer Krankheit leidet, deren Behandlung ein Leben lang dauern kann und großes Leid für den Betroffenen und seine Eltern bedeutet, nicht zuletzt wegen der damit verbundenen schwerwiegenden finanziellen Probleme.

Man könnte glauben, daß die negative Eugenik keine neue Erfindung ist. Die Römer warfen Mißgeburten oder unheilbar kranke

Neugeborene vom Tarpejischen Felsen. Die Spartaner taten ähnliches. Viele primitive Populationen praktizieren aus denselben Gründen die Kindestötung; dieser Akt ist viel schwieriger zu akzeptieren als eine Abtreibung, aber eine primitive Population verfügt gewöhnlich nicht über risikolose Abtreibungsmethoden und hat auch nicht die Mittel, ein unheilbar krankes Kind lange am Leben zu erhalten. Alle diese Eingriffe haben aber nichts mit negativer Eugenik zu tun; sie bewirken gewöhnlich keine Abnahme der Häufigkeit von Erbkrankheiten in der Bevölkerung, die mehr oder weniger gleich hoch bleibt. Die negative Eugenik im strengen Sinne zielt darauf ab, nicht nur die Geburt, sondern auch die Zeugung von körperlich oder seelisch behinderten Individuen zu verhindern.
Tatsächlich lassen sich die Programme der negativen Eugenik bis heute in der Praxis nicht durchführen. Alles, was man heute tun kann, ist, die Erbkrankheiten zu überwachen und die Geburt von Kindern zu vermeiden, die von den schlimmsten befallen sind. Bislang ist dies nur bei den bekanntesten und häufigsten Erbkrankheiten möglich.

In einer Hinsicht aber darf es keine Mißverständnisse geben: Auch wenn man die Geburt eines an einer unheilbaren Krankheit leidenden Kindes verhindern kann, darf man einen Schwangerschaftsabbruch niemals für obligatorisch erklären; man kann dem Vater und der Mutter gegenüber nur Empfehlungen aussprechen. Wenn die Möglichkeit besteht, daß ihr Kind von einer schweren Krankheit betroffen ist, haben die Eltern das Recht, es zu wissen, und sie haben das Recht, zu erfahren, daß es eine Lösung gibt, auch wenn der Arzt, der die Eltern berät, die Abtreibung selbst aus religiösen Gründen nicht gutheißt. In den Vereinigten Staaten hat Präsident Bush nicht nur alles getan, um die Abtreibung – aufgrund welcher Indikation auch immer – unmöglich zu machen, sondern er hat auch eine Zeitlang versucht, die Ausgabe von öffentlichen Geldern für die genetische Beratung zu verbieten, sofern diese einen Schwangerschaftsabbruch in Erwägung zieht. Dies ist nur eines von vielen Beispielen für den Machtmißbrauch, der ihn letztlich die Wiederwahl kostete.

Und die positive Eugenik? Der Gedanke, die menschliche Art zu verbessern, wäre nicht allzu fremd, wenn man bedenkt, daß Haustiere und Nutzpflanzen schon seit Jahrtausenden genetisch aufgebessert werden. Einige, wie etwa der Mais, haben dabei gewaltige Fortschritte gemacht: Vor 8000 Jahren war ein Maiskolben kaum einen Zentimeter lang und ist von Jahrtausend zu Jahrtausend mit großer Regelmäßigkeit bis zu den jetzt erreichten Ausmaßen gewachsen (siehe Abbildung S. 229). Rinder und Schafe sind unter dem Gesichtspunkt besserer Ergiebigkeit ausgelesen worden, das heißt, sie sollten mehr Milch, Fleisch und (im Fall der Schafe) Wolle liefern. Eine noch genauere Vorstellung von der Auswirkung der Zuchtwahl vermitteln vielleicht die Hunde, denn bei keiner anderen Spezies wurde eine so große Vielfalt von Varietäten erzielt wie gerade bei den Haushunden.

Wäre es schön, wenn wir Rassen von perfekten Kellnern und Kellnerinnen, Sekretären und Sekretärinnen, Soldaten, Kurtisanen und so weiter hätten? An diesem Gedanken kann ein Tyrann Gefallen finden, und manche Herrscher haben auch tatsächlich versucht, die positive Eugenik zu praktizieren: So soll Friedrich II., der Große, die pommerschen Grenadiere mit schönen Mädchen verheiratet haben. Aber so etwas steht in krassem Widerspruch zur Würde und auch zu den Bedürfnissen des Menschen.

Zudem sind die Resultate einzelner Kreuzungen immer ungewiß. Isadora Duncan, die bekannte amerikanische Tänzerin, machte George Bernard Shaw einen Heiratsantrag mit der Begründung, daß die Kinder aus dieser Verbindung seine Intelligenz und ihre Schönheit haben würden. Mit einer berühmten Replik lehnte Shaw den Antrag ab, »weil das Kind auch seine Schönheit und ihre Intelligenz haben könnte«.

Wir müssen schon deshalb die bestehende genetische Vielfalt erhalten, weil wir nicht wissen, welche Herausforderungen, insbesondere welche neuen Infektionskrankheiten uns in der Zukunft erwarten. Erst vor kurzem ist ein neuer schrecklicher Erreger, das AIDS-Virus, aufgetreten. Wir wissen nichts über die mögliche individuelle Variabilität in der Prädisposition zu dieser Krankheit, aber gewöhnlich existiert sie für alle Infektionskrankheiten. Würden wir diese Variation ausschalten und zufällig Individuen reproduzieren, die für die Krankheit empfänglich sind, könnte dies das Ende der Menschheit bedeuten.

Wenn wir willkürlich einen Typus auslesen, der uns besonders vielversprechend erscheint, können wir die betreffende Art tiefgreifend verändern. Als man in Dänemark für die künstliche Befruchtung der Kühe fünf Stiere auswählte, deren Sperma die ganze neue Generation dänischer Rinder anvertraut wurde, stellte sich im nachhinein heraus, daß einer der fünf Träger eines unerkannten Herzleidens genetischen Ursprungs war. Auf diese Weise erreichte dieser Defekt in der gesamten Rinderpopulation Dänemarks eine hohe Häufigkeit.

Ein gezielter Vorschlag zur positiven Eugenik wurde von einem der klügsten amerikanischen Genetiker, Hermann J. Muller, gemacht (er entdeckte unter anderem die Fähigkeit der Röntgenstrahlen, Mutationen auszulösen, und wurde 1946 mit dem Nobelpreis ausgezeichnet). Muller schlug vor, das Sperma außergewöhnlich begabter und intelligenter Männer zur künstlichen Besamung von Frauen zu verwenden, die sich freiwillig dafür zur Verfügung stellten (dieses Verfahren wurde »Eutelegenese« genannt). Von seinen politischen Überzeugungen her war Muller Kommunist und hatte in der Zwischenkriegszeit mehrere Jahre in der Sowjetunion verbracht. Es heißt, er habe – vergeblich – versucht, Stalin für sein Programm der positiven Eugenik zu gewinnen. Aus Enttäuschung über seine Erfahrungen mit den Sowjets strich er daraufhin die großen Kommunisten aus seiner Liste potentieller Auserwählter.

Vor einiger Zeit hat ein amerikanischer Industrieller eine Eutelegenese-Initiative finanziert, eine Samenbank mit dem Sperma berühmter Männer eingerichtet und interessierten Frauen den Zugang angeboten. Viele Nobelpreisträger lehnten es ab, sich als Spender zur Verfügung zu stellen; Linus Pauling etwa antwortete, daß er die natürliche Methode besser finde. Wahrscheinlich zugestimmt hat der Physik-Nobelpreisträger William Shockley, der sich unter anderem auch lange mit der möglichen genetischen Grundlage des IQ-Unterschieds zwischen Weißen und Schwarzen beschäftigt hat. Zuvor war Shockley schon einmal von einer verheirateten Frau angesprochen worden, die sich eine künstliche

Besamung von ihm wünschte. Wegen Unfruchtbarkeit des Mannes hatte das Ehepaar keine Kinder bekommen können, und beide Partner hatten sich mit einer Besamung durch Shockley einverstanden erklärt. Es kam zu einem Treffen mit den Anwälten beider Seiten, die einen Vertrag aufsetzen sollten. Da warf ein Anwalt die Frage auf, wer die Unterhaltskosten für das Kind übernehmen würde, falls es mit einem schweren Geburtsfehler auf die Welt käme; denn natürlich war auch eine solche Möglichkeit nicht auszuschließen. Angesichts dieser Unsicherheit löste sich der Vertrag in Luft auf, und die Samenspende fand nicht statt.

Die neuen zur Verfügung stehenden Techniken werfen solche oder ähnliche Fragen der Bioethik auf. Außer rechtlichen und ethischen Problemen hat die künstliche Besamung, bei der sich berühmte Männer als Väter andienen, Verwunderung und auch eine gewisse Heiterkeit ausgelöst. Es liegt etwas Großtuerisches und auch Lächerliches in der edlen Geste der bedeutenden Persönlichkeit, die mit dem Ziel, die Menschheit zu verbessern, ihr eigenes Sperma zur Verfügung stellt. Man würde sich bescheidenere Spender wünschen – für den Fall, daß Bescheidenheit vererbbar ist.

Es gibt viele Gründe, die gegen die Anwendung der Eugenik sprechen. Offensichtlich findet man es wünschenswert, gute, intelligente, mutige etc. Menschen zu produzieren. Doch tatsächlich wissen wir nicht, inwieweit diese psychischen Eigenschaften einer genetischen Steuerung unterliegen und wie diese Steuerung funktioniert. Andererseits gibt es keinen Zweifel, daß diese Begabungen auch sehr tief von der individuellen Lebensgeschichte beeinflußt werden. Eine Überlegung eines Kollegen zeigt das Ausmaß unserer Unwissenheit: Die relativ häufig vorkommende Schizophrenie (1–2 Prozent der Geborenen) ist eine Geisteskrankheit mit schwerwiegenden sozialen Folgen. Es gibt mit Sicherheit eine erbliche Komponente, auch wenn es bislang unmöglich war, sie zu klären. Es hat jedoch den Anschein, daß viele Schizophrene und ihre nahen Verwandten auf verschiedenen Gebieten auch eine gewisse Originalität und künstlerische Produktivität entfalten. Wenn wir die für die Schizophrenie verantwortlichen Gene ausrotteten, könnten wir also das Risiko eingehen, eines Tages ohne Kunst, Theater oder Literatur leben zu müssen.

Die Gentechnik

In den Laboratorien von Stanford und San Francisco wurde Ende der sechziger Jahre ein sensationelles Experiment durchgeführt: In das Chromosom einer Bakterie wurde ein DNA-Abschnitt eines Eukaryonts (eines höheren Organismus) eingepflanzt, und es zeigte sich, daß es in dem neuen Organismus funktionieren konnte. So wurde es möglich, DNA-Abschnitte zwischen ganz verschiedenen Organismen hin und her zu transferieren, auf völlig neue Weise »Hybriden« herzustellen und Nutzanwendungen ins Auge zu fassen, auf die man nie zuvor zu hoffen gewagt hätte. Eine der ersten Anwendungen im Bereich der Medizin war die Produktion eines menschlichen Hormons, des für die Behandlung des Diabetes notwendigen Insulins, mittels einer Bakterie. Daraufhin wurden viele andere Stoffe hergestellt: das Somatotropin, das Interferon, das TPA., verschiedene Wachstumsfaktoren usw.

Bei der Gentechnik geht es um die Konstruktion neuer Organismen, an denen ein DNA-Abschnitt künstlich verändert oder durch einen anderen ersetzt wurde, der von einem anderen Organismus stammt oder vielleicht sogar durch Synthese erzeugt wurde. Bei den genannten Beispielen handelt es sich um Bakterien, in die ein geeignetes Segment des menschlichen Genoms eingepflanzt wurde, das dahingehend verändert wurde, daß es funktionieren und eine große Menge der gewünschten Substanz produzieren kann. Aber es gibt eine sehr breite Palette möglicher Anwendungen auf allen Gebieten – von der Behandlung von Erbkrankheiten bis hin zur Verbesserung von Kulturpflanzen und Haustieren.

Zu der Zeit, als diese Anwendungen noch eine Frage der Zukunft waren, regten sich bei den Pionieren der DNA-Forschung und ihrer Anwendungen in der Gentechnik Zweifel, ob sie nicht gravierende und unvermutete Gefahren implizierten. Schon sehr bald wurde ein Forschungsmoratorium vorgeschlagen und durchgesetzt, und man führte sehr strenge Kontrollen ein, um zu vermeiden, daß die in der Gentechnik verwendeten Bakterien aus den Reagenzgläsern, in denen sie produziert worden waren, entwichen und unkontrollierbare Seuchen verursachten. Tatsächlich zeigten die nachfolgenden Entwicklungen, daß diese Befürchtungen nicht berechtigt waren, und daraufhin wurden viele Vorsichtsmaßnahmen wieder abgeschafft. Das Verfahren der Gentechnik verstößt nicht so sehr »gegen die Natur«, wie es den Anschein haben mag, sondern man findet auch in der Natur ähnlich wirkende Mechanismen vor. Alle Methoden, die angewandt wurden, um die DNA zu zerlegen und wieder zusammenzufügen, und um DNA-Abschnitte in die Chromosomen einzubauen, folgen dem Muster bestimmter Enzyme, die in der Natur sehr häufig vorkommen. Die Tatsache, daß einige Gelehrte mit großen Verdiensten auf wissenschaftlichem Gebiet auf die Möglichkeit außergewöhnlicher Gefahren hinwiesen, hatte den unerwünschten Effekt, daß manche Menschen Science-fiction-Ängste entwickelten und begannen, in der Gentechnik ein Teufelswerk zu sehen und sie auch als solches darzustellen. Nach einigen Jahren unkontrollierter Ängste, in denen die Experimente äußerst strikten Kontrollen unterzogen wurden, ist man langsam wieder zu einer normaleren Situation zurückgekehrt.

Meines Erachtens aber war es ein positives Faktum, daß die Wissenschaftler sich schon sehr früh mit dem Problem möglicher Schäden auseinandergesetzt und es öffentlich gemacht haben; damit haben sie schwerwiegende Einschränkungen der eigenen Arbeit in Kauf genommen, die sie sich obendrein noch selbst auferlegt hatten. Es dürfte schwierig sein, in anderen Bereichen wissenschaftlicher Nutzanwendung Beispiele für ein ähnlich großes Verantwortungsgefühl zu finden.

Doch im allgemeinen besteht keine Hoffnung darauf, daß sämtliche schädlichen Nebenwirkungen der neuen industriellen Anwendungen vorherzusagen sind. Hätte man vorhersehen können, daß der Verbrennungsmotor das Wachstum gigantischer Städte begünstigen würde und daß diese dann in einer immer »atemberaubenderen« Atmosphäre ersticken würden? Oder – um ein anderes Beispiel zu nennen, bei dem der Zusammenhang zwischen Ursache und Wirkung unmittelbar nachvollziehbar ist – daß Asbest für die Lungen schädlich ist?

Es gibt zwei Möglichkeiten: Man kann entweder jeden wissenschaftlichen und technischen Fortschritt blockieren, was außerordentlich gefährlich ist, weil ständig neue Probleme entstehen, die schnelle Abhilfe erfordern (siehe AIDS, für das man noch kein Heilmittel gefunden hat), oder man kann ein ernsthaft betriebenes *social engineering* einführen, das neu auftauchende Probleme eruiert, die zu ihrer Lösung oder Vermeidung am besten geeigneten Maßnahmen ermittelt und rasch eine wirksame Gesetzgebung in Gang setzt. Die Tatsache, daß wir heute dazu nicht imstande sind, muß nicht heißen, daß es unmöglich ist.

Sicher, man kann sich immer vorstellen, daß ein übler Diktator Forschungen lanciert, die auf das Klonen sehr geschickter und sehr gehorsamer Soldaten und anderer nützlicher Diener abzielen, um sich dann mit deren Hilfe die ganze Welt zu unterwerfen. Natürlich würde das eine sehr strenge genetische Kontrolle über die seelischen Eigenschaften erfordern, und es gibt keine Beweise dafür, daß dies möglich ist. Wahrscheinlich würde eine solche Kontrolle niemals so absolut sein, wie es für die Durchführung eines derartigen Programms notwendig wäre. Auf jeden Fall sind wir immer noch sehr weit davon entfernt, über die erforderlichen Kenntnisse zu verfügen, um einen solchen Alptraum Wirklichkeit werden zu lassen.

Die Veränderung des menschlichen Erbguts durch die Technik ist noch nicht möglich und wird es in naher Zukunft auch nicht sein. Alles, was bis jetzt versucht und zu einem sehr kleinen Teil realisiert worden ist, ist die Veränderung von Zellen, die *keine* Keimzellen sind und die als *somatische* Zellen bezeichnet werden; die vorgenommenen Veränderungen werden nicht an die nachfolgenden Generationen weitergegeben. Der Mensch verfügt heute nicht über die angemessenen technischen und moralischen Kenntnisse, das heißt über die Weisheit, um die genetische Verbesserung seiner eigenen Art in Angriff zu nehmen. Die Veränderung der eigenen somatischen Zellen ist dagegen offensichtlich zulässig und auch wünschenswert, wenn auf diese Weise schwere Krankheiten vermieden werden können.

Es gibt eine gentechnische Methode, die wir noch nicht beherrschen, aber bald beherrschen werden, um zahlreiche Probleme der negativen Eugenik zu lösen (und auch der positiven, sollte dies wirklich jemand wünschen). Es ist die Prüfung des Genoms auf mögliche Genschäden hin, die nach der künstlichen, also im Reagenzglas vorgenommenen Befruchtung, an einer oder an wenigen Zellen des Embryos vorgenommen werden kann. In den frühen Entwicklungsphasen des Embryos ist dies ohne Schädigung möglich. Leider wird die künstliche Befruchtung von einigen Kirchen, einschließlich der römisch-katholischen, nicht akzeptiert.

Das *Human Genome Project*

Das *Human Genome Project* (Menschliches Genom-Projekt), das jetzt endlich in Gang gesetzt wurde, ist schon seit mehreren Jahren im Gespräch. Sein Ziel ist die Herstellung einer Karte vom ganzen Genom, das heißt, von der Gesamtheit der in den Chromosomen enthaltenen Gene. Es geht um nichts anderes, als die Sequenz von drei Milliarden Buchstaben (eine Wechselfolge der Buchstaben A, T, C und G, die für die vier Nukleotide stehen) aufzuschreiben, aus der sich die 23 Chromosomen zusammensetzen. Bei 60 Anschlägen pro Zeile, 50 Zeilen pro Seite und 300 Seiten pro Band würden sie mehr als 3000 Bände füllen – ausreichend für eine nicht ganz kleine Bibliothek –, deren Lektüre zugegebenermaßen entsetzlich langweilig wäre. Doch diese Bibliothek würde die gesamte Erbausstattung eines Mannes oder einer Frau enthalten.

Bislang sind nur sehr grobe Karten von den Chromosomen angefertigt worden, die auf wenigen gedruckten Seiten reproduzierbar sind und trotzdem die Grundlage für die Herstellung der kompletten Karte bilden. Einer der wichtigsten Einwände, die erhoben wurden, ist, daß diese Arbeit die Kräfte ganzer Scharen von hervorragenden Forschern für einige Jahre an eine Initiative binden wird, mit der man auf intellektueller Ebene wenig brillieren kann. Tatsächlich wird es schwierige Augenblicke geben, die viel Mühe kosten und komplizierte Probleme aufwerfen werden. Ein anderer schwerwiegender Einwand ist, daß das Projekt sehr teuer sein, ja rund drei Milliarden Dollar kosten wird, die – wenn es nicht zu einer allgemeinen Erhöhung der Mittel für die Forschung kommt – Studien ganz anderer Art entzogen werden könnten; es könnte die Forschung in der Biologie und in den anderen Naturwissenschaften für lange Zeit ausbluten lassen. Ein dritter möglicher Einwand ist, daß uns nicht das ganze Genom Informationen liefern kann, weil es auch aus parasitären Segmenten besteht, die manchmal als »egoistisch« bezeichnet und im wesentlichen für überflüssig gehalten werden. Ob alle diese Segmente tatsächlich überflüssig sind, muß allerdings erst noch überprüft werden. Von einigen wissen wir seit kurzem, daß sie, wenn sie gewisse Mutationen erfahren, schädlich werden können.

Was erwarten wir uns von der Erforschung des Genoms? Eine wichtige Rolle spielt die Sequenz der Nukleotide in der DNA der »strukturellen« Gene, die die für den Zellstoffwechsel grundlegenden Moleküle, die Proteine, produzieren. Von der Sequenz, die diese Gene bildet, kann man Schlüsse auf die Struktur der Proteine ziehen, von der man sich eine weitere Klärung der Proteinfunktionen erhoffen kann. Viele Krankheiten lassen sich auf Mutationen dieser Gene zurückführen. Wenn man heute die Position und Beschaffenheit des Gens, das eine gewisse Pathologie bestimmt, verstehen will, müssen zwanzig oder mehr Personen über mehrere Jahre in einem Laboratorium forschen. Sobald aber das gesamte Genom bekannt ist, wird es viel einfacher sein, das jeweils verantwortliche Gen zu identifizieren, und das wird auch den Weg für neue Denkanstöße in Richtung Therapie öffnen.

Es gibt noch andere Sequenzen, die von grundlegender Bedeutung sind, wenn man die Funktion der Gene, der Zellen, des ganzen Organismus verstehen will. Es sind jene Sequenzen, die die Funktion der Gene regeln, indem sie sie »ein-« oder »ausschalten« und so ihre Produktivität erhöhen beziehungsweise herabsetzen. Es gibt mit Sicherheit viele andere Strukturen, Funktionen und Eigenschaften, die wir noch nicht kennen oder die wir erst jetzt zu entdecken beginnen.

Wenn im Zuge der Forschungen die neuen Sequenzen bekannt werden, wird eine große, in der Geschichte der Biologie einmalige theoretische Interpretationsarbeit einsetzen: Drei Milliarden Nukleotide sind tatsächlich eine gigantische Masse, die selbst dem leistungsstärksten Computer noch Respekt einflößt.

Die Vielfalt des menschlichen Genoms

Dem *Human Genome Project* haftet ein Geburtsfehler an: Die drei Milliarden Nukleotide, von denen die Rede war, oder die 3000 Bände, die man benötigte, um sie hintereinander aufzuschreiben, beziehen sich nur auf ein einziges Genom, ja auf die Hälfte der Chromosomen eines Individuums, das heißt auf die genetische Ausstattung, die es entweder von seinem Vater oder von seiner Mutter erhalten hat. Die zweite Hälfte ist eine ganz andere Geschichte. Man bräuchte nicht unbedingt weitere 3000 Bände, um sie zu beschreiben, weil sie größtenteils mit der ersten identisch ist, aber diese zweite Ausgabe des Genoms weist dennoch etliche Neuheiten im Vergleich zur ersten auf, und keine der beiden ist notwendigerweise besser oder bedeutsamer als die andere. Beide können gleichermaßen für sich in Anspruch nehmen, die Menschheit zu repräsentieren. Wenn man ein neues Individuum untersucht, kommt eine weitere Varietät hinzu, und mit jedem neuen Individuum würde eine weitere neue hinzukommen. An welchem Punkt ist es angebracht, bei der Beschreibung des menschlichen Genoms innezuhalten? Wie viele verschiedene Individuen werden wir analysieren müssen, um sagen zu können, daß wir gute Arbeit geleistet haben?

Diese Frage können wir nicht genau beantworten, weil wir noch eine zu begrenzte Vorstellung von der Bedeutung der Variation haben, die uns erwartet. Man nimmt an, daß zwischen den beiden Hälften eines Individuums, die von den Beiträgen seiner beiden Eltern repräsentiert werden, im Durchschnitt auf alle drei- bis vierhundert Nukleotide je ein Unterschied trifft; aber wir wissen auch, daß die Variation größer oder kleiner sein kann, je nachdem, welche Teile des Genoms wir untersuchen. Für sehr wichtige Gene, die sich nicht ohne ernsthafte oder sogar tragische Konsequenzen für ihre Träger verändern können, finden sich geringere Unterschiede, vielleicht einer auf je 1000 Nukleotide oder auch weniger. In anderen Teilen sind die Unterschiede häufiger, und bis jetzt ist die Tendenz dahin gegangen, jenen Sequenzen geringe Bedeutung zuzumessen, in denen man eine sehr große Variation feststellt. Aber ob dies der richtige Weg ist, ist keineswegs sicher. Außerdem sind die Variationen des Genoms oft Ursache von Krankheiten.

Das *Human Genome Project* wäre also unvollständig und würde vielleicht eines seiner wichtigsten Ziele verfehlen, wenn es sich darauf beschränkte, ein einziges, ja sogar nur ein halbes Individuum zu studieren. Aber auch so ist es ein unvergleichlich aufwendiges Projekt; deshalb muß die Untersuchung der individuellen Variation nach Maßgabe äußerster Sparsamkeit durchgeführt werden. Es wäre vollkommen undenkbar, die Sequenz der Nukleotide in den Genen nicht nur eines einzigen, sondern Hunderter oder Tausender von Individuen zu analysieren. Mit einem intelligenten Programm kann man immerhin hoffen, den größten Teil der wichtigen individuellen Variation erfassen zu können; es sollte aber wenig mehr als ein Prozent der Gesamtkosten des Projekts ausmachen.

Zusammen mit einigen Kollegen habe ich ein Forschungsprogramm gestartet, das *Human Genome Diversity* heißt; besser gesagt, wir haben einen entsprechenden Antrag gestellt und die Stiftungen, von denen die Forschungsarbeiten in den Vereinigten Staaten finanziert werden, um Mittel für die Bildung von Expertengruppen gebeten, die die verschiedenen Probleme analysieren sollen.

Ein derartiges Projekt war – in bescheidenerem Umfang – schon 1984 gestartet worden, als ich zu den Pygmäen in der Zentralafrikanischen Republik zurückkehrte, um Blutproben zu sammeln, die die Grundlage für eine Sammlung von Blutzellenkulturen bilden sollten. Sie sollte uns die ganze DNA liefern, die zur Untersuchung des Genoms der Spender benötigt wird. Blut enthält sehr viele rote Blutkörperchen und tausendmal weniger weiße Blutkörperchen. Nur diese letzteren können sich weiter vermehren, weil sie mit einem Zellkern versehen sind, über den die roten Blutkörperchen nicht mehr verfügen. Ein kleiner Bruchteil der weißen Blutkörperchen, die sogenannten B-Lymphozyten, sind imstande, sich, wenn wir sie im Reagenzglas mit einem besonderen, Epstein-Barr genannten Virus behandeln, unendlich zu vermehren. Eine derartige Kultur kann uns also mit jeder gewünschten Menge von DNA versorgen, die praktisch mit der in den übrigen Zellen desselben Individuums enthaltenen DNA identisch ist.

Es handelt sich um ziemlich fragile Zellen, und deshalb muß das Blut, wenn man sie im Labor züchten will, möglichst frisch sein. Es ist schwierig, eine Blutprobe so abzukühlen, daß die Zellen ihre Lebenskraft nicht verlieren: Die beste Lösung ist, das Röhrchen zur weiteren Behandlung schnellstmöglich ins Labor zu bringen. Die Populationen, deren DNA wir mit dieser Technik am dringlichsten am Leben erhalten wollten, wohnen aber oft weit von einem Flugplatz entfernt, was erhebliche praktische Probleme aufwirft. Mit Hilfe eines Kollegen habe ich 1985 von den Pygmäen des Iturigebietes in der Nordostprovinz Zaïres Blutproben entnommen. Am Ende des Blutspendetages haben wir ein kleines Flugzeug amerikanischer Missionare bestiegen und sind auf einer nahe gelegenen Behelfspiste gelandet; so haben wir am selben Abend noch den Flugplatz der Mission erreicht, wo wir die Nacht verbrachten. Am nächsten Morgen hat uns ein größeres Flugzeug derselben Mission, das an festgelegten Tagen verkehrt, nach Nairobi gebracht; von dort sind wir nach Europa und am nächsten Morgen in die Vereinigten Staaten weitergeflogen. Auf diese Weise ist ein Großteil der Proben heil und unversehrt am Ziel angelangt, und die Blutzellen konnten im Labor meines Mitarbeiters Kenneth Kidd gezüchtet werden, der als Professor für Genetik an der Yale University tätig ist; seine Frau Judy gehört übrigens zu den ersten Menschen, die das Verfahren der »Verewigung« der Zellen angewandt hat, wie es gewöhnlich genannt wird. Schon im Jahr davor hatten wir auf gleiche Weise die Blutproben einer anderen Pygmäengruppe aus der Zentralafrikanischen Republik »verewigt«, die wenige Autostunden von einem internationalen Flughafen entfernt lebt; so hatte uns ihr Transport vor geringere logistische Probleme gestellt.

Zusammen mit dem Ehepaar Kidd und meinen Kollegen vom Labor in Stanford haben wir bis jetzt für jede von fünfzehn Populationen aus verschiedenen Gegenden der Erde die Proben von jeweils ungefähr vierzig Individuen verewigt; sie ermöglichen uns eine Vorstellung von der weltweiten genetischen Variation, die nun direkt an der DNA erforscht wird*

Dieses kleine Projekt diente dann als Pilotprojekt für die Planung des sehr viel ehrgeizigeren Programms der Erforschung der Vielfalt des menschlichen Genoms. Der amtierende Präsident der Internationalen Organisation für das *Human Genome Project* war seinerzeit Sir Walter Bodmer, der Leiter des berühmten Krebsforschungsinstituts in London. Walter und ich haben bei mehreren Forschungsprojekten und an zwei anspruchsvollen Büchern zusammengearbeitet: In dem einen Buch wird die Genetik der menschlichen Populationen beschrieben, das andere ist ein Lehrbuch über die Genetik und die Evolution des Menschen. In seiner Eigenschaft als Projektleiter hat Walter, der – wie ich – ganz genau weiß, wie notwendig die Erforschung der individuellen Variation ist, eine Kommission für die Untersuchung der Vielfalt des menschlichen Genoms ins Leben gerufen, zu deren Vorsitzendem ich berufen wurde. Mitglied der Kommission war anfänglich auch Allan Wilson, der Verfasser glänzender Studien über die mitochondriale DNA und über jene Theorie, die unter dem – wie wir bereits gesehen haben, ziemlich ungenauen – Schlagwort von der »afrikanischen Eva« bekannt ist. Leider erkrankte Allan gerade zu dem Zeitpunkt an akuter Leukämie, als die Kommission 1991 konstituiert wurde, und auch eine Knochenmarkübertragung konnte ihn nicht mehr retten. Heute setzt sich die Kommission aus neun Genetikern zusammen, denen es bislang noch nicht ein einziges Mal gelungen ist, persönlich zusammenzutreffen, weil sie über viele Teile Europas und Amerikas verstreut sind; dennoch aber halten sie engen Kontakt miteinander.
Im Sommer 1992 haben wir eine Expertengruppe einberufen, um die Probleme der Planung unter statistischen Gesichtspunkten zu

*Alle anderen existierenden Daten, von denen in diesem Buch die Rede war, sind in den letzten fünfzig Jahren mit ganz anderen Methoden erhoben worden und beruhen nicht auf der direkten DNA-Analyse. Die früheren Methoden führten zwar auch zu zuverlässigen Daten; aber aus vielen Gründen waren sie weniger vollständig und zufriedenstellend als die, die über die direkte DNA-Analyse zu gewinnen sind.

erörtern, und im Herbst 1992 trat eine Gruppe von Anthropologen zusammen, um eine Liste der interessantesten eingeborenen Populationen aufzustellen, deren Studium am vordringlichsten erscheint. Wir haben uns auf rund 500 Populationen beschränkt, was etwa einem Zehntel der existierenden beziehungsweise vom Aussterben bedrohten Populationen entspricht. Im Februar 1993 hat sich dann eine dritte Gruppe mit den technischen Problemen der Molekulargenetik, den bioethischen und organisatorischen Fragen befaßt. Bald werden wir in der Lage sein, konkrete Programme auszuarbeiten, die uns erlauben werden, die notwendigen Mittel anzufordern, um einen fünfjährigen Arbeitsplan aufzustellen. Da sich viele der Populationen, die zu untersuchen sind, in einem Transformationsprozeß oder in rascher Auflösung befinden, darf nicht mehr lange gewartet werden. Die Zeit drängt, und dieser Druck hilft uns, das Projekt beschleunigt durchzuführen.

Die Bedeutung eines multidisziplinären Ansatzes

Ein äußerst stimulierender Aspekt des Programms ist die Tatsache, daß so viele Disziplinen daran beteiligt sind. Eine Untersuchung wie diese kann man nicht durchführen, wenn man nicht bereit ist, die Zusammenarbeit mit Kollegen zahlreicher Fachrichtungen anzustreben – angefangen bei der Anthropologie (der physischen wie der kulturellen), über die Ethnologie, die Sprachwissenschaft, die Archäologie, die Geschichte, die Humangeographie, die Ökonomie bis hin zur Demographie. Wichtig sind auch ganz eng spezialisierte Fachgebiete, wie die Orts- und Familiennamenforschung, die prähistorische Wandmalerei und wahrscheinlich noch viele andere mehr. Man braucht sowohl »Generalisten« als auch eine breite Palette von Spezialisten. Der englische Schriftsteller und Wissenschaftler C.P. Snow bemerkte in seinem Buch *Die zwei Kulturen*, daß zwischen den Natur- und den Geisteswissenschaften (wie zum Beispiel Geschichte, Literatur und Künste) eine auffallende Kluft besteht. Für unsere Arbeit müssen wir diese Kluft überwinden und Brücken bauen. Für Forscher aus zwei völlig verschiedenen Disziplinen ist eine enge

Zusammenarbeit auch nicht schwierig, wenn beide das nötige Interesse mitbringen und bereit sind, die wichtigsten Grundbegriffe und Termini des jeweils anderen Gebietes kennenzulernen.

Die wissenschaftliche Terminologie ist bei einer fachspezifischen Arbeit sehr nützlich; sie kann aber sowohl der Popularisierung als auch der interdisziplinären Verständigung im Wege stehen. Es ist daher wichtig, die Fachterminologie auf ein unentbehrliches Minimum zu beschränken, um potentielle Mitarbeiter nicht nachhaltig abzuschrecken. Die Fachterminologie dient nur dazu, die Kommunikation zwischen Experten ein und desselben Fachgebiets schneller und präziser zu machen, aber sie muß nicht immer in den engsten und kryptischsten Formen angewandt werden; ab und zu fühlt man sich bei einem solchen Mißbrauch an die Ärzte erinnert, die früher immer dann, wenn sie von ihren Patienten nicht verstanden werden wollten, lateinische Wendungen und Abkürzungen oder schwierige Wörter benutzten.

Die Grundbegriffe der verschiedenen Disziplinen sind gewöhnlich nicht kompliziert und können, wenn sie mit einfachen Worten ausgedrückt werden, von jedermann verstanden werden. Für eine gute Verständigung zwischen den Disziplinen ist es wesentlich, die angewandten Termini auf ein Minimum zu beschränken und darauf zu achten, daß sie jedesmal oder jedenfalls oft genug definiert werden. Die Möglichkeit, sich in neue Gebiete einzuarbeiten, ist schließlich sehr anregend: Die jahrelange Beschäftigung mit den gleichen Dingen und die zunehmende Spezialisierung können zu einer gewissen geistigen Verödung führen, während die Einführung neuer Interessen – wenn auch nur für begrenzte Zeit – einen wirklich belebenden Effekt haben kann.

Außerdem gibt es ein grundlegendes – bereits erwähntes – Problem, dessen Lösung man nur mit Hilfe eines multidisziplinären Ansatzes angehen kann. Wie jede historische Forschung ist die Analyse der Evolution mit einem schweren Geburtsfehler behaftet – zumindest in den Augen jener, die an die Forschung im naturwissenschaftlichen Bereich gewöhnt sind; denn hier fehlt die Untermauerung von Hypothesen durch Experimente. Die Geschichte kann sich nicht wiederholen, schon gar nicht auf Knopf-

druck. Was geschehen ist, ist geschehen, und viele Einzelheiten, die dazu dienen könnten, die Entwicklungen, die uns interessieren, besser zu verstehen, sind für immer verloren.
Auch wenn wir eine erschöpfende und detailreiche historische Untersuchung bewundern, die uns vollkommen überzeugt, gibt es doch in allen Erkenntnissen historischer Art immer eine grundlegende Ungewißheit, die sich nicht völlig überwinden läßt. In manchen Fällen kann die Analyse eines Evolutionsprozesses durch Experimente einer Computersimulation unterstützt werden; sie gibt uns dadurch, daß sie in einem gewissen Maße die tatsächlichen Ereignisse nachvollzieht, Aufschluß darüber, ob alternative Hypothesen ein beobachtetes Phänomen ebensogut erklären könnten. Es bleibt aber trotzdem der Zweifel, ob bei der Programmierung der Simulation nicht wichtige Faktoren übersehen wurden. Außerdem gibt es bei jedem tatsächlichen Ereignis (wie auch bei jeder Computersimulation) immer eine Quote von zufälligen Ereignissen, die jede Interpretation der beobachteten Phänomene fragwürdig machen. Tolstoi hat das in einem berühmten Kapitel seines Romans *Krieg und Frieden* großartig beschrieben.

Die Arbeit der experimentellen Forschung in der Chemie, der Physik oder in der Biologie hat den großen Vorteil, daß man das Experiment in der Regel unter beliebig veränderten Bedingungen wiederholen kann. Es hat daher den Anschein, als seien die Erkenntnisse, zu denen man gelangt, zwangsläufig viel zuverlässiger als jene, die über die Untersuchungen von Entwicklungsprozessen zu erreichen sind. Grundsätzlich trifft dies zu, aber auch die experimentelle Arbeit führt oft zu Interpretationen, die so heikel sind, daß sie Zweifel wecken können, und zu Ergebnissen, die sich nicht ohne weiteres wiederholen lassen. Nur in der Mathematik hat man die Garantie, zu unanfechtbaren Ergebnissen zu gelangen.
Auch ein Experiment ist Fehlern unterworfen, und ein Resultat wird grundsätzlich erst dann glaubwürdig, wenn es von mindestens zwei Forschern unabhängig voneinander überprüft wurde. Es gibt in allen Disziplinen zahlreiche Beispiele für Fehler und sogar für Täuschungsmanöver (zum Glück seltener), die erst nach

langer Zeit entdeckt wurden. Bei ziemlich abstrakten theoretischen Konstruktionen, die auf komplexen Experimenten beruhen, kann immer ein Zweifel bleiben.

Forschungsergebnisse auf dem Prüfstand

Eine Theorie, die allzu gewagt erscheinen kann, auch wenn sie auf der Grundlage von Laborexperimenten für gültig erklärt wurde, gewinnt dann schlagartig an Glaubwürdigkeit, wenn die praktischen Anwendungen, zu denen sie den Anstoß gegeben hat, erfolgreich sind. Es ist wohl schwierig zu glauben, daß eine bestimmte Reihe von Nukleotiden, die ein Genetiker vorgeschlagen hat, ein Gen beschreibt, das den Fäulnisprozeß von Tomaten steuert. Aber wenn dann ein Chemiker dank dieser Beschreibung eine künstliche DNA herstellen kann, die, sobald sie in das Erbgut eines Tomaten-Stammes eingesetzt wurde, die Früchte langsamer faulen läßt – etwas, was in der Natur nie beobachtet wurde –, fällt es schwer, jene Theorien in Frage zu stellen, die diese praktische Anwendung letztlich ermöglicht haben. Der Fäulnisprozeß bei Tomaten ist heute mit Hilfe vieler verschiedener gentechnischer Verfahren verlangsamt worden, und das erlaubt ihre Ernte zu einem späteren Zeitpunkt, wenn sie schon reifer und saftiger sind. Einige dieser Produkte werden bald auf den Markt kommen, und dann wird man zum ersten Mal sehen, wie die Verbraucher auf die neue Form der Anwendung reagieren. Es gibt Hunderte von anderen Pflanzen, auf die dasselbe Verfahren angewandt werden könnte. Aber es gibt auch Hunderte politisch sehr aktiver Menschen, die vor Genmanipulationen große Angst haben.

In der Evolutionsforschung ergibt sich die wichtigste Gegenkontrolle aus den Chancen des multidisziplinären Ansatzes. Eine Hypothese über die Besiedelung Europas kann auf viele verschiedene Arten überprüft werden, unter anderem mit Hilfe der Genetik, die in meinen Augen zwar besonders ins Gewicht fällt, aber eben nur eine von vielen ist. Ein Vergleich mit Daten, die aus anderer Quelle stammen, ermöglicht es festzustellen, ob die Hypothese auf verschiedenen Fronten haltbar ist. Die ideale Situa-

tion ist die, bei der alle Methoden und alle benutzten Informationsquellen auf eine korrekte Interpretation hindeuten.
Diese Übereinstimmung ist schwer zu erreichen: Viele der möglichen Ansätze geben über ein spezifisches Problem nur wenig Aufschluß. Oft sind die Spezialisten eines Fachs nicht bereit, Schlußfolgerungen zu berücksichtigen, die mit anderen Methoden erreicht wurden, die von ihrer eigenen geringfügig oder auch sehr weit abweichen können. Es kann einige Zeit dauern, bis man sie überzeugt, manchmal aber hat man den Eindruck, daß es ihnen zeitlebens nicht gelingen wird, ihre Vorurteile zu überwinden.

Trotz allem ist es unvermeidlich, daß einem Forscher im Laufe seines der Wissenschaft gewidmeten Lebens etliche Fehler unterlaufen. Wer Forscher sein will, muß zugeben, daß er sich immer irren kann – eine Tatsache, die im Ernstfall natürlich sehr unangenehm ist. Für die wissenschaftliche Forschung muß man aber ein gerüttelt Maß an Demut mitbringen. Die historische Forschung ist in einem gewissen Sinne sogar noch riskanter, und ihre Ergebnisse können endlos in der Diskussion bleiben. Dennoch kann sie befriedigender sein als andere Disziplinen, weil der Forscher aufgrund der Schwierigkeiten, denen er begegnet, eine beachtliche geistige Beweglichkeit entwickelt. Er muß aber auf lange, gelegentlich auch unerfreuliche Diskussionen gefaßt sein.
Der Hauptgrund für die ausführlichen Debatten liegt in der Ungewißheit der Materie, die in der Biologie im Durchschnitt größer ist als in der Physik, und in der Physik größer als in der Mathematik. In der Anthropologie – im weitesten Sinne – erreicht diese Unsicherheit ein Maximum. Dort wird sehr viel gestritten und kritisiert, und es sieht so aus, als ob in manchen amerikanischen Instituten für Anthropologie die jungen Anthropologen für ihre wissenschaftliche Tätigkeit wie Kampfhähne trainiert würden. Zum Glück werden viele im Laufe ihres wissenschaftlichen Lebens milder, manche aber behalten ihre große Aggressivität bei.

Einmal abgesehen von solchen wissenschaftssoziologischen Betrachtungen, üben die Probleme, die sich im Zusammenhang mit der Erforschung des Menschen stellen, eine große Faszination aus. Das Studium unserer Herkunft und unserer Vergangenheit hilft uns, uns selbst zu verstehen. Ein sehr großer Teil unseres Lebens hängt von dem jeweiligen kulturellen Ambiente ab und ein anderer, dem ebenfalls grundlegende Bedeutung zukommt, von der genetischen Struktur.
Auch die Krankheiten sind größtenteils Ausdruck der Kultur und Geschichte des Menschen. Bei einer ganzen Reihe von Krankheiten besteht ein enger Zusammenhang mit unserer biologischen Konstitution oder mit der der Erreger und Parasiten, die von allen Seiten über uns herfallen. Viele sind eine direkte Folge menschlicher Technologien. So haben wir uns mit dem Übergang von der Jagd- und Sammelwirtschaft zum Ackerbau verschiedene Krankheiten eingehandelt: Einige – wie die Laktose- und Gluten-Intoleranz oder das Kwashiorkor-Syndrom, eine Ernährungskrankheit, die man noch in Entwicklungsländern findet – treten heute recht selten auf, während sie wahrscheinlich früher einmal weit verbreitet waren; andere dagegen – wie bestimmte Blutgefäßveränderungen und einige Tumoren, die durch den übermäßigen Genuß zu fetter Speisen verursacht werden – haben seither immer mehr Fuß gefaßt. Vor der Entwicklung jenes Typs von Wirtschaft, der auf Ackerbau und Viehzucht beruht, hätten sie nicht existieren können oder waren zumindest sehr selten. Die Tiere, die die Jäger und Sammler verzehren, führen ein viel zu aktives Leben, um große Fettmengen einlagern zu können! Die Krankheiten, die auf das kulturelle Ambiente zurückgehen, in dem wir leben, decken eine sehr breite Palette ab.

Die Gesundheit ist, wie man sagt, der wichtigste Baustein unseres Glücks; aber es gibt noch andere Komponenten – wie die Arbeit, für die wir optimal geeignet sind, und die Vergnügungen, denen wir uns am liebsten widmen –, die ebenfalls von unserer biologischen und kulturellen Struktur abhängen und von einem Individuum zum anderen variieren. Um unsere Persönlichkeit auf harmonische Weise entwickeln zu können, müssen wir die individuelle Variation – sowohl die biologische als auch die kulturelle – studieren und respektieren.

Es kann uns sehr helfen, die Geschichte beider Evolutionen zu verstehen. Bei diesen Studien gibt es ein offensichtliches Interesse seitens der Nutzanwender, aber natürlich auch ein geistiges Interesse. Unser Bedürfnis, uns selbst besser zu verstehen und zu lernen, unser kulturelles Erbe auf die bestmögliche Art und Weise zu nutzen, ist außerordentlich groß.

Epilog

Ackerbau und Viehzucht, diese vor 10 000 Jahren gemachten Erfindungen, waren bereits praktische Anwendungen einer primitiven Genetik. Unsere Disziplin, die erst vor kurzem wiedergeboren wurde, um das biologische Erbe zu studieren, hat in den letzten hundert Jahren gigantische Fortschritte gemacht. Es gelang ihr, die Natur des Lebens zu erklären, und sie versetzte uns in die Lage, lebende Organismen zu verändern. Von diesen zuletzt genannten Möglichkeiten haben wir bis jetzt nur wenige Anwendungen – praktisch fast nur auf dem Gebiet der Medizin – gesehen, aber wir stehen eindeutig an der Schwelle zu einem neuen Zeitalter.

Wie bei allen Nutzanwendungen kann es schädliche Nebenwirkungen oder gar bewußt gelenkte bösartige Entwicklungen geben. Es ist unsere Sache, die Entwicklungen in die richtige Richtung zu steuern. Die durch Ackerbau und Viehzucht erzielten Ergebnisse waren für die Menschheit von enormer Bedeutung; sie haben ihr erlaubt, eine Krise zu überwinden, gleichzeitig aber anderen Krisen den Weg gebahnt. Um einige Beispiele anzuführen: Das wahllose Weidenlassen von Ziegen, Schafen und auch Rindern kann trockene Gebiete zerstören, insbesondere wenn sie ohnehin ökologisch gefährdet sind, und rasch eine nicht wiedergutzumachende Transformation bewirken. Die Verwüstung der Sahara ist zum Teil eine Folge dieser Fehler gewesen und ist es noch heute. Das einst überaus fruchtbare Mesopotamien ist heute weitgehend verwüstet, weil die Böden infolge der zu landwirtschaftlichen Zwecken durchgeführten Bewässerung versalzten. Diese verheerenden Folgen konnten nicht rechtzeitig vorhergesehen werden, während der Einsatz des Pferdes für militärische Zwecke zwangsläufig die Vermehrung sehr grausamer Kriege zur Folge haben mußte. Die Einführung der Kavallerie hat vor Jahrtausenden eine ähnliche Revolution bedeutet wie die erst vor wenigen Jahrhunderten gemachte Erfindung der Feuerwaffen.

Die Nutzanwendungen der Genetik im Bereich der Medizin zielen auf die Therapie und Prophylaxe von Erbkrankheiten ab und können niemandem wirklich angst machen. Wir können bereits die Geburt von Individuen verhindern, die an irgendwelchen schweren, besonders häufigen Krankheiten leiden, und wir werden die Geburt von Menschen, die von schweren Erbkrankheiten betroffen sind, fast völlig vermeiden können. Bis jetzt hat man in solchen Fällen einen Abbruch der Schwangerschaft vornehmen müssen, aber in absehbarer Zukunft werden weniger invasive Methoden möglich sein, die es erlauben, genetische Defekte am Embryo festzustellen (bei einer künstlichen Befruchtung im Reagenzglas), ohne ihn dabei zu schädigen. Wenn der Test zufriedenstellend ausfällt, das heißt, wenn keine Defekte entdeckt wurden, kann der Embryo dann in den Uterus der Mutter eingepflanzt werden.
Das schreckliche Leid, das die Erbkrankheiten für die Betroffenen und ihre nächsten Angehörigen mit sich bringen, läßt sich bereits heute weitgehend vermeiden und wird in Zukunft ganz vermeidbar sein. Deshalb bleibt die Verbissenheit unverständlich, mit der die Theologen der römisch-katholischen Kirche und die weniger scharfsinnigen, dafür aber noch strengeren Fundamentalisten verschiedener anderer Religionen die Eltern der an diesen Krankheiten leidenden Kinder verurteilen, die ihrerseits nicht bereit sind, solches Leid auf sich zu nehmen oder gänzlich auf Nachwuchs zu verzichten. Das große Leid wird nicht nur den Eltern, sondern auch dem Ungeborenen zugemutet, was zutiefst ungerecht ist, weil in einer besseren Welt das Kind *das Recht hat*, gesund auf die Welt zu kommen, ein Recht, das diese theologischen Vorstellungen ihm auch dann absprechen, wenn die Wissenschaft es ermöglicht hat.
Einige besonders eifrige Eugeniker würden sich gern in Züchter einer besseren Rasse verwandeln – nicht von Hunden, Pferden oder Schafen, sondern von Menschen. Es kann problemlos erscheinen, die Begabungen auszuwählen, die dafür wichtig er-

scheinen, aber hier geht es nicht darum, die Verbesserungsprogramme für Tier- oder Pflanzenarten (die sogenannte künstliche Auslese) zu imitieren, indem man sie einfach auf den Menschen anwendet. Im Fall von Tieren und Pflanzen ist es ziemlich leicht, verbesserungswürdige Merkmale auszuwählen; beim Menschen sind die wichtigsten schwer zu messen. Dieses Programm würde mit Sicherheit auf viele moralische Bedenken stoßen und wäre mit der Freiheit, der Würde und den Grundrechten des Individuums unvereinbar. Aber selbst wenn wir es entwickeln wollten, würden wir feststellen, daß wir zu wenig wissen, um es durchführen zu können.

Die emsigsten Eugeniker werden gewöhnlich von mindestens zwei Gespenstern verfolgt: Sie sind davon überzeugt, daß einzig und allein die Genetik unsere Begabungen und Mängel bestimmt und daß die angeborene Kondition absolut nicht zu verändern ist. Sie sind sogenannte »Do-gooders«, das heißt, sie wollen um jeden Preis Gutes tun, ohne viel von der Sache zu verstehen, und neigen deshalb unweigerlich dazu, Unheil anzurichten. Es besteht gerade dann ein erhöhtes Risiko, ein Inferno zu schaffen, wenn der Weg dorthin mit guten Vorsätzen gepflastert ist. Viel besser ist es, auf eine maßvolle korrigierende und weitblickende Aktion hinzuwirken mit dem Ziel, die schlimmsten Mängel zu beheben.

Die Vorstellung, die genetische Situation sei unkorrigierbar, ist oft falsch, und es ist abzusehen, daß es auch in dieser Richtung Fortschritte geben wird. Gewiß kann man in extremen Fällen nicht zuviel verlangen, aber eine einfühlsame Erziehung kann – trotz aller Schwierigkeiten – bei Menschen, die von Erbkrankheiten betroffen sind, Wunder wirken. Vielleicht wird es uns im Laufe der Zeit gelingen, einige dieser Krankheiten, die heute unheilbar sind, zu mildern; aber zuzulassen, daß auch jene Krankheiten sich ungehindert vermehren, die heilbar sind oder sein werden, kann die Gesellschaft in menschlicher und ökonomischer Hinsicht einen sehr hohen Preis kosten. Die Medizin macht sicherlich Fortschritte, aber nur langsam.

Die Lösung anderer gesellschaftlicher Probleme ist weniger kostspielig als die der gesundheitlichen Probleme und ist heute auch vordringlicher. Es liegt auf der Hand, daß unsere geistige, moralische und soziale Erziehung unzulänglich ist und unbedingt verbessert werden muß; doch das ist nur ein kleiner Teil jenes *social engineering*, das wir so notwendig bräuchten, um die Lebensbedingungen auf der Erde zu verbessern.

Es gibt Programme zur Förderung des sozialen Aufschwungs, die ohne weiteren Zeitverlust durchzuführen sind. Sie zielen auf den Abbau der hohen Arbeitslosigkeit ab und umfassen Umschulungs- und neue Spezialisierungsmaßnahmen. Die Berufswahl gehört zu den wichtigsten Entscheidungen im Leben eines jeden von uns; trotzdem wird sie gewöhnlich von wenig informierten Leuten getroffen, die kaum Gelegenheit oder Hoffnung haben, eine Tätigkeit zu finden, die ihrer Persönlichkeit tatsächlich entspricht. Man muß dieser entscheidenden Wendung auf unserem Lebensweg, die uns den Zugang zur Welt der Arbeit eröffnet, die ihr zukommende Bedeutung beimessen. Die Arbeit nimmt nach wie vor den wichtigsten Teil unseres Wachseins ein, und deshalb muß sie attraktiver gemacht werden als sie im allgemeinen ist. Die ideale Arbeit ist die, die mehr Freude macht als jedes Freizeitvergnügen. Natürlich kann es sehr schwer, wenn nicht gar unmöglich sein, daß alle in diese privilegierte Lage gelangen, aber es muß gelingen, diesem Ziel zumindest etwas näher zu kommen. Man kann versuchen, besondere Programme zu entwickeln, die dem Betreffenden zu einem sinnvollen Zeitpunkt die notwendige Information und die Gelegenheit geben, für eine angemessene Zeit mehr als nur eine Tätigkeit auszuprobieren, und die es erleichtern, den Beruf im Laufe des Lebens gegebenenfalls zu wechseln. Sicher, wenn die Menschen imstande wären, ihre Berufstätigkeit so frei zu wählen, daß ihre Qualitäten voll zum Tragen kämen, könnten wir hoffen, sichere und angenehme Lebensbedingungen zu schaffen; auf diese Weise würden eine große Vielfalt von Geschmacksrichtungen, Neigungen und Aktivitäten gefördert und die Ungerechtigkeiten und Grausamkeiten, die immer wieder in verschiedenen nahen und fernen Teilen der Welt zu beobachten sind, auf ein Minimum reduziert. Die Geschichte lehrt uns, daß die Zivilisationen dann aufblühen, wenn sie es verstehen, eine Vielfalt von menschlichen Äußerungen zu fördern und die verschiedenartigsten Leistungen zu verwerten, und daß sie einen

Niedergang erleben, wenn die Intoleranz und die Unfähigkeit, mit jenen in Kontakt zu treten, die anders sind als wir, die Oberhand gewinnen.

Auf der Erde gibt es täglich politisch, religiös und rassisch motivierte Verfolgungen. Dabei ist die rassistische, die heute besonders akut ist, noch grausamer als die religiöse und politische Verfolgung, denn wir könnten notfalls unsere Religion und unsere politischen Ansichten ändern, wenn es angesichts immer stärkerer Gewalt keinen anderen Ausweg mehr gäbe, aber unsere Rasse können wir nicht ändern. Das grauenhafte, von seinen Initiatoren als »ethnische Säuberung« bezeichnete Vernichtungsprogramm, das derzeit in Bosnien durchgeführt wird, ist Ausdruck der abscheulichsten Intoleranz, eine für die Gattung Mensch zutiefst beschämende Neuauflage der finstersten Episoden unserer alten und jüngeren Geschichte.

Wir alle wissen, wie wichtig es ist, die Geschichte zu kennen, um gewisse Erscheinungen und Äußerungen des menschlichen Lebens zu begreifen, die auf den ersten Blick unverständlich erscheinen. Die biologische Geschichte des Menschen ist seine Evolution, und die kulturelle Geschichte ist ein wesentlicher Bestandteil davon; zudem haben sich beide gegenseitig beeinflußt. Wenn wir hoffen wollen, das unendliche Leid zu vermeiden, von dem wir tagtäglich herzzerreißende Beispiele erleben, dürfen wir die beiden nicht auseinanderdividieren. Für viele Exzesse ist unsere Natur verantwortlich, unser »tierisches« Erbe, das wir häufig nicht zu zügeln vermögen, aber unsere kulturelle Geschichte kann uns lehren, wie wir es in den Griff bekommen.

Wo soll man einen Führer aus der Ratlosigkeit und, im Fall eines Falles, einen Trost im Unglück suchen? Traditionell würde man ihn in der Religion suchen, deren Ausübung den Menschen von den Tieren zu unterscheiden scheint. Selbstverständlich wendet man sich an jene Religion, die einem durch die Geburt in einem bestimmten Land und in einem bestimmten sozialen Umfeld zugewiesen wurde. Viele stützen sich auf sie, um sich trösten zu lassen, aber sie scheint nicht immer eine bessere Umwelt hervorzubringen – im Gegenteil, die Überzeugung jeder Religion, im alleinigen Besitz der Wahrheit zu sein, hat schon die schlimmsten

Konflikte heraufbeschworen. Die Befolgung der Religion, die uns ohne unser Zutun zugefallen ist, kann jedenfalls nicht aus ihren Dogmen abgeleitet werden, die meistens unnütze, wenn nicht gar schädliche Überstrukturen sind, und auch nicht aus ihrer Geschichte, die voller Widersprüche und Gewalttätigkeiten ist. Sie beruht vielmehr auf der Überlegung, daß die meisten Religionen ein gemeinsames ethisches Substrat besitzen, das man auch in vielen Philosophien wiederfindet, daß sie einfach und leichtverständlich sind und einen großen Teil der moralischen Probleme lösen können, die sich im Alltag stellen. Viele Völker, die als »heidnisch« bezeichnet werden, akzeptieren übrigens dieselben Grundsätze.

Für die individuellen ethischen Probleme gibt es im Grunde relativ einfache Lösungen; die Hauptschwierigkeit besteht in der Tatsache, daß die Versuchungen und Gelegenheiten zu irren so zahlreich sind. Aber die Entscheidungen, deren Bedeutung darin liegt, daß sie die ganze Gesellschaft betreffen (oder zumindest einen Kreis von Personen, der über das einzelne Individuum hinausgeht), werfen nicht nur moralische, sondern in einem gewissen Sinne auch technische Probleme auf, weil es darum geht, die langfristigen Konsequenzen des eigenen Handelns vorauszusehen. Auf diesem Gebiet gibt es keine Möglichkeit, Vollmachten zu erteilen: Keine Religion hat sich historisch gut bewährt, und auch die politisch-ideologischen Systeme der letzten Jahrhunderte haben sich als unfähig erwiesen. Es ist die Aufgabe jeder menschlichen Gemeinschaft, den gefährlichen Entwicklungen vorzubeugen, die sich aus dem eigenen Potential im Bereich von Ökonomie, Technologie und Wissenschaft ergeben können; Voraussetzung ist, daß wir lernen, sie vorherzusehen, und Maßnahmen ergreifen, sie zu verhüten. Nur so wird sich unser Leben friedlicher gestalten und von dem Reichtum und der Vielfalt profitieren, die sich durch eine ausgeglichene Entwicklung des menschlichen Potentials ergeben.

Anhang

Bibliographische Hinweise

Die meisten Werke, die für dieses Buch zu Rate gezogen wurden, sind in englischer Sprache verfaßt. Themenbereiche, zu denen kein entsprechendes deutsches Buch vorliegt, werden daher mit bibliographischen Angaben von Werken in anderen Sprachen, meist Englisch, abgedeckt.

In den letzten Jahren sind in der Zeitschrift *Scientific American* (dt. *Spektrum der Wissenschaft*) viele populärwissenschaftliche Artikel zu Themen erschienen, die auch in diesem Buch zur Sprache kommen.

Französisch: S. Bahuchet, *Les Pygmées Aka et la Forêt Centrafricaine*, Paris 1985. Englisch: Ein klassisches Symposion über Jäger und Sammler ist *Man the Hunter*, herausgegeben von R.B. Lee und I. DeVore, Chicago 1968. *The Forest People*, London 1961, von C. Turnbull ist der populärwissenschaftliche Bericht über das Leben des Anthropologen bei den afrikanischen Pygmäen in den Wäldern am Ituri (Zaïre). Dieses Buch war lange Zeit auf den englischen Bestsellerlisten, ist aber leider nie auf deutsch erschienen. *Intimate Fathers* von B.S. Hewlett, Ann Arbor, Mich. 1991, ist der Bericht über eine Studie unter den Aka-Pygmäen, die in der Zentralafrikanischen Republik leben; das Buch hat eine gute allgemeine Einführung. Eine Sammlung anthropologischer, genetischer und medizinischer Studien über die Pygmäen, herausgegeben von L.L. Cavalli-Sforza, ist *African Pygmies*, Orlando, Florida 1986. Fast schon eine Enzyklopädie über Buschmänner ist *The Bushmen*, herausgegeben von P.V. Tobias, Kapstadt, Pretoria 1978. Bemerkenswert und interessant liest sich der autobiographische Lebensbericht einer Buschfrau, *Nisa erzählt: das Leben einer Nomadenfrau in Afrika*, Reinbek bei Hamburg 1982. In deutscher Sprache erschien jüngst ein Erfahrungsbericht des jungen Autors Louis Sarno von seinem Leben mit den Pygmäen, *Der Gesang des Waldes*, München 1993.

2. Eine Urahnengalerie
3. Hunderttausend Jahre

Zur Paläoanthropologie sei empfohlen: *The Extraordinary Story of Human Origins*, von P. und A. Angela, Buffalo, N.Y. 1993; die Geschichte über die Entdeckung von »Lucy«, geschrieben von M. Edey und D.C. Johanson, *Lucy: die Anfänge der Menschheit*, München 1992; *Hominidae. International Congress of Human Paleontology*, herausgegeben von G. Giacobini, Mailand 1989. Ein ausgezeichneter Text jüngeren Datums über Paläoanthropologie ist das in englischer Sprache erschienene Buch von R. Klein, *The Human Career*, Chicago 1989. Wir haben uns bei der Nennung von paläoanthropologischen Daten, die von Autor zu Autor stets variieren, im allgemeinen an dieses Buch gehalten.

Viele Artikel zur Anthropologie, Paläontologie und Archäologie sind in englischer Sprache im *Scientific American* und seit 1978 auch auf deutsch im *Spektrum der Wissenschaft* in Weinheim erschienen: *Obsidian and the Origins of Trade,* von J.E. Dixon, J.R. Cann und C. Renfrew, März 1968; *The Evolution of Paleolithic Art,* von A. Leroi-Gourhan, Februar 1968; *A Paleolithic Camp at Nice,* von H. de Lumley, Mai 1969; *The Flow of Energy in a Hunting Society,* von W.B. Kemp, September 1971; *Ice-Age Hunters of the Ukraine,* von R.G. Klein, Juni 1974; *The Casts of Fossil Hominid Brains,* von R.L. Holloway, Juli 1974; *The Coprolites of Man,* von V.M. Bryant und G. Williams-Dean, Januar 1975; *The Food-Sharing Behaviour of Protohuman Hominids,* von G. Isaac, April 1978; *Die Hominiden von Ostturkana,* von A. Walker und R.E.F. Leakey, November 1978; *Die Neandertaler,* von W.W. Howells und E. Trinkaus, Februar 1980; *Der Frühmensch in Zentralasien,* von R.S. Davis, Februar 1981; *Die versteinerten Fußspuren von Laetoli,* von R.L. Hay und M.D. Leakey, April 1982; *Der Pekingmensch,* von W. Rukang und L. Shenglong, August 1983; *Die Abstammung von Hominoiden und Hominiden,* von D. Pilbeam, Mai 1984; *Mammutknochen-Behausungen in der russischen Ebene,* von M.J. Gladkin, N.L. Kornjiez und O. Soffer, Januar 1985; *Nacheiszeitliche Wildbeuter in den Wäldern Europas,* von M. Zvelebil, Juli 1986; *Ein Lagerplatz in der Mittelsteinzeit in Dänemark,* von D.T. Price und E.B. Petersen, Mai 1987; *Die Herkunft des anatomisch modernen Menschen,* von C.B. Stringer, Februar 1991; *Afrikanischer Ursprung des modernen Menschen,* von A.C. Wilson und R.L. Cann, Juni 1992; *Multiregionaler Ursprung der modernen Menschen,* von A. G. Thorne und M.H. Wolpoff, Juni 1992; *Bildhaftes Denken in der Eiszeit,* von R. White, März 1994. Zum Thema Demographie empfehlen wir: *The History of the Human Population,* von A.J. Coale, in *Scientific American,* September 1974; zur prähistorischen Kunst: *Felsbilder: Wiege der Kunst und des Geistes,* von E. Anati, Zürich 1991; siehe auch *Die Anfänge der Kunst vor 30 000 Jahren,* von H.-J. Müller-Beck und G. Albrecht, Stuttgart 1987.

Die Grundlagen der Molekularentwicklung der Proteine werden behandelt in: *Genetics, Evolution, and Man,* von W. Bodmer und L.L. Cavalli-Sforza, San Francisco 1976; die Entwicklung der DNS und der Mitochondrien in dem Artikel *Die DNA der Mitochondrien*, von L.A. Grivell, in *Spektrum der Wissenschaft*, Mai 1983, und in *Die molekulare Grundlage der Evolution*, von A.C. Wilson, Dezember 1985, sowie in den oben erwähnten Artikeln von Stringer, Wilson und Cann. Aktuelle Publikationen über die »Afrikanische Eva« finden sich in der amerikanischen Zeitschrift *Science*, Bd. 255, Seiten 686, 727 (1991), und Bd. 259, Seite 1249 (1993), dort werden die gegenwärtigen Kontroversen und die noch nicht völlig gelösten Probleme bei der Forschung auf diesem Gebiet aufgezeigt.

4. Warum sind wir verschieden? Die Theorie der Evolution

Eine grundlegende Einführung in die Genetik der Rassen im Sinne einer Evolutionstheorie kann man in zwei Büchern von L.L. Cavalli-Sforza u. a. nachlesen: *The Genetics of Human Populations* von W. Bodmer, L.L. Cavalli-Sforza u. a., New York 1971, sowie in dem oben genannten Buch *Genetics, Evolution, and Man* von W. Bodmer und L.L. Cavalli-Sforza. Selbstredend enthalten sie nicht die jüngsten Entwicklungen in der Molekularbiologie, aber die generellen Überlegungen zur Genetik, auch der Rassen, sind nur selten so erklärt wie im letztgenannten Buch, nämlich ohne Mathematik. Diese nicht immer leicht verständlichen Gedankengänge sind hier in besonders einfacher Weise dargestellt. Viele Texte sind aus dem Englischen übersetzt, andere wieder stammen von italienischen Autoren. Sie sind in der Regel gut, erfordern aber eine intensive Auseinandersetzung mit dem Thema. Alle diese Artikel sind älteren Datums.

Zu den allgemeinen Artikeln, die in *Scientific American* bzw. im *Spektrum der Wissenschaft* erschienen sind, gehören: *The Genetics of Human Population*, von L.L. Cavalli-Sforza, September 1974; *The Causes of Biological Diversity*, von B. Clarke, August 1975; *Die »neutrale« Theorie der molekularen Evolution*, von M. Kimura, Januar 1980; *Malariaresistenz: tödliche Gene als Lebensretter*, von M.J. Friedman und W. Trager, Mai 1981; *Die Evolution des Darwinismus*, von G.L. Stebbins und F.J. Ayala, September 1985. *DNA*, von G. Fel-

senfeld, Dezember 1985; *Kartierung von Chromosomen mit DNA-Markern*, von J.-M. Lalouel und R. White, April 1988.
Eine Studie über die genetische Abstammung in der Val Parma, *»Genetic Drift« in an Italian Population*, von L.L. Cavalli-Sforza, ist in *Scientific American*, August 1969 erschienen.

5. Wie sehr unterscheiden wir uns voneinander?
   Die genetische Geschichte der Menschheit
6. Die letzten zehntausend Jahre oder der lange Weg der
   Ackerbauern

Die genetische Analyse menschlicher Rassen war der Gegenstand einer systematischen Studie von L.L. Cavalli-Sforza, P. Menozzi und A. Piazza; sie wurde im Jahr 1978 begonnen und 1991 abgeschlossen. Ihre Ergebnisse wurden in dem Buch *The History and Geography of Human Genes*, Princeton, New Jersey 1994 veröffentlicht. Dieses Buch enthält eine sehr umfangreiche Bibliographie sowie zahlreiche andere, bereits veröffentlichte Studien derselben Autoren und viele unveröffentlichte Forschungsergebnisse, darüber hinaus zahlreiche Tabellen und Zeichungen. Die neuesten und wichtigsten Ergebnisse dieses Buches wurden von den Autoren in zwei Artikeln, die beide in englischer Sprache erschienen sind, veröffentlicht: *Reconstruction of Human Evolution: Bringing together Genetic, Archeological and Linguistic Data*, in: *Proceedings of the National Academy of Sciences of the USA*, Bd. 85, Nr. 16, Seite 6002-6006, Washington, August 1988, und *Demic Expansions and Evolution*, in der Zeitschrift *Science*, Bd. 259, Washington D.C. 1993, Seite 639-646. Die *Cambridge Encyclopedia of Archaeology*, Cambridge 1981, herausgegeben von Andrew Sherratt, enthält ausgezeichnete Informationen zur Archäologie und Geschichte im Zusammmenhang mit der Evolution des Menschen.
Die Aspekte der archäologischen und genetischen Forschung über die Verbreitung der Bauern des Mittleren Ostens in den letzten zehntausend Jahren werden ausführlich, in einfacher und auch für den Laien verständlicher Form in einem Buch von A.J. Ammerman und L.L. Cavalli-Sforza behandelt: *The Neolithic Transition and the Genetics of Populations in Europe*, Princeton, New

Jersey 1984. Siehe auch die Arbeiten von C. Renfrew, die in der Bibliographie zum siebten Kapitel genannt sind.
Unter den Artikeln zur Archäologie, die sich direkt oder indirekt mit Genetik auseinandersetzen, sind im *Spektrum der Wissenschaft* erschienen: *Megalithische Monumente*, von G. Daniel, September 1980; *Vorläufer der Stadtkultur im Indus-Tal*, von J.-F. Jarrige und R.H. Meadow, Oktober 1980; *Die Besiedelung der pazifischen Inselwelt*, von P.S. Bellwood, Januar 1981; *Die Megalith-Kulturen*, von C. Renfrew, Januar 1984; *Zähne als Zeugnisse für die Besiedelung des pazifischen Raumes*, von C.G. Turner II, April 1989; *Die Geschichte von Pfeil und Bogen*, von E. McEwen, R.L. Miller und C.A. Bergman, September 1991; *Die Anfänge des Reitens*, von D. Anthony, D.Y. Telegin und D. Brown, Februar 1992. Siehe auch den Artikel *Prehistoric Rice Cultivation in Southeast* von C.F.W. Higham in: *Scientific American*, Juni 1984.

7. Der Turm zu Babel

Als Einführung in die Linguistik seien empfohlen: J.H. Greenberg, *A New Invitation to Linguistics*, Garden City, N.Y. 1977; Claude Hagege, *Der dialogische Mensch*, Hamburg 1987; P. Ramat, *Linguistic Typology*, Berlin 1987. Eine allgemeine Abhandlung, die auch Hinweise zur Taxonomie und Evolution beinhaltet, ist *Die Cambridge-Enzyklopädie der Sprache von D. Crystal*, Frankfurt am Main 1993. Siehe zum Thema Sprache auch W.S.-Y. Wang, *The Chinese Language*, Februar 1973 in *Scientific American*. Die Einteilung der Sprachen in diesem Kapitel folgt der von M. Ruhlen in: *A Guide to the World's Languages*, Stanford, Calif. 1987. Einen Überblick über die Kritik zur Einteilung der Sprachen, wie sie im letztgenannten Buch vorgenommen wurde, geben die Ausgabe des Buches von Ruhlen aus dem Jahr 1991 sowie der Artikel von R. Wright, *The Atlantic*, Bd. 267, Nr. 4, 1991, Seite 39-68. Die in unserem Buch verwendeten Worttabellen entstammen den Büchern von Greenberg und Ruhlen.
Die Zusammenhänge zwischen Archäologie und indoeuropäischen Sprachen werden von C. Renfrew in *Archeology and Language: The Puzzle of Indo-European Origins*, New York 1988, und

auch von M. Gimbutas, *The Civilization of the Goddess*, New York 1991, behandelt. Das Buch von J.P. Mallory, *In the Search of the Indo-Europeans: Language, Archeology and Myth*, London 1989, gibt einen Überblick über die zahlreichen Theorien zur indoeuropäischen Sprachfamilie und diskutiert sie. Die Studie über den Zusammenhang zwischen genetischer und sprachlicher Evolution, von der in diesem Kapitel die Rede ist, wurde von Cavalli-Sforza, Piazza, Menozzi und Mountain 1988 in einem Artikel in *Proceedings of the National Academy of Sciences of the USA* veröffentlicht, der bereits oben, in den Literaturhinweisen zum vorhergehenden Kapitel angeführt wurde. Einen weiteren Artikel zu diesem Thema verfaßten L.L. Cavalli-Sforza, E. Minch und J.L. Mountain mit dem Titel *Coevolution of Genes and Languages Revisted*, in *Proceedings National Academy of Sciences of the USA*, Bd. 89, Nr. 12, Seite 5620-5622, Juni 1992. Siehe dazu auch den Artikel von L.L. Cavalli-Sforza im *Spektrum der Wissenschaft*, *Stammbäume von Völkern und Sprachen*, Januar 1992. Zahlreiche weitere Artikel zum Ursprung der Sprache und besonders der indoeuropäischen Sprachfamilie sind in *Scientific American* bzw. im *Spektrum der Wissenschaft* erschienen: *Der Ursprung der indoeuropäischen Sprachfamilie*, von C. Renfrew, Dezember 1989; *Die Frühgeschichte der indoeuropäischen Sprachen*, von T.W. Gamkrelidze und W. Iwanow, Mai 1990; *Streit um Wörter*, von P.E. Ross, Juni 1991; *Frühe Landwirtschaft und die Ausbreitung des Austronesischen*, von P. Bellwood, September 1991.

8. Kulturelles Erbe, genetisches Erbe

Die Theorie vom Kulturtransfer wurde – leider in mathematischer Form – von L.L. Cavalli-Sforza und M.W. Feldman in *Cultural Transmission and Evolution*, Princeton, New Jersey 1981, veröffentlicht.

9. Rasse und Rassismus
10. Die genetische Zukunft der Menschheit und das Studium des menschlichen Genoms

Der inzwischen zum Klassiker gewordene Essay über den Rassismus von J.A. de Gobineau, *Essai sur l'inégalité des races humaines*, Paris 1853-55, ist nur von historischem Interesse. Gutes Gegengift auf wissenschaftlichem Niveau sind die Bücher von R.C. Lewontin, *Human Diversity*, New York 1982, und von S.J. Gould, *Der falsch vermessene Mensch*, Basel 1983. Das Verzeichnis lieferbarer Bücher in deutscher Sprache von 1994 enthält eine beachtliche Zahl weiterer Veröffentlichungen zum Thema Rassenbiologie, Rassen und Rassismus, die hier nicht weiter aufgeführt werden können, weil sie von den Autoren nicht in gebührender Weise geprüft werden konnten.
Zur Problematik der Vererbbarkeit des Intelligenzquotienten (IQ) und der Unterschiede im IQ zwischen einzelnen Rassen und sozialen Klassen siehe W.F. Bodmer und L.L. Cavalli-Sforza *Intelligence and Race*, in *Scientific American*, Oktober 1970; J.L. Kamin, R.C. Lewontin, S. Rose *Die Gene sind es nicht: Biologie, Ideologie und menschliche Natur*, München 1988. Eine gute Geschichte der Eugenik, die sich vor allem aber auf Amerika bezieht, hat D.J. Kevles verfaßt: *In the Name of Eugenics: Genetic and the Uses of Human Heredity*, New York 1985. In diesem Buch werden die sozialen und moralischen Aspekte der Themen »Verschiedenheit der Menschen« und »Rassismus« behandelt. Andere ethische Probleme werden durch Genmanipulationen aufgeworfen; für interessierte Leser sei hierzu auf das Buch von D.T. Suzuki und P. Knudtson verwiesen: *Genethics. The Clash Between the New Genetics and Human Values*, Cambridge, Mass. 1989.

Lösungen zu den Aufgaben auf Seite 179:

1. Eltern, die beide die Blutgruppe A besitzen, können Kinder der Blutgruppe 0 bekommen, wenn beide Eltern vom genetischen Typ A0 sind.
2. Aus einer Verbindung AB/A können keine Kinder mit der Blutgruppe 0 hervorgehen, weil das Elternteil mit der Blutgruppe AB kein Gen 0 vererbt.

Danksagung

Wir sind vielen zu herzlichem Dank verpflichtet. Alle Mitglieder unserer Familie haben das Manuskript des Buchs in Teilen oder ganz gelesen und oft wichtige Verbesserungen vorgeschlagen. Gelesen haben das Manuskript auch Giovanni Magni, Professor für Genetik in Mailand, Guido Pontecorvo, vormals Professor für Genetik in Glasgow, und Marco Vigevani vom Verlag Mondadori. Giacomo Giacobini, Professor für Anatomie in Turin, hat die Kapitel II und III, und Paolo Ramat, Professor für Glottologie in Pavia, Kapitel VII durchgesehen. Für die verbliebenen Fehler, deren Anzahl sich hoffentlich in engen Grenzen hält, sind aber ausschließlich die Autoren verantwortlich.

André Langaney vom Musée de l'Homme in Paris war uns behilflich, ein wichtiges Originalfoto ausfindig zu machen. Die Zeichnung von dem Pygmäen, der in dem Buch *African Pygmies* liest, wurde nach einem von Barry Hewlett in der Zentralafrikanischen Republik gemachten Foto angefertigt. Vielleicht sollten wir klarstellen, daß der abgebildete Pygmäe gar nicht lesen kann. (Von den mehreren tausend Pygmäen, die Luca Cavalli-Sforza kennengelernt hat, konnten nur zwei Erwachsene lesen.)

Wir danken auch den Verlagen, die den Abdruck urheberrechtlich geschützten Materials gestatteten: der Princeton University Press für die Abbildungen der Hauptkomponenten Europas in Kapitel VI, die aus dem Buch *History and Geography of Human Genes* stammen; Abbildung 8 in Kapitel III ist, mit Veränderungen, einer Publikation in der Zeitschrift »Science« entnommen; die Abbildung 6 in Kapitel IV beruht, mit vielen Abänderungen, auf einem Bild aus der Ausstellung *Tous parents, tous différents*.

Register

B

C

D

E

F

T